In Zusammenarbeit mit dem

hänssler

Jungschar-
lexikon

von A – Z

**Herausgegeben von
Reinhart Weiß
und Friedhelm Ringelband**

Reinhart Weiß ist Jungscharreferent des CVJM-Gesamtverbandes und lebt in Kassel.

Friedhelm Ringelband ist Redakteur der »Jungschar« und Bundes-Sekretär des CVJM-Westbundes; er lebt in Wuppertal.

Die Deutsche Bibliothek – CIP-Einheitsaufnahme

Jungscharlexikon von A-Z / hrsg. von Reinhart Weiss und Friedhelm Ringelband.–
Neuhausen/Stuttgart : Hänssler ; Stuttgart : Buchh. und Verl. des ewj, 1995
  (Hänssler-Lexikon)
  ISBN 3-7751-2417-9 (Hänssler)
  ISBN 3-922813-36-4 (EJW)
NE: Weiss, Reinhart [Hrsg.]

ISBN 3-7751-2417-9 (Hänssler-Verlag)
ISBN 3-922813-36-4 (Buchhandlung und Verlag des ejw GmbH)

© Copyright 1995 by Hänssler-Verlag, Neuhausen/Stuttgart
Umschlaggestaltung: Stefanie Stegbauer, Grundentwurf Daniel Secka
Titelfotos: Ralf Dürr, Dietrich Flaig, Birgit Thom
Lektorat: Ute Mayer
Satz: AbSatz Ewert-Mohr
Printed in Germany

Inhalt

Vorwort 7

Benutzerhinweise 9

Schwerpunktthemen

Aggression 13
Erziehung 74
Freizeiten 88
Gebet 96
Jungschar 136
Mitarbeiter 184
Spielen 236
Verkündigung 263

Checklisten

Aktionen 295
Altenbesuche 295
Baderegeln 297
Checkliste entwickeln 298
Einladungen 301
Erste Hilfe 301
Feuer 302
Freizeiten 304
Freizeitplanung 306
Freundschaftsspielstationenlauf 308
Geländespiel 308
Höhepunkte 310
Jahresplanung 311
Jugendschutz 312
Kochen 316
Monatsplanung 317
Notsignale 318
Spielen 318
Sportschild 319
Stadtspiel 319
Start mit einer neuen Gruppe 320

Anhang

Bibelstellenregister 321
Register Artikel 325
Register Informationen 327
Abkürzungen 329
Autorenspiegel 329
Adressen 331
Literatur 333

Vorwort

Jesus Christus spricht:
»*Wer ein solches Kind in meinem Namen aufnimmt, der nimmt mich auf.*« Markus 9, 37

JUNGSCHAR ist der Name einer Arbeit mit und für Kinder, seit 1920 erstmals einige junge Christen in Württemberg Kindern biblische Geschichten und Erlebnisprogramme anboten. Der Name wurde inzwischen ein Synonym für Christliche Jugendarbeit und hat sich wahrhaft ökumenisch durchgesetzt. Viele Arbeitsbücher sind in den Jahrzehnten entstanden, doch ein LEXIKON für die Jungschararbeit gab es noch nie. Der Begriff ist verführerisch, denn ›Lex‹ heißt Gesetz. Jungschararbeit aber ist ein lebendiger Prozeß und kann nicht in unumstößliche Gesetze festgeschrieben werden. Die Liebe des lebendigen Gottes in Jesus Christus bestimmt das Handeln und verlangt nach Annahme, Wegbegleitung und der Förderung von Begabungen. Wir, die Herausgeber, verstehen deshalb das ›Jungscharlexikon von A-Z‹ als Nachschlagewerk für die Praxis. Konkrete Hilfe, sachliche Erklärungen und ausführliche Texte erläutern die Vielseitigkeit der Kinder- und Jugendarbeit im Jungscharalter.
Einige Jahre Arbeit vieler verantwortlicher Mitarbeiterinnen und Mitarbeiter steckt in diesem Buch. Allen Autoren und Ratgebern danken wir für die Bereitschaft, ihren Erfahrungs- und Erkenntnisschatz mit anderen zu teilen. So wünschen wir, daß das ›Jungscharlexikon von A-Z‹ zu einem vielgenutzten Nachschlagewerk für die Jungschararbeit wird und die Ideenschätze gehoben werden aus den Schwerpunktthemen, in Artikeln, den Informationen und nicht zuletzt aus den Checklisten.
Wer sein Leben für die Botschaft von Jesus Christus öffnet und Gottes Geist zur Wirkung kommen läßt, wird mit Augen der Liebe sein Leben gestalten und in der Jugendarbeit im Namen Jesu Kinder annehmen und begleiten. Aus der Kraft Gottes dürfen wir dabei aktiv werden, darum gilt der alte Gruß aus den Anfängen der Jungschararbeit auch heute:
MIT JESUS CHRISTUS – JUNGSCHAR MUTIG VORAN!

Reinhart Weiß Friedhelm Ringelband
für den
CVJM-Gesamtverband in Deutschland e. V.

Herbst 1995

Benutzerhinweise

Das Lexikon listet die verschiedensten Stichpunkte unter folgendem Grundraster auf:

Schwerpunktthemen: Sie greifen grundsätzliche Themen auf, stellen den jeweiligen Bereich gründlich und prägend in biblische Zusammenhänge und wollen zur Eigenarbeit am Thema ermutigen.

Artikel: Sie greifen ein Thema auf, stellen Fragen, geben Anstöße und bieten Vorschläge zur praktischen Arbeit.
Informationen: Sie erläutern kurz und bündig ein Stichwort bzw. erklären informell eine Sache, ein Werk, eine Kirche usw.

Checklisten: Sie sind Listen zum Abhaken von Vorbereitungspunkten und machen viele Praxisschritte auf einen Blick erfaßbar.
Die Schwerpunktthemen und Checklisten sind im Inhaltsverzeichnis aufgelistet, ein Register der Artikel und Informationen befindet sich im Anhang.

Ein *Bibelstellenregister,* ein Verzeichnis der gängigen *Abkürzungen,* ein *Autorenspiegel,* sowie *Adressen* und eine Auswahl an *Literaturvorschlägen* befinden sich ebenfalls im Anhang. Literaturtips der einzelnen Autoren zu dem jeweiligen Stichwort befinden sich am Ende des Schwerpunktes, Artikels etc.

Ein ⇨ zeigt einen entsprechenden *Querverweis* zu einem Schwerpunkt, Artikel etc. an, der im Zusammenhang mit dem Stichwort interessant ist.

Die Bibelstellen sind, wenn nicht anders angegeben, nach *Luther* '84 zitiert.
Aus Platzgründen wurde in der Regel darauf verzichtet, jeweils die männliche und weibliche Bezeichnung auszuschreiben. Die ›männliche‹ Bezeichnung wird in diesem Fall als die *neutrale* Bezeichnung verstanden.

Noch ein Wort in eigener Sache: Für Anregungen zum Lexikon, Vorschläge für neue Stichworte etc. sind wir gerne offen. Bitte senden Sie diese an folgende Adresse: Hänssler-Verlag, Lektorat, Stichwort: Jungscharlexikon, Postfach 1220, 73762 Neuhausen/F

Abenteuer

Der Begriff heißt im Mittelhochdeutschen »āventiure«, stammt aus dem altfranzösischen »aventure« und im lateinischen „adventūra", im englischen »adventure«. Er bedeutet: nicht alltägliches Ereignis, Geschehnis, gewagtes Unternehmen, ritterliche Tat. Den Bericht über dieses Ereignis nennt man ebenfalls A. Soweit das, was das große Brockhaus-Lexikon über diesen Bericht aussagt. Es gibt A.romane und -filme. Generationen von Kindern und Jugendlichen lasen und lesen mit Begeisterung die A. von »Tom Saywer« oder der »fünf Freunde«.

Gute A.literatur regt die Phantasie des Kindes an, es erlebt in ihr die A. der Helden mit. Thema dieser Geschichten – der Kampf des/der Guten gegen das/den Bösen, wobei nach vielen Entbehrungen und A. das/der Gute über das/den Böse(n) siegt und das/den Unterdrückte(n) befreit. Kinder wollen aber nicht nur A. lesen, sondern auch selbst welche erleben und ein Wagnis gut bestehen. Es ist wichtig, daß deutlich wird, daß ein A. nichts mit Waghalsigkeit, Unachtsamkeit oder Unbedacht zu tun hat. Einen christlichen Lebensstil zu leben, ist ein größeres A., als alle Ereignisse zu bestehen, die in den Romanen und Filmen dargestellt werden. Es ist viel schwieriger, in der Realität zu bestehen, als sich in einer Traumwelt zu behaupten. Deshalb ist es Aufgabe einer Jungschararbeit, darauf hinzuarbeiten, daß ein Kind lernt, sich den Herausforderungen und A. des täglichen Lebens zu stellen und sie zu bestehen. Der Hinweis auf Gottes Hilfe und Führung durch die A. des Lebens gehört dazu. Mitarbeiter in der Jungschar sollen dieses durch ihr eigenes Leben bezeugen. Durch das Programm in der Gruppe kann ein Kind, gemeinsam mit anderen A. bestehen, seine Grenzen erfahren und lernen, damit umzugehen. Dabei ist Teamarbeit gefragt, die Einzelkämpfer bleiben auf der Strecke. Wer ein A. bestehen will, braucht Mut, Entschlossenheit, etwas Geschick, den rechten Blick für Gefahren und das nötige Gottvertrauen.

A. kann man bei phantasievoll vorbereiteten Freizeiten und Zeltlagern, in der Natur wie in der Stadt beim Stadtspiel erleben.

> Wer die kleinen A. des Alltags meistern lernt, kann auch die großen Herausforderungen des eigenen Lebens meistern.

Jungscharmitarbeiter können dabei wertvolle Hilfestellung leisten und anhand von biblischen Geschichten, Spielen, Liedern und anderen Aktionen ihren Kindern eine abenteuerliche Jungscharzeit bieten.

⇨ Erlebnisprogramm

cr

Abzeichen

A. (Zeichen, Symbole) begegnen uns von jeher in vielfacher Weise. Es gibt sie in Stein gemeißelt, auf Kupfer emailliert, auf Stoff gestickt und auf Papier gedruckt. Nicht zu vergessen das weite Fachgebiet der Heraldik (Wappenkunde). Ein Zeichen zeigt an, zu wem sich der Träger bekennt oder wem eine Sache gehört.
In der JS haben wir es vor allem mit zwei A. zu tun:

Ankerkreuz

Schon die ersten Christen malten ein Geheimzeichen an die Wände ihrer Katakomben, einen Fisch. Ein Zeichen, das unserem Ankerkreuz entspricht, fand man in einer Katakombe aus dem 3. Jahrhundert in die Wand geritzt. Es war ein Kreuz mit den Ankerhaken am unteren Ende.
Unser Ankerkreuz, das »JS-Abzeichen«, wurde 1920 von Hans Klopfer entworfen. Es will uns ein Vierfaches deutlich machen: Das **Kreuz** ist eines der ältesten Symbole überhaupt. Es ist seit dem Kreuzestod Jesu Zeichen des christlichen Glaubens. Im Ankerkreuz ist es das eindeutigste und wichtigste Symbol. Die JS bezieht im Bekenntnis zum Kreuz ganz klar Stellung für Jesus Christus.
Der **Anker** erinnert daran, daß ein Schiff gesichert ist, wenn es einen festen Grund für seinen Anker hat, einen Grund, auf den es sich verlassen kann, wenn Stürme aufkommen. Der Anker im Ankerkreuz weist auf den festen Grund hin, auf den sich die Christen verlassen: ihren Herrn Jesus Christus. Christen aber sind Menschen, die vorwärts schauen, nicht ängstlich und sorgend, sondern fröhlich und getrost. Sie wissen: Wir sind nie und nirgends allein. An jedem Tag und in alle Zukunft sind wir unter Gottes Augen und in Gottes Händen. Diese fröhliche Zuversicht nennt der Schreiber des Hebräerbriefes (6, 19) einen »sicheren und festen Anker unsrer Seele«.
Der **Ring** gilt allgemein als Zeichen der Gemeinschaft und Verbundenheit. Er will sagen: Wir Träger dieses Zeichens gehören zusammen, keiner steht für sich allein. Wir als Jungscharler unserer Gruppe, unseres Bundes und Landes gehören zusammen. Das Wissen, mit vielen Tausenden von Jungscharlern im Namen Jesu Christi verbunden zu sein, ist eine erhebende und stärkende Sache.
Die **Farbe** des Ankerkreuzes ist silber oder weiß. In der Heraldik bedeuten diese Farben Reinheit, Klarheit, Wahrheit. Das gleiche gilt für unser Ankerkreuz. Die Farbe erinnert uns an Jesu Wort: »Selig sind, die reines Herzens sind« (Mt 5, 8), und an das Psalmgebet: »Schaffe in mir, Gott, ein reines Herz!« (Ps 51, 12)

CVJM-Dreieck

Das CVJM-Dreieck wurde von Luther Halswy Gulick, einem amerikanischen Arzt und Sportsekretär am CVJM-Ausbildungszentrum Springfield-College/USA 1890 entworfen. Wir wollen jungen Menschen an Leib, Seele und Geist in gleicher Weise dienen und helfen. Nach dem 1. Weltkrieg fand das CVJM-Dreieck Eingang in die Großstadt-CVJM, heute gilt das Symbol der CVJM-Arbeit allgemein. Wir finden es weltweit.
In unserer JS darf derjenige die beiden Zeichen auf dem Fahrtenhemd tragen, der die Bedeutung der Zeichen kennt.

Die Verwendung von A. in der JS ist aber nicht auf diese beiden Zeichen beschränkt. In vielen JS gibt es schöne A. zu den unterschiedlichsten Anlässen, als Aufnäher, Aufkleber, Emailleabzeichen, Buttons und vieles mehr. Es gibt sie als Preise für Wettbewerbe, als Zeichen der Treue und auch als Zeichen einer bestandenen Prüfung. Gerade heute sind A. aller Art ja groß in Mode.

Hierzu ein Beispiel: In einigen Bereichen des CVJM-Westbundes beginnt die Schulung von JS-Mitarbeitern bereits im JS-Alter. Begabte ältere Jungscharler werden in ihrer JS Häuptling (mitverantwortlich für eine Kleingruppe von 6 Jungscharlern).

Sie werden eingeladen zu speziellen altersgemäßen Schulungswochen, den Häuptlingsfreizeiten. Den Abschluß nach vier Häuptlingsfreizeiten bildet die Häuptlingsprüfung. Die Teilnehmer erhalten eine Urkunde und den heiß begehrten »**silbernen Halstuchring**« mit dem Eichenkreuzabzeichen. Warum ist der »silberne Halstuchring« so begehrt? Ist es wegen dem feinen Glanz? Ist es, weil man bei anderen damit Eindruck machen kann, weil man dann sieht, daß man ausgebildeter Häuptling ist? Nun macht ein schöner Halstuchring oder ein schönes A. noch keinen guten Mitarbeiter. Aber gute Mitarbeiter werden immer wieder Schulungen und Kurse besuchen. Der »silberne Halstuchring« verpflichtet: Wer ihn trägt, zeigt damit, daß er etwas kann und daß man von ihm etwas erwarten darf.
Wer ihn trägt, bezeugt damit, daß er seine Gaben für andere einsetzen will. Er weiß, daß er seine Gaben von Gott empfangen hat. Stolz ist da fehl am Platz. Wie wir mit den Gaben umgehen, ob und wie wir sie einsetzen und trainieren, hängt dann von unserem Willen und unserer Bereitschaft zum Gehorsam ab. Aber auch trainierte Gaben sind niemals ein Sockel, auf den wir uns mit Stolz stellen sollen. Die Ehre gehört Gott.
Der »silberne Halstuchring« soll ein Grund zur Freude sein. Wer ihn trägt, soll sich freuen, daß er lernen und wachsen durfte, um anderen besser zu dienen.
Für die verschiedenen Wettbewerbe in unserer JS gibt es **emaillierte A.** in mehreren Farben und mit unterschiedlichen Symbolen. Wir tragen sie an einem Lederbändchen auf der rechten Brusttasche des Fahrtenhemdes. Am Ende des Jahres, einer Freizeit oder eines Wettbewerbes werden die A. in feierlicher Form verliehen. Es gibt A. für: regelmäßigen JS-Besuch, JS-Zehnkampf (Sport und Spiel), Waldlaufmeisterschaft usw.
In unseren Ritterlagern gibt es die **Lagermedaille** für den gewonnenen Ordnungswettkampf und das **Lagerzeichen** (Zelt mit Kreuz und Fahnenmast) für 2-, 4-, 6- oder zehnmalige Teilnahme an einem Ritterlager. Stolz tragen die Mannen, Knappen, Junker und Ritter auch ihren **Button** mit Namen und Burgwappen.

⇨ Mitglied   ⇨ Werbung

gr

Aggression

Kaum ein Thema beschäftigt Eltern, Pädagogen und Jugendmitarbeiter seit einigen Jahren so sehr, wie das epidemieartige Auftreten und Ausbreiten von Aggression und Gewalt im Kindes- und Jugendlichenalter. Kein Tag vergeht, ohne daß die Presse über brutale Gewalt auf dem Schulhof gegen Außenseiter oder Schwächere berichtet.
Fachleute unterscheiden Aggressionen gegen sich selbst, gegen andere und gegen Dinge. In der Mehrzahl der Fälle haben wir es mit den beiden letzteren zu tun: Aggressionen gegen andere können verbal (Schimpfworte, Ausdrücke aus dem sexuellen Bereich, hänseln/bloßstellen anderer ...) oder konkret handgreiflich (schlagen, treten, Nachahmen von Kampfsportarten wie Kickboxen usw.) sein.
Auch in unseren Jugend- und Jungschargruppen erleben wir zunehmend Kinder, die aggressiv auftreten.
Der Umgang mit diesen Aggressionen stellt Mitarbeiter oft vor große Probleme. Um mit ihnen umgehen zu können, ist es wichtig, deren mögliche Ursachen zu kennen.

Ursache Familie/Elternhaus: Ein Zusammenhang zwischen einer belasteten Situation im Elternhaus und Aggressionen der Kinder ist zwar nicht immer zwingend gegeben, aber auffallend häufig anzutreffen. Kinder, die zu Hause keine Geborgenheit, keine Bemühung um friedliche Beilegung von Konflikten, sondern im schlimmsten Fall selbst Willkür und Gewalt ausgesetzt sind, sind meist nicht in der Lage, Konflikte in Gruppen gewaltlos durchzustehen.

Ursache Frustrationen: Pädagogen kennen die Frustrations-Aggressions-Theorie. Diese besagt, daß Frust (egal welcher Art), der nicht adäquat (z. B. im Gespräch mit Erklärungen, Entschuldigung, Versöhnung...) abgebaut werden kann und sich anstaut, immer zu Aggressionen führt. Dies vor allem, wenn Frustrationen von Stärkeren ausgehen, gegen die sich das schwächere Kind nicht »wehren« kann. Solche Frustrationen können fehlende Anerkennung, Leistungsschwäche, konkrete Enttäuschungen u.v.m. sein.

Ursache Fehlende Gruppenfähigkeit: Inzwischen wächst fast jedes zweite Kind ohne Geschwister auf. Einzelkinder müssen sich zu Hause nicht mit Geschwistern auseinandersetzen. Sie lernen nicht, mit Gleichberechtigten konstruktiv zu streiten. Auch die Schule ist in der Regel nicht der Ort, an dem soziales Zusammenleben gefördert wird, hier geht es eher um Durchsetzen und Konkurrenz. Wo sollen diese Kinder Gruppenbewußtsein lernen, lernen zu teilen, zugunsten anderer oder gemeinsamer Ziele kürzer zu treten, Rücksicht zu nehmen? Diese Unbeholfenheit, mit der Gruppe umzugehen, kann zu Streß führen, der sich in aggressiven Handlungen äußert.

Ursache Fehlende Zuwendung: Es gibt Kinder, die grob mit anderen Kindern oder Gegenständen umgehen, um anderen zu gefallen, ihnen zu imponieren. Dies sind oft Kinder, die sonst zu wenig Aufmerksamkeit erhalten würden. Sie ziehen es dann (unbewußt) immer noch vor, negative Aufmerksamkeit (Ermahnung, Ablehnung, Rauswurf) zu erregen als gar keine.

Ursache Video und Computerspiele: In Gewaltdarstellungen in Filmen und bei Videospielen, in denen es fast immer um Kampf und Zerstörung geht, lernen die Kinder, daß Gewalt gar nicht so schlimm ist. Die Filmhelden stehen immer wieder auf, im Videospiel hat man mehrere Leben. Der Wert des Lebens und der Unversehrtheit nimmt ab, denn irgendwo kann man sich bestimmt noch ein Leben »holen«. Dieses Denken scheint sich gravierend auf die kindliche Realität auszuwirken.

Es gibt sicher noch zahlreiche andere Ursachen für A. Aber ich denke, ich habe hier die wichtigsten für Kinder im JS-Alter genannt.

Wie können wir nun aber mit A. im Bereich der JS umgehen?

Grundsicht: Voraussetzung für den Umgang mit A. in der JS muß es sein, daß wir nicht gegen die A., sondern für die aggressiven Kinder arbeiten. Es ist einfach, gewaltbereite Kinder aus der JS zu weisen, vielleicht ist dies in Einzelfällen auch notwendig. Dem Auftrag der JS werden wir aber erst gerecht, wenn wir versuchen, den betreffenden Kindern zu helfen, ohne A. über die Runden zu kommen.

Vorbild: Ein JS-Mitarbeiter ist immer ein Vorbild, ein gutes oder ein weniger gutes. JSler orientieren sich an ihm. Diese Tatsache birgt bereits eine gute Chance für den Umgang mit A.: Dadurch, daß ich zeige, daß Konflikte auch ohne Gewalt gelöst werden können, und daß eine annehmende Atmosphäre in der JS viel schöner ist als eine, die von A. geprägt ist, übernehmen Kinder vielleicht ähnliche Umgangsformen.

Programm: Auch mit meinem Programmangebot kann ich Signale setzen: Wie gehen wir mit »Sieg und Niederlage« bei Wettspielen um? Kann auch ein verlorenes Spiel Spaß machen? Ich denke ja. Zudem gibt es auch genügend gemeinschaftsfördernde Spiele. Themen und (Bibel-) Geschichten, Gemeinschaft, Freundschaft gehören m. E. in das Programmangebot jeder JS. Gute Ansätze für das Hervorheben von Stärken einzelner JSler, auch von denen, von denen man sonst nur Schwächen (oder A.) kennt, bieten

Talentschuppen oder ähnliche Einheiten. Den Interessen und Stärken von JS-Kindern kann man auch auf die Spur kommen, wenn diese das Programm mitgestalten dürfen.
Gezielte Hilfen: Handelt es sich bei vorgenanntem eher um allgemeine Maßnahmen, so ist es in vielen Fällen sicher erforderlich, speziell auf einzelne Kinder einzugehen. Zunächst gilt es, sensibel zu sein für einzelne Kinder, ihre Probleme und ihr Verhalten. Es kann wichtig sein, die Ursache für aggressives Verhalten der Kinder herauszufinden. Dieser Versuch muß als Angebot, keinesfalls als Zwang verstanden werden. Ich kann dem Kind meine Bereitschaft zum Gespräch anbieten, darf es aber nicht drängen, etwas zu sagen, was es nicht sagen möchte. In der Folge könnten klärende und helfende Gespräche mit Einzelnen, mit der Gruppe, Eltern usw. sinnvoll sein – das Einverständnis des Kindes vorausgesetzt.
Sind Streitigkeiten, z. B. zwischen mehreren JS-Kindern, Quelle von A., können wir versuchen, vermittelnd aufzutreten, um eine Versöhnung zu erleichtern.
Manchen Kindern kann es schon helfen, wenn sie durch ein gutes Wort oder durch eine besondere Aufgabe, die sie in der JS übertragen bekommen, sehen, daß sie willkommen sind, gebraucht werden, hier wichtig sind.
Auch das Gebet für meine JSler ist eine entscheidende gezielte Hilfe, vor allem, aber nicht nur, wenn ich mit meinem Latein am Ende bin.
Zusammenfassung: Ich kann durch allgemeine und gezielte Maßnahmen versuchen, Kindern, die durch aggressives Verhalten auffallen, Hilfen anzubieten. Dies ist eine wichtige Aufgabe eines JS-Mitarbeiters. Wichtig ist aber auch zu wissen, daß ich mit meinen Bemühungen an Grenzen kommen kann, an denen ich nicht weiterkomme. Als letzter Schritt kann es manchmal tatsächlich notwendig werden, einem Kind den JSbesuch zu verbieten, nämlich dann, wenn andere Kinder gefährdet sind. Dies bedeutet dann kein Versagen, sondern vielmehr Wahrnehmung meiner Verantwortung als Mitarbeiter.

wh

Aktionen

Will man ein JS-Programm ansprechend und abwechslungsreich gestalten, so braucht man auch einige Höhepunkte. Höhepunkte können neben Wanderungen, Ausflügen und Freizeiten auch A. sein.
Eine Gruppe ist eine Anzahl von Menschen, die mindestens ein gemeinsames Ziel haben. Es gibt Gemeinsamkeiten, die von vornherein gegeben sind, und solche, die vom JS-Leiter erst erkannt oder geschaffen werden müssen. Dazu bieten sich in einer JS A. an, die von allen gemeinsam vorbereitet und durchgeführt werden. Denn was gemeinsam getan wird, verbindet. A., die gemeinsam angepackt werden, schaffen ein »Wir-Gefühl«. Eine JS-Gruppe, die keine A. durchführt, wird zahlenmäßig kleiner, umgekehrt wächst eine Gruppe, wenn sie etwas gemeinsam tut.

A. sind ein Teil der Öffentlichkeitsarbeit eines Vereines, denn die Öffentlichkeit wird bei A. mit in das Geschehen einbezogen.

Ziel der Aktionen:
Neue Jungen und Mädchen für die JS-Gruppe werben; Geld für die Gruppenkasse (z. B. für Verschönerung des Heims, Spielgeräte) sammeln; Geld für einen bestimmten Zweck (Weltdienst, Missionsarbeit u. ä.) zu sammeln.

Arten der Aktionen:
Werbeaktion: Wenn eine JSGruppe Teilnehmer verliert und immer nur dieselben Kinder kommen, oder aber eine neue Gruppe gestartet werden soll, kann eine Werbeaktion Hilfe bringen. Dazu besorgt man sich vom Pfarramt eine Adressenliste aller Kinder des Ortes und stellt Plakate und Handzettel her. Die Plakate hängt man als Vorinformation an vielbesuchten

Altenbesuche

Stellen im Ort auf, mit den Handzetteln lädt man die Kinder persönlich ein.
Christbaumaktion: Viele Menschen haben heute nur noch Öl-, Gas- oder Zentralheizung und wissen daher nicht, was sie nach Weihnachten mit dem ausgedienten Weihnachtsbaum tun sollen. Viele Jugendgruppen besorgen sich nun die nötigen Sammelfahrzeuge, holen den Baum gegen eine kleine Spende ab und bringen ihn zum Wertstoffhof.
Weltdienstaktionen: Der CVJM-Weltdienst ist in Europa, Asien, Afrika und Lateinamerika tätig und benötigt für seine Arbeit Gelder, die aus Spenden stammen. Auf Weihnachts- oder sonstigen Märkten werden dafür Reis-, Tee- oder Orangenstände eingerichtet. Die ausgesuchten Waren werden über einen Händler besorgt, eventuell umgepackt und zu einem Preis (z. B. DM 1,-) verkauft, der von vornherein anzeigt, daß es um eine Spendenaktion geht. Es ist gut, wenn eine solche Aktion für ein ganz bestimmtes Projekt der CVJM-Weltdienstaktion durchgeführt wird.
Flohmarkt oder Basar: Für einen Flohmarkt können ausgediente Sachen wie Spielzeug, Bücher, Schallplatten oder zu klein gewordene Kleidungsstücke gesammelt und verkauft werden. Bei einem Basar können Bastelarbeiten der JSGruppe zum Verkauf kommen. Neben diesen Verkäufen kann ein gemütliches Beisammensein mit Kuchenspenden von JS-Eltern und Mitarbeitern die Aktion abrunden. Der Erlös dieser A. kann der JS-Kasse oder einem bestimmten Projekt zugute kommen. A. sollten rechtzeitig durch Plakate und Handzettel angekündigt werden.

▷ Christbaumaktion   ▷ Werbung
▷ Höhepunkte   ▷ Altenbesuche
▷ Checkliste Höhepunkte

ch

Altenbesuche

Es ist gut, wenn »Alt«, und »Jung« sich treffen. Die »Alten« freuen sich, daß sie nicht vergessen sind. Die »Jungen« lernen — vielleicht zum ersten Mal — Omas und Opas kennen. Mit all ihren Beschwerden und Schwierigkeiten: schlechtes Hörvermögen, zittern, Rollstuhl... aber auch mit ihrer großen Freude über den Besuch.

A. erfordern eine gute Vorbereitung und Planung.
Zuerst sollten die **Mitarbeiter** mit den Heimen oder bei Hausbesuchen mit den Familien der älteren Menschen Kontakt aufnehmen. Erklären, was sie tun möchten, sich beraten lassen, was möglich ist. Evtl. sollte man die älteren Menschen vorher besuchen und auch mit ihnen Kontakt aufnehmen.
Die **Gruppe** sollte vorher gut vorbereitet werden. Man sollte erzählen, wie es im Heim aussieht, wie die Menschen sind, wie sie reagieren, was sie tun können. Einfach einige Dinge aufzeichnen über das, was »Altsein« heißt. Das Programm sollte für beide Seiten geeignet sein. Dies ist für jede Art von Veranstaltung wichtig: ob Darbietung im Heim, im Saal, im Garten, auf der Wiese oder ... Wie wäre es mit einem »Mitmach-Programm«? Singen, Spielen, Basteln, Erzählen, Verkündigen ...
Ist solch ein Kontakt geknüpft, sollte es nicht bei einer einmaligen Aktion, z. B. Singen an Festtagen, bleiben. Das ganze Jahr über könnte der Kontakt, das Miteinander gepflegt werden: Gartenfest, Herbstfest, JS-Tag, Sing- und Spielmittage ... Hierbei ist jedoch darauf zu achten, daß weder die Kinder, noch die älteren Menschen, noch die Mitarbeiter überfordert werden. Eine gewisse Regelmäßigkeit ist aber sicherlich besser, wenn auch anstrengender als eine einmalige Aktion.

▷ Checkliste Altenbesuche   ▷ Aktionen
▷ Checkliste Aktionen

hb

Altersstufen

Für manche Mitarbeiter ist das mittlerweile zu einer Frage geworden: Ist das Alter von 9 bis 13 Jahren wirklich noch das JS-Alter? Ist diese Altersabgrenzung – sowohl nach unten als auch nach oben – in manchen/vielen Gruppen durch die Praxis nicht längst überholt? Welche besonderen Merkmale gibt es eigentlich für **das** JS-Alter, wodurch ist es gekennzeichnet? Wer legt es fest und wie verbindlich ist das?
Außer Frage steht sicher, daß das Alter von 10 bis 12 Jahren derzeit zum »Kernalter« in der JS-Arbeit gehört. Problematisch wird es in der Abgrenzung nach unten (9 J.), vor allem aber nach oben (13 J.). Längst sind die Zeiten vorbei, als die Konfirmation zugleich auch den Abschluß der JS-Zeit und den Übergang in die nächste Gruppe (Mädchenkreis, Jungenschaft, Junge-Erwachsenen-Arbeit...) markierte. Wenn in der »Konzeption der JS-Arbeit« des CVJM-Gesamtverbandes festgehalten wird: »Zur Altersgruppe der Jungscharen gehören die 9-13jährigen Jungen und Mädchen« (Punkt 2.3), dann war für diese Altersabgrenzung neben allen praktischen Erfahrungen aus der Arbeit gerade auch der entwicklungspsychologische Gesichtspunkt maßgebend. JS-Arbeit ist Arbeit mit Kindern in einer ganz bestimmten Phase ihrer Entwicklung zum Erwachsenen hin. Das JS-Alter umfaßt die sog. »Latenzperiode« ab 9 Jahren bzw. die Vorpubertät. Die Pubertät – eine Zeit vielfältiger Veränderungen sowohl im körperlichen als auch im geistig-seelischen Bereich – »markierte« das JS-Alter mehr oder weniger nach oben. Nun ist unverkennbar, daß die Pubertät heute ca. 2 Jahre früher beginnt als vor 30 Jahren. Sieht man von individuellen Unterschieden einmal ab, beginnt die Phase der Pubertät bei Mädchen etwa im Alter von 10/11 Jahren, bei Jungen etwa mit 11/12 Jahren. Die Pubertät ist eine Krisenzeit, deren Höhepunkt in der ersten Phase liegt. Diese Zeit ist eine Phase der Auflösung und Umwandlung in allen Bereichen, eine Zeit starker Verunsicherung, eine Zeit des »Protests« und der Abwendung, eine Zeit innerer Zerrissenheit.

Die Situation der Kinder verändert sich laufend

Nicht nur entwicklungspsychologische Veränderungen und Verschiebungen hat es gegeben. Die Situation der Kinder heute verändert sich auch in anderen Bereichen zusehends. So läßt sich, ohne damit den Anspruch der Vollständigkeit zu erheben, folgendes feststellen:
Die natürlichen Wurzeln und Zusammenhänge menschlichen Lebens gehen immer mehr verloren. Kinder erfahren Leben fast nur noch »aus zweiter Hand«.
»Leben aus zweiter Hand« wird verstärkt durch den TV-Konsum. Fernsehkonsum (und auch der anderen technischen Medien) läßt eigene Aktivität kaum oder nicht mehr zu, verurteilt zu passivem Aufnehmen einer angeblichen Lebensfülle. Die Überfütterung mit ständig neuen Impulsen führt zum Absterben der Vorstellungskraft und Phantasie. Die vielen Eindrücke können nicht mehr verdaut, verarbeitet und durchgespielt werden. Das führt zu Lethargie (Teilnahmslosigkeit, Abgestumpftheit und Aggressivität, Angriffslust, Streitsucht).
Kinder erfahren Leben und Welt als »Wegwerfware«. Alles kann verbraucht werden. Alles verbraucht sich schnell. Nichts/fast nichts hat Bestand (es gibt ständig Neues). Kinder haben oft keine Zeit für sich, für zweckfreie Spiele, für Abenteuer. Für manche Kinder wird der Terminkalender durch Schule und andere Aktivitäten im außerschulischen Bereich bereits zum »notwendigen Übel«.
Menschliche Beziehungen werden für Kinder immer unsicherer. Eltern trennen sich, die Großeltern leben für sich. Zunehmender Leistungsdruck herrscht in der Ausbildung schon von der Grundschule an.
Die Situation der Kinder hat sich bereits stark verändert und wird sich auch weiterhin verändern. Ob der amerikanische Medienpädagoge Neil Postman recht behält,

der »Das Verschwinden der Kindheit« (so einer seiner Buchtitel) verkündet?

Fließende Übergänge vor Ort haben sich bewährt
Der veränderten Situation gegenüber können wir nicht einfach die Augen verschließen und sie ignorieren. Es ist notwendig, daß wir über die Veränderungen und ihre Folgen für die JS-Arbeit intensiver nachdenken, Erfahrungen sammeln und Beobachtungen austauschen. Dazu gehören auch die Überlegungen zur Altersabgrenzung in der JS. Da jedoch die Gruppensituation in den JS sehr unterschiedlich sind und auch die entwicklungspsychologische Situation und die vielfältigen Erscheinungsbilder von 13jährigen kein einheitliches Bild ergeben, erscheint mir eine grundsätzliche Änderung in der Altersabgrenzung noch nicht sinnvoll.
Hilfreich und sinnvoll ist es dagegen, stärker von den Gegebenheiten vor Ort her zu entscheiden, ob das JS-Alter die Zeit von 9-13 oder 9-12 Jahren umfaßt. In der Regel werden im JS-Alter in der Praxis ja seit langem schon die Gruppen altersmäßig in jüngere und ältere Gruppen aufgeteilt. Dabei haben sich sowohl nach unten wie nach oben keine starren Altersabgrenzungen, sondern eher fließende Übergänge bewährt. Allerdings ist jedoch auch zu fragen, ob es richtig und sinnvoll ist, die fließenden Übergänge nach unten bis zum 7- und manchmal sogar bis zum 5jährigen auszudehnen. Allein der Gesichtspunkt, daß nur dann eine zahlenmäßig wünschenswert große Gruppe zusammenkommt, rechtfertigt dies nicht. Die inhaltlichen Schwerpunkte der JS-Arbeit sollten auf jeden Fall auf das Durchschnittsalter der 9-11jährigen zugeschnitten sein.

Kindergruppenarbeit ist keine JS
JS- und Jugendarbeit grenzen sich schon begrifflich voneinander ab. Notwendig ist eine solche klare begriffliche Abgrenzung auch für die Arbeit in dem Alter, das vor dem JS-Alter liegt. Die »Kindergruppenarbeit« – wie sie mittlerweile vielfach genannt wird – unterscheidet sich nämlich wesentlich von der JS-Arbeit. Es ist die Arbeit mit Kindern in einer anderen Entwicklungsphase bzw. -stufe. Der unterschiedliche Entwicklungsstand findet seinen Niederschlag in einer entsprechenden Programmgestaltung. Vieles aus dem JS-Programm wäre für die Kindergruppe einfach eine Überforderung. Von den Mitarbeitern in der Kindergruppenarbeit wird ein großes Maß an Reife gefordert, sie sind aufgrund der Entwicklungssituation der Kinder noch stärker als die Mitarbeiter in der JS als Bezugspersonen gefordert. Kindergruppenarbeit ist keine JS-Arbeit. Wohl aber kann und soll die JS-Arbeit auf die Kindergruppenarbeit aufbauen. Von daher ist, sofern es Kindergruppen neben der JS gibt, eine gute Zusammenarbeit und auch regelmäßige Absprache zwischen den Mitarbeitern anzustreben, um Übergänge aus den Kindergruppen in die JS zu ermöglichen.

JS in der Gesamtarbeit
Die JS-Arbeit ist eingebettet in die Vereins- und Gemeindearbeit und unterscheidet sich von anderen Arbeitsbereichen sehr wohl. Das bedeutet aber auf keinen Fall, daß sie beziehungslos zu anderen Arbeitszweigen geschieht. Abgrenzungen sind allerdings um einer sinnvollen und gezielten Arbeit willen notwendig. Aber diese Abgrenzungen müssen immer wieder hinterfragbar und korrigierbar sein, andernfalls sind sie nicht Hilfe für die Arbeit, sondern eine Behinderung und Einschränkung.

⇨ Kindergruppe
⇨ Entwicklungspsychologie

jb

Andacht

Keine JS-Veranstaltung ohne A.! Für den einen dürfte dies selbstverständlich sein, für andere ist es erklärungsbedürftig. Es geht nicht um formale Begründungen wie das »hohe C« im CVJM. Es geht darum, daß Mitarbeiter erfahren haben, daß Jesus der Mittelpunkt ihres Lebens geworden ist, daß er ihnen Leben und Ewigkeit gibt. Davon müssen wir weitersagen, das können wir nicht verschweigen, davon »fließt der Mund über«. Natürlich kann dieses Anliegen nicht in einer A. allein zum Ausdruck kommen, es geht weiter in Gesprächen nach der Gruppenstunde, in Hausbesuchen usw.

Die grundlegende Form der Verkündigung in der JS-Stunde aber ist die A. Gegenüber der Bibelarbeit, die ihren Platz v. a. auf Freizeiten hat, ist sie kurz und insbesondere auf solche Jungscharler ausgerichtet, die mit dem christlichen Glauben noch nicht viel anfangen können.

Als Faustregel gilt: 1 Bibelvers, 1 Hauptgedanke, 1 Beispiel, alles zusammen nicht länger als 5-10 Minuten. Sinnvoll ist es, einen Text aus der fortlaufenden Jungschar-Bibellese zugrundezulegen oder eine thematisch zusammenhängende A.-Reihe durchzunehmen. Das erste unterstützt das persönliche Bibellesen der Jungscharler, das zweite ermöglicht eine gründlichere Beschäftigung mit biblischen Personen und Themen.

Für die Erarbeitung der A. gibt es drei Schritte:

1. Text für sich: Ich erarbeite die Aussagen des Textes. Es ist klar, daß dies nur in der Stille vor Gott und vom Gebet um Gottes Reden getragen geschehen kann. Ich lese den Text mehrmals durch, am besten laut. Ich beachte den Textzusammenhang und lese nach, was vorher und hinterher steht. Der »ZOPEK-Schlüssel« ist hilfreich, um die Textaussagen zu erfassen: Z – Zeit / O – Ort / P – Personen / E – Ereignis / K – Kern. Also: In welcher Zeit handelt dieser Abschnitt? Wo finden diese Ereignisse statt? Usw.

Zur näheren Erarbeitung ist es sinnvoll, Parallelstellen nachzuschlagen und in einer Konkordanz, einem Bibellexikon und den Landkarten im Anhang zur Bibel weitere Orientierung zu suchen. Meine Fragen, Antworten und Ideen schreibe ich jeweils stichpunktartig auf.

2. Text für mich: Ich lasse den Text ganz persönlich zu mir reden. Es ist wichtig, daß ich ihn nicht sofort unter dem Gesichtspunkt lese, was ich damit anderen sagen könnte. Zunächst einmal betrifft er mich; und nur wenn ich ihn selbst in meinem Leben wirken lasse, kann ich davon auch glaubhaft weitersagen. Ich versuche das, was mir deutlich geworden ist, im Alltag zu leben. Das beinhaltet auch, daß ich mit der A.-Vorbereitung schon Tage vor

Morgenandacht

Durch die M. soll der Tag ganz bewußt schon mit einer Besinnung auf Gottes Wort und mit Lob und Dank Gottes begonnen werden. Die M. ist sozusagen auf Freizeiten das erste gemeinsame Erlebnis am Tag.

Sie kann in einem geeigneten großen Raum stattfinden oder auf einer Wiese, auf der man sich im Kreis aufstellt. Gestaltet wird sie zumeist von einem Mitarbeiter, ggf. mit Unterstützung von Teilnehmern aus der Gruppe.

Aus folgenden Elementen kann die M. gestaltet sein: Singen eines oder mehrerer bekannter Lieder; Lesen eines Bibelabschnittes (ggf. Auslegen des Bibelabschnittes); Gebet (durch einen Mitarbeiter oder z. B. gemeinsames **Vaterunser**); gegenseitiges Begrüßen am Morgen durch Händeschütteln; Hissen einer Lagerfahne.

⇨ Andacht

sw

der JS-Stunde anfange. Ich frage also: Was sagt mir der Text ganz persönlich? Wofür kann ich danken, Gott loben, bitten und um Vergebung bitten? Wo möchte Gott mich durch sein Wort ermutigen, wo will er mich verändern?

3. Text für dich: Wenn ich den Text so vorbereitet habe, komme ich nicht so leicht in Gefahr, nur allgemeine Richtigkeiten oder Lieblingsideen weiterzusagen. Nun machen meine eigenen Erfahrungen mit dem Text aber noch nicht die A. aus. Ich muß mir meine Jungscharler vor Augen halten. Was verstehen sie, was bewegt

sie, welche Erfahrungen machen sie? Welchen Zugang zu den Textaussagen kann ich ihnen eröffnen? Eine kurze Beispielgeschichte ist sinnvoll, um die Brücke von den Jungscharlern zum Text zu schlagen. Ich erkläre und vertiefe einen Hauptgedanken des Textes. Selbst wenn ich viel mehr Gedanken gefunden habe, kann ich sie nicht alle übermitteln. Auch darf ich den Jungscharlern nicht meine eigenen Probleme überstülpen. Erst nach dieser Vorarbeit schaue ich ggf. in anderer Auslegungen und Erklärungen nach. Wenn ich das schon vorher mache, komme ich nicht zum selbständigen Denken.
Man kann üben, verständlich zu reden. Dazu gehört, kurze Sätze zu bilden, Fremdwörter zu vermeiden und die Jungscharler beim Reden im Blick zu behalten. Deshalb sollte man sich für die A. Stichpunkte aufschreiben, aber nicht alles ausformulieren. Lieder und Gebet sollten auch vorbereitet sein und zum Thema der A. passen.
Nun muß ich wieder in die Stille gehen: »Herr, du siehst, was ich vorbereitet habe. Ich brauche deinen Segen für alles, was ich weitersagen will. Herr, gebrauche mich als dein Werkzeug!« Und dann gilt Luthers Leitsatz: »Tritt frisch auf – tu's Maul auf – hör bald auf!«

⇨ Morgenandacht ⇨ Verkündigung

ipm

Ankerkreuz

Das A. führten 1920 die Stuttgarter JS ein. Es wurde von Hans Klopfer entworfen. Im gleichen Jahr wurde es allgemein als Zeichen der JS in ganz Deutschland übernommen.

Was will das Abzeichen aussagen?
Das Kreuz symbolisiert das Bekenntnis zu Jesus Christus, dem Sohn Gottes, dem gekreuzigten und auferstandenen Herrn dieser Welt und aller Geschöpfe, die darauf leben.

Der Anker sagt aus, daß sich alle Menschen in Jesus Christus verankert wissen, sie müssen nicht haltlos durch die Zeit treiben, die »Stürme« und der »rauhe Wind« des Alltags und der Gesellschaft treiben sie nicht davon, so daß sie mit ihrem Leben »Schiffbruch erleiden«.
Der Ring stellt die Gemeinschaft aller Menschen dar, die an Jesus Christus glauben, die sich von ihm retten lassen, die in ihm verankert sind und die ihr Christsein in der Gemeinschaft mit anderen Christen leben wollen und so die Tragfähigkeit dieser Gruppe spüren.
Die Farbe »Silber« bedeutet in der Heraldik (Wappenkunde) Reinheit und Klarheit. Der Glaube an Jesus Christus findet nicht im »Sumpf der Zeit« und im Halbdunkel der Zwielichtigkeiten statt, sondern in der Klarheit und der He(i)l(l)igkeit Gottes und seines Sohnes. Jesus sagt selbst von sich: »Ich bin das Licht der Welt, wer mir nachfolgt, der wird nicht wandeln in der Finsternis« (Joh 8,12)!
In einigen JS lernen die Mitglieder die Bedeutung des A. mit folgenden einprägsamen Worten: »Im Mittelpunkt unserer Gemeinschaft steht das Kreuz des Herrn Jesus Christus. Er ist unsere Hilfe und Halt, unser Rettungsanker in jeder Gefahr. Weiß (Silber) ist die Farbe der Reinheit!« (Entnommen aus der Aufnahmeprüfung für Jungscharler aus dem missionarisch-verbindlichen [bündischen] Jungscharhäuptlingsmodell)

⇨ Jungschar ⇨ Werbung

cr

Anspiel

Ein A. ist eine von einer Gruppe gemeinsam eingeübte Spielszene, die zu einem bestimmten Anlaß (Gottesdienst, CVJM-Fest, Elternabend o. a.) vor anderen Leuten vorgespielt wird. Es gibt verschiedene Arten von A.:
Spielwitze sind kurze Szenen mit einer lustigen Pointe.
Ein **Stegreifspiel** ist ein Theaterstück ohne festen Text. Die einzelnen Rollen werden nur kurz besprochen, die Handlung ist klar und jeder Mitspieler gestaltet seine Rolle nach eigenem Ermessen und Können.
Beim **Theaterstück** handelt es sich dagegen um ein langes A. mit festen Texten, Kostümen und Requisiten. Dazu ist intensive Vorbereitungszeit erforderlich.
Die **Pantomime** ist eine Spielszene ohne Worte (evtl. mit Musik). Die Darstellung geschieht nur durch Bewegungen, durch Mimik und Gestik.

Ein **Verkündigungsspiel** dient oft zur Vertiefung einer biblischen Geschichte. Die JS versuchen, sich in die biblischen Personen hineinzuversetzen, denken sich Texte aus (oder sprechen Worte aus der Bibel) und spielen die Szenen in einem Gottesdienst o. a. vor (evtl. mit antiker Kostümierung).

Das Einüben eines A. hat großen pädagogischen Nutzen. Es gibt der Gruppe ein Ziel, fördert das Zusammenwachsen der Gruppe, hat eine erhebliche Außenwirkung (bei Eltern, Gemeinde o. a.), zeigt den Mitarbeitern die oft verborgene Seite der Kinder, fördert Kreativität, Spontanität und freies Reden und macht in der Regel viel Spaß.

⇨ Sketch   ⇨ Theater
⇨ Rollenspiel

Arbeitshilfen

Es gibt immer noch JS-Mitarbeiter, die eine A. überhaupt nicht anschauen. Andere benutzen A. als »Notnagel«: wenn kurz vor der Gruppenstunde noch kein Programm steht, blättern sie hastig im »Jungscharleiter« auf der Suche nach einem Entwurf, der möglichst wenig Vorbereitung kostet.

Warum A.?
Weil mir irgendwann einfach die Ideen ausgehen, weil ich auch einmal etwas Neues ausprobieren möchte, weil ich von den Erfahrungen und Einfällen anderer profitieren kann.

Wie gehe ich mit A. um?
1. Das Inhaltsverzeichnis lesen. Dabei treffe ich schon eine Vorauswahl, indem ich z. B. einen Entwurf für einen Spielnachmittag suche oder eine Bastelidee, eine Geschichte oder eine Anregung für eine Andacht.

2. Den Artikel überfliegen. Mehrere Fragen leiten mich dabei: Was betrifft mich als Mitarbeiter persönlich? Was betrifft meine Gruppe? Ist der Entwurf geeignet für meine Gruppe und die Situation, für die ich eine Anregung brauche? Ist es ein Programm für drinnen oder draußen? Ist es überwiegend ruhig oder eher lebhaft? Für wieviele Teilnehmer ist es gedacht? Wieviele Mitarbeiter sind nötig? Was ist praktisch für mich/meine Gruppe verwertbar?

Im Bild:
A. sind wie ein großer Steinbruch. Ich hole das raus, was ich brauchen kann, gestalte es um und schneide es auf die Situation meiner Gruppe zu. Vielleicht kommen mir dabei ganz neue Ideen, und das, was zum Schluß rauskommt, hat überhaupt nichts mehr mit dem ursprünglichen Entwurf der A. zu tun. In den seltensten Fällen wird man ihn ganz genau so durchführen können wie vorgegeben. Kreativität ist gefragt!

Wie finde ich etwas wieder?
Ideen und Anregungen, die ich jetzt nicht sofort gebrauchen kann, schreibe ich mir zusammen mit Nummer und Seite der Arbeitshilfe auf und sammle sie in einer extra Mappe. Wenn es daran geht, ein neues Vierteljahresprogramm aufzustellen, sind so schon ganz viele Ideen greifbar.
In regelmäßigen Abständen erscheinen in vielen Arbeitshilfen Inhaltsverzeichnisse der letzten Jahrgänge. Optimal ist natürlich eine Kartei, in der man die einzelnen Themen katalogisiert.

Welche A. gibt es?
Regelmäßig erscheinende Zeitschriften: »**Jungscharleiter**« — mit praktischen Tips, Vorschlägen und Ideen; Bezugsadresse: Evangelisches Jugendwerk in Württemberg (ejw), Haeberlinstr. 1-3, 70563 Stuttgart; »**Jungscharhelfer**«; Bezugsadresse: Gemeindejugendwerk des Bundes Evang.-Freikirchl. Gemeinden, Rennbahnstr. 115b, 22111 Hamburg; »**KON**« — Arbeitshilfe (nicht nur) für Mädchenarbeit; Bezugsadresse: CVJM-Westbund, Materialstelle, Postfach 20 20 51, 42220 Wuppertal; »**Jungschar**« — eigentlich eine Zeitschrift für die Jungscharler, gibt aber auch praktische Ideen für die Gruppenarbeit her; Bezugsadresse: CVJM-Westbund (s. o.); »**Mitarbeiterhilfe**« — Zeitschrift für christliche Jugendarbeit; »**Kasseler Hefte**« — S-Reihe / Studien- und Tagungsergebnisse, F-Reihe / Fortbildungs- und Studienmaterial; Bezugsadresse: CVJM-Gesamtverband in Deutschland e.V., Im Drusetal 8, 34131 Kassel.
Handbücher: »**Praxisbuch Jungschararbeit**«, Hänssler-Verlag; »**Werkbuch Jungschararbeit**«, Hänssler-Verlag
Weitere A.: »›Spielnachmittage‹ für Jungscharen«, CVJM-Westbund; »Spiel- und Rätselkiste« I-III, ebd.; »Jungschar unter dem Ankerkreuz«, ebd.; Bibelarbeiten »Priscilla auf dem Weg mit Jesus«, ebd.; Bibelarbeiten »Menschen begegnen Gott in Jerusalem«, ebd.; versch. A. zu Kinderbibelwochen, ejw.
Dies ist nur eine kleine Auswahl aus dem großen Angebot an A. für JS-Mitarbeiter. Am besten fordert man bei der jeweiligen Materialstelle (Anschriften s. o.) eine Materialliste mit dem vollständigen Angebot an und wählt dann selbst aus.

⇨ Archiv ⇨ Jungscharhelfer
⇨ Jungscharleiter ⇨ Jungschar ⇨ Praxishilfen ⇨ Werkbuch Jungschararbeit

jba

Archiv

»Man muß nicht alles wissen, wohl aber, wo es steht.« Diese Binsenweisheit gilt auch für JS-Mitarbeiter auf der Suche nach Material zur Vorbereitung einer Gruppenstunde, Freizeit o. ä. Bücher mit Spielen oder Arbeitshilfen für Andachten haben Stichwort-, bzw. Bibelstellenverzeichnisse. Was aber ist mit einzelnen Ideen, die ich auf einem Blatt notiert habe, mit Zeitungsausschnitten, Zeitschriftenartikeln oder anderem Material, das mir brauchbar erscheint? Mappen zum Aufbewahren der »fliegenden Blätter« sind da schon eine Hilfe, ersparen meist trotzdem nicht zeitraubende Sucharbeit. Hilfreicher ist, für alles anfallende Material ein Zahlensystem zu entwickeln, nach dem man einzelne Blätter abheften oder auf Karteikarten Hinweise auf Zeitschriften, Bilder, Videos o. ä. notieren kann. Mit einem Computer und entsprechender Software ist das Ganze noch komfortabler zu handhaben. Wie umfangreich man das Themen- und Stichwortregister anlegt, hängt vom eigenen Interesse, der Menge des anfallenden Materials und natürlich auch den Verwendungszwecken ab. Ich habe für mich vor mehreren Jahren folgendes System entwickelt, mit dem ich für die unterschiedlichsten Zwecke gute Erfahrungen gemacht habe. Wer sein A. weniger breit anlegen will, kann natürlich auch nur Teile daraus verwenden.
Ich ordne mein Material in folgende neun Bereiche ein:

1. Biblische Auslegungen: Hier hefte ich eigene und fremde Auslegungen nach

der Reihenfolge der biblischen Bücher ein.
2. **Theologische Begriffe:** Von 2.1 Abendmahl, über 2.14 Gebet und 2.33 Nachfolge bis 2.50 Zeit sammle ich hier Material zu theologischen Begriffen.
3. **Jugend- und Gesellschaftsprobleme:** Beispiele meiner Stichworte hier 3.3 Drogenprobleme, 3.17 Schule, 3.30 Wehrdienst.
4. **Jugendarbeit:** Hier umfaßt meine Stichwortsammlung alles, was mit grundsätzlichen, konzeptionellen und organisatorischen Fragen zu tun hat.
5. **Programm:** Spiele für drinnen und draußen, Quizfragen, Sketche, Anspiele, Lieder, Rezepte u.v.a. finde ich hier wieder.
6. **Geschichte und Politik:** Beispiele meiner Stichworte: 6.4 Eine Welt, 6.12 Menschenrechte, 6.29 Deutsche Einheit.
7. **Länder:** Hier sammle ich alles Interessante, was ich über Länder und die Menschen dort aufheben möchte.
8. **Personen:** Zum Erzählen von Lebensbildern oder anderen Anlässen finden sich hier, alphabetisch geordnet, Informationen über Prominente u.a. Personen aus Vergangenheit und Gegenwart.
9. **Natur, Technik, Sonstiges:** Alles, was nicht in die anderen acht Rubriken paßt, finde ich hier.
Noch einmal: Es geht auch kleiner und einfacher, aber ein einmal eingeführtes System umzustellen oder zu erweitern ist schwieriger, als von Anfang an ein Raster zu entwickeln, in das sich auch erst später anfallendes Material einordnen und vor allem wiederfinden läßt.

fr

Aufkleber

Neben Abzeichen aller Art sind A. eine gute und einfache Möglichkeit, sich mit einem Verein, einer Gruppe oder einer Sache zu identifizieren. A. sind leicht herzustellen, einfach anzubringen, (bei größerer Stückzahl) billig in der Anschaffung und haben in der Öffentlichkeit eine große Werbewirksamkeit.

A. finden wir am Auto, auf Schulranzen und Schreibmäppchen, auf Büchern und auf Türen.
Wer durch A. für die JS Werbung machen will, findet ein reichhaltiges Angebot bei F & F (Adresse s. Anhang).
Auch die Herstellung von eigenen A. in kleiner Stückzahl ist heute kein großes Problem mehr. Wer etwas zeichnerisch begabt ist, kann seinen speziellen A. entwerfen, auf Klebefolie kopieren und anschließend ausschneiden. Wer sogar einen Computer mit einem rechtmäßig erworbenen Grafikprogramm sein eigen nennt (z. B. Corel Draw!), kann hier sogar kleine Kunstwerke entwerfen. Hiermit kann man gezielt für eine Aktion der JS werben: Jeder angemeldete Lagerteilnehmer bekommt z. B. schon vor dem Lager einen Lager-A.
An dieser Stelle seien auch die Buttons genannt. Manche Jungscharler tragen die bei einer Aktion ausgegebenen Buttons noch Jahre später voller Stolz. Hier können die gleichen Motive wie für den A. verwendet werden, nur etwas kleiner.
Buttonmaschinen in verschiedenen Größen und Preislagen gibt es unter anderem bei F & F oder können vielleicht auch ausgeliehen werden.

⇨ Werbung

gr

Aufsichtspflicht

Die Eltern sind durch das **Gesetz** berechtigt und verpflichtet, für ihr Kind zu sorgen. Dazu gehört auch die Verpflichtung, einerseits Schaden vom Kind selbst abzuwenden und andererseits die Schädigung Dritter durch das Kind zu verhindern (§ 832 BGB).
Diese A. übernehmen die JS-Mitarbeiter von den Eltern während der Gruppenstunde bzw. einer Freizeit. Art und Umfang der A. hängt vom Alter und Verständnis des jeweiligen Kindes ab – ein zweijähriges Kind ist von ganz anderen Gefahren bedroht oder kann sie auslösen als ein zehnjähriges Kind.

Grundsätzlich gehören zur A. mehrere Schritte:

1. **Belehrung und Warnung vor Gefahren:**
Kinder müssen auf konkrete, oft unterschätzte Gefahren deutlich hingewiesen und davor gewarnt werden (Straßenverkehr, Spiel mit gefährlichen Gegenständen). Je knapper, präziser und treffender dies geschieht, umso besser. Es geht hier nicht um allgemeine Regeln, sondern um konkrete Anweisungen in aktuellen Situationen.

2. **Ständige Überwachung:**
Belehrung und Warnung reicht oft nicht aus, um Schaden von dem Kind abzuwenden. Eine Warnung genügt erst dann, wenn durch Überprüfung sichergestellt wird, daß sie auch ernstgenommen und eingehalten wird. Dabei kommt es nicht darauf an, ständig neben den Kindern zu stehen; wichtiger ist, sich in das altersbedingte Verhalten des Kindes hineinzuversetzen und zu überlegen, wann sie Warnungen beiseiteschieben könnten. Dort muß überwacht werden.

3. **Konkretes Eingreifen:**
In einer kritischen Situation muß ein Mitarbeiter — auch körperlich — eingreifen, um Schaden von dem Kind oder einem Dritten abzuwenden. Dies kann natürlich nur dann geschehen, wenn der Mitarbeiter seine Leute ›im Blick hat‹. Zum Eingreifen gehören z. B. auch das Abnehmen gefährlicher Gegenstände.

Kann einem Mitarbeiter nachgewiesen werden, daß er diese drei Schritte nicht genügend beachtet hat, liegt eine Verletzung der A. vor, der Mitarbeiter haftet für die daraus entstehenden Schäden, es sei denn, er kann nachweisen, daß dieser Schaden auch bei ordentlicher Aufsicht entstanden wäre (Entlastung).

▷ Gesetz ▷ Haftung ▷ Rechts-ABC

um

Ausflüge

Ein gelungener A. mit Erlebnissen wird Jungscharlern noch lange in Erinnerung bleiben. A. sind Höhepunkte im JS-Programm und fördern die Gemeinschaft der Gruppe. Gemeinsame Unternehmungen lassen Jungscharler und Leiter zusammenwachsen und helfen, sich gegenseitig besser kennenzulernen.

A. können zu Fuß (als Wanderung), mit dem Fahrrad (als Radtour) oder mit dem Auto zusammen mit den Eltern unternommen werden. Wochenenden im Frühjahr und im Herbst sind für A. besonders geeignet, denn in der Sommerzeit finden die JS-Tage und Sommerfreizeiten statt. Lohnende Ziele können ein Museum, ein Zoo oder Tierpark oder eine Burgruine sein. Damit bei einer derartigen Unternehmung keine Langeweile unter den Jungscharlern aufkommt, können unterwegs oder am Ziel kleine Spiele eingebaut werden. Bei einem A. spielt die Entfernung und Anfahrtszeit eine wichtige Rolle und sollte dem Vermögen der Gruppe angemessen sein. Der Leiter sollte das Ziel und die Wege dorthin genau kennen und am besten vorher schon einmal gegangen oder gefahren sein. Er sollte auch wissen, wo sich eine kleine Rast oder gar eine Mittagspause einlegen läßt. Bei einer Wanderung oder Radtour sollte sich ein Leiter an der Spitze und ein Leiter am Ende befinden, damit die Gruppe besser zu überblicken ist.

Es ist zu beachten, daß man A. rechtzeitig in der Gruppenstunde ankündigt und auch die Eltern informiert und sich von ihnen eine schriftliche Erlaubnis besorgt. Ein Informationsbrief soll Auskunft über die benötigte Kleidung und das mitzunehmende Essen enthalten, sowie die Abfahrts- und eventuelle Ankunftszeit angeben.

▷ Höhepunkte ▷ Checkliste Höhepunkte

ch

Außenseiter

Immer häufiger klagen JS-Mitarbeiter über verhaltensauffällige Kinder in ihren Gruppen. Die einen fallen durch Aggressionen oder dauerndes Stören auf, andere durch ein hohes Maß an Zurückhaltung, Schüchternheit oder Ängstlichkeit. Nicht selten werden solch auffällige Kinder, weil sie die Harmonie oder die Programmgestaltung stören, von den anderen Jungscharlern an den Rand gedrängt, gemieden, von der Gruppe mehr oder weniger offen geächtet.

Die JS sollte aber gerade auch für solche Kinder dasein, die durch ihre Eigenarten zumeist auch in anderen Bereichen Schwierigkeiten haben. Aufgabe der Mitarbeiter ist es hier, Ideen zur Integration dieser Außenseiter zu entwickeln. Zunächst muß nach Ursachen gefragt werden: Warum verhält sich X so, warum reagiert die Gruppe so auf ihn?

Genaues Beobachten und Gespräche mit den Betroffenen oder der ganzen Gruppe, ohne jemanden zu drängen, helfen klären. Auch Beten kann Blicke öffnen!

Die nächste Frage wäre: Wo und wie können wir ansetzen? Beim Außenseiter? Bei der Gruppe? Kann das JS-Programm — erlebnisorientiert — eine Brücke sein? Freundschaft, Gemeinschaft, Konflikte können durchaus JS-Themen sein.

Wegen der Verschiedenheit der Kinder und Gruppen gibt es für diesen Problembereich keine allgemeingültigen Rezepte. Vielmehr ist von den Mitarbeitern Sensibilität für die einzelnen Kinder und Situationen gefordert.

⇨ Aggression ⇨ Konflikte

wh

Ausweis

Die Zugehörigkeit zur JS wird durch die Mitgliedschaft deutlich. Äußerlich zeigt sich dies durch den Jungscharausweis, den die Jungscharler durch die Mitgliedschaft erhalten.

Der A. hat die Form einer Klappkarte, im Format DIN A 6. Er enthält auf der Vorderseite die persönlichen Daten der Jungscharler, das Datum des Eintritts in die JS und Stempel und Unterschrift durch den/die Jungscharleiter/in.

In manchen JS wird der monatliche Beitrag durch eine Beitragsmarke bestätigt. Diese Marke kann jeden Monat in den Innenteil des Ausweises eingeklebt werden.

Auf der Rückseite des Ausweises befinden sich die Leitsätze der JS-Arbeit im CVJM. Die JS-Leitsätze sind zugleich Bekenntnis und Versprechen der Jungscharler. Es ist wichtig, von Zeit zu Zeit die Leitsätze in der JS-Stunde mit den Kindern durchzudenken und neu daran zu erinnern. (Bezugsadresse: Materialstellen der Werke und Verbände.)

⇨ Mitglied

fm

Autorität

Der Begriff A. hat sowohl eine positive (1) wie auch eine negative (2) Deutung. Im eigentlichen Sinn (1) bezeichnet er den Einfluß oder die Überlegenheit, die eine Person auf/über andere hat aufgrund sachlichen Wissens oder besonderen Fähigkeiten. Diese Überlegenheit befähigt, andere Menschen in ihren Meinungen, (Wert)urteilen, Entscheidungen oder Verhaltensweisen zu lenken. Dabei unterscheidet die Psychologie eine **formelle** A. (Lehrer, Vorgesetzter, Gruppenleiter!) und eine **informelle** A. (Fachwissen, Fähigkeiten). Autoritäten können dabei sowohl Einzelpersonen als auch Institutionen (Staat) sein. Diese durchaus positive und zum Teil sogar notwendige A. kann aber auch in ihr Gegenteil (2) verkehrt werden: Die A. läßt dann keine andere Meinung mehr zu, wird intolerant bis radikal, unterdrückt andere Personen, Meinungen oder Verhaltensweisen.

In unseren Gruppen haben die jeweiligen Leiter eine A. (1) aufgrund ihres Wissens und auch ihrer Verantwortung für die Kinder, wie auch aufgrund des Altersunterschiedes. Einen autoritären Leitungsstil, der nichts außer den eigenen Ansichten, Meinungen und Verhaltensweisen akzeptiert, müssen wir aber ablehnen: Der christliche Auftrag und Inhalt unserer Arbeit verträgt sich nicht mit autoritärer Unterdrückung. Christliche Erziehung darf nur mit positiver A. (1) einhergehen – auch wenn vielleicht in der Gruppe mal ein »Donnerwetter« losgelassen werden muß!

⇨ Leiter ⇨ Leitungsstil

ur

B

Ballontag

Ein Höhepunkt im JS-Programm bildet der B. Dazu schließen sich in der Regel mehrere JS-Gruppen eines Kreisverbandes oder mehrerer Orte zusammen, um einen Tag gemeinsam miteinander zu verbringen, dessen Abschluß dann ein Ballonwettbewerb bildet. Beim B. hat ein Jungscharler auch die Möglichkeit, Jungscharler aus anderen Orten und Gruppen kennenzulernen; bei regelmäßig stattfindenden Veranstaltungen können sich auch Freundschaften bilden.

Der Beginn des B. kann ein selbst gestalteter und für die Kinder verständlicher Gottesdienst sein. Anschließend eignet sich ein Stationslauf und nachmittags ein Geländespiel, bei dem sich die einzelnen JS-Gruppen messen können. Nach der Siegerehrung kann dann der Ballonstart erfolgen.

Doch dazu sind einige Vorbereitungen nötig: Wochen vorher ist vom Ordnungsamt eine schriftliche Genehmigung einzuholen. Dann muß man rechtzeitig das Gas (ein Heliumgemisch) besorgen, mit dem man die Luftballons füllt. Während die Kinder dann spielen, benötigt man einen Raum oder ein Zelt, in dem am Nachmittag einige Mitarbeiter die Ballons mit Gas füllen und verknoten. Anschließend wird noch eine Schnur daran befestigt, an deren anderem Ende die Ballonkarte angebracht wird. Sind alle Ballons gefüllt und soweit vorbereitet, werden sie zu großen Trauben zusammengebunden und gut sichtbar auf dem Platz befestigt.

Nach der Siegerehrung kann sich jedes Kind eine Ballonkarte mit der JS-Losung erwerben. Diese enthält genug Platz für die Adresse des Absenders und bittet den Finder, die Karte wieder zurück an den Absender zu schicken. Nachdem alle Jungscharler ihre ausgefüllten Karten an den Luftballons befestigt haben, kann der Start erfolgen. Es ist ein schönes Bild, wenn viele bunte Ballons in den Himmel steigen und ihren Flug über weite Strecken beginnen. Wird die Karte gefunden und zurückgeschickt, kann man sie an den CVJM-Gesamtverband einschicken und an der Prämierung der Ballonwettbewerbe teilnehmen. Denn für die ersten drei Einsendungen mit den weitesten Strecken winken schöne Preise. Aber auch die Einsendungen mit den kürzesten Strecken erhalten einen Trostpreis.

⇨ Checkliste Aktionen ⇨ Höhepunkte
⇨ Checkliste Höhepunkte

ch

Basteln

B. hat viele Gesichter. Das Herstellen eines Fensterbildes aus Ton- und Transparentpapier, das Aussägen, Leimen und Ausloten eines Flugzeuges aus Holz, aber auch das Arbeiten mit Ton gehört dazu. Gebastelt werden kann mit allen Altersgruppen, mit Jungen und Mädchen.

Doch zuerst zum wichtigsten Punkt: JS treffen sich nicht um des Bastelns willen. Vielmehr steht die Gemeinschaft und die Verkündigung der Guten Nachricht im Vordergrund. Eine JS-Gruppe, die zwei Stunden lang redet, evtl. noch singt und spielt, ist unbefriedigend für Kinder und Leiter, außerdem laut und theoretisch. Hier treten die Vorteile des Bastelns zutage, unaufdringlich, aber dennoch wichtig.

1. Arbeiten mit Material: Nicht die Theorie, sondern die Praxis, das Handwerkliche, steht im Mittelpunkt. Das Ergebnis ist sichtbar perfekt oder weniger gelungen, jeder hat etwas hergestellt, das er mit nach Hause nehmen kann. Zumal viele Kinder, die in der Schule theoretisch unterrichtet werden, im praktischen Bereich oft viel begabter sind und hier endlich einmal Erfolgserlebnisse haben, die sich auch auf das gemeinsame Gefühl in der Gruppe positiv auswirken.

2. Soziales Lernen: Basteln macht allein weniger Spaß, freudiger und entspannter ist es in der Gruppe. Ein Schwätzchen nebenher, gegenseitiges Helfen und die gemeinsame Freude über ein gelungenes Werk nicht zu vergessen.

3. Vertiefen: Biblische Geschichten, Erzählungen jeglicher Art und auch andere Diskussionen werden durch die gestalterische Tätigkeit vertieft und ohne große Worte durch praktische Arbeiten gefestigt. Beim Basteln sind der Kreativität keine Grenzen gesetzt. Der Leiter gibt den Rahmen und die Materialien vor, das Kind kann seine eigenen Ideen, entsprechend seiner Begabungen, umsetzen. Der Leiter sollte selbst ein Exemplar vorher herstellen. Anhand dieses Exemplars können Schwierigkeiten erläutert werden, dem Leiter selbst fällt das Erklären durch das eigene Auseinandersetzen mit dem Material und den Arbeitsweisen leichter.

Basteln ist auch in der Vielfalt seiner Methoden unbegrenzt. Zum Fertigen eines Fensterbildes ist lediglich Papier, Schere und Klebstoff notwendig. Materialien und Hilfsmittel, die leicht verfügbar und auch nicht übermäßig teuer sind. Das Herstellen eines Holzfliegers hingegen bedarf weit mehr an Vorbereitung. Das Besorgen des Holzes im Fachhandel und das Ausleihen der Werkzeuge ist nicht nur arbeitsintensiver, sondern auch teurer. In solchen Fällen wird auch eine finanzielle Beteiligung der Kinder nötig sein. Sie bewahrt die Kinder davor, mit den Materialien unachtsam und verschwenderisch umzugehen. Andere Bastelarbeiten benötigen viel Zeit zum Fertigstellen. Beim Tonen z. B. sind die Materialien einfach zu besorgen, zum Arbeiten selbst ist kein Spezialwerkzeug erforderlich. Das Austrocknen der Exemplare und das anschließende Brennen hingegen nimmt mehrere Tage in Anspruch. Falls der JS-Gruppe kein Brennofen zur Verfügung steht, muß auch noch eine Möglichkeit zum Brennen organisiert werden.

Praktische Tips: 1. Das Bastelmaterial sollte nicht kostenaufwendig sein. Das Mißlingen muß erlaubt sein, ohne daß eine finanzielle Misere daraus entsteht. 2. Der Schwierigkeitsgrad des Bastelns muß dem Alter der Kinder entsprechen. Die Entscheidung darüber liegt beim Leiter, die er vorher in Ruhe fällen muß. Sonst sind negative Erlebnisse vorprogrammiert. 3. Das Basteln des Exemplars sollte überschaubar und zeitlich eingrenzbar sein. Höchstens zweimal sollte an einem Objekt gearbeitet werden. Bei längerer Zeit geht die Freude und der Elan aus. 4. Die Vorbereitung sollte sich in einem begrenzten zeitlichen Rahmen erledigen lassen. Auf unerschwingliche und nicht zur Verfügung stehende Materialien und Werkzeuge sollte verzichtet werden. 5. Für den Leiter erweist es sich als hilfreich mit einer Checkliste zu arbeiten. So bleibt er vor unliebsamen Überraschungen und dem plötzlichen Fehlen eines Materials oder Werkzeugs bewahrt.

ag

Bazar

In vielen Gemeinden findet einmal im Jahr ein B. statt. An der Durchführung sind die verschiedenen Gruppen der entsprechenden Kirchengemeinde beteiligt: z. B. bereitet der Frauenkreis in der Küche des Gemeindehauses das Essen zu, Mütter verkaufen Kaffee und Kuchen, der Mädchenkreis des CVJM bedient die Gäste, der Kirchenchor schenkt Getränke aus, die Jugendkreise des CVJM bereiten Pommes Frites zu und grillen Steaks und Bratwürste, die Mitarbeiter des Kindergottesdienstes verkaufen Eis und JS-Mitarbeiter sorgen mit einer Spielstraße für die Kinderbetreuung. Neben diesen Bereichen gibt es meistens auch einen Flohmarkt, wo gebrauchte und nicht mehr benötigte Artikel wie Spielzeug, Bücher, Comics, Schallplatten usw. für einen günstigen Preis verkauft werden. An einem weiteren Stand können Handarbeiten des Strickkreises und Bastelarbeiten der JS und Jugendgruppen verkauft werden. Am Programm wirken oft neben den örtlichen Vereinen mit Musik- und Liedvorträgen oder vielleicht Mundart-Gedichten mit. Ein B. läßt sich auch in einem etwas kleineren Rahmen als Vereinsfest durchführen. Die einzelnen Aufgaben müssen dann auf die vorhandenen Gruppen beschränkt werden.

Die Vorbereitung zu einem B. beginnt schon Monate vorher. In den Gruppen wird überlegt, wer sich alles beteiligt, und ein Plan aufgestellt, aus dem zu ersehen ist, wann jeder Mitarbeiter mit seiner Schicht an der Reihe ist. Um den Einkauf der Lebensmittel und Getränke kümmert sich die Kirchengemeinde.

Die gemeinsame Vorbereitung und Durchführung eines B. lassen die verschiedenen Gruppen einer Kirchengemeinde oder eines Vereines besser zusammenwachsen und eine größere Gemeinschaft untereinander entstehen. In einer kleinen Nachfeier wird dann den Mitarbeitern gedankt, über den Verlauf des B. gesprochen und das vorläufige Ergebnis bekanntgegeben.

Der Erlös eines B. ist meistens für ein Projekt (Kindergärten, Jugendarbeit, Gemeindehauserweiterung, Brot für die Welt o. ä.) bestimmt.

⇨ Aktionen ⇨ Checkliste Aktionen

ch

Begabung

Das Wort wird in der Psychologie unterschiedlich gesehen: die Gesamtheit der angeborenen Fähigkeiten; Begaben und Begabtwerden durch den Gruppenleiter; Voraussetzung für Leistungen bestimmten Grades; Intelligenz und Kreativität.

Für die JS-Arbeit gilt: Kein Kind ist unbegabt und nur ein Produkt seiner Umwelt. Natürlich haben äußere Situationen Einfluß auf das Leben der Kinder, aber es gilt auch: Ist jemand in Christus, so ist er eine neue Kreatur. Die Aufgabe des Mitarbeiters wird es sein, die B. der ihm anvertrauten Kinder zu entdecken und zu verstärken. Es ist zunehmend zu beobachten, daß es immer mehr Kinder gibt, die verhaltensauffällig sind. Sie mit in die verschiedenen Gruppen einzubeziehen und ihre Gaben zu fördern, stellt die Leiter vor eine verantwortliche Aufgabe.

mr

Begegnungen

Eine JS, die sich nur in ihren eigenen vier Wänden bewegt, verpaßt viele Gelegenheiten, B. mit anderen Gruppen vermitteln neue Eindrücke und geben Impulse für die eigene Gruppenarbeit.
Die B. der JS-Gruppe beginnt immer bei den Mitarbeitern. Bei Mitarbeiterseminaren, Schulungen und Arbeitsgesprächen ergeben sich neue Kontakte und Anknüpfungspunkte. Als JS-Mitarbeiter sollte diese Chance genutzt werden.
Die Planung solcher Zusammenkünfte sollte auf drei bis vier Begegnungen im Jahr hinauslaufen. Zuviel unterwegs sein, hindert die intensive Gruppenarbeit vor Ort.
Je nach Möglichkeiten sollte abgewogen werden, ob mit einer Nachbargruppe ein besonders enger Kontakt gepflegt wird, oder ob verschiedene Gruppen im Umfeld besucht werden.
Für eine Gruppe spricht, daß hier ein sehr intensiver Kontakt, bis hin zu Freundschaften der Kinder untereinander, aufgebaut werden kann. Der dauernde Wechsel in den B. läßt nur oberflächliche B. zu. Auf jeden Fall sollten wir uns Gedanken über Kontaktmöglichkeiten mit der Gruppe machen. Wie planen wir? Was planen wir?
Früh genug sind die Termine abzusprechen und der Ort festzulegen. Das kann ein Waldgelände sein, ein Freizeitheim oder auch der Gruppenraum.
Zum Programm gehört in den ersten Zusammenkünften vorrangig das Kennenlernen. Um die B. auf Dauer interessant zu machen, muß das Programm gut und ansprechend geplant sein. Bei der Programmplanung sollten auch die Leiter beider Gruppen abwechselnd beteiligt sein, oder in einem vorher abgesprochenen Gemeinschaftsprogramm für die Durchführung verantwortlich sein.
Neben dem Gruppenb. in den unterschiedlichen Formen, sollten auch die Möglichkeiten genutzt werden, mit anderen Kreisen außerhalb der JS zusammenzukommen.

Hier bieten sich die Kontakte mit interessanten Gästen oder Besuche in anderen Gemeindekreisen (z. B. der Familienkreis, der einen fetzigen Nachmittag für die JS gestaltet) an.
In begrenztem Umfang läßt sich mit JS sicher auch eine B. mit Behindertengruppen durchführen. In allen B. sollte deutlich werden, daß neue Kontakte geknüpft werden, Menschen aufeinander zugehen und der Einzelne einen Blick für den Nächsten bekommt.

⇨ Höhepunkte ⇨ Checkliste Höhepunkte

fm

Beitrag

»Was nichts kostet, ist nichts«, dieses Sprichwort steht auch für den B. in der JS-Gruppe. Es gibt verschiedene Möglichkeiten, die Zugehörigkeit zu einer Gruppe deutlich zu machen. Eine dieser Möglichkeiten ist der Gruppenb.
Mit der Bereitschaft, Mitglied in der JS zu werden, zeigt der Jungscharler zunächst einmal, daß er dazugehören möchte. Eine Zugehörigkeit zu einem Verein, einer Gruppe ist zugleich eine Verpflichtung. Diese Verpflichtung bedeutet: Ich will in der Gruppe mit allen Rechten und Pflichten beteiligt sein.
Gruppenarbeit kostet Geld, darum ist der B. der einzelnen Gruppenmitglieder ein erster Grundstock für die Arbeit der Gruppe.
Gruppenarbeit im CVJM steht nicht isoliert da, darum wird ein Teil des B. an den jeweiligen Landesverband, zu dem die örtliche Gruppe gehört, abgeführt. Die Höhe des B. ist von Gruppe zu Gruppe verschieden. Sinnvoll ist es auch, den JS-B. mit dem Bezug der JS-Zeitschrift »Die Jungschar« zu koppeln.
Als sichtbares Zeichen der B.zahlung erhält der Jungscharler in vielen Fällen eine B.marke, die in den JS-Ausweis eingeklebt wird.
Der B. in der JS sollte fester Bestandteil der Gruppenarbeit sein, um schon in der JS

deutlich zu machen, daß eine Mitgliedschaft in der Gruppe die Zugehörigkeit stärkt.

⇨ Miglied   ⇨ Ausweis

fm

Bekehrung

»Von wegen ›einmalige B.‹ Das läuft bei mir nicht! Man muß sich jeden Tag neu bekehren.« »Ohne B. läuft überhaupt nichts. Christsein fängt erst mit der B. an.« Es ist ein umkämpftes Wort. Aber es ist ein biblisches Wort. Und es geht um einen zentralen biblischen Sachverhalt. Warum aber gibt es darum so viele Auseinandersetzungen und Mißverständnisse? Was sind Bluméntopfpferde? Rappen, Araber, Haflinger, Apfelschimmel? Nichts von all dem. Es ist Blúmentopf-Erde. Falsche Betonungen verändern den Sinn. Wir versuchen, beim Wort B. die Betonung richtig zu setzen, damit es kein Reizwort bleibt und damit uns der biblische Sachverhalt erhalten bleibt:

Nicht Abschluß, sondern Startschuß: Tatsächlich steht bei den biblischen Zeugen am Anfang eines Lebens mit Jesus Christus die B. (Mk 1, 15; 1. Thess 1, 9). B. ist der Beginn der Jesusnachfolge, aber nicht das Ziel. Ein Läufer ist nicht am Ziel, wenn er die Startblöcke verläßt. Er hat erst den Lauf zum Ziel begonnen. Mit dem öffentlichen »Ja« vor dem Standesbeamten sind Eheleute noch nicht am Ziel ihrer Ehe, sondern am Anfang. Ihr grundsätzliches »Ja« muß nun täglich gelebt werden. Auf eine B. muß das tägliche Leben mit Jesus Christus folgen.

Nicht nur Abkehr, sondern Hinkehr: Eine B. hat zwei Grundbewegungen: Abkehr von dem Weg zur Sünde – Hinkehr zum lebendigen Gott (Apg 14, 15). Beide Bewegungen sind unverzichtbar. Wer sich nur von der Sünde weg, aber nicht zu Jesus hin bekehrt, gleicht einem Wanderer, der zwar den falschen Weg verläßt, aber nun ziel- und orientierungslos in der Gegend herumläuft. Wer aber Jesus folgen will, ohne den Weg der Sünde zu verlassen, der gleicht einem Trinker, der abstinent leben will, ohne auf den Alkohol zu verzichten.

Nicht Teilzeit, sondern Ganzheit: Bei der B. geht es nicht darum, den verkehrten Weg um 40 % zu korrigieren. Es geht auch nicht darum, gewisse Teilbereiche meines Lebens Jesus auszuliefern. In einer B. geht es um den Herrschaftswechsel in meinem Leben. B. heißt: Das ganze Leben, mein Denken, mein Wollen, mein Reden, mein Tun, mein Besitz – alles kommt unter die Herrschaft des gekreuzigten und auferstandenen Jesus.

Nicht Einbildung, sondern Schöpfung: Da verkündet jemand lauthals: »Ich habe mich bekehrt.« Und unüberhörbar liegt die Betonung auf dem »Ich«. Aber eine B. ist Gottes Werk (Jer 31, 18). Weil sich Gott uns in Jesus ganz zugewandt hat, weil er durch das Evangelium gerufen hat, weil er durch seinen Geist uns die Augen geöffnet hat, weil er uns gezogen hat, deshalb können wir uns bekehren. Ich verdanke es ihm, daß ich mich zu ihm hinkehren konnte.

Nicht Zeitpunkt, sondern Standpunkt: Jemand fragt: »Wann hast du dich bekehrt?« Das ist eine Frage nach Datum und Ortszeit. Tatsächlich gibt es solche B. Jemand tut den Schritt vom Unglauben zum Glauben im Nu, so wie man eine Hand umwendet. Aber Gott hat auch andere Wege. »Er hat viel tausend Weisen, zu retten aus dem Tod!« Nicht der Zeitpunkt und die Methode der B. ist entscheidend, sondern die Stellung: Ich bin bekehrt. »Wer Jesus begegnet ist, kann nicht sein Leben lang zwischen Zweifel und Glauben hin- und herschwanken. Einmal muß er den Entschluß fassen, sich Jesus anzuvertrauen. Dieser Entschluß ist die B. im engeren Sinne« (Wolfhard Schlichting).

Nicht Leichtbau, sondern Tiefbau: Manchen JS-Mitarbeiter bewegt die Frage: Wie steht es um die B. der Kinder meiner JS-Gruppe? Unbestritten ist, daß es die Kinderb. gibt. Bekannte Christen, z. B. die Holländerin Corrie ten Boom, haben bezeugt, daß sie schon im Kindesalter Jesus als ihren Herrn angenommen haben. Ohne Zweifel gibt es Kinderb. Wer wollte auch Gottes Souveränität einschränken? Unterschiedliche Meinungen gibt es zu der Frage, ob wir in der JS-Arbeit zur B. aufrufen sollen oder müssen. Dazu folgende Überlegungen: Nirgends im NT finden wir, daß Kinder zur B. aufgefordert werden. Jesus und die Apostel rufen Erwachsene zur Umkehr. Von Kindern wird berichtet, daß Jesus die Kinder zu sich zieht, sie lieb hat und segnet (Mk 10,14-16). Deshalb hat JS-Arbeit bisher gesagt: Wir wollen Kindern in fröhlicher Lebensgemeinschaft Jesus lieb machen, damit sie zu ihm gezogen werden. Wer mit Kindern arbeitet, weiß: Kinder sind im Normalfall begeisterungsfähig. Wer etwas von der Seele der Kinder versteht, kann Kinder zu allen möglichen Dingen bewegen. Wir müssen sehr behutsam sein, damit Kinder nicht — auch in der besten Absicht und um der besten Sache willen nicht — manipuliert werden. Ihr Widerstand gegen das Evangelium und ihre Absetzbewegung vom Glauben kann in der Pubertät umso radikaler sein. Kinder sind noch nicht selbstverantwortlich. Sie sind abhängig vom Elternhaus. Der Entwicklungsbruch im Jugendalter steht ihnen noch bevor. Wer mit »Kinderb.« leichtfertig umgeht, bringt Kinder in Auseinandersetzungen hinein, denen sie in den meisten Fällen noch nicht gewachsen sind.

Bekenntnis

In diesem Begriff steckt das Wort »kennen«, aber auch »gestehen« und »bezeugen«. In einem B. stellt sich ein Mensch zu einer erkannten Wahrheit. Das B. des Christen ist die Antwort auf das, was Gott getan hat. Er bezeugt den Inhalt seines Glaubens in einer kurzen, griffigen Form. Wenn jemand einem anderen sagt, was er glaubt, dann legt er ein B., ein Zeugnis, ab. Das erste B. der Christen hieß: Jesus ist Herr! (Röm 10, 9) Dieses B. wurde damals als Protest gegen das Staatsb. »Der Kaiser ist Herr« verstanden. In der Auseinandersetzung über den rechten Glauben wurden in der Frühkirche B. formuliert:
Das Apostolische Glaubensb., das Nizänische Glaubensb.

⇨ Ankerkreuz ⇨ Glaube
⇨ Verkündigung

rd

Wir wollen in der JS-Arbeit einen Grund legen, auf dem die B. von Menschen zu Jesus Christus geschehen kann. Wir wollen den Grund so tief wie möglich legen, damit aus B. auch ein beständiges Leben in der Nachfolge des Herrn Jesus erwachsen kann.

⇨ Glaube ⇨ Verkündigung

rd

Belohnung

Der Lohn ist der Erfolg eines emsigen Bemühens. Das indogermanische Stammwort dieses Begriffes bedeutet »auf der Jagd oder im Kampf erbeuten«. Eine Belohnung führt dem betroffenen Menschen wieder die Energie zurück, die er zuvor in seinem Bemühen, möglicherweise in einem anderen Bereich, verbraucht hat. So hat z. B. ein sportlicher Wettkämpfer bei einem Sieg trotz körperlicher Erschöpfung einen gewaltigen seelischen Energiegewinn. Damit wird die B. zum erzieherischen Werkzeug. In der Erziehung ist wichtig, daß die B. (= Jagdbeute) echt ist, d. h. ein echter Erfolg steht für eine echte Leistung. Wohlmeinende Streicheleinheiten sind keine »echten« B. Ermunterung und B. müssen genau unterschieden werden. Eine weitere Fehleinschätzung ist die Überbewertung der materiellen B. Besonders in der nichtreflektierten Erziehungspraxis sind solche Fehleinschätzungen sehr häufig anzutreffen. Wer für eine geringe oder selbstverständliche Leistung immer gleich mit materiellen Anreizen »belohnt«, löst damit keine Leistungssteigerung aus, sondern eher eine maßlose Gier.

Wenn in der erzieherischen Praxis zu wenige oder gar keine B. erfolgen, suchen sich die Betroffenen ihre B. selbst. Solche Selbstb. können je nach Reifegrad oder seelischer Befindlichkeit zu gefährlichen Entgleisungen führen. Ein Kind, das keine B. (z. B. Aufmerksamkeit) erfährt, kann durch aggressive oder destruktive Verhaltensweisen die Aufmerksamkeit aller auf sich zwingen und sich so selbst belohnen.

⇨ Erziehung

ws

Berufung

An keinem Verein, keiner Gruppe geht sie vorbei, die alte, immer wieder neue Frage: Wen berufe ich als Leiter oder zum Mitarbeiter? Im Deutschen hängen ja sprachlich auch »rufen« und »berufen« ganz eng zusammen. B. meint die Übertragung einer bestimmten Aufgabe an einen Menschen. Wir fragen uns: Welche Anforderungen müssen wir stellen? Wo und wie finde ich die zu Berufenden? Wie soll so eine B. stattfinden? Wo ist der rechte Ort für sie? Im Kreis der Verantwortlichen müssen wir uns geeinigt haben, für welche Aufgaben berufen werden soll. Natürlich spielt auch die voraussichtliche Zeit einer B. eine entscheidende Rolle. Geht es nur um eine kurzfristige Aktion, einen missionarischen oder diakonischen Einsatz? Soll ein Neuanfang gewagt, eine neue Gruppe gegründet werden? Braucht eine verbindliche Schar einen neuen Leiter? Das Vertrauen der Mitglieder wächst ja erst nach längerer Zeit des gemeinsamen Erlebens. All das sind mitentscheidende Vorfragen einer notwendigen B. Soll doch für unsere Arbeit das Wort Jesu in Joh 15, 4-5 Gültigkeit behalten.

Nun geht es um die Frage, wen wir berufen. Hier sollte eine ganz enge Verzahnung aus Gebet, dem einzelnen und dem gemeinsamen Gebet und Gespräch erwachsen. Das Gebet um offene Augen für die rechte Person. Oft werden wir diese entdecken, wo wir sie am wenigsten erwartet und gesucht haben. Gebet um geeignete dienstbereite Leute kann eigentlich nie zu früh erfolgen. Auch wenn es den Anschein hat, wir würden im Augenblick niemanden für eine Aufgabe benötigen. (Hier sollten wir beten: »Herr, was willst du, was wir tun sollen?«) Wenn aus solch einer Gebetshaltung uns ein Name, oder mehrere, deutlich geworden sind, dann ist wiederum das Gespräch im Kreis der Verantwortlichen, das Hören aufeinander äußerst wichtig und entscheidend.

B. hat ja immer auch etwas mit der Gemeinde zu tun, ist von ihr nicht abtrenn-

bar, nie Privatsache unter Freunden und Bekannten. Im AT werden die vom lebendigen Gott Berufenen oft auf einsame Wege geschickt. Spott, Widerstand und Haß schlagen ihnen entgegen. Im NT wird der Berufene mit der Gemeinschaft mit Jesus Christus auch in die Gemeinschaft der Gläubigen gestellt. Die Gemeinde steht hinter und zu den Berufenen (Apg 12, 5; 13, 1-3).
Voraussetzung für eine B.: Hier hilft sicher noch die alte Regel für die Aufnahme in eine Bibelschule: Die Frage nach den vier »B«.
Begabt: Wenn wir nach dem Zeugnis der Heiligen Schrift fragen, dann sind wir alle Glieder am Leibe Jesu. Glieder aber sind verschieden und haben verschiedene Aufgaben. Nicht jeder hat die Gabe der Leitung einer JS, nicht jeder die der Leitung eines Chores. Natürlich gibt es auch viele »schlummernde« Gaben, unentdeckte Talente. B. darf ja nie Überredung sein, denn das kann wirklich »tödlich« für die Gruppe und den Glauben, die Dienstbereitschaft des für diesen Auftrag nicht begabten Berufenen sein.
Bewährt: Hier meine ich die Treue im Kleinen. Die Bereitschaft, Dienste zu übernehmen, die nicht in den Vereinsnachrichten stehen, die nicht bei der Jahreshauptversammlung lobend erwähnt werden. Der treue Besuch der Veranstaltungen, das Zahlen des eigenen Beitrages, das Stellen von Stühlen und das Aufräumen nach Veranstaltungen zählt hier sicher mit dazu. Nicht jeder ist von Gott berufen.
Bekehrt: Von einem zukünftigen JS-Leiter sollte erwartet werden, daß er sein Leben Jesus Christus übergeben hat. Mit der Kraft des Heiligen Geistes, aus der Vergebung der eigenen Schuld, leben. Hören auf Gottes Wort und antworten darauf im Gebet, sollte selbstverständlich sein.
Ein Mitarbeiter in der JS sollte ganz offen für das Reden und Rufen Gottes sein, bereit zur Nachfolge, wenn gerufen wird.

Berufen: Diese B. erfolgt einmal von Gott selbst. Unser Gott ist ja ein lebendiger Gott. Der Heilige Geist gibt oft vorher Unruhe in das Herz, bis die Gewißheit erfolgt.
Berufung in den Dienst: Der Dienst, die Beauftragung in der JS hat immer auch etwas mit der Öffentlichkeit zu tun: Mit der Kirchengemeinde, den Eltern, den Jungscharlern, der Ortsgemeinde, den Schulen. Darum ist es nicht gut, wenn einfach in der nächsten JS-Stunde der oder die »Neue« da ist. Vielleicht gar noch allein! Eigentlich gehört eine B. zur JS-Leitung in einen Gottesdienst. Ist doch JS-Arbeit immer auch Verkündigung, Seelsorge, Dienst. Wir alle sind doch nur Glieder, Christus ist das Haupt. Ist aus einem schwerwiegenden Grund eine B. im Gottesdienst nicht möglich, dann sollte diese an einem Elternnachmittag, dem Vereinsfest, dem JS-Tag geschehen. Natürlich erfolgt sie mit Gotteswort und Segenswunsch. Zu der Einführung im Gottesdienst sollen die JS-Eltern und Vereinsmitglieder eingeladen werden. Die JS und der CVJM gestalten diesen Gottesdienst, stellen die Arbeit der Gemeinde vor, die Predigt geht darauf ein, die Kollekte ist für die JS-Arbeit bestimmt.

⇨ Leiter   ⇨ Mitarbeiter

mh

Beten

B. ist Gottes Einladung zu einer persönlichen Gemeinschaft mit ihm. In Bitte und Dank, in Lob und Anleitung haben sich durch die Jahrtausende hindurch Menschen an Gott gewandt. Die Bibel erzählt anschaulich die Lebenserfahrungen dieser Frauen und Männer. Vor allem in den Psalmen, dem Gebetsbuch der Bibel, finden sich eine Fülle von Zeugnissen von Betern. Jesus hat diese Psalmen gebetet und mit ihnen gelebt. Für alle, die beten lernen wollen, sind deshalb die Psalmen ein hervorragendes Lehrbuch.
Mit dem Vaterunser (Mt 6, 9-13) lädt uns Jesus in seine persönliche Beziehung zu

Gott, dem Vater, ein. Das Vaterunser umgreift alle Bereiche unseres Lebens. Wenn man es nicht einfach nur aufsagt, sondern wie einzelne Kapitelüberschriften versteht, erhält Gott Raum, um persönlich zu uns zu reden. B. wird dann weniger unser Reden zu Gott, als vielmehr ein sensibles Hören auf sein Reden zu uns.
Viele Verheißungen sind mit dem Gebet verbunden. Allerdings darf man nicht vergessen, daß die meisten dieser Verheißungen den Jüngern gegeben worden sind, also für Menschen, die Jesus nachfolgen und sich dafür entschieden haben, ihm zu gehorchen. Es sind keine allgemeinen Naturgesetze, sondern besondere Verheißungen für Menschen, die von Herzen an Jesus glauben. Wichtige Bibelstellen: 2. Chr 7, 14; Ps 50, 15 (Telefonnummer Gottes); Ps 65, 3; Ps 66, 20; Dan 9; Mt 18, 20; Mk 11, 24; Lk 11, 5-13; Lk 18, 1-8; Joh 14, 13; Joh 15, 7; Joh 16, 24; 1. Thess 5, 16-18; 1. Tim 2, 1.
Grundelemente des Gebets sind: Lob, Dank, Bitte, Fürbitte. Neben dem persönlichen Gebet gibt es das gemeinsame Gebet. Verschiedene Körperhaltungen: Gefaltete Hände, erhobene Hände, stehen, knien können zur Konzentration beim B. helfen.
B. ist einfach Zeit, die ich Gott schenke, damit unsere persönliche Beziehung wachsen kann. So kann er uns einsetzen zum Bau seines Reiches in dieser Welt. »B. ist das Atemholen der Seele.« »B. heißt, mit Gott wirken.« »Die Hände, die zum B. ruhn, die macht er stark zur Tat. Und was der Beter Hände tun, geschieht nach seinem Rat« (Jochen Klepper).

⇨ Gebet

rr

Bibel

Neben der Bezeichnung B. gibt es noch viele andere Bezeichnungen, die von der besonderen Bedeutung der B. Zeugnis ablegen: Gottes Wort, Heilige Schrift, die Schrift, **das** Buch oder auch das Buch der Bücher.
Die Bezeichnung B. kommt aus dem griech. (ta bibla: die Bücher) und macht deutlich, daß die Bibel eine Sammlung von Büchern ist, eine kleine Bibliothek. Die Bibel ist nicht vom Himmel gefallen, wie es von anderen sog. »Heiligen Büchern« berichtet wird. Sie hat vielmehr eine lange Entstehungs- und auch Überlieferungsgeschichte.
Die B. ist in zwei große Teile unterteilt: das Alte Testament (AT) mit seinen 39 Einzelschriften, die ursprünglich in hebräischer Sprache — wenige Teile in aramäischer Sprache — geschrieben wurden, und dem Neuen Testament (NT) mit seinen 27 Einzelschriften, die in griechischer Sprache abgefaßt wurden. Die Originale der einzelnen Bücher sind zwar nicht mehr erhalten geblieben, aber es gibt eine fast unüberschaubare Zahl von Abschriften und unterschiedlich großen Textfragmenten. Die B. ist nachweislich das bei weitem bestüberlieferte Buch der gesamten Antike.
Bevor die einzelnen bibl. Bücher schriftlich fixiert wurden, sind sie zum Teil schon sehr lange von Generation zu Generation mündlich überliefert worden. Das gilt vor allem für viele erzählende Texte des AT. Von den ersten schriftlichen Aufzeichnungen des AT bis zu seiner endgültigen Gestalt sind rund 1000 Jahre vergangen.

Bezirk

Die einzelne Gruppe, z. B. eine JS, gehört zur örtlichen Kirchengemeinde oder zum CVJM. Dieses örtliche Werk gehört zum Bezirksjugendwerk. Der B. umfaßt das Gebiet eines Dekanats (in der württembergischen evangelischen Landeskirche).
Im Bezirksjugendwerk sind hauptamtliche Jugendreferenten für die Jugendarbeit angestellt. Sie organisieren Mitarbeiterschulungen, Kurse, Freizeiten und überörtliche Veranstaltungen, z. B. JS-Tage, und unterstützen die Mitarbeiter vor Ort in ihrer Arbeit.

sm

Die schriftliche Fixierung des NT geschah in sehr viel kürzerer Zeit – innerhalb etwa eines Jahrhunderts wurden die einzelnen Schriften erstellt. Die älteste neutestamentliche Schrift ist 1. Thess (um 50 n. Chr.). So verschieden die Verfasser waren, so verschieden im Inhalt und nach Form und Gattung sind auch die bibl. Bücher untereinander. Da gibt es Geschichtsbücher, Lieder (Klagelieder, Psalmen), Briefe, Evangelien (als eine ganz neue und eigene frühchristliche Literaturgattung, die es so vorher nicht gab) und apokalyptische Schriften. Auch innerhalb der einzelnen bibl. Bücher lassen sich ganz unterschiedliche Ausdrucksformen und Gattungen erkennen (in den Evangelien z. B. Gleichnisse, Bildworte, Streitgespräche, Wunderberichte, die Passionsgeschichte als zusammenhängende Erzähleinheit). Manche bibl. Schreiber haben ihren »Stoff« gesammelt und geordnet (vgl. Lk 1, 3). So haben die bibl. Bücher z. T. eine bewegende Entstehungsgeschichte hinter sich: ein Ereignis wird zunächst mündlich überliefert – es wird aufgeschrieben und gesammelt, geordnet und neu als ganzes Buch aufgeschrieben.
Bis endlich klar war, welche einzelnen Bücher verbindlich zum AT bzw. NT gehören sollten, verging nach der schriftlichen Abfassung noch eine ganze Zeit. Obwohl der Grundbestand des AT (Gesetz u. Propheten) schon verhältnismäßig früh feststand, legten jüdische Schriftgelehrte erst am Ende des 1. Jh. n. Chr in Jamnia fest, welche Schriften zum **Kanon** des AT gehören sollten. (Kanon, griech.: Regel, Richtschnur, Maßstab). Der Kanon des AT/NT meint das, was an bibl. Schriften verbindlich dazugehört und allgemein anerkannt ist. Der Kanon des NT ist entscheidend im 4 Jh. n. Chr. festgelegt worden (367 n. Chr. in einem Osterfestbrief des Athanasius sowie in den Jahren 382 und 393 durch Synoden). Bevor der Kanon des AT endgültig feststand, ist eine griech. Übersetzung im 3./2. Jh. v. Chr. erfolgt, die sog. **Septuaginta.** Sie war später auch Grundlage für lat. Übersetzungen des AT (z. B. **Vulgata**). Die Vulgata setzte sich in der röm. Welt durch und hat in der röm. kath. Kirche bis heute maßgebliche Bedeutung. Dadurch sind in kath. Bibelausgaben auch sog. »apokryphe Schriften« (Tobit, Judit, Baruch, Jesus Sirach ...) enthalten, die 1546 den kanonischen Schriften gleichgestellt wurden. M. Luther hat die Apokryphen dem AT angehängt. Er bezeichnet sie als Bücher, »so der Heiligen Schrift nicht gleich gehalten und doch nützlich und gut zu lesen sind.« Da der Kanon zwar den Bestand der bibl. Bücher festlegte, nicht aber deren Reihenfolge, sind einzelne Bücher in den verschiedenen Bibelausgaben unterschiedlich geordnet. Die heutige Kapitel- und Verseinteilung der bibl. Bücher ist nicht ursprünglich, sondern hat sich seit dem 17. Jh. erst allgemein durchgesetzt. Die Kapiteleinteilung geht auf das 13. Jh. zurück, die Verseinteilung erfolgte 1448 erstmals für das AT und 1551 für die ganze Bibel.
Jahrhundertelang war die B. vor allem in Klöstern überliefert worden. Mönche hatten sie in langwieriger Arbeit abgeschrieben. Als Johannes Gutenberg 1450 das Druckverfahren mit beweglichen Metallbuchstaben erfand, begann ein neues Zeitalter der Bibelverbreitung. Besondere Bedeutung hat die B. in der Reformationszeit gewonnen. Durch die Übersetzung zunächst des NT (1522) durch M. Luther und später (1534) der gesamten B. in die deutsche Sprache, fand die B. eine für die damalige Zeit weite Verbreitung und hat damit wesentlichen Anteil an der Reformation gehabt. Die B. war nicht mehr nur das Buch der Geistlichen und der Gelehrten, sie wurde zum Buch des Volkes. Bis in die Gegenwart hinein ist sie in vielen Sprachen der Welt übersetzt worden. So ist sie unter den Büchern der Bestseller schlechthin – das meistverbreitete Buch der Menschheitsgeschichte.
Die B. ist kein Rezeptbuch, kein Märchen- oder nur Lesebuch und auch kein naturwissenschaftliches oder religiöses Lehrbuch, sondern ein Lebensbuch. Sie will erlebt sein. Der Inhalt will dem Leben

ausgesetzt und im Leben erprobt sein. Der lebendige Gott will durch sie Menschen verändern, zu sinnvollem Leben führen. Dieses Wort wirkt (Jes 55,11), es soll Glauben wecken (Röm 10,17) an den Gott, der durch das bibl. Wort bezeugt wird und der sich durch dieses Wort bekannt macht.
Er macht sich bekannt im AT als der Schöpfer-Gott und als der Gott, der einen Bund (lat.: Testament) mit bestimmten Menschen (Noah, Abraham) und einem bestimmten Volk (Israel) geschlossen hat. Er macht sich bekannt als der Gott, der in die Geschichte dieses auserwählten Volkes (5. Mose 7,7) hinein wirkt und der sich als verläßlicher »Bundespartner« erweist. Das AT ist das eindrücklichste Zeugnis von den großen Verheißungen Gottes (z. B. 2. Mose 3,8) und deren Erfüllung (Jos 21,43-45). Zugleich weiß aber auch das AT von jener unheilvollen Geschichte zu berichten, die in der Schuld und dem Ungehorsam des Menschen Gott gegenüber seinen Ursprung hat. Das AT erzählt die Geschichte Gottes mit seinem auserwählten Volk, die nach vorne hin offen ist und in der Zusage und Erwartung eines kommenden Messias (Gesalbter) gipfelt.
Das verknüpft nun AT und NT, denn das NT berichtet vom gekommenen Messias. Es bezeugt Jesus als den Christus (Messias), als den von Gott gesandten Retter, der den Menschen Heil bringt. Mit Jesus Christus beginnt die Geschichte des **Neuen Bundes**, die Geschichte der christlichen Gemeinde. So bezeugt das NT die große Liebe Gottes, die der ganzen Welt gilt (Joh 3,16). Diese Liebe wird so bezeugt, daß das NT vom Handeln und Wirken Jesu berichtet, von seinem Leiden, seinem Sterben und auch seiner Auferstehung, wie Menschen diese Liebe erfahren und die Gemeinde Jesu Christi entsteht und lebt. So wie die Geschichte Gottes im AT als nach vorne hin offene Geschichte bezeugt wird, ist auch die Geschichte Gottes mit der christl. Gemeinde und dieser Welt nach vorne hin offene Geschichte: es wird der wiederkommende Christus erwartet, der Gottes Plan mit dieser Welt und der Menschheit zur Vollendung führt (Offb 21-22).
In 2. Tim 3,14-17 wird auf die Bedeutung der Heiligen Schrift für glaubende Menschen hingewiesen. Es wird darin auch bezeugt, daß die Bibel letztlich nicht Menschenwerk ist, sondern Gottes Werk (vgl. auch 2. Petr 1,19-21). Wer sich auf das Wort der Bibel einläßt und ihm Raum in seinem Leben gibt, der wird erfahren, daß es Gottes Wort ist (Joh 7,17).

jb

Bibelarbeit

Warum B. in der JS? Noch immer kennt eine gewisse Anzahl von Kindern in der JS die biblischen Geschichten. In Kindergottesdienst und Religionsunterricht werden sie nahegebracht. Oft sind die Geschichten »bekannt«. Aber unbekannt ist vielen Jungen und Mädchen, daß das »ihre« Geschichte ist, die da erzählt wird. Beispiele: Es geht nicht nur darum, Zachäus zu kennen, der auf einen Baum gestiegen ist, um Jesus zu sehen, sondern mich zu erkennen, wohin ich mich verstiegen habe. Es geht nicht nur darum, die Geschichte von Mose zu kennen, sondern zu erkennen, daß ich wie Mose von Gott gerettet bin, um anderen den Weg zu zeigen durch die »Wüsten« des Lebens. B. in der JS soll nicht »nur« Lehrstoff sein, sondern Lebensstoff: das alles ist meine Geschichte, mein Leben. Gott handelt persönlich mit mir und »schreibt« seine Geschichte mit mir. Der »Sitz im Leben« dieser »alten« Geschichten und Texte soll von Kindern erfaßt werden. Das ist mehr als ein »Kennen« der biblischen Geschichten. Das hat plötzlich mit mir als Kind zu tun. Ich erfahre von dem Blinden, den Jesus heilt — wo bin ich blind und soll sehend werden? Ich erarbeite mit anderen die Davidsgeschichte mit allen Tiefpunkten des Ehebruchs und Mordes an Uria — wo bin ich gemeint und wo sagt Gott mir: Du bist der Mann!?

Welche Ziele haben B. in der JS?

B. sollen Lust auf Gottes Wort machen. Das erreicht man am Besten dadurch, daß Fantasie freigesetzt wird für und mit den biblischen Geschichten. Entdeckerfreude wecken soll der Leiter von B. der JS. Kinder sollen erfahren, daß sich mit dem Wort Gottes ein positives Erlebnis verbindet, daß es Freude macht, was Gott in seinem Wort zu uns sagt. Damit wird schon früh einem Vorurteil gewehrt, als sei alles, was mit Bibel, Gott und Christsein zu tun hätte, alt, dunkel, ohne Freude und Spaß. Die Leiter merken, daß sie durch ihre Arbeit mit Kindern in der Begegnung mit Texten aus der Bibel eine hohe Verantwortung haben.

Wann sind B. in der JS angebracht?

Die normale JS-Stunde hat neben vielem (Spiele, Sport, Geschichten ...) eine Andacht. In Abständen aber kann eine ganze Zusammenkunft als B. gestaltet werden. Noch besser eignet sich diese Arbeitsform auf Wochenendfreizeiten, oder JS-Lagern. Dort also, wo ein Vertrauensweg mit den Kindern eingegangen werden kann, ist gemeinsam »erfahrene« biblische Geschichte eingebettet in eine Erlebniswelt, geht deshalb tiefer und ist eindrücklicher. Ob man mit Kindern B. »machen« kann, ist keine grundsätzliche Frage. Es ist mehr eine Frage der Formen und der Fantasie der Leiter — aber auch ihres Zuganges zur Bibel und ihrer gründlichen Vorbereitung.

Welche Formen von B. sind in der JS möglich?

Gespräch in der Runde: Gespräche mit Kindern bauchen einen Anstoß. Kinder brauchen Fragen, die ein Gespräch eröffnen und weiterführen. W-Fragen (warum, wieso, wer, weshalb, wie ...) sind meist keine guten Fragen, weil sie eine zu schnelle Antwort ermöglichen und so ein Weiterdenken gar nicht möglich machen. Es müssen eher Fragen sein, die längere Beschreibungen erfordern. Bei Zachäus könnte es so sein: Was riskiert der Zollbeamte, wenn er sich auf den Baum setzt, um Jesus zu sehen? (Durch weiterführende Zwischenfragen ausführlich beantworten lassen.) Danach könnte die Frage lauten: Was muß Zachäus erlebt haben, um so zu reagieren? Eine Schlußfrage mit dem »Sitz im Leben« könnte so sein: Was müßte ich von Jesus erfahren, daß ich so neugierig sein würde wie Zachäus? Was bringt mir Jesus heute, so daß ich mich freiwillig so wie Zachäus ändern könnte?

Aufgaben in Kleingruppen: Nehmen wir die Geschichte vom Finanzminister in Äthiopien (Apg 8). Eine kleine Arbeitsgruppe schreibt einen Zeitungsartikel der »Bild-Zeitung« kurz nach seiner Rückkehr aus Jerusalem und seiner Taufe. Eine andere Gruppe übt ein Stegreifspiel an (»Erste Sitzung der Ministerrunde nach der Rückkehr des Finanzministers — was sagt die Regierungschefin zu seiner Umkehr«). Eine andere Gruppe schreibt eine Tagebucheintragung des Ministers acht Wochen nach seiner Rückkehr. Eine weitere Gruppe macht einen Plan zur Gründung eines Bibelkreises für Regierungsbeamte am Palast der Königin. Wieder andere entwerfen ein Poster mit der Überschrift: Was jetzt mehr zählt als Geld ... — um es an den Litfaßsäulen von Äthiopien auszuhängen.

Erzählende Auslegungen des Leiters: In der Fachsprache sagt man zu dieser Methode »narrative Predigt«. Was ist hier gemeint? Die biblische Geschichte wird aus einer bestimmten Sicht der Geschichte erzählt: der verlorene Sohn aus der Sicht einer verlassenen Freundin oder eines Kumpels, den er im Schweinestall getroffen hat; die Bekehrung der Lydia in Philippi (Apg 16) aus der Sicht einer Konkurrentin im Modegeschäft; die Geschichte vom reichen Mann (Mk 10, 17-27) aus der Sicht eines Straßenjungen.

Bei narrativen Erzählungen ist der »Ich-Stil« angebracht. Ich erzähle aus der Betroffenheit einer Person.

Jede Form, die die kreative Fantasie der Kinder anregt, ist geeignet für B. in der JS. Aufgezählt seien hier nur: Collagen,

gestalten in Ton, erarbeiten eines Großposters, Bildbesprechungen ...
Zwei »Gefahren« müssen wir begegnen, wenn wir B. in der JS ansetzen: sie dürfen nicht einem schulischen Religionsunterricht gleichen, der den Kindern im negativen Fall den Eindruck vermittelt, daß JS nur die andere Form der Schule darstellt. Die Gefahr ist, daß B. langweilig werden, weil sie nicht zum Erlebnis werden, sondern nur scheinbar bekannte Geschichten wiederholen. Ganz wichtig: Die »Dosierung« von B. sollte besonders bei älteren JS-Gruppen nicht zu zaghaft vorgenommen werden. Alle vier Wochen in der JS-Gruppe ist solch ein »Erlebnis« gut möglich.
Wochenendfreizeiten sollten grundsätzlich eine »Erlebnisbibelarbeit« enthalten. Wir wollen ja Kindern frühzeitig das Wort Gottes nahebringen.
H. Traub: Blöken kann jedes Schaf, Brockhaus

⇨ Verkündigung   ⇨ Andacht   *ht*

Bibellese

Warum soll ich denn in der Bibel lesen?
»Warum soll ich denn in der Bibel lesen? Ich verstehe ohnehin nichts von dem Geschriebenen! Wieso sollte so ein altes Buch für mein Leben heute wichtig sein?« Solche Fragen bewegen bestimmt viele, die die Bibel zum ersten Mal in ihre Hand nehmen. Deshalb muß ich mir zunächst erst einmal klar machen, daß wir Menschen Gott nicht kalt lassen. Er hat ein Interesse an jedem einzelnen und möchte eine persönliche Beziehung zu uns aufbauen. Dazu benutzt er sein Wort — die Bibel. Durch die Bibel redet er zu uns und stellt sich uns als persönlicher, lebendiger und ewiger Gott vor. Wir sollen ihn also nicht nur durch andere Menschen, sondern auch auf direktem Wege kennenlernen können. Um Gottes Reden vernehmen zu können, müssen wir uns Zeit nehmen, Ruhe haben und ihn im Gebet darum bitten, daß wir sein Reden auch verstehen.

Wer so die Bibel liest, wird darin Gottes Liebe und seinen Plan für unser Leben finden; wird eigenes Versagen erkennen und begreifen, was Jesus für uns bedeutet: Daß er Gottes Sohn ist, der für unser Versagen und unsere Schuld am Kreuz gestorben ist und uns vergeben will (Joh 5, 39; 1. Joh 1, 7-10). Darüber hinaus gibt Gottes Wort Antwort auf die wichtigsten Lebensfragen. An dieses Wort in der Bibel hat sich Gott gebunden. Was er uns darin versprochen hat, wird geschehen. Darauf kann ich mich verlassen. So ist sein Wort aktueller als die Zeitung von morgen. Wir sollten uns diese neuesten Nachrichten nicht entgehen lassen und mit der persönlichen B. anfangen.

Umgang mit Gottes Wort.
Wenn wir uns Zeit für Gottes Wort nehmen und danach handeln, wird sich unser Leben verändern. Aber vielleicht fragst Du Dich jetzt, warum auch bei bibellesenden Christen häufig so wenig von der Lebensveränderung durch Gottes Wort zu spüren ist. Das kann sehr unterschiedliche Gründe haben.
Manch einer liest seine Bibel, denkt kritisch darüber nach, legt seine Bibel zur Seite und vergißt das Gelesene. Ein anderer häuft in sich eine Menge Bibelwissen an, so daß man vor Staunen über sein Wissen blaß wird. Er beeindruckt jeden, der sich noch nicht so gut in Gottes Wort auskennt. Aber er setzt das Gelesene nicht in die Tat um. Wieder andere lesen Gottes Wort, während der Kassettenrekorder die neuesten Schlager brüllt, der Bruder laut Englischvokabeln lernt, die kleine Schwester ihrer Puppe ein Gute-Nacht-Lied vorsingt, der Vater die neue Handkreissäge ausprobiert und Mutter zum Essen ruft. Bei diesem Lärm kann Gottes Reden durch sein Wort weder den Kopf noch das Herz erreichen.
Gottes Wort verändert unser Leben, und davor erschrickt mancher. Sie überkommt die Angst, daß Eltern, Geschwister oder Freunde etwas von dieser Lebensveränderung mitbekommen. Deshalb begnügen

sie sich mit kleinen Portionen (Losungswort u. ä.) und bleiben unauffällig. Ein anderer liest Gottes Wort je nach Zeit und Lust. Dieses unregelmäßige Lesen führt häufig dazu, daß er sich gar keine Zeit mehr für Gottes Wort nimmt. Andere dagegen lesen immer und immer wieder altbekannte und vielleicht auch leichtverständliche Texte. Wer Gottes Wort so liest, wird natürlich kaum geistliche Wachstumsschritte erleben und das unterschiedliche und großartige Handeln Gottes erkennen. Deshalb muß man sich Zeit für die ganz persönliche »Stille Zeit« mit Gott nehmen. Es hat sich bewährt, im Laufe eines Tages eine feste Zeit für die »Stille Zeit« einzuplanen. Der Morgen, wenn der ganze Tag mit seinen Aufgaben noch vor uns liegt, ist wohl die beste Zeit dafür. Ruhe, um ungestört Gottes Wort lesen und beten zu können, ist die Voraussetzung dafür.

Wie kann ich in Gottes Wort lesen?
Hierfür gibt es einige Möglichkeiten. Jeder sollte seine ganz persönliche Art der »Stillen Zeit« herausfinden.
Die Schwedische Methode: Bei dieser Methode, wie auch bei allen anderen Methoden zur »Stillen Zeit«, ist es hilfreich, wenn man sich ein kleines »Stille-Zeit-Heft« anlegt, in das alle Ergebnisse der »Stillen Zeit« eingetragen werden. So kann man immer wieder nachlesen, was einem an einem bestimmten Text aufgefallen, eingefallen oder wichtig geworden ist. Natürlich kann man dann die entsprechenden Fragen auch besser mit einem Christen besprechen.
Die »Schwedische Methode« hat drei Symbole, die uns beim Bibellesen an folgendes erinnern sollen:
Hinter das **Fragezeichen** kann ich alle Wörter/Aussagen/Ausdrücke schreiben, die ich nicht verstehe und mit einem anderen besprechen muß. Hinter einem **Pfeil** kann ich alles schreiben, was mir in dem Bibeltext wichtig geworden ist. Hinter eine **Kerze** schreibe ich all das neu dazugelernte.

Abschnitt – Herzstück – Laufschritt:
Bei dieser Bibellesemethode teile ich zunächst den gelesenen Text in Abschnitte ein. Dabei ist es auch möglich, diesem Abschnitt eine passende Überschrift zu geben. Danach suche ich nach dem Herzstück in diesem Abschnitt. D. h., ich schreibe mir auf, was dieser bestimmte Abschnitt mir persönlich sagt. Am Schluß notiere ich mir eine Sache, die ich aus dem Text gelernt habe und heute in die Tat umsetzen will – und das im Laufschritt. Man sollte sich mit einer Sache begnügen. Bei zu vielen Vorsätzen kann es leicht passieren, daß ich gar nichts in die Tat umsetze.
Fünf Finger zum Nachdenken: Der Daumen besteht wie alle Finger aus drei Gliedern. Deshalb erinnert er uns an eine dreifache Frage: Was steht in meinem Bibeltext über Gott – Jesus Christus – dem Heiligen Geist? Der Zeigefinger zeigt häufig auf einen anderen, weil der etwas Gutes oder Schlechtes getan hat. Deshalb erinnert uns der Zeigefinger daran, ob wir in unserem Bibeltext ein gutes oder schlechtes Beispiel von Menschen vorfinden. Der Mittelfinger ist der größte Finger. Nun denken ja meistens die Großen, daß sie Befehle an kleinere erteilen können. Deshalb erinnert uns dieser Finger daran, ob in unserem Text ein Befehl/eine Anweisung vorkommt. Der Ringfinger erinnert jeden, der einen Ehering trägt, an ein abgegebenes Versprechen. Finde ich auch in meinem Bibeltext ein Versprechen (eine Verheißung)? Der kleine Finger macht den Schluß. Kleine werden meistens vor schlimmen Dingen gewarnt. Deshalb sollte ich auch meinen Bibeltext daraufhin durchsuchen, ob ich eine Warnung darin finde.
Ein Tip des Paulus: Paulus schreibt an sei-

nen Freund Timotheus folgendes (2. Tim 3, 16): »Denn alle Schrift, von Gott eingegeben, ist nütze zur Lehre, zur Aufdeckung der Schuld, zur Besserung, zur Erziehung in der Gerechtigkeit.« Findest du Dinge in deinem Bibeltext, die Paulus hier anspricht? Wo finde ich Belehrungen Gottes im Text; d. h. wo macht mich Gott auf wichtige Dinge für meinen Alltag aufmerksam? Wo deckt der Bibeltext Schuld/Sünde in meinem Leben auf? Welche Wege zeigt der Text mir, so daß es anders in meinem Leben werden kann? Wie soll ich leben, um vor Gott bestehen zu können?

Ein Rat Martin Luthers:
Martin Luther gab seinem Freund und Friseur folgenden Rat fürs Beten und die »Stille Zeit«:
1. »Darum ist's gut, daß man frühmorgens das Gebet das erste und des Abends das letzte Werk sein lasse, und sich mit Fleiß nig, in einer Stunde will ich beten, ich muß dies oder das zuvor fertig machen. Denn vor diesen falschen, betrügerischen Gedanken hüte, die da sagen: Warte ein wemit solchen Gedanken kommt man vom Gebet in die Geschäfte, die halten und umfangen einen dann, daß aus dem Gebet den Tag über nichts wird.«
2. »... ich nehme nämlich ein jegliches Gebet (oder auch Bibeltext) an, zum ersten als eine Lehre, wie es das ja wirklich an sich ist, und bedenke, was unser Herr Gott darin so ernstlich von mir fordert. Zum zweiten mache ich eine Danksagung (d. h. an welcher Stelle erinnert mich der Text ans Danken? Wofür soll ich dankbar sein?) daraus, zum dritten eine Beichte (d. h. wo deckt der Text Schuld in meinem Leben auf? Wofür muß ich Jesus Christus um Vergebung bitten?), zum vierten ein Gebet (d. h. wofür darf ich bitten? Wo ist meine Fürbitte – beten

---

Bibellesebund

Es begann 1867 in England: Josiah Spiers und Tom Bishop gründeten die »Children's Special Service Mission«, deren Ziel es war, das Evangelium für Kinder verständlicher weiterzugeben. Die Arbeit weitete sich zu einer internationalen Bewegung aus, die heute unter dem Namen »Scripture Union« (Bibellesebund) in über 100 Ländern tätig ist.

Das Zeichen des B. (BLB) ist eine Öllampe, die auf das Motto der Bewegung hinweist: »Dein Wort ist meines Fußes Leuchte und ein Licht auf meinem Wege« (Ps 119, 105).

Seit 1947 gibt es den BLB auch in Deutschland. Schwerpunkt ist die Arbeit unter Kindern. Jährlich werden zahlreiche Kinder- und Teenagerfreizeiten sowie Kinderbibelwochen durchgeführt. Im Sommer findet an verschiedenen Orten der Nord- und Ostsee und auf den Ostfriesischen Inseln die Strandmission statt. Jedes Quartal erreicht etwa 35 000 Kinder im Alter von 9-13 Jahren die Bibellesehilfe »Guter Start«. Sie leitet dazu an und hilft, die Bibel regelmäßig und fortlaufend zu lesen. Daneben schulen BLB-Mitarbeiter in der Kinder- und JS-Arbeit und bieten Arbeitsmaterial an. Es umfaßt Themenreihen, Fortsetzungsgeschichten, Rätsel, Spiele, Anregungen für Feste, den Verleih und Verkauf von Tonbild-Serien sowie Folien.

Der BLB ist ein überkonfessionelles Glaubenswerk. Er arbeitet auf der Basis der Deutschen Evangelischen Allianz. Zur Zeit arbeiten beim BLB in Deutschland 35 vollzeitliche und sechs teilzeitliche Mitarbeiter.

⇨ EC ⇨ Gemeindejugendwerk
⇨ Methodisten ⇨ Freie ev. Gemeinde

mb

für andere — nötig?). (Aus: »Luther-Deutsch«, Bd. 6, S. 174 ff. — Kirche und Gemeinde —; eingefügte Erklärungen vom Autor.)

Hilfen für JS-Mitglieder:
Unsere Zeitschrift JUNGSCHAR mit JS-Bibellese in Zusammenarbeit mit dem BLB, der die gleichen Texte unter dem Namen »Guter Start« vertreibt, Materialstelle, CVJM Wuppertal; »Guter Start« oder »Geradeaus«, Verlag Bibellesebund Marienheide; »Die ersten 100 Tage mit der Bibel«, Aussaat Verlag; »Start in den Tag« — Bibellese für junge Leute, Aussaat Verlag.

⇨ Bibel

gg

Bibelübersetzung

Wir müssen wissen: jede Bibel, die wir in der Hand haben, ist nie der Originaltext, sondern immer eine B. »Über-Setzung« heißt: vom Original (Urtext genannt) setzen wir »über« in unsere heutige Zeit und Sprache. Die erste Übersetzung ist vom griechischen Text (Neues Testament) und vom hebräischen Text (Altes Testament) in die lateinische Bibel erfolgt. Die erste deutsche Übersetzung wurde von dem Reformator Martin Luther gefertigt und ist sowohl ein literaturgeschichtliches als auch sprachgeschichtliches Dokument — in vielem unübertroffen. Seither wurde die Lutherbibel nur noch revidiert (überarbeitet). 1984 ist die letzte Revision erfolgt, die weithin verständlich für unsere Zeit abgefaßt wurde. In der JS-Arbeit gehört die **Lutherbibel** in die Hand des Leiters, aber ist wohl zum (Vor-)Lesen in der Gruppe selten geeignet. Deshalb ist es gut, daß »**Die Bibel im heutigen Deutsch (Die gute Nachricht«** — eine moderne Bibelübersetzung vorhanden ist. Sie ist auch zum Lesen in der Gruppe geeignet. Außer der »Guten Nachricht« gibt es für die JS-Arbeit geeignete Bibeln: **Hoffnung für alle,** Brunnen-Verlag; **Kinderbibel** von Irmgard Weth, Neukirchner Verlag.
Eine gute Hilfe für die Vorbereitung von Andachten und Bibelarbeiten in der Hand des JS-Leiters sind folgende Bibelausgaben: **Stuttgarter Erklärungsbibel** (mit Kurzerklärungen unter vielen Texten); **Lutherbibel erklärt** (mit Kurzerklärungen auf der Seite); **Übersetzung von Wilkens** (nur Neues Testament) mit Erklärungen; **Bruns-Übersetzung** (mit meditativen-besinnlichen Hinweisen).
Eine gute Übung zur Vorbereitung des JS-Leiters ist es, eine fremdsprachliche Übersetzung zu verwenden. Dadurch erschließt sich der Text nochmals in einer ganz anderen Weise. Die »**Good News**« in Englisch ist besonders einfach zu verstehen und hat einfache Skizzen, die sehr gut für die JS-Arbeit zu verwenden (vergrößern) sind.
Hauptaufgabe für JS-Leiter bleibt jedoch, selbst »Über-Setzer« des biblischen Textes zu sein, d. h. es den Jungen und Mädchen leichter und einfacher zu machen, die Texte zu verstehen und in ihr Leben zu übertragen. Deshalb ist es auch gut, so oft wie möglich eine eigene Übertragung des Textes anzufertigen, bevor ich ihn den Kindern nahebringe. Bitte keine Scheu davor!

⇨ Bibel   ⇨ Bibellese

ht

Bibelwoche

Kinder im Alter von 6-12 Jahren werden eine Woche lang (Ferien oder Schulzeit) jeden Tag 2-3 Stunden eingeladen, um Bibelgeschichten zu erleben, Lieder in Begleitung einer kleinen Band zu singen, zu basteln, zu spielen, zu feiern usw. Das Singen macht in der Gesamtgruppe großen Spaß. In Kleingruppen wird gebastelt und jedes Kind persönlich bedacht. Als Abschluß der B. findet gewöhnlich ein Familiengottesdienst statt, zu dem viele Eltern gerne kommen, weil ihre Kinder begeistert sind.
Chancen der B.: Durch die zeitliche Begrenzung lassen sich viele Kinder einladen, die nicht in regelmäßige Gruppen gehen (auch hinterher nicht). Für Kinder, die regelmäßig in die Gruppen und in den Kindergottesdienst kommen, ist die B. ein Höhepunkt.

⇨ Kinderwoche ⇨ Höhepunkt
⇨ Checkliste Höhepunkt *md*

Bild

Theologische Aspekte: Im Verbot, sich von Gott ein Bild(nis) zu machen (2. Mose 20, 4-6) soll deutlich werden: wenn wir Gott in konkrete B. zwingen, stehen wir über Gott und sind dabei, ihn uns verfügbar zu machen. »Bete sie (die Bilder) nicht an und diene ihnen nicht!« heißt es im zweiten Gebot weiter. Dieses Anbeten von B. und Statuen war in Israels Umwelt üblich. So waren B. schon früh in die Konkurrenz der religiösen Vorstellungen eingebunden.

Von der Macht der Bilder: Auch in der Zeit der Römer wurden B. verehrt. Man zog mit einem Bildnis des Gottes Pan durch die Felder, um Fruchtbarkeit zu erbitten. Später wurden Christus- und Heiligenb. verehrt, denen besondere Kräfte zugeschrieben wurden. Der schwärmerische Reformer Karlstadt rief 1522 zu einem »Bildersturm« auf und forderte die Beseitigung aller B. aus den Kirchen.
Während im Altertum B. nicht beliebig zu vervielfältigen waren (bis auf die Abbildungen der Herrscher auf Münzen), begann mit der Erfindung von Drucktechniken (Gutenberg) auch der Siegeszug biblischer Darstellungen.
In Kirchen gaben bis dahin gemalte bildliche Darstellungen der Bibelgeschichte den Analphabeten die Chance, sich Ereignisse aus der Heilsgeschichte vorzustellen und einzuprägen. Jetzt verbreiteten sich preiswerte illustrierte Flugblätter und Schriften schnell bis in alle Winkel des Landes. Doch alle Entwicklungen früherer Jahrhunderte hatten im Gegensatz zur Entwicklung im 20. Jahrhundert Schneckentempo! Durch den rasanten Fortschritt im Bereich der Kommunikationsmittel hat die unbegrenzte Übertragung und Vervielfältigung von Bild/Text (und Ton) alles verändert. Durch audio-visuelle Medien (audio = fürs Ohr), visuell = fürs Auge), zu denen fast jeder Zugang hat, stehen wir einer Flut bildlicher Information gegenüber. Ein Mensch aus früherer Zeit, in unsere Zeit versetzt, würde bei der Übermenge an Informationen bildlich-textlicher und akustischer Art wohl mehr als nur Kopfschmerzen bekommen.
Welche Macht B. (diesmal Videob.) haben, ist uns im Verlauf des sog. Golfkrieges deutlich vor Augen geführt worden: Fernsehsender im Dienst der Massenmanipulation. Auch die Einschaltquoten bei sog. »Reality-TV«-Sendungen lassen ahnen, wie bilder-süchtig die Gesellschaft inzwischen geworden ist (... bete sie nicht an und diene ihnen nicht!).
Nicht einmal beim Musikhören ist die

Fantasie Jugendlicher mehr frei, weil beim Hören des Songs im Kopf das auf einem Musikkanal gesehene Video abläuft. Musik und B. sprechen beide vorrangig das Gefühl an. Das ist insofern eine Gefahr, weil politische oder gesellschaftliche Zusammenhänge im B. kaum dargestellt werden können. In diesem Bereich muß Sprache zum Einsatz kommen. Mit bunten bildlichen Eindrücken kann nicht argumentiert, noch weniger analysiert und abgewogen werden.

Problemanzeige: Gerade Kinder und Jugendliche bekommen Orientierungsschwierigkeiten. Die Konzentrationsfähigkeit sinkt; immer neue, schneller aufeinanderfolgende Reize für Auge und Ohr werden verlangt. Auf einem Gruppenleiter lastet der unsichtbare Druck, die Kurzandacht so unterhaltsam und kurzweilig wie eine Video-Clip zu machen.
Durch die große Menge der bewegten und unbewegten B. werden einzelne B. immer weniger wahrgenommen, alles wird gleich bedeutend und damit auch gleich unbedeutend. Im Innern des Menschen sammeln sich diese unsortierbaren B. und Informationen wie in einem Sumpf an. Sie bleiben unberechenbar (z. B. Horror- und Gewaltszenen, Werbeimpulse) für die psychische Gesundheit junger Menschen.

Praxisanregungen für die pädagogische Arbeit mit Kindern und Jugendlichen –
B. als »Eisbrecher«: Mit der einbahnartigen Kommunikation vom Fernseher zum Betrachter kann auch die Ausdrucksfähigkeit junger Menschen abnehmen. Bei der Gruppenzusammenkunft fällt es vielen schwer, über eigene Gefühle und Gedanken zu sprechen. Ausgewählte Fotos, z. B. aus Bildbänden, Fotozeitschriften oder Gesellschaftsspielen wie »Lifestyle« können als Einstieg und zum Kennenlernen dienen. Bei kleinen Gruppen bietet es sich an, die Fotos in die Mitte zu legen und sie gemeinsam anzusehen. Bei größeren Gruppen sollten die Fotos verkleinert und fotokopiert auf einem Blatt jedem in die Hand gegeben werden. Unter dem Motto:

»Erzähl mal!« beginnen. Jeder darf zu einem B., das ihm auffällt, seine Gedanken, Erinnerungen oder Erlebnisse beitragen. Wichtig: Dabei sollten die Beiträge nicht gegenseitig kommentiert oder bewertet werden! Das löst Angst aus, behindert die Offenheit.

B.-Lügen auf der Spur: Gerade im Bereich der Werbung lassen sich viele B.-Lügen finden, z. B. zum Gebot: »Du sollst kein falsch Zeugnis reden (zeigen) ...« Dies ist eine interessante Gruppenaufgabe, zu der nur ein Stapel Illustrierte und Scheren benötigt werden. Praxistip: Schulbücher und Medienzentralen als Quellen für medienkritische Beiträge, Filme usw. anzapfen.

Ich such' mir mein B.!
Als Gruppenaktion ein Kunstmuseum besuchen. Vorher abklären, ob fotografiert werden darf. Aufgabe: Jedes Gruppenmitglied soll sich sein Lieblingsb. aussuchen. Es wird dann mit diesem B. fotografiert. Beim nächsten Gruppentreffen wird dann ein Gruppenposter mit den Fotos und witzigen Kommentaren hergestellt.

Ein B. entdecken (Bildbetrachtung/meditation): Aus Arbeitshilfen, Zeitschriften, Gemeindebriefen usw. ein alters- und gruppengerechtes B. auswählen. Jeder bekommt ein Exemplar kopiert in die Hand oder man schaut es sich von Dia oder Projektor vergrößert an. Folgende Vorgehensweise hat sich als hilfreich erwiesen:

a) Sich genug Zeit nehmen zum Schauen, Entdecken, Fantasieren. Dazu soll jeder ungestört Zeit haben (bequemes Sitzen, Stille).

b) Zusammentragen, was alles zu sehen ist (noch nicht deuten!). Jeder kann seine Beobachtungen sagen. Kommentare, Wertungen und Reaktionen auf Beiträge hier noch vermeiden!

c) Gemeinsam anfangen zu deuten. »Was ist das Thema des B.?« »Was könnte gemeint sein? Was möchte der Künstler vielleicht im Betrachter des B. auslösen?« Mehrere unterschiedliche Deutungen dürfen auch nebeneinander stehen bleiben. Es ist nicht wichtig, ob Deutungen »richtig« oder »falsch« sind. Wichtiger ist, daß die Betrachter versuchen, das B. auf sich zu beziehen.

d) Jetzt Titel und Künstler nennen. Falls bekannt, auch Zusatzinformationen zum B. geben (Entstehung ...). Abschließend kann, wenn das B. es zuläßt, noch ein passendes Bibelwort gelesen oder eine bibl. Geschichte dazu erzählt werden.

Gegenb., die um-prägen sollen: In bilderüberfluteten Zeiten wissen Mitarbeiter im Kinderbereich, daß in Kinderköpfen viele Negativ- und Horrorb. bestehen bleiben. Mitarbeiter sollten sich auf die Suche nach positiven und hoffnungsvollen Gegenb. machen. Geht einmal mit kritischen Augen durch eure Gruppenräume und schaut, welche B. dort sind. Ist da nicht manches ziemlich wahllos an die Wand geklebt? Was drücken die B. aus? Haben sie die Ausstrahlung, Gegenb. sein zu können? Jede Begegnung verändert. B., denen man immer wieder begegnet, können auch Veränderungen erzeugen. Gegenb. können Motive haben, die z. B. Geborgenheit ausstrahlen (Hirte-Schaf-Motiv, schützende Hände), Freude ausstrahlen (fröhliche und lachende Gesichter) oder Liebe darstellen (Situationen, in denen jemandem geholfen wird, jemand getröstet wird) usw. Versucht einmal bewußt, solche B. zu finden und sie im Gruppenraum aufzuhängen. Ihr könnt auch ein B.motiv (z. B. aus einem Buch) mittels Overheadprojektor vergrößern, in gemeinsamer Arbeit buntmalen und dann aufhängen. Während der Gruppenstunden ist es gut, immer mal wieder auf das B. und seine Bedeutung zurückzukommen.

jbe

Biographien

Holt die Zeugen aus den Wolken! Der Hebräerbrief spricht von der »Wolke der Zeugen« (Hebr 12,1), also von den Menschen, die mit ihrem Leben die Wahrheit des Glaubens bezeugt haben. Wir dürfen und wir sollen von ihnen für unseren Glauben lernen. Deshalb sollten wir uns mit ihnen beschäftigen und den Jungscharlern weitererzählen.

Eine besondere Rolle spielen CVJM-Persönlichkeiten, da an ihnen deutlich wird, in welcher Linie der guten und schlechten Erfahrungen, der Wege und Irrwege wir heute stehen.

⇨ Geschichte CVJM   ⇨ Lebensbilder

ipm

Bündische Jungscharbeit

Sie gibt es in unserem CVJM-Werk schon sehr lange. Ihre Geschichte beginnt mit den »Knaben-«, später JS-Abteilungen vieler Großstadt-CVJM vor dem ersten Weltkrieg (1914).

Diese Gruppen übten sich in den »Pfadfinderkünsten« und gingen stolz mit Wimpel und in ihrer Kluft, mit Affe (Tournister), Zeltbahn, Geige und Fiedel auf Wanderfahrt und ins Zeltlager.

Nach dem Ersten Weltkrieg, bis zum Verbot durch die Nationalsozialistische Regierung, blühte diese Arbeit unter den JS und Knabenabteilungen nur so auf. In allen Bünden gab es CVJM-Pfadfinder. Reichsjungscharwart Dr. Karl Otto Horch stand eine Zeit an ihrer Spitze als »Reichspfadfinder«.

Wenn wir heute von biblisch-bündischer JS-Arbeit sprechen, dann verstehen wir darunter eine JS-Arbeit, die von Bibelarbeit und Andacht, Gebetsgemeinschaft und dem Ruf in die Nachfolge geprägt ist. Diese JS-Arbeit ist eine Kleingruppenarbeit, auch wenn eine JS über 30 regelmäßige Teilnehmer hat. Das Programm ist erlebnisorientiert. Die alten Lager- und Pfadfinderkünste haben ihren Platz: Karte und

Bündische Jungschararbeit

Kompaß, Seil und Knoten, Abkochen und Feuerstelle.
1. Hilfe und Heraldik, Schöpfung und ihre Bewahrung, die große Lagerkunst, Spiele und Erzählungen.

Dazu gehören Zeltlager, Ritter- und Ordenslager für die JS mit bewußt einfachem Lebensstil und dem Versuch, Verantwortung für die Schwächeren zu sehen und einzuüben. Auch hier wieder die Prägung durch die täglichen Bibelarbeiten und die »Zeugen« der Christenheit. Die Mitarbeiter bilden eine verbindliche Gemeinschaft, Opfer an Zeit und Geld, das »Ja« zum gemeinsamen Dienst steht unter der Losung: »Ganz für Jesus und die uns Anvertrauten.«

Hilfen zum Erreichen unseres Zieles:
Es ist unser Wille, daß alle Mädchen oder Jungen eines Dorfes, einer Gemeinde, eines Stadtteiles in die JS, unter das Wort Gottes kommen.

Hier werden Hilfsmittel genannt, »Krükken« für den Glaubensweg in einer verbindlichen Gemeinschaft aufgezeigt. Das Ziel treibt uns zu diesem Arbeitsstil. Alle genannten Hilfen haben sich in sehr vielen Jahren bewährt und sind in Dorf und Stadt erprobt. Hier geht es um das Alter der 9- bis 13jährigen. Jede Altersgruppe hat ihre eigenen Möglichkeiten.

Die Anwesenheitsliste zeigt jedem Jungscharler: Ich werde erwartet und darum auch beim Fehlen vermißt. Meinem Leiter ist mein Kommen und Wegbleiben nie egal. Ich bin nicht einer von Vielen, in der großen Schar gehe ich nicht unter.

Der Ausweis wird nach Gespräch und mindestens viermaligem Kommen verliehen. Nun gehöre ich ganz zur JS, zahle auch meinen Beitrag, denn: Was nichts kostet, hat auch keinen Wert! In meiner JS ist mein Geld eine Hilfe zur Ausführung der Arbeit. Jungscharler lernen opfern, es ist gut, wenn es früh gelernt wird, später fällt es dann oft sehr schwer.

Die Halstuchprüfung führt zum Überdenken des Ziels und Auftrags der JS. Mit einem biblischen Bericht muß der Jungscharler sich gründlich beschäftigen, denn dieser will erzählt und erklärt werden. Beim Gespräch über die Zehn Gebote kommt es zum Nachdenken über den Willen Gottes. Auftauchende Fragen können gestellt und besprochen werden. Der CVJM mit seiner Geschichte und weltweiten Gemeinschaft wird bekannt. Nun gehört der Halstuchträger auch sichtbar zur JS. Für ihn selbst ist das eine große Hilfe; auf die Zielsätze und die Verleihung kann er angesprochen werden. Die Verleihung des Halstuches ist ihm ein ganz großes, freudiges Ereignis. »Jetzt weiß ich viel mehr von Jesus und der JS!« Natürlich wird auch ein behindertes Kind aufgenommen. Nicht das Auswendiggelernte entscheidet über die Verleihung des Halstuches.

Die Kluft, das Fahrtenhemd, sagt: Wir gehören alle zusammen. Keiner ist reich oder arm, modern oder unmodern gekleidet. Eine einheitliche Kleidung lockt und wirbt auch immer andere. — Natürlich muß sie auch sauber sein! Kluft führt schnell zum Bekenntnis, fordert ein Zeugnis heraus. Das Anziehen hilft zum Einstimmen auf die Gruppenstunde. Natürlich ist das Fahrtenhemd auch äußerst praktisch und sparsam. Ideal bei Fahrt und Lager. Gegner sollten sich fragen, warum wohl Chöre, Musikgruppen, Mannschaften, auch die Wiener Sängerknaben einheitliche Kleidung tragen? Was kann nicht noch alles zur Uniform werden?

Wann hört endlich der ewige Ärger mit fehlenden, beschädigten, durch die Gegend fliegenden vereinseigenen Liederbüchern auf? Bei dem in die Stunde mitgebrachten Liederbuch wird vieles besser. Zu Hause kann selbst daraus gesungen werden. Ein eigenes, selbstgekauftes Liederbuch ist gut!

Wir haben sogar eine eigene Zeitung! **Die Jungschar!** Manchmal liest die ganze Familie mit. Der Bezugspreis ist in dem Beitrag enthalten.

Häuptlinge mit Gruppen, ein fröhlicher Wettkampf sind das »Salz in unserer JS-Suppe«. So haben wir nicht nur eine gute,

sondern eine bessere JS. Im Häuptlingsbuch stehen alle wichtigen Einzelheiten. Bei Hausbesuchen und durch Elternabende entsteht die wertvolle Verbindung zu den Eltern. Hier können Helfer, Freunde und Mitglieder gewonnen werden. Mindestens einmal im Jahr laden wir dazu ein.
Nur wer in diesem Jahr noch neun Jahre alt wird, darf in die JS-Stunde kommen. Es muß schon etwas bedeuten, in die JS zu dürfen! Wer heute die Achtjährigen in seine Schar läßt, hat morgen die Siebenjährigen und übermorgen keinen mehr über zehn Jahre in der Gruppe. Die 13jährigen werden in die Jungen- oder Mädchenschaft verabschiedet. Wie ist das Verhältnis der Leiter zueinander? Gibt es Verbindung, Gemeinsamkeiten zwischen diesen Gruppen?

mh

C

CD

»Compact Disc« — genannt CD, 12 cm Durchmesser, 1,1 mm dick, auch »Digital-Schallplatte«. Bei der nur einseitig bespielten, aus metallisiertem Kunststoff bestehenden CD ist die Musikinformation unterhalb einer transparenten Schutzschicht in Form einer dichten Folge mikroskopisch kleiner Vertiefungen enthalten, die spiralig angeordnet sind und von innen nach außen verlaufen. Neben der Musikinformation können noch weitere Informationen wie Trennung der beiden Stereokanäle oder der direkte Zugriff auf ein Musikstück übermittelt werden. Beim Abspielen wird die digitale Information mit Hilfe eines Halbleiterlasers abgetastet und durch entsprechende Technik in das übliche Stereosignal umgewandelt.
In der JS selbst hat die CD z. Zt. noch keinen übermäßig großen Stellenwert, wenngleich die Teilnehmer sie zum »Musikhören« schätzen.

⇨ Medien

go

Checkliste entwickeln

Was ist das und wozu?
Checkliste ist ein technischer Ausdruck aus der englischen Sprache und bedeutet übersetzt Kontrolliste. Für freie, künstlerische Menschen ist dieses Instrument etwas Fürchterliches, aber wenn man bedenkt, daß sie z. B. in der Luftfahrt möglicherweise über Leben und Tod der Flugzeugpassagiere entscheidet, ändert sich die gefühlsmäßige Einstellung zu dieser »Lästigkeit« mit Sicherheit. Eine Checkliste erhöht die Chancen zur Sicherung des Erfolgs in allen ihren Anwendungsbereichen beträchtlich.

Wie baut man eine solche Liste auf?
Zuerst das Ergebnis vor Augen stellen!
Ganz zu Beginn des Vorhabens müssen

Chaoten

»Die chaotischen Chaoten haben heute wieder ein Chaos in der JS verursacht.« Nur zu gut kennen wir diese Situation. In der heutigen Zeit begegnen uns immer mehr schwierige Kinder in unseren Gruppen, wobei es vorwiegend die Jungen sind. Oft kommen sie aus schwierigen Familienverhältnissen oder es plagen sie bewußt oder unbewußt Probleme. Sie nerven uns Mitarbeiter, aber die größten Schwierigkeiten haben sie mit sich selbst und den anderen Gruppenmitgliedern. Sie brauchen Hilfe für ihre eigene Person, um ihren Nächsten anzunehmen und um Gott kennenzulernen. In dieser Reihenfolge, und dabei benötigen sie unsere Unterstützung.

Mit Liebe, Freundlichkeit und Konsequenz begegnen wir allen, besonders denen, die unsere Aufmerksamkeit besonders nötig haben. Sie brauchen Grenzen, aber auch Leitlinien, nach denen sie leben können. In der Regel ist ein Mitarbeiter allein mit diesen C. überfordert.

Zu zweit arbeitet es sich besser; bei Bedarf ist fachkundiger Rat einzuholen. Um eine persönliche Beziehung und Vertrauen aufzubauen, benötigt man Zeit. Dem Kind eine Aufgabe anzuvertrauen, ist eine Möglichkeit, Anerkennung und Wertschätzung auszudrükken.

Manchmal macht ein Mitarbeiter auch einen Fehler, dann gibt es keinen Abbruch in seiner Autorität und Anerkennung, wenn er sich daraufhin bei dem Kind entschuldigt. Im christlichen Umgang miteinander haben wir immer wieder die Möglichkeit, einen Neuanfang in den Beziehungen zu wagen. Was diese Kinder neben unserer Fachkompetenz am allermeisten benötigen, ist unsere Liebe, die auch dann bleibt, wenn die Kinder uns wieder mal enttäuscht oder verärgert haben.

⇨ Konflikte   ⇨ Gruppenpädagogik

hcb

---

sich die Beteiligten Zeit für Vorüberlegungen nehmen und sich darüber klar werden, was mit dem jeweiligen Projekt oder mit der Maßnahme überhaupt erreicht werden soll und was alles in dieses Geschehen mit hineinspielt. Nach dem Grundsatz »Vier Augen sehen mehr als zwei« sollten bei diesen Vorüberlegungen möglichst viele Mitbeteiligte dabeisein.

Den angestrebten Endzustand sollte man schon in den Vorüberlegungen in seine Teilbereiche untergliedern, wie z. B.: Personen und Mitarbeiter, Ort und Räumlichkeiten, Programmverlauf, Versorgung und Material, Finanzen, Kommunikation, Werbung und Kontakte, Zeiträume.
Danach den Ist-Zustand sehen! Nach einer solchen Zielkonferenz zeichnet sich vor den Augen der Beteiligten schon eine klarere Vorstellung von dem ab, auf was man sich einlassen möchte. Darauf aber folgt eine recht ernüchternde Phase, wenn man sich nun mit dem Ist-Zustand beschäftigt und allmählich entdeckt, was es noch alles zu tun gibt, um das angestrebte Ziel zu erreichen.

Dieses ist dann der Beginn der Phase der Planung und der Aufgabenverteilung. Zum Ende dieser Phase wird eine **Aufgabenliste** erstellt, die wie folgt aussehen könnte:
Unter den jeweiligen Teilbereichen werden nun die einzelnen Aufgaben gesammelt, die noch zu erledigen sind. Hinter jede Aufgabe wird dann der Zeitrahmen festgesetzt, zu dem diese Tätigkeit begonnen werden soll und auch die Zeit, wann sie spätestens erledigt sein muß. Danach muß noch vereinbart werden, wer für welche Aufgabe die Verantwortung oder Durchführung übernimmt.
Wenn dieses nun feststeht, sollte man unbedingt eine **Belastungsprüfung** durchführen, d. h. anhand der bisher erstellten

Aufgabenliste oder eines Aufgabenbaums ist zu prüfen, wem zu viele und wem zu wenig Aufgaben zugemutet worden sind.

Ein Mitarbeiter, der zu viel »am Hals hat«, ist ein unsicherer Kandidat, was den Erfolg der jeweiligen Aufgabenzuweisung betrifft. Weil an dieser Stelle ein Erfolgsrisiko für das gesamte Planungsraster besteht, sollte man prüfen, wer diesen Mitarbeiter an dieser oder an anderer Stelle entlasten könnte.

Der Checkliste eine Gestalt geben:
Nach dieser planerischen Vorarbeit sind alle Informationen zusammengestellt, die für die Erstellung einer Checkliste benötigt werden. Die Verantwortlichen müssen sich nur noch darüber klar werden, für welchen Zweck sie eine Checkliste aufstellen wollen.

Der Aufgabenbaum ist eine einfache Form der Checkliste, die ohne ins einzelne gehende Zeitvorgaben auskommt. Aufgabenbäume schaffen Übersicht darüber, wie sich die Verantwortungsbereiche in einem Planungsvorhaben zuordnen. Sie helfen besonders in der Planungsphase des Projektes. Dort geben sie auch Auskunft darüber, inwieweit die einzelnen Aufgaben in den Teilbereichen durch verantwortliche Mitarbeiter abgesichert sind. Sie können aber auch die Beurteilungsgrundlage für eine Belastungsprüfung in der Planungsphase sein.

Die Checkliste für Mitarbeiter zeigt die Aufgaben und den Zeitraum ihrer Erledigung für jeden am Projekt beteiligten Mitarbeiter an. Sie ist eine individuelle Aktivitäten-Checkliste und dient der persönlichen Aufgabenkontrolle. Der betroffene Mitarbeiter kann aus dieser Liste ersehen, wann er welche Teilaufgabe für das Projekt abgeschlossen haben muß. So soll diese Checkliste dem Mitarbeiter helfen, seine persönliche Zeitplanung optimal zu gestalten.

Die Gesamt-Checkliste schafft Überblick darüber, wann welcher Mitarbeiter welche Aufgabe in welchem Teilbereich beginnen oder beenden muß. Diese Checkliste ist die umfangreichste und eigentlich nur für die Gesamtleitung erforderlich. Sie kann bei den zwischenzeitlichen Treffen der Planungsteams Auskunft darüber geben, wie planmäßig die Vorbereitungen für das jeweilige Projekt vorankommen.

Man kann diese Gesamt-Checkliste in der Form von zusammengestellten Aktivitäten-Checklisten aufbauen oder aber als Zeitplan in einem Übersichtsraster.

⇨ Checkliste

ws

Christbaumaktion

Wohin mit dem Christbaum? — Diese Frage stellen sich viele Eltern nach der Weihnachtszeit. Da viele Familien nur noch Öl-, Gas- oder Zentralheizung haben, wissen sie nicht, wohin mit dem Baum, denn die Beseitigung des Weihnachtsbaumes ist ein Problem geworden. Eine Lösung ist die C., die in vielen Städten und Dörfern an den ersten beiden Samstagen nach dem 6. Januar anlaufen. Verschiedene Vereine wie Fanfarenzüge, Feuerwehren oder Fußballvereine bieten sich an, die ausgedienten Bäume abzuholen. In vielen Städten und Gemeinden ist es jedoch eine traditionelle selbstgestellte Aufgabe des CVJM, die Bürger gegen eine geringe Gebühr (DM 1 - 2,–) von den Altlasten der Weihnachtszeit zu befreien und damit zugleich Geld für nützliche Zwecke (z. B. für die eigene Jugendarbeit oder auch für den CVJM-Weltdienst) zu sammeln. Die Vorbereitungen für die C. müssen im alten Jahr beginnen. Zuerst muß man sich fragen, was mit den Bäumen geschehen soll. Früher war es allgemein üblich, sie zu verbrennen, doch das verbietet heute die Rücksicht auf die Umwelt. Viele Gemeinden bieten daher an, das Sammelgut zu häckseln. Dazu muß man sich jedoch rechtzeitig mit der Gemeinde absprechen und einen Termin ausmachen. Danach überlegt man sich, welche Fahrzeuge (LKWs, Traktor mit Hänger, PKWs mit Hänger) man zur Verfügung hat und wo

man sich welche besorgen kann. Sind diese Einzelheiten geklärt, fertigt man Plakate an mit genauen Angaben des Termins, Uhrzeit, Veranstalter und Angabe des Spendenzweckes. Anfang Dezember kann man nun die ersten Plakate bei den Geschäften aufhängen, die Weihnachtsbäume verkaufen. Die übrigen Plakate sollten jedoch spätestens zwei Wochen vor der Aktion im Dorf / in der Stadt aufgehängt werden.
An der Durchführung der C. können sich Jungscharler, Jugendliche und Erwachsene beteiligen. Es ist sinnvoll, wenn einige Gruppen aus 3-4 Personen vorausgehen, die vor den Häusern bereitgestellten Bäume einsammeln und an Kreuzungen und größeren Straßen Sammellager einrichten. Dort können die Fahrzeuge die Bäume dann aufnehmen.
Den Abschluß einer C. kann ein gemütliches Beisammensein aller Beteiligten mit Tee und Gebäck oder Kuchen im warmen Jugendraum bilden.

⇨ Checkliste Aktionen   *ch*

Christus

Christen bekennen Jesus Christus als ihren Herrn. Nun denkt mancher, C. sei der Familienname von Jesus. C. ist aber kein Name, sondern ein Titel. Er ist die griechische Übersetzung des hebräischen Wortes »Messias«. Es bedeutet »der Gesalbte«. Im alten Israel wurden Könige und Priester gesalbt. Das drückte aus: Sie haben ihre Stellung nicht von Menschen erhalten, sondern von Gott geliehen bekommen. Der Titel »Gesalbter« wurde zunächst auf die Könige in Israel angewendet. Sehr oft verhielten sich diese Könige aber nicht als Beauftragte Gottes: Sie waren unzuverlässig. Sie brachen Gottes Wort. Sie fielen in Sünde. Nun verkündigten die Propheten einen »Gesalbten«, der ganz anders sein würde (z.B. Jes 9,5-6, Jes 53, Sach 9,9-13). Er wird der richtige Friedenskönig sein. Er wird Israel in die Stellung einsetzen, die Gott ihm zugedacht hat. Er wird überall die Gottesherrschaft durchsetzen. Er ist der kommende Weltenrichter (Dan 7,13-14). Wenn die Christen also Jesus C. bekennen, dann bekennen sie: Jesus aus Nazareth ist der verheißende C. (Messias)!
Zur Zeit Jesu gab es auch in den heidnischen Völkern eine große Sehnsucht nach dem einen Retter, der die Welt befriedet und ein Friedensreich errichtet. Viele hofften, daß dies der römische Kaiser sein möchte. Deshalb nannten sie ihn »Kyrics« (Herr). Die Christen aber bekannten Jesus als den »Kyrios«, den Retter und Herrn. Damit sagten sie: Nicht der römische Kaiser, sondern Jesus ist die Schlüsselgestalt der Weltgeschichte.
Jesus selbst hat sich nur ganz selten als C. bezeichnet (z.B. Joh 4,25-26). Aber das, was er sagte und das, was er tat, wiesen eindeutig darauf hin, daß er der C. war. So hat er Menschen dazu gebracht, von sich aus zu bekennen: Du bist Christus, des lebendigen Gottes Sohn« (Mt 16,16ff; Mt 26,63ff).
Viele Menschen zur Zeit des Herrn Jesus stellten sich den C. als einen politischen Befreier vor. Sie glaubten, daß dann, wenn er kommt, die Fremdherrschaft der Römer beendet und Israel der Mittelpunkt der Welt würde. Manche Männer vor Jesus und nach ihm traten mit diesem Anspruch auf und führten viele Menschen in den Untergang. Als Menschen in Deutschland sich mit »Heil Hitler« grüßten, sagten sie damit: Unser C. ist Hitler.
Jesus zog ganz bewußt als Messias in Jerusalem ein (Mt 21,1-11). Und viele erwarteten: Nun geht's los! Die Enttäuschung war riesengroß, als sich Jesus nicht anschickte, die Römer zu verjagen, sondern das Kreuz zu tragen. Jesus war nicht der C. nach dem Geschmack der Massen, sondern nach dem Willen Gottes. Weil er Gottes Willen, und nichts anderes, getan hat, hat er sich als der wirkliche C. erwiesen. Als Gott, der Vater, ihn von den Toten auferweckte, hat er ihn endgültig und für alle Zeiten als den C. für alle und über allen bestätigt (Phil 2,9ff). In der Mitte des Evangeliums stehen nicht irgendwelche

Wahrheiten, sondern eine Person: Jesus aus Nazareth, der C. Gottes.
Nach Pfingsten bekannten die Jünger Jesu den gekreuzigten Zimmermann aus Nazareth als C. und »Herrn«. Deshalb wurden sie auch bald in Antiochien als »Christen« bezeichnet. Das war zunächst als Schimpfwort gemeint, wurde aber bald die Bezeichnung für alle Anhänger Jesu. Man ist also deshalb Christ, weil man zu Jesus, dem C. gehört. Wenn wir Jesus C. bekennen, dann bekennen wir: »In keinem andern ist das Heil, auch ist kein andrer Name unter dem Himmel den Menschen gegeben, durch den wir sollen selig werden« (Apg 4,12).

rd

Chronik

Die C. ist eine Aufzeichnung über das Leben der Gruppe, die fortlaufend angefertigt wird. Darin unterscheidet sie sich von geschichtlichen Rückblicken, wie sie sich zum Beispiel in Festschriften zu Vereinsjubiläen finden. Die C. nämlich wird geschrieben, bevor der Chronist weiß, was später einmal seine Leser (und ihn selbst) interessieren wird. Das Anfertigen einer C. erfordert Geduld und einen langen Atem, denn ihren Reiz entwickelt sie erst viele Jahre später, wenn sie das Gruppengeschehen wieder lebendig macht. Das gelingt ihr natürlich viel besser als einer nachträglich verfaßten Geschichte aus der Erinnerung, denn sie enthält ja gerade auch solche Ereignisse und Details, die längst in Vergessenheit geraten sind.
Wenn eine Gruppe sich entschlossen hat, mit dem Schreiben der C. zu beginnen, ist es sinnvoll, ein fest gebundenes Heft (»Chinakladde«) zu benutzen, denn es soll ja viele Jahre halten. Viele Gruppen schreiben ihre C. abwechselnd, in anderen wird das Amt des Chronisten für längere Zeit an ein bestimmtes Miglied vergeben. Außer Texten eignen sich auch Bilder, Fotos, Landkartenausschnitte, Fahrkarten, gepreßte Blumen und ähnliches.

Alle Themen, die die Gruppe zur Zeit beschäftigen, sollten auch in der C. vorkommen. Besonders eignen sich Gruppengründung, Wechsel von Mitgliedern und Mitarbeitern, Feste, Freizeiten, Besuche, Teilnahme der Gruppe an Veranstaltungen, Elternnachmittage ... Aber auch das ganz alltägliche Gruppenprogramm erscheint den Mitgliedern nach vielen Jahren beim Blättern in der C. in einem neuen Licht.
Übrigens ist die C. nicht erst in ferner Zukunft gut für die Gruppe. Bereits beim Schreiben fällt auf, ob man sich im Programm oft wiederholt, ob man viel Besuch bekommt oder ob es schon lange keinen Höhepunkt mehr gab. So hilft die Arbeit an der C., die Gruppe und ihr Programm bewußter zu erleben und zu planen.

⇨ Gruppe

wl

Computer

Es ist kaum zu glauben: Vor 50 Jahren kannte auf dieser Erde noch kein Mensch ein kleines unscheinbares Ding, das heute täglich die Welt mehr und sichtbar verändert. 1948 erblickte der von **Bardeen**, **Brattain** und **Shockley** erfundene Transistor das Licht der Welt. Das kleine Ding wuchs schneller, als je ein Mensch zu wachsen imstande ist und bestimmt heute das Leben von vielen Menschen im Alltag maßgeblich auf die eine oder andere Weise mit. Ein Ende dieser geradezu revolutionären Entwicklung scheint noch für niemanden in Sicht zu sein.
Ein Entwicklungsstrang des Transistors führt zu einem Gerät, das heute unaufhaltsam nicht nur in Universitäten und Schulen, Büros, CVJM-Vereine und Haushalte, sondern auch immer mehr in die Kinderzimmer eindringt: dem C. Gegenwärtig (1995) — das zeigen Untersuchungen des Deutschen Jugend-Instituts, München — verfügen bereits knapp 30% der 9-10jährigen über einen Kindercomputer, 62,5% über einen Walkman. »Aus einer repräsentativen Befragung in Rheinland-Pfalz geht

Collage

Der Begriff bedeutet im französischen »leimen, aufkleben«. C. sind Materialbilder. Sie stammen aus der freien Malerei. Im 20. Jh. haben sich z. B. Picasso, Braque und Schwitters mit C. beschäftigt.
Bei der **flachen** C. werden Papiere, Fotos und Stoffe glatt zu Bildkompositionen zusammengeklebt. Bei der **plastischen** C. (z. B. mit Naturmaterialien wie Holz, Steinen, Pflanzen oder Materialien vom Sperrmüll) entstehen interessante Licht- und Schatteneffekte.
In der JS-Arbeit wollen wir mit C. vor allem die Konzentrationsfähigkeit und Wahrnehmung fördern und Ausdrucksformen für Gefühle und Gedanken anbieten. Wir achten bei der Besprechung der Bilder auf die Anordnung der einzelnen Elemente, auf Farben und Formen. Kontrollfrage ist: »Wie wirkt das Bild?«
Praxistip: Aus Kunstbüchern oder durch den Besuch eines Kunstmuseums Anregungen holen und mit der Gruppe (z. B. zu einem Thema) ausprobieren.

⇨ Bild   ⇨ Methoden

jbe

Comics

C. erzählen Geschichten, sie schlagen Kinder in ihren Bann. C.-Zeichner bebildern nicht eine Erzählung (Illustration), sie erzählen durch die Kombination von Bildern und Texten. So entsteht eine eigene, faszinierende Medienform. C. erscheinen als Heft oder Album. Gezeichnete Bilder begegnen Kindern auch als Karikaturen, Cartoons, C.-Strips, in Video-Games, Trickfilmen, als Werbeträger etc.
Die C.-Welt ist keine reine Kinderwelt. Die Verlage richten sich verstärkt mit illustrativen und malerischen Stilen an junge Erwachsene. Viele Inhalte der Erwachsenenc. sind problematisch und überfordern Kinder. Kindgemäße Titel sind jedoch ausreichend vorhanden. Deutsche christliche Verlage haben bisher wenig, meist ausländische Lizenzen, veröffentlicht. Diese bestehen oft aus einfachen Umsetzungen biblischer Geschichten. Eine eigenständige deutsche christliche C.-Entwicklung deutet sich an.
C. können auf verschiedene Art in der JS eingesetzt werden: per Overhead-Projektor, mit eigenem Text versehen, als Collage aus gebrauchten C. etc. Kinder zeichnen gerne eigene C. Wenige Hilfen, wie z. B. vorgegebene Bildrahmen, ermöglichen es, innerhalb einer Stunde weit zu kommen.

Literatur
Ehrenfried Gromberg: Köpfe voller Bilder, Über Comis und Kinder und was man daraus machen kann. In: Jungscharhelfer Nr. 2, April-Juni 1993, Oncken Kassel, Seiten 34-40.

⇨ Video

ec

hervor, daß 1987 schon 70% aller Jungen und 25% aller Mädchen, im allerdings sehr unterschiedlichen Ausmaß ComputernutzerInnen waren.« (ZSE, Heft 1, 1993, Seite 62)
Schon wurden neue Generationsetikette gefunden: man spricht von einer »Chip-Generation«.
Viele Kinder und Jugendliche pflegen einen mehr oder weniger spielerischen Umgang mit dem C. und bringen es zuweilen zu Fähigkeiten, die die Erwachsenen in Erstaunen versetzen. Es zeigt sich, daß Kinder häufig sehr viel schneller Zugang zum C. bekommen als Väter, Mütter oder professionelle Erzieher.
Damit bahnt sich mit den neuen Medien eine Entwicklung an, die mit dem Buchdruck begann und nun einen erheblichen Schub bekommt: Die Erwachsenen verlieren über weite Strecken das, was ihnen seit Bestehen der Menschheit gegenüber den Kindern eine Vorrangstellung einräumte: In einer Gesellschaft ohne Medien haben die Erwachsenen gegenüber den Kindern ein unangefochtenes Informationsmonopol. Heute kommt es immer häufiger vor, daß die Kinder über die Medien und viele Gebiete, die durch sie vermittelt werden, besser Bescheid wissen als Vater und Mutter oder die Lehrer.
Offenbar gehen die Kinder sehr viel unbefangener — vielleicht auch unkritischer — mit dem C. um als die Erwachsenen.
Viele Erwachsene zeigen sich verunsichert von dieser überaus raschen Entwicklung. Pädagogen grübeln darüber nach, wie man auf die neue Situation reagieren soll und kann. Soll man den Kindern so rasch wie möglich den Zugang zum C. ermöglichen?
Was passiert, wenn die Kinder den C. den Spielkameraden vorziehen und lieber einsam vor den Monitoren sitzen, als sich um Freundschaften zu bemühen? Was passiert, wenn man den Kindern aus erzieherischen Gründen den Zugang verweigert? Schon jetzt scheinen soziale Spaltungen unter den Kindern sichtbar zu werden. Häufig gibt es Trennungen zwischen »Kennern« und Insidern, C.-Freaks, die über die neusten Entwicklungen auf dem sich rasch verändernden C.-Markt gut Bescheid wissen und dem Heer von »Ahnungslosen«, das immer mehr ins Hintertreffen gerät. Dabei wissen wir, wie wichtig es für Kinder und Jugendliche heute ist, »in« zu sein und zu bleiben, um nicht als rückständig zu gelten.
Wie auch immer die Entwicklung weitergehen mag, die Stimmen nehmen ab, die eine generelle Verweigerungsstrategie verfolgen. Auf dem Hintergrund der Tatsache, daß sich der C. heute bereits die meisten Büros und weite Teile der Arbeitswelt erobert hat, wird immer deutlicher: Eine generelle Verweigerung wird heute oder morgen zu einer Benachteiligung der Kinder führen. Wichtig wird also die Frage nach einem angemessenen Gebrauch und einem angemessenen Umgang mit den neuen Medien.
So sicher man heute schon sagen kann, daß der C. die Entwicklung des Einzelnen und der Gesellschaft insgesamt, die Beziehungen der Menschen untereinander erheblich beeinflussen wird, weiß z. Zt. noch niemand, wohin die Reise schließlich geht.
Bezogen auf die Altersgruppe der Jungscharler gibt es z. Zt. leider noch wenig genauere Untersuchungen über die Auswirkungen und den Umgang der Kinder mit dem C. Wir werden also vermutlich noch längere Zeit auf unsere eigenen Beobachtungen angewiesen bleiben.
Über eine solche Erfahrung mit einem C.-Spiel berichtet ein 12jähriger Junge: *»Ich habe ein Lieblingsspiel, da gibt es so ein kleines Raumschiff und verschiedene Farben, und sonst ist alles dunkel. Und dann ist da so ein dunkellila Licht, so daß du und deine Klamotten, alles rot und lila aussieht. Das ist unheimlich stark, und du pest da rum und holst die Vögel des Satansohnes vom Himmel, und so, und dann sind da ganze Rudel von Hunden und so, und du mußt los und sie abknallen. Und alle paar Runden begegnest du dem Teufel persönlich, und dann mußt du ihn mit deinem Laser abschießen. Wenn du*

den Teufel nicht triffst, fängt er nach einer Weile an, Feuer zu spucken, und dann wird er immer größer und größer, und sein Gesicht füllt den ganzen Bildschirm aus – und da ist dann noch diese kleine Abschußrampe, das bist du, und du versuchst, ihn abzuschießen, und sein riesiges Gesicht kommt auf dich zu und wird immer größer und fängt an, den ganzen Bildschirm auszufüllen. Es ist total abgefahren.«

Die hier erkennbare »Angst-Lust«, mit der über das Spiel erzählt wird, wirft eine Reihe von Fragen auf, mit denen man sich beschäftigen kann: Was passiert psychologisch in diesem Jungen? Wie wird er seine Erlebnisse, die er vielleicht ganz allein macht, verarbeiten? Woran sind die Ziele solcher Spiele orientiert? Welche Inhalte werden transportiert? Wer entwickelt C.-Programme und -Spiele mit welchen Absichten? Wie verbreiten sich C.-Spiele? Gibt es Einschränkungen und Kontrollen in der Verbreitung? Sind sie sinnvoll? Sind sie möglich?

Solche Fragen stecken den komplizierten Problemkreis nur andeutungsweise ab, mit dem man es in einer verantwortlich zu gestaltenden »Medienlandschaft« zu tun hat.

Am o. g. Beispiel wird noch etwas anderes deutlich. In sehr vielen Produkten der C.-Spiele, aber auch anderer Medien kommen heute Typen und Gestalten aus den Bereichen von Mythologie (Hexen, Zauberer, Helden, Götter, Erlöser, Teufel etc.) und Religion vor. Möglicherweise prägen sich derartige Figuren und Gestalten sowie die Art, wie mit ihnen umzugehen ist, in die religiöse Vorstellungswelt viel nachhaltiger ein als die weit weniger emotionalisierten Erzählungen im Religionsunterricht.

An Überlegungen dieser Art kann deutlich werden, daß die Fragen des Umgangs mit C. nicht nur eine harmlose Angelegenheit der Freizeitpädagogik oder Vorbereitung auf die Arbeitswelt umfassen, sondern sogar Aspekte der religiösen Vorstellungs- und Erlebniswelt berühren. Wie solche Wirkungen zu beurteilen sind, ist im Moment nur schwer möglich, weil uns genauere Untersuchungen zu solchen Themenkreisen fehlen.

Zwei Hauptfragen, mit denen sich die moderne Medienpädagogik beschäftigt, sind in der folgenden Abbildung dargestellt:

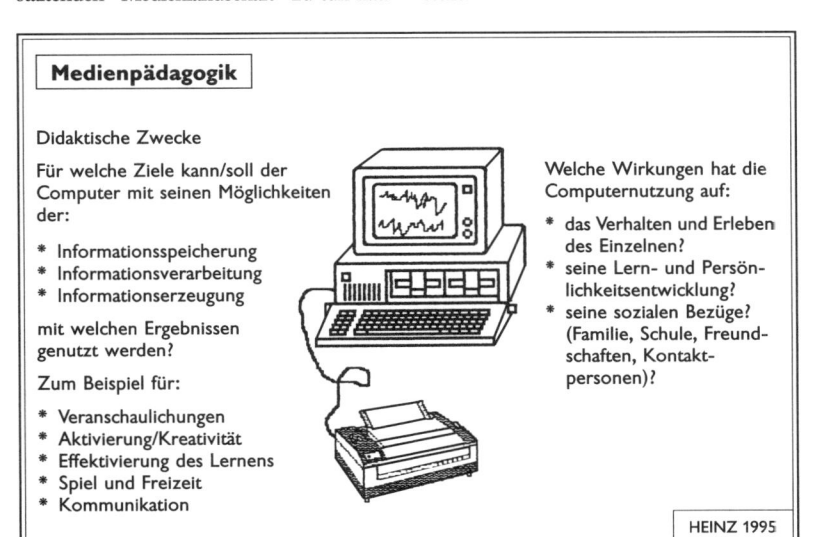

Medienpädagogik

Didaktische Zwecke

Für welche Ziele kann/soll der Computer mit seinen Möglichkeiten der:

* Informationsspeicherung
* Informationsverarbeitung
* Informationserzeugung

mit welchen Ergebnissen genutzt werden?

Zum Beispiel für:

* Veranschaulichungen
* Aktivierung/Kreativität
* Effektivierung des Lernens
* Spiel und Freizeit
* Kommunikation

Welche Wirkungen hat die Computernutzung auf:

* das Verhalten und Erleben des Einzelnen?
* seine Lern- und Persönlichkeitsentwicklung?
* seine sozialen Bezüge? (Familie, Schule, Freundschaften, Kontaktpersonen)?

HEINZ 1995

C.-Spiele sind nur eine von sehr vielen Möglichkeiten, die der C. bietet. Sie bilden aber vermutlich die Hauptnutzung von Jungscharlern und sollten daher genauer beachtet und vielleicht in der JS besprochen werden. Ich könnte mir denken, daß man hierüber zu einer Reihe von Themen kommen kann, die auch sonst in unserer Gesellschaft und für die Jungscharler von Bedeutung sind, z. B.: Gewalt und Krieg, Hilfe, Spaß und Langeweile, Freunde und Zusammenarbeit u. v. a. m. Wichtig wäre, um mit den Jungscharlern im Gespräch zu bleiben, nicht moralisierend und polemisierend vorzugehen, sondern die konkreten Erlebnisse der Jungen und Mädchen besser verstehen zu versuchen. Dabei kann man die Themen, die die Spiele selbst aufnehmen, zum Gegenstand und Ausgangspunkt der Gespräche und Aktionen machen.
Darüber hinaus könnte es wichtig sein, die Kinder auch auf andere Verwendungsmöglichkeiten des C. aufmerksam zu machen. Hier gibt es sehr viele und sehr kreative Anwendungen. Freaks interessieren sich vielleicht für das eigene Programmieren von C.-Programmen. Andere beschäftigen sich mit Mal- und Zeichenprogrammen oder verfassen zum Beispiel mit einem Schreibprogramm ein Einladungsschreiben für die JS oder den eigenen Geburtstag. Es lassen sich Berichte aus der Arbeit für das Programmheft oder die Vereinsnachrichten verfassen, oder Gestaltungsarbeiten für den Schaukasten anfertigen. Durch derartige einfache Aufgabenstellungen kann man das Interesse wecken, und die Ausführung macht Spaß und führt an den sinnvollen Gebrauch des C. heran.
Für ganz wichtig halte ich es, daß sich der Jungscharleiter oder die Jungscharleiterin auf eine derartige Arbeit genauer vorbereitet und sich genauer mit den vielen Fragen rund um den C. beschäftigt. Auch hierfür gibt es viele Möglichkeiten und Fortbildungen, die von verschiedensten Institutionen angeboten werden.

⇨ Medien

rh

Corporate Identity

Dieser Begriff bezeichnet das äußere Erscheinungsbild einer Organisation oder Gruppe – z. B. auch einer JS. In großen Firmen wird oft viel Geld ausgegeben, damit alles im Erscheinungsbild zusammenpaßt: Vom Firmenwagen über die Krawatten der Mitarbeiter bis hin zum Teppichboden im Büro. In einer Gesellschaft, in der sich die meisten Menschen nicht gegenseitig kennen, hilft ihnen C. I., fremde Menschen und Dinge schnell und sicher »einzusortieren«: das rote Feuerwehrauto, die Verkäuferin mit dem Kittel im Supermarkt, den Briefträger und das Telefonhäuschen.

Eine Gruppe, die sich um eine C. I. bemüht, verfolgt damit mehrere Ziele:
– Sie möchte leicht erkennbar sein. Das erleichtert die Werbung (»Die kenn ich« – »Die hab ich schon mal gesehn«) und hilft, Verwechslungen mit anderen Gruppen zu vermeiden. Auch die Gruppenmitglieder selbst erkennen leichter, was mit ihrer Gruppe zusammenhängt (z. B. in der Post, oder ein Monatsprogramm zwischen vielen anderen Zeitschriften).
– Mit ihrem Erscheinungsbild macht die Gruppe Aussagen über sich selbst. Eine Gruppe, die ihren Gruppenraum mit ausgeflippten Möbeln und schrillen Farben gestaltet und kreisrunde Einladungszettel verschickt, vermittelt ein anderes Lebensgefühl und spricht natürlich auch andere Leute an als eine Gruppe, in der alles sehr rustikal und selbstgemacht aussieht und ein wenig nach Lagerfeuer riecht. Werbebotschaften werden mit einer glaubwürdigen C. I. erfolgreich unterstützt.
– Die Möglichkeit, erkennbar zur Gruppe zu gehören, stärkt das Zusammengehörigkeitsgefühl der einzelnen und die Identifikation mit der Gemeinschaft.

Eine JS, die sich ein gemeinsames Erscheinungsbild zulegen will, muß sich um verschiedene Bereiche kümmern:
– Post, Plakate, Drucksachen: Hier sollte alles erkennbar zusammengehören. Eine

gemeinsame Grundfarbe für alle Veröffentlichungen, die Verwendung von Ankerkreuz und CVJM-Dreieck und eine charakteristische Schrift, die überall auftaucht, sind hilfreich.
- Der Gruppenraum: Diese Möglichkeit hat man natürlich nur, wenn der Raum alleine genutzt wird oder man sich mit den anderen Besitzern einig ist. Aber dann kann der Raum von »verrückt« bis »sportlich« alles ausdrücken.
- Die Mitglieder: Hier gibt es viele Möglichkeiten. Eine besonders starke Gemeinschaft wird mit dem Tragen der JS-Kluft mit Fahrtenhemd und Halstuch ausgedrückt. Aber auch T-Shirts, Mützen, Anstecker, Aufkleber, JS-Beutel, Stirnbänder oder anderes können ein spezielles, unverwechselbares JS-Outfit ausmachen.

Übrigens: Fast alle Gruppen haben eine C.I., auch wenn sie noch nie darüber nachgedacht haben. Beobachtet einmal bei einem Treffen andere Gruppen oder fragt jemanden, der (noch) nicht dazugehört. Ihr Gruppenmitglieder seht euch ähnlicher, als ihr vielleicht denkt.

⇨ CVJM   ⇨ Mitglied   *wl*

CVJM

CVJM-Geschichte
Die vierziger Jahre des 19. Jahrhunderts waren in England geprägt von der sozialen, wirtschaftlichen und geistlichen Not. Abertausende von obdachlosen Buben und Jugendlichen bevölkerten die Großstadt London. Sie fristeten ihr Leben mit Diebstahl, um ihren Hunger zu stillen. Einen guten Einblick in die Zeit vermittelt die Geschichte von Charles Dickens »Oliver Twist« (als Tonfilm und Video bei den Verleihstellen). Die einsetzende Industrialisierung beutete die Menschen aus. Gleichzeitig brachte sie umwälzende Veränderungen mit sich: Eisenbahnen, Dampfschiffe, Gaslicht u. a. Es wurde schon etwas vom viktorianischen Zeitalter sichtbar.

Der entscheidende Mann – George Williams: Auf einem einsamen Gehöft in einem Moor-Heide-Gebiet in der Grafschaft Somerset in Südwestengland erblickt am 11.10.1821 George Williams das Licht der Welt. In äußerst ärmlichen Verhältnissen wächst er auf dem Bauernhof heran. Alle Versuche, aus ihm einen tüchtigen Landwirt zu machen, scheitern. Wer zum Bauern zu dumm ist, der konnte nur noch Kaufmann werden, so dachte man damals. In der Lehrzeit bei einem Tuchhändler in Bridgewater wird George bei einem Gottesdienst von der Predigt so angesprochen, daß er im Gebet sein Leben Gott anvertraut. Der Sechzehnjährige schreibt auf einen kleinen Zettel »Gott zuerst«. Das wird das Motto für sein ganzes Leben. 1841 kommt er nach London und findet in einem der ersten Modehäuser eine Anstellung. Es ist die Firma Hitchcock & Rogers in der St. Paul's Churchyard Nr. 72. Vor dem Schlafengehen betet George wie gewohnt laut. Im großen Schlafsaal, in dem alle Angestellten übernachten, schlägt das wie ein Bombe ein. Er muß sich Spott und Hohn anhören. Aber einer sagt zu ihm, daß er morgen mitbeten wolle. Immer mehr Kollegen gewinnt George; durch ein Austernessen überwindet er die letzten Abseitsstehenden. Nun ist der Betrieb christlich.

Gründung des CVJM: In einem Zimmer des Modehauses sitzen 12 Freunde zusammen. Sie beten, diskutieren, planen. Sie fühlen sich innerlich gedrängt, gegen die große geistliche Not in London etwas zu unternehmen. Schließlich gründen sie am Donnerstag, den 6. Juni 1844 unter der Leitung von George Williams den YMCA (Young Men's Christian Association, deutsch: CVJM = Christlicher Verein Junger Männer). Sie wollen junge Männer – zunächst aus der Textilbranche – für Jesus gewinnen. Dies kann nur am Sonntag getan werden, da man werktags 16 Stunden pro Tag arbeiten muß. Alle Kosten müssen von den Freunden selbst aufgebracht werden. Das Geld dafür spart man sich buchstäblich vom Munde ab. Man mietet Ver-

einslokale, hält Bibelstunden, bietet kostenlos Tee an, hält Lumpenschulen (lehrt obdachlosen Kindern anhand der Bibel Lesen und Schreiben). Williams setzt sich dafür ein, daß die Arbeitszeit verkürzt wird. Er will die unmenschliche Ausbeutung eindämmen. Er möchte die vielen ehrenamtlichen Aufgaben besser wahrnehmen können. In mehreren Schritten kann die Arbeitszeitverkürzung zunächst in der Textilbranche, dann für die gesamte Wirtschaft erreicht werden. Nun muß man »nur« noch täglich von 6 bis 19 Uhr arbeiten, samstags bis 14 Uhr.
Die CVJM-Arbeit nimmt ständig zu. Schon 1848 muß man einen hauptamtlichen Mitarbeiter, einen CVJM-Sekretär, anstellen.
Eine Idee geht um die Welt: Als 1851 die Weltausstellung nach London kommt, nutzen die CVJMer die Chance zu einer großen missionarischen Aktion. 550 öffentliche Veranstaltungen werden angeboten, 362 000 Verteilblätter an den Mann gebracht. Bereits am 5.12.1851 werden in Boston (USA) und Montreal (Kanada) Vereine gegründet. Innerhalb weniger Jahre hat sich der CVJM in Nordamerika und ganz Europa ausgebreitet. 1855 kann anläßlich der Weltausstellung in Paris eine Weltkonferenz der CVJM einberufen werden. Man zählt 338 Vereine mit 27 000 Mitgliedern. Am 22.8.1855 wird die »Pariser Basis« als Grundlage aller CVJM-Arbeit verabschiedet und damit der Weltbund der CVJM gegründet. Die »Pariser Basis« von 1855 lautet:
»Die Christlichen Vereine Junger Männer haben den Zweck, solche jungen Männer miteinander zu verbinden, welche Jesus Christus nach der Heiligen Schrift als ihren Gott und Heiland anerkennen, im Glauben und Leben seine Jünger sein und gemeinsam danach trachten wollen, das Reich ihres Meisters unter jungen Männern auszubreiten.«
Zusatzerklärung von 1855: »*Keine Verschiedenheit der Meinungen, so schwerwiegend sie an und für sich sein mag, darf, sofern sie einen Gegenstand betrifft, der zu dem eigentlichen Zwecke der Vereinssache in keinerlei Beziehung steht, die brüderliche Gemeinschaft stören.*«
Als George Williams — inzwischen geadelt und Ehrenbürger von London — am 6.11.1905 stirbt, hat er als Vermächtnis den weltweiten CVJM hinterlassen.
Heute hat der CVJM weltweit ca. 30 Millionen Mitglieder in etwa 120 Ländern. Mit seinem Programm erreicht der CVJM ein Mehrfaches der Mitgliederzahl. Seit der Öffnung Osteuropas 1989/90 hat auch dort die CVJM-Arbeit wieder begonnen. Der deutsche CVJM hat ca. 250 000 Mitglieder.
Entwicklungen in Deutschland: Vorläufer des CVJM gab es in den Jünglingsvereinen. Der erste CVJM wurde in Berlin 1883 gegründet, Vorsitzender wurde Forstmeister Eberhard von Rothkirch. Zunächst breitete sich der CVJM in Großstädten aus, von dort aus wurden dann Vereine in umliegenden Städten und Dörfern gegründet. Die Arbeit richtete sich an den jungen Männern und an Jungen ab 14 aus. Nach dem ersten Weltkrieg wurde die Sportarbeit unter dem Namen ›Eichenkreuz‹ zusammengeschlossen. Jetzt begann man auch mit der JS-Arbeit. Die Großstadt-CVJM schließen sich zur »Arbeitsgemeinschaft der CVJM in Deutschland« (1919) zusammen. Die Arbeit erlebt einen großen Aufschwung, der durch den Nationalsozialismus 1934 ein jähes Ende findet. Unter dem Dach der Evang. Kirche kann die Arbeit an über 18jährigen sehr eingeschränkt noch weitergeführt werden. Es sind nur Bibelarbeit, Gebet und geistliche Lieder als Programm erlaubt. Durch den zweiten Weltkrieg kommt die Arbeit fast zum Erliegen.
1945 begann man erneut mit dem Aufbau der Arbeit in der BRD. In der DDR war das erst nach 1989 wieder möglich. Dort hatte die Jugendarbeit unter dem Dach der Evangelischen Kirche als Evangelisches Jungmännerwerk weitergemacht.
In den sechziger Jahren begannen einzelne Vereine auch Mädchen und Frauen in die CVJM-Arbeit zu integrieren. 1985 war

dieser Prozeß so weit fortgeschritten, daß eine Namensänderung fällig war. Jetzt heißt CVJM Christlicher Verein Junger Menschen. Die Veränderung macht auch die Zusatzerklärung zur »Pariser Basis« deutlich: *»Die CVJM sind als eine Vereinigung junger Männer entstanden. Heute steht die Mitgliedschaft allen offen. Männer und Frauen, Jungen und Mädchen aus allen Völkern und Rassen, Konfessionen und sozialen Schichten bilden die weltweite Gemeinschaft im CVJM. Die* ›Pariser Basis‹ *gilt heute im CVJM- Gesamtverband in Deutschland e.V. für die Arbeit mit allen jungen Menschen.«*
Das CVJM-Dreieck: Dieses Symbol wurde 1890 im CVJM-Ausbildungszentrum Springfield-College eingeführt. Der obere Balken symbolisiert den Geist, der links von der Seele und rechts vom Leib gestützt wird. Nach dem Ersten Weltkrieg fand das Zeichen Eingang in den Großstadt-CVJM, heute ist es überall das Symbol der CVJM-Arbeit.

Selbstverständnis des CVJM
Missionarisches Werk: Der CVJM versteht sich als ein missionarisches Werk, das seine Aufgabe besonders in der Jugendarbeit sieht. Er möchte junge Menschen für Jesus gewinnen. Dabei orientiert sich der CVJM am Evangelium und an den Bedürfnissen und Erfordernissen der Jugend. Deshalb gehören zum CVJM-Programm Bibelarbeit, Andacht, evangelistische Einsätze genauso dazu wie Spiel und Sport, Musik, Freizeiten, Aktionsprogramme u. v. a.
Ganzheitliche Jugendarbeit: Bahnbrechend war und ist der ganzheitliche Ansatz in der Jugendarbeit. Man will jungen Menschen an Leib, Seele und Geist dienen (siehe CVJM-Dreieck).
Ökumenische Jugendarbeit: Von Anfang an wurde die Arbeit überkonfessionell getan. Damit gehört der CVJM zu einer der ersten ökumenischen Bewegungen auf der Welt.
Die Arbeit geschieht in ca. 120 Ländern. In der CVJM-Weltdienstarbeit wird Verantwortung füreinander wahrgenommen. Internationale Begegnungen weiten den Horizont, stärken die weltweite Gemeinschaft und Zusammenarbeit.
Die Arbeit geschieht übergemeindlich. Der Einzugsbereich eines Ortsvereins endet nicht an den Grenzen der Kirchengemeinde oder des Wohnbezirkes. Es sollen alle mit der Arbeit erreicht werden.
Die Vereinsform bietet die Möglichkeit, daß das Priestertum aller Gläubigen eingeübt wird. Die Verantwortung tragen Laien. Viele ehrenamtliche Mitarbeiter und Mitarbeiterinnen setzen ihre Gaben, Zeit und Geld in vielfältigen Aufgaben ein. Dabei ist der CVJM ein freies Werk, das in, mit und für die Kirche, aber nicht unter der Kirche arbeitet. (Geschichtlich ist es so, daß in Deutschland eine besondere Nähe zur Evangelischen Kirche besteht.) Die Mitgliedschaft steht allen offen. Verantwortung und Leitungsaufgaben können nur von Christen wahrgenommen werden.

Organisatorischer Aufbau
Ortsvereine, Kreisverbände, Landesverbände, Nationalverband (in Deutschland: CVJM-Gesamtverband in Deutschland e.V.), Weltbund der CVJM in Genf/Schweiz.
Der deutsche CVJM ist über den Gesamtverband Mitglied in der Arbeitsgemeinschaft der Evangelischen Jugend in Deutschland (AEJ) und im Diakonischen Werk der Evang. Kirche in Deutschland.

Arbeitszweige
Jeder Verein hat nach seinen Möglichkeiten und Bedürfnissen entsprechende Angebote und Gruppen: Kindergruppen für

6-8jährige, Jungschar für 9-12jährige, Jungenschaft, Mädchenkreis, gemischter Jugendkreis für 13-17jährige, junge Erwachsene von 18-25 Jahren, Familienkreis, offene Angebote. Daneben gibt es Sportarbeit (Eichenkreuz), Musikarbeit (Chor, Jugendchor, Posaunenchor, Band, Ten Sing), Weltdienstarbeit, verschiedenste Hobbyangebote u.v.a.m. Dazu gibt es noch Sondergruppen für Bäcker, für Hotel- und Gastronomieangestellte u. a. Das Christliche Jugenddorfwerk Deutschlands (CJD) ist ein besonderer Zweig der CVJM-Arbeit. Hier finden viele Jugendliche eine Berufsausbildung.

Literatur:
Siegfried Fischer: Von der Größe des kleinen Anfangs; Walter Stursberg: Glauben, wagen, handeln (Bezugsadresse: CVJM-Verbände).

⇨ Pariser Basis ⇨ CVJM-Geschichte und -Selbstverständnis

am

CVJM-Geschichte und -Selbstverständnis

Am 6. Juni 1844 wurde der Christliche Verein Junger Männer von George Williams in London gegründet. Er breitete sich rasch in Nordamerika und Europa aus. Heute ist er in ca. 120 Ländern vertreten und zählt ca. 30 Millionen Mitglieder.
Der CVJM versteht sich als ein missionarisches Werk, das zum Ziel hat, besonders junge Menschen für Jesus zu gewinnen. Dabei ist der ganzheitliche Ansatz der Jugendarbeit nach Leib, Seele und Geist ebenso wichtig wie die ökumenische und internationale Weite. Vor Ort arbeitet der CVJM immer überparochial, das heißt, sein Auftrag endet nicht an Orts- oder Kirchengemeindegrenzen.

⇨ CVJM

am

CVJM-Informationen

Die CVJM-I. des CVJM-Gesamtverbandes in Deutschland e.V. erscheinen für ehrenamtliche und hauptamtliche Mitarbeiter aller CVJM, Jugendwerke, Jungen Gemeinden und Jugenddörfern der Mitglieder des CVJM-Gesamtverbandes sowie für die interessierte Öffentlichkeit in Kirche und Gesellschaft. Die CVJM-I. stehen allen CVJM-Mitarbeitern kostenfrei zur Verfügung und können bei der Redaktion, Postfach 41 01 54 in 34114 Kassel jederzeit bestellt werden.
Die CVJM-I. enthalten Nachrichten, Berichte, Materialangebote und Stellenanzeigen von gesamtverbandlichem Interesse sowie Arbeitsimpulse für ca. 2300 Gruppen in Deutschland und bringen Informationen aus der weltweiten Arbeit des CVJM/YMCA.

rw

D

Dank

Danken – warum eigentlich?
Unser ganzes Leben ist ein Geschenk, das Gott uns macht. Es ist nie selbstverständlich, daß wir in einer materiellen und finanziellen Sicherheit aufwachsen können, daß wir eine Familie und Freunde haben; daß wir im Frieden leben können, daß wir etwas lernen können, daß wir also ein in vielen Bereichen abgesichertes Leben erleben können.
Die Menschen in den Jahrzehnten/Jahrhunderten vor uns konnten häufig nicht von solch einer Sicherheit ausgehen. Diese Unsicherheiten können wir ja bis heute an einigen Plätzen dieser Welt noch sehr deutlich erleben. Aus dieser Unsicherheit wurde aber auch eine große Dankbarkeit, weil Essen, eine Matte zum Schlafen und vieles mehr eben nicht selbstverständlich waren oder sind.
In unserem Land ist uns Essen, Wohnung, Gesundheitsfürsorge, Schule usw. zu einer Selbstverständlichkeit geworden. Wir schimpfen vielleicht sehr schnell, wenn etwas von diesen Dingen fehlt.
Jedoch ist unser Leben, d. h. so wie wir leben können und welche Möglichkeiten der Entfaltung uns gegeben sind, und unser Leben überhaupt, ein Geschenk.
Wenn wir darüber nachdenken, werden wir viele Anlässe zum Danken finden, seien es nun große, kleine oder auch ganz alltägliche Gegebenheiten.
Dort, wo das Danken ausbleibt, hat das Rückwirkungen auf unser Leben. Wo man es vergißt, kehrt Unzufriedenheit, Schimpfen, Neid, Rücksichtslosigkeit ein. Es muß also zu unserem »Wissen« gehören, daß wir immer durch die Gaben anderer Menschen und Gottes leben. Das sollte mich zur Dankbarkeit führen. Eine solche Dankbarkeit führt zu einem Blickwechsel. Dann geht mein Blick weg von mir, hin zu den Menschen, die für mich sorgen und hin zu Gott, der mir mein Leben und diese fürsorglichen Menschen gegeben hat.

Danken prägt unser Leben
Danken heißt zu Gott aufschauen. Dabei mache ich mir bewußt, was er für mich – für mein Leben – getan hat bzw. tut.
Danken macht uns bewußt, daß wir nichts aus uns selbst haben, sondern von den Gaben anderer Menschen bzw. durch Gottes Gaben leben.
Gott für alles danken ist unsere Antwort auf Gottes Liebe. Unser D. schützt vor Neid, Unzufriedenheit, Verbitterung und Klagen.
Danken hilft uns, auch in mißlichen, vielleicht aussichtslos scheinenden Lebenssituationen den Mut nicht zu verlieren und auf Gottes Hilfe zu vertrauen.
Dankbarkeit gegenüber Gott, der uns mit vielen guten Dingen versorgt, macht offen, diese empfangenen Dinge auch weiterzugeben.
Danken öffnet den Blick dafür, daß Gott alle Dinge in den Händen hat. Das schafft Hoffnung auch in hoffnungslosen Situationen. Danken hilft lernen, daß ich nicht ständig mehr und bessere Dinge als alle anderen brauche. Es öffnet meine Augen für die vielen guten Dinge, die jetzt schon mein Leben schön und lebenswert machen.
Fang doch einfach damit an, Gott für alle guten Gaben deines Lebens zu danken und auch »Danke« zu sagen, wo Menschen dir etwas geben bzw. für dich sorgen. Dann wirst du sehr schnell merken, daß diese Liste – »Danken prägt unser Leben« – noch durch viele Erfahrungen zu erweitern ist.

Danken für Jesus Christus
Den größten Grund zur Dankbarkeit finden wir, wenn wir auf Jesus Christus sehen. Er, der für die Schuld und Sünde von uns Menschen am Kreuz gestorben und auferstanden ist, kann uns ganz neues Leben schenken. Ihn kann ich um Vergebung

meiner Schuld bitten (1. Joh 1, 7-10), und er wird mir vergeben. Ihm darf ich auch mein ganzes Leben anvertrauen, und er wird es gut führen. Ja, damit wird mein Leben in Gottes Augen so wertvoll, daß ich zu den Menschen zähle, für die Gott einen neuen Himmel und eine neue Erde schaffen wird (Offb 21, 3 ff). Das ist wohl der größte Grund zur Dankbarkeit.

Weil Dankbarkeit auch immer einen sichtbaren Ausdruck braucht, feiern Christen miteinander das Abendmahl. Im Abendmahl loben und danken wir Gott für seinen Sohn Jesus Christus, für seinen Tod und seine Auferstehung. Von dieser Danksagung hat das Abendmahl schon früh den Namen »Eucharistie« (griechisch: Dank) erhalten. Als Danksagung für die großen Taten Gottes ist das Abendmahl ein Fest der Freude.

⇨ Gebet   ⇨ Bibellese   ⇨ Stille Zeit

gg

Denksport

D.-Aufgaben fallen in den großen Bereich von Quiz und Rätseln. Jedes Quiz hat etwas von Wettkampfcharakter und so soll es darum gehen, daß sich die Jungscharler mit ihrem Wissen gegeneinander messen können. Wichtiger als die reine Wissensabfrage ist jedoch das gemeinsame Erlebnis von Erfolg, aber auch von Niederlagen. Deshalb empfiehlt es sich, ein Quiz immer mit Mannschaften zu spielen. Ein gutes Quiz zeichnet sich immer dadurch aus, das die Fragestellungen und Aufgaben aus verschiedenen Bereichen kommen.

Wieviele Fragen bzw. Aufgaben gestellt werden, richtet sich immer nach der Gruppengröße, dem zeitlichen Rahmen, aber auch nach den Vorerfahrungen der Mitarbeiter und Jungscharler. Die Quizformen sollten im Laufe eines Jahres wechseln, damit Eintönigkeit und Langeweile vermieden wird. Noch eins zum Schluß: Wo der Wettkampfgeist entfacht wird, kann es auch mal laut zugehen, und Preise für Sieger und Trostpreise für Verlierer sind ein Muß.

⇨ Quiz

cp

Dias

Auch nach der Verbreitung privater Videokameras und Abspielgeräte sind D. von Freizeiten oder anderen JS-Aktivitäten ein beliebtes Medium, das bei Elternnachmittagen, Freizeittreffen oder anderen Gelegenheiten problemlos eingesetzt werden kann. Sie haben zudem den Vorteil, daß man von ihnen jederzeit Duplikate oder Vergrößerungen auf Papier machen kann. Neuerdings ist mit einem speziellen Gerät auch ihre Speicherung auf CD und Betrachtung auf dem Bildschirm möglich.

Zum leichteren Auffinden einzelner Aufnahmen empfiehlt es sich, jedes D. mit einer Serien- und Bildnummer zu versehen. Kirchliche und öffentliche Medienstellen halten zu den unterschiedlichsten Themen eine Fülle von D.-Serien zum Ausleihen bereit. Gerade bei einer um sich greifenden Flut bewegter Bilder kann es reizvoll sein, große Aufnahmen mit den Schönheiten einer Landschaft oder Makroaufnahmen von Blumen oder Tieren in Ruhe auf der Leinwand betrachten zu können.

⇨ Archiv   ⇨ Arbeitshilfen   ⇨ Medien

fr

Dienste

Jesus stellt seine Leute in den Dienst. Es gibt eine Fülle von kleinen und großen Aufgaben. Jeder wird gebraucht. Dabei kann das »Priestertum aller Gläubigen« eingeübt werden. Das fängt klein an: Stühle stellen, Heizungsthermostate aufdrehen, Liederbücher verteilen, Raum schmücken, Material für Spiele besorgen... Hier sollten möglichst viele in der Gruppe eingespannt werden. Dann werden die Dienste umfangreicher: Helfer in der JS, Mitarbeit in Jugend-, Sport-, Hobbygruppen, Sportwart, Medienwart, Bücherwart, Filmvorführer, Verwaltung der Gruppenkasse, Besuchsdienst, Schaukastenwart, Hausaufgabenbetreuer, Fotograf, Helfer für alte und kranke Menschen, Mitarbeit bei den verschiedensten Aktionen... Nach Gaben und Fähigkeiten können dann größere Aufgaben zugeteilt werden: Vereinsleitung, Schatzmeister, Gruppenleiter, Freizeitleiter, Posaunenchorleiter, Bandleader, Gebetsdienst, Fahrdienst... Die Dienstmöglichkeiten sind nahezu unbegrenzt. Jeder verantwortliche Mitarbeiter achtet darauf, daß er möglichst viele Aufgaben an andere delegiert.

⇨ Aktionen

am

Disziplin

Der Begriff der D. hat seinen Ursprung im lateinischen »dis-cipere«, was so viel wie »geistig zergliedern, um zu erfassen« bedeutet.

Im heutigen Sprachgebrauch ist dieses Wort leider auf das Verständnis von Zucht und Ordnung verengt worden. Vom Prozeßhaften her aber ist disziplinieren doch noch anders zu verstehen als ordnen, denn die D. hat einen wesentlich stärkeren analytischen Bedeutungszusammenhang.

Während die Ordnung mehr den Aspekt der Funktion betont, wird in der D. mehr die Bedeutung des Verstehens hervorgehoben. Der Schüler, Lehrling oder Jünger wird im Lateinischen darum auch als »discipulus« bezeichnet, weil er sich ganz der Einsicht in einen Sachzusammenhang hingibt.

Wenn wir heute im Rahmen der Jugendarbeit von Disziplinierung sprechen, müssen wir uns an die ursprüngliche Bedeutung der »Einsichtsbefähigung« halten. In der christlichen Gemeinschaft übliche Begriff der »Jüngerschaft« hat hier seinen entscheidenden Stellenwert. Jesu Missionsbefehl (Mt 28,18 ff) »machet zu Jüngern« bedeutet in seinem antiken Originalton die »Disziplinierung der Menschen« zur Einsicht in die Zusammenhänge des Reiches Gottes auf Erden.

⇨ Erziehung ⇨ Gruppe ⇨ Konflikte
⇨ Leitungsstil

ws

Dorf

D. heißt ursprünglich **Wohnstatt**. D. h. dort, wo die Kinder wohnen, leben sie auch. Die D.-Zugehörigkeit spielt eine wichtige Rolle. Im Zuge der Zusammenschließung von mehreren Dörfern zu einer Stadt, löst sich der typische D.-Charakter langsam auf. Dies ist auch bedingt durch die Mobilität in unserer Gesellschaft. Dennoch ist festzustellen, das die JS-Arbeit in ländlicher Region immer noch naturverbundener ist als in der Stadt und die Angebote sind nicht so groß. JS ist nicht ein Angebot unter vielen, sondern eine gute Ergänzung zur Schule, zum Sportverein und zum Kindergottesdienst am Sonntag.

⇨ Umfeld ⇨ Stadt

mr

Dorfspiel / Stadtspiel

Ein unbekanntes Feriendorf soll durch ein D. erkundet werden. Einer der Leiter könnte Fotos von mehreren Stationen innerhalb der neuen Umgebung machen und diese in Puzzleteile zerlegen. An jeder Station gibt es eine Aufgabe und das Fotopuzzle zum Auffinden der nächsten Station. Hat man zwei Gruppen, so kann man werten, wie gut die Aufgaben bewältigt wurden oder man kann eine Mischkalkulation aus Schnelligkeit und gut bewältigten Aufgaben mit Hilfe eines Punktesystems erstellen.
Ein D. kann natürlich auch in einer Stadt durchgeführt werden, man muß dann aber verkehrsberuhigte Areale nehmen.

⇨ Spiel und Sport

jg

Durststrecken

Jugendarbeit beinhaltet Höhen und Tiefen. Wir befinden uns auf einer Wegstrecke, und plötzlich gibt es Probleme im Mitarbeiterteam oder in der Schule oder der eigenen Familie oder mit schwierigen Kindern in der JS oder einfach Ideenlosigkeit. Dann rufe um Hilfe, denn du bist am Verdursten!
Du verdurstest, weil du dich zu weit von der Quelle entfernt hast. Eine dieser Quellen ist das Gebet, eine andere ein Mensch deines Vertrauens (Freund, Pfarrer, Jugendleiter). Ein Jugend-, Bibel- oder JS-Arbeitskreis gibt dir als weitere Quelle die Möglichkeit, deine Probleme und Schwierigkeiten auszusprechen.

Mitarbeit heißt, gefordert zu sein, gefördert zu werden, aber nicht überfordert zu verdursten. Darum ist es nicht nur die Aufgabe der Verantwortlichen für die Jugendarbeit Jugendliche für die Mitarbeit zu gewinnen und zu schulen, sondern auch die Mitarbeiter zu begleiten und zu unterstützen, wenn sie Hilfe benötigen. Das begleitende Gespräch beugt D. vor und kann helfend unterstützen.

⇨ Gruppe ⇨ Konflikte ⇨ Motivation
⇨ Programm

hcb

E

EC

Deutscher Jugendverband »Entschieden für Christus« (EC) e.V.
EC — das heißt »Entschieden für Christus«. Das will als Antwort des Glaubens im Leben junger Menschen verstanden werden. Durch eine persönliche Hinwendung zu Jesus Christus erhalten Kinder und Jugendliche Orientierung und Hilfe für ihr Leben. Gegenwärtig gibt es in Deutschland ca. 1000 EC-Jugendarbeiten und ca. 1200 JS mit über 11 500 Kindern, betreut von ca. 2500 Mitarbeitern sowie mehr als 1000 Kinderkreise mit über 11 000 Kindern. Daneben gibt es noch ca. 550 Freundeskreise, in denen mehr als 5 000 Teenager erreicht werden. EC will eine Laienbewegung sein und bleiben und bietet jungen Menschen die Gelegenheit, gemäß ihren Begabungen kreativ und verantwortlich mitzuarbeiten. Ziel und Aufgabe des Jugendverbandes ist es, jungen Menschen den Weg zu Jesus Christus zu zeigen und gemeinsam mit ihnen zu lernen, verbindlich als Christen zu leben. Den ersten EC-Jugendbund gründete 1881 Pfarrer Francis F. Clark in Portland/USA. In kurzer Zeit breitete sich die Bewegung weltweit aus. Der EC-Weltverband »World's Christian Endeavour Union« zählt gegenwärtig rund zwei Millionen Mitglieder. 1894 wurde in Bad Salzuflen die erste EC-Arbeit in Deutschland gegründet. Heute gibt es im Rahmen des Deutschen EC-Verbandes 16 EC-Landesverbände. Im BORN-Verlag erscheinen Fachbücher, »Nicki«, ein Verteilblatt für Kinder, sowie die Mitarbeiterhilfe JU-MAT. Der Deutsche Jugendverband »Entschieden für Christus« (EC) e.V. ist eine Organisation innerhalb der Evangelischen Kirche und Mitglied im Evangelischen Gnadauer Gemeinschaftsverband.

⇨ BLB ⇨ Gemeindejugendwerk
⇨ Methodisten ⇨ Fr. evang. Gemeinden

epт

Eichenkreuz

Grundlage und Ziel

E. heißt die Sportarbeit im CVJM. Es ist kein eigener Sportverband, sondern eine Arbeitsform neben anderen. Es gibt keine E.-Mitgliedschaft.
Das Ziel der E./CVJM-Sportarbeit ist es, Sportprogramme anzubieten, die der Entdeckung und Förderung körperlicher Begabung dienen und zu einer gesunden Lebensweise verhelfen. Dabei stehen der Spaß und das Erlebnis höher als die Leistungsergebnisse. E./CVJM-Sport will das Evangelium in Formen und Sprache verkündigen, die Menschen im Sport verstehen.

Praxis

Praktisch vollzieht sich E.-Sport in der regelmäßigen Sport- und Trainingsstunde, in Teilnahme an Wettkämpfen im CVJM und den Sportfachverbänden bis zur Deutschen E.-Meisterschaft. Breitensport, Erlebnissport und Leistungssport sind die drei Formen des E.-Sports.
Mitarbeiterschulungen, Lehrgänge und Lizenz-Übungsleiterlehrgänge gehören zum überörtlichen Programm.
Der CVJM-Gesamtverband organisiert Deutsche E.-Meisterschaften, entsendet Auswahlmannschaften zu den CVJM-Europameisterschaften, veranstaltet Seminare zu Sportthemen und gibt die

E.-Mitteilungen heraus. Die Durchführung des JS-Sportschildes gehört in einigen Regionen zum Programmangebot des E.
Verbindungen
Der CVJM-Gesamtverband ist Mitglied mit besonderer Aufgabenstellung im Deutschen Sportbund. E./CVJM versteht sich als Bindeglied zwischen Kirche und Sport, übernimmt in diesen Bereichen Mitverantwortung in konstruktiver und kritischer Zusammenarbeit.
Das Zeichen
Das E. wurde 1921 anläßlich der 10. Nationalkonferenz des Reichsverbandes als einheitliches Zeichen für alle Vereine, Verbände und Arbeitszweige des CVJM eingeführt. Mit dem Neubeginn der CVJM-Arbeit nach dem Krieg wurde mehr und mehr als Zeichen das Dreieck verwendet und E. als Zeichen und Namen nach und nach nur noch für die Sportarbeit im CVJM gebraucht. Die Bezeichnung E. ist nötig, weil die Sportarbeit im CVJM in einigen Landesverbänden/Mitgliedern nicht nur die CVJM-Sportgruppen einschließt, so z. B. in Bayern, Berlin und Württemberg.

Dem E. liegt Eph 6,10 zugrunde: Die Eiche symbolisiert Stärke, die Kreuzform das Kreuz Christi, das Grün die Hoffnung, der weiße Hintergrund die Reinheit und Versöhnung und die schwarzen Ecken das Böse, das in dieser Welt gegenwärtig ist.

⇨ Spiel und Sport

rm

Einladungen

Möchte man neue Kinder für die JS, für Veranstaltungen, Freizeiten und Feste gewinnen, so lädt man sie ein. Die E. kann mündlich oder schriftlich erfolgen. Sie sollte jedoch folgende Angaben enthalten:

– Wen lade ich ein (Jungen, Mädchen, Eltern, alle)?
– Wozu (zu welcher Veranstaltung) lade ich ein (JS, JS-Tag, Freizeit, Sommerfest, Adventsfeier usw.)?
– Wann findet die Veranstaltung statt? Tag und genaue Uhrzeit angeben!
– Wo findet die Veranstaltung statt (Gemeindehaus, Kirche, Spielplatz usw.)?
– Wer lädt ein (CVJM, JS, Kirchengemeinde)?

Die E. soll die ausgewählte Person knapp über die Veranstaltung informieren und keine falschen Versprechungen machen.
Eine schriftliche E. soll ansprechend aufgemacht sein. Eine kleine Grafik bietet einen Blickfang und sollte auf keinen Fall fehlen. Der Wortlaut des Textes sollte für den ausgewählten Personenkreis verständlich sein.
Eine schriftliche E. dient zur Unterstützung einer mündlichen und sollte daher persönlich abgegeben – d. h. man drückt sie der Person, die man einladen will, in die Hand – und nicht anonym in den Briefkasten geworfen werden.

⇨ Checkliste Einladungen ⇨ Werbung

ch

Einzelgespräch

Mit E. ist kein Selbstgespräch gemeint. E. ist auch kein Gespräch, in dem nur einer das große Wort führt. Es geht um das Gespräch zwischen zwei Menschen, bei dem kein anderer beteiligt ist und zuhört. Das E. spielt in der Seelsorge eine wichtige Rolle. Vielen Christen ist ein E. zur wesentlichen Hilfe im Glauben geworden. Das E. ist ein vertrauliches Gespräch. Selbst geheimste persönliche Dinge kann ich dort mit einem anderen Christen bereden (Jak 5,16). Darum liegt aber auch über einem solchen Gespräch das Siegel der Verschwiegenheit. Was ich in einem E. höre, geht niemanden anderes etwas an. Jemand, der ein E. sucht, muß sicher sein, daß davon nichts weitergeplaudert wird.

⇨ Seelsorge

rd

Eltern

Eltern – unterschätzte Partner
Immer wieder reden wir von unserer JS, unserer Gruppe, unseren — meinen Kindern. Kennen wir sie so gut? Von den 90-120 Minuten in der Woche, und das nicht mal jede Woche. Gehört da nicht mehr dazu?
E.! Die meisten Kinder wachsen ja mit E., in einer Familie oder mit Alleinerziehenden, ohne Vater oder Mutter, auf.
Frage an die JS-Mitarbeiter: Möchte ich die E. kennenlernen? Welchen Kontakt habe ich zu den E. meiner Jungscharler, welches Verhältnis habe ich? Ist mir das wichtig? Warum?
Aspekte, Ziele zur Elternarbeit:
JS-Mitarbeiter sind für Eltern hilfreiche Partner, weil
... sie die Mädchen und Jungen in ihrer spezifischen Entwicklungsphase körperlich, geistig und seelisch begleiten,
... sie zur Fähigkeit zur Gemeinschaft beitragen,
... die Jungscharler Spaß und Freude erleben und dadurch Mut, Ehrlichkeit, Rücksichtnahme gefördert wird,
... sie die Jungscharler in ihrem Vertrauen zum Herrn Jesus Christus begleiten und fördern,
Eltern sind für JS-Mitarbeiter hilfreiche Partner, weil ...
... die Mitarbeiter über die Eltern die Jungscharler besser kennenlernen können,
... Eltern Anteil an der JS und am Programm nehmen und auch im Gebet hinter der JS stehen,
... sie in ideeller, geistlicher, organisatorischer und materieller Hinsicht unterstützen, für eine gute Gruppe werben,
... JS-Mitarbeiter nicht zuletzt vom Vertrauen der Eltern leben.
In der Zusammenarbeit mit den Eltern wollen wir ...
... unseren Auftrag am Evangelium ernstnehmen,
... um Vertrauen und Hilfe bitten,
... immer wieder auf verschiedene Weise informieren, ins Gespräch kommen und bleiben,
... in verschiedenen Formen in Kontakt bleiben,
... Väter und Mütter für unsere JS-Arbeit gewinnen.
Tips, Hilfen, Anregungen, Ideen
Wir stellen uns vor: Nachdem ein Jungscharler 2-3mal in der Gruppe erschienen ist, fragen wir ihn nach seiner Anschrift. Klar ist, daß wir ihn beim ersten Mal persönlich nach seinem Namen gefragt und ihn entsprechend begrüßt haben. Nun erhalten die E. einen Brief: »Wir stellen uns vor.« Er sollte folgende Punkte enthalten:
1. Wer wir sind: Organisation (CVJM); Mitarbeiter (Name, Anschrift, Telefon, mit Hinweis — bitte fragen sie uns — sie dürfen uns anrufen); genauer Ort, Straße, Zeit mit Beginn und Ende der Gruppenstunde;

Hinweise auf: die JS, Beitrag, Opferkasse, Versicherung.
2. Was wir wollen und tun: Programmpunkte im Telegrammstil; Ziel unserer JS-Arbeit
3. Bitte um Mitteilung an die Mitarbeiter, falls das Kind irgendwelche Krankheit hat, auf die besonders geachtet werden muß.
4. Bitte um Mut, die Mitarbeiter einfach mal anzurufen.
Dieser erste Kontakt ist eine große Hilfe für alle jüngeren Mitarbeiter und für solche, die sich vor »E.-Besuchen« scheuen, sich nicht trauen. Ein erster, ganz einfacher Schritt zu den E. ist damit getan. Weitere, ganz einfache Schritte zum Kennenlernen sind:
• JS-Stunden 1-2mal im Jahr mit E., am regelmäßigen Wochentag, im JS-Raum, zu den ganz normalen Zeiten und mit einem ganz normalen Programm. Vor der JS-Stunde und nach der Stunde bieten sich viele Gesprächsmöglichkeiten an. Nicht vergessen: Rechtzeitig ca. 30 Min. vor Beginn da sein. Alles muß vorher gerichtet sein.
• Weitere Anregungen für Kontakte, Gespräche finden sich bei dem Stichwort »Höhepunkte«.
• Das Telefon, der gelegentliche Brief mit Infos, Einladungen, Bekanntmachungen an die E. sind weitere Hilfen.
• Die Geburtstagskarte an das Geburtstagskind nicht vergessen! Rechtzeitig mit der Post absenden. Eine nette Bildkarte wählen, Sondermarke nicht vergessen. Wer von den Kindern bekommt heute noch Post? Dadurch erübrigt sich auch das »Geburtstagsfest in der Gruppe«.
• Treffen wir E. beim Einkaufen, Gottesdienst oder bei Gemeindeveranstaltungen, so sind dies auch gute Begegnungsmöglichkeiten.
• Bastelhelfer, Fahrer und manch andere Hilfen über die E. anfordern.

hb

Entdecker-Club

Der E. für JS-Jungen und -Mädchen möchte die Geschichten, Personen und Orte der Bibel für persönliche Entdeckungen der Kinder öffnen. Es gilt, Aufgaben zu bewältigen aus den täglichen Texten der JS-Bibellese. Rätsel, Zeichnungen und Denkaufgaben fördern den Scharfsinn der Kinder. Zusammenhänge werden erkannt und ›Forschungsaufgaben‹ gestellt. JS-Mitarbeiter sind herausgefordert, die Bemühungen der Kinder zu bewerten und für kleine Belohnungen zu sorgen. Die Aufgaben des E. sind immer auf der letzten Seite der JS-Bibellese in der Zeitschrift »Jungschar« zu finden. Jährlich gibt es neue Mitgliedskarten für den E., die beim CVJM-Versand, Postfach 410154, 34114 Kassel zu beziehen sind.
Das griechische Wort für Fisch heißt **ICHTHYS**. Jeder einzelne Buchstabe wird als Anfangsbuchstabe eines eigenen Wortes verstanden: I = Jesus, CH = Christus, TH = Gottes, Y = Sohn, S = Retter.

rw

Entwicklungspsychologie

Die E. beschäftigt sich mit dem Übergang des Kindes vom Kindstatus (Status ist ein soziologischer Begriff, der die Wertschätzung, die einer sozialen Rolle entgegengebracht wird, bezeichnet) bzw. der Kindrolle (Rolle ist ein soziologischer Begriff, der die Erwartungen beschreibt, die an den Inhaber einer bestimmten Position [= Ort im sozialen Gefüge] unabhängig von seiner Person gerichtet werden.) zum Erwachsenenstatus bzw. der Erwachsenenrolle. Das Kennzeichen des Kindes ist ein

weitgehend abgeleiteter Status, er ist unabhängig von eigenen Fähigkeiten und Leistungen und fast ausschließlich vom Status der Eltern abgeleitet. Der Erwachsene besitzt einen eigenständigen Status und wird nach Ausubel in der Industriegesellschaft weitgehend durch Einsatz eigener Anstrengungen und Fähigkeiten erworben. Nickel beschreibt die Rolle bzw. den Status des Jugendlichen demgegenüber als Übergangsstatus, der nicht genauer definierbar ist; das Verhalten des Jugendlichen ist deshalb von seiner Rollenunsicherheit und Statusungewißheit stark geprägt. Die Aufgabe des Jugendlichen ist aus soziologischer Sicht die schrittweise Loslösung aus der symbiontischen Rolle des Kindes und die Vorbereitung zur Übernahme der Erwachsenenrolle. Die Ziele der Entwicklung von der Rolle als Kind zur Erwachsenenrolle sollen stichwortartig kurz umrissen werden:
Rollendifferenzierung von einer weitgehend undifferenzierten, ganzheitlichen Rolle zu einer differenzierteren Rolle (Berufsrolle, Elternrolle, Rolle als Staatsbürger etc.)
Ökonomische Unabhängigkeit soll erreicht werden.
Regulation der Emotionalität: starke Gefühle können Kinder noch nicht unter Kontrolle bringen; der Erwachsene kann sie regulieren, manchmal unterdrücken und nach außen hin z. B. sachlich wirken.
Loslösung aus personaler Abhängigkeit wird erreicht (starke Mutterbindung des Kindes = partikularistische Beziehung = starke Abhängigkeit von Einzelpersonen wird nach Oerter gegen eine universalistische Beziehung getauscht, d. h. häufig sind nur Fähigkeiten und Tätigkeiten wichtig; die Personen können ausgetauscht werden, Ausnahme: Ehepartner, Eltern etc.).
Eigenständigkeit bei Tätigkeiten wird erzielt.
Die Übernahme von Verantwortung wird zunehmend erwartet.
Die Zunahme des Konkurrenzprinzips verdrängt das bei Kindern anfangs ausschließlich vorhandene Kooperationsprinzip (wird nicht vollständig verdrängt). Das Leistungsprinzip kommt immer mehr zum Zuge.

Pädagogik
Gegenstand der Pädagogik ist der noch nicht erwachsene Mensch, der erzogen werden soll. Der Pädagoge leistet dabei Hilfestellung zum Erwachsenwerden (Mündigkeit). Die zu erziehende Person soll bei der Entwicklung seiner Persönlichkeit unterstützt werden. Die Pädagogik ist die Wissenschaft von der Erziehung und Bildung. Mit dem Begriff der Pädagogik wird sowohl die Reflektion über pädagogisches Handeln als auch das pädagogische Handeln selbst verstanden. Oft wird unter Pädagogik im engeren Sinne der praktische Aspekt und unter Erziehungswissenschaften der theoretische Aspekt verstanden, die Begriffe werden häufig aber auch noch synonym verwendet.

Literatur
Oerter/Montada: Entwicklungspsychologie, Psychologie Verlags Union

⇨ Altersstufen

jg

Erholung
Unser Leben wird sehr stark von dem Rhythmus »Anspannung − E.« geprägt. In der Schule unterbricht die Pause die Unterrichtsstunde, das Wochenende die Arbeitswoche und die Ferien den Alltag. Nach der Arbeit braucht der Mensch E. und Ruhe. Meist ist heute das Wochenende so stark verplant, daß die Kinder am Montag gestreßt wieder zur Schule kommen. Bei unseren Freizeiten und Wochenendmaßnahmen sollten wir darauf achten, daß neben dem Programm auch genügend Zeit für die E. eingeplant ist. Vielleicht müßten wir sogar Hilfen zur E. anbieten.

⇨ Freizeiten

gw

Erlebnisprogramm

Warum ist E. für die JS-Arbeit wichtig?
Das Leben und Lernen des (jungen) Menschen ist geprägt von Erlebnissen und deren persönliche Be- und Auswertung. Zudem lösen Erlebnisse positive und negative Erinnerungen aus, die das Handeln beeinflussen oder gar bestimmen. Erlebnisse sind einprägsam, weil sie mit mehreren Sinnen ganzheitlich erfahren wurden. Es wurde persönliche Betroffenheit und Anteilnahme ausgelöst, oft verbunden mit dem Impuls zum Engagement für eine Sache, ein Projekt oder eine Idee. In der heutigen multimedialen Welt sind sinnliche Erfahrungen selten geworden. Heute stürzen auf den Menschen in großer Geschwindigkeit viele Informationen ein, die er unmöglich auswerten und sich einprägen kann. Sinnliche Wahrnehmung braucht seine Zeit, die die Flut von Daten aber nicht hat. Sicherlich lernt das Kind dadurch auch wichtige Dinge, aber die Erfahrungen und Erlebnisse »gehen nicht mehr unter die Haut«, und so wird aus dem ganzheitlichen Lernen ein rein abstraktes über die Augen. Es ist erstaunlich, wie »blind« Kinder durch die Natur laufen, ohne die kleinen Dinge wahrzunehmen und sich an ihnen zu freuen. Sie haben es verlernt, auf Gefühlsäußerungen anderer angemessen zu reagieren. Der »Draht« zum anderen und viel wichtiger die Antenne zu Gott ist verkümmert. Deshalb brauchen wir Erlebnisse in der JS, die den einzelnen in seiner Individualität und die Gruppe als Gemeinschaft formen und prägen.

Was bringt es den Teilnehmern, aber auch den Mitarbeitern?
Es ist unumgänglich sich dieser Frage zu stellen, da Kinder und Jugendliche sie häufig genug stellen: Was bringt es mir? Aber das steckt in der Natur des E., daß es etwas mit sich bringt, z. B. sinnliche Erfahrungen, Körperkontakte. Es bringt eigene Stärken und Schwächen zutage, zeigt die Grenzen und Möglichkeiten der Gruppe auf, läßt die anderen Gruppenteilnehmer in den Blick geraten. E. schafft (Selbst-)Vertrauen in eigene und fremde Begabungen. Es steigert die Akzeptanz und Toleranz. Es bringt mir den anderen, die Natur, eine biblische Geschichte mit ihrer Aussage näher und ich werde miteinbezogen bzw. einzelne beziehen sich ein. Die Lernerfahrung eines Waldgeländespiels oder eines Zeltwochenendes ist nicht zu unterschätzen und prägt die Teilnehmer mehr, als Mitarbeiter denken. E. bringt also sowohl Teilnehmern als auch Mitarbeitern eine Menge.

Was zählt alles zum E. in der JS? (ein Überblick)
Ein E., egal welchen Schwerpunktes, zeichnet sich dadurch aus, daß mehrere, am besten alle Sinne angesprochen werden und man sinnliche Erfahrungen machen kann. Ein weiteres wichtiges Kennzeichen ist das gemeinsame Erleben und das gemeinschaftliche Vorwärtskommen und gesteckte Ziele erreichen. Also liegt der ganzheitliche und soziale Aspekt dem E. zugrunde.
Hier einige Beispiele, die nicht den Anspruch der Vollständigkeit erheben und nach Belieben ergänzt und erweitert werden können.
Biblisches E.: Biblische Rollenspiele, verbunden mit der Herstellung von Gegenständen und Kleidung aus biblischer Zeit; Ausprobieren alter Handwerkstechniken und Lebensgewohnheiten in bezug auf Essen und tägliches Miteinander leben. Feste des Volkes Israel etc.
Waldläuferkunst: Erlernen von Techniken der Orientierung mit Karte und Kompaß, Naturbeobachtungen, Feuerstellenbau und Essenkochen, Seiltechnik, Erste Hilfe im Gelände, Zeltbau, Patentbau.
Ökologisches Programm: Thema Wasser: Wasserrad, Staudamm, Biotop anlegen, Flora und Fauna von Gewässern; Windkraft; Umweltverschmutzung; aktiver Umweltschutz; Kompostierung etc.
Projektpädagogische Aktionen: Den Begriff der Projektpädagogik gibt es schon

einige Zeit. Zusammenfassend kann man diese Sonderform der Pädagogik so beschreiben: Eine aufgrund eines aufgetretenen Problems oder gemeinsam gesteckten Zieles zusammengekommene Gruppe von Menschen, die zusammen das Problem lösen bzw. das gesteckte Ziel in einer verabredeten Zeit erreichen wollen. Projektpädagogik dient nicht in erster Linie dazu, am Ende ein Gruppenprodukt zu präsentieren. Dieser Druck wäre für das gemeinsame Leben und Lernen innerhalb des Projekts nicht gut und dem Verlauf abträglich. Es sollen gemeinsame Ziele erreicht, keine Produkte fabriziert werden. Eine Möglichkeit ist die Spurensuche. Beispiel: eine JS stellt sich die Frage: Wie lange gibt es unsere Gruppe? Wie hat alles angefangen? Sie sammelt dazu alte Fotos, befragt ehemalige Gruppenmitglieder, wühlt in Archiven nach festgehaltenen Gruppenaktivitäten, sammelt Gegenstände (Wimpel, Trophäen etc.) Das alles geschieht, um etwas über ihre Ursprünge zu erfahren, vielleicht um ein Gruppenjubiläum vorzubereiten, eine Chronik und/oder eine Ausstellung zusammenzustellen und zu präsentieren. Über den Umgang mit der Geschichte, den Gegenständen, den Zeitzeugen entsteht ein Eindruck von der Kontinuität des Gruppenlebens und eine Empfindung der Traditionen. Die Kinder kommen u. U. bewußter in die Gruppe und die Eltern werden darüber an ihre eigene Zeit in einer christlichen Gruppe erinnert.
Soweit einige Beispiele, die den theoretischen Vorbau etwas lebendiger machen sollen und den Nutzen des E. widerspiegeln.
Sicherlich ist es zeitaufwendiger und arbeitsintensiver, seine Gruppe mit einem E. zu begeistern, aber es ist die Möglichkeit, den ganzen Menschen anzusprechen und zu gewinnen. Deshalb lohnt sich aller Aufwand.

⇨ Morsen ⇨ Seil

cr

Erste Hilfe

**Allgemeines –
trocken, aber notwendig**
In JS-Stunden, bei Wanderungen, Fahrten und Freizeiten, aber auch in der Familie, in der Schule oder im Straßenverkehr kann jeder völlig unvorbereitet in die Lage versetzt werden, einer anderen Person – oder auch sich selbst! – Hilfe leisten zu müssen. Guter Rat ist da oft teuer: man würde ja gerne, aber man weiß nicht wie! Dabei ist Hilfeleistung oft so einfach, wenn man ein paar grundlegende Kenntnisse und Fertigkeiten besitzt. In den Erste-Hilfe-Kursen kann man sie erlernen – und als Jungscharler braucht man nicht einmal einen großartigen Verbandskoffer: Mit dem Halstuch und einer kleinen Gürteltasche kann man oft genug wirkungsvoll helfen. Für jeden JS-Leiter sollte es eine Selbstverständlichkeit sein, auch wirklich helfen zu können – es ist übrigens auch seine Pflicht! Aber das Gelernte muß auch immer wieder geübt werden (Häuptlingsstunden!), und die Verbandstasche muß regelmäßig überprüft werden: Von falschem Sparen an Zeit und Material kann ein Menschenleben abhängen!

**Verpflichtung zur Hilfeleistung –
und wo man's lernt**
Leider mußte der Gesetzgeber erkennen, daß viele Menschen bei einem Unfall oder sonst einem Notfall lieber wegsehen, als helfen – die Geschichte vom barmherzigen Samariter spielt auch heute noch! Darum hat der Staat eine gesetzliche Pflicht zur Hilfeleistung im Strafgesetzbuch festgeschrieben (§ 330 c StGB): Wer keine Hilfe leistet, obwohl ihm dies zuzumuten wäre, kann mit Geld- oder sogar Freiheitsstrafe bestraft werden. Das klingt knallhart, ist aber leider notwendig. Allerdings gibt es auch hier Einschränkungen: Niemand muß sich selbst in Lebensgefahr bringen (z. B. brennendes Auto), um anderen zu helfen. Aber immer ist es möglich, dann wenigstens über den **Notruf** (110 oder 112) Hilfe anzufordern. Das kön-

Erste Hilfe

nen auch schon die jüngsten Jungscharler tun — wenn wir als Leiter ihnen erklären, wie's geht und wenn wir sie darauf hinweisen, daß **ein Notruf keine Spielerei ist.** Wie und wo kann man nun aber lernen, richtig zu helfen? Da gibt es zunächst die entsprechenden Seiten im **Häuptlingsbuch.** Sie dienen aber eher dazu, Gelerntes noch einmal nachzulesen, aufzufrischen. Denn: E. muß man üben! Dazu bieten alle Hilfsorganisationen Wochenendkurse und Lehrgänge an, die nur wenig kosten, aber am sinnvollsten sind. Hier findet man auch Ausbilder, die man immer wieder fragen kann, wenn etwas unklar ist. Da sich aber auch in der Medizin vieles ändert und E.-Methoden sich auch verändern, empfiehlt sich etwa alle 2-3 Jahre ein Auffrischungskurs.

Viele Hilfsorganisationen werden bei genügender Teilnehmerzahl auch gerne bereit sein, einen speziell für unsere Belange zugeschnittenen Kurs durchzuführen — man muß nur 'mal nachfragen!

Was E. ist und was nicht!
Grundsätzlich: Wir reden hier über **Erste Hilfe.** Auch wer jedes Jahr seinen Lehrgang absolviert und täglich übt, ist weder Arzt noch Sanitäter! Krankheiten von Jungscharlern, Omas Rheuma oder die Magenverstimmung von Katze Pussi sind Angelegenheiten von ausgebildeten Ärzten! Ersthelfer zu sein heißt nicht, Doktorspiele zu betreiben! Wer das tut, handelt fahrlässig und richtet oft mehr Schaden an. Man muß also **Fertigkeiten und Grenzen** kennen. Ein Ersthelfer ist jemand, der Hilfe leistet, bis fachliche Behandlung einsetzen kann, oder der fachliche Hilfe veranlaßt. Ein Ersthelfer muß also:
— lebensrettende Sofortmaßnahmen durchführen können,
— weitere Schädigungen verhindern können,
— den Verletzten/Kranken betreuen können,
— unbedachtes und/oder falsches Eingreifen Dritter verhindern, bis fachliche Hilfe eintrifft.

— Es ist für ihn also wichtig, schnell die Sachlage zu erfassen und
— eine klare Entscheidung über die notwendigen Maßnahmen zu treffen.

Je besser er über das richtige Verhalten Bescheid weiß, desto überlegter und auch ruhiger kann er Hilfe leisten. Die sechs wichtigsten Fragen, die sich jeder beim Eintreffen an einem Unfallort stellen muß, sind
(1) Befindet sich der Verletzte/Kranke in einer Lage, in der mit zusätzlichen Gefahren zu rechnen ist (z. B. auf der Fahrbahn)? Wenn ja: Bergung; wenn nein: Liegenlassen!
(2) Ist der Verletzte/Kranke in Lebensgefahr? Kontrolle von Bewußtsein, Atmung und Puls!
(3) Ist erkennbar, welche Verletzungen vorliegen? Das Betrachten der Unfallstelle kann hier Aufschlüsse geben!
(4) Kann ich vorliegende Verletzungen versorgen?
(5) Sind eventuell mehrere Personen hilfebedürftig?
(6) Muß ich den Notruf loslassen oder kann »in aller Ruhe« Hilfe angefordert werden, oder ist weitere Hilfe gar nicht notwendig?

Wer sich diese Fragen vor Augen hält, kann schon sehr viel erreichen und auch einen entsprechenden Notruf richtig lossenden. Denn: Ein Anruf bei der Polizei »Kommen Sie schnell, hier liegt einer« (den hat's tatsächlich gegeben!) nützt gar nichts. Auch wenn es schwerfällt: Der Ersthelfer muß Ruhe bewahren, nur so kann er sinnvoll helfen.

Das richtige Material — wo man es bekommt und wie man es pflegt
E.-Kästen und -Taschen werden in allen Apotheken und in vielen Fahrtenversanden angeboten. Wer sich nicht entscheiden kann, was er sich anschaffen soll, der kann zweierlei tun: In jedem Kaufhaus gibt es die **Autoverbandskästen.** Nach dem Materialien darin wird in den E.-Lehrgängen unterrichtet. Diese Kästen sind oft preiswerter und sinnvoller als schicke Umhänge- und Gürteltaschen! Auf jeden Fall

sollte man beim Kauf darauf achten, daß der Kasten/die Tasche eine **DIN-Nummer** trägt. Sie variiert je nach Ausstattung und kann bei Hilfsorganisationen erfragt werden. Eine »jungscharmäßige« Ausrüstung findet sich hier im Lexikon in der Checkliste.
Bleibt nur noch der Wunsch: Hoffentlich muß niemand das Erlernte jemals anwenden müssen!

Ein Tip für JS-Stunden
Daß auch die Jungscharler selbst E. leisten können, egal wie alt sie sind, habe ich in meinen Gruppen erlebt. Auf einer Freizeit hatte ich als AG E. angeboten und mit den Jungscharlern einfache Verbände und Lagerungen geübt. Sie waren davon so begeistert, daß wir auch in den JS-Stunden noch weitergemacht haben. Den Abschluß von unserem »Lehrgang« bildete dann einmal ein Geländespiel, bei dem Verletzte gesucht und versorgt werden mußten (Punkte gab es für die Suchzeit und für die richtige Versorgung), zum anderen ein Besuch bei der Polizei und beim DRK. Hier wurde uns genau erklärt, wie mit einem eingehenden Notruf umgegangen wird und welche Möglichkeiten der Hilfeleistung die Sanitäter haben — der Notarztwagen wurde von allen Jungscharlern bestaunt. Bei allem Spielerischen — und nur so kann man den Jungscharlern E. beibringen! — hatten sie aber auch erfaßt, daß E. eben nicht nur ein Spiel ist: Bei einem Unfall auf dem Schulhof konnten zwei Jungen mit Hilfe des Verbandskastens sinnvoll Hilfe leisten und weitere Hilfe veranlassen! Über das dicke Lob der Schulleiterin waren sie unheimlich stolz!

⇨ Checkliste Erste Hilfe

ur

Erzählbücher

Wie und wo finde ich sie?
In einer Buchhandlung bekommt man zahlreiches und kostenloses Prospekt- und Informationsmaterial über gute Kinder- und Jugendbücher.
Buchempfehlungen in Mitarbeitermaterial (z.B. Jungscharleiter).
Kostenlose Ausleihe bei Stadt- und Gemeindebüchereien.
Man läßt die Kinder ein Buch mitbringen, das ihnen zu Hause liebgeworden ist.
Welche Geschichten eignen sich?
- Kurzgeschichten (auch gute Bilderbücher eignen sich hervorragend)
- Tiergeschichten
- Abenteuergeschichten
- Geschichten aus dem täglichen Leben (sog. Umweltgeschichten)
- Geschichten aus Forschung und Technik
- Themenorientierte Geschichten (vgl. Werkbuch Geschichten für die Jungschar, Brockhaus-Verlag)
- Lebensbilder (Vorbilder (Vorbildliches — weil Kinder in diesem Alter nach Vorbildern suchen)

⇨ Erzählen

mm

Erzählen

Heute noch gefragt? Heute noch aktuell? Heute noch als Programmpunkt möglich? Es gibt doch: Hörspielkassetten, Videos, Fernsehen ... Ist dies nicht viel ansprechender, moderner, besser ... ?
Bei all den genannten Einwänden ist keinerlei Identifikation (Gleichsetzung) möglich. Der Eindruck, das Miterleben bleiben so flach wie der Bildschirm. Die Beziehungen zu den Personen bleiben matt. Die Bilder werden aufgenommen, vorgefertigt und lassen zusammen mit der mitgelieferten Musik, den vorgegebenen Geräuschen usw. keinerlei eigene Phantasie mehr zu. Erfolg: Es wird eben konsumiert.
E. dagegen sollte in keiner JS-Stunde fehl-

Erzählen

len. Warum? E. ist für die Kinder eine Antwort auf die Sehnsucht nach Abenteuern. Kinder haben viel Phantasie. Beim guten E. wird diese in gute Bahnen gelenkt und angeregt. E. hat auch pädagogischen Wert. Die Kinder müssen dabei einige Zeit stillsitzen, sie tun es freiwillig. Viele Kinder brauchen das geradezu. Trotz Fernsehen, Video, Film usw. hat eine gut erzählte Geschichte, oder gar eine Fortsetzungsgeschichte, einen ganz besonderen Reiz. Für viele junge Mitarbeiter, die sich mit der Andacht oft schwer tun, kann das E. von biblischen Geschichten eine große Hilfe sein.

Vorteile

E. kann man überall: im kleinen Raum, in kleinen Gruppen, im großen Saal, in der Scheune, in der Höhle, im Zugabteil, Zelt, Wald, beim Lagerfeuer.
E. kann geplantes Programm sein, es ist aber auch ein idealer Pausenüberbrücker, Lückenfüller, um Zeit zu überbrücken.
E. kann man in der kleinsten Gruppe und in einer sehr großen Gruppe.
Beim E. kann jedes Kind angesehen werden (Blickkontakt). Dies ist ein sehr wichtiger, persönlicher Kontakt. Im Gegensatz dazu: Vorlesen — beide Augen, das ganze Gesicht des Lesers ist im Buch! Die Kinder werden »sichtbar« angesprochen. Die Aufmerksamkeit wird dadurch konzentrierter.
Zum E. sind so gut wie keine Hilfsmittel, Geräte, Vorrichtungen erforderlich.

Was soll erzählt werden?

— Erlebnisberichte — spannender und heiterer Art, in denen Kinder die Hauptrolle spielen.
— Abenteuergeschichten — spannende Erlebnisse aus fremden Ländern und allen denkbaren sonstigen Bereichen.
— Wissensvermittlung — der Inhalt der Geschichte muß den Tatsachen entsprechen und neben Spannung auch noch Wissen aus Technik, Tierwelt, Natur, fernen Ländern oder Sitten und Gebräuche beinhalten. Forschungs- und Expeditionsberichte. Hierzu gehören auch: Lebensbilder aus Kirche und Mission (besonders wichtig), Forschungs- und Expeditionsberichte.
— Biblische Erzählungen aus dem AT und NT. Die Bibel ist ja ein großes Geschichtenbuch mit Helden und Versagern, guten und schlechten Menschen, mit Beispielen aus dem täglichen Leben, mit Gleichnissen (2. Mose 13,14; Ps 9,2; Ps 78,3-4; Ps 96,3; Joel 1,3; Lk 24,35; Agp 21,19; Hebr 11,32).
— E. mit pädagogischem Ziel — also Beispielgeschichten, in denen Kindern etwas beigebracht, vermittelt werden soll, was sie sonst in anderer Form einem nicht so ohne weiteres abnehmen. Geschichten der Freundschaft, Hilfsbereitschaft, Ehrlichkeit, Treue, Nächstenliebe, Ausländerprobleme und -fragen.
— Tier-, Natur- und Umweltgeschichten — um den Kindern Achtung und Ehre vor der Schöpfung zu vermitteln.
— Lachgeschichten — also Geschichten voller Blödsinn, Spaß, Fröhlichkeit, Unsinn.
— Gespenstergeschichten — aber nur dann, wenn sich der Erzähler 100%ig sicher ist, daß am Schluß alles lacht, d. h. sich alles auflöst. Das Gruseln, die Gänsehaut, die Angst muß weg sein! Im Zweifelsfall **nicht** erzählen. Bei diesen Geschichten können Angstträume zurückbleiben. Angstgefühle setzen sich fest. Zwar sind die Kinder vom Tun und Reden her immer stark, mutig, und für Gespensterei zu haben, doch meistens stimmt dies nicht. Sie sind zartbesaitet, ängstlich — das Alter ist wichtig.

▶ Kinder suchen Vorbilder — also immer Vorbildliches erzählen! ◀

Vorbereiten einer Geschichte aus einem Buch

Am besten erzählt werden kann das, was selbst erlebt wurde. Auch eine Geschichte/ein Text sollte erlebt werden.
Für Anfänger im E. sollten kurze Geschichten, die dem Leser selbst Freude

bereiten, verwendet werden. Was Spaß macht, klappt besser.
Den Text einmal am Stück lesen, evtl. sich selbst halblaut vorlesen. Hören plus sehen = mehr Aufnahmefähigkeit! Beim Lesen auf Inhalt, Aussage, Ziel mit Blick auf die Gruppe prüfen (Alter, Begabung usw.).
Beim zweitenmal Lesen im Buch/Text wichtige Dinge der handelnden Personen z. B. Namen, Alter, Orte, typische Kennzeichen, Gewohnheiten, Jahreszahlen usw. auf einen getrennten Spickzettel schreiben.
Wenige wichtige Wörter pro Seite unterstreichen. Ein sogenanntes Telegramm des Textes erstellen. Die einzelnen Seiten können auch mit Überschriften versehen werden. Das Telegramm kann auf den Spickzettel übertragen werden, also stichwortartig den Ablauf der Geschichte festhalten. Dieser Zettel — bzw. das aufgeschlagene Buch — dient beim E. als »Roter Faden« oder »Spickzettel«. Dies ist eine große Hilfe beim »Steckenbleiben« während des Erzählens in der Gruppe!

Beachten: nicht zu klein schreiben, übersichtliche Anordnung, evtl. DIN A5-Größe für Ringbuch.
Nun sollte man selbst — aufgrund des Spickzettels — die Geschichte erzählen. Kurz und knapp. Dadurch überprüft man, ob Text, Ablauf und Inhalt im Kopf ist. Bei Bedarf den Text nochmals nachlesen.
Nun heißt es Mut und Wagen — sich selbst vorsagen und wagen: Ich kann mehr, als ich mir zutraue.

Vorbereiten einer Geschichte aus der Bibel
Eine große Hilfe für die Gestaltung des Textes sind drei Schlüssel. Sie bringen Farbe und Aktionen in den Text:

1. Schlüssel

E	Empfangen
V	Verarbeiten
A	Ausrichten

2. Schlüssel

S	Sachen	Was für Dinge kommen vor? Woraus sind sie gemacht?	Bilder, Modelle
P	Passiert	Wie folgen die Einzelheiten? Verben, Tätigkeitswörter	Ursachen Folge des Tuns
A	Anderswo	Was finde ich dort? Was passierte dort?	Parallelstellen eigenes Erleben
S S	Sinn und nächster Schritt	Was sagt dieser Text über mein Leben, Zusammenleben mit den anderen ... welche Konsequenzen folgen ...	

3. Schlüssel

P	Personen	Welche P. kommen vor, genannte, ungenannte Was weiß ich von ihnen (auch aus anderen Geschichten)
O	Ort	Was weiß ich über den Ort (geschichtlich, geographisch, menschlich)?
Z	Zeit	In welcher Zeit spielt die Geschichte (Welt, Jahreszeit, Tageszeit, Sitten, Gebräuche)?
Z	Zusammenhang	Was geht in diesem Text voraus, was folgt (Inhaltsverzeichnis, Abschnitte)?
E	Ereignis	Was ereignet sich — wichtigstes Ereignis?
K	Kern	= Samen = Frucht = säen, wachsen, gedeihen

Wichtig: Hineindenken, Hineinleben, Miterleben.
Versuch mal eine Person zu spielen, hineinzuschlüpfen.
Hilfen: Lexikon zur Bibel, Atlas zur Bibel, Bibel von A-Z (Konkordanz), Die Bibel im Bild, verschiedene Bibelübersetzungen.
Ganz wichtig ist der »Einstieg« und der »Schluß« der Geschichte. Diese zwei Punkte sind besonders zu bedenken und auszuarbeiten. Die Szeneneinteilung ergibt den Ablauf.

Durchführung – in der Gruppe
– Raum richten, vorbereiten, auf Sitzordnung (Kreis, Halbkreis, Hocker, Stühle, Boden usw.) achten.
– Erzählerstandort, Platz des Erzählers, so wählen, daß alle Kinder den Erzähler sehen können und er alle Kinder im Blickfeld hat. Stehend oder sitzend erzählen – selbst testen. Wo liegt der Spickzettel?
– Hilfsmittel bereithalten (Landkarten, Fotos, Zeichnungen, Kerzen, Raumschmuck ...) Bilder zeigen während des E. stört und unterbricht den Ablauf, die Spannung. Erst nach Beenden des E. die Bilder zeigen oder große Bilder und dergl. zum Ausschmücken vor Beginn im Raum aufhängen (Einstimmen in die Geschichte).
– Auf die Stimme achten, sie gibt sehr viel Farbe für das E.: laut, leise, hell, dunkel, schnell, langsam, im Dialekt sprechen, Geräusche hörbar machen. Es gibt Ausrufe- und Fragesätze. Pausen erzählen mit, sie steigern die Spannung, bringen Ruhe. So sprechen, wie allgemein üblich (Mutterdialekt). Es muß jeder verstehen können. Auf Ausländerkinder achten.
– Ganz wichtig: Der erste Satz der Geschichte – der Start! Nicht: Ich erzähle euch jetzt die und die Geschichte. Sondern: einfach anfangen, leise, langsam, mit einer Aktion, einem Ausruf, einer Frage, neutral, unvermittelt ...
Dieser »Einstieg« ist das Abholen der Kinder, das Hinführen, das Interessantmachen. Nichts vorwegnehmen!
– Die Erzähldauer kann zwischen 5-45 Minuten liegen. Kinder nicht überfordern. Auch Kinder müssen wieder lernen, stillzusitzen, zuzuhören.
Erzählen kann man lernen, vorausgesetzt, ich will es, ich probiere es aus, ich fange einfach mal an. Der Erzähler gestaltet die Atmosphäre. Seine schöpferische Tätigkeit überträgt sich auf die Zuhörer. Beim E. schlüpft man in eine andere Person. Verantwortungsbewußte Erzähler wissen, was sie wann wem erzählen.
E. verändert den Erzähler und die Gruppe.

⇨ Programm

hb

Erziehung

Zum Erziehungsbegriff
Der Begriff E. beschreibt ein sehr umfangreiches Aufgabenfeld. Obwohl dieses Wort einen Vorgang bezeichnet, der allgemein geläufig ist, versteht doch jeder für sich noch einmal ein anderes Geschehen darunter. Kinder, Eltern oder Lehrer z. B. erleben den E.-Prozeß jeweils aus einer ganz anderen Perspektive.

Die Notwendigkeit der E.
Aus der Sicht der Eltern ist E. ein Prozeß zur Erlangung der Lebenstüchtigkeit, also ein Mündigwerden des eigenen Kindes, denn verglichen mit anderen Lebewesen, ist der Mensch ein hilfloser Nestflüchter. Er ist ein sogenanntes instinktreduziertes Wesen und deshalb in hohem Maße von seiner persönlichen Lernfähigkeit abhängig. Ein neugeborener Mensch ist ohne eine soziale Fürsorge in seinen ersten Lebensjahren überhaupt nicht lebensfähig.

Während ein Tier in einer instinktiv abgesicherten Merk- und Wirkwelt lebt, muß der Mensch als weltoffenes Lebewesen einen deutlich umfangreicheren Erlebnishorizont bewältigen. Darum kann der Mensch auch nur als denkendes Wesen überleben. Diese vielschichtigen und umfangreichen Lernprozesse werden alle unter dem Oberbegriff E. subsummiert.

Die Lernebenen in der E.
Biologisch-psychologischer Aspekt:
Schon ein Säugling muß lernen, die in ihm angelegten Fähigkeiten zu entfalten. So kann man z. B. an seinen Übungen zur Körperkontrolle beobachten, wie er zuerst sich selbst und dann auch die Dinge seiner Umgebung im wahrsten Sinne des Wortes begreifen lernt. Das Greifen, Krabbeln und Laufen sind Fertigkeiten, die in ihm zwar angelegt sind, die er aber durch Übung und Gelegenheit erst einüben muß. Dieser Lernprozeß zur Entfaltung der eigenen Fähigkeiten zieht sich durch das ganze Leben hindurch und umfaßt immer weitläufigere Aufgabenstellungen.
Dabei haben Erfolg oder Mißlingen der Bemühungen einen bedeutenden Einfluß auf das spätere Selbstwertgefühl des betroffenen Menschen.

Soziologischer Aspekt:
Der Lernprozeß des Lebens in einer Gemeinschaft mit anderen Menschen ist in der ersten Lebensphase von der sozialen Fürsorge der Eltern in der Familie bestimmt. Im Laufe der Jahre entdeckt das betroffene Kind immer neue soziale Beziehungen und damit auch neue Rollen, die es erst verstehen und dann auch gestalten lernen muß. Zu diesem Rollenlernen gehört u. a. auch das Akzeptieren von Übereinkünften (Werte und Normen). Auch der persönliche Glaube wird als Deutungsprinzip für das Leben im Rahmen dieser Sozialisation verinnerlicht. Man spricht dann von der religiösen Sozialisation.
Der umfassende Lernprozeß der persönlichen Sozialisation erfordert ein geplantes und reflektiertes E.-Handeln durch reife Menschen. Die Sozialisation findet gewöhnlich im Elternhaus, Kindergarten, Schule, Jugendgruppe etc. statt und erfordert das Zusammenwirken aller dieser Institutionen.

Kultureller Aspekt:
Menschliches Leben ereignet sich immer auch in einem kulturellen Umfeld. Kultur ist die Übernahme und Weitervermittlung erfolgreicher und überlieferter Erfahrungen, Fähigkeiten, Erkenntnisse und Überzeugungen. Schon im AT gibt es in 5. Mose 6,20ff ein klassisches Beispiel einer reflektierenden Enkulturation.
Enkulturationen sind typisch für bestimmte Lebensräume, aber mit gewissen Einschränkungen auch geographisch übertragbar. Weil jede Kultur dem Prinzip der situativen Anpassung unterliegt, ist sie darum auch wandelbar. Das Einüben in die Enkulturation geschieht in reflektierender Auseinandersetzung mit den Kulturgütern und -techniken.

Personaler Aspekt:
Als denkendes Wesen muß sich der Mensch auch über sich selbst Gedanken machen und steht damit auch immer wieder vor der Frage nach der eigenen Identität. Wer bin ich? Mit dieser Frage muß er sich sein ganzes Leben lang auseinandersetzen. In jeder Lebensphase benötigt der Betroffene für die Beantwortung dieser existenziellen Frage ein kompetentes Gegenüber. Der Mensch ist von Gott als soziales Wesen geschaffen und benötigt deswegen für seine Lebensgestaltung immer auch das Gegenüber der anderen. Für einen Christen ist in der Frage der persönlichen Identität Jesus Christus das eigentlich kompetente Gegenüber. Darum ist für den Einübungsprozeß zur eigenen Identitätsfindung die Kom-

munikations- und Interaktionsfähigkeit gegenüber Gott (im Gebet) und den ihn umgebenden Menschen die erforderliche Voraussetzung.

Das E.-Umfeld
Die E. eines Menschen geschieht nicht im luftleeren Raum, sondern geht immer von bestimmten vorgegebenen Bedingungen aus. Die Voraussetzungen zum erzieherischen Handeln müssen in jeder Situation so gewissenhaft wie möglich analysiert werden, wenn der gewünschte E.-Prozeß gelingen soll.

Die geographischen Bedingungen
Der bereits erwähnte kulturelle und soziale Aspekt der E. ergibt sich aus den geographischen Bedingungen, in welchen das E.-Geschehen abläuft. Die äußeren Umgebungsfaktoren sind nicht nur entscheidende Voraussetzungen für die E.-Planung, sie wirken auch immer wieder in den Prozeß des E.-Geschehens hinein. Es macht z. B. einen Unterschied, ob ein E.-Prozeß in einer ländlichen, in einer kleinstädtischen oder in einer großstädtischen Situation stattfindet.
Diese sogenannten Milieufaktoren sind Steuerungsmechanismen, die das Verhalten der Kinder und Jugendlichen überwiegend unbewußt beeinflussen. Aber auch die darüber hinaus reichenden Umgebungsfaktoren, wie z. B. globale geographische Bedingungen, wirken in den unmittelbaren E.-Prozeß hinein. Ein europäisches Kind auf dem Land erfährt z. B. einen anderen E.-Prozeß als ein afrikanisches Kind auf dem Land.

Die zeitgeschichtlichen Bedingungen
E. ereignet sich unter bestimmten historischen Bedingungen, die sich immer wieder verändern. Diese Beobachtung läßt sich in unseren geographischen Breiten sogar schon von einer zur nächsten Generation feststellen. Zu den zeitgeschichtlichen Bedingungen gehören die aktuellen Erkenntnisse der jeweiligen Wissenschaftsbereiche ebenso wie die jeweiligen politischen Machtverhältnisse in dem betroffenen Land.
Aber auch wirtschaftliche Faktoren gehören dazu, denn die wirtschaftlichen Gegebenheiten nehmen Einfluß auf die Bildungschancen der Betroffenen und damit auf die Qualität des individuellen Lernprozesses im konkreten Fall.

Das E.-Ziel
Jedes menschliche Verhalten orientiert sich an einem bewußten oder unbewußten, konkreten oder diffusen Ziel. So hat auch jeder E.-Prozeß immer eine bestimmte Absicht. Es ist darum notwendig, die jeweiligen E.-Ziele bewußt zu machen und immer wieder neu zu bedenken.

Der gesamtgesellschaftliche Rahmen
Die Zielvorgaben in der Bildungspolitik einer Gesellschaft können als Hilfen (Geländer), aber auch als Blockierungen (Gefängnis) empfunden werden. Es ist immer schwierig, die vielen Zielvorstellungen im E.-Geschehen einer Gesellschaft auf eine allgemeingültige Formel zu bringen. Aber ohne einen allgemeingültigen gesellschaftlichen Rahmen können auch individuelle E.-Prozesse nicht sinnvoll gestaltet werden. Darum muß jeder Staat und jede Gesellschaft die politischen Rahmenbedingungen von E. festlegen und gestalten. Der Apostel Paulus bekräftigt diese staatliche Notwendigkeit ganz ausdrücklich in seinem Hirtenbrief an die Römer (13, 1-7). Weil es in jeder Gesellschaft aber auch erkannte oder heimliche Miterzieher gibt (Werbung, Medien etc.), sind gesellschaftliche E.-Bedingungen, wie die Politik selbst auch, immer wieder einer kritischen Würdigung zu unterziehen.

Die gesamtgesellschaftliche E. findet in öffentlichen Körperschaften wie z. B. in Schulen, E.-Heimen und sonstigen Ausbildungseinrichtungen statt. Die dort praktizierten E.-Ziele müssen weitgehend wertneutral sein und decken darum nur einen ganz speziellen Teilbereich des gesamten E.-Geschehens ab.

Die Überzeugungen in der Familie

Die Familie ist die kleinste Zelle einer Gesellschaft und damit jener Bereich, der das E.-Geschehen am intensivsten prägt. Die in der Familie geltenden Überzeugungen, Regeln und Verhaltensmuster werden von den Kindern zunächst kritiklos verinnerlicht. Hier entstehen die Primärprägungen, die den späteren Charakter des betroffenen Menschen entscheidend bestimmen. Die Familie hat in unserer Gesellschaftsform nicht nur juristisch das größte Recht an der Mitbestimmung der E.-Ziele, sondern übt auch faktisch den größten Einfluß dabei aus.

E.-Ziele in Überzeugungsgruppen

Zu den Überzeugungsgruppen im E.-Bereich gehören Kirchen, Jugendverbände, Parteien, Bürgerinitiativen u. a. m.
Diese sind Bezugsgruppen, denen man aus Überzeugung angehört, von denen sich der Betroffene aber auch zu jeder Zeit wieder abwenden kann. Solche Gruppen müssen ihre E.-Ziele präzise formulieren und darstellen können, wenn sie überhaupt erzieherisch wirksam werden wollen. Die E.-Ziele dieser Gruppen werden in der Regel aus der Summe der gemeinsamen Überzeugungen ihrer Mitglieder gebildet. Darum sind solche Gruppierungen auch immer wieder zur Transparenz ihrer Absichten aufgefordert. Die Aufgliederung ihrer E.-Praxis in Primär- und Teilziele verhilft ihnen zur notwendigen Erfolgskontrolle, um ihre Überzeugungsarbeit effektiv zu gestalten. In solchen Gruppierungen muß E. professionell begleitet und reflektiert werden.
Die Basis, auf der sich ihre freiwilligen Mitglieder beeinflussen lassen, ist eine von Wertschätzung und Vertrauen geprägte Beziehungsebene. Die Qualität dieser Ebene ist maßgebend für die Akzeptanz der Ziele dieser Einrichtung.

E.-Kritik
Dynamische Prozesse bedürfen der Reflektion

Nur eine immer wieder angefragte und neubewertete E. kann ihr oberstes Ziel, nämlich die Lebensbefähigung eines heranwachsenden Menschen in einer sich ständig wandelnden Umgebung, erfolgreich gestalten. E.-Kritik darf nicht mit diffuser Meckerei an bestehenden Verhältnissen verwechselt werden. Eine unreflektierte Grundsatz-Meckerei ist ebenso abträglich wie eine unüberlegte Tradierung bewährter Verhaltensmuster. Eine Begeisterung für einen neuen E.-Ansatz muß nicht zugleich auch schon ein Abheben in eine bodenlose Utopie bedeuten. Zwischen solchen und ähnlichen Polarisierungen bewegen sich die notwendigen Reflektionen einer konstruktiven E.-Kritik.

E. benötigt Perspektive

Perspektive ist das Vermögen, die Realität zu erkennen, die sich hinter den vordergründigen Fakten verbirgt. Ein Erzieher muß zum Beispiel schon die Folgesituation seines Zöglings vor Augen haben, auch wenn dieser noch lange nicht reif dazu ist. Er muß aber auch die Hintergründe für augenblickliche E.-Defizite ergründen wollen und können und diese in seinem Maßnahmenkatalog berücksichtigen.
Im AT finden wir in der Geschichte des Propheten Elisa und der E. seines Dieners ein klassisches Beispiel für eine solche Perspektive (2. Könige 6,15-17). Aber auch Jesus hat in der E. seiner Jünger seinen Schwerpunkt auf die Vermittlung der göttlichen Perspektive gelegt.

E. benötigt vertraute Beziehungen
Vertraute Beziehungen sind nicht nur zwischen Erzieher und Zögling oder zwischen Gruppenleiter und Gruppenmitglied eine Grundvoraussetzung, sie sind die erforderliche Grundlage für die Lebensbefähigung des betroffenen Kindes selbst. Um die für ein gesundes Selbstvertrauen erforderliche innerseelische Sicherheit entwickeln zu können, braucht jedes Kind eine soziale Heimat. Das ist in der Regel die Familie, denn nur in ihr kann sich jene soziale Vertrautheit entwickeln, in der das Kind Geborgenheit und Wertschätzung erfährt.

Ein gesellschaftlicher Trend, der Familienbeziehungen zersetzt, hat katastrophale Langzeitschäden mit irreparablen Defiziten zur Folge. In solchen Fällen werden kleine Bezugsgruppen, wie z. B. Jugendgruppen, Cliquen, Banden etc. zur sozialen Ersatzheimat. Hier hat das diakonische Handeln der E.-Arbeit christlicher Jugendgruppen trotz aller Unvollkommenheiten mancher Laienbewegung eine bisher weit unterschätzte Bedeutung gewonnen.

ws

F

Fahne

F. (althochdeutsch fano bedeutet Tuch, abgekürzt aus gundffano — »Kampftuch«). Ein mehrfarbiges Stück Stoff mit Figuren oder Symbolen steht für eine einzelne Person, einen Herrscher, eine ganze Gruppe, einen Staat, eine Armee oder einen Verein.

Die erste Fahne aus Tuch war das römische Vexilium, ein militärisches Feldzeichen, später kam unter Konstantin I. eine Reichsf. auf. Daraus entwickelte die Kirche später spezielle F. zu liturgischen Zwecken bei Gottesdiensten und an christlichen Feiertagen (ca. im 10. Jh.). Im militärischen Umfeld diente die F. zur Richtungsangabe und als Sammelpunkt. Sie »zog« den Truppen voran, sie zu verlieren bedeutete die Niederlage.

Die F. wurde und wird nur zu bestimmten Anlässen (Vereinsgründung, -jubiläen etc.) gestiftet und durfte/darf nicht beliebig ersetzt werden (im Gegensatz zu Flaggen). Eine F. hat eine individuelle und einmalige Bedeutung. Sie spiegelt durch die Farbgebung und die abgebildeten Symbole die Inhalte und Ziele der Gruppe wider, der die F. gehört.

JS-Gruppen sollten auch eine individuell gestaltete F. haben. Vielleicht sind ja Eltern von Gruppenmitgliedern bereit, eine F. anzufertigen oder zu stiften. Bei JS-Aktionen, -Tagen, -Zeltlager und -Freizeiten kann sie mitgenommen werden und kündigt damit allen die Anwesenheit der JS-Gruppe an. Durch die Gestaltung des F.-Bildes kann die JS ihre Inhalte und Ziele (u. U. durch ein Ankerkreuz oder einen Bibelvers) plakativ für andere Menschen anschaulich machen.

Beim Freizeit- und Fahrtenbedarf in Ulm (Adresse s. Anhang) sind F., Wimpel und Banner mit Ankerkreuz, CVJM-Dreieck oder Eichenkreuz für JS und vielerlei Anlässen erhältlich.

cr

Fasten

F. als zeitweiliger Verzicht auf Speise finden wir in nahezu allen Religionen. Die Menschen des Altertums fürchteten Dämonen, die über sie mit dem Essen Macht

Fahrradtouren

F. mit Jungscharlern bieten sich bei vielen Gelegenheiten an: wenn der Wald für ein Geländespiel nicht direkt hinter dem CVJM- oder Gemeindehaus anfängt; wenn man ein Wochenendlager in der Umgebung durchführt, oder wenn man eine Sonntagnachmittagstour machen will. Auch sportliche Wettbewerbe mit Geschicklichkeitsfahren usw. sind mit dem Fahrrad möglich.
Da auch in größeren Städten die Zahl der Fahrradwege zunimmt, gibt es meistens genügend sichere Wege für Fahrradunternehmungen. Der Mitarbeiter sollte sich allerdings auch die Mühe machen, solche sicheren Wege auszusuchen. Für F. in die Umgebung können inzwischen vielerorts Radwanderkarten und -ratgeber Hilfen geben. Vor solchen Touren sollte die Verkehrssicherheit der Fahrräder überprüft werden. Die grundlegenden Anweisungen für das Verhalten im Straßenverkehr sollten vor einer Fahrt wiederholt werden. Manchmal ist es auch sinnvoll, vorher das Fahrradflikken zu üben.

⇨ Rechts-ABC ⇨ Spiel und Sport
⇨ Tatkunde ⇨ Aufsichtspflicht

ipm

gewännen. Hinzu kam die Erfahrung, daß es durch Entlastung und Entgiftung des Körpers zu einer inneren Bewegtheit kommen kann, was man als besondere Offenheit für Gott verstand.
Im AT ist F. meist mit Beten verbunden (2. Sam 12,16 ff) und einem Bereithalten für Gottes Wegweisung. Auch Jesus fastete (Mt 4,2) und auch die ersten Christen (Apg 14,23). Jesus hat es als geistliches Mittel geübt, um Anfechtungen zu begegnen und mit seinem Vater in Verbindung zu bleiben. Allerdings haben Jesus und seine Jünger das F. als »gutes Werk«, womit man sich das Heil verdienen könne, abgelehnt (Mk 2,19). Die Kirche hat das F. als Ordnung geistlichen Lebens ins Kirchenjahr aufgenommen (z. B. österliche F.-Zeit). Den damit oft verbundenen unbiblischen Leistungsgedanken hat Martin Luther bekämpft und F. wieder stärker als Verzicht auf schädlichen Gewinn und Genuß empfohlen.
Unter diesem Verständnis gewinnt F. heute neue Bedeutung auch für unsere körperliche Gesundheit (Heilf.), aber auch als Hilfe zur Konzentration bei geistlichen Übungen wie Gebet und Bibellesen (Besinnungstage mit F.).

⇨ Verzicht

ck

F & F

Freizeit- und Fahrtenbedarf
Gemeinsam mit dem Verband Christlicher Pfadfinderinnen und Pfadfinder unterhält der deutsche CVJM eine Beschaffungsstelle für Abzeichen, Fahnen, Fahrtenhemden, Halstücher, Spiel- und Sportgeräte, Zelte, Boote, Lagerküchenbedarf, Rucksäcke, Schlafsäcke u. v. a. für Freizeiten, Lager und den Gruppenbedarf. Der umfangreiche Katalog ist bei Freizeit- und Fahrtenbedarf GmbH (Adresse s. Anhang) erhältlich.

⇨ Materialstellen

fr

Fahrt und Lager

F. und L. waren schon immer Bestandteile der JS-Arbeit. Mit den Jungscharlern mehrere Tage unterwegs sein, hat einen hohen Erlebniswert. Daher sind die Formen sehr vielfältig: Wanderungen, Ausflüge, Zeltlager, Freizeiten, Radtouren usw.

Man sollte die Unternehmungen kindgemäß gestalten. Grenzerfahrungen sind wichtig, dürfen aber zu keiner Überforderung führen. Auch die rechtliche Seite ist zu beachten.

⇨ Freizeiten ⇨ Aufsichtspflicht

gw

Feiertage

Unser Leben ist geprägt von Zeiten der Beschäftigung (Schule/Sport und Spiel) und von Zeiten der Ruhe (Urlaub/Wochenenden). Dieser Rhythmus hilft uns, Kraft für neue Aufgaben zu finden. So sind auch Fest- und F. Möglichkeiten zum Ausruhen. Darüber hinaus ehren sie einzelne oder Gruppen von Menschen. Sie erinnern an weltliche oder auch kirchliche Ereignisse. So werden persönliche (Geburtstag/Konfirmation/Hochzeit), weltliche (1. Mai) und auch kirchliche (Ostern/Pfingsten) Fest- und F. begangen.

Gesetzliche F. (Weihnachten/Tag der dt. Einheit usw.) sind in einem Staat von allen einzuhalten. An diesen Tagen ruht die Arbeit (außer bei Krankenschwestern und ähnlichen Berufen), und den Arbeitnehmern wird eine Vergütung des Verdienstausfalls gewährt.
Die meisten Fest- und F., die in unserem Land begangen werden, haben kirchlichen bzw. biblischen Ursprung.

⇨ Kirchenjahr

gg

Ferienaktionen

In vielen Vereinen bestimmen die Schulferien den Jahresablauf entscheidend mit. Herbstferien, Weihnachtsferien, Winterferien, Osterferien, Pfingstferien und Sommerferien – meistens fällt dann die JS aus.

Kurze Ferien
Die kurzen Ferien können vielleicht zu einem Knoten im Netz des JS-Jahres werden, zu Zeiten, in denen die JS etwas Besonderes ist. Das soll nicht durch ein außergewöhnliches, aufwendiges Programm geschehen. Entscheidender ist, daß ich als Mitarbeiter einmal Zeit für meine JS-Kinder habe. Kein Programm soll im Vordergrund stehen, sondern der Mensch. Es kommt nicht auf eine organisatorische Form an, meine Liebe zu den Kindern ist wichtig.

Für die kurzen Ferien bieten sich folgende Möglichkeiten an:
Ein Nachmittag voll Zeit: Macht einen Nachmittag in den Ferien aus, an dem ihr euch trefft. Das muß nicht unbedingt im Gemeinde- oder Vereinshaus sein. Bringt viel Zeit und einfache Spielideen mit und laßt die Jungscharler spüren, daß du jetzt Zeit für sie hast und nicht nach 1, 5 Stunden weg mußt. Probiert Spielideen aus und entdeckt neue Spiele.
Was oft nicht geht: Manche Dinge sind im normalen JS-Plan nicht durchzuführen oder passen einfach nicht hinein. Die Ferien bieten dazu eine gute Gelegenheit: Erkundet mit dem Fahrrad die Gegend um euren Heimatort; besichtigt ein Schloß, eine Burg oder ein Museum; verbringt einen Nachmittag im Freibad und ladet die Jungscharler zu dir nach Hause ein.
Wo sind die Kinder? Überlege, wo sich

die JS-Kinder in den Ferien aufhalten. Besuche sie auf dem Fußball-, Spielplatz oder im Freibad. Nimm dir Zeit und spiele mit ihnen.

Was ich schon immer einmal fragen wollte: Jungscharler stecken voller Fragen. Meist bleibt in der JS keine Zeit, sie zu beantworten. Nimm dir Zeit und gehe auf die Kinder ein. Auch eine Andacht im normalen JS-Programm wirft oft Fragen auf. Wie viele Fragen werden oft unbeantwortet mit nach Hause genommen.

Sommerferien

Von den Ferien nehmen die Sommerferien mit ihren sechs Wochen die meiste Zeit ein. Sommerferien sind die Zeit, in der viele Familien ihren Urlaub gemeinsam irgendwo verbringen. Neben diesem Urlaub nehmen aber auch manche Kinder noch an den Sommerfreizeiten des CVJM teil und sind somit gut 4-5 Wochen verreist. Andere Eltern können es sich, aus welchem Grund auch immer, nicht leisten, mit ihren Kindern gemeinsam in Urlaub zu fahren und sie dann noch auf eine Freizeit zu schicken. Da sie sich dann für eine Möglichkeit entscheiden, kann es vorkommen, daß diese Kinder 3-4 Wochen zu Hause »herumhängen« und mit der Zeit nicht mehr wissen, was sie tun sollen. Aus diesem Grund werden nun schon seit einigen Jahren von immer mehr Dörfern und Städten sogenannte F. angeboten. In dieser Zeit, wenn die eigenen Mitarbeiter im Urlaub oder auf Freizeiten sind, schließen sich teilweise auch die restlichen Mitarbeiter mehrerer Vereine eines Ortes zusammen und bieten für die Kinder verschiedene Ferienprogramme an:

Ferienpaß – Ferienspaß: Viele Städte geben vor der Ferienzeit Ferienpässe heraus, die für die ganzen Sommerferien Gültigkeit haben. Sie kosten ca. DM 80,— und ermöglichen den Kindern während dieser Zeit die kostenlose Benutzung der öffentlichen Verkehrsmittel in einem bestimmten Umkreis, freien Eintritt in Freibäder, Zoos, Museen, Rollschuhbahnen etc. An diesen Ferienspaßprogrammen beteiligen sich auch die umliegenden Orte mit verschiedenen attraktiven Angeboten wie Spielstraßen, Bastelangeboten, Besuch der Feuerwehr, des Waldes mit dem Förster, Geländespielen und Dorfrallies. Diese Angebote sind über die Ferien verteilt, so daß es eigentlich keinem Kind langweilig werden dürfte.

Ferien ohne Koffer: Einige Vereine bieten für Kinder, die auf keine Freizeit können, eine Woche lang Ferien ohne Koffer an. Die Kinder treffen sich morgens im Gemeinde- oder Vereinshaus, wo mit einem gemeinsamen Frühstück der Tag begonnen wird. Eine Bibelarbeit und danach verschiedene Hobbygruppen wie Malen, Basteln, Sport usw. füllen die Zeit bis zum Mittagessen. Mittags stehen dann Geländespiele, Stationsläufe, Dorfspiele, verschiedene Turniere oder Baden auf dem Programm. Das Abendessen bildet den Abschluß des Tages, nach dem die Kinder wieder nach Hause gehen.

Ferien ohne Koffer erfordert einen ganzen Stab von Mitarbeitern: Mitarbeiter für die Küche, für die Bibelarbeiten, Hobbygruppen und Spiele.

JS-Ferienprogramm: Eine weitere, einfache Möglichkeit ist, wenn man während den Ferien die Gruppenstunden auf freiwilliger Basis fortführt, damit Kindern, die bereits wieder zu Hause sind, die Teilnahme am Ferienprogramm erleichtert wird. Das Programm kann aus einfachen JS-Spielen (Geländespiele, Dorfspiele, Stationsläufe, Ballspiele, Turniere etc.) bestehen. In der letzten Woche vor der Schule kann ein Grillfest mit Bratwürsten oder Stockbrot das Ferienprogramm abschließen. Stehen hierbei auch nur begrenzt Mitarbeiter zur Verfügung, so kann man sich mit einem benachbarten oder ähnlichen Verein (z. B. EC) zusammenschließen und ein gemeinsames Programm anbieten.

Läßt man die Ferien ungenutzt verstreichen, so dauert es danach oft einige Zeit (JS-Stunden), bis sich die Jungscharler wieder an die regelmäßige Gruppenstunde gewöhnt haben.

ch

Fernsehen

Die erste öffentliche Fernsehsendung gab es 1926. Zunächst wurden die Sendungen in schwarzweiß ausgestrahlt und empfangen, später auch in Farbe. Heute kennen Kinder fast nur noch den Farbfernseher und haben häufig ein eigenes Gerät in ihrem Zimmer stehen. Die meisten Kinder sehen gerne fern. Sie sind darin geübt, Eindrücke durch Bilder aufzunehmen. Oft wird das Gesehene von ihnen als »Wahrheit« angenommen, da sie es »ja mit eigenen Augen gesehen« haben. Doch auch im F. wird einseitig informiert. Den Zuschauern werden oft Werte vermittelt, die weit von den Grundwerten der Bibel entfernt sind (z. B. Gewalt, Lüge ...).
Das F. hat unseren Alltag verändert. Die meisten Fernsehsendungen sind nicht für Kinder geeignet, da sie die Probleme der Erwachsenenwelt zeigen. Kinder können viele Eindrücke nicht verarbeiten, ihre Gedanken werden überfordert. In Gesprächen oder in Rollenspielen können wir mit den Kindern überlegen, wieviel Zeit sie vor dem Fernseher verbringen und was sie sonst in dieser Zeit tun könnten.
In diesem Zusammenhang prägt besonders das Vorbild des Mitarbeiter. Haben sie besseres zu tun, als ihre Zeit vor dem Fernseher zu verbringen, und geben sie ihre Erfahrungen an die Kinder weiter, dann bewirkt das mehr als irgendwelche Appelle.

⇨ Erziehung ⇨ Medien

ed

Fest und Feier

Warum überhaupt Feste/Feiern?
Von dem langjährigen CVJM-Sekretär in Nürnberg-Gostenhof, Hans Schwab, stammt das treffende Zitat: »Feste sollen fest machen.«
Was soll gefestigt werden? Die Gemeinschaft der Jungscharler untereinander, die Freude (gerade bei Jungscharlern aus schwierigen Familienverhältnissen), biblische Inhalte und Geschichten, das wöchentliche Gruppenprogramm durch Höhepunkte.

Anlässe
Manchmal gibt es ganz spontane Anlässe. Ein Jungscharler bringt einen »Neuen« mit, der am selben Tag der Gruppenstunde Geburtstag hat. Ein paar Plätzchen und Saft lassen sich organisieren. Ein Wunschlied und ein neues Spiel machen diesen Anlaß zum kleinen F. Wenn dann auch noch der Gruppenleiter ein kleines Geschenk hat, ist die Überraschung perfekt.
Oder die JS trifft sich im Hallenbad. Ein paar Jungen machen spontan ihre Schwimmabzeichen. Warum nicht eine kleine Siegerehrung mit einem fetzigen Lied in der Umkleidekabine organisieren? Wenn wir uns den Jahreskreis und unsere JS-Jahresplanung anschauen, dann drängen sich einige thematische Anlässe auf, die wir durch F. und F. vertiefen können. Ich möchte hier nur einige Ideen herausgreifen und schmackhaft machen:
- Erntedank: Fest rund um den Apfel
- Schuljahresbeginn: Ballontag unter dem Motto: »Europa entdecken«
- Winterbeginn: Schneefest
- Weihnachtsfeier: z. B. Waldweihnacht mit Fackeln und guter Geschichte
- Nikolaustag: Warum nicht mal den Nikolaus (z. B. 1. Vorstand) auftreten lassen in Kombination mit einem lustigen Abend zum Thema: »Rund um die Nuß«.
- Einweihungsfest des neuen JS-Kellers
- Sommerfest zusammen mit den Eltern: Motto: Sag's durch die Blume
- International: Gerade wenn unsere JS international besetzt ist, bietet sich ein Abend der Nationen an (spezielle Lieder, Spezialitäten, Sprache, Sketche u. a.).

Fest zum Tag der Briefmarke; Olympiade; die erste Eisenbahn; Wimbledon (rund um den Tennisball); Grillfest, Backfest mit Besuch eines Bäckermeisters.
Aber auch in der normalen Gruppenstundenfolge lassen sich bestimmte Texte viel besser mit richtigen F. verdeutlichen, z. B. die Hochzeit zu Kana. Wir feiern mit Verkleidung, Hochzeitsliedern, Tänzen u. a. Mit unseren Helfern spielen und erzählen wir die Geschichte lebhaft vor. Der Phantasie sind keine Grenzen gesetzt.

Jedes F. benötigt verschiedene Elemente
Gerade wo die uns anvertrauten Jungscharler große Defizite an Geborgenheit und Liebe erfahren, ist es ganz wichtig, daß wir möglichst viele Sinne ansprechen und beteiligen. Die unterschiedlichen Festelemente helfen dazu: Essen, Verkleiden, Spiele, Gäste, Geschenke, Malen, Musik, Dichter, Quiz, Sketche, Tanz, Lieder mit Bewegungen, Pantomime, Basteln, Raumdekoration.
Alle diese Elemente können wahlweise im F. enthalten sein und unterschiedlich kombiniert werden.

Praktische Durchführung
Zuerst erfolgt die Auswahl des Themas unter Berücksichtigung der Jahresplanung und unter der Fragestellung: Wann brauchen wir welchen Höhepunkt in der kontinuierlichen JS-Arbeit?
Dann werden alle Ideen gesammelt. Auch die verrücktesten Vorschläge werden schriftlich festgehalten.
Bsp. Olympiafeier: Einzug der Nationen (jede Gruppe malt eine Flagge); Olympischer Eid (JS-Leitsätze); Wettkämpfe wie Biathlon (Armbrustschießen, Skier mit alten Bindungen sind hervorragend geeignet); Bobfahren (auf dem Hosenboden rutschen), Skispringen (aus dem Stand springen); Eisstockschießen (Holzklötze mit Filzbelag basteln); Slalom mit Bierdeckeln laufen, Eishockey (Plastikhockey) zum Abschluß; Andacht über 1. Kor 9, 24:

Feuer
An dieser Stelle sollen die Gefahren im Umgang mit F. zusammengestellt werden. Es ist wichtig, daß auch diese Inhalte vor dem ersten gemeinsamen »F.-Abend« an die Mitglieder der Gruppe weitergegeben werden.
1. Zum Anfeuern keine brennbaren Flüssigkeiten verwenden!
2. Leicht brennbare Gegenstände und Flüssigkeiten nie in der Nähe des offenen F. lagern!
3. Die Kraft und Macht des F. nie unterschätzen!
4. Das F. nie unbeobachtet lassen! Auch wenn das F. heruntergebrannt ist, dafür sorgen, daß plötzlich aufkommender Wind nicht das F. wieder entfacht oder Teile der Glut aus der F.-Stelle wehen.
5. Geeignete Sicherungsmaßnahmen für den Fall des Ausbreitens bereithalten (Eimer mit Wasser, F.-Löscher, Decke, Reisigbesen zum Ausschlagen der Glut etc.)!
6. Falls es doch zum Übergreifen der Flammen kommt: Ruhe bewahren! Löschmaßnahmen einleiten! Hilfe holen/Feuerwehr alarmieren! Der Zeitfaktor spielt bei der Brandbekämpfung eine entscheidende Rolle. Je schneller wirksame Maßnahmen ergriffen werden können, um so schneller ist der Brand gelöscht und der Schaden damit geringer.

⇨ Wald   ⇨ Lagerfeuer   ⇨ Checkliste Feuer

»Aber einer empfängt den Siegespreis«. (Diesen Merkvers als Karte oder Medaille überreichen); Olympische Hymne (Lieder: z. B. JS-Lied »Jesus Christus ist der Sieger«)
Dann erfolgt die konkrete Auswahl und wir legen die Reihenfolge fest. Außerdem notieren wir uns das benötigte Material und wer welches Element des F. übernimmt und einführt.

Film

Eine kleine F.-Einladung wird entworfen und in der Schule verteilt. So laden wir auch gleich zusätzliche Gäste zu unserem F. ein.
Natürlich gibt es Situationen, in denen wir unser geplantes F. verschieben müssen. Da ist z. B. der Tod eines Klassenkameraden, der Betroffenheit und Trauer auslöst. Jetzt hat der Gruppenleiter die Verantwortung, das Programm entsprechend zu ändern.

⇨ Höhepunkte ⇨ Checkliste Höhepunkte

mra

Film

Immer wieder werden Zuschauer von bewegten Bildern in Lebensgröße oder größer beeindruckt. Sie sehen und hören viel intensiver und manchmal haben sie den Eindruck, sie nehmen am Geschehen im F. teil.

Allgemeines über den F.
Man unterscheidet Spielf., Dokumentarf., Kulturf., Lehrf., Werbef., Kultf., Kurzf., Zeichentrickf. und viele andere.
Die ersten F. waren Stummf.; 1913 entstand der erste deutsche Stummf. Die Entwicklung ging dann weiter über Tonf., kolorierte Schwarzweißf., Farbf. bis hin zu heute üblichen Breitwandf. In verschiedenen Ländern wie Italien, Frankreich, USA und auch Deutschland entwickelte sich eine F.-Industrie. Besonders bekannt wurde Hollywood in Los Angeles, USA. Hier entstand der erste bedeutende amerikanische Farbf. »Vom Winde verweht«. (Er ist nicht für die JS geeignet!)
Seit 1949 gibt es in Deutschland die FSK (Filmselbstkontrolle). Sie wurde gegründet, um negative Einflüsse zu verhindern. Die FSK legt das Mindestalter fest, mit dem die verschiedene F. angeschaut werden dürfen. Diese Altersgrenze ist als Richtschnur anzusehen. Wenn wir in der JS einen Film zeigen wollen, sollten wir ihn vorher in voller Länge anschauen und prüfen, ob er für unsere Gruppe geeignet ist.

Neben allgemein bekannten F. gibt es auch F., die geistliche oder missionarische Themen aufgreifen. Kataloge geben Auskunft über den Titel, die Altersangaben, den Inhalt und die Länge des F.

Wo bekomme ich F.?
F. sind in Kreis- oder Stadtbibliotheken, in Mediotheken der Dekanate oder Bischöflichen Jugendämter, der Landesmedienzentrale der Evangelischen Kirche und bei CFA-Filmdienst (Adresse s. Anhang) auszuleihen. Denkt daran, den F. und das Vorführgerät rechtzeitig vorzubestellen!

Wichtiges zur F.-Vorführung
Zum Vorführen eines F. wird folgendes benötigt:
- Projektor (Super 8 oder 16 mm) mit Anschlußkabel
- Lautsprecher mit Anschlußkabel
- Ersatzbirne
- Leinwand oder glatte Wand
- Leerspule in der Größe der F.-Spule
- Projektionstisch
- ein geeigneter Raum (möglichst länglich, mit Verdunkelungsmöglichkeit)

Damit keine Panne bei der Vorführung auftritt, ist es wichtig, das Gerät (Bild und Ton) vor der Veranstaltung auszuprobieren. Treten bei der Vorstellung Schäden am F. auf, meldet diese bitte der Ausleihstelle. (Nur Eigenproduktionen in Super 8 können selbst repariert werden.)
Manche Stadt- und Kreisbildstellen bieten einen F.-Vorführkurs an. Hier können Gruppenleiter theoretisch und praktisch den Umgang mit den aktuellen Modellen der Vorführgeräte üben. Oft erhalten sie auch noch Informationen über die vorhandenen Medien.

Einsatz in der Gruppe
Kinder lieben Kino. F. können nicht nur unterhalten, sondern sie machen auch auf Themen aufmerksam oder vertiefen sie. Eine kurze Einführung oder Zusatzinformation vor dem F. kann manche Szene verdeutlichen und auf wichtige Aussagen hinweisen.

Nach der Vorführung bietet es sich an, Raum und Zeit für die Äußerung von Eindrücken zu geben.
Manchmal sind Fragen von seiten des Mitarbeiters nötig, um über das Gesehene zu sprechen. Folgende Fragen können eine Hilfe sein, ein Gespräch zu beginnen: Was hat dir gut gefallen? Was hat dir nicht gefallen? Welche Personen haben dir am besten gefallen? Was will dieser F. sagen?
Gedanken über einen F. müssen nicht im Gespräch geäußert werden. Auch kreative Äußerungen haben ihren Reiz und die Kinder verarbeiten vieles auf diese Weise. Mögliche kreative Formen zur Bearbeitung eines F.:
– Die Kinder können mit vorhandenen Handpuppen im Zweiergespräch über den F. nachdenken.
– Daumenkino
– Ein Bild auf einen großen Bogen Papier (z. B. Packpapier) malen. Mit Plakatfarben und dicken Pinseln oder mit Fingerfarben können Gefühle ausgedrückt werden (die Kinder halten sich nicht an Kleinigkeiten auf).
– Wenn Tiere in dem F. eine Rolle spielen, können diese aus Tonpapier oder in einfacher Origami-Falttechnik gebastelt oder aus Ton geformt werden.
Beim Basteln und Werken entwickeln sich Gedanken, die die Kinder in einem Gespräch sicher nicht haben.
Oft fallen mir beim bewußten Anschauen eines F. weitere kreative Möglichkeiten zur Nacharbeitung dieses F. ein.
Wenn es gelingt, den Kindern zu vermitteln, daß F.-Schauen und aktiv und kreativ darüber nachzudenken Spaß macht, haben sie einen Schritt getan, Mechanismen ihres Konsumverhaltens zu durchbrechen.

⇨ Arbeitshilfe ⇨ Archiv ⇨ Medien

ed

Finanzen

Ohne Geld geht es nicht! Vielerorts herrscht in den Köpfen der Verantwortlichen von CVJM und Kirchengemeinde noch die Meinung, daß Jugendarbeit, insbesondere JS-Arbeit, auch ohne finanzielle Unterstützung auskommen muß. JS-Mitarbeiter wissen es besser. Ob für Bastel- oder Spielmaterial, für Preise, für Geschenke oder Kopien – JS-Arbeit kostet Geld. Nicht unbedingt sehr viel, aber immerhin so viel, daß es nicht aus der eigenen Tasche zu finanzieren ist.
In der kreativen JS-Landschaft haben sich verschiedene Ideen und Möglichkeiten entwickelt, die JS-Kasse »aufzubessern«. Im folgenden sollen einige Möglichkeiten erläutert werden, JS-Arbeit zu finanzieren.
Übrigens: Normalerweise kann eine JS, die zu einem CVJM gehört, kein eigenes Vermögen erwerben. Auch zweckgebundene Spenden an die JS zum Beispiel gehören dann zum Vereinsvermögen. Allerdings hat kein Vorstand etwas dagegen, wenn man eine JS-Kasse einrichtet, die ordentlich, d. h. mit Kassenbuch usw., geführt wird und am Jahresende von den Kassenprüfern des Vereins geprüft wird.
Im allgemeinen läßt sich die Finanzierung der JS-Arbeit in drei große Bereiche unterteilen:

Beiträge der Jungscharler

Für viele Kinder ist es etwas Selbstverständliches, daß für die regelmäßige Teilnahme an einer Gruppenstunde ein Beitrag zu zahlen ist. In der JS liegt dieser in der Regel zwischen DM 1,– und DM 2,–. Es empfiehlt sich, den JS-Beitrag vierteljährlich einzusammeln, da in den üblichen JS-Ausweisen die Beitragskontrolle durch Klebemärkchen für je ein Vierteljahr dokumentiert wird.
Außerdem bietet es sich an, den Bezugspreis für die JS-Zeitschrift »Die Jungschar« gleich mit einzusammeln.

Spenden an die JS

Spenden von Eltern oder Freunden an die JS sind eine sehr erfreuliche Sache. Gehört die JS zu einem Verein oder einer Kirchengemeinde, können diese Spendenbescheinigungen für den Spender ausstellen, allerdings muß die Spende dann über die Bücher des Vereins bzw. der Gemeinde laufen. Dies muß mit den zuständigen Mitarbeitern genau abgesprochen werden. Ähnliches gilt für Sachspendenbescheinigungen, z. B. für Fahrten, die Eltern mit ihrem Auto für die JS machen.

Aktionen im Kirchenjahr
In den JS haben sich über Jahre hinweg verschiedene Aktionen zur Finanzierung der Arbeit entwickelt und bewährt. Diese müssen natürlich noch den Gegebenheiten vor Ort angepaßt werden, können dann aber auch zur Finanzierung anderer Projekte aus dem karikativen, sozialen oder weltdienstlichen Bereich dienen.
Je nach Zielrichtung können solche Aktionen das Gruppengefühl der einzelnen Jungscharler stärken und/oder die Kinder für soziales Engagement interessieren.
Weihnachts- oder Osterbazar: Verkauf von Bastelarbeiten am Advents- oder Osterbazar der Gemeinde bzw. des CVJMs. In der Adventszeit lassen sich ebenfalls sehr gut Advents- und Weihnachtskarten sowie Kalender, Losungen oder ähnliches für das nächste Jahr verkaufen, die man in einer Christlichen Buchhandlung auf Kommission enthält.
Christbaumaktion: Am ersten Wochenende nach dem 6. Januar können die Christbäume eingesammelt werden. Dazu sind folgende Schritte notwendig: Entsorgung auf der Deponie klären. Ansprechpartner ist hier die Stadt- oder Gemeindeverwaltung. LKW oder Traktor mit Anhänger organisieren. Handzettel an jeden Haushalt verteilen. Abholung organisieren. Je nach Kosten kann eine Gebühr von DM 1,– bis DM 3,– pro Baum erhoben werden. Das Geld wird bei der Abholung eingesammelt. Diese Aktion bietet Gelegenheit, die Eltern der Jungscharler um aktive Mitarbeit zu bitten.
Verkauf von Wohlfahrtsbriefmarken: Die jährlich neu erscheinenden Weihnachts- und Wohlfahrtsmarken der Deutschen Bundespost können von JS, die über den CVJM Teil des Diakonischen Werkes der Evangelischen Kirche und somit Träger der freien Jugendpflege sind, verkauft werden. Sie dürfen dann den Zuschlag einbehalten. In der Regel lohnt es sich, die Weihnachts- und Wohlfahrtsmarken mit einem Anschreiben der örtlichen Geschäftswelt anzubieten, da diese bestimmte Briefsendungen aus Prestige- und Reklamegründen mit solchen Briefmarken frankieren.
Weitergehende Informationen und gute Hilfsmittel, z. B. Bestellkarten, Werbeplakate usw. erhält man bei: Diakona Wohlfahrtsmarkenvertrieb für Kirche und Diakonie, Gartenstr. 32, 24768 Rendsburg, Tel. 0 43 31/59 31 76, Fax 0 43 31/59 31 75.
Straßensammlungen: In einigen Bundesländern gibt es für Gruppen und Vereine die Möglichkeit, über Straßensammlungen Geld für die Arbeit zu beschaffen. Da dies in den einzelnen Ländern unterschiedlich organisiert ist, kommt man um einen Anruf im für Jugend zuständigen Ministerium nicht herum, um zu erfahren, wie die genauen Regelungen dafür sind.
Flohmarkt: Ob Bücher, Zeitschriften, Spielzeug, Dinge des täglichen Bedarfs, Haushaltsgegenstände oder ähnliches – jeder hat zu Hause Dinge, die zu schade sind, um sie wegzuwerfen. Material zum Verkaufen hat man meist relativ schnell zusammen.
Ob nun der JS-Flohmarkt an das Sommerfest des Vereins oder der Gemeinde angegliedert ist oder eine eigenständige Veranstaltung wird, den Kindern macht es meist sehr viel Spaß.
Kinoabende: Die Landesfilmdienste und Medienzentralen der Kirchen bieten ein breites Spektrum von Spielfilmen an, die meist für geringe Gebühr ausgeliehen werden können.
Achtung: Gemeinnützige Vereine dürfen nicht in Konkurrenz zu den kommerziellen Anbietern, z. B. Kinos, treten. Außerdem gibt es steuerliche Grenzen für den steuerfreien Jahresumsatz eines gemeinnützigen Vereins.

mj

Folklore-Tanz

Folklore — das sind Lieder aus verschiedenen Ländern und Völkern. Kinder interessieren sich für andere Menschen, Sprachen, Kleidung usw. Zu Folklore-Liedern kann gut getanzt werden, z. B. zu einem Havanagila aus Israel oder einem Sirtaki aus Griechenland. Man kann zum Tanz Musik, z. B. auf Kassette, spielen lassen oder gleichzeitig tanzen und singen. Meistens sind Tanzbeschreibungen der Musik beigelegt. In (Stadt)bibliotheken kann Musik mit Beschreibung ausgeliehen werden.
Zwei Adressen, bei denen Musik erworben werden kann:
Fidula-Verlag, Boppard/Rhein
Calig-Verlag, München, aus der Reihe: »Rhythmen und Tänze der Völker«, z. B. Tänze aus Griechenland.

⇨ Tanz

md

Foto- und Flanellbilder

Fotos lassen sich in der JS auf vielfältige Art und Weise einsetzen, z. B. für eine Stadtrallye, ein Dalli-Klick-Spiel, als Puzzle oder als Veranschaulichung bei der Andacht oder Bibelarbeit. Für den letztgenannten Programmpunkt bietet es sich auch an, eigene Bilder herzustellen, z. B. Flanellbilder. Dabei wird die biblische Geschichte intensiv erarbeitet und durch die Kinder veranschaulicht, also umgesetzt. Es gibt auch vorgefertigte Flanellbögen, diese sind jedoch mehr für jüngere Kinder geeignet.
Bezugsquellen (Adressen im Anhang):
Verlag Ernst Kaufmann, Lahr
Verlag Junge Gemeinde, Leinfelden-Echterdingen
Fa. Robert Koch
Fa. Johann Plennis

go

Freie evangelische Gemeinden

JS-Arbeit im Bund Freier evangelischer Gemeinden

1854 wurde in Wuppertal-Barmen durch Hermann Heinrich Grafe die erste F. e. G. gegründet. Merkmale der Freikirche sind freiwillige Mitgliedschaft und Taufe aufgrund eines persönlichen Glaubensbekenntnisses, Abendmahl unter Gläubigen.
1874 schlossen sich 22 gleichgesinnte Gemeinden zum Bund F. e. G. zusammen. Kinder waren von Anfang an im Blick, vor allem in Sonntagschulen.
JS-Gruppen gab es nur vereinzelt und sind auch quellenmäßig kaum bezeugt. Die JS-Arbeit nahm aber nach dem Zweiten Weltkrieg schnell einen starken Aufschwung — offiziell gefördert durch den 1. Leiter der Jugendarbeit ab 1954, mehr noch durch Eigeninitiative der Mitarbeiter in den Gemeinden. Zunächst wurden Jungen eingeladen, aber bald entstanden auch Mädchen-JS. Heute teilt sich die JS-Arbeit zu je einem Drittel auf Jungen-, Mädchen- und gemischte JS. Bald gab es eine zentrale JS-Mitarbeiterschulung, heute gibt es überwiegend regionale Schulungen, die in Zusammenarbeit mit der Leitung der Bundesjungscharbeit durchgeführt werden. In Hessen und Nordrhein-Westfalen begann man 1962 zu Bundesjungschartagen einzuladen. Die Zahl stieg von 250 Jungscharlern auf 2500 1993. Die JS-Arbeit nahm Mitte der siebziger Jahre stark zu, deshalb wurde ab 1974 ein hauptamtlicher Leiter berufen. Die Freizeitarbeit hat sich immer mehr auf die örtliche Ebene der Gemeinde-JS verlagert. Höhepunkte der letzten Jahre waren ein Mitarbeiterkongreß 1991 in Biedekopf und ein JS-Tag-Wochenende 1992, zu dem 1000 Jungen und Mädchen kamen. Heute treffen sich ca. 4200 Jungscharler in den JS-Gruppen der F.e.G.

jge

Freikirchen

Wenn man in Deutschland von F. spricht, sind einige – gegenüber den evangelischen Landeskirchen und der katholischen Kirche – kleine Kirchen gemeint, die aus der Erweckungsbewegung des 18. und 19. Jahrhunderts hervorgegangen sind. »Frei« bedeutet nicht, daß sie in der christlichen Lehre (Dogmatik) eine von der Bibel oder der Reformation Martin Luthers losgelöste Anschauung vertreten. Im Gegenteil sind sie eher streng an die Bibel gebunden und achten darauf, daß ihre Mitglieder als bewußte Christen leben: regelmäßige Teilnahme am Gottesdienst und dem übrigen Gemeindeleben; im Alltag ein Leben nach den Geboten Gottes; finanzielle Opfer für die eigene Kirche und die Mission. Alle F. betonen den persönlichen Glauben und die Glaubensentscheidung; einige von ihnen taufen aus diesem Grunde keine Kinder und erkennen auch die Säuglingstaufe anderer Kirchen nicht an. Bei ihnen ist die Aufnahme in die Kiche nicht nur – wie bei allen F. – mit einem öffentlichen Bekenntnis zu Jesus Christus verbunden, sondern auch mit einer Taufe durch Untertauchen. In der Vereinigung Evangelischer F. haben sich zehn Kirchen zu einer lockeren Gemeinschaft verbunden: Bund Evangelisch-Freikirchlicher Gemeinden (Baptisten), Bund Freier evangelischer Gemeinden, Christlicher Gemeinschaftsverband Mülheim a.d. Ruhr, Evangelisch-methodistische Kirche, Die Heilsarmee, Kirche des Nazareners sowie als Gastmitglieder die Arbeitsgemeinschaft Mennonitischer Gemeinden, Bund Freikirchlicher Pfingstgemeinden, Herrnhuter Brüdergemeine und Adventisten.

⇨ Kirche

ah

Freizeiten

Ziele der JS-F.

Erlebnis: Hier wird dem Verlangen nach Neuem nachgegangen. Ungewöhnlicher Tagesablauf (im Gegensatz zum Familienalltag) und Erlebnisse mit anderen (mit der Gruppe) machen einen Lager- und F.-Alltag reich und spannend.

Erholung: Im Gegensatz zum Schulalltag sollte die F. anders sein. Kinder brauchen Zeit zur Erholung und Entspannung, aber auch für Bewegung und Unterhaltung.

Verkündigung: Die F.-Leitung sollte Orte und Zeiten für biblische Verkündigung in den Tagesablauf einbeziehen. Miteinander reden über Lebensfragen, Ängste und Freuden gehört ebenso dazu. Themen- oder Textreihen könnten aufgegriffen und im Rahmen der F. verarbeitet und vertieft werden. Dazu gehören Spiel und Kreativität ebenso wie selbstgestaltete Gottesdienste oder Andachten.

Erziehung: Erziehung geschieht immer, wo Menschen miteinander leben und aufeinander angewiesen sind. Besonders auf F. und in Lagern werden Verhaltensmuster übermittelt: Die Rolle des Mitarbeiters oder Leiters wird beobachtet, angegriffen oder in Frage gestellt. Auch den Kindern sollte man die Möglichkeiten zum Einüben selbständigen und kritischen Verhaltens bieten.

Erfahrung: Bei F. werden viele Erfahrungen gemacht. Hier einige Stichwörter: Gemeinschaft, Glaubwürdigkeit, Gabe und Kreativität, Vorbilder, Grenzen und Möglichkeiten.

Planung und Organisation

Eine F. muß rechtzeitig und gut geplant sein. Die ersten Vorbereitungen beginnen schon etwa ein Jahr vor der eigentlichen Aktivität. Man sollte entscheiden, ob es eine Haus- oder Zeltf. sein soll und dementsprechend auch einen geeigneten Termin festlegen.

Unterkunft: Bei der Auswahl des F.-Heimes bzw. des Zeltplatzes, die jetzt erfolgen sollte, ist einiges zu beachten.
Haus: Ist Selbstverpflegung möglich? Ist das Gelände geeignet (Wiesen, Wald, fern von Hauptstraßen)? Ist die Entfernung zumutbar?
Zeltplatz: Geeignetes Gelände (Wald, ebene Wiese, Bach, geeignete Stellen für die sanitären Anlagen); Absprache mit dem Besitzer, Förster, Bauer und Ordnungsamt.

Einladung: Sie erfolgt frühzeitig — möglichst sechs Monate vor F.-Beginn. Eltern müssen ihren Urlaub früh festlegen. Bei der Einladung sollten die Kosten der F. schon festliegen! Eine Einladung muß enthalten: Ort (Beschreibung), Termin, Kosten, Leitung, Alter der Teilnehmer, Ziel und Inhalt der F., Anmeldetermin, Mindestteilnehmerzahl. Als CVJM oder kirchliche Gruppe brauchen wir uns nicht zu scheuen, über unsere Inhalte der F. Auskunft zu geben. Den Eltern und Teilnehmern sollten die Verkündigungselemente bewußt sein. Das »neue Reiserecht« beachten.

Kalkulation: Siehe Checkliste Freizeiten

Informationsbrief: Vier Wochen vor Beginn sollte er die Teilnehmer erreichen. Er soll enthalten: Begrüßung der Teilnehmer, kurze Vorstellung der Mitarbeiter, genaue Abfahrtszeit und Abfahrtsort, voraussichtliche Rückkehr, Postanschrift des F.-Heims. Mitzubringen: bes. Dinge zum Werken, Inventarliste, gültiger Krankenschein. Hinweise: eventuelle Zusteigemöglichkeit. Termin und Konto für die Überweisung der F.-Kosten.

Nichts vergessen? Siehe Checkliste Freizeiten.

Inhaltliche Gestaltung

Etwa drei Monate vor der F. sollte mit der inhaltlichen Gestaltung begonnen werden. Dazu gehört: Das Erstellen eines Tagesablaufes (feste Zeiten für Mahlzeiten, Wecken, Nachtruhe, Bibelarbeiten etc.). Aktivitäten für die Programmphasen (vormittags, nachmittags, abends), z. B. bunter Abend, Quiz, Hausspiel etc. Wichtig: genügend Ersatzprogramme einplanen! Festlegen des Verkündigungsplans (Bibelarbeiten, Ausklänge). Zuständigkeit der Mitarbeiter für die verschiedenen Programmteile klären. Erstellen einer Materialliste und eines Verpflegungsplanes; klären, wer was besorgt. Auch das Reinigen des Hauses bzw. das ordnungsgemäße Hinterlassen des Zeltplatzes muß geplant werden. Jeder Mitarbeiter sollte über einen vollständigen Programmablauf verfügen.

Mitarbeiter

Zur Durchführung einer F. ist ein gutes Mitarbeiterteam notwendig. Der Leiter muß aus Rechtsgründen mindestens 18 Jahre alt sein und sollte Erfahrungen in F.-Arbeit besitzen. Je besser sich das Team untereinander versteht, um so besser ist oft auch das Klima auf der F. Daran sollte man bei der Auswahl der Mitarbeiter denken. Die Aufgaben müssen klar verteilt sein. Regelmäßige Besprechungen während der F. sind notwendig. Die Vorbereitungen geschehen allerdings zu Hause. Mitarbeiter brauchen auch eine geistliche Gemeinschaft vor und während der F.

Rechtsfragen

Immer wieder kommt es vor, daß bei sommerlichen Unternehmungen der Gruppe wie Zeltlager, Wanderungen, Fahrten u. ä. die Freude an der Gemeinschaft durch unliebsame Zwischenfälle getrübt wird.

Diese Zwischenfälle können in Unfällen und Konflikten mit Ämtern, mit der Polizei, mit den Grundstücksbesitzern und Nachbarn bestehen.

Aufsichtspflicht: Dem verantwortlichen Jugendgruppenleiter obliegt eine Aufsichtspflicht. Er hat dafür zu sorgen, daß die Gruppenmitglieder nicht zu Schaden kommen (Körperverletzung, Gesundheitsschäden, Sachschäden) oder anderen Schäden zufügen. Um die Aufsichtspflicht in rechter Weise wahrnehmen zu können, hat der Jugendgruppenleiter folgendes zu tun:

Hinweis und Warnung: Der Jugendgruppenleiter hat die ihm anvertrauten Jugendlichen rechtzeitig auf Gefahren hinzuweisen.

Überwachung: Die Befolgung der Anweisungen muß überwacht werden.

Eingreifen: Sind die gegebenen Anweisungen nicht beachtet worden, hat der Jugendgruppenleiter durchzugreifen.

Haftung des Jugendgruppenleiters: Wenn die Aufsichtspflicht von einem Jugendgruppenleiter schuldhaft verletzt wird, können zivilrechtliche oder strafrechtliche Folgen entstehen. Zivilrechtliche Folgen sind solche, die auf Ersatz des entstandenen Schadens abzielen und deshalb gestellt werden, weil der Leiter seine Pflicht zur Aufsichtsführung schlecht oder überhaupt nicht erfüllt hat. Strafrechtliche Haftung wird in der Weise deutlich, daß hier der Staat einen Strafanspruch geltend macht.

Personenschutz: Im Verkehr ist auf folgendes zu achten: Fußgänger sind verpflichtet, die Gehwege zu benutzen. Sind Gehwege nicht vorhanden, so darf die Fahrbahn benutzt werden. Als Radfahrer: Die Fahrräder müssen in ihrer Ausrüstung den gesetzlichen Bestimmungen entsprechen. In der Regel müssen die Radfahrer einzeln hintereinander fahren. Beim *Baden und Schwimmen* werden an den Jugendgruppenleiter besondere Anforderungen gestellt. Er muß, um seine Aufsichtspflicht nicht zu verletzen, folgendes beachten: Verunreinigte Gewässer sind zu vermeiden (Gefahr der Ansteckung). Besondere Gefahren bringt das Baden im Meer, in Flüssen und Kanälen mit sich. Die Gruppe muß während des Badens ständig überwacht werden.

Sachschutz: *Der Lager- und Zeltplatz:* Grundsätzlich muß bei der Auswahl eines Lager-, Rast-, Zelt- oder Spielplatzes darauf geachtet werden, daß es keinen Grund und Boden gibt, der niemand gehört. Es empfiehlt sich deshalb immer, vor Benutzung eines Grundstücks Verbindung mit dem Grundstückseigentümer oder Nutzungsberechtigten (Pächter) aufzunehmen.
Besondere Bestimmungen gelten für den Aufenthalt im *Wald.* Der Aufenthalt im Wald ist grundsätzlich jedermann erlaubt. Verboten ist das Betreten von Schonungen und Kulturen und das Übersteigen von Einfriedungen. Zudem darf im Wald nur an solchen Stellen gezeltet werden, die dafür freigegeben sind oder für welche die Erlaubnis des Eigentümers oder Nutzungsberechtigten vorliegt.
Lagerfeuer und Abkochen: Es ist verboten, in Wäldern oder auf Moos- und Heideflächen und in gefährlicher Nähe solcher Gebiete offenes Feuer oder Licht mit sich zu führen, brennende oder glimmende Gegenstände fallen zu lassen, fortzuwerfen oder unvorsichtig zu handhaben, ohne Erlaubnis des Eigentümers oder Nutzungsberechtigten ein Feuer anzuzünden oder — soweit die Erlaubnis zum Feuermachen gegeben wurde — dieses unbeaufsichtigt zu lassen und in der Zeit vom 1. März bis 31. Oktober zu rauchen.
Außerdem ist es verboten, in gefährlicher Nähe von Gebäuden oder feuerfangenden Sachen Feuer anzuzünden oder brennende und glimmende Gegenstände wegzuwerfen. Als gefährliche Nähe gilt in der Regel eine Entfernung von weniger als 100 m.

Jugendvereine und Jugendherbergen: Bei Aufenthalt in Jugendheimen und Herbergen ist die jeweilige Hausordnung zu beachten. Der Jugendgruppenleiter haftet gegenüber dem Vermieter für alle entstandenen Schäden.
Versicherungen: Die Landeskirchen oder CVJM-Landesverbände haben für ihre Vereine, Gruppen und Kreise eine Unfall- und Haftpflichtversicherung abgeschlossen. Versichert ist, wer die Versicherungsprämie bezahlt hat, gegen Unfälle bei Fahrt und Lager, Heimabenden, Sport und Spiel. Für Auslandsfahrten ist eine Zusatzversicherung abzuschließen.

Literatur:
W. Wilka, Recht — gut informiert sein.
ejw-Praxishilfe

⇨ Checkliste Freizeiten

gw

Freizeitheime

F. findet man in den Verzeichnissen der untenstehenden Organisationen und Verlage. Meist ist die Beschreibung der F. nur als Anhaltspunkt gedacht. Auf jeden Fall sollte man sich, bevor man ein Heim anmietet, eine ausführliche Beschreibung vom Hauswart schicken lassen. Die Liste erhebt keinen Anspruch auf Vollständigkeit:
Gruppenhäuser für Freizeiten, Klassenfahrten, Lehrgänge, Tagungen und, und, und...! Band 1: Norddeutschland, Band 2: Süddeutschland, Band 3: Ergänzungen, jeweils DM 24,80. Die Datenbank: HOLIDATE enthält alle Angaben und ein Suchprogramm. Alle Bände + Datenbank: DM 79.70, Verlag: Klaus Ludwig, Rhedaer Str. 35a in 33330 Gütersloh.

Die **Bundesgemeinschaft Evangelischer Jugend-Feriendienste e.V. BEJ** bietet eine Freizeithäuser-Datenbank unter dem Namen GRUKID an. BEJ-Projektbüro, Alt Eschersheim 36 in Frankfurt/M.
Das **Deutsche Jugendherbergswerk** bietet eine Datenbank mit den Angaben aller Jugendherbergen an. DJH-Zentrale, Bismarkstraße 8 in 32756 Detmold. Deutscher Verband der Jugendbünde für entschiedenes Christentum e.V., Frankfurter Str. 180, 34134 Kassel
Redaktion Vademecum, Gerd Grützmacher, Rosenhag 7, 51469 Bergisch Gladbach

⇨ Zeltlagerplätze

mj

Freizeitplanung

Eine Freizeit beginnt für die Mitarbeiter nicht erst mit dem Besteigen des Reisebusses oder mit dem Eintreffen am Zielort. Wochen-, oft monatelange Vorplanungen, Briefe, Telefonate und Mitarbeiterbesprechungen müssen stattfinden, bevor es losgehen kann. Gute und preisgünstige Häuser oder Zeltplätze sind schnell vergriffen, potentielle Mitarbeiter und Teilnehmer schnell verplant und nicht mehr für die Freizeit ansprechbar. Deshalb frühzeitig Häuser und Zeltplätze anmieten. Eltern und JS-Kinder rechtzeitig über das Vorhaben informieren. Es empfiehlt sich, daß JS mit ihren Mitarbeitern an der Freizeit teilnehmen. Zum einen ist es ein gutes Übungsfeld für junge Mitarbeiter, die ihrer Gruppe in Form der Freizeit einen Höhepunkt bieten können, ohne daß sie selbst mit der Vorbereitung und Durchführung überfordert sind. Im Vorfeld ist es in jedem Fall abzuklären, wer der Veranstalter der Maßnahme ist (Kirchengemeinde, Dekanat, Kirchenkreis, CVJM-Ortsverein oder -Kreisverband). Im Haftungs- bzw. Versicherungsfall ist dies wichtig, aber auch in bezug auf das neue Reiserecht (Insolvenzsicherung!!). In ihm wird vieles neu und enger geregelt. Deshalb vorher informieren und die Freizeit bei Kirchen-, Dekanats- oder Vereinsvorstand anmelden und genehmigen lassen. Frühzeitig einen Finanzierungsplan erstellen und Zuschüsse beantragen.
Dies alles hat noch nichts mit den Inhalten zu tun, sichert aber den Start der Vorbereitungen ab und läßt noch eine Menge Raum, sich im Freizeitprogramm kreativ zu entfalten.

⇨ Checkliste Freizeitplanung

cr

Freund/Freundin

Ein Freund, eine Freundin ist ...
... jemand, zu dem ich eine besondere herzliche und enge Beziehung habe,
... jemand, den ich sehr mag und der mich sehr mag,
... jemand, den ich zum Leben brauche.
Solche und noch viel mehr Antworten fallen Menschen ein.
Grundsätzlich gibt es keine Festlegung über Alter, Geschlecht, Rasse, Herkunft etc. und keine theoretischen Vorgaben für einen F. Menschen jeden Alters kommen aufgrund von eigenen Erfahrungswerten zu positiven bzw. negativen Erkenntnissen und Definitionen.
Gemeinsam ist in allen Menschen gleich angelegt, daß sie sich nach anderen Menschen sehnen, daß sie nicht alleine leben wollen und F. suchen.
In einer Zeit und in einer Gesellschaft, in der immer stärker zu beobachten ist, daß Menschen beziehungsunfähiger werden und somit beziehungslos leben, ist es erforderlich, daß Menschen bewußt Freundschaften leben.
Kindern Freundschaft zu erklären und ihnen zu sagen, wie wichtig es ist, immer einen F. zu haben, ist vielleicht gut gemeint, aber ihnen ein F. **zu sein**, ist der beste Weg.

br

Freundschaft

Warum ist eine Freundschaft wichtig?
Beziehungen sind lebensnotwendig für die Entwicklung der eigenen Persönlichkeit. In Beziehungen erfährt der Einzelne sich selbst, lernt sich selbst kennen durch das Gegenüber, erprobt seine Fähigkeiten, bleibt nicht allein, wird lebens-stark. Menschen sind für Beziehungen geschaffen, Menschen sehnen sich nach Beziehungen. »Schlaue« Worte ... — was steckt dahinter?
Kinder brauchen die Erfahrung von F., da-

mit sie beziehungsfähig werden. Kinder brauchen positive und negative Erlebnisse mit Freunden, damit sie den Umgang miteinander lernen. Kinder brauchen F., damit sie für ihr Leben fit werden.
Was hat F. mit JS-Arbeit zu tun?
Wenn wir mit Kindern zusammen sind, Freizeit mit ihnen verbringen, uns tolle Programme für sie ausdenken, Geschichten erzählen und und und, beschäftigt uns das sehr. Es nimmt viel Zeit und Kraft in Anspruch und fordert viele Ideen.
Aber beschäftigen uns die Kinder an sich ebenso? Ich halte es an erster Stelle für wichtig, daß wir uns fragen: Wie geht es den Kindern? Wo und wie leben sie? Worüber freuen sie sich? Was macht ihnen Angst, und welches sind ihre Probleme? Wissen wir das von ihnen? Warum ich das so wichtig finde?
Die Kinder sind uns anvertraut. Sie kommen in unsere Gemeinde- und Vereinshäuser, besuchen unsere Gruppenstunden und andere Angebote, machen das, was wir ihnen anbieten oder mit ihnen machen. Letzteres kommt häufiger vor. Sie sind unsere Gäste. Kinder sind, wenn sie da sind, ganz da. Gespannt, offen und erwartungsvoll. Sie sind darauf angewiesen, daß wir für sie da sind und ihnen etwas anbieten. In der Regel machen sie alles mit und sind in jeder Beziehung sehr prägsam.
Wir müssen uns der Verantwortung bewußt werden, die wir haben und der Tatsache, daß wir prägen, ob uns das lieb ist oder nicht. Sie sind uns anvertraut — bewußt oder zufällig — ich möchte sagen: Sie sind ein großer Schatz, der kostbar anzusehen und zu behandeln ist.
Sie haben Sehnsucht nach F. Es ist erschreckend festzustellen, daß viele Kinder keine Freunde haben und/oder nicht in der Lage sind, »einfach« miteinander zu spielen, Zeit zusammen zu verbringen, geschweige denn sich nach dem Streiten wieder zu vertragen.
Es ist noch erschreckender festzustellen, daß Kinder Konfliktsituationen schnell und aggressiv mit körperlicher Gewalt lösen.

Trotzdem haben sie ein großes Bedürfnis, Freunde zu haben und nicht allein zu sein. Es ist eine Tatsache, daß viele Kinder schon im frühen Kindesalter beziehungslos und -unfähig leben. In unseren Kinder- und JS-Gruppen kommen sie zusammen. Ich meine, daß die JS-Arbeit eine entscheidende Chance hat und eine entscheidende Lebenshilfe werden kann, daß Kinder mit ihrem Beziehungsdefizit aufgefangen werden und konkrete Hilfe erfahren.
Wenn JS-Arbeit F.-Arbeit ist, hat sie nicht nur einen entscheidenden Stellenwert, sondern einen lebenswichtigen Stellenwert im Leben der Kinder.

Aussagen von Jungscharlern
Die folgenden Aussagen zeigen, wie wichtig Kindern F. ist und wie sehr sie sich F. wünschen:
- Einer muß dem anderen helfen.
- Man soll den anderen nicht verraten.
- Man soll sich nicht hassen.
- Nicht auf das Aussehen achten.
- Zusammenhalten.
- Nichts über die Freundin sagen.
- In den Arm nehmen.
- Zusammen Spaß haben.
- Sich vertragen.
- Sich aussprechen.
- Nicht ausgeschlossen sein.

**F. unter Jungscharlern –
praktische Hilfestellungen**
Entsprechende Elemente im Gruppenprogramm bieten eine gute Möglichkeit, das Thema F. phantasievoll, kindgerecht und abwechslungsreich aufzugreifen. Das bietet den Kindern Orientierung und gleichzeitig fordert es sie heraus, selbst mitzudenken und Ideen zu entwickeln.
Gute Erfahrungen habe ich mit folgenden Elementen gemacht:
Lieder, in denen Aussagen über F. gemacht werden, sind sehr beliebt und werden gerne gesungen.
Geschichten, in denen Menschen Freunde sind, kommen bei den Kindern gut an. Wir haben viele biblische Geschichten erzählt oder vorgespielt, in denen Jesus als Freund

groß wird und/oder in denen biblische Personen untereinander Freunde sind. Besonders gerne hören Kinder Geschichten von anderen Kindern, die Freunde sind und viele Erlebnisse haben. Es liegt vermutlich daran, daß die Kinder sich mit den »Geschichtsfiguren« so gut identifizieren können. Es eignen sich wahre Geschichten und erfundene Geschichten über Kinder und Phantasiegeschichten mit erdachten Figuren. Für alle Geschichten gilt, daß die Kinder sie miterleben (können) und sie somit sehr wichtig und hilfreich für sie sind.

Spiele, die das Ziel haben, daß man sie nur gemeinsam spielen kann und daß es nicht auf Gewinn, Leistung und Lob ankommt, machen Spaß, nehmen den Druck weg, besser sein zu müssen, und geben die Möglichkeit, miteinander spielen zu lernen, ohne dabei in Streß zu geraten, den sie sonst erleben.

Es ist immer spannend und aufwendig, sich Spiele auszudenken und Spiele durchzuführen, bei denen alle Spaß haben und alle mitmachen können, aber es ist um so beglückender, wenn eine tolle Atmosphäre beim Spielen entsteht, und es ist beglückend mitzuerleben, wenn es den Kindern gut geht. Deshalb – lange Rede, kurzer Sinn – es lohnt sich alle Mühe!!! Ein Beispiel hierfür ist der Freundschaftsspielstationenlauf (s. Checkliste Freundschaftsspielstationenlauf; durchgeführt mit einer Gruppe von 35 JS-Mädchen).

Freundschaft mit Jungscharlern – Erfahrungsbereiche
Die Begegnung mit den Kindern in der Gruppenstunde ist natürlich F.-Arbeit. Die Spielprogramme, die Geschichten, die Lieder und der Spaß, der für die Kinder damit verbunden ist, zeigen ihnen, daß wir für sie da sind. Vorausgesetzt, daß wir es aus Liebe tun, ist allein die Tatsache, daß es die JS gibt, schon ein F.-Angebot an sie. Ich halte es zusätzlich für wichtig und aber erforderlich, daß Kinder F. erfahren, indem sie einzelne Zuwendung erleben. Mitarbeiter wünschen sich, daß die Kinder Vertrauen zu ihnen haben, daß sie immer gerne kommen und ganz toll mitmachen. Vertrauen ist nicht auf einmal da, es muß wachsen können – auch bei Kindern!!! Ich habe die Erfahrung gemacht, daß Kinder immer darauf reagieren, wenn man den Kontakt zu ihnen sucht. Einige Möglichkeiten dazu möchte ich nennen:
Besuche bei Kindern: Einladungen zur JS, Krankheit, Geburtstag u. a. sind Anlässe, Kinder zu besuchen.
Kinder einladen: Dazu braucht man keinen bestimmten Anlaß. Kinder kommen gerne, wenn sie eingeladen werden.
Kinder treffen: Kinder treffen sich auf Straßen, auf Spiel- und Sportplätzen. Sie kennenzulernen heißt auch, wissen, wo sie sind und was sie machen. Sie laden sofort zum Mitmachen ein, wenn man dorthin kommt.
Kindern helfen: Viele Kinder haben erhebliche Schwierigkeiten mit Hausaufgaben. Sie können konkrete Hilfe gut gebrauchen.
Kindern Briefe schreiben: Briefe und Bilder von Kindern sind sehr wertvoll, weil sie sich in ihnen besonders öffnen. Ihnen Briefe zu schreiben, ist eine besondere Möglichkeit, über das, was sie erleben und beschäftigt, ins Gespräch zu kommen.
Mit Kindern sprechen: Viele Kinder erzählen gerne von sich aus. Sie ernstnehmen heißt, ihnen zuhören, nachfragen, Interesse zeigen für das, was sie sagen. Andere Kinder wollen gefragt werden, warten, bis sie Interesse spüren.
Vertrauen fängt klein an. F. fängt klein an. Wer Wachstum sehen will, muß zuvor säen. Wo Vertrauen u. F. wächst, wächst auch die Möglichkeit, mit Kindern über ihre Lebenssituation und Nöte zu sprechen, um sie begleiten zu können.
Wenn ich allen Kindern etwas wünschen darf, wünsche ich ihnen, daß sie Freunde finden und selbst Freunde werden.
Ich wünsche ihnen die Erfahrung von F. in unseren Gemeinden und CVJMs. Das macht sie **lebens-stark!**
Ich freue mich über meine kleinen, großen Freunde auf dem Tackenberg in Oberhausen.
br

Fürsorge

Mitarbeiter in der JS-Arbeit sind ständig gefordert – von den Kindern, von deren Eltern, von der Kirchengemeinde, vom Kreisverband ... Um so wichtiger ist, daß sie wissen: »Es kümmert sich jemand um mich.« Vieles, was an wöchentlichem Frust und Ärger zusammenkommt, kann durch begleitende Gespräche, sei es im Mitarbeiterkreis, sei es durch begleitende Gespräche mit erfahrenen Mitarbeitern, aufgefangen werden.
Eine wesentliche Vorbeugung gegen Frust ist konsequente Mitarbeiterschulung, die von Kreisverbänden, Bünden oder Kirchengemeinden regelmäßig angeboten werden.
Und – was man oft nicht weiß und selten in Anspruch nehmen will – die CVJM und Kirchengemeinden sind haftpflichtversichert, um finanzielle Forderungen (Schadensersatz) von den Mitarbeitern abzuwenden.

um

Führungsstile

Die heute gängigen Bezeichnungen der F. (autoritär, laissez-faire, demokratisch) wurden zwischen den Weltkriegen durch das Forscherteam um den Amerikaner Kurt Lewin geprägt.
Der autoritäre F. bezeichnet eine Art des zwischenmenschlichen Umgangs, der stark von Weisungen geprägt ist. Die entscheidenden Kennzeichen des autoritären F. aber sind auf der Beziehungsebene zu finden. Für den autoritären Führer sind Menschen häufig nur Mittel zum Zweck. Darum ist der autoritäre Leiter überwiegend am Vorwärtskommen der Gruppe, also am Ziel interessiert. Das einzelne Mitglied wird von seinem Nutzen für die Gruppe her gewertet. Wer nicht spurt, wird sanktioniert. Diejenigen Gruppenmitglieder, die das Ansehen des Leiters stützen, werden demonstrativ belohnt. Vertrauensvolle Beziehungen sind selten, oft unerwünscht.
Eine autoritäre Leitung führt eine Gruppe zu großen Anfangserfolgen. Diese »Erfolge« aber halten nur so lange vor, wie der Leiter anwesend ist und »Druck« machen kann. Das Gruppenklima ist leistungsbetont, emotional verkrampft und von wenig Vertrauen geprägt.
Führen im Laissez-faire bedeutet, alles laufen lassen, wie es kommt. Der Leiter wird nur auf Anforderung hin aktiv. Jede Form der Lenkung ist ihm zuwider und seine Beziehung zu den Gruppenmitgliedern ist freundlich neutral (gleichgültig). Das Gruppenklima ist überwiegend von Unsicherheit und Cliquenkämpfen bestimmt.
Der demokratische F. geschieht von einer sozialen Integration der Leiterrolle in der Gruppe aus. Der Leiter geht nicht in Gleichmacherei unter, sondern handelt aus der Gruppe heraus. Die Grundlage dieses F. sind die überwiegend vertrauensvoll positiven Beziehungen zwischen den Gruppenmitgliedern und zum Leiter hin. Einen demokratischen Leiter erkennt man nicht an den häufigen Abstimmungsverfahren, sondern an seiner Integrationsarbeit, mit der er die Gruppe im Hinblick auf das Ziel zusammenhält. Er wird darum in der Anfangsphase eines Gruppenprozesses ebenfalls starke Lenkungsmaßnahmen ergreifen, jedoch nicht auf Kosten der Beziehungen. Dieser F. schafft ein Gruppenklima des Vertrauens und der kreativen Freiheit aller Gruppenmitglieder.

⇨ Leitungsstil

ws

G

Gäste

Von Zeit zu Zeit sollte die JS-Stunde durch einen besonderen G. einen Höhepunkt im Programmablauf erhalten.
Bei der Auswahl der G. ist zu beachten, daß die Gabe vorhanden ist, Jungscharler anzusprechen. Wenn der G. sein Thema durch Anschauungsmaterial deutlich machen kann, wirkt dies sicher besonders lebendig.
Welche G. kann ich einladen? Leiter anderer JS; Mitarbeiter aus der Kirchengemeinde oder dem CVJM z. B. Mesner, Pfarrer; Mütter, die mit den Jungscharlern einen Kochkurs durchführen; Menschen mit interessanten Berufen, z. B. Kunstschmied, Töpfer, Polizisten, die aus ihrem Aufgabenbereich berichten oder evtl. eine Fahrradprüfung durchführen; Menschen aus anderen Ländern, die von den Sitten und Gebräuchen ihres Landes berichten. Es gibt manche Möglichkeit, interessante G. in die JS einzuladen. Die JS-G. sollten nicht nur interessant berichten, sondern bei ihrem Besuch auch Interesse für neue Aufgaben wecken. Manche G. werden auch gern die Andacht oder ein biblisches Wort mit Bezug auf ihre Aufgabenbereiche übernehmen.

➪ Höhepunkte   ➪ Programm

fm

ganzheitlich

G. ist ein Begriff, der erst in den letzten Jahren auch in der JS-Arbeit zu finden ist. Er umschreibt die Konzeption einer kindgemäßen Arbeit in unserer Zeit.
Alle Sinne und Körperfunktionen bei einem Kind sollen im JS-Programm angesprochen werden: sehen, hören, riechen, schmecken, begreifen. Die musische und kreative Begabung, die Selbständigkeit und Verantwortung soll gefördert werden.
Das biblische Erlebnisprogramm ist dafür ein gutes Beispiel.

➪ Erlebnisprogramm   ➪ Jungschar

mr

Gebet

Beten
Beten lernt man in der Bibel. Viele Verheißungen laden dazu ein. »Bittet Gott, so wird euch gegeben.« »Was ihr mich bitten werdet in meinem Namen, das will ich tun.« »Bittet, so werdet ihr nehmen, daß eure Freude vollkommen sei.« »Seid allezeit fröhlich, betet ohne Unterlaß.«
Beten hat also etwas mit bitten, empfangen und mit Freude zu tun.
Als Mose damals vom Berg herunterkam, glänzte sein Angesicht so, daß es die Leute nicht ertragen konnten (2. Mose 34, 29). Als Jesus betete, veränderte sich sein Aussehen (Lk 9, 29). Jesu ganzes Leben war vom G. geprägt (Lk 4, 42; 5, 16; Mk 1, 35). Paulus ermutigt die Gemeinden, ohne Unterlaß zu beten (1. Thess 5, 17) und nicht nachlässig im G. zu werden. Vor allen Dingen soll man zuerst beten in Bitte, Fürbitte und Dank für alle

Menschen (1. Tim 2,1). Beten scheint also etwas Wichtiges zu sein, bei dem Menschen bewegt, geprägt und verwandelt werden. Beten ist die Hauptaufgabe für Nachfolger Jesu überhaupt. Nur — was ist eigentlich beten? Beten ist Zeit, die ich Gott schenke. Im G. formt sich eine Beziehung zwischen Gott und mir, in der ich seine Liebe empfange und ihm meine Liebe schenke. So ist Beten die intimste Form enger, persönlicher Gemeinschaft mit Gott, dem zärtlichen Vater und seinem geliebten Kind. Sichtbar wird dies in der Beziehung zwischen Jesus und seinem Vater. Beim Beten werden wir in die gleiche Beziehung mit hineingenommen (Joh 17,21).

Beten in der JS
Beten in der JS ist mit unterschiedlichen Erfahrungen verbunden. Wichtig ist: Die menschliche Beziehung, in der wir miteinander leben, prägt die Gottesbeziehung, die wir vermitteln wollen (und umgekehrt). Beim Beten geht es um die Lebendigkeit unserer eigenen Gottesbeziehung. Hier zeigt sich dein Gottesbild, zeigen sich deine Vorstellungen von Gott. Ist er für dich ein zärtlicher Vater, der sich nach persönlicher Gemeinschaft mit dir sehnt, um dein Vertrauen wirbt, der dich versorgen will? Wenn du Freude am Beten vermitteln willst, geht das nicht in einer angespannten Atmosphäre. Phantasie und Liebe sind nötig, um Kindern heute Liebe zum Beten zu vermitteln. Formen allein genügen nicht. Beziehungsleere Formen können sogar oft verletzen und tiefe Schäden verursachen.

Impuls zum Nachdenken: Welches Gottesbild will ich beim Beten vermitteln?

Könnte die Herausforderung für die JS nicht heißen, ganz neu mit den Mädchen und Jungen in deiner JS beten zu lernen? Ihre Fragen, ihre Unruhe, auch manche Störaktionen sind Signale, die du aufnehmen kannst. Hilf ihnen zu einer ehrlichen Gottesbeziehung. Gott hat sie berufen zu einem Leben in vertrauter Gemeinschaft mit ihm. Er hört sorgfältig auf ihre Fragen, ist sensibel für ihre Nöte, betroffen über ihre Verletzungen und besorgt um ihr zeitliches und ewiges Wohlergehen.
Beten lernen? Beim Beten lernt man nie aus, aber man muß einmal anfangen. Beten lernt man am besten mit den Betern der Bibel.
Folgende Aspekte gehören dazu:
Loben Die ganze Schöpfung ist geschaffen, um Gott zu loben. Loben heißt: Gottes Werke bewundernd aussprechen. Ganz einfach: »Das hast du gut gemacht!« (Ps 66,3). Zum Loben gehören auch Liebesworte, mit denen ich ausdrücke, wer Gott für mich ist.
Impuls zum Nachdenken: Mit welchen Bildern und Worten könnte ich meine Freude über Gott ausdrücken? Beispiel: »Du bist mein Aufwachlied am Morgen, mein Lieblingsmärchen, meine Bausteinstadt, mein Spielplatz ohne Ende.« Die ursprüngliche Lebensfreude, staunende Neugier und die anschauliche Sprache von Mädchen und Jungen in einer JS können helfen, selbst neue G.-Worte zu finden.
Eine gute und bewährte Hilfe sind Loblieder, vor allem die Psalmen: Ps 9,2-3; 16; 27,6; 30,12-13; 34,2; 40,4; 47,2; 57,8-10; 66,2-3; 20; 68,5.20.27.33; 69,31; 71,23; 92-100; 103; 104; 145-150.
Praxistip: Vierteljahresthema: Loben mit Psalmandachten, Lobliedern, Tänzen, Bildern zum Thema »loben«.

Danken
Wer dankt, zeigt an, daß er etwas empfangen hat. Gott hat uns eine wundervolle Welt anvertraut, damit wir ihn loben und dankbar darin leben. Wer ihm nicht dankt, bewegt

sich auf einen gefährlichen Abgrund zu. Seine Gedanken wenden sich Nichtigem zu, sein Herz wird finster (Röm 1, 21). Durch Danken kommt Neues ins Leben hinein. Deshalb: Vergiß nicht zu danken.
Praxistip: Dalli-Dalli: Wofür kann ich »danke« sagen (10 Sekunden lang aufzählen). Was habe ich diese Woche erlebt, für das ich »danke« sagen kann? Erzählen von persönlichen Erfahrungen als Vorbild und Ermutigung.
Plakate, Collagen, Wandbilder, z. B. Danke-Blumenstrauß für Gott machen Dank sichtbar und prägen den Gruppenraum.
Andachttips: 1. Kor 15, 57; Eph 5, 20; Phil 4, 6; Kol 3, 16; 1. Thess 5, 18. Übrigens: Von Paulus kann man lernen, für die Menschen, die einem Gott anvertraut hat, »danke« zu sagen (Eph 1, 16; Kol 1, 3).

Lieber Vater im Himmel!
Danke für ...
Du hast sie/ihn erwählt,
bevor du diese Welt geschaffen hast,
um ihr/ihm deine Liebe zu schenken.
Du hast sie/ihn wunderbar gemacht.
Dafür lobe und preise ich dich.
Danke, daß ich in diesem Menschen
etwas von dir entdecken kann.
Öffne meine Augen, daß ich
sie/ihn so sehen kann, wie du
sie/ihn siehst.
Öffne mein Herz, damit deine
Liebe durch mich zu ihr/ihm
fließen kann.

Bitten
Das ist die gebräuchlichste Form des Betens. In Notzeiten ruft man Gott an. Viele Verheißungen in der Bibel ermutigen dazu: Ps 50, 15 (Telefonnummer Gottes). »Alles, was ihr bittet in eurem Gebet, glaubt nur, daß ihr's empfangt, so wird's euch zuteilwerden« (Mk 11, 24). »Was ihr mich bitten werdet in meinem Namen, das will ich tun« (Joh 14, 14).
Stimmt das so einfach? Sehr viele haben Erfahrungen, sicher auch Enttäuschungen. Wir spüren menschliche Hilfsbedürftigkeit, brauchen Hilfe. Aber wen rufen wir um Hilfe an? Müssen wir Vorleistungen erfüllen, damit Gott uns hilft? Wie sieht seine Hilfe aus? Ist Gott der Erfüller unserer Wünsche? Der »Automat« G.-Erhörung funktioniert nicht. Aber wie geht es dann? Hier ist Ehrlichkeit gefragt. Wie ist das mit meinen eigenen Erfahrungen mit meinem Bitten? Traue ich Gott Hilfe zu? Oder hat sich tiefes Mißtrauen eingeschlichen: Es bringt doch nichts? Gott will, daß wir ausdauernd beten und nicht nachlassen (Lk 11, 5-13; 18, 1-8). Er hat versprochen, unsere Gebete, auch unsere persönlichen Bitten, zu erhören. Aber erhören heißt nicht automatisch erfüllen. Erhören heißt, daß Gott sich überlegt, wie er unsere Wünsche so erfüllen kann, daß es für uns gut und hilfreich ist, und uns und anderen nicht schadet.
Praxistip: Mit Jungscharlern darüber nachdenken, welche G.-Erfahrungen sie haben. Vielfach sind Enttäuschungen da, weil Gott einfach nicht so funktioniert hat, wie wir es uns vorstellen. Alles Beten muß sich am Vaterunser orientieren. Hier heißt es auch: »Dein Wille geschehe.« Enttäuschende G.-Erfahrungen sind manchmal heilsam, weil sie unsere Täuschungen über Gott sichtbar werden lassen. Wichtig ist, daß wir mit unserem Beten und Fragen nicht aufhören, sondern so lange bei Gott weiterfragen, bis wir eine persönliche Antwort erhalten (Joh 10).
Beten nimmt heraus aus dem ständigen Drehen um mich selbst (1. Petr 4, 2-3.8; 1. Joh 2, 15-17; Jak 4, 2-5). Im Beten werden meine Wünsche verändert. Ich gebe meine Wünsche und Pläne an Gott ab, öffne ihm mein Herz, schenke ihm meine Liebe und mein Vertrauen. Er öffnet sein Herz, legt seine Liebe und Treue in mein Herz. »Herr, zeige mir deine Pläne mit der Welt und mit meinem Leben.«

Deshalb ist Fürbitte so wichtig: Sie öffnet die Augen für die Not anderer. Ich darf anfangen, für sie zu beten und ihre Not zu Gott zu bringen (Lk 11, 5-13)!). Der Heilige Geist hilft uns und vertritt unser Beten mit unaussprechlichem Seufzen (Röm 8, 26). Die Frucht, die Gottes Geist in unserem Leben wachsen läßt, wird durchs Beten freigesetzt, so daß andere sie genießen können (Gal 5, 22).
Zum Ausprobieren: Bete einmal für deine Eltern, Mitschüler, Lehrer, den Busfahrer, für die Leute unterwegs auf der Straße. Lege einfach den Namen Jesu auf sie und segne sie. Wünsche ihnen Gutes von deinem Vater im Himmel. Bitte Jesus, seine heilenden Hände auf sie zu legen. Bitte den Heiligen Geist, sie zu trösten und froh zu machen.»Herr, mache mich zu einem Kanal der Liebe und der Heilung, der Kraft und des Segens für jeden Menschen, den du mir heute in den Weg stellst und begegnen läßt.«
Übrigens, das ist nicht nur für Erwachsene, Kinder können das oft sehr viel besser. Wenn wir Kinder behutsam zum G. hinführen, können wir staunend erleben, mit welcher Tiefe und Ernsthaftigkeit sie beten. Da können Erwachsene viel davon lernen. Fürbittende und segnende Menschen sind heute nötiger denn je.

Hören
»Beten ist reden mit Gott und hören.«
Die entscheidende Frage heute ist nicht, wie Gott unsere Arbeit segnen kann, sondern wie wir lernen, ganz neu auf ihn zu hören.»Höret, so werdet ihr leben« (Jes 55).»Selig sind, die Gottes Wort hören und tun.« Jede Beziehung lebt davon, daß man sorgfältig zuhört. Natürlich freut sich Gott, wenn wir ihm alles erzählen, was unser Herz bewegt. Aber man muß nicht alles aufzählen, was wir meinen, daß er tun soll. Oft ist es besser, zu hören, was er tun will. Gott will in dieser Welt wirken, er will trösten, heilen, erretten und befreien. Dazu braucht er Menschen, die auf ihn hören und sich von ihm dann einsetzen lassen. Voraussetzung dafür ist ein Herz, das erfüllt ist mit Liebe und Vertrauen.
Praxistip: Erzähle Jesus, was dein Herz bewegt. Vielleicht ist die Briefform am besten dafür geeignet. Und dann frage ihn: »Herr, hier bin ich. Bitte rede du zu mir. Ich will dir gehorchen. Ich gebe dir mein Leben. Zeige mir deinen Plan für mein Leben und setze mich ein zum Bau deines Reiches.« Dann bleib einfach einmal zehn Minuten still, warte und höre. Schreibe auf, was Gott dir in deine Gedanken gibt und tu's.
Diese Form des **inneren Hörens** auf Gott kann man auch gut mit mehreren Mitarbeitern zusammen machen oder in der JS probieren. Es ist gut, wenn die Gruppe nicht größer als 4-6 Personen ist. Nach einer Zeit der Stille notiert sich jeder seine Eindrücke und erzählt sie. Oft ist es so, daß die einzelnen Gedanken wie Puzzleteile sind, die dann zusammengefügt zu einem Bild werden. So eine Runde des inneren Hörens kann eingeleitet werden mit dem G.:
»Lieber Vater im Himmel, wir kommen zu dir als deine Kinder. Danke, daß du uns lieb hast und daß du zu uns reden willst. Wir bitten dich im Namen Jesu, zeig uns durch deinen Heiligen Geist, was du tun willst. Wir öffnen dir unser Herz, fülle es aus mit deiner Liebe. Wir geben dir unser Leben, zeige uns deinen Plan. Wir wollen dir gehorchen, deine Worte reden und Zeugen für dein Wirken sein. Komm, Heiliger Geist, verwandle uns in das Bild Jesu und wirke du jetzt in uns.«
Eine hilfreiche Geschichte dazu steht auch in 1. Sam 3. Sie schließt mit dem Wort, das für Hörer aller Zeiten wichtig ist: »Rede (Herr), denn dein Knecht hört.«
Praxistip für die nächste JS-Stunde: Danke- und Bitte-Kärtchen anfertigen. Vorlagen auf farbigen Karton kopieren. Mit der Danke-Karte anfangen: Jeder schreibt einen Satz auf, dann werden die Kärtchen an die Wand geklebt. Wenn ihr das einen Monat lang macht, habt ihr eine neue Tapete voller Dank. Weitere Ideen (Klagemauer, Fürbitte-Finnwand, Kärtchenaustausch ...)

Beten lernt man nur durch Beten. Also fang an, immer wieder. Dein Vater im Himmel wartet sehnsüchtig auf dich.

Literatur
Jungscharleiter 1/89 (Vaterunser), Seite 10-13; 1/84, Seite 16-18; 1/95

⇨ Beten

rr

Gefühl

Beobachten wir Kinder bei den verschiedenen Aktivitäten der JS-Gruppe, so stellen wir fest, daß ihr Erleben stark von ihren G. begleitet wird, die sie bei allen sich bietenden Gelegenheiten bewußt oder unbewußt an den Tag legen.
Inhalte, die in der JS mit einer sinnlichen Wahrnehmung verknüpft werden, bleiben viel eindrücklicher im Gedächtnis als reine kognitive Wissensvermittlung. Wichtig ist, daß bei den Programmen in der Gruppenstunde, auf Freizeiten, Zeltlagern oder anderen Aktionen auch die Mitarbeiter ihre G. wie Freude, Spaß, Betroffenheit, Ärger und Trauer zeigen. Kinder beurteilen die Aussagen der biblischen Geschichten zumeist einmal rein gefühlsmäßig. Sie fühlen mit den handelnden Personen und versetzen sich gerne in deren Situation und Lebenswelt.
Voraussetzung ist aber eine Präsentation, die das G. anspricht, weil in ihr auch das G. des Mitarbeiters vorkommen muß. Wenn die Kinder die Begeisterung der Mitarbeiter beim Erzählen, beim Spielen, beim Singen und bei der Andacht spüren, dann spricht das ihr eigenes Gefühl positiv an.
Die Gruppenzugehörigkeit wird ebenso zuerst einmal über die G.-Ebene definiert. Da gehen die Freunde hin, da ist eine gute Atmosphäre, der Mitarbeiter beachtet mich, hört mir zu. So und noch anders werden die Argumente für den JS-Besuch lauten.
Deshalb Mut zum G. zeigen im JS-Alltag — es lohnt sich!

⇨ Erlebnisprogramm

cr

Geheimschrift

G. sollten früher vor Verrat gegenüber Feinden schützen. In der JS helfen sie heute, Stadt- oder Geländespiele spannender zu gestalten. Es gibt dabei viele Möglichkeiten. Aus Platzgründen soll hier nur eine vorgestellt werden: Verschlüsselung durch ein Kennwort. Verschlüsseln nennt man auch Chiffrieren, dazu benötigt man einen immer wiederkehrenden Chiffrier-Schlüssel. Das ist ein Quadrat mit 5 x 5 Feldern, in denen von oben links bis unten rechts die Buchstaben des Alphabets eingetragen werden (der Buchstabe »J« fällt dabei heraus; er wird später im Klartext durch »Y« ersetzt.). Zusätzlich werden die Zahlen von 1 bis 0 (wie beim Telefon) in die ersten beiden Reihen eingetragen.
Nun benötigt man ein vereinbartes Kennwort mit fünf Buchstaben. Es darf allerdings kein Buchstabe in diesem Kennwort doppelt vorkommen. Noch sicherer verschlüsselt man mit einem entsprechenden Doppel-Kennwort. Für unser Beispiel verwenden wir das Doppel-Kennwort BLAUE DONAU. Dies tragen wir oberhalb und seitwärts unserer fünf Felder des Chiffrier-Schlüssels ein.
Wenn wir nun aus einem Klartext den Buchstaben C verschlüsseln wollen, dann steht er in unserem Chiffrier-Schlüssel mit dem Doppelkennwort BLAUE DONAU unter dem oberen Code A (oberen Code immer zuerst nennen!) und dem seitwärtigen Code D. Der Klartext C wird also mit dem Chiffrier-Schlüssel zum Code AD verschlüsselt. Jeder Buchstabe im Klartext hat demnach zwei Buchstaben im verschlüsselten Code. Schwierig wird es nur beim Verschlüsseln von Zahlen, denn der

spätere Entschlüsseler muß wissen, daß er jetzt nicht einen Buchstaben, sondern die entsprechende Zahl einsetzen muß. Darum vereinbart man, im Klartext vor und nach jeder Zahl (bzw. Zahlengruppe) zweimal den Buchstaben X (= XX) zu setzen.
Dazu ein Beispiel:
Klartext: ALLE YUNGEN TREFFEN SICH UM XX19XX UHR.
Code-Text: BD-BN-BN-ED UU-EA-AN-LO-ED-AN UA-LA-ED-BO-ED-AN AA-UO-AD-AO EA-LN AU-AU-BD-UO-AU-AU EA-AO-LA.

Chiffrier-Schlüssel

	B	L	A	U	E	
	A 1	B 2	C 3	D 4	E 5	D
	F 6	G 7	H 8	I 9	K 0	O
	L	M	N	O	P	N
	Q	R	S	T	U	A
	V	W	X	Y	Z	U

⇨ Tatkunde

ws

Geländespiel

Warum überhaupt G.?
Die Jungscharler sollen sich in der Natur austoben und somit ihren natürlichen Bewegungsdrang befriedigen können. Den Kindern soll spielerisch die Möglichkeit geboten werden, ihre eigenen Kräfte messen zu können. Geschicklichkeit, Kooperation, Fantasie und Teamarbeit sollen gefördert werden. Die Spieler sollen Spaß am Spiel bekommen und einen »Hauch von Abenteuer und Freiheit« erleben.

Wie finde ich einen Spielgedanken?
Um selbständig ein G. zu entwickeln, ist ein Spielgedanke von entscheidender Bedeutung. Es gibt drei unterschiedliche Grundgedanken, von denen ausgegangen werden kann:
Das Thema: Ich gehe von einem Thema aus und entwickle daraus ein Spiel, z. B. eignen sich Expedition, Siedler, Indianer, Ausgrabungen, Länder, aber auch Personen, wie David, Martin Luther usw.
Gegenstände, Tatsachen oder die Umgebung: Ich entwerfe ein Spiel aus Tatsachen oder aus der Umgebung heraus. Beispielsweise läßt sich spielerisch die Rettungsaktion nach einem verschollenen Schiff im Bermudadreieck nachstellen. Was lädt auf einer Insel mehr ein als die Suche nach einem Schatz? Häufig liefern auch Gegenstände gute Ideen für ein Geländespiel. Mit Fahrrädern zum Beispiel läßt sich ein Stationen- oder Postenlauf über längere Strecken gut durchführen. Gegenstände müssen durch ein bewachtes Gebiet transportiert werden (Schmugglerjagd), oder während eines Postenlaufes müssen Spuren gelesen und Punkte gesammelt werden.
Von Kenntnissen der Gruppe ausgehen: Ich richte mich danach, welche Kenntnisse die Gruppe hat. Kann sie mit dem Kompaß umgehen, bietet sich ein Hajk (Kompaßlauf) an.

Die vier Grundtypen von G.- und Abenteuerspielen
Posten- oder Stationslauf: Zum Postenlauf benötigt man eine größere Anzahl an Mitarbeitern, mind. 5 Personen. Die Mitarbeiter werden auf einer vorher abgegangenen Strecke an verschiedenen Stellen postiert. Nun werden die Jungscharler in Zweiergruppen aufgeteilt. Vom ersten Posten, der am CVJM-Haus oder Freizeitheim liegen sollte, wird ihnen der Weg zum nächsten Posten beschrieben. An jeder Station muß eine Aufgabe bewältigt werden. Sportliche Aufgaben, sowie Denksport- und Geschicklichkeitsaufgaben sollten gleichermaßen verteilt sein. Evtl. kön-

Geländespiel

nen auch sogenannte »stille Posten« eingerichtet werden. Dies sind solche Stationen, die nicht durch einen Mitarbeiter besetzt sind. Hier muß ein Aufgabenzettel hängen, aus dem auch die weitere Wegbeschreibung hervorgeht. Ob die gestellte Aufgabe gelöst wurde, kann beim nächsten Posten oder am Schluß des Spiels kontrolliert werden. Die Gruppen starten im Abstand von 5 Minuten. Gewertet wird das jeweilige Gruppenergebnis einer Zweiergruppe. Die Zeit, die zwischen den Posten gebraucht wird, kann auch mitbewertet werden, muß sie aber nicht, da sportliche Gruppen sonst einen Vorteil hätten. Besonders interessant wird der Postenlauf, wenn man ihn unter ein Thema stellt oder eine Tages- und Nachtetappe einplant. (Das erfordert jedoch die doppelte Anzahl an Aufgaben, eine zweite, möglichst andere Strecke und vor allem für jede Gruppe mindestens eine Taschenlampe!!) Schön ist es auch, wenn die Wege zwischen den Posten mit dem Rad überwunden werden können und die Aufgaben so gestaltet sind, daß die Räder miteinbezogen werden (z. B. Fahrradslalom).

Ein Postenlauf unter dem Thema »Robin Hood« läßt sich wie folgt gestalten: Den Gruppen werden Namen gegeben, wie Bruder Tack, Robin Hood, Sheriff v. Nottingham..., die auf Laufzetteln eingetragen werden. Die Posten werden mit großen Plakaten versehen, aus denen die Aufgabenstellung schon fast hervorgeht, z. B.:
- Flucht aus dem Burgverlies. Die Flucht gelingt mit Ketten an den Füßen, d. h. Dreibeinlauf.
- Dartmeisterschaft. Man übt sich im ritterlichen Pfeilwerfen.
- Trauung in der Schloßkapelle. Bibelstellen aufschlagen (auf Zeit).
- Bogenturnier im Sherwood Forest.

Verfolgungsjagd: Das klassische Beispiel für eine Verfolgungsjagd ist sicherlich die »Schnitzeljagd«. Bei den Verfolgungsjagden geht es immer darum, daß eine erste Gruppe ihren Weg zu einem Versteck durch verschiedene Symbole markiert.

Die zweite Gruppe folgt der ersten anhand der Markierungen etwa 20 Minuten später. Findet sie diese innerhalb einer vorher vereinbarten Zeit (etwa zwei Stunden) und schlägt sie mehr als die Hälfte der ersten Gruppe an (und nicht um!), so hat die zweite Gruppe gewonnen. Wird auch nur eine dieser beiden Bedingungen nicht erfüllt, so siegt die erste Gruppe.

Der Grund, warum viele Verfolgungsjagden scheitern, ist mangelnde Absprache zwischen der ersten und der zweiten Gruppe darüber
- welche Zeichen/Symbole verwendet werden
- was die Zeichen bedeuten
- Spielende.

Daher hier einmal klare und eindeutige Zeichen, die sich bewährt haben: dem Pfeil folgen; Irrwegende — falscher Weg — zurück zur letzten Kreuzung; entweder links, geradeaus oder rechts (die beiden Irrwege müssen nach ca. 500 m mit dem Irrwegende-Zeichen versehen sein!); Ziel — Versteck, die erste Gruppe hat sich im Umkreis versteckt. Die Zahl im Rechteck gibt die Meterzahl des Umkreises an; zurück zum Jugendhaus, Freizeitheim etc., egal weshalb (z. B. Unwetter); wartet hier! Mindestens einer der ersten Gruppe kommt hierher (z. B. Unfall — Gruppe 1 braucht Hilfe von Gruppe 2).

Zur Wegmarkierung eignen sich neben Stöcken und Steinen besonders Sägemehl oder farbig unterschiedliches Kreppapier (Farbbedeutung absprechen!). Kein Granulat verwenden, da es biologisch nicht abbaubar ist!

Höchst bedenklich, aber leider oft praktiziert sind solche Verfolgungsjagden, bei denen Spieler einer Partei jeweils ein sogenanntes »Lebensfädchen« um das Handgelenk gebunden bekommen. Die Gegenpartei muß nun versuchen, diese »Lebensfädchen« abzureißen. Einmal abgesehen von den stets auftretenden »Keilereien«, verliert man mit dem Verlust des »Lebensfädchens« sein Leben! Welch makaberer Spielgedanke! Wer dem entgegnet, daß man stets neue »Lebensfädchen«

bekommen kann, der soll mir einmal erklären, wie er einem Jungscharler klarmacht, daß es im realen Leben ganz anders aussieht!

Schatzsuche: Bei der Schatzsuche geht es darum, anhand einer Karte einen Schatz (kann auch eine Öl- oder Wasserquelle, Diamant-, Gold- oder Silbermine sein) zu suchen. Auf der Karte wird zunächst ein Punkt eingezeichnet, den die Gruppe (mindestens 4 Personen) finden muß. Dort wartet ein neuer Hinweis, der zum Schatz führt oder ein Mitarbeiter, der eine Aufgabe stellt und einen weiteren Punkt in die Karte einzeichnet. Die zweite ist die sichere Methode, da die Mitarbeiter noch Tips zur Wegfindung geben können. Mindestens 4 Punkte sollten angelaufen werden, bevor der Schatz gehoben werden kann. Es empfiehlt sich, solch ein Spiel erst anzuwenden, wenn die Kinder mit der Gegend einigermaßen vertraut sind.

Stadt- oder Dorfspiele: Diese Variante ist sicherlich die einfachste in der eigentlichen Durchführung, aber die arbeitsintensivste in der Vorbereitung!

Das Stadtspiel hat in seiner einfachsten Form gewisse Ähnlichkeiten mit einem Quiz. Die Mitarbeiter bereiten einen Fragezettel mit ca. 30 Fragen vor, die sich auf die City oder das Einkaufszentrum beziehen, z. B.: Wieviele Briefkästen der Post stehen in der Fußgängerzone? Was kosten 500 g Gouda im Supermarkt?

Gemeinsamkeiten aller G.- und Abenteuerspiele

Kaum ein G. kann »aus dem Ärmel geschüttelt« werden. Jeder dieser Programmpunkte bedarf einer intensiven Vorbereitung. Besonders wichtig sind: die Eignung des Geländes; klare, eindeutige Spielregeln; genau abgesteckte, gut sichtbare Grenzen; die richtige Aufgabenverteilung unter den Mitarbeitern.

Um ein G. besonders spannend und einladend zu gestalten, bettet man die Spielidee am besten in eine kleine Geschichte. Dazu folgendes Beispiel aus »Jungscharleiter«, Heft 3/85: »Der Goldschatz des Pharao«.

»Der Pharao Meno hatte sich zu seinen Lebzeiten einen riesigen Goldschatz zusammengeraubt. Da er aber schon so reich war, daß er keine Verwendung für ihn hatte, beschloß er, ihn an seine Söhne zu vererben. Bis zu seinem Tod verriet er niemandem, wo der Schatz vergraben war. Seinen vier Söhnen hinterließ er folgendes Testament: ›Liebe Söhne! Ich hinterlasse euch einen Goldschatz. Damit ihn sich keiner alleine aneignet, erhält jeder von euch einen versiegelten Umschlag, in dem sich ein Hinweis auf einen bestimmten Punkt im Land befindet. Kommt einmal eine Zeit, in der ihr den Schatz dringend benötigt, setzt euch zusammen und brecht das Siegel auf. Wenn ihr die vier Punkte auf einer Karte einzeichnet und sie untereinander verbindet, erhaltet ihr einen Schnittpunkt. Dort findet ihr den Schatz! Verwahrt die Briefe wohl, denn nur mit allen werdet ihr den Schatz heben können!‹ Das Testament geriet für viele Jahre in Vergessenheit. Durch eine Reihe glücklicher Zufälle sind diese Briefe in unsere Hände geraten. Dabei haben wir vielleicht die einmalige Möglichkeit erhalten, nachzuschauen, ob der Schatz des Pharao wirklich existiert hat ...«

⇨ Spiel und Sport

cp

Gemeinde

Bunte Vielfalt

Das NT gibt uns einen Einblick in das G.-leben von mehr als 30 G. Sie unterscheiden sich zum Teil erheblich: Da gibt es die lebendige G. im verrufenen Hafenviertel von Korinth, die von Menschen unterschiedlichster Kultur und unterschiedlichster sozialer Herkunft geprägt war; eine G., die lange um ihre Einheit ringen mußte. Und andererseits: Die G. in der »heiligen Stadt«, Jerusalem, geprägt von den alten Glaubenstraditionen des jüdischen Glaubens, vertraut mit den heiligen Schriften (die wir heute das AT nennen). Durch diese unterschiedlichen Voraussetzungen der einzelnen G., ihrer unter-

Geländespiel »Bannemann«

Das beliebteste, nicht das bekannteste Geländespiel überhaupt, ist »Bannemann«. »Bannemann« ist geeignet für Kinder ab 5 Jahren und auch noch bei jungen Erwachsenen im Alter von 25 Jahren beliebt. Die Beliebtheit kommt sicherlich dadurch zustande, daß alle Spieler in jeder Runde aktiv am Spiel beteiligt sind. Außerdem bedarf es einer geringen Vorbereitung. Es werden lediglich ein Waldgebiet (keine Hanglage!), ein alter Topf oder eine alte Dose gebraucht.

Spielregeln:
Mit Steinen, Stöcken oder mit dem Fuß wird ein Bannmal, etwa 2 x 3 m, gezogen. Darin befindet sich in der Mitte eine alte Dose. Ein Spieler wird zum Bannemann ausgewählt (möglichst ein Freiwilliger, sonst ein Mitarbeiter). Der Bannemann bleibt im Bannmal stehen und zählt mit geschlossenen Augen bis 100, während sich die anderen Spieler im Wald verstecken. Nun beginnt der Bannemann die Jungscharler zu suchen. Hat er jemanden gesehen, läuft er zurück zum Bannmal und ruft z. B.: »Peter, in den blauen Jeans, hinter der Tanne, gebannt!« Das bedeutet, daß Peter aus seinem Versteck kommen und sich in das Bannmal stellen muß. Überholt Peter jedoch den Bannemann auf seinem Weg zurück zum Bannmal und ist schneller dort, so hat er die Möglichkeit, die Dose wegzutreten und sich neu zu verstecken. Der Bannemann muß nun die Dose wieder in den Bannkreis stellen und sich erneut auf die Suche machen. Erst, wenn die Dose wieder im Bannmal steht, darf er wieder »bannen«. Befinden sich nun einige »Gebannte« im Bannmal, so wird es für die anderen Spieler interessant. Sie sollten jetzt versuchen, sich ungesehen an das Bannmal heranzuschleichen und die Dose wegzutreten. Gelingt es einem Spieler, daß sich die Dose außerhalb des Bannkreises befindet, dürfen sich alle »Gebannten« erneut verstecken. Schafft es der Bannemann, mehr als die Hälfte der Teilnehmer zu »»bannen«, hat er das Spiel gewonnen. Er beendet diese Runde durch ein vorher vereinbartes Signal (z. B. Trillerpfeife). Alle kommen daraufhin aus ihren Verstecken. Derjenige, der als erster vom alten Bannemann »gebannt« wurde, wird neuer Bannemann.
Erfahrungsgemäß empfiehlt es sich, alte und dunkle Kleidung zu tragen sowie Verbandszeug mitzunehmen. Meistens dauert diese erste Runde etwas länger (ca. 30 Min.), aber spätestens ab der dritten Runde braucht ein Bannemann max. 15 Min.

cp

---

schiedlichen Zusammensetzung und der ganz verschieden geprägten Umwelt, in der sie lebten, bildeten sich von Anfang an eine Vielzahl von G.-Formen aus. Es gab nie die eine G., an der sich alle anderen orientieren mußten.

Klare Konturen

Trotz aller Vielfalt und Unterschiedlichkeit, die auch zu Spannungen innerhalb der jungen Christenheit geführt hat, gab es doch eine gemeinsame Basis. Drei Beziehungen prägten das G.-Leben. Alle G. mußten Antworten finden auf die drei Grundfragen des G.-Lebens:

1. Welches Verhältnis haben die einzelnen G.-Glieder zu Jesus Christus?
2. Welches Verhältnis haben die einzelnen G.-Glieder zueinander?
3. Welches Verhältnis hat die G. zu denen, die (noch) nicht dazu gehören?

Dabei konnten sich die Christen an Bildern orientieren, mit denen Jesus und die Apostel das Wesen der G. deutlich gemacht hatten und die man den einzelnen Grundfragen zuordnen kann.

Wichtige Leitbilder

Das Verhältnis zu Jesus Christus: Die G. ist wie ein Haus, das gerade gebaut wird

(1. Petr 2, 4-5; Eph 2, 19-22; 1. Kor 3, 9-11). Die G. ist wie ein Haus – und Jesus Christus ist der Eckstein, an dem sich das ganze Gebäude ausrichtet. Der Eckstein wurde damals zuerst gelegt, es war ein besonders fester, besonders schöner Stein. Er gab dem ganzen Gebäude die Ausrichtung und damit auch die Ordnung und Stabilität. Genauso richten wir Christen uns grundsätzlich an Jesus Christus aus, er ist der entscheidende Orientierungspunkt für unser Leben – als Einzelne, wie als G. Ohne ihn können wir nichts tun. Darum muß alles, was wir als Christen tun und wie wir die G. aufbauen, »in der Flucht« mit diesem Eckstein liegen und mit ihm »im Lot sein«. Alles hängt in der G. von Jesus Christus ab.
Dabei ist die G. nicht irgendwann einmal »fertig» – sie ist immer im Bau, immer Baustelle. Es gibt also immer etwas zu tun, zu verbessern, auszubauen. Aber solange man sich an dem Grundstein Jesus Christus orientiert, hält der ganze Bau zusammen.
Dieses Verhältnis der Christen zu Jesus Christus betonen auch die Bilder vom Weinstock (Joh 15), von der Herde (Joh 10) und von Braut und Bräutigam (Eph 5; Offb 19).
Das Verhältnis untereinander: Die G. ist wie ein Leib, der aus verschiedenen Gliedern besteht (1. Kor 12, 12-31; Eph 1, 22-23; 4, 4.15-16).
Ein Leib – viele Glieder. Einheit und Vielfalt in der G. sind keine Gegensätze, sondern lebenswichtig: Niemand ist genau wie der andere, darum ist niemand in der G. überflüssig. Zugleich kann niemand alles. Jeder ist mit seinen Gaben begrenzt und darum auf den anderen angewiesen. Wir brauchen einander. Wie die Glieder eines Leibes unterschiedliche Fähigkeiten und damit unterschiedliche Aufgaben »verkörpern«, so hat Gott jedem Christen besondere Gaben gegeben, die ihn von den andern Christen unterscheiden und die er zum Nutzen der ganzen G. einbringen soll. Darum kommt es darauf an, daß wir untereinander verbunden sind und uns

gegenseitig ergänzen. So wächst der Leib Jesu Christi, seine G.
Das Verhältnis zu denen, die (noch) nicht dazu gehören: Die G. ist wie ein Leuchter, der für alle sichtbar scheint (Mt 5, 14-16; Offb 1, 20).
Die G. soll für alle sichtbar sein, sie soll Wärme und Licht ausstrahlen und eine dunkle Welt heller machen. Wir Christen dürfen uns nicht damit begnügen, nur für uns selbst zu leben, sondern sollen in diese Welt hinein Ausstrahlung haben, damit die Menschen auf Jesus Christus aufmerksam werden. Die G. ist immer missionarisch, weil sie Menschen zu Jesus Christus einlädt.
Wichtig ist: Wir können gar nicht anders; wir sind, als G., immer sichtbar für andere Menschen. Darum müssen wir uns immer wieder fragen, ob unser Erscheinungsbild als G. Jesu Christi auch dem Evangelium entspricht, oder ob wir nach außen »ein schlechtes Bild abgeben«. Die missionarische Ausstrahlungskraft gehört also zum Wesen der G., und ist keinesfalls etwas, das in unserem Belieben steht.
Diese missionarische Ausstrahlungskraft der G. betonen auch die Bilder von der Stadt auf dem Berg und vom Salz der Erde (Mt 5).

⇨ Kirche

hn

Gemeindejugendwerk

Das Gemeindejugendwerk (GJW) ist die Kinder-, JS- und Jugendarbeit des Bundes Evangelisch-Freikirchlicher Gemeinden in Deutschland K.d.ö.R. Dazu gehören die GJW der Vereinigungen in 13 Regionalbereichen, das Jugendseminar und die Bundesgeschäftsstelle. Das GJW betreut über 40 000 Kinder, Jugendliche und junge Erwachsene in ca. 2 200 Gruppen mit mehr als 7 700 ehrenamtlichen Mitarbeitern. Auf Bundesebene wird die Arbeit an jungen Menschen durch das GJW des Bundes in Hamburg getragen. Die Referenten des GJW führen überregionale Schulungsmaßnahmen durch, geben regelmäßig

Materialien und Zeitschriften heraus, bilden Mitarbeiter auf örtlicher und überörtlicher Ebene aus, sind zuständig für bundesweite Einsätze im missionarischen und diakonischen Bereich und vertreten die Kinder-, JS- und Jugendarbeit in Gremien des Bundes der überkonfessionellen Jugendarbeit (Arbeitsgemeinschaft Evangelischer Jugend aej) und auf internationaler Ebene, z. B. Baptist World Alliance (BWA) und Europäisch Baptistische Föderation (EBF). Darüber hinaus sind sie zuständig für Kontakte zu Jugendarbeit in anderen Ländern. Das GJW setzt sich im »Arbeitskreis Maroua für Entwicklungsförderung und Mission« und im »Club Maroua« mit den Fragen und Problemen der Beziehungen zwischen Nord und Süd auseinander. Im Bereich JS (5 700 Kinder, 1 500 Mitarbeiter) organisiert das GJW periodisch bundesweite Mitarbeitertreffen sowie Bundesjungscharlager (600 Teilnehmer). Zunehmend werden die Projektarbeit und das »Lernen durch Erfahrung« in die Konzeption aufgenommen.

⇨ Bibellesebund ⇨ EC ⇨ Methodisten
⇨ Freie evang. Gemeinden

Gemischte Gruppen

Die Chancen, aber auch die Grenzen einer g. JS-G. sind sehr vielgestaltig, und wir finden viele Argumente, die sowohl für als auch gegen eine sogenannte koedukative Gruppenarbeit sprechen. Im folgenden sollen einige Aspekte aufgezeigt werden.

Entwicklung
Ganz selbstverständlich leben Jungen und Mädchen im Kindergarten und auch als Schulanfänger zusammen, ohne daß es große Konflikte und Störungen gibt. Mit Beginn des 11./12. Lebensjahres geht jedoch die Entwicklung recht stark auseinander. Mädchen empfinden anders, und Jungen haben andere Interessen als Mädchen. So wird auch der Wunsch nach gleichgeschlechtlichen Freundschaften größer. In g. G. entdecken wir deshalb oft eine geschlechtsspezifische Cliquenbildung. Die Geschlechter bestärken sich selbst, streben auseinander und setzen sich voneinander ab.

Interessen
Schon in gleichgeschlechtlichen Gruppen gehen die Interessen heute weit auseinander, umso mehr in g. G. Jungs lieben mehr die wilden und körperbetonten Spiele. Mädchen sind eher bereit, Stimmungen zu genießen, zu basteln und zu erzählen. Es wird sehr schwer, allen gerecht zu werden.
Um Mädchen und Jungen in diesem Alter gleichermaßen anzusprechen, braucht es ein ausgewogenes und vielfältiges Programm. Da besteht die Gefahr, daß es schnell langweilig wird. Allerdings bietet diese Situation auch die Chance, daß die Jungscharler lernen, solche »Durststrecken« auszuhalten und die Interessenspannungen zu ertragen.

Gruppengefühl
In der Regel tun sich gleichgeschlechtliche Teilnehmer leichter im Umgang miteinander. Die Atmosphäre ist offener, es entwickelt sich stärker ein Wir-Gefühl. Man traut sich eher etwas, wenn einen das andere Geschlecht nicht beobachtet. Man muß sich nicht ständig beweisen.

Mitarbeiterteam
G. G. verlangen ein gutes, gemischtes Mitarbeiterteam mit viel Erfahrung und Spannkraft. Als Einübungsfeld für jüngere Mitarbeiter sollte man eher gleichgeschlechtliche Gruppen wählen.

Situation
Oft sieht die Situation vor Ort so aus, daß man gar nicht genügend Kinder für zwei getrennte Gruppen hat, oder es kommt z. B. nach einer Werbeveranstaltung eine halbe Schulklasse in die JS. Dann bietet sich eine g. G. geradezu an, wenn das Mitarbeiterteam stimmt.

In einer größeren JS-Arbeit kann man verschiedene Gruppen anbieten. Die Erfahrung zeigt, daß manche Kinder dann sowohl in die gemischte als auch in die geschlechtsspezifische Gruppe gehen, um ihren Interessen entsprechend nachzugehen.
Letztlich gilt: Die Fähigkeit und Zusammensetzung des Mitarbeiterteams ist vorrangig entscheidend, ob und wie die Gruppe – gemischt oder gleichgeschlechtlich zu führen ist.

⇨ Entwicklungspsychologie ⇨ Gruppe
⇨ Sexualität

gw

Genehmigungen

Ein Kapitel, das jedem hochmotivierten Mitarbeiter ein wenig die Freude nehmen kann, wenn er sich mit seinem Team von Mitarbeitern an die Planung einer Maßnahme oder Aktion für seine Gruppe macht. Aber ohne die Vorüberlegung: wen muß ich um Erlaubnis fragen, geht es nicht. Man erspart sich auch unnötigen Ärger und unter Umständen gerichtliche oder haftungsrechtliche Konsequenzen. Deshalb ein Überblick über die verschiedenen G., die man einholen kann, sicherlich keine vollständige Aufzählung, da es immer wieder regionale und landesrechtliche Unterschiede gibt. Deshalb empfiehlt es sich auch gerade bei Auslandsfahrten genaueste Erkundigungen über Vorschriften, Impfungen oder G. einzuholen. Auskünfte erteilen sicher die Reisebüros oder die betreffenden Botschaften der Länder.
Wir beschränken uns auf einen Überblick der gängigsten G., die einzuholen ratsam sind.
Zuerst gilt einmal: Alle Aktivitäten über die normale wöchentliche Gruppenstunde hinaus (Zeit, Ort, Länge, Inhalte etc.) bedürfen der schriftlichen Einverständniserklärung der Erziehungsberechtigten der Teilnehmer.
Ebenso ist mit dem CVJM-Ortsverein, -Kreisverband, Kirchengemeinde, Dekanat etc. abzuklären, ob diese Veranstaltung über die wöchentliche Gruppenstunde hinaus stattfinden darf, denn letztendlich trägt der Veranstalter alle Folgen der Maßnahme. Die Mitarbeiter sind nur Erfüllungsgehilfen.
Umzüge, Straßenfeste: bei privaten Grundstücken die G. des Eigentümers (Nachtruhezeiten beachten!). Bei öffentlichen Grundstücken oder bei Nutzung von Straßen (durch Sperrung oder bei Umzügen) erteilt die G. das örtliche Ordnungsamt. Dort erhält man auch eine Schankerlaubnis.
Bei angemieteten Bürgerhäusern oder Sälen ist zu klären, inwieweit eine Getränke- und Speisenabnahmepflicht in bezug auf den Pächter oder Besitzer besteht.
(Nacht-)Wanderungen: Generell muß man bei normalen Nacht- oder Tageswanderungen niemanden um Erlaubnis fragen. Es sei denn, es handelt sich um besonders ausgewiesene Naturschutzgebiete oder abgesperrte Regionen. Dann ist in jedem Fall mit dem zuständigen Forstamt Rücksprache zu halten. Auch im Wald gilt aber die Nachtruhe von 22.00 Uhr; deren Nichteinhaltung kann empfindlich bestraft werden.
Feuermachen: In der Sommerzeit ist dies im Wald meistens verboten. Es dürfen nur ausgewiesene Grill- und Feuerplätze benutzt werden. Man muß sich vorher über die Besitzverhältnisse informieren und die Erlaubnis der Besitzer einholen, da bei einigen Hütten an die Nutzung eine kleine Gebühr gebunden ist.
Zelten: Bei kommerziellen Zeltplätzen ist die Anmietung eines Platzes geregelt und eindeutig. Möchte man auf einer privaten Wiese zelten, braucht man die Einverständniserklärung des Besitzers. Darüber hinaus muß aber bei längeren Lagern den Hygienevorschriften Genüge getan werden. Im Extremfall kann ein Ordnungs- bzw. das Gesundheitsamt im Lager schließen, wenn die Standards nicht erfüllt werden.
Film- und Musikveranstaltungen, Kopieren von Noten für Liedblätter, Schulungsmaterial etc.: Folgende Gesellschaf-

Geschichte (CVJM)

Ich bin zutiefst überzeugt, daß wir aus der G. lernen können und müssen.
Wer ein Geschichtsbewußtsein hat, ist nicht so anfällig für kurzlebige Modeströmungen und verführerische Parolen.
Aus der CVJM-G. können wir lernen, in welcher Segenslinie wir stehen. Vieles, was als der letzte Schrei angepriesen wird, kann mit der Erfahrung der G. nüchterner gesehen werden. Aber auch schwierige Zeiten können leichter durchgestanden werden, wenn man einen zeitlich weiteren Blick hat. Die eigenen Prägungen können einem bewußter werden.
Deshalb ist es wichtig, auch einen Überblick über die G. der CVJM-Bewegung, des eigenen Vereins und der Gruppe zu haben. Es kann auch sehr spannend sein, die Erfahrungen älterer CVJMler zu hören. Wenn sie anschaulich erzählen können, kann man sie auch in eine JS-Stunde einladen.
Insgesamt ist es für Mitarbeiter und Jungscharler wichtig zu wissen, warum sie im CVJM sind und nicht in irgendeiner anderen Gruppe, und was das besondere des CVJM ist.

⇨ CVJM   ⇨ Tradition

ipm

---

ten wahren die Rechte von Komponisten, Musikern, Schriftstellern, Filmemachern etc.: Gesellschaft für musikalische Aufführungs- und mechanische Vervielfältigungsrechte (GEMA); Verwertungsgesellschaft für Film- und Fernsehproduktionen mbH (VFF); Verwertungsgesellschaft Wort; Gesellschaft zur Verwertung von Leistungsschutzrechten mbH (GVL); Verwertungsgesellschaft Bild-Kunst.
Mit allen diesen Gesellschaften hat die evangelische Kirche in Deutschland (EKD) einen Rahmenvertrag geschlossen, der eine Menge an G. für Notenkopien, Kopien von Schulungsmaterial, Aufführung von Filmen und Fernsehmitschnitten abdeckt.
Den genauen Inhalt der Vereinbarung findet man in den Amtsblättern der Landeskirchen (bei den Pfarrämtern) oder bei den Geschäftsstellen der Jugendwerke oder beim CVJM-Gesamtverband.
Es wäre müßig, alles aufzuzählen, da sich an diesen Verträgen ständig etwas ändert.
Die Veränderungen bewirken aber einen immer weiter gefaßten Rahmenvertrag, so daß es ganz wenige Sonderfälle gibt, in der eine Gruppe einer Gemeinde oder eines CVJM extra G. benötigt und zur Kasse gebeten wird.
Eine wichtige Rolle spielt zum einen die Tatsache, ob es eine öffentliche (Pressewerbung) oder eine für die eigene feste Gruppe geplante Veranstaltung ist, ob Eintritt erhoben wird und welchen Charakter die Veranstaltung hat. Im Rahmen einer gottesdienstlichen Feier ist urheberrechtlich bei weitem mehr erlaubt und gebührenfrei als bei einer kommerziell aufgezogenen Veranstaltung.

⇨ Feuer   ⇨ Wasser/-spiele   ⇨ Ballontag
⇨ Fahrradtouren

cr

Geschlechtserziehung

Die Fähigkeit, Lust zu empfinden, den eigenen Körper zu kennen und in der sexuellen Begegnung beglückende Erfahrung zu machen, darf als zutiefst von Gott gewollt erlebt werden. Er hat sie mit dem Geschenk verbunden, daß neues Leben entstehen kann — wobei die Zeugung keineswegs Zweck, Ziel und »Rechtfertigung« für den Geschlechtsakt ist. Zu einer gelingenden G. gehört es, daß über die mit den Geschlechtern verbundenen Rollen nachgedacht wird. Noch immer erleben Mädchen und Frauen sich im geschlechtlichen Bereich als passiv oder können eigene Wünsche nur schwer formulieren. Die Fähigkeit, zu Berührungen deutlich »Ja« oder »Nein« sagen zu können, sollte deshalb von klein an gefördert und respektiert

Gesetz
Das Grundgesetz (GG) Deutschlands gewährt den Eltern eines Kindes einen Erziehungsfreiraum (vgl. Art. 6 GG). Diesen Freiraum dürfen die Eltern ausnutzen (Recht zur Erziehung), sie müssen ihn auch ausschöpfen (Pflicht zur Erziehung) und sie dürfen seine Grenzen nicht überschreiten, die z. B. von der Schulpflicht oder dem Schutz der Kinder vor Mißbrauch gesteckt werden.
Für die Kinder- und Jugendarbeit sind besonders die §§ 1626 BGB (Bürgerliches Gesetzbuch) wichtig, die die elterliche Sorge für das Kind regeln. Teile davon (z. B. die Aufsichtspflicht) können die Eltern zeitweise auch auf CVJM oder Gemeinde übertragen.
Nichteheliche Kinder werden grundsätzlich nur von der Mutter vertreten (§ 1705 BGB); Kinder, deren Eltern geschieden sind, werden in aller Regel von einem Elternteil — meist der Mutter — vertreten.

⇨ Rechts-ABC   *um*

werden. Das fängt schon bei Kleinkindern an, die selbst bestimmen dürfen, ob und von wem sie geküßt oder umarmt werden wollen oder nicht.
Immer noch zu selten wird beachtet, daß die Fähigkeit zur Einfühlung und zum partnerschaftlichen Verhalten im Alltag zu einer gelingenden sexuellen Begegnung wichtiger ist als Potenz und Körpermaße. Noch immer verwechseln Jungen und Männer sexuelle Fähigkeit mit Potenz und Leistungsfähigkeit.

Gabe und Aufgabe
Zur Einstellung gegenüber der von Gott gegebenen Geschlechtlichkeit gehört auch die Frage nach der Verantwortung. Auch bei der Sexualität ist mit der Gabe die Aufgabe verbunden. Eine Sexualität, die »sich einfach ausleben muß« und dabei das Gegenüber aus dem Blick verliert, macht den anderen zum Objekt und verfehlt sich selbst. Sexualität, die auf Dauer ohne den von Gott angebotenen Schutzraum einer verbindlichen Gemeinschaft auskommen will, gefährdet sich selbst. Liebe, Sexualität und Verantwortung füreinander gehören zusammen. Wo sie auseinanderfallen, machen wir uns selbst arm, verletzen wir den anderen oder entziehen uns der Gesellschaft, in der wir leben. Wie sehr die Gabe der Sexualität mißbraucht und ins Gegenteil verkehrt werden kann, zeigt sich beim sexuellen Mißbrauch von Kindern und im Extremfall bei Vergewaltigungen von Frauen durch Soldaten im Krieg: Hier werden die Besiegten mit sexueller Gewalt gedemütigt und im Kern ihrer Person zerstört. Gelingende Sexualität aber will genau das Gegenteil: Sie gehört zum Leben und will unser Glück.

⇨ Sexualität
                                kv

Gitarre
Als eines der hilfreichsten Instrumente zur Begleitung des Singens in der JS hat sich die G. erwiesen. Zum einen ist sie relativ leicht und damit gut transportierbar, zum anderen kann der G.-Spieler auch mit relativ wenig Übung (neben der Begleitung) dazu singen. Jedem JS-Mitarbeiter kann ich raten, einen G.-Kurs zu besuchen, in dem das Begleiten von Liedern weitergegeben wird (soweit er nicht so musikalisch ist, sich durch fleißiges Üben die Sache selbst beizubringen).

⇨ Singen und Musizieren
                                go

Glaube

Wenn wir über G. nachdenken, dann müssen wir zwei Ebenen unterscheiden, in der G. sichtbar wird. Zum einen geht es ganz allgemein in unserer Alltagswelt darum, wem oder was wir vertrauen. Ich glaube meiner Frau oder meinem Freund, weil eine Beziehung da ist. Ich glaube/traue einer Sache, dem Geld, der Wissenschaft, weil sie von erfahrbarer Bedeutung für mich ist. Dieser G. entsteht nicht grundlos; er ist Antwort auf die Beziehung bzw. auf die Sache. Zum anderen geht es bei dem Begriff G. dann aber um die theologische Fragestellung; nämlich die Frage nach einer Gottesbeziehung. So wird der Begriff G. zum Hauptbegriff aller Religionen und ist nicht exclusiv christlich.

Das deutsche Wort »glauben« geht zurück auf das germanische »ga-laubjan« »für lieb halten«. Zur gleichen Wurzel gehören u. a. loben, (Treue) geloben und erlauben. Ich traue dem, der mich liebt und gelobe dem Treue, der mir Vertrauen schenkt. Als Beziehungsbegriffe sind G. und Vertrauen weitgehend gleichbedeutend. An jemanden glauben heißt, ihm vertrauen. Nicht anders sind die biblischen Begriffe von G. gefüllt. »Vertrauen ist gut, Kontrolle ist besser« – wir kennen das. Aber gerade hier bezeichnen G. und Vertrauen eine innere Überzeugung und Gewißheit, die auf einen äußeren Beweis verzichten kann. G. verlangt keinen Beweis, weil er sich seiner Sache unerschütterlich gewiß ist. Noch heute wird im Recht- und Wirtschaftsverkehr auf Treu und G. gehandelt. Hebr 11,1 weiß es dann so auszudrücken: »Es ist aber der Glaube eine feste Zuversicht auf das, was man hofft, und ein Nichtzweifeln an dem, was man nicht sieht.« Im AT bezeichnet G. vor allem die Beziehung Israels zu seinem Gott. Wer hier anderen Göttern glaubt, glaubt nicht. Israels G. gründet in seiner Gotteserfahrung, allem voran im Wunder der Errettung am Schilfmeer. Hier entstand G. als Folge/Echo/Antwort der göttlichen Heilstat (2. Mose 14, 31 b).

Für Israel war seither klar: Gott kann man vertrauen. Wo er ist, braucht man nicht zu verzagen – auch wenn Israel durch seine eigene Geschichte immer wieder in Mißkredit gekommen ist. Noch heute erinnert sich Israel an die Heilsgeschichte, die Gott mit seinem Volk gemacht hat. Wer diesem Gott, der sich in seiner Geschichte präsentiert hat, glaubt, der bleibt in ihm. Jesaja hat die Kehrseite der Medaille aufgezeigt, wenn er sagt: »Glaubt ihr nicht, so bleibt ihr nicht« (Jes 7, 9).

Eindeutig ist, daß G. keine geistige Haltung ist; kein Fürwahrhalten von Richtigkeiten. Der G. vertraut sich der Schutz-Heils-Segenszusage Gottes an. Nur von dieser Zusage her kann ich glauben/vertrauen. Im NT nun wird diese Zusage des Heils durch Gott Person (Joh 1,14). Das Vertrauen, der G., die Heilszusage konkretisiert sich nun in der Person Jesu Christi. Wer ihm glaubt, ist im Heil (Joh 3, 16; 5, 24; 6, 35; 2. Kor 5,17 f; Hebr 12, 2 u. a. m.). Wenn wir also nun von G. reden, der uns Heil schenken soll, so kommen wir an Christus nicht mehr vorbei. Ohne Christus kann uns von nun an kein Heil mehr zugesagt werden. In ihm aber ist das ganze Heil des Menschen durch Gott begründet (1. Kor 3,11).

Daß wir aber nun glauben können, ist Gnade Gottes, der uns die Heilszusage gibt. Wo das geschieht, ist ganz unterschiedlich: Etwa in der JS-Stunde, auf Lager oder Fahrt, beim eigenen Bibellesen oder durch das Wort eines anderen Menschen. Wesentlich ist, daß es geschieht. Diesen G. kann ich nicht machen, auch nicht durch Lagerfeuerromantik. Diese Zusage kann mir nicht selbst sagen. Ich muß sie mir von Gott durch Christus etwa auf dem Weg über einen Menschen/sein Wort ... sagen und gelten lassen. Mit all dem Genannten stellen sich jetzt eine Reihe von Fragen. Was meine ich genau, wenn ich von ›G.‹ spreche? Ist G. für mich eine Beziehung (Herz) oder spielt sich das bei mir im Hirn ab? Glaube ich, weil ich es etwa in der JS, im Jugendkreis ... gelernt habe, oder weil Jesus Christus mir durch sein Wort persönlich begegnet ist? Habe ich G. als Sicherheit für alle

Zeiten fest in der Tasche oder habe ich G. als Gewißheit vor mir in dem Bewußtsein, daß Gott diesen G. jeden Tag neu schenkt und schenken muß und ich mich darauf verlassen kann, wenn ich mich auf ihn einlasse? Zu glauben ist kein Kinderspiel. Es will von allen zu allen Zeiten immer wieder neu erlebt und gelebt/gestaltet werden. Die Älteren haben es den Jüngeren vorzuleben und die guten Taten Gottes, bezeugt im AT und im NT, weiterzuerzählen. Die Jüngeren dürfen so ihr Gottvertrauen finden, gestärkt und ausgebaut bekommen und eine Christusbeziehung eingehen. Wir Älteren aber sollten den G. der Kinder nicht verachten, sondern beachten und an ihm lernen. Denn stellte doch schon Jesus das Vertrauen der Kinder in die Mitte als Ausdruck der rechten Beziehung zu ihm. Wir brauchen uns gegenseitig, um glauben zu können und unseren G. zu leben. Schließlich und endlich bringt Karl Heim in seinem Buch ›Glaube und Denken‹ einen Wesenspunkt des G. auf den Punkt, wenn er dort schreibt:»Wäre unser Glaube ein Gedanke oder eine Idee oder eine Weltanschauung oder ein Prinzip, so wären ungelöste Fragen tödlich für ihn. Aber es handelt sich in unserem G. nicht um einen Gedanken, sondern um einen, der lebt.«

⇨ Verkündigung *kn*

Glaubensbekenntnis

Im G. legt man sich fest und formuliert in Kürze, woran man sich gebunden weiß und was man hofft und glaubt. Im AT und NT zielt das Bekenntnis auf dreierlei Grundrichtungen: Sünden bekennen (3. Mose 5,5; Mt 3,6); Gott loben und preisen (Ps 7,18; Mt 11,25); sich zu jemandem bekennen (Mt 10,32).
Im Bekenntnis wird die persönliche Glaubensentscheidung des Einzelnen hörbar. Hier ist konzentriert zusammengefaßt, was die wesentlichen Pfeiler des Glaubensinhaltes sind. Gleichzeitig wird somit deutlich, was auch zur unverkürzbaren Glaubensvermittlung gehört. Das G. ist eindeutig und schafft somit Abgrenzungen, gleichzeitig aber auch Gemeinschaft mit denen, die dasselbe Bekenntnis zu dem ihrigen machen. Bekenntnisse gibt es seit alters her. Im NT weist Paulus auf zwei ihm schon vorliegende Christusbekenntnisse hin: 1. Kor 15,3-5 und Phil 2,5-11. Das sogenannte Nicaenum, 325 auf dem Konzil von Nicea angenommen und 381 auf dem Konzil von Konstantinopel endgültig beschlossen, wurde zum Bekenntnis des sonntäglichen Sakramentsgottesdienst und ist es in der röm.-kath. und der orth. Kirche Griechenlands und Rußlands bis heute noch. Das **apostolische** G., etwa seit 500 als Taufbekenntnis, geht wohl auf bis ins 2. Jh. zurückreichende Bekenntnisformulierungen zurück. Mit dem Verzicht auf die sonntägliche Abendmahl hat sich in den ev. Kirchen vor allem das ›Apostolikum‹ durchgesetzt.

⇨ Glaube

kn

Gottesdienst

Seine Stellung in der Gemeinde
Wer Gemeinde Christi möchte, möchte G. Der G. ist der Mittelpunkt, die Nabe des Rades, das Gemeinde heißt. Es gibt vielerlei Angebote und Lebensformen, hier im G. ist der Platz und Ort, wo sich alle treffen zur Versammlung vor Gott in Christus. G., wer dient hier wem? Der G. ist der Umschlagplatz, an dem der gegenseitige Dienst vor sich geht:
Zuerst dient Gott den Seinen in einer großen Palette seiner Möglichkeiten: er stellt uns vor sein Angesicht; er schafft uns Ruhe an Leib und Seele; er vergibt uns unsere Schuld und heilt unsere Gebrechen; er schließt uns sein Werk auf; er rüstet uns aus mit Gaben, verstärkt sie, korrigiert sie, erneuert sie; er beauftragt uns; er schenkt uns Klarheit zum Tun und die rechten Maßstäbe für unsere Situation, in der wir leben.
Auch wenn manches davon nicht unmit-

Gott

G. zu definieren, ist unmöglich – 1. Tim 6,16: »... der da wohnt in einem Licht, zu dem niemand kommen kann, den kein Mensch gesehen hat noch sehen kann.« Luther hat auf die Frage, wie G. wohl aussehe und was er vor der Schöpfung der Welt getan habe, geantwortet: »Gott hat Ruten geschnitten, um solche vorwitzigen Frager zu verprügeln!« Unsere Sprache versucht G. zwar einzufangen: ›Deus‹, ›Gott‹, ›El‹, – aber alle diese Wörter bleiben in sich selbst leer. G. ist der »ganz Andere«. Wir begreifen nur so viel von G., wie er zu Greifen gegeben hat. Deshalb stellen nicht wir uns G. vor, sondern G. stellt sich uns vor, er offenbart sich uns. Er tut dies:

* in seiner Schöpfung: Gott hat sich nicht unbezeugt gelassen (Apg 14,17). »Die Himmel erzählen die Ehre Gottes« (Ps 19,2).
Doch der Mensch vernimmt in seiner von G. gefallenen Art dies nicht und verehrt die Schöpfung (Götzen) anstatt den Schöpfer.

* G. stellt sich uns vor in seinem *Namen:* »Gott Abrahams, Isaaks, Jakobs«. Wer G. kennenlernen will, muß beobachten, wie er mit Abraham, Isaak und Jakob umgegangen ist. »Jahwe«: »Ich werde sein der ich sein werde«, d. h. beständig als der Wirkende für seine Menschen. »Ich« (Jes 43, 25); »Ich bin's« (Mk 6, 50; 13, 6). In Jesus steht G. als der Wirkmächtige vor uns. G. selbst kommt als Mensch zu uns.

* G. stellt sich uns vor in der Geschichte. Von G. reden, heißt deshalb, erzählen, was er getan hat; z. Zt. von Abraham, von Jesus, zu unserer Zeit.

* G. stellt sich uns vor als der kommende G. (Offb. 1, 8). Von G. wissen wir, daß er nicht begreifbar ist, aber erkennbar in seinen eigenen Gotteserweisen.

⇨ Glaube

kn

---

telbar im G. deutlich wird, so wird es doch im G. vorbereitet und zugespitzt.
Wir dienen Gott, wenn: wir ihm danken; wir uns ihm ausliefern; wir unsere Schuld bekennen und seine Vergebung annehmen; wir ihm die Ehre geben und ihn Herr sein lassen; wenn wir die anderen als Brüder und Schwestern wahrnehmen und ihnen ihr Recht geben; wenn wir uns ihm neu zur Verfügung stellen.
Unterschätzen wir nicht die Verheißung, die Gott in das gemeinsame Vor-Gott-Sein legt. »Denn wo zwei oder drei versammelt sind in meinem Namen, da bin ich mitten unter ihnen (Mt 18,19-20).

Geschichte und Formen des G.

Die erste Gemeinde im NT hat von Anfang an G. gefeiert. Sie hatten noch keine feste Form. Manche Teile wurden aus dem jüdischen G. im Tempel und in der Synagoge übernommen. In der Kernstelle in Apg 2, 42 werden vier wesentliche Teile der Zusammenkunft der Christen genannt: Lehre der Apostel, Gemeinschaft, Brotbrechen und Gebet. Was ist darunter zu verstehen?
Lehre der Apostel: Bibl. Zeugnis von Christus, Zuspruch und Ermahnung; **Gemeinschaft:** bewußte Zusammengehörigkeit, gegenseitige Hilfe und Unterstützung, gemeinsame Verantwortung nach außen; **Brotbrechen:** Abendmahl, Verbindung mit Christus, Vergewisserung des Glaubens; **Gebet** in den verschiedenen Formen: Anbetung, Dank, Fürbitte und Bitte.
Aus den neutestamentlichen Briefen sind uns Stücke bekannt, die wohl als liturgische Stücke im G. ihren festen Platz hatten, z. B. Phil 2, 5-11; Kol 1, 15-20; 1. Kor 11, 23-25; 1. Kor 15, 3-5.

Neben den täglichen G. hatte bald der Sonntag als der Auferstehungstag Christi seinen besonderen Platz.
Der katholische G.: Die Mitte des röm.-katholischen G. ist die Eucharistie, die Darreichung des Mahlsakraments (im Normalfall nur die Hostie). Nur mit der Eucharistie ist es ein vollständiger G. (Messe). Die Liturgie und das Amt des Priesters sind von Christus eingesetzt, sie entspringen nicht aus der Gemeinde. Über das Handeln des Priesters am Altar fließen die Ströme der göttlichen Gnade auf die Gläubigen. In der Messe wiederholt der Priester das Opfer Jesu und wandelt Brot und Wein in Fleisch und Blut Christi. Der Ablauf des kath. G. ist liturgisch reich gestaltet und stark am Ablauf des Kirchenjahres orientiert. Seit dem II. Vatikanischen Konzil (1965) wird der G. überwiegend in deutsch gehalten.
Der lutherische G.: Martin Luther übernahm die mittelalterliche Messe als evang. G., reinigte sie aber von Auswüchsen und übertrug sie in die Volkssprache. Der luth. G. hat eine einfache Struktur, ähnlich der Einladung zu einem Fest: zur Gemeinschaft des Gottesvolkes (häufiger Begriff im NT). Die Predigt als lebendiges Wort steht im Mittelpunkt, im Sinne Luthers eng verknüpft mit dem Abendmahl. Trotzdem entwickelte sich das Abendmahl in vielen Kirchen zu einer Sonderfeier am Rande des G. Erst in den letzten Jahren wird das Abendmahl wieder stärker in den G. hereingeholt als wesentlicher, regelmäßiger Teil verstanden.
In der Predigt *und* im Abendmahl geschieht das Handeln Gottes an uns und stellt uns Christus in sein Heilshandeln hinein. In der Predigt soll der ganze Reichtum des Werkes Christi dargestellt und zugesprochen und im Sakrament von der Gemeinde erlebt werden. Christus ist gegenwärtig im Wort und im Mahl, darin erweist er seine Herrschaft über die erlösten Sünder. Dann aber ist G. auch der Ausdruck des Glaubens, die Gemeinde stellt sich Gott zur Verfügung und nimmt im Glauben (Vertrauen) das Opfer Christi an. Rechter G. ist ohne glaubende, anwesende Gemeinde, die auf das Handeln Gottes antwortet, nicht denkbar.
Der reformierte G. (vor allem im süddeutschen Raum) hat sein Vorbild im Prädikanteng. der vorreformatorischen Zeit. In ihm war schon die Schriftauslegung der Mittelpunkt. Deshalb fehlen in ihm die meisten liturgischen Stücke.
Verschiedene neue G.-Formen wurden in den letzten Jahr(zehnten) entwickelt. Manche haben schon eine typische Form gefunden. Meist orientieren sie sich an der angesprochenen Personengruppe wie Jugendg., Familieng., Schülerg., Krabbelg., dann aber auch G. im Grünen, Anbetungsg., G. auf Freizeiten u. m. a.

Der G. im Leben
Sammlung und Sendung: Das Leben der Christen und der Gemeinde geschieht — wie das psychische Leben — im Ein- und Ausatmen. Die Kraft zum geistlichen Leben muß aufgenommen und wieder ab- bzw. weitergegeben werden. Einzelne Christen und die Gemeinde sind Relaisstationen der Kraftwirkungen Gottes, man könnte auch sagen, Transformatoren. Die Sammlung zum G. dient dem Aufnehmen des Wortes Gottes, der Kraft des Heiligen Geistes und der Begegnung mit Christus. Die Sammlung des Einzelnen im stillen Kämmerlein kann nicht gegen das gottesdienstliche Treffen ausgespielt werden, nicht entweder — oder, sondern beides hat seine Wichtigkeit und seinen Platz. Mit dem G. wird die Sendung in die Welt vorbereitet, bzw. ist er der Startpunkt dazu.
Sonntag und Werktag: Wie gestalten Christen ihren Sonntag? Es muß ein Zeichen gesetzt werden zu den Gebräuchen in unserer Zeit: statt G. sonntags im Bett, im Schrebergarten, auf dem Sportplatz, unter wehenden Segeln u. v. m. Ein vielgestalteter Sonntag ist gut, aber das Sammeln in der Gemeinde muß Vorrang haben. Zu welcher Stunde das sinnvoll ist, dazu läßt sich manches ausprobieren. Der geistliche Impuls am Sonntag ist wichtig, damit auch der Werktag vom Geist Gottes geprägt wird.

Gemeinschaft und Alleinsein: Gemeinde Jesu heißt Gemeinschaft. Im Alltag sind wir oft allein, auch inmitten vieler Menschen. Wir brauchen beides im guten Wechsel.

Der G. – Einseitigkeiten und Gefahren
Mauern und Türen dicht: Die Gemeinde ist unter sich. Natürlich stehen die Türen offen, jeder kann kommen, meint man, aber es kommt keiner. Keiner wagt es, keiner hält es für wert. Welche Hindernisse sind es, die Außenstehende abhalten zu kommen?
Die zwei Leben innerhalb und außerhalb des G.: Werden wir wiedererkannt, wenn wir in den Alltagsbeziehungen stehen als die, die am Sonntag im G. gebetet, gesungen und Gottes Wort gehört haben? Welches Bild geben wir ab in der Freundesrunde, am Arbeitsplatz, in der Familie, in der Gruppe?
Die frommen Sprüche: Geistliche Sprache ist eine besondere Sprache. Sie ist nicht einfach Umgangssprache (ähnlich anderen Spezialgebieten wie Computerbereich usw.). Aber wir sollten versuchen, andere erreichen zu wollen in einer Formulierung, die sie verstehen können. Hier ist Übung nötig.
Der G. als Spiegelbild der Gesellschaft? Welche Themen gehören in den G.? Sicher nicht alles, was in der Gesellschaft gerade dran ist. Prüfung ist nötig; wenn ja, in welcher Weise? Ein guter Platz im G. ist das Gebet (Fürbitte).
Der G., der Tradition verpflichtet? Was ist die oberste Norm der G.-Gestaltung? Die Tradition ist reichhaltig und gibt einen Rhythmus vor. Der Ablauf aber muß variabel sein, vielgestaltig im Rahmen bestimmter Eckpunkte wie Gebet, Wort Gottes mit Auslegung, Singen, Sendung.
Ausblick: Der G. muß wieder neu Freude machen und die Dichte des Geistes Jesu erfahrbar machen. Manches muß überprüft werden. An der Änderung der äußeren Form liegt nicht die Hauptkorrektur, sondern am Wissen: Wir gehören zusammen um Jesu Christi willen. G.-Besucher sollen zur Stille finden, aber sie sollten nicht so bleiben, wie sie sind: »Herr prüfe mich!« zum Eingang und »Herr, was willst du, daß ich tun soll?« zum Hinausgehen aus dem G. sind zwei wegweisende Bitten.

⇨ Kirche ⇨ Verkündigung

gf

Gruppe

Abgesehen von wenigen Tageszeiten, in denen wir ganz allein sind, leben wir überwiegend in G. mit anderen Menschen zusammen (Familie, Schulklasse, Freundeskreis, JS etc.). Gruppen spielen im Leben der Menschen eine sehr wichtige Rolle. Ja, sie sind in vieler Hinsicht für jeden Menschen lebenswichtig. G. schützen den einzelnen vor Einsamkeit und Langeweile; sie vermitteln ihm Geborgenheit und Sicherheit und bieten vielfältige Möglichkeiten zum Lernen. Gelegentlich sind sie auch Konfliktherde und Anlaß für Ärger. Ferner ermöglichen G. – wenn sie gut eingespielt sind – in vielen Aufgabenbereichen eine Leistung, die größer ist als die Summe der Arbeitsleistung jedes einzelnen G.-Mitglieds.
Angesichts der großen Bedeutung und der vielfältigen Aufgaben, die G. übernehmen können, ist es nicht verwunderlich, daß es im Laufe der menschlichen Gesellschaftsentwicklung zu sehr vielfältigen Arten von G. gekommen ist, die jeder in unserer Gesellschaft im Laufe seines Lebens mehr oder weniger intensiv kennenlernt. Die umseitige Übersicht schafft einen kleinen Überblick über die verschiedenen G.-Arten:
Von einer G. im streng soziologischen Sinn sprechen wir noch nicht, wenn z. B. an einer Bushaltestelle mehrere Menschen stehen, um auf den Bus zu warten. Man fordert eine Reihe von Merkmalen, die mehr oder weniger ausgeprägt vorhanden sein müssen, damit von einer G. gesprochen werden kann. Zu diesen Merkmalen gehören insbesondere:

G. haben immer bestimmte **Ziele.** Gelegentlich können die Ziele von G. aus dem Blick geraten. Dann weiß man zunehmend weniger, warum man sich eigentlich trifft. Zwar können die Ziele einer G. im Laufe der Zeit verändert werden, aber jedes G.-Mitglied sollte zu jedem Zeitpunkt das G.-Ziel kennen. Die Teilnehmer müssen sich über einen **längeren Zeitraum** möglichst regelmäßig wiedersehen.
G. haben bestimmte **Grenzen**, d. h. jedes G.-Mitglied ist genau darüber informiert, wer zur G. gehört und wer nicht. Die G.-Grenzen einer G. können unterschiedlich »offen« oder »geschlossen« sein. Bei zu offenen Grenzen droht die Gefahr, daß die Entwicklung zur »echten« G. nicht recht weiterläuft. Bei zu geschlossenen G. wird jeder Neuling wieder aus der G. vertrieben und es besteht die langfristige Gefahr eines »Schmorens im eigenen Saft«. Damit zusammen hängt das Merkmal des »**Wir-Gefühls**«. Man kann als G.-Leiter beobachten, ab wann in einer neuen G. ein »Wir-Gefühl« vorhanden ist. Man muß

Gruppe

Gruppen:	Allgemeine Gruppenmerkmale
	* entwickeln ein »Wir-Gefühl«,
	* bedürfen der Dauerhaftigkeit,
	* haben bestimmte Gruppenziele,
	* bilden Strukturen aus,
	* haben erkennbare Grenzen
	* entwickeln Gruppensymbole,
	* stellen ein Interaktionssystem dar,
	* haben eine Selbsterhaltungstendenz,
	* bilden Beziehungen zu anderen Gruppen.

formelle Gruppe	informelle Gruppe
* Strukturorientierung * feste Rollen * Normen, Ziele	* Personorientierung * personale Bedürfnisse * gemeinsame Interessen
CVJM e.V. – Großbetrieb	*Freundeskreis – Bürobelegschaft*
Sekundärgruppe	**Primärgruppe**
* hoher Organisationsgrad * sachliche, weitverzweigte unüberschaubare Beziehungen	* festgefügte Einheit * enge persönliche, stark emotional bindende Beziehungen (Loyalität)
Verband – Partei	*Familie – Peergroup*
Freiwilligkeitsgruppe	**Zwangsgruppe**
* freiwillige Mitgliedschaft * Interessen-, Personbindung * jederzeitiger Austritt	* meist gesetzliche Mitgliedschaft * Funktions-, Aufgabenorientierung * Austritt verboten oder erschwert
Jugendgruppe – Freundeskreis	*Schulklasse – Kompanie*
Eigengruppe	**Fremdgruppe**
* hohe pos. Emotionalität * Identitätswahrung * sozialer Schutzraum * evtl. »Ethnozentrismus« * »Autostereotyp«	* evtl. neg. Emotionalität * Infragestellung der Identität * soziale Bedrohung/Bereicherung * evtl. »Gettoisierung« * »Heterostereotyp«
Weiße	*Schwarze*

darauf achten, wie die Teilnehmer über die G. sprechen. Bei vorhandenem »Wir-Gefühl« spricht man von »uns« und »unserer G.« Ein neues Mitglied wird zunächst noch von »ihr«, »euch« sprechen. Erst wenn es sich eingewöhnt hat, spricht es auch von »uns«. Jetzt identifiziert sich der Neuling mit der G.
G. haben bestimmte **Symbole** (G.-Name; Ausweise; Anstecknadeln; Kluft etc.). Solche Symbole stärken den G.-Zusammenhalt und markieren die G.-Grenzen.
Im Laufe der Zeit bilden G. einen mehr oder weniger starken **Zusammenhalt** aus. Er zeigt sich besonders dann, wenn die G. oder ein G.-Mitglied von außen bedroht wird. In diesem Fall zeigt sich in allen G. eine Neigung, sich gegen Bedrohungen von außen oder von innen (»Störenfriede«) zu verteidigen.
In aller Regel dürfen G. eine bestimmte **Mitgliederzahl** nicht unter- aber auch nicht überschreiten. Für Kleing. gilt die Faustformel, daß sie nicht unter drei und nicht über 24 Personen umfassen sollte. Wichtig ist, daß prinzipiell jeder mit jedem in einen ausreichenden Kontakt treten kann. Dies wird bei höheren Personenzahlen immer weniger möglich.
In allen G. bilden sich im Laufe ihrer Entwicklung bestimmte Strukturen (Ordnungssysteme) heraus. Wir sprechen auch vom G.-Bildungsprozeß und einer G.-Entwicklung. Im Laufe dieses Prozesses – der vor allem genügend Zeit braucht, aber auch vom G.-Leiter bei sorgfältiger Beachtung pädagogisch gefördert werden kann – kommt es zur Herausbildung verschiedenartiger Strukturen. So gibt es eine **Sympathiestruktur** (Wer findet wen sympathisch?), eine **Kommunikationsstruktur** (Wer spricht z. B. häufiger und wer weniger häufig mit anderen?) und eine **hierarchische Struktur** (Wer übernimmt in bestimmten Situationen die Führung? Wer findet viel Beachtung und Gehör bei allen anderen?).
Für den G.-Leiter kann es sehr wichtig sein, die G.-Strukturen seiner G. genauer zu beobachten und sich ggf. darüber eingehendere Gedanken zu machen. Dies wird besonders dann notwendig, wenn es zu Störungen in der G. kommt. Meist liegt es an den G.-Strukturen, wenn man sich in der G. nicht recht wohl fühlt oder wenn es Störungen im G.-Programm gibt.
Für praktische Überlegungen könnte es hilfreich sein, sich als JS-Leiter Klarheit zu verschaffen:
Um welche Art von G. handelt es sich überhaupt bei meiner JS-Gruppe?
Wie steht es um die verschiedenen Merkmale in meiner JS-Gruppe? Wie offen oder geschlossen sind die G.-Grenzen in der JS, die ich im Auge habe? Sind den einzelnen G.-Mitgliedern die G.-Ziele bewußt oder gibt es Unklarheiten über die Ziele?
Welche Merkmale sind ausgeprägt vorhanden, an welchen Merkmalen sollte in Zukunft gearbeitet werden? Was könnte z. B. zur Stärkung des »Wir-Gefühls« getan werden?
Welche Strukturen finde ich in der JS? Gibt es z. B. starke Teilg., die miteinander rivalisieren?
Wie verlief die bisherige G.-Entwicklung? Wo stand die G., als ich sie übernahm, wo steht sie heute?

rh

Gruppenpädagogik

Die G. ist ein besonderer Teilbereich in der Erziehungswissenschaft. Er beschäftigt sich mit den sozialen und seelischen Zusammenhängen des Zusammenlebens in einer überschaubaren Gruppe von Menschen. Der Begriff Pädagoge kommt aus dem Griechischen und bedeutet soviel wie »Kinder- und Knabenführer«. Er wird heute für den gesamten Bereich der Menschenführung angewandt.
In der G. versucht man, relevante Teilerkenntnisse aus verschiedenen humanwissenschaftlichen Disziplinen so zuzuordnen, daß dabei Anwendungszusammenhänge und steuerbare Prozesse erkennbar werden. Diese Ereignisse sollen Erziehern und Gruppenleitern das nötige handwerk-

liche Rüstzeug für ihre vielschichtigen Aufgaben liefern.

Natürlich verfügt auch jeder ungeschulte Mensch (besonders Eltern von heranreifenden Kindern) über eigene erzieherische Erfahrungen und Prägungen, die er meist unbewußt in sein erzieherisches Verhalten einfließen läßt. Diese Eigenerfahrungen sind in vielen Fällen unreflektiert, d. h. der Betroffene kennt nur selten den inneren Zusammenhang seines erfolgreichen Verhaltens und stellt deswegen ihm einleuchtende Vermutungen an. Dabei besteht die Gefahr der Fehldeutung (falsche Kausalität), und so können für eine Situation richtige Verhaltensweisen in der nächsten Situation schon unangemessen sein. Solche möglichen Fehldeutungen können sich zu verinnerlichten Vorstellungen (Paradigmen) entwickeln, die dann von den Betroffenen verabsolutiert werden. Manche Erziehungswissenschaftler bezeichnen solche verinnerlichten Engführungen auch als Vulgärpädagogik.
Die wissenschaftliche G. will darum durch das Transparentmachen innerer Zusammenhänge zu einem reflektierten Erzieherverhalten befähigen. Sie bietet dazu allgemeine Deutungshilfen für eigene Erfahrungen an, um so Erziehung kompetenter gestalten zu können.

⇨ Erziehung   ⇨ Gruppe

ws

Gruppenraum

Ein eigener G. ist der Wunschtraum aller JS-Leiter. Wo sich dieser Wunsch erfüllt, sollte ein JS-Leiter mit der Gruppe Ideen entwickeln, wie dieser Raum gestaltet werden kann.
Möglichkeiten der Gestaltung sind: eigene Fotos als Poster vergrößert; Collagen und Wandzeitungen, durch die Jungscharler angefertigt; eine Ecke gestalten, in der von Turnieren, JS-Tagen und anderen Veranstaltungen die Auszeichnungen (Urkunden usw.) aufgehängt werden; eine Ideen- und Meinungswand gestalten; ein originelles Wandbild oder ähnliches, das als Anwesenheitsliste gilt (hierin werden die anwesenden Kinder eingetragen).
Für den Gruppenbereich notwendig ist auf jeden Fall ein abschließbarer Schrank für Spiele, Bücher und Material. Dazu gehört ein Regal, in dem Infomaterial ausgelegt wird und evtl. auch die Liederbücher der Gruppe aufbewahrt werden. Die Gestaltung des G. kann eine reizvolle Aufgabe für die ganze JS-Gruppe sein.

⇨ Gruppe

fm

Gruppenstunde

Die regelmäßige G. bietet die großartige Chance, Kinder in ihren Lebenserfahrungen hilfreich zu begleiten und in ihrer Persönlichkeitsentwicklung zu fördern. Gerade die JS mit ihren vielfältigen Programmangeboten und Aktionsmöglichkeiten kann so ein wertvoller Ausgleich zur stark kognitiv und leistungsorientierten Schule darstellen. Sport, Spiel und Spaß gehören dazu. Fröhliches Singen, herzhafte Gemeinschaft, geheimnisvolle Abenteuer, spannende Geschichten, die bei Fahrt und Freizeit erlebt werden. Schöpfung pur wird neu als Erlebnisraum entdeckt. Gottes Wort wird erlebnisorientiert vermittelt und Freundschaft mit Jesus konkret erfahrbar. Im Unterschied zum Konsumangebot der Medien können in der JS eigene Gaben ausprobiert und gefördert werden.

Freundschaftliche Beziehungen, gegenseitige Rücksichtnahme, Verantwortung und Dienst für andere werden eingeübt. Mitarbeiter als gute Freunde prägen wertvolle Vorbilder für glaubwürdiges Menschsein.
Die G. mit ihren festen Zeiten in der Woche kann so eine Oase der Hoffnung für Kinder werden. Hier können sie neues »Lebenswasser« schöpfen für den Weg durch manchmal »trockene Wüstenstrecken«. Hier können sie erste Schritte im Glauben an Jesus Christus machen und mit Freunden gemeinsam Gottes Wort entdecken. Die tiefen Prägungen einer regelmäßigen G. sind deshalb von nicht zu unterschätzender Bedeutung.

⇨ Jungschar

rr

H

Häuptlingsmodell

Es ist nicht wichtig, ob man bei diesen Namen an die Häuptlinge der Indianer oder an die Sippenhäuptlinge der Friesen denkt. Es geht in diesem Modell um eine JS-Arbeit in Kleingruppen und das Hineinnehmen von JS-Jungen und -Mädchen in die Mitarbeit und Mitverantwortung. Das Ziel dieser Arbeit ist, zu versuchen, möglichst viele, wenn nicht gar alle Jungen und Mädchen einer Gemeinde, eines Dorfes, eines Stadtteiles in die JS und damit unter die Verkündigung des Wortes Gottes zu bringen.

Die Aufgaben eines Häuptlings
Freude vermitteln – Verantwortung übernehmen.
Ein Häuptling kümmert sich um eine Gruppe, die aus 5-7 Jungen oder Mädchen besteht. Er hält sie »zusammen« und versucht, eine gute Gemeinschaft zu fördern. So sitzt er in der Stunde auch nicht bei seinen Freunden oder Klassenkameraden, sondern bei seiner Gruppe. Bei den Spielen leitet er die Aufstellung seiner Leute.
Ein Häuptling weiß um das Ziel der JS-Arbeit, darum ist er auch ständig auf der Suche nach »Neuen«. Diese lädt er ein, holt sie ab und ist ihnen behilflich beim Kennenlernen der Jungscharler. Ob diese dann auch in seine Gruppe kommen, ist nicht entscheidend.
Der Häuptling führt das Gruppenbuch, in ihm stehen die Personalien, Punkt- und Beitragslisten u. v. m. Den JS-Beitrag sammelt er ein und rechnet ihn ab. Alle fehlenden Jungscharler besucht der Häuptling bis zur nächsten Gruppenstunde. In der Häuptlingsstunde erzählt er davon und regt Besuche des Leiters an. Den Kranken erzählt er von der Stunde und der Andacht. Die Geburtstagskinder erhalten einen Gruß.
Der Häuptling hilft bei der Gestaltung der JS-Stunden und beim Herrichten des Gruppenraumes, selbstverständlich auch beim Aufräumen nach der Stunde. Unauffällig und leise sorgt er mit für das Gelingen der JS-Stunde. Z.B. sitzt er als »ruhender Pol« neben dem Zappeligen und Nervösen seiner Gruppe.
Jeder Häuptling wählt sich aus seiner Gruppe einen Stellvertreter. Dieser sollte mindestens ein Jahr jünger als er selbst sein und beim altersbedingten Verlassen der JS durch den Häuptling die Gruppe übernehmen.
Der Häuptling trifft sich auch außerhalb der Stunde mit seinen Gruppenmitgliedern zum Spiel, zum Baden, zur Radtour, wenn möglich und nötig hilft er bei den Hausaufgaben. Die Eltern seiner Gruppenmitglieder kennt er.
Unentschuldigt fehlt ein Häuptling nie in seiner JS. Die Treue zum Herrn der JS – Jesus Christus – und zu der JS sind für ihn ein weites Feld der Mitarbeit, der Bewährung und des Dienstes.

Wer kann Häuptling oder Stellvertreter sein?
Jeder Jungscharler kann Häuptling werden. Er sollte sich aber durch treuen Besuch der Stunden und die Bereitschaft, Dienste zu übernehmen, bewährt haben. Häuptlinge sollten mindestens die tägliche Bibellese und das persönliche Gebet bejahen und für sich als verbindlich anstreben. Sein Wunsch sollte die Teilnahme an möglichst vielen Freizeiten, besonders den Häuptlingsfreizeiten sein.
Häuptlinge müssen in ihren Klassen nicht die Klügsten und Besten sein. Aber sie sollten auch nicht die Faulsten, Frechsten und unzuverlässigsten Schüler sein.
Ihr Reden und Handeln in der Schule, bei Sport und Spiel, im Elternhaus sollte mit dem Verhalten in der JS übereinstimmen. Häuptlinge müssen bereit sein zum Lernen. Nicht nur Lagerkunst und Waldläuferschule, CVJM- und Kirchengeschichte,

Häuptlingsmodell

sondern auch »Verzichten und Beherrschen« sind für sie keine altertümlichen und unmöglichen Herausforderungen. »Lust und Laune« sollten sie nicht mehr beherrschen, auch nicht das »man« der Klasse, der Straße, des Dorfes. Sie hören ja in Andachten, Bibelarbeiten von der Kraft des Heiligen Geistes.
Zielpunkt: »Wenn die Mädchen oder Jungen der Gruppe sich freuen, dann hat auch der Häuptling Freude!«

Die Gruppe und der Gruppenwettkampf

Noch mehr Freude! Noch mehr Kinder in der JS! Ein echter Gruppenwettkampf stört oder zerstört nie die JS und ihre Gemeinschaft. Häuptlinge sind Freunde, halten zusammen, wissen das Ziel und kennen den Herrn der JS. Auch ist es ihnen klar: Ohne eine größere JS wird die Häuptlingsarbeit und die JS sinn- und witzlos.
Durch den Gruppenwettbewerb kommen viel mehr Kinder regelmäßig in die JS, damit auch unter Gottes Wort, lernen Jesus Christus kennen und werden in die Nachfolge gerufen.
Werden nur die besten und treuesten Jungscharler belohnt und ausgezeichnet, wird diesen vielleicht sehr schnell die Treue der anderen Jungscharler unwichtig. Nur sich selbst bringt man in die JS. Für die Leitung der JS ist es oft auch sehr schwer zu sagen: Wer fehlt wirklich aus echtem Grund? In diesem Alter besteht noch Freude am Messen der Kräfte, an ehrlichen, fröhlichen Wettkämpfen. Sie wissen sich gefordert, können mitarbeiten, werden ernstgenommen, dürfen überschaubare Verantwortung übernehmen.
Bewährt hat sich folgende Ordnung: Jeder Besucher der JS-Stunde bringt durch sein Kommen der Gruppe einen Punkt ein. Wird ein »Neuer« mitgebracht, dann erhält die Gruppe dafür die Klassenpunkte: 6. Schuljahr = 6 Punkte. Bleibt der Neue vor Abschluß des Gruppenwettbewerbs wieder weg, dann werden diese Punkte wieder abgezogen. Die Anwesenheitspunkte bleiben als Guthaben.
So ein Gruppenwettbewerb darf sich nur über eine vorher besprochene, begrenzte Zeit erstrecken. Die Ferien bieten sich zu einer Festlegung an. Alle Gruppen haben so auch die Möglichkeit des Sieges. Solch ein Wettbewerb verlangt von der JS-Leitung, daß regelmäßig und unparteiisch jede Stunde die Ergebnisse ermittelt und bekanntgegeben werden. Eine Fieberbelle auf Millimeterpapier, sichtbar aufgehängt, ist hierfür ein gutes Hilfsmittel.
Der Häuptling der Siegergruppe bekommt als »Wanderpreis« ein Halstuch mit einem roteingefaßten Rand, den »roten Streifen«, jedes Gruppenmitglied einen Preis (Aufkleber o. ä.).
Natürlich bringen Gruppen, Wettbewerbe und Häuptlinge den JS-Leitern ein Mehr an Arbeit und Zeitaufwand. Aber: Sie sind wirklich reiche und beschenkte Leute. Sie haben ja viel mehr: Augen, Ohren, Hände, Füße, Zungen, Herzen, Gehirn, Ideen, Freude, Liebe und Zeit.

Häuptlingsstunde und Häuptlingsfreizeiten

Das einzige »Vorrecht« der Häuptlinge ist die Häuptlingsstunde und die Teilnahme an den Häuptlingsfreizeiten.
An der wöchentlichen Häuptlingsstunde, auch mit seinem Stellvertreter, fehlt ohne schwerwiegenden Grund kein Häuptling. Sie findet nach der JS statt.
Im ersten Teil wird gründlich die vergangene Stunde besprochen. Hier ist Gelegenheit zu Lob und Kritik, zur Vorstellung von Verbesserungsideen. Haus-, Einladungs- und Abholungsbesuche werden besprochen.
Dann geht das Gespräch auf die kommende(n) Stunde(n) über. Planung von Aktionen, Festen, Treffen werden vorgestellt, besprochen, Aufgaben verteilt.
Der dritte Teil der Häuptlingsstunde wird von dem eigentlichen Fundament der JS-Arbeit bestimmt. Abwechselnd wird von einem der Häuptlinge die Einleitung zum Tagestext, der Bibellese, gegeben. Der Häuptling hat sich schriftlich vorbereitet. Da jeder einen eigenen Bibelseplan besitzt, kann sich auch jeder am Gespräch

beteiligen. Hier wird zum regelmäßigen Bibellesen ermutigt und angehalten. Viele ehemalige Häuptlinge sind beim Bibellesen geblieben.

Ein wichtiges Ziel der Häuptlingsstunden ist, daß Jungen und Mädchen Freude zum einsamen und gemeinsamen Gebet bekommen. Darum sollte möglichst bald jede Zusammenkunft mit einer Gebetsgemeinschaft enden. Darüber muß natürlich erst gesprochen werden.

Jeder Häuptling (und sein Stellvertreter) sollte die für ihn so wichtigen Häuptlingsfreizeiten besuchen. Das sollte schon vor der Ernennung zum Häuptling abgeklärt sein. Häuptlingsfreizeiten sind ein Grundkurs für junge zukünftige Mitarbeiter. Ein Lehrplan, der sich über vier Freizeiten erstreckt, will Wissen und Praxis einer verbindlichen JS-Arbeit nahebringen. Besonders geht es aber um ein geistliches Wachsen der Teilnehmer. Zur Entscheidung für Jesus Christus wird eingeladen und aufgefordert.

In der großen Gemeinschaft aus vielen JS entsteht Freude an der Gemeinschaft im CVJM. Neue Freundschaften bilden sich, es wächst der Wille: Ich werde Mitarbeiter! Ich will Mitarbeiter Jesu Christi bleiben. In der Häuptlingsprüfung stellt der Häuptling das Gelernte unter Beweis.

Für und Wider zum H.

In vielen JS herrscht ein ständiges Kommen und Wegbleiben der Jungscharler. Kaum kennen die Leiter die Namen und Anschriften, die Eltern der Besucher. Selten werden die wahren Gründe des Fehlens oder Weggehens bekannt. Ebenso selten wird dem »nachgegangen«. Eine aufbauende, vertiefende Arbeit ist fast unmöglich.

Die älteren Jungscharler, so ab 12 Jahren, verlassen diese JS, weil sie sich nicht genügend gefordert fühlen, keine echten Aufgaben haben.

Die JS bleiben zahlenmäßig sehr klein, die Wichtigkeit des Einladens, Abholens wird nicht wahrgenommen. Jungen und Mädchen lassen sich »etwas bieten«.

Das ist dort, wo das H. nach Jahren der Erprobung praktiziert wird, völlig anders. Häuptlingsarbeit und Gruppen führen zu größerer Übersicht und Verbindlichkeit. Solche JS haben einmal keinen Mangel an Mitarbeitern. Das zeigt sich auch in der Gruppenarbeit nach der JS.

Unsinnig ist die Meinung: »Häuptlinge unterdrücken und beherrschen schwächere Kinder. In einer freiwilligen Arbeit hätten solche bald keine Gruppenmitglieder mehr.« Auch ist der Häuptling nie der »Liebling« seiner Leiter. Von ihm wird ja viel mehr erwartet, verlangt, gefordert. Mit Elitebildung hat diese ganze Arbeit auch nichts zu tun, denn dann darf es auch keine Mitarbeiterschulung und keine Weiterbildung mehr geben.

Vordergründig bringen Häuptlinge und Gruppen dem Leiter ein Mehr an Arbeit, Zeitaufwand und begleitender Seelsorge. Aber sie bringen ihm auch viel Segen und lassen ihn noch viel mehr zum Segen werden.

Dieses Häuptlingsmodell hat sich in über vier Jahrzehnten in vielen JS bewährt.

mh

Haftpflichtversicherung

Die einzelnen CVJM (eingetragene und nicht eingetragene Vereine) sind über Sammelh. der Landeskirchen versichert als »rechtlich selbständige Vereine mit kirchentypischer und unter kirchlicher Aufsicht geleitete Betätigung«. Da die Landeskirchen unterschiedliche Verträge abgeschlossen haben, können die Bünde und Landesverbände des Gesamtverbandes nähere Auskunft über Umfang und Höhe der jeweiligen Verträge geben. Wichtig ist, daß Schäden **sofort** dem Verein bzw. der Gemeinde gemeldet werden. Dazu gehören die Namen der Beteiligten, Ort, Tag sowie Art und Umfang des Schadens.

⇨ Rechts-ABC

um

Haftung

Verletzt ein Mitarbeiter seine Aufsichtspflicht, so kann der Geschädigte den Mitarbeiter persönlich und auch den Verein in Anspruch nehmen. Schadensersatzansprüche (Ersatz oder Reparatur beschädigter Gegenstände) kann zwar nur einmal verlangt werden, dies aber wahlweise vom Mitarbeiter selbst oder vom Verein. Wird der Mitarbeiter in Anspruch genommen, so ist der Verein verpflichtet, ihm seine Unkosten zu ersetzen (Freistellung). Der eingetragene Verein (e.V.) ist zum Schadensersatz jedoch nur in Höhe der Vereinskasse verpflichtet.
In der Praxis tritt in allen diesen Fällen die Haftpflichtversicherung ein.
Den Mitarbeiter persönlich können darüber hinaus strafrechtliche Folgen der Aufsichtspflichtverletzung (z. B. Strafanzeige wegen Körperverletzung) treffen. Diese Folgen können ihm nicht vom Verein abgenommen werden.

⇨ Rechts-ABC

um

Halstuch

Das H. ergänzt die Kluft. In der Regel wird es dem verliehen, der eine entsprechende Prüfung oder besondere Herausforderung bestanden hat oder eine bestimmte Bewährung nachweisen kann.
In der biblisch-bündischen JS-Arbeit, die auf CVJM-Bundessekretär Max Hamsch zurückgeht, wird nach bestandener H.-Prüfung ein schwarzes H. verliehen. Später kann das schwarze H. einen »Streifen« bekommen: der **grüne** Streifen zeigt den »Häuptling« einer Kleingruppe an; den **roten** Streifen trägt der Häuptling, der mit seiner Gruppe den Gruppenwettkampf gewonnen hat; der **orange** Streifen ist das Zeichen für die Jungen- bzw. Mädchenschaft der Altersstufe der 13-16jährigen, die auf das JS-Alter folgt; den **weißen** Streifen tragen die verantwortlichen Mitarbeiter.
Zweckentfremdet kann das H. auch einmal als Dreieckstuch für Erste Hilfe oder zum Augenverbinden benutzt werden.
Der **H.-Ring** hält das gerollte oder gefaltete H. zusammen. Er besteht aus einer gebogenen Metallspange aus bronziertem Material mit aufgeprägtem Eichenkreuz-, Ankerkreuz- oder CVJM-Emblem.
Der **Silberne H.-Ring** wird dem Häuptling verliehen, der sein Können in einer umfangreichen Häuptlingsprüfung unter Beweis gestellt hat.
Pfadfinder und andere Gruppierungen verwenden als H.-Ring auch Knoten aus Holz, Leder, Kordel oder Bein.

⇨ Bündische Jungscharbeit

reh

Hausbesuche

Ziel
Kontakt zwischen Gruppenleitern und JS-Elternhaus; Aufbau einer Vertrauensbasis zu Jungscharlern und Eltern; Einblick in Verhaltenshintergründe des einzelnen Jungscharlers; Entdecken von nötigen Hilfeleistungen durch JS-Gruppenprozesse.

Anlaß
Mehrfaches Fehlen in der Gruppe; Geburtstag oder Krankheit; Unfall, Sterbefall in der Familie; Vorkommnis in der Gruppe oder auf einer Freizeit; Disziplinschwierigkeiten.

Fehlerquellen
Jungscharler nicht anschwärzen oder vor den Eltern bloßstellen; nur das Positive herausstellen, denn die Eltern fühlen sich geehrt und der Jungscharler faßt Vertrauen. Sei gegenüber den JS-Eltern nicht älter als du bist!

Vorbereitung
Am besten man geht zu zweit und betet vorher für sich selbst, den Jungscharler und seine Familie. Macht euch euren eigentlichen Besuchsgrund klar und wählt

ein Mitbringsel aus (z. B. »Jungschar«, Vereinsprospekt). Meldet euren Besuch (mit Zeitpunkt) an.

Besuch
Stellt euch vor und nennt den Grund des Besuches. Überreicht das Mitbringsel und faßt euch kurz. Nach angemessener Zeit sollte man sich verabschieden und für die nächste JS-Stunde einladen. Höfliche Zurückhaltung ist besser als zielstrebige Aufdringlichkeit!

Auswertung
Nachgebet; wichtige Gesichtspunkte sollten festgehalten werden. Wer tut gegebenenfalls was, wann, für wen?

⇨ Eltern ⇨ Mitglied ⇨ Werbung

me

Heim
Wörter wie Heimweh, heimelig, Heimat machen deutlich, daß das H. eines Menschen dort ist, wo er sich geborgen fühlt, wo er gerne ist, wo ihm Verständnis für seine Sorgen und Nöte entgegengebracht wird.
Immer mehr Kinder und Jugendliche finden zu Hause bei ihren Eltern oder in der Familie kein H. mehr, was verschiedene Folgen haben kann, von der Flucht in die »Geborgenheit« einer Sekte bis zum Konsum der verschiedenen Drogen.
Weil wir Mitarbeiter wissen und erlebt haben, daß wir durch Jesus ein echtes H. haben, können wir die Kinder in unseren Gruppen durch unser Reden, Zuhören und Handeln spüren lassen, daß Jesus auch ihnen ein H. geben will. Wenn wir bei Kindern »Heimweh« nach dem Reich Gottes« wecken wollen, dann kann uns also dabei helfen, den Kindern in unseren Gruppen ein »zweites Zuhause« zu geben.

⇨ Gruppenraum

mj

Heimweh
H.-»kranke« JSler auf JS-Freizeiten bringen Mitarbeiter nicht selten in große Selbstzweifel. »Wir bieten doch ein so tolles Programm, da kann es doch kein H. geben.« H. hat in der Regel nichts mit tollen Programmen zu tun. H. ist die Sehnsucht nach Verstandenwerden und Angenommensein, nach Geborgenheit, nach vertrauten Menschen. Ein Kind muß spüren: Ich bin persönlich angenommen und werde nicht durch ein noch so tolles Programm gejagt. Es lohnt sich, mindestens eine »Mutti« auf Freizeiten dabeizuhaben, die ein Kind auch liebevoll in die Arme nehmen kann. Durch solche persönliche Beziehungsarbeit kann ein Kind abgelenkt und kontaktfähig zu bisher fremden Kindern und Mitarbeitern werden.
H.-Erzeuger sind auch: Eltern/Großeltern, die ein Kind nicht loslassen wollen/können. Leicht erreichbare Telefone, durch die Seelenschmerz unendlich gesteigert werden kann. Elternbesuche im Lager müssen sorgfältig bedacht werden.
Hilfen: Persönliche Zuwendung und Begleitung durch einen Mitarbeiter.
Appelle: Ich will selbständig/unabhängig werden. Ich will lernen, mit anderen auszukommen. Sehnsucht und Schmerz zu überwinden, will gelernt sein. Meine Mutter/mein Vater will, daß ich das lerne. Aus Liebe bieten sie mir die Freizeitteilnahme... ich bin nicht abgeschoben!
H.-Kinder sollte man durch »Muttis« besonders beschäftigen. »Durchhalteprämien« sind Hilfen 2. Klasse, können aber echte Hilfen sein!

⇨ Freizeiten ⇨ Lager

rw

Helfer

Es ist gut für einen JS-Leiter, wenn er bei seiner Leitung der JS mindestens einen Helfer zur Seite hat. Gerade ältere Jungscharler können in diese Aufgabe hineinwachsen oder jüngere Mitarbeiter, die selbst keine JS-Erfahrung haben, können so an die verantwortliche Mitarbeit herangeführt werden. Es gibt eine Fülle von Möglichkeiten, den JS-Leiter zu entlasten. Hier sind z. B. zu nennen: Verwaltung des Spiel- und Bastelmaterials, Verwaltung der JS-Kasse, die Durchführung einzelner kleinerer Programmpunkte u. v. a. m. Auch das Führen der Anwesenheitsliste ist eine gute Hilfe, und außerdem kann der H. den Leiter darauf aufmerksam machen, wenn einzelne JS-Kinder länger gefehlt haben. Besonders hilfreich kann der H. bei der Durchführung einer Freizeit sein. Hier sollte ihm dann getrost auch die Betreuung einer Kleingruppe übertragen werden. Der H. sollte auch an Schulungsmaßnahmen teilnehmen. Es ist sicherlich empfehlenswert, einen Grundkurs für JS-Mitarbeiter zu besuchen. Bei all der Arbeit, die ein H. hat, sollte er in jedem Fall die nötige Begleitung bei der Bewältigung seiner Aufgaben erfahren. An dieser Stelle muß auch der geistliche Aspekt des Dienstes eines H. im Blick sein. Welche Bedeutung hat für ihn sein Glaube und wo braucht er die notwendige Unterstützung und Seelsorge? Deshalb empfiehlt es sich, daß JS-Leiter und H. sich regelmäßig treffen, um sich über die notwendigen Fragen auszutauschen. Sollte es mehrere H. geben, ist die Einrichtung eines regelmäßigen H.-Kreises unbedingt nötig. Auch die punktuelle Teilnahme am Mitarbeiterkreistreffen ist wünschenswert.

⇨ Mitarbeiter

bh

Heraldik

Jungscharler sind leicht für die Welt der Ritter zu begeistern. Warum sollte man dies nicht für Spiel- und Sommerlagerideen nutzen? Positive Ziele wie Ritterlichkeit können dabei auch vermittelt werden. Für stilechte Spiele brauchen wir natürlich Wappen. Die H. (Wappenkunde) vermittelt uns die Grundlagen eines richtigen Wappens. Man kann es sich unter Beachtung der heraldischen Regeln selbst entwerfen und auf ein Rittergewand malen. Die einfachste Bauart ist ein Stück Stoff in Körperbreite, das in der Mitte ein Loch für den Kopf bekommt, Brust und Rücken bedeckt und durch einen Gürtel zusammengehalten wird.

Aus einer Sperrholzplatte kann man sich ein Wappenschild herstellen. Ein alter Gürtel wird zu Trageriemen umfunktioniert, die mit Schrauben an dem Schild befestigt werden. Und dann: auf zum Ritterturnier! Nähere Informationen: Häuptlingsbuch und Heraldikbücher (letztere in Büchereien vorhanden).

⇨ Bündische Jugendarbeit

ipm

Hobby

Das Wort H. stammt aus dem Englischen und bedeutet nach dem Lexikon: »Beschäftigung, der man in seiner Freizeit (aus Interesse oder aus Ausgleich zur beruflichen Tätigkeit) nachgeht; Liebhaberei«.
Für die JS hat dies zweierlei Bedeutung:
1. Für jeden JS-Leiter kann und darf die JS nicht nur H. sein, sondern sollte Berufung sein, die (nebenbei) auch zum H. wird. D. h. konkret: Einer Liebhaberei gehe ich nach, wenn ich Zeit und Lust habe, mal mehr, mal weniger. Ich selbst kann entscheiden, wann, wie und wo ich in meiner Freizeit mich mit meinem H. beschäftige. Eine JS leiten kann ich nur, wenn ich regelmäßig und zuverlässig zu einem festen

Zeitpunkt mich für meine Gruppe einsetze und auch in Zeiten, in denen ich keine Lust habe (das gibt es bei jedem JS-Leiter hin und wieder), meine Berufung ernst nehme. Also — JS ist mehr als ein H., trotzdem kann, soll und macht es soviel Freude wie eben ein H.

2. Für den Jungscharler ist die Gruppe oft ein H. — eine zwanglose Möglichkeit, mit Gleichaltrigen einen Ausgleich zum Alltag zu haben. Persönliche Bindungen (wie Mitarbeiter als Vorbild; Beziehungsarbeit u. a.) können die JS aber auch für den Teilnehmer zu mehr als einem H. werden lassen und helfen dabei, JS zu einem Ort zu machen, an dem man erste Begegnungen mit dem lebendigen Gott haben kann. Gleichzeitig hat der Jungscharler auch — soweit vom Gruppenleiter eingeplant — die Möglichkeit, andere an seinen sonstigen H. teilhaben zu lassen oder neue H. im sportlichen oder kreativen Bereich zu entdecken.

go

Höhepunkte

Was sind H.?

H. im Programm der JS können einmal von außen vorgegebene Veranstaltungen sein, an denen wir uns mit unserer JS-Gruppe beteiligen können (z. B. Pfarrfeste, Feste des Diakonievereins, Ortsfeste, Straßenfeste etc.; auch JS-Freizeiten des kirchlichen Jugendwerks oder anderer Organisationen, JS-Tage des Kreises etc.). In diesem Fall haben wir als JS-Leiter meistens nur einen geringen Einfluß auf die Terminestaltung und können uns also nur überlegen, ob wir diese Termine mit in unser Programm aufnehmen oder nicht. Dafür ist der organisatorische Aufwand für uns meistens vergleichsweise gering.

Daneben können wir H. in unserem JS-Programm aber auch selbst schaffen. Wir können Spielsamstage einrichten, Elterntage, an denen die JS z. B. ein Theaterstück aufführt, veranstaltet, Geländespiele, Wochenendfreizeiten, besondere Feiern (z. B. Advent), Ausflüge (z. B. Fahrradtour oder zum Wasserfreizeitpark), Discoabende usw. organisieren. Diese Art H. sind häufig mit einer ganzen Menge Arbeit verbunden, die der JS-Leiter aber auch teilweise an seine Jungscharler weiterdelegieren kann.

Warum H.?

Aus verschiedenen Gründen sind H. im Programm wichtig, ich will hier jedoch nur auf die zwei wichtigsten eingehen: H. sind für die Gruppe selbst wichtig. Diese Termine schaffen Anreize für die Jungscharler, regelmäßig zu kommen, um dabei zu sein, wenn große Dinge geschehen. Gemeinsame Aktionen schweißen die Gruppe zu einer Einheit zusammen. H. können auch gut als Werbung für die Gruppe dienen. Ist eine Gruppe aktiv und macht es einfach Spaß dabei zu sein, so strahlt die Gruppe etwas aus, das andere mitreißen kann. Außenstehende bekommen das Gefühl, daß es sich lohnt, mitzumachen und sich der Gruppe anzuschließen. Wir erlebten diese Effekte häufig nach JS-Freizeiten, die wir öffentlich ausgeschrieben hatten. Nach den Freizeiten drängten viele Freizeitler in unsere JS. Ähnliche Effekte lassen sich aber auch mit Ortsranderholungen oder JS-Tagen erzielen.

Wie komme ich zu guten Ideen?

In Bibliotheken stöbern (z. B. Pfarrhaus, CVJM-Ortsverein oder -Kreisverband, kirchliche Jugendwerke, Diakonie etc.). Ältere JS-Leiter mit mehr Erfahrung fragen. Spezielle Zeitschrift abonnieren (z. B. »Der Steigbügel«, Bezugsadresse: Buchhandlung und Verlag des ejw, Haeberlinstr. 1-3, 70563 Stuttgart, die umfangreiche einschlägige neue Ideen liefern für Bibelstunden, Quizabende, Lagerfeuerabende, Spielabende drinnen und draußen, Bastelvorschläge, Geschichten, Theaterstücke usw., Termine für H. von außen erfragen (Pfarrämter, Jugendwerke, CVJM, Jungscharobmänner im Kreis).

Ein praktisches Beispiel für einen H.

Wir organisieren einen Sportplatz mit Hilfe des CVJM-Eichenkreuzes für einen

Nachmittag und leihen uns verschiedene Geräte aus. Z. B. einen Riesenball von 2 m Durchmesser (Riesenerdkugel), hiermit könnte nach »Fußballregeln« mit kleinen Abweichungen gespielt werden. Der Riesenball muß ins gegnerische Tor geschoben werden — kein leichtes Unterfangen. Man könnte z. B. auch einen Fallschirm ausleihen, auf den Fallschirm Luftballons packen und diese durch rhythmisches Auf und Ab der Gruppe kreisen lassen etc. Fragt einfach mal, was im CVJM so an Großspielgeräten vorhanden ist und was man damit anfangen kann.

⇨ Aktionen   ⇨ Checkliste Aktionen

jg

Ideenbörse

Eine I. soll die Übersicht einer großen Sammlung von kreativen Programmangeboten sein, die sich bereits in JS-Stunden bewährt haben und durchgeführt wurden. Die breite Palette an JS-Angeboten, die sich oftmals in der Programmvielfalt der unterschiedlichen JS-Gruppen eines Kirchenkreises oder CVJM-Kreisverbandes widerspiegelt, ist ein reiches Potential von Gaben, die Mitarbeiter in ihren Durchführungen eingebracht haben. Diese Goldgrube bleibt oft innerhalb eines CVJM-Kreisverbandes oder eines Kirchenkreises unentdeckt, weil man nichts voneinander weiß und keine Kenntnisse von der Vielfalt an JS-Programmangeboten hat. Warum eigentlich sich nicht mit guten Programmvorlagen gegenseitig beschenken. Sie können oftmals konkurrenzlos gut anderen Anbietern außerschulischer Jugendarbeit gegenübergestellt werden.

Was ist zu tun?

Ein geeigneter großer Raum und mehrere kleine Räume mit Atmosphäre müssen entdeckt und gestaltet werden, u. a. mit Cafe-Ecke zur Gesprächsmöglichkeit. Mehrere Ortsbesichtigungen in Gemeindehäusern und CVJM-Häusern sind ratsam.

Verantwortliche JS-Mitarbeiter sollten die Einladungen zur Vorstellung ihrer Programmideen innerhalb des eigenen Kreisverbandes oder Kirchenkreises aussprechen und zur Ideenbörse einladen.
Alle Mitarbeiter des angesprochenen Gebietes sollen 2-3 »High-Light«-Programme vorstellen.
Die Ideen können an Fotowänden, Stellwänden als Plakatwand dargestellt werden. Eine Diashow, Kurzberichte, Video-Clips etc. könnten eingesetzt werden.
Infozettel und Programmliste mit konkreter Durchführungsauflistung (u. a.: Welche Materialien benötige ich? Wie sind die einzelnen Schritte aufgebaut? So haben wir die Stunde gestaltet usw.) sollten zum Informieren und zur Vorlage zum Mitnehmen bereitliegen.
Bei einem solchen I.-Treffen sollte auch der Erfahrungsaustausch der einzelnen Mitarbeiter nicht fehlen. Gesprächs- und Diskussionsangebote und der Austausch über Probleme bei bestimmten Programmdurchführungen sowie ebenso gute Erfahrungen in den Gruppenstunden sollten untereinander mitgeteilt werden.
Die Mitarbeiter sollen deutlich spüren, daß sie in der großen Gemeinschaft von JS-Mitarbeitern stehen, die ähnliche gute und schlechte Erfahrungen sammeln und daraus lernen. Diese Gemeinschaft kann zum

Voneinanderlernen führen und zur Erkenntnis, daß unter uns viele Fachleute für bestimmte Inhalte in der Programmlandschaft vorhanden sind. Zapfen wir uns gegenseitig an! Mut zur Ideenbörse!

⇨ Programm

gk

Indiaca

I. ist ein Rückschlagspiel. I. nennt man auch den Flug»ball«, einen kleinen Schaumstoffkörper mit 4 Naturfedern.
Die I. wird mit der flachen Hand über ein 1,80-2,20 m hohes Netz oder eine Leine geschlagen oder mit Schlägern, dann heißt es I.-Tennis.
Man spielt es als Einzel oder Doppel oder als Mannschaftswettkampf mit bis zu 6 Personen (bis 12 Jahre = 6 Personen, ab 13 Jahre = 5 Personen). Die Spielfeldgröße ist der Personenzahl angepaßt: 8 x 4 m bei Einzel und Doppel bis 16 x 9 m bei 6 Personen pro Mannschaft.

Beim Einzel- und Doppelspiel wird die I. direkt über das Netz geschlagen. Bei Mannschaftswettbewerben kann innerhalb der Mannschaft dreimal eine Berührung stattfinden. Die I. darf nur mit der Hand geschlagen werden und darf den Boden nicht berühren. Es wird entweder nach einer vereinbarten Zeit gespielt, dann ergibt jeder Fehler einer Mannschaft einen Punkt für die andere Mannschaft, oder man spielt es nach Sätzen bis 15 wie beim Volleyball. In beiden Fällen schlägt die Mannschaft auf, die den Vorteil/Punkt erhalten hat. In beiden Fällen »rotiert« die Mannschaft um einen Platz im Uhrzeigersinn, wenn sie die Aufgabe erneut erhält.
Für Mannschaftsspiele gibt es die offiziellen I.-Regeln, gültig seit 1993.

⇨ Spiel und Sport

rm

Idol

Wer kein Vorbild hat, der sucht nach einem I. Ein Vorbild ist ein Mensch, der uns hilft, ein Bild Gottes zu werden. So wie er es im Sinn hatte, als er uns schuf. Vorbilder können unsere Eltern, Lehrer, Freunde, aber auch JS-Leiter sein.
Ein I. ist ein Mensch, der unseren Träumen und Wünschen entgegenkommt. Der so ist, wie wir sein möchten, oft im Gegensatz zu dem, was sich Gott, unsere Eltern und Freunde von uns erhoffen.
Jeder Mensch braucht Vorbilder, aber sucht auch nach I. Heute können diese Michael Jackson, Madonna, Lothar Matthäus usw. heißen. Oft können die I. überhaupt nichts dafür, daß sie zu solchen werden. I. sind aber auch Geld, Ruhm, Sicherheit, oder können es werden, wenn wir nur an sie denken. Ein I. kann aber auch ein ganz normaler Mensch sein, den wir anhimmeln. Wenn uns ein I. enttäuscht, oder zerbricht, fällt die ganze Welt und der Glaube, die Hoffnung und die Liebe zusammen. Ein Vorbild aber bleibt, solange es auf den Bildhauer der Welt hinweist.

⇨ Vorbild

fp

Interessensgruppen

Interesse stammt aus dem Lateinischen und bedeutet soviel wie »von Wichtigkeit sein«. Im Rahmen der JS gibt es bisher zwei Arten von I.: 1. Im Freizeitbereich, um z. B. Kreativität, Sportlichkeit, handwerkliche Fähigkeiten oder musische Begabungen zu fördern und/oder die Teilnehmer einen Bereich auswählen zu lassen.
2. Eine I., z. B. Arbeiten mit Holz, wird über einen begrenzten Zeitraum für JS vor Ort angeboten, um Mitarbeiter nach ihren Begabungen besser und für sie selbst zeitlich überschaubarer einzusetzen. (Für eine überschaubare Zeit kann man manche Mitarbeiter eher gewinnen als für eine Aufgabe »ohne Ende«.) Um in dem zeitlich begrenzten Rahmen mehr Kontinuität in die Gruppe zu bringen.

⇨ Hobby

go

J

Jahresaufgabe

Manche JS-Leiter suchen sich für ihre JS eine J. aus, die oft in Verbindung mit der Jahreslosung steht. Für die J. kann man vom CVJM-Gesamtverband auch Handreichungen beziehen, die die Arbeit damit erleichtern. Die Themen der J. lauten zum Beispiel: »Kommt, wir feiern ein Fest«, »Unterwegs«, »Pack den Sonntag aus«, »Menschen aus Gottes Hand«.
Neben einigen Bibelarbeiten zum jeweiligen Thema läßt sich auch die eine oder andere Gruppenstunde dazu gestalten. Die J. soll sich wie ein roter Faden durch das Jahresprogramm ziehen. Die Gruppe wird angeregt, sich durch Bastelprogramme, verschiedene Höhepunkte und Aktionen, wie zum Beispiel das Feiern von Festen, mit der Aufgabe vertraut zu machen und sie zu erarbeiten. Dabei kann die Gemeinschaft der Gruppe wachsen und gestärkt werden.

⇨ Aktionen ⇨ Höhepunkte

ch

Jahresplanung

Das Programm ist das Instrument zur Vermittlung von Zielen und Inhalten (missionarische, pädagogische, soziale ...). Für die Gruppenmitglieder hat es entscheidende Bedeutung, sie kommen freiwillig! Positive Erfahrungen sind: Gemeinschaft, Spaß, Erfolgserlebnisse, Kontakte. Deshalb ist es wichtig, sich einmal im Jahr grundsätzlich Gedanken darüber zu machen, was ich als Gruppenleiter erreichen möchte in und mit meiner Gruppe, welche Ziele ich verfolge und wie ich sie erreichen kann.
Dabei kann ich mir die Arbeit erleichtern, wenn ich einen Überblick habe, wann ich was machen möchte, und auch längerfristig Zeit zur Vorbereitung bleibt. Eine grobe J. hat sich dabei bewährt. Man kann

ein großes Blatt Papier und den Kalender nehmen, die Termine der Gruppenstunden eintragen und dann schon festgelegte Veranstaltungen und Programmideen verteilen. Dazwischen kann man immer wieder Platz lassen zum »Schieben« von Programmpunkten und für Unvorhergesehenes.

⇨ Checkliste Jahresplanung ⇨ Planung
⇨ Kirchenjahr

sm

Jahreszeiten

Bei den Überlegungen zur Programmplanung können jahreszeitliche Einheiten eine große Hilfe sein, z. B. bei der Themenformulierung und um zuviel Wiederholungen zu vermeiden.
Neben dem normalen J. sollte dabei auch das Kirchenjahr eine Rolle spielen, etwa in der Auswahl von Andachten (Weihnachten, Passion, Ostern, Pfingsten, Erntedank, Bußtag, Ewigkeitssonntag u. a.). Das Einbeziehen von kirchenjahrbezogenen Bibeltexten hilft, große Zusammenhänge zu sehen und beinhaltet im Laufe eines Jahres alle wichtigen Verkündigungsaspekte.
Daneben können Kirchenj. in fast allen anderen Programmelementen eine Rolle spielen: Bastelarbeiten zu Weihnachten, Ostern, Frühling, Herbst; Feste: Adventsfeier, Schneemannfest, Frühlingsparty, Sommerfest (möglichst im Freien), Erntedankfest; Spiel- und Rätselprogramme für drinnen und draußen: Schneespiele, Geländespiele, Würfelspiele zur Weihnachtsgeschichte; Lieder zum Kirchenjahr.
Etliche Programmelemente benötigen von allein eine bestimmte Jahreszeit: Grillfeste gehören in den Sommer, gemütliche Candle-Light-Partys eher in den Herbst und Winter; Wanderungen und Fahrradtouren fallen in die warme Jahreszeit, Plätzchenbacken paßt eher zum Dezember usw.

⇨ Planung ⇨ Kirchenjahr

gs

Jesus Christus

Der Name Jesus ist die griech. Wiedergabe des hebr. Jeschua und bedeutet »Gott rettet«. Dagegen ist »Christus« das griech. Wort für den hebr. Titel »Messias« und heißt der »Gesalbte«. Die Salbung mit Öl war eine Weihehandlung in Israel (1. Sam 10, 1; 1. Sam 16, 13). Priester, aber auch der König wurden in einer feierlichen Handlung für ihr Amt mit einer Salbung geweiht. Gesalbter war deshalb der feierliche Titel für den Diener Gottes. Als ein solcher galt ganz besonders der verheißene König der Heilszeit (2. Sam 7, 11-16). J., der Christus, von Gott als Gott in diese Welt gekommen (Lk 1, 68) als der Langerwartete, zerbricht alle Erwartungen des jüdischen Volkes. Anknüpfend an die Königsgestalt Davids erwartet Israel die Vollendung des Königtums in der Heilszeit. Die Heilszeit findet seine Vollendung in J. C., aber doch ganz anders. Kein Kind kommt am Königshof zur Welt, als Augustus Kaiser in Rom und Herodes der Große jüdischer König war, sondern ein Knabe in Armut (Lk 2). Kein Empfang wird dem Kind gegeben, weder in Bethlehem, dem Geburtsort, noch in Nazareth, dem Wohnort, sondern die Verfolgung bedrängt ihn (Mt 2, 13-15). Nicht als Übermensch tritt er auf, sondern beugt sich ganz in das verlorene Menschsein hinein und läßt sich taufen (Mt 3, 13-16). Nicht aus eigener Autorität stellt er sich in die Aufgaben, sondern autorisiert von Gott (Mt 3, 17). Nicht als einer, der die Versuchung nicht kennt, tritt er auf, aber als einer, der der Versuchung widersteht (Mt 4, 1-11). Seine Mutter ist Maria, etwa 15jährig, als sie ihn zur Welt bringt. Über seinen Vater, Josef, gelangt J. in das Davidsgeschlecht (Mt 1, 1-16). Die Jungfrauengeburt bringt lediglich zum Ausdruck, daß der wahre Ursprung J. in Gott liegt. Von seiner Kindheit und Jugend wissen wir sehr wenig. Wie sehr J. in den heiligen Schriften seines Volkes bewandert war, davon legt die Erzählung von dem Zwölfjährigen im Tempel Zeugnis ab (Lk 2, 41 ff).

Die öffentliche Wirksamkeit J. umfaßt wohl die Jahre 28-30 n. Chr. Die Botschaft von dem nahe bevorstehenden Kommen des Reiches Gottes bildet das Zentrum seiner Verkündigung und Lehre (Mk 1,15). Alle seine Taten und Wunder sind Zeichen dieses hereinbrechenden Reiches. J. nennt die Bedingungen, die der erfüllen muß, der »in das Reich Gottes eingehen will«. Er fordert eine klare Entscheidung. Der Ruf zur Entscheidung ist der Ruf zur Buße, zur radikalen Umkehr. Gott recht geben und seinen Willen tun. J. hat die Entscheidung für Gott auch mit der Entscheidung für seine Person verbunden. Der Glaube an das Evangelium der Königsherrschaft Gottes schließt die Nachfolge J. ein. Der Zielpunkt seiner Wirksamkeit liegt in Jerusalem. Hier zieht er ein auf einem Esel als Friedefürst, nicht auf einem Pferd als Kriegsheld. Hier leidet und stirbt er als »Knecht Gottes«, verlassen bis auf den letzten Mann. Hier vollendet sich seine Messianität in dem vordergründigen Verlust seines Lebens. Hintergründig wird deutlich, daß er durch den Tod hindurch das neue Leben für uns durch seine Auferstehung als Wirklichkeit über unseren Tod gebracht hat. An ihm vollzieht sich, was der Prophet Jesaja vielfältigst vom Immanuel (Gott mit uns) prophezeit hat (Jes 7,14; 9,1-6; 11,1-9; 49,6; 52,13-53,9; 55,3-5).

Er will durch seinen stellvertretenden Sühnetod wieder das friedlose, bundesvergessene Volk der Juden wie auch die Heiden mit Gott verbinden, ihnen Heil schaffen in einer heillosen Welt unter heillosen Menschen. Dies zu proklamieren obliegt uns (Mt 28,18 ff; Lk 24,46 f; Apg 1,8).

⇨ Glaube

kn

Jugendamt

In erster Linie haben die Eltern die Pflicht, für das Wohl und ein gesundes Heranwachsen der Kinder zu sorgen. Aber so, wie Kinder auf die Schule und die berufliche Ausbildung angewiesen sind, um selbständig zu werden, bietet ihnen auch die Jugendhilfe Unterstützung ihrer Entwicklung an.

Sie bietet viele und sehr unterschiedliche Möglichkeiten, die Persönlichkeitsentwicklung zu fördern, Gemeinschaftsfähigkeit zu entwickeln, Benachteiligungen abzubauen, Freizeit zu gestalten, Schönes zu erleben.

Der Staat hat in dem Kinder- und Jugendhilfegesetz festgelegt, wie, in welchen Formen und unter welchen Voraussetzungen jungen Menschen solche Hilfen zuteil werden. In erster Linie werden in diesem Gesetz die Träger der öffentlichen Jugendhilfe verpflichtet, diese Unterstützung für die jungen Menschen zu garantieren. Träger der öffentlichen Jugendhilfe sind die Städte und Kreise. Sie haben für die Erfüllung der Aufgaben nach dem Kinder- und Jugendhilfegesetz J. einzurichten.

Jugend

In der Psychologie spricht man nach der »Latenzzeit« (8-11 J., Ruhezeit) von der Pubertätsphase (12-14 J.), die viele Veränderungen und Reifungen für die dann Jugendlichen mit sich bringt: Zum einen die körperliche Reifung mit Körperwachstum und Ausbildung der Geschlechtsmerkmale, zum anderen die seelische Reifung mit den damit verbundenen Spannungen.

Ein Jugendlicher lebt zwischen/in zwei Welten: er ist erwachsen, aber gleichzeitig noch ein Kind. Er muß Entscheidungen treffen (z. B. Schule, Beruf), um selbständig zu werden, der Freundeskreis verändert und erweitert sich. Vorbild sind jetzt eher Gleichaltrige, es kommt zur Kleingruppenbildung (Clique). Diese Entwicklung ist bei Jungen bzw. Mädchen altersmäßig etwas verschoben.

⇨ Altersstufen

go

J. sind also ein Teil der Stadt- und Kreisverwaltungen.
Damit die Aufgaben sach- und fachgerecht erfüllt werden, hat der Gesetzgeber vorgeschrieben, daß sich daran der Jugendhilfeausschuß beteiligt. Diesem Ausschuß gehören Politiker an, aber auch Männer und Frauen, die sich in der Jugendhilfe auskennen und darin tätig sind.
Die Träger der öffentlichen Jugendhilfe müssen das Geld bereitstellen, das für die Aufgaben der Jugendhilfe benötigt wird. Die J. verwalten diese Finanzen und setzen sie ein.
Die vielfältigen Aufgaben der J. werden von Fachkräften erledigt. Aber längst nicht alle Aufgaben an Kindern und Jugendlichen sowie deren Eltern werden vom J. selbst erledigt. Überwiegend überlassen die J. diese Aufgaben freien Organisationen, die sich der Jugendhilfe verpflichtet wissen. Das sind beispielsweise die Wohlfahrtsverbände und auch die Jugendverbände. Aber diese Organisationen sind dabei auf die Finanzierung durch das J. angewiesen.
J. haben also die Verantwortung dafür, daß in ihrem Bereich junge Menschen zu ihrem Recht kommen und daß ihnen die erforderlichen Hilfen und Angebote vermittelt werden. Ob und inwieweit die J. diese Aufgaben selbst wahrnehmen oder darin mit freien Organisationen zusammenarbeiten, ist jeweils vor Ort zu klären und zu entscheiden. Die Aufgaben der Jugendhilfe sollen planvoll erfüllt werden. Deshalb sind J. gehalten, einen Jugendhilfeplan aufzustellen, in dem zusammengefaßt wird, was an Leistungen für Kinder und Jugendliche erbracht wird oder künftig zu erbringen ist. An der Aufstellung eines solchen Jugendhilfeplanes sollen auch die freien Organisationen beteiligt werden.
Die Leistungen der J. sind vielfältig. Sie umfassen das Bereitstellen notwendiger Einrichtungen, beispielsweise Kindergärten und Jugendhäusern, die Vermittlung von Hilfen zur Erziehung, die Unterstützung der Eltern in ihrer Aufgabe, das Angebot von Veranstaltungen, Kursen, Lehrgängen und Erholungsmaßnahmen, kurzum alles, was Kinder und Jugendliche zur Entwicklung ihrer Persönlichkeit und Lebenstüchtigkeit nötig haben.

wg

Jugendgruppenleiterausweis

Leiter und Mitarbeiter können bei dem örtlich zuständigen Jugendamt einen J. erhalten. Damit werden sie in ihrer Funktion in der Jugendarbeit bestätigt. Der Ausweis erinnert sie aber auch gleichzeitig an ihre Verantwortlichkeit gegenüber den Mitgliedern der Gruppe.
Der Ausweis wird nur solchen Mitarbeitern ausgestellt, die sich bereits in der Jugendarbeit bewährt haben und durch die Teilnahme an Aus- und Fortbildungsangeboten die erforderliche Qualifikation erlangt haben. Der Ausweis wird nur Gruppenleitern ausgestellt, die das 16. Lebensjahr vollendet haben.
Daß diese Voraussetzungen erfüllt sind, muß der Verband bzw. der Verein, dem Jugendamt bestätigen, dem die Gruppe angehört und der die Fortbildung durchgeführt hat.
J. sind nicht nur ein Dokument der Befähigung zur Mitarbeit, sondern ermöglichen auch — örtlich unterschiedlich — die Inanspruchnahme von Preisermäßigungen und Vergünstigungen. Häufig werden J. verlangt, wenn beispielsweise Filme oder andere Arbeitsmittel bei öffentlichen Stellen ausgeliehen werden oder bei der Unterstützung von Fahrten und Veranstaltungen.
J. werden ausgestellt an ehrenamtlich, nebenamtlich oder hauptamtlich tätige Mitarbeiter in der Jugendarbeit.

wg

Jugendherberge

Das Deutsche Jugendherbergswerk DJW (Adresse s. Anhang) unterhält im gesamten Bundesgebiet viele J. Ehemals als Wanderheime mit einer einfachen Unterkunft und Verpflegung (nach Wunsch) konzipiert, bieten die heutigen J. meist einen recht guten Standard und sind als Freizeitheime sehr gefragt. Man hat den Vorteil, daß die Gruppengröße nicht auf das Haus abgestimmt sein muß, allerdings ist man dann auch nicht als Gruppe alleine dort. Ein Herbergsverzeichnis gibt es in jeder J. oder beim DJW in Detmold.

⇨ Freizeiten

jw

Jugendring

J. sind Zusammenschlüsse der Jugendverbände. Sie bestehen auf örtlicher bzw. Kreisebene. Auf Landesebene gibt es die Landesj. Die bundesweit arbeitenden Organisationen der Jugendverbände sind im Bundesj. zusammengeschlossen. Die J. haben eigene Satzungen, in denen geregelt ist, unter welchen Voraussetzungen Jugendorganisationen und Jugendverbände bzw. Jugendgruppen in den J. aufgenommen werden können.
J. vertreten die Interessen der Jugendverbände und junger Menschen schlechthin gegenüber der Öffentlichkeit, der Politik und insbesondere gegenüber den für die Förderung der Jugendarbeit zuständigen Trägern der öffentlichen Jugendhilfe. Dementsprechend nehmen sie häufig Einfluß auf die öffentliche Förderung der Jugendarbeit, die Gestaltung von Förderungsbestimmungen, und sie setzen sich ein für die Belange der Verbände. Mancherorts führen J. auch gemeinsame Veranstaltungen der Verbände durch, die ihnen angeschlossen sind. Sie fördern damit die Öffentlichkeitsarbeit der Jugendverbände.
Die Wirksamkeit der Jugendverbände hängt wesentlich davon ab, in welchem Maße die Mitgliedsverbände zur Zusammenarbeit bereit sind. Vielerorts erlahmt dieses Interesse der Zusammenarbeit. Häufig liegt die Ursache darin, daß die einzelnen Verbände zu sehr mit sich selbst beschäftigt sind. J. bieten Mitarbeitern der Jugendarbeit die Möglichkeit, sich politisch zu engagieren und die Wahrnehmung politischer Verantwortung einzuüben.

wg

Jugendschutz

J. soll Kinder und Jugendliche vor Gefahren schützen, durch die eine gesunde Entwicklung beeinträchtigt werden kann.
Unter dem Begriff J. werden die Aufgaben zusammengefaßt, die nach dem Gesetz zum Schutz der Jugend in der Öffentlichkeit (Jugendschutzgesetz; JSG) und nach dem Gesetz über die Verbreitung jugendgefährdender Schriften (JSG) zu erfüllen sind. Nach dem Kinder- und Jugendhilfegesetz sollen im Rahmen des erzieherischen Kinder- und J. (§ 14) jungen Menschen und Erziehungsberechtigten Angebote gemacht werden, die zu Kritikfähigkeit, Entscheidungsfähigkeit und Eigenverantwortlichkeit befähigen und die geeignet sind, die Verantwortung für andere zu sehen und wahrzunehmen.
Der J. richtet sich vor allem an Eltern, andere Erziehungsberechtigte, Fachkräfte in der Jugendarbeit und überhaupt an Bürger, um sie zu ermutigen und anzuhalten, Kinder und Jugendliche vor gefährdenden Einflüssen zu schützen.
Der Auftrag, jungen Menschen gefährdende Aufenthalte, Veranstaltungen, Bildträger, Schriften, Genußmittel u. a. vorzuenthalten, richtet sich im wesentlichen an die Anbieter.
Der erzieherische Kinder- und J. vermittelt Hilfen, Beratung, Information, Unterstützung und Vermittlung bei Konfliktsituationen, im Blick auf Suchtgefährdungen, in der Medien- und Gesundheitserziehung, in Fragen des Freizeit- und Konsumverhaltens.

Eine besondere Aktualität erhält der J. durch die steigende Jugendkriminalität, den politischen Radikalismus unter jungen Menschen, den Konsum jugendgefährdender Medien, das Ansteigen der Drogengefährdung und durch das Überangebot des Medientransfers.

Neben den Jugendämtern, die als Träger der öffentlichen Jugendhilfe tätig werden, sind auch alle freien Organisationen auf dem Gebiet der Jugendarbeit gefordert, ihre Verantwortung auf dem Gebiet des J. zu erkennen und wahrzunehmen.

⇨ Rechts-ABC ⇨ Checkliste Jugendschutz

wg

Jugendwerk

Häufig benutzter Begriff für den Zusammenschluß von Jugendarbeit auf Regional- oder Landesebene. Eines davon ist das **Evangelische J. in Württemberg.**
Das Evang. J. in Württemberg (ejw) arbeitet selbständig im Auftrag der Evang. Landeskirche, fördert die evang. Jugendarbeit in Gemeinden und Bezirken und vertritt die gemeinsamen Interessen. In den Gemeinden lebt evang. Jugendarbeit vor allem in Jugendgruppen und offenen Angeboten durch ehren- und hauptamtliche Mitarbeiter.
In den Bezirksj. arbeiten Jugendreferenten mit den gewählten Ehrenamtlichen des Bezirksarbeitskreises zusammen. Sie unterstützen die Gemeindejugendarbeit z. B. durch Mitarbeiterschulung, Freizeitarbeit und persönliche Begleitung. Auf Landesebene wird die Arbeit der Orte und Bezirke durch das ejw ergänzt: Fortbildung und Beratung spielen eine große Rolle, neue Projekte werden entwickelt, Arbeitshilfen erstellt und internationale Partnerschaften gefördert.

Auftrag des ejw
§ 2.1 »Das besondere der evangelischen Jugendarbeit besteht in ihrem Verkündigungsauftrag. Dieser hat seinen Grund und seinen Inhalt im Werk und Leben des geschichtlichen Jesus von Nazareth und in seiner Auferweckung durch Gott. Dadurch ist für das Evang. Jugendwerk in Württemberg die dauernde Verpflichtung gegeben, jungen Menschen zum persönlichen Glauben an Jesus Christus und zur Bewährung dieses Glaubens in den vielfältigen Aufgaben unserer Welt zu helfen.«

Ziele des ejw
Für alle Angebote und Aktivitäten gelten dabei die Ziele des ejw: Junge Menschen in ihrer Lebenswelt erreichen und für Jesus Christus gewinnen; Glauben und Leben gestalten und vertiefen; Verantwortliche begleiten und ihnen zu helfen; Verantwortung in Kirche und Gesellschaft zu übernehmen.

Angeschlossene Verbände sind der CVJM-Landesverband in Württemberg, das ejl (Evangl. Jugend auf dem Land) und der Verband christlicher Pfadfinderinnen und Pfadfinder (VCP). Als Verlag und Buchhandlung gehört zum ejw »Buch und Musik«. (Adressen s. Anhang)

⇨ CVJM

rr

Junge

Eigentlich sollte man meinen, daß jedermann genau weiß, was ein J. ist. In der Regel weiß es auch jeder. Da gibt es den »kleinen Unterschied« und das macht die Sache eindeutig. Aber so eindeutig scheint es doch nicht zu sein. Wie steht es z. B. dann, wenn eine Mutter ihrer Freundin erzählt: »Also von meinem Susanne habe ich den Eindruck, sie ist ein *richtiger* J.!«
Vermutlich hat die Mutter keinen Zweifel, daß Susanne im **biologischen Sinne** zweifelsfrei ein Mädchen ist. Offenbar liegt die Sache mit dem, was ein »richtiger J.« ist, nicht so einfach.
Die Mutter meint Verhaltensweisen, die sie als »typisch« für J. betrachtet. Susanne **verhält** sich ihrer Meinung nach wie ein J. Z. B. kann sie es für typisch halten, daß J. nicht weinen, weniger ängstlich, d. h. mutiger als Mädchen sind.

Junge

Früher hat man solche Verhaltensunterschiede sehr stark mit biologischen Unterschieden zwischen J. und Mädchen in Verbindung gebracht. Heute weiß man: Verhaltensunterschiede zwischen den Geschlechtern sind in einem hohen Maß von dem abhängig, was in einer bestimmten Gesellschaft oder einem bestimmten Milieu von J. erwartet wird.

Nicht recht weiter kommt man in der Diskussion über die Frage: Gibt es »natürliche« Eigenschaften oder Verhaltensweisen, die für J. typisch sind und die sie von den Mädchen unterscheiden? Lange Zeit bestand die Meinung, daß es solche Unterschiede tatsächlich gebe.

Hinweisen konnte man auf die offensichtlichen körperlichen Kräfteunterschiede sowie die biologisch bedingten Unterschiede in den Sexualfunktionen. J. können eben keine Kinder bekommen und sie – wenn man von Babynahrung absieht – nicht ohne weiteres ernähren. Den J. wurden neben den erwähnten körperlichen Unterschieden auch »natürliche« Unterschiede in der Intelligenz, dem Gefühlsleben, dem Sexualverhalten und vielem anderen zugeschrieben. Unterschiede dieser Art – so meinte man – befähigen sie zu bestimmten Aufgaben in Familie und Gesellschaft. Verbunden war damit – und darum geht es heute vor allem in den Bemühungen der Emanzipationsbewegung – eine **unterschiedliche soziale Bewertung** und eine unterschiedliche Rechtsstellung von J. gegenüber den Mädchen. Solche Bewertungsunterschiede reichen weit zurück in die jüdisch-christliche Tradition. Auch in der Bibel findet sich eine Reihe von Stellen, die man zur Begründung der »schöpfungsgemäßen« unterschiedlichen Rechtsstellungen angeführt hat. Heute interpretiert man solche Stellen mehr in Richtung einer partnerschaftlichen Gleichrangigkeit von J. und Mädchen. Kaum zu übersehen sind die unterschiedlichen Gedanken zur Erziehung von J. und Mädchen, die wir z. B. in den Weisheitssprüchen der Bibel finden. Z. T. wirken sich die traditionellen Unterschiede in der unterschiedlichen Bewertung von J. und Mädchen auch heute noch aus. Wer dies nicht glaubt, lese einmal über eine längere Zeit die Geburtsanzeigen in einer beliebigen Tageszeitung. Er wird leicht feststellen, daß es Unterschiede bei den Anzeigen von J. und Mädchen gibt. Die Geburt eines J. wird oft mit erkennbar größerem Stolz der Eltern angezeigt als die eines Mädchens.

Aus heutiger Sicht werden psychologische und soziale Erwartungen im Laufe der Entwicklung von J. übernommen und in dem Maße, in dem ein J. diesen Verhaltenserwartungen entspricht, betrachtet man ihn als »richtigen« J.

Psychologen und Pädagogen interessieren sich seit einigen Jahren besonders für die Art und Weise wie dieser Prozeß der Verhaltensübernahme konkret geschieht und von welchen Faktoren er beeinflußt wird. So beobachtete man z. B. Details im **Umgang von Müttern oder anderen frühen Bezugspersonen** mit ihren männlichen Säuglingen. Solche Beobachtungen führten zu überraschenden Erkenntnissen über die Entwicklungsfaktoren, die das Erleben und Verhalten von J. (und natürlich auch der Mädchen) mitbestimmen. So bemerkte man, daß Mütter mit dreiwöchigen Säuglingen, diese – je nach Geschlecht – unterschiedlich lange auf den Arm nahmen. Im Schnitt – so das Ergebnis – wurden J. 27 Minuten länger im Arm gehalten als Mädchen. J. werden in der Regel schon früh mehr Bewegungsmöglichkeiten geschaffen als Mädchen. J. werden nach verschiedenen Untersuchungen häufiger an der Brust gestillt als Mädchen. Man fand noch eine Vielzahl feiner Verhaltensunterschiede bei den Müttern in der Art, wie sie mit den Kindern sprachen. Unterschiede fanden sich auch in der Zeitdauer, die die Mütter bei der Körperpflege oder dem Stillen von J. und Mädchen verbrachten. So stellte man fest, daß J. im Alter von zwei Monaten 45 Minuten für die Brusternährung brauchten, Mädchen dagegen 25 Minuten. Sechs Monate alte Mädchen bekamen die Flasche im Schnitt acht Minuten, J. dagegen 15 Minuten.

Vermutlich sind den Eltern selbst solche Verhaltensunterschiede kaum wirklich bewußt. Keine Mutter wird sich bewußt überlegen, daß man mit dem J. so und so umgehen muß.
Viele Erkenntnisse über die Art und Weise, wie ein J. zu einem richtigen J. erzogen wird, hat man aus den Erfahrungen mit sog. Hermaphroditen gewonnen. Hierbei handelt es sich um Kinder, die nach ihren Geschlechtsmerkmalen weder eindeutig als J. noch als Mädchen identifizierbar sind. Hier müssen sich also die Eltern zusammen mit Fachleuten entscheiden, in welche Geschlechterrolle sie das Kind erziehen wollen. Durch operative Eingriffe und Hormonbehandlungen wird das Geschlecht vereindeutigt. Meist bleiben die Eltern in einem intensiven Kontakt zu einer psychologischen Erziehungsberatungsstelle, so daß wir über zahlreiche Berichte verfügen, die Auskunft über die in diesen Fällen sehr bewußte Erziehung geben. So berichten Eltern von Unterschieden in ihrem Verhalten gegenüber J. Sie legen bei J. weniger Wert auf die Ordnung der Kleider, die Sauberkeit etc. Auch auf die Gefühle gehen die Eltern bei J. und Mädchen unterschiedlich ein. J. wird geraten, nicht zu weinen, wenn sie einmal Schmerzen haben. Bei Mädchen findet man es nur »natürlich«, wenn sie bei einem Schmerz und Kummer weinen. In der Folge solcher Verhaltensunterschiede fällt es schließlich den J. schwerer, Gefühle zu zeigen und mit ihnen umzugehen.
Es gibt heute begründete Vermutungen aus dem angegebenen Forschungsbereich, die die Annahme nahelegen: Eine problemlose Übernahme der Geschlechtsrolle ist bis spätestens dem zweiten Lebensjahr möglich. Später ist mit Schwierigkeiten zu rechnen.
Es entspricht einer alten Tradition, nach der Eltern in **Schule und Ausbildung** der J. mehr Zeit und finanzielle Aufwendungen investieren als bei Mädchen. Diese Unterschiede haben sich bei uns in den letzten Jahren sehr nachhaltig verändert, auch wenn sie noch keineswegs in allen gesellschaftlichen Schichten verschwunden sind. Heute besteht die Schwierigkeit, daß die gesellschaftlichen Erwartungen ihre Eindeutigkeit verloren haben. Das macht einerseits die Orientierung schwierig, andererseits eröffnen sich für die J. größere Freiheitsspielräume für das eigene Verhalten. Freilich bleiben diese Freiheitsspielräume auch weiterhin begrenzt durch die sozialen Verhaltenserwartungen der Bezugsgruppen, denen der J. angehört. Bewußt oder unbewußt haben bereits Kindergartenkinder eine bestimmte Vorstellung davon, was »man« als J. und was »man« als Mädchen spielen oder tun kann/soll. Solche Unterscheidungen werden zumeist sehr früh in den Familien (Vater – Mutter – Geschwister) gelernt.
Z. Zt. wird es immer schwieriger, gleichsam von einer »Normalfamilie« zu sprechen, in der das entsprechende Rollenverhalten eindeutig gelernt werden könnte. Es gibt sehr viele und sehr unterschiedliche Familienstrukturen. Familiengröße, Aufgabenverteilungen der Geschlechter sind in vielen Familien sehr verschieden geregelt. Gemessen an den zurückgehenden Einflüssen der Familie gewinnen heute **Freundeskreis, (Peer-groups), Cliquen und Milieus**, in denen ein J. Anschluß findet, immer größere Bedeutung. Hier herrschen oft strenge Vorschriften für das Verhalten. Als »richtiger« J. muß man z. B. bestimmte Schuhe tragen oder die Jeans einer bestimmten Firma, will man bei Freunden Anerkennung finden und behalten. Weiter muß man sich für bestimmte Musikstile interessieren, bestimmte Sportarten »cool« finden und vieles andere.
Mit dem Einflußrückgang der Familie und dem Bedeutungszuwachs der Peer-groups ist eine gravierende soziale Veränderung eingetreten. Wurde das Rollenverhalten

der J. früher aufgrund des »Standes« oder der »sozialen Schicht«, der die Familien angehörten, gleichsam »durch Geburt« eindeutig festgelegt, so entscheidet heute die frei nach **Neigungen und Interessensübereinstimmung** gewählte Bezugsgruppe über das angemessene Verhalten. Während die Herkunftsfamilie im Leben nicht gewechselt werden kann, wechseln die Interessenslagen und damit auch die wichtigen Gruppen je nach Lebensalter und sozialen Situationen meist mehrfach. Sehr viel stärker als früher wird die Entwicklung der J. von **eigenen »Wahlentscheidungen«** mitbestimmt, auf die die Eltern nur einen geringen Einfluß haben. Daraus ergibt sich die Notwendigkeit, sich als J. stets den veränderten Rollenerwartungen flexibel anzupassen oder den Freundeskreis zu wechseln, was bekanntlich nicht sehr leicht ist.
Größeren Einfluß gewinnen heute auch die **Medien** auf die Rollengestaltung der J. Die »Helden« von Jugendfilmen oder Jugendzeitschriften legen vielfach die Muster fest, an denen sich viele J. orientieren.
Nicht zu unterschätzen sind auch die Einflüsse von **Werbespots und Video-Clips**, die sich im Fernsehen zunehmend direkt an Kinder und Jugendliche wenden. Hier werden die Wünsche geweckt und Verhaltensweisen gezeigt, die dem Verhalten Orientierung geben. Sie bestimmen, was zu einem bestimmten Augenblick **»in« oder »out«** ist. Was jeweils »in« und »out« ist, wird zu einer starken Verhaltensvorschrift, wenn sie vom Freundeskreis übernommen wird. Manchmal hat man den Eindruck: Waren früher die Marken »Gut« und »Böse« bedeutsame Orientierungsmarken, so werden sie heute von »in« und »out« ersetzt. Wer hier nicht mitmachen kann oder will, läuft Gefahr, den sozialen Kontakt und die Anerkennung in der Gruppe zu verlieren. Das gilt besonders für die rasch wechselnden Kleidungsmoden, aber auch Musikarten oder Bands, die man hört und gut oder schlecht findet. Dies gilt auch für die z. T. rasch wechselnden Sportarten und Freizeithobbys die »man« als J. ausüben soll/kann.
Es kann allerdings auch der Vorteil gesehen werden, daß die »J.-Rolle« nicht so festgelegt ist wie in früheren Jahrhunderten. Die größere Freiheit hat freilich seinen Preis, der manchem J. heute Schwierigkeiten bereitet: Was früher gesellschaftlich »klar« und »selbstverständlich« war für einen J., muß heute individuell entschieden und erarbeitet werden.
Ganz wichtig ist die Unterscheidung der beiden Fragen: Wo gibt es gegenwärtig Unterschiede im Erleben und Verhalten von J. gegenüber den Mädchen? Woher kommen diese Unterschiede, wie sind sie entstanden? Wenn es Unterschiede gibt, ist noch nicht gesagt, daß es sie geben soll oder muß.

⇨ Gruppe ⇨ Sexualität ⇨ Geschlechtserziehung ⇨ Mädchen

rh

Jungschar

»JS. soll die fröhlichste Stunde der ganzen Woche sein!« So formulierten es die Väter der JS. Seit Anfang des 20. Jahrhunderts sind in vielen CVJM/Jungmännerwerken »Knabengruppen« entstanden. Aus der Sorge um diese Kinder, die oft in großer äußerlicher Not aufwachsen mußten und vielfältigen Gefahren ausgesetzt waren, entstanden zuerst in den Großstädten JS. Ihr Ziel war, Jungen zu helfen, daß ihr Leben gelingt. Dazu gehörte eine feste Gruppenordnung, ein spannendes, fröhliches Programm und eine kindgerechte Unterweisung im Wort Gottes. Auftrag und Ziel der JS. war im Missionsbefehl Jesu beschrieben: »Machet zu Jüngern!« (Mt 28).
In den Zwanziger Jahren wuchsen die JS zahlenmäßig stark an. Vor und nach dem Zweiten Weltkrieg wurde die JS-Arbeit wie ein Netz über Deutschland ausgebreitet. Dr. Karl Otto Horch, »Reichs-Onkel-Doktor« genannt, hat in dieser Zeit mit großem persönlichem Einsatz gewirkt.

Jungschar

Heute wird mit JS allgemein eine Gruppe von 8-12jährigen Kindern bezeichnet. Es gibt Mädchen-, Jungen- und gemischte JS. Im CVJM-Gesamtverband sind die unterschiedlichen JS aus allen einzelnen Landesverbänden/Jugendwerken zusammengeschlossen. Daneben gibt es im EC, im Bund Freier Evangelischer Gemeinden, in Freikirchen und anderen Werken eigenständige JS-Arbeit. Auch in Österreich und vor allem in der Schweiz gibt es JS-Arbeit.
Besondere Zeichen (CVJM: Ankerkreuz), wichtige Leitsätze und eine Konzeption machen Ziel, Auftrag und inhaltliche Ausgestaltung deutlich.
Schwerpunkt ist die JS-Arbeit vor Ort. In örtlichen Vereinen oder Jugendwerken zusammengeschlossen wird sie unterstützt durch Bezirks- oder Kreisbeauftragte, gefördert von Landesverbänden und koordiniert vom CVJM-Gesamtverband in Deutschland.

Arbeitshilfen
Wichtige Arbeitshilfen sind die JS-Zeitschrift: »Jungschar«, der »Jungscharleiter« mit Programmentwürfen für Gruppenstunden und Lagergestaltung, das »Werkbuch Jungschar« mit Hilfestellungen zur Verkündigung und das Jungscharliederbuch. Daneben gibt es von F & F in Ulm ein spezielles Angebot mit dem JS-Zeichen und für Freizeit, Fahrt und Lager. Zusätzlich bieten einzelne Verbände hilfreiche Arbeitshilfen und weiteres Material mit dem JS-Zeichen oder für die JS-Arbeit von Grafikdisketten über Hosenträger bis hin zu Schokokeksen.
Die folgende Beschreibung entspricht nicht unbedingt der Realität jeweils vor Ort. Manches ist grundsätzlich, anderes im Überblick. Geprägt ist es von der Hoffnung, JS wieder als das Besondere zu sehen. Träume sind nötig, um die Chancen, die die JS-Arbeit bietet, besser zu erkennen. Die alten Väter im Glauben haben gesagt: »Kinder sind des Heilands Lieblinge!«
Jeder, der sich auf das Wagnis und Abenteuer der JS-Arbeit einläßt, wird den folgenden Satz bestätigen können: »JS-Arbeit steht unter dem besonderen Schutz und Segen Gottes.« Deshalb wollen wir die Chance der JS-Arbeit nutzen, um Mädchen und Jungen eine fröhliche Lebensperspektive aufzuzeigen und ihnen zu helfen, daß ihr Leben gelingt. Zusammengefaßt im JS-Gruß: »Jungschar – mit Jesus Christus: Jungschar – mutig voran!«

Gruppe
Die regelmäßige JS-Gruppe ist ein wichtiger Lebensraum im Umfeld von Elternhaus, Schule, Straße und Verein. Hier können Mädchen und Jungen mit gleichaltrigen im fröhlichen Wettspiel ihre Kraft messen. Mitarbeiter sind Vorbild als Partner, Trainer, Lehrer, Freund. Hier geht es nicht um funktionales, leistungsorientiertes Training wie im Verein, sondern um personzentrierte, ganzheitliche Lebensgestaltung. In der Schule ist oft eine starke, kopforientierte und defizitbetonte Vermittlung von Wissensinhalt und Lebenswert. Im bunten, vielfältigen Programm einer JS können die Grundbedürfnisse von Kindern viel umfassender gestillt werden. Gegenseitige Annahme, Wertschätzung, Interesse und Zuwendung bestimmen den Umgang miteinander. Ein wichtiger Aspekt ist neben dem abwechslungsreichen Programm eine harmonische, lebensbejahende und begeisternde Gruppenatmosphäre. Hier fühle ich mich wohl. Hier darf ich Mensch sein mit meinen Gaben und Grenzen, mit meinen Stärken und Schwächen, darf ausprobieren, lachen, schreien, flüstern, schweigen, fröhlich sein, wütend sein, trauern und jubeln – und werde bedingungslos akzeptiert und geliebt! Das könnte JS sein. Freiraum, Oase, Werkstatt, Abenteuerspielplatz, Kuschelecke und gemütliches Lokal in einem. Hier wird soziales Lernen konkret in Rücksichtnahme, Fairness, gegenseitiger Vergebung, Hilfsbereitschaft. Streiten und versöhnen gehört mit dazu. Denn natürlich entstehen auch Konflikte. Aber das wird jetzt zum Modell für ehrliche Konfliktbearbeitung. Das kreative Potential der Kinder wird für die Konfliktlösung eingesetzt. Statt alles nach dem Recht des Stärke-

ren zu regeln, können so neue Lösungsansätze eingeübt werden. Die JS-Gruppe leistet auch einen wichtigen Beitrag zur Werteentwicklung. Viele negative Vorbilder, die durch Fernsehen, Video und Computerspiele vermittelt werden, zerstören heute schon frühzeitig die Seelen von Mädchen und vor allem Jungen. JS kann hier einen positiven Beitrag zum Aufbau eines stabilen, lebensbejahenden Wertesystems liefern. Die Verhaltensnormen einer Gruppe prägen tief. Also sollten wir diese Chance ganz bewußt nutzen. Denn im JS-Alter zwischen acht und zwölf Jahren werden die Grundlagen für Charakter, Willen und Gewissen geprägt und verfestigt. Deshalb ist der Aufbau eines stabilen Wertesystems so wichtig. Auch das Weltbild wird geformt. Umwelt oder Schöpfung, Affe oder Mensch? Jungscharler müssen sich mit vielen Grundfragen des Menschseins auseinandersetzen. In der Schule wird ein Weltbild ohne Gott vermittelt. JS kann einen bewußten Akzent setzen und fröhlich diese Welt als gute Schöpfung Gottes zeigen. Dankbar als Gottes Geschöpf zu leben, ist der Grundbaustein für ein gelingendes Leben (Röm 1,19 ff). Schöpfung als Erlebnisraum bewußt wahrnehmen, erhalten und gestalten gehört deshalb zu den elementarsten Aufgaben der JS dazu.

Selbst aktiv werden, Spannungsabbau durch Bewegung, Gaben entdecken, ausprobieren und fördern sind weitere Wesensmerkmale einer guten JS. In einer konsumbetonten Unterhaltungsgesellschaft sind solche Freiräume für eigene Aktivitäten besonders wertvoll. In Aktionen zur Unterstützung von Hilfsprojekten (CVJM-Weltdienst), beim Altensingen, Einsatz im Krankenhaus u. a. lernen Kinder im fröhlichen Gemeinschaftsleben der JS, sich für andere einzusetzen. So entdecken sie das Geheimnis der Hingabe als Schlüssel für Lebenserfüllung. Äußere Zeichen der Zugehörigkeit wie Beitrag, Ausweis, Clubkarte, JS-Pulli, JS-Hemd, Halstuch, Knoten, Abzeichen, Gruppenname, Wimpel, Gruppenraum unterstreichen das Wir-Gefühl einer Gruppe. Das gibt innere Sicherheit und hilft zum Aufbau eines stabilen Charakters. Gleichzeitig ist es ein guter Schutz vor schlechten Einflüssen.

Gerade weil unsere Zeit stark geprägt ist von kurzlebigen Aktivitäten, ist die JS-Gruppe mit ihrer festen sozialen Bindung ein wertvoller Begleiter zur Persönlichkeitsreifung für Mädchen und Jungen.

Programm
Aus dem JS-Dreiklang (Singen, Spielen, Andacht), JS-Vierklang (Singen, Spielen, Erzählen, Andacht) hat sich der JS-Fünfklang entwickelt: Singen, Spielen, Erzählen, Basteln, Verkündigung. Oft führt ein roter Faden durch ein ganzheitliches, erlebnisorientiertes Programm.

Singen: Zur JS gehört fröhliches Singen. Das fördert die Gemeinschaft und schafft den Staub aus der Seele. Lautstark rasen die Affen, romantisch wird's am Lagerfeuer, herzlich erklingt das Lob Gottes aus manchmal etwas heiseren Kehlen. Eine Gitarre oder andere Instrumente begleiten den Gesang. Vergiß nicht zu danken – in der JS macht singen und loben einfach mehr Spaß. Mit dem eigenen JS-Liederbuch (Mundorgelverlag) wird es hilfreich unterstützt. Singen im Gottesdienst bereichert die ganze Gemeinde. Besondere Höhepunkte sind größere Singspiele mit entsprechenden Aufführungen.

Spielen: Spiele im Gruppenraum sind wichtig. Bewegungsspiele, Schreib-, Geschicklichkeits- und Reaktionsspiele wechseln sich ab. In unterschiedlichen Quizformen wird Wissen vermittelt und getestet. Im Freien bestimmen Lauf-, Fang-, Ball- und Wettspiele das Programm. Stadtspiele, Geländespiele und Waldspiele sind markante Erlebnisse. Pfadfin-

derelemente (Knoten, Seilbrücke, Lagerbauten) vermitteln solides Grundwissen und hilfreiche Fertigkeiten. So wird sachgemäßer Umgang mit Gottes guter Schöpfung spielerisch eingeübt. Soziales Lernen, Gewinnen und Verlieren, gegenseitge Rücksichtnahme, Fairness, Mannschaftsgeist, Erlebnis vor Ergebnis sind wichtige Lernschritte.
Erzählen: Durch Kurz-, Abenteuer- und Fortsetzungsgeschichten werden Kinder in prickelnde Abenteuer und geheimnisvolle Welten mitgenommen. Im Unterschied zu vorgegebenen Fernseh- und Videobildern hilft anschauliches Erzählen, ein eigenes inneres Bild zu entwickeln. Gegen die nervtötende Reizüberflutung äußerer Bilder kann so wieder eigene Phantasie ihre schöpferische Kraft entfalten. Was gibt es Schöneres, als am knisternden Lagerfeuer einer spannenden Geschichte zu lauschen und mit den Helden der Geschichte zu zittern und zu siegen. Fortsetzungsgeschichten helfen im übrigen zu einem regelmäßigen Gruppenbesuch.
Basteln: Basteln, werken oder kreatives Gestalten fordert mehr Vorbereitungsaufwand. Aber für viele Kinder ist nur noch in der JS Freiraum zum Ausprobieren. Das Erfolgserlebnis einer eigenen, gelungenen Werkarbeit hat positive Auswirkungen auf das Selbstwertgefühl. Gleichzeitig erwerben Kinder durch Basteln wichtige Fertigkeiten, sie lernen ihre Hände und Finger zu gebrauchen, üben Genauigkeit und Sorgfalt ein.
Eine Sonderform ist das gemeinsame Kochen oder Backen. Stockbrot am Lagerfeuer, Pizza oder Weihnachtsgebäck — immer ein schmackhaftes Erlebnis. Statt Schnellimbiß wird Essen wieder zum herzhaften Gemeinschaftserlebnis.
Verkündigung: Kinder brauchen Gottes Wort. Sie leben davon. Aber vielfach sind sie durch Vorurteile und langweilige Erfahrungen blockiert. JS mit ihren besonderen Möglichkeiten kann helfen, biblische Geschichten anschaulich, bibelgetreu und spannend zu vermitteln. Gute Bilder unterstützen dabei. Die bunte Lebenswelt der Bibel bietet eine Fülle von Hilfen für spannende Bibelprogramme. Bibelquiz, Bibelmemory und Bibelspiele helfen, daß prägende Bibelworte auswendig gelernt werden. Das biblische Erlebnisprogramm mit seinen gespielten Bibelgeschichten fördert eindrückliche Bibelabenteuer. Spezielle Hilfen wie JS-Bibellese und Entdeckerclub unterstützen persönliches Bibellesen. Das persönliche Vorbild des Mitarbeiters lädt ein, selbst Jesus nachzufolgen. In einem besonderen Freundschaftsbund kann das Freundschaftsangebot Jesu konkretisiert werden. In der Gruppenstunde, bei Unternehmungen und Aktionen sind viele Gelegenheiten, Gebet als Reden mit Gott einzuüben und konkrete Gebetserhörungen zu erleben. JS als Jüngerschule ist deshalb eine unverzichtbare Chance.

Mitarbeiter

Ohne ehrenamtliche Mitarbeiter läuft nichts. JS braucht verantwortungsbewußte Leiter. Ihr Vorbild hat lebenslang prägende Tiefenwirkung für die Kinder. Gleichzeitig werden durch die Leitung einer JS-Gruppe viele Aspekte für die Menschenführung trainiert. Umsicht und Verantwortung für andere wird intensiv eingeübt. In der Vorbereitung und Durchführung eines guten Programms lernen Mitarbeiter Treue und Pflichtbewußtsein, Sorgfalt und Präzision. Beim Erklären von Spielen, beim Geschichtenerzählen und in der Andacht wird freie Rede, anschauliche und begeisternde Sprache trainiert. Im Bemühen, das Evangelium weiterzusagen, werden eigene Glaubenserfahrungen möglich. Lernen durch Lehren fördert Verständnis für biblische Zusammenhänge. Unerwartete Zwischenfälle und das besondere kreative Potential der Jungscharler fördern Flexibilität, Reaktionsvermögen — und Selbstbeherrschung. JS ist lustvolles Management-Training, Glaubenskurs, Fitneß-Programm und Survival in einem. Helfer können frühzeitig mit heranwachsen und in altersgemäßen und gabenentsprechenden Aufgaben mit einbezogen werden. Treue und Hingabe, Verantwortung und Zuverlässigkeit werden so in kleinen Schritten eingeübt: Verantwortung für drei bis vier Kinder, Geburtstagsbesuch, regelmäßige Kontakte oder Abholdienste. In Vorbereitung, Durchführung und Reflexion des Programms erfolgt Mitarbeiterschulung im Prozeß.

Im Mitarbeiterkreis erfahren Mitarbeiter Gemeinschaft und Ermutigung, teilen Siege und Niederlagen. So werden Fehler zu Lernfeldern für Veränderung. Junge Menschen können im Glauben wachsen und reifen.

Verantwortliche ältere Mitarbeiter (Ortsverantwortliche) tragen Sorge dafür, daß nicht die Funktion im Vordergrund steht, sondern die persönliche Förderung des einzelnen Mitarbeiters. Ermutigende, seelsorgerliche Begleitung ist unverzichtbarer Bestandteil einer verantwortungsbewußten und erfolgreichen JS-Arbeit. So können stabile Freundschaften entstehen. JS wird zum lustvollen Rundumerlebnis. JS soll Spaß machen – auch Mitarbeitern.

In Mitarbeiterschulungen wird umfassendes Grundwissen vermittelt. Besondere Fähigkeiten und Fertigkeiten bieten Spezialkurse. Regelmäßiges Training, Austausch, neue Ideen, Übersicht über Arbeitshilfen sind für Mitarbeiter wichtig. Hier helfen die Verbände mit bewährten Arbeitsmaterialien.

Auftrag und Ziel einer JS können unterschiedlich formuliert sein. Charakteristisch sind:
- ganzheitliches, vielfältiges Programm für Geist, Seele und Leib
- Gemeinschaft und soziales Lernen
- Aufbau von freunschaftlichen Beziehungen
- Unterweisung im Wort Gottes
- Einüben in ein Leben mit Jesus (Freundschaftsbund)

Mitarbeiterbildung in der JS vermittelt erlebnisorientiert und praxisnah:
- persönliche Motivation
- fachliche Qualifikation
- geistliche Motivation

Zum Umfeld der JS gehören Eltern und Gemeinde. Sie können hilfreiche Partner werden durch gegenseitige Information, vertrauensbildende Maßnahmen, persönliche Kontakte, gegenseitige Wertschätzung und gute gemeinsame Erfahrungen.

JS kann mehr sein als einenhalb Stunden Beschäftigungsprogramm. Deshalb, laßt uns die Chance nutzen, Beziehungen zu pflegen, gute Freundschaften aufzubauen, phantasievolle Programme zu entwerfen, Kinder und Mitarbeiter in ihrer Persönlichkeitsreifung zu fördern und sie zu fröhlichen Jüngern Jesu zu machen.

⇨ Bibellese   ⇨ CVJM-Geschichte   ⇨ Werkbuch   ⇨ Arbeitshilfen   ⇨ Konzeption

rr

Jungschar

J. ist auch der Titel der christlichen Zeitschrift für 9-13jährige Mädchen und Jungen. Sie bringt jeden Monat auf 24 Seiten spannende Geschichten, Bildreportagen, Andachten, biblische Geschichten, Basteltips, Berichte aus den JS, von Kindern kommentierte Nachrichten, Wissenswertes, Briefkastenseiten, Comicgeschichten, Rätsel und Humor. Das alles farbig »verpackt« mit vielen Fotos und Illustrationen. Als regelmäßige Beilage erscheint die »JS-Bibellese«: In ihr wird ein täglicher Abschnitt aus dem JS-Bibelleseplan erklärt, durch Aufgaben, Zeichnungen und Rätsel verständlich gemacht. Zusätzliche »Entdeckerclub«-Aufgaben helfen, biblische Zusammenhänge zu erkennen und die Freude am Bibellesen zu vergrößern.

J. wird konzipiert und herausgegeben vom CVJM-Westbund, im Auftrag des CVJM-Gesamtverbandes, zusammen mit dem Blauen Kreuz, dem Bund Freier evangelischer Gemeinden, dem Jugendverband Entschieden für Christus (EC), der Evan-

gelisch-methodistischen Kirche und dem Gemeindejugendwerk des Bundes Evangelisch-freikirchlicher Gemeinden. Ergänzend zum Gruppenprogramm, zu Freizeiten und Aktionen will sie:
Die Identifikation der Mädchen und Jungen mit ihrer Gruppe und dem jeweiligen Werk oder der Kirche stärken.
Durch Reportagen, Bilder und Geschichten die Umsetzung des Wortes Gottes im Leben von Menschen anschaulich machen.
Durch den Bibelleseplan im allgemeinen Teil und die Beilage »JS-Bibellese« zum regelmäßigen Bibellesen motivieren.
Mit spannenden Fortsetzungsgeschichten u. a. zum regelmäßigen Besuch der JS-Stunde reizen.
Den Mädchen und Jungen durch Briefkastenseiten Gelegenheit geben, Brieffreunde aus anderen Regionen und Ländern zu gewinnen.

JUNGSCHAR
Zeitschrift für Mädchen und Jungen

Das Einladen in die JS-Gruppe bei Werbeaktionen, Heimatfesten oder Hausbesuchen erleichtern (kostenlose Werbehefte anfordern).
Durch Berichte aus der JS-Arbeit aller beteiligten Werke, Gemeinden und Kirchen den Blick über den eigenen Zaun ermöglichen.
Gelegenheit geben, sich und seine eigene Gruppe durch Berichte und Fotos von gelungenen Gruppenstunden, Aktionen u. a. oder durch die Kommentierung von Nachrichten vorzustellen.
Den Horizont der Kinder erweitern und Leseanreize schaffen.
Gruppen oder einzelne in die Lage versetzen, durch das Verteilen oder Auslegen der Zeitschrift in Kinderheimen, Krankenhäusern, bei Ärzten, Friseuren oder Bahnhofsmissionen (Fahrschüler) missionarisch aktiv zu werden.
Wenn ein regelmäßiger Gruppenbeitrag erhoben wird, bauen viele Mitarbeiter den Bezugspreis der Zeitschrift in den Beitrag ein. Andere suchen sich bei Eltern, Großeltern oder anderen erwachsenen Gemeindegliedern Sponsoren, um die J. regelmäßig verteilen zu können.
Ein Einzelheft kostet z. Zt. 1,05 DM, das Jahresabo (einschl. Versandkosten) 19.— DM. Für die Ausgabe mit »JS-Bibellese" sind 1,75 DM bzw. 33,— DM zu zahlen. Bei Gruppenbezug ab 20 Hefte gelten ermäßigte Staffelpreise.
Kostenlose Probehefte und Bestellungen sind beim CVJM-Westbund (Adresse s. Anhang) oder den beteiligten Werken und Verlagen möglich.

fr

Jungscharhelfer

Wer eine praktische Mitarbeiterhilfe sucht, die eine gesunde Mischung von praktischen Entwürfen, Vorschlägen, Ideen und grundlegender Schulung bietet, der ist mit dem J. an der richtigen Adresse.
Auf 62 Seiten bringt der J. in der Praxis erprobtes, von bewährten Mitarbeitern ausgesuchtes Material.
Von Projekten zum Umweltschutz, Aktionen in der Natur bis hin zu sozialdiakonischen Aktionen oder auch schwierigen Bastel- und Werkarbeiten sind hier jede Menge Anregungen zu finden. Zumindest der Blick in ein Probeheft kann nicht schaden.
Der J. erscheint vierteljährlich, kostet je Heft DM 6,40 und ist zu beziehen über Oncken Verlag, Postfach 10 28 29, 34028 Kassel oder Born Verlag, Postfach 42 02 20, 34071 Kassel.

km

Jungscharleiter

Arbeitshilfe für die JS-Arbeit mit 9-13-jährigen.
Mitarbeiter brauchen Ideen, Anregungen, gutes Arbeitsmaterial. Seit über 25 Jahren gibt es den J. Er wird herausgegeben im Auftrag des CVJM-Gesamtverbandes durch die *Schriftenniederlage* des Evang. Jugendwerks in Württemberg.
Format A 5, 52 Seiten, viermal jährlich, Auflage ca. 14 000, Schriftleitung: Reiner Rudolph.
Vollgepackt mit hilfreichen Impulsen für Mitarbeiter, pfiffigen Entwürfen für Gruppenstunden, Spielideen, Bastelvorschlägen, Liedern, Aktionen, Geschichten. Heft 1 des Jahrgangs ist die Freizeitnummer. Hier wird eine biblische Geschichte aufbereitet als Vorlage für eine JS-Freizeit. Heft 2 und 3 bieten vor allem Spielideen und Aktionen im Freien und für das Sommerhalbjahr. Heft 4 enthält Vorschläge für Advent, Weihnachten und für die Winterzeit. Übrigens: Jede Jungscharleiterin und jeder Jungscharleiter haben das Recht auf ein eigenes Exemplar. Die Kosten sollten von den jeweiligen Verbänden oder Kirchengemeinden übernommen werden. Bei regelmäßiger Anwendung wird der J. zu einer unerschöpflichen Fundgrube für kreative, originelle und erfolgreiche Gruppenstunden.
Bestelladresse: Buch und Musik, Buchhandlung und Verlag des ejw, Haeberlinstr. 1-3, 70563 Stuttgart, Tel. 07 11/ 97 81-0

⇨ Arbeitshilfen

rr

K

Karikatur

K. sind Zeichnungen, die durch übertriebene oder komisch verzerrte Darstellung charakteristische Eigenarten von Personen oder Situationen zeigen.
Überraschend und geistreich bringen K. Situationen auf den Punkt (Pointe). Durch ihre ungewohnte Sichtweise bewirken sie Schmunzeln oder Stirnrunzeln, bieten Aha-Erlebnisse und regen zum Nachdenken an.
In der Jugendarbeit können K. durch ihre unverkrampfte Art unmittelbar z. B. Kurzverkündigungen (Andachten) unterstützen.

K. in der Kinderarbeit bitte nur dann einsetzen, wenn sie das Abstraktionsvermögen der Kinder nicht übersteigen. Oft können Kinder die Ironie, die in K. steckt, noch nicht verstehen, daher bitte auf kindgerechte K. achten!
Praxistip für den Gruppenleiter: beim Lesen geeignete K. ausschneiden und eine Sammlung anlegen!

⇨ Bild

jbe

Karte und Kompaß

K. und K. sind die zuverlässigsten Hilfsmittel, um sich in einer unbekannten Umgebung richtig orientieren zu können. Die richtige Anwendung dieser beiden Hilfsmittel setzt eine gewisse Übung voraus. Beim Kompaß sind das ausreichende Peil-

übungen unter Anleitung eines erfahrenen Trainers. Selbsttraining anhand einer guten Gebrauchsanweisung ist aber auch möglich.
Als ideale Orientierungskarte hat sich die topographische K. mit dem Maßstab 1:25 000 erwiesen. Auf ihr sind alle zur Orientierung notwendigen Zeichen und Objekte eingetragen. Man nennt sie auch die »4-cm-Karte«; d. h. 4 cm auf der K. entsprechen einem Kilometer in der Natur. Beim Kauf einer K. sollte man darauf achten, daß die Höhenlinien (braune oder schwarze Linien) darin eingezeichnet sind. Aber auch die üblichen Wanderkarten mit dem Maßstab 1:50 000 (2-cm-Karte, auch »Radfahrerk.« genannt) eignen sich noch gut zur Orientierung. Das Einlesen in eine K. ist reine Übungssache, die man zunächst in einer vertrauten Umgebung trainieren sollte. Dazu wird die K. zuerst einmal eingeordnet. D. h. sie wird auf den Boden oder auf einen Tisch gelegt, daß der obere Rand nach Norden zeigt. Dieses geschieht am besten mit Hilfe eines Kompasses. Wenn die K. Gitterlinien hat, legt man die Kompaß-Seitenkante auf die Meridiane (Nord-Süd-Linie) an. Die Seitenkante der K. ist zu ungenau. Alle Ortsnamen auf der K. stehen in West-Ost-Richtung, darum sollte man K. ohne Gitternetz durch das Anlegen an einen Ortsnamen einorden und den Kompaßring dabei auf Ost (bzw. West) einstellen.
Nun vergleicht man die Objekte in der Umgebung mit den Zeichen auf der eingeordeten K. Dabei sollte man auch schon die eingezeichneten Höhenlinien der K. und die Steigungen im Gelände vergleichen. Durch solche Übungen bekommt man den richtigen Blick für das Kartenlesen.

⇨ Tatkunde *ws*

Kassette

Die K. ist die Nachfolgerin des Tonbandes. Beide funktionieren, indem ein Elektromagnet die im Mikrofon umgewandelten Schallschwingungen in elektrische Schwingungen auf ein Band überträgt. Die aufgenommenen Schwingungen werden durch Verstärker, Lautsprecher oder Kopfhörer wahrnehmbar.
Musikhören, Hörspiele verfolgen und Lieblingslieder selbst aufnehmen ist für viele Kinder das Einfachste von der Welt. Aber auch die eigene Stimme zu hören, die sich aufgenommen so ganz anders anhört, ist für sie erschreckend und faszinierend zugleich. Mit einem Walkman ziehen sich die Hörer in ihre eigene Welt zurück und signalisieren, daß sie nicht gestört werden wollen. Oft sind sie auch nicht zu stören, da die Lautstärke »ohrenbetäubend« laut aufgedreht ist, was zu Schwerhörigkeit führen kann.
Mit K., -recorder und Mikrofon können Jungscharler auch selbst aktiv werden: das Erkennen von Geräuschen macht 8-10jährigen viel Spaß. Sie können sich in kleinen Gruppen Geräusche selbst aufnehmen und diese dann einer anderen Gruppe als Rätsel aufgeben.
Ältere Kinder schreiben mit Hilfe des Mitarbeiters ein kurzes Hörspiel und nehmen es mit Musikuntermalung und Geräuschen selbst auf. So ein Projekt erfordert viel Geduld, deshalb darf das Hörspiel nicht zu lang sein.
Reizvoll ist eine spontane Umfrage mit dem Mikrofon (nach dem Gottesdienst, auf dem Spielplatz, in der Fußgängerzone) zu einem Thema.
Auch ein Stadtgeländespiel mit Walkman ist für ältere Kinder ein besonderer Programmpunkt, der von den Mitarbeitern viel Vorbereitungszeit erfordert, aber großen Spaß macht. Manche Kinder haben jedoch Schwierigkeiten, die gehörten Aufgaben so aufzunehmen, daß sie sie erfüllen können. Hier wird unser Hörverhalten deutlich: mit dem Walkman sind wir gewohnt zu hören, aber nicht zuzuhören. Ein unmusikalischer Mitarbeiter kann manchmal ein neues Lied mit Hilfe des K.-Recorders einüben.

⇨ Medien

ed

Katholische Kirche

Weltumfassende (griech. = katholisch), hierarchisch gegliederte Kirche (Papst, Bischöfe, Volk Gottes). Ihr gehört man durch die Taufe an. Ihre Glaubensgrundlagen sind vor allem die Bibel, aber auch die durch den Heiligen Geist bewirkte Entfaltung des Glaubensgutes im Laufe der Geschichte und sich wandelnder Lebenserfahrungen (Tradition).
Zwei Dinge sind für die k. K. »typisch« und stoßen oft auf Unverständnis und Widerspruch. 1. Die starke Betonung der »Gemeinschaft« der Gläubigen und 2. ihr hierarchisch-zentralistischer Aufbau.
Beides gründet in ihrem Christusverständnis. Jesus hat von Anfang an Gemeinschaft gesucht und »Gemeinde« gegründet: das wird besonders deutlich in der Stiftung des Neuen Bundes beim Abendmahl. In dieser Gemeinschaft lebt und wirkt fortan der auferstandene Christus durch die Zeiten fort. Sie ist sichtbares (»leib-haftiges«) Zeichen seiner realen Gegenwart. Gleichzeitig ist sie das »Instrument«, mit dem und durch das Christus wirkt. Darum bezeichnen Katholiken die Kirche als »Ur-Sakrament«. Jesus allein ist der Herr der Kirche und nicht der Papst, die Bischöfe oder eine Gemeinde. Diese haben nur eine abgeleitete Vollmacht: Jesus als einziger »Amtsträger« hat den Aposteln daran Anteil gegeben. Diese haben sie über die Handauflegung an ihre Nachfolger weitergegeben bis hin zu den heutigen Bischöfen (Apostolische Sukzession, Bischöfe, Weihe, Amt).
Daß der Auferstandene in der Bindung an die konkrete Gemeinschaft der Kirche weiterlebt und wirkt (früher prägnant, aber mißverständlich auf den Punkt gebracht mit der Formel: »Außerhalb der Kirche kein Heil«) und daß er allein Herr ist, Macht und Vollmacht besitzt (hier liegen die Probleme mit demokratischen Strukturen und Prinzipien begründet), darin konzentriert sich »typisch katholisches« Kirchenverständnis.

ml

Kindergottesdienst

Was ist K.?
Treffen für Kinder, in der Regel Sonntagvormittag, parallel, vor oder nach dem Hauptgottesdienst, in Kirchen oder Gemeindehäusern, Dauer ca. 1 Stunde. Ehrenamtliche Mitarbeiter, oft ein Pfarrer, Gemeindediakon oder Vikar als Leitung. Vielfach sammeln sich Kinder der Kirchgänger oder von Familien, die der Gemeinde nahestehen. Manche Gruppen wirken aber auch ausgesprochen missionarisch.

Warum K.?
Christen brauchen nicht nur Belehrung und Gemeinschaft, sondern auch den Gottesdienst: Gott dient uns, wir dienen Gott. Dazu gehören feste Formen (Liturgie), Hören, Singen und Beten. Nun hat der gemeinsame, normale Sonntagsgottesdienst meist Formen entwickelt, die Kindern wenig entgegenkommen. Darum entstand in der Evangelischen Kirche anstatt der »Sonntagsschule« ein richtiger K. bzw. eine Kinderkirche. Selbstverständlich ist sie personell und organisatorisch eng mit der Kirchengemeinde verbunden.

Formen und Inhalte
Zeitliche Besonderheit des K. im Vergleich zu anderen Jugendgruppen ist der Sonntagvormittag. Dabei gibt es verschiedene Varianten, je nach Möglichkeiten und Gegebenheiten der Gemeinde: vor oder nach dem Sonntagsgottesdienst in der Kirche oder im Gemeindehaus; parallel dazu in einem nahegelegenen Raum, das ist praktisch bei längeren Anfahrtswegen, da die Kinder gemeinsam mit ihren Eltern kommen und gehen; Kinder beginnen im Gottesdienst mit der Gemeinde, ziehen nach der gemeinsamen Liturgie aus, um in einem anderen Raum weiterzufeiern.
Meist stehen fortlaufende biblische Geschichten im Mittelpunkt der Kinderkirche, die von ehrenamtlichen Mitarbeitern in altersgetrennten Gruppen erzählt werden. Die Altersspanne der Kinder reicht von 3-14 Jahren (Konfirmandenalter).

Ergänzt werden die Inhalte von Themenreihen und Lebensbildern. Gestalterische und kreative Elemente sind wichtig, werden aber durch Raum- und Zeitangebot begrenzt.

Gemeinsames Singen, Beten und Feiern mit Herzen, Mund und Händen, das sowohl spontane Elemente wie auch feste, wiederholbare Formen enthält, rundet den K. ab.

Besondere Chancen und Grenzen
Im K. geht es wirklich ums »Feiern«. Was wird gefeiert? Der Sonntag, der Gottesdienst, die Gemeinschaft, das Leben, ja letztlich Gott. Weil so die Kinder ganzheitlich beteiligt sind, wird der Glaube nicht nur über den Verstand, sondern auch über das Gefühl erfahrbar. Das wiederum ist ein wichtiger Beitrag in unserer verstandorientierten Welt. In den letzten Jahren kamen viele Theoretiker und Praktiker zu dieser Einsicht. So entstanden für die Kinderkirche gute Bücher mit vielen Anregungen und praktischen Vorschlägen. Zum Feiern hilft ein »gottesdienstlicher« Rahmen. Da ergeben sich durch die zeitliche, räumliche und personelle Nähe zur Erwachsenengemeinde vielfältige Möglichkeiten. Die Kinderkirche könnte z. B. von ihren letzten Stunden im Gottesdienst eine Zusammenfassung einbringen, eine Geschichte vorspielen, ein Lied singen oder mit der Gemeinde lernen. Die Kinder erleben den Kirchenraum und die Formen des Erwachsenengottesdienstes, darüber kann in der Kinderkirche gesprochen werden. Den »Großen« tut es gut, ab und zu mitzuerleben, wie Kinder feiern, glauben, hören und verstehen. Für die Kinder ist es wichtig zu erleben, daß Christsein nicht mit den Kinderkleidern abgelegt wird, sondern auch noch für Erwachsene paßt. Kinderkirche zeichnet sich weiterhin aus durch einen sehr engen Bezug zu biblischen Texten. Jeden Sonntag wird eine biblische Geschichte kindgerecht dargeboten, die von zentraler Stelle vorgeschlagen und ausgearbeitet wurde. Die Geschichten passen zum Kirchenjahr und sind zu Themen zusammengefaßt. Verschiedene Methoden und visuelle Hilfen (Bilder, Dias, Symbole) werden angewandt, doch vorwiegend geht es ums Hören und Hören-Lernen. Dabei erleben die Mitarbeiter, daß biblische Geschichten leben, daß sie sich gut einprägen, und daß sie die Zuhörer prägen.

Durch ausführliche Arbeitshilfen sowie die meist enge Begleitung durch den Pfarrer (regelmäßiger Vorbereitungskreis) sind Kinderkirchmitarbeiter kaum überfordert, zumal sie nur für die Darbietung in ihrer jeweiligen Kleingruppe verantwortlich sind. So können sich auch jüngere Mitarbeiter engagieren, die dann mit viel Freude dabei sind. Für die Kinder wiederum sind die Gruppenleiter wichtige Bezugspersonen, die sie kennen, auf sie eingehen, sie ernst nehmen. Sie sind vollwertige »Verkündiger«, im Gegensatz zum Erwachsenengottesdienst, den vielfach ein einzelner Hauptamtlicher bestreitet.

Im Vergleich mit anderen Jugendgruppen wird K. eher »einseitig« erlebt. Spiele und kleine Bastelangebote dienen der Vertiefung des Textes und bilden keine eigenständigen Programmpunkte. Außerdem läßt es sich in Kirchenräumen oft schlecht spielen oder basteln. Zeitlich ist der Rahmen auf eine Stunde begrenzt. Da bleibt bei den vorgenannten Schwerpunkten schwerlich Raum für größere Aktionen.

Gemeinsame Ausblicke
Kindergruppen/bzw. JS- und Kinderkirchkinder sind gleich alt. D. h., daß oftmals die Teilnehmer identisch sind. Folglich ist es sinnvoll, nach Begegnungsmöglichkeiten und gemeinsamen Höhepunkten zu fragen. Mitarbeiter könnten sich austauschen und voneinander profitieren; die gruppenspezifischen Angebote könnten öfters als Ergänzung oder Vertiefung geplant, Terminüberschneidungen vermieden werden.

Vielerorts haben sich gemeinsame Kinderbibelwochen bewährt. Ein größerer Einsatz ist zeitlich begrenzt, die Aufgabenfelder abgesteckt und auf viele Schultern verteilt – so macht Zusammenarbeit Spaß! Auch gemeinsame Freizeiten sind denkbar. Entweder von Jugendgruppe und Kinderkirche gemeinsam verantwortet, oder beide nehmen teil an einer größeren Freizeit auf Bezirks- oder Landesebene. Ob die verschiedenen Mitarbeiter sich, zumindest ab und zu, in gemeinsamen Mitarbeiterkreisen treffen könnten? So ließen sich o. g. Punkte besser verwirklichen.

Arbeitshilfen und Schulungen

Die K.-Arbeit wird verantwortet vom »Gesamtverband für Kindergottesdienst in der EKD« (Adresse s. Anhang).
Von diesem Gremium kommt auch der gemeinsame Textplan. In allen Bundesländern gibt es Landesverbände für K., die in z. T. eigenen Häusern vielfältige Schulungen anbieten (z. B. Arbeit mit älteren/jüngeren Kindern, Erzählen biblischer Geschichten, Singen, Musizieren und Bewegen, Liturgie, schwierige Kinder, Gitarrenkurse, Grundkurse ...).
Weiter gibt es die Gesamtkonferenz und Landeskonferenzen – riesige Veranstaltungen mit einer Vielfalt an praktischen Angeboten, Arbeitsgruppen, Informationen, theologischen Referaten und Gottesdiensten. Auch auf Bezirksebene werden meist noch kleinere Schulungen angeboten.
In den regelmäßig erscheinenden Arbeitshilfen (auf Landesebene) werden biblische Texte sehr gründlich und anschaulich erarbeitet; für jeden Sonntag sind fertige Erzählungen und verschiedene methodische Anregungen enthalten. Wenn man die Fülle von Arbeitshilfen und Schulungen anschaut, die sowohl von Jugendarbeit/ CVJM als auch von K.-Verbänden angeboten werden, erscheint es sinnvoll, Grenzen zu überspringen und verschiedene Angebote hier und dort wahrzunehmen.

⇨ Kirche

ep

Kindergruppe

K. sind keine »kleine JS«. Die Bezeichnung »jüngere Gruppe« würde eher zutreffen. Hier treffen sich in der Regel 4-8jährige Kinder, die größtenteils noch nicht lesen können, denen das Stillsitzen sehr schwerfällt usw. Das übliche JS-Programm wäre eine Überforderung für diese Altersgruppe. Zwar gehören auch die Grundideen des JS-Vierklangs zum Programm der K., doch bekommt dieser eine andere Gewichtung. Der Bewegungs- und Erzählbereich bietet sich als ein Schwerpunkt für diese Altersgruppe an.

⇨ Altersstufen

go

Kinderwoche

Am Beispiel der K. »Leben unterm Regenbogen« soll das Modell deutlich werden: Zuerst sind alle Kinder von 6-12 Jahren zusammen, singen, erleben das Anspiel der Gärtner im Park und die Bibelgeschichte im Gartenkino.
1. Tag: Gottes Schöpfung ist bunt und schön (Dias)
2. Tag: Noah und seiner Familie wird der Regenbogen erklärt (Schattenspiel auf Tageslichtprojektor)
4. Tag: Kindersegnung (Lebendiges Schattenspiel)
In Gruppen wird anschließend ein Regenbogen gemalt, ausgeschnitten und jeden Tag ein neuer Tropfen befestigt. Außerdem wird gespielt, ein Fest vorbereitet, gegessen usw. Maulwurf Naseweis kommt auch jeden Tag.
Im Evang. Jugendwerk i.W. in Stuttgart (Adresse s. Anhang) kann eine Liste angefordert werden, auf der Arbeitshilfen mit Thema und Bestelladressen zusammengestellt sind.

⇨ Programm

md

Kirche

Der Begriff K. wird in der Regel in dreifacher Bedeutung gebraucht: 1. es wird damit ein **Gebäude** bezeichnet, in dem Menschen zum Gottesdienst oder zu gottesdienstähnlichen Veranstaltungen zusammenkommen. 2. Es wird damit eine **Institution** bzw. **Organisation** bezeichnet, die nach außen hin rechtsverbindlichen Charakter hat (Körperschaft des öffentl. Rechts) und deren Aufbau, Verwaltung, Aufgaben und Aktivitäten durch (K.-)Gesetze und Verordnungen geregelt werden. Die innere Struktur dieser Institutionen (z. B. Evang. Landeskirchen) kann recht unterschiedlich sein. 3. Es wird damit ein **Organismus** bezeichnet, zu dem all diejenigen gehören, die an Jesus Christus – so wie ihn die Bibel bezeugt – als ihren Herrn glauben. In diesem Sinne wird der Begriff K. für das Ganze der weltweiten Gemeinde Jesu Christi – unabhängig jeglicher konfessioneller oder institutioneller Ausprägungen – verwendet.

Das Wort K. ist ein griech. Lehnwort und geht auf **kuriaké** (griech.: dem Herrn gehörig) zurück, Kuriaké in Verbindung mit oikia (griech.: Haus) bezeichnet also »das Haus, das dem Herrn gehört« und steht für das Gebäude, in dem sich die christliche Gemeinde versammelt.

Im NT wird für die Kirche insgesamt wie auch für die einzelne Gemeinde der Begriff **ekklesia** verwendet. Ursprünglich wurde dieses Wort ganz profan für die Volksversammlung verwendet (so auch z. B. Apg 19, 32.39 f). Im NT dagegen steht ekklesia für die Gemeinschaft der Christen. Diese Gemeinschaft basiert nicht auf gegenseitiger Sympathie und Zuneigung oder auf gemeinsamen persönlichen Interessen, sondern diese Gemeinschaft hat ihren Ursprung und Grund im Versöhnungswerk Christi, ist somit also nicht Menschenwerk. Das unterstreichen auch verschiedene Bilder, die das NT für die K./Gemeinde verwendet. Ihren engen Bezug zu Jesus Christus und ihre Abhängigkeit von ihm macht das Bild von der Gemeinde als dem Leib Christi und Jesus Christus als dem Haupt des Leibes deutlich (Eph 1, 22 f; 4, 15 f; 5, 23.30; Kol 1, 18). Die Verbindung der einzelnen Gläubigen untereinander, ihre Zuordnung und Verantwortung füreinander wird ebenfalls an dem Bild des Leibes verdeutlicht (Röm 12, 4 ff; 1. Kor 12, 12 ff). Andere Bilder und Vergleiche, welche die enge Beziehung der Gemeinde zu Jesus Christus ebenfalls unterstreichen, sind: Hirte und Herde (Joh 10, 11 ff; 1. Petr 2, 25; Hebr 13, 20), Eckstein und Haus der lebendigen Steine (1. Petr 2, 4 ff), Bräutigam und Braut (Eph 5, 25 f.32; Offb 19, 7), Weinstock und Reben (Joh 15, 1 ff).

Die K./Gemeinde hat ihren Anfang damit genommen, daß Menschen den Ruf Jesu in die Nachfolge gehört haben, daß Menschen sich von ihm haben erneuern und verändern lassen und sich als glaubende Menschen von Jesus in Dienst nehmen ließen. K./Gemeinde ist dadurch gewachsen, daß Menschen das Evangelium von der Liebe Gottes in Wort und Tat bezeugt haben. So ist K. immer auch eine K. des Wortes (vgl. Röm 10, 17), sichtbare Auswirkung des verkündigten und bezeugten Gottes-Wortes und Wirkung des Heiligen Geistes. K./Gemeinde ist sichtbare Gestaltwerdung des Leibes Christi in dieser Welt und hat darin eine zeichenhafte Funktion. An ihr soll deutlich werden, daß Gottes Reich im Werden ist. K./Gemeinde ist nicht zum Selbstzweck da, dreht sich nicht ausschließlich aus Eigeninteressen, sondern ist Kirche für andere, apostolische (gesandte) Kirche. Jesus Christus hat seine Jünger und Nachfolger beauftragt, »Salz der Erde« und »Licht der Welt« zu sein (Mt 5, 13 f).

Betrachtet man den Weg der Kirche durch die Jahrhunderte, so muß man erkennen, daß sie ihrem Auftrag und Ursprung keineswegs immer gerecht geworden ist und es nicht nur Licht, sondern auch viel Dunkel gab. Die lange Zeit der K.-Geschichte ist auch eine Geschichte vielfältiger menschlicher Schuld, es gab manches Versagen, Streit, Spannungen und Abspaltungen und es grenzt schon an ein Wunder, daß K. immer noch existiert. Das ist einzig und allein der Tatsache zu verdanken, daß der Herr der K. selbst sie durch die Jahrhunderte hindurch immer wieder bewahrt hat. In der Anfangszeit war die K. eine arme, ohnmächtige (was äußeren Einfluß und Macht anging), aber im Glauben lebendige K., die immer wieder Verfolgungen ausgesetzt war und manches Martyrium zu erdulden hatte. Das änderte sich, als die K. unter dem röm. Kaiser Konstantin d. Gr. (306-337) eine enge Bindung mit dem Staat einging und Kaiser Theodosius d. Gr. (379-395) die katholische K. 380 zur alleinberechtigten Staatsk. erhob und der Kampf gegen die heidnischen Religionen begann. Aus der einst selbst verfolgten K. war eine verfolgende K. geworden.

Der Zerfall des römischen Reiches (395) und schließlich das Ende des weströmischen Reiches sowie andere geschichtliche Ereignisse begünstigten das Erstarken der röm. K. Der römische Bischof gewann zunehmend an Macht und Einfluß, und es entwickelte sich das Papsttum, das zu Beginn des 13. Jh. seine größte politische Macht hatte. Aus einer armen war eine reiche, aus einer ohnmächtigen eine mächtige K. geworden, die aber in ihrem geistlichen Leben vielfach erstarrt war. Nachdem es bereits 867 und endgültig 1054 zum Bruch (Schisma) zwischen der römischen und der griechischen (orthodoxen) Kirche gekommen war, brach im 16. Jh. eine gewaltige Katastrophe über die röm.-kath. K. und das christliche Abendland herein: die Reformation.

Die abendländische K.-Einheit wurde aufgelöst und es entstanden evangelische K., die sich neben der röm.-kath.. Kirche behaupteten. Im Bereich des Protestantismus entwickelten sich am Ende im wesentlichen drei unterschiedliche Kirchentypen: der anglikanische (der in manchen Punkten den Katholizismus eng berührt), der lutherische (der entschieden mit der kath. K. gebrochen hatte) und der reformierte (als schroff anti-kath. Form des Protestantismus).

Innerhalb der verfaßten K. kam es immer wieder zu Unterschieden in der Lehre (z. B. im Taufverständnis oder in der Abendmahlslehre), im Grad der Frömmigkeit und es kam zu Erweckungs- und Erneuerungsbewegungen, die einerseits befruchtend innerhalb der K. wirkten, andererseits aber auch zur Gründung von neuen K. (Freikirchen) führten. Eine der Erneuerungsbewegungen, der die Evang. K. viele gute Impulse verdankt, war der Pietismus (Ph. J. Spener, A. H. Francke u. a.). Seine prägende und bestimmende Kraft ist auch für den deutschen CVJM spürbar gewesen.

Im Wissen darum, daß die Zersplitterung und Trennung der K. für ihr Zeugnis von dem einen Herrn der Gemeinde nicht unbedingt förderlich ist, hat es auch immer wieder Bestrebungen zur Einheit der K. gegeben.

So hat beispielsweise der CVJM in der »Pariser Basis« erstmals ein alle Konfessionen und Kontinente übergreifendes »ökumenisches« Programm vertreten. Die Entstehung der Evang. Allianz ist ebenfalls im Bemühen um mehr Gemeinsamkeit innerhalb eines bestimmten Spektrums der christlichen Gemeinde zu sehen. Nach dem Zweiten Weltkrieg (1948 und 1961) schlossen sich verschiedene Bewegungen zum Ökumenischen Rat der Kirchen (ÖKR) zusammen. Der ÖKR ist keine Einheits- oder Weltkirche, aber in ihm sind heute immerhin mehr als 200 Mitgliedsk. unterschiedlicher Traditionen (orthodoxe, altkatholische, anglikanische, lutherische, reformierte und andere protestantische Traditionen) zusammengeschlossen. Die Basis der ÖKR lautet: *»Der ÖKR der Kirchen ist eine Gemeinschaft von Kirchen, die den Herrn Jesus Christus gemäß der Heiligen Schrift als Gott und Heiland bekennen und darum gemeinsam zu erfüllen trachten, wozu sie berufen sind, zur Ehre Gottes, des Vaters, des Sohnes und des Heiligen Geistes.«* (Neu-Delhi 1961; die Basis des ÖKR wurde in Anlehnung an die »Pariser Basis« des CVJM formuliert.) Eins ist klar: Keiner kann für sich allein glauben, darum ist

die Gemeinschaft – d. h. die K./Gemeinde
– einfach notwendig.
▷ Landeskirche ▷ Freikirchen
▷ Kath. Kirche
jb

Kirchenjahr

Ursprung des K.
Das erste Fest, daß die Christen miteinander feierten, war das Osterfest. Gemeinsam erinnert man sich daran, daß Jesus am Ostersonntagmorgen von den Toten auferstanden ist. So wurde der erste Wochentag, der Sonntag, zum Feiertag und zum ständig wiederkehrenden Osterfest. Daneben wurde einmal im Jahr das »Passa« begangen, bei dem man sich an die Kreuzigung und die Auferstehung Jesu erinnerte. Langsam entstanden daraus andere Festtage und Festzeiten im Jahresablauf. Die Bezeichnung K. findet sich erstmalig 1589 bei Johannes Pomarius. Gemeint ist damit die Gliederung des Jahres durch bestimmte Feste und Festzeiten. Das K. findet besonders im Gottesdienst seine Darstellung.

Sinn des K.
Der jedes Jahr wiederkehrende Ablauf des K. will den Menschen das Verstehen und Feiern der großen Taten Gottes leichter möglich machen.
Das K. verdeutlicht den unumkehrbaren Weg Gottes mit uns Menschen vom Ursprung der Schöpfung, über die Zeit mit dem Volk Israel, zu den Tagen, als Gottes Sohn (Gal 4, 4) auf unserer Erde lebte, und von dort über die Zeit der christlichen Gemeinde bis hin zu dem Tag, an dem Jesus wiederkommen wird. An jedem Festtag des K. betrachten wir einen kleinen Abschnitt dieses Weges genauer.

Die zeitliche Einordnung des K.
Das Naturjahr beginnt mit dem 1. Januar und endet mit dem 31. Dezember. Der Beginn bzw. das Ende des K. ist dazu vier Wochen verschoben. Es beginnt bereits Ende November bzw. Anfang Dezember mit dem 1. Advent und endet im November mit dem Ewigkeits- oder Totensonntag.

Die Festkreise und ihre Feste im K.
Die Advents- und Weihnachtszeit: Mit dem ersten *Advent* beginnt das Kirchenjahr. »adventus« (lat.) heißt Ankunft, das ist auch das Thema der vier Adventssonntage. Jesus, der Sohn Gottes, kam auf diese Welt und er wird einmal wiederkommen. Sein erstes Kommen ist davon geprägt, daß er als Heiland uns Menschen in die Lebensverbindung mit Gott zurückruft. Als Richter wird Jesus wiederkommen. Aber es geht an diesen Sonntagen auch darum, daß Jesus bei uns ankommt. Daß wir unser Leben für ihn öffnen. Das alte Adventslied »Macht hoch die Tür, die Tor macht weit...« spricht deutlich davon. An diese Zeit schließt sich das *Weihnachtsfest* an. Wir erinnern uns daran, wie Jesus in ärmlichen Verhältnissen in Bethlehem geboren wurde. Dies geschah ca. im Jahr 7 v. Chr. Seit dem 4. Jh. feiert man dieses Fest und seit dem 11./12./13. Jh. gestaltet man die Gottesdienste mit Weihnachtsspielen aus. Die Advents- und Weihnachtszeit endet mit dem *Epiphaniasfest*. In Deutsch übertragen heißt das soviel wie: Erscheinung oder Gotteserscheinung. Drei Sterndeuter – wahrscheinlich von der arabischen Halbinsel – werden durch einen hellen Stern auf die Geburt Jesu aufmerksam gemacht. So sind sie die ersten Ausländer, die von der Geburt des Sohnes Gottes erfahren. Die Nachricht von Jesus Christus ist für alle Menschen, Rassen und sozialen Schichten bestimmt.
Die Passionszeit: Die *Passionszeit* beginnt am ersten Sonntag nach dem Aschermittwoch und dauert 42 Tage bis zum Karsamstag. Diese Zeit soll ruhig und besinnlich verlaufen und uns daran erinnern, daß Jesus auf sein Leben bei Gott verzichtet hat, auf unsere Erde gekommen ist und für die Sünde von uns Menschen Leiden und Sterben auf sich genommen hat (Phil 2, 5-11). Die Passionszeit ist auch Fastenzeit. Das heißt, Menschen verzichten be-

wußt auf alltägliche Dinge (Speisen, Genußmittel, Gewohnheiten wie das Fernsehen). Früher feierte man in dieser Zeit auch keine fröhlichen Feste (z. B. Hochzeiten). Ein kleines Stück Leiden nacherleben, Zeit gewinnen für Gott, ist der Sinn der Fastenzeit. Eingeschlossen in die Fastenzeit ist der *Gründonnerstag*, an dem wir uns an das letzte Abendmahl Jesu mit seinen Jüngern erinnern (Lk 22, 7-23). Bei diesem Abendessen gab Jesus seinen Jüngern Brot mit den Worten: »Das ist mein Leib, der für Euch gegeben wird.« Und einen Kelch mit Wein mit den Worten: »Das ist mein Blut... das für viele vergossen wird.« Dieses Abendmahl feiern Christen bis heute, um sich das Leiden und Sterben Jesu vor Augen zu halten und sich seiner Nähe zu vergewissern. Nach einem Schnellprozeß mit falschen Zeugen, bei dem das Urteil schon feststand, wird Jesus gekreuzigt. Daran erinnert uns der *Karfreitag*. Nach drei qualvollen Stunden stirbt Jesus am Kreuz für die Sünden von uns Menschen (Jes 53, 4-6).

Die Osterzeit: Das *Osterfest* ist das älteste christliche Fest überhaupt und erinnert uns an die Auferstehung Jesu von den Toten. Jesus lebt und wurde von vielen anderen gesehen (1. Kor 15, 3-8). Diese Tatsache ist die wichtigste Grundlage unseres christlichen Glaubens. Ohne die Auferstehung Jesu wäre unser ganzer christlicher Glaube sinnlos (1. Kor 15, 12-34). Weil Jesus aber auferstanden ist, werden auch die auferstehen und in Gottes neuer Welt sein, die an Jesus Christus glauben. Mit einem alten Ostergruß erinnern sich die Christen an die Auferstehung am Ostermorgen: »Der Herr ist auferstanden! Er ist wahrhaftig auferstanden!« Vierzig Tage bleibt Jesus bei seinen Jüngern, so erzählt uns die Bibel, dann geht er in die unsichtbare Welt Gottes zurück (Lk 24, 36-52). An dieses Ereignis erinnert uns der *Himmelfahrtstag*.

Die Pfingstzeit: Die *Pfingstzeit* ist die kürzeste Festzeit im Kirchenjahr, denn sie dauert nur eine Woche. Fünfzig Tage nach Ostern feiern wir dieses Fest. Es erinnert daran, wie die Jünger und Freunde von Jesus vom Heiligen Geist ergriffen werden. Aus verängstigten Menschen werden mutige Zeugen vom Leben, Tod und der Auferstehung Jesu. In Jerusalem entsteht die erste christliche Gemeinde und bald überall dort, wo Jesu Zeugen hinkommen. So ist Pfingsten die Geburtsstunde der christlichen Kirche.

Die Feste bis zum Pfingstfest erinnern uns an wichtige Ereignisse, von denen uns die Bibel berichtet. Die nun folgenden Feste haben immer ein bestimmtes Thema als Grundlage.

Die Trinitatiszeit: Das *Trinitatisfest* erinnert uns an die drei Personen, wenn wir von Gott sprechen. Gott der Vater, Gott der Sohn (Jesus Christus), Gott der Heilige Geist. Keine dieser drei Personen tut etwas unabhängig von der anderen. Jede Person weist auf die andere hin. Deshalb können wir auch von einem Gott sprechen.

Am 24. Juni feiern wir das *Johannisfest*. Es erinnert uns an Johannes den Täufer, der als letzter alttestamentlicher Prophet auf Jesus hinweist, den Sohn Gottes sehen und taufen konnte. Dadurch wird Johannes der Täufer zum Bindeglied zwischen AT und NT. Danach beginnt eine lange Zeit ohne größere Feste.

Am letzten Sonntag im September bzw. 1. Sonntag im Oktober wird dann das *Erntedankfest* gefeiert. In einer Umwelt, in der wir keinen Hunger kennen, in der ständig alles vorhanden ist, ist es wichtig, sich an den Geber aller dieser guten Gaben zu erinnern. »Alle gute Gabe kommt her von Gott dem Herrn...«, so heißt es in einem Erntedanklied. Wir sind von Gottes guten Gaben auch heute noch abhängig. Deshalb ist der Dank etwas ganz wichtiges. Das *Kirchweihfest*, das im Laufe des K. gefeiert wird, erinnert an die Einweihung unserer Kirche.

Am 31. Oktober feiern wir das *Reformationsfest*. Es erinnert uns an den Reformationsbeginn am 31. Oktober 1517 mit dem Thesenanschlag (Streitsätze gegen den Ablaßhandel) an die Schloßkirchentür zu

Das Kirchenjahr und seine Feste

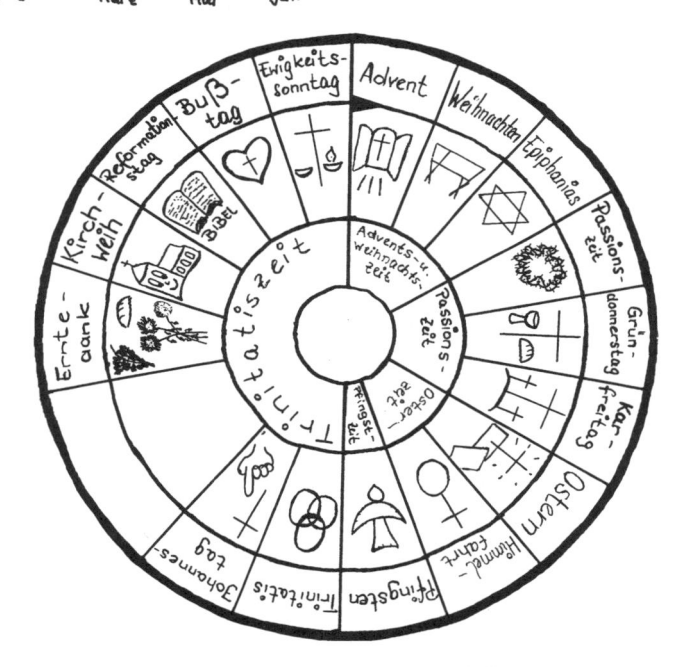

Wittenberg durch Martin Luther. Durch die Reformation besannen sich wieder viele Menschen auf Gottes Wort. Diese Rückbesinnung ist wohl immer wieder nötig, wenn wir erfahren wollen, welchen Plan Gott mit unserem Leben hat.
Der *Buß- und Bettag* im November ist der vorletzte Festtag im K. Er erinnert uns an unsere Schuld und Sünde — also an all das, was wir gegen oder ohne Gott tun. Jesus ist dafür am Kreuz gestorben. Wenn wir ihn um Vergebung bitten, dann will er uns vergeben (1. Joh 1, 7-10). Ja, er hilft uns sogar, daß wir ganz anders handeln können, wenn wir unser Leben ihm anvertrauen. Deshalb sollte jeder Tag ein Buß- und Bettag sein.

Den Abschluß des K. bildet der *Ewigkeits- oder Totensonntag*. König Friedrich Wilhelm III. von Preußen ordnete 1816 an: Der letzte Sonntag im K. sollte an die Verstorbenen erinnern. Deshalb wird häufig an diesem letzten Sonntag des K. eine Liste mit den Namen verlesen, die im vergangenen K. verstorben sind. Darüber hinaus erinnert uns dieser Sonntag daran, daß jeder Mensch einmal sterben muß. Für die, die an Jesus glauben, wird jedoch der Tod nicht das Letzte sein. So wie Jesus lebt, werden sie auch leben; in einer neuen Welt Gottes (Joh 14, 1-7; Offb 21, 3-5).
Vergiß die großen Taten Gottes nicht, denn sie sind für Dich getan.

gg

Kluft

Definition
K. – lt. Mackensens Etymologischen Wörterbuchs = Kleid, studentensprachlich aus rotwelsch *kluft*, Kleid (hebräisch *qilluph* Schale, aus griechisch *kelyphos* Hülle). K. ist das Standardkleidungsstück der JS-Arbeit, die *Hülle*, die gute *Schale*, in die man sich »schmeißen« kann.

Wie war es früher?
Die K. taucht erstmals in den 20er Jahren des 20. Jh in der JS auf. Darum ist es falsch, wenn behauptet wird, daß Adolf Hitler sie erfunden habe. Er hat diese Idee der bündischen Jugendarbeit übernommen und in die Hitlerjugend integriert. Umgekehrt ist damit auch der Vorwurf entkräftet, daß eine solche »Uniformierung« zu sehr an die »Braunhemden« der Hitlerzeit erinnere. Fünfzig Jahre nach Ende des Zweiten Weltkrieges ist dieses Argument gegen das Tragen einer K. in der JS zwar als Äußerung der Älteren, die den Krieg erlebt haben, verständlich; die später Geborenen sollten sich davon vielleicht doch nicht mehr beeinflussen lassen.

Und wie steht's heute damit in den neuen Bundesländern?
Die Bedenken, die im Bereich der neuen Bundesländer gegenüber der K. bestehen, sind verständlich. Hier sind die Blauhemden als »Zwangsjacke« aus der Zeit der sozialistischen DDR bei vielen noch in schmerzlicher Erinnerung. Aber auch hier wächst die Erkenntnis, daß Kinder im JS-Alter heute schon keine Erfahrungen mit den Blauhemden mehr haben. Darum ist es zuletzt eine Frage an die Mitarbeiter und Verantwortlichen, ob und wann sie den Mut haben, um der Kinder willen über den Schatten der eigenen Vergangenheit zu springen, die K. einzuführen – es muß ja nicht eine blaue, sondern kann ja durchaus die grüne oder andersfarbige sein! (Manchmal wird statt des JS-Hemds auch ein T-Shirt oder Sweatshirt getragen.)

Welchen Zweck hat die K.?
Die K. wird als äußeres Zeichen der Verbundenheit und Zugehörigkeit zur JS getragen. Es hat Bekenntnischarakter, K. zu tragen: Man bekennt sich dazu, Mitglied in einem »frommen Verein« wie dem CVJM, dem EC oder der Pfadfinder zu sein und sich dementsprechend zu verhalten.

Die K. kann heute ein Zeichen von Solidarität sein
Früher konnte sich nicht jeder ein JS-Hemd leisten, weil viele Eltern dazu kein Geld hatten. Heute könnte es wieder ein Zeichen von Solidarität sein, die K. zu tragen. Denn in den JS-Gruppen kommen Jungen und Mädchen aus verschiedenen sozialen Schichten zusammen. Kinder aus sozial schwachen Familien, die sich in der Regel keine teuren Markenpullis leisten können, stehen dann, wenn sie die K. anhaben, auf der gleichen Stufe mit den Kindern aus gutbetuchten Familien. In einer Zeit, in der jeder Sportverein, oft sogar jede Schulmannschaft ihr eigenes Trikot hat, viele Berufsgruppen ihre Arbeitskleidung, die meisten Hilfsorganisationen ihre Dienstkleidung (Rotes Kreuz, Feuerwehr, Johanniter-Unfallhilfe, Malteser usw.), sollten grundsätzliche Bedenken gegenüber der K. zurückgestellt werden. Kinder im JS-Alter solidarisieren sich gerne mit Gleichgesinnten; warum nicht mit der K.?

Die praktische Seite der K.
Die K. besteht aus strapazierfähigem Stoff, hat zwei Brusttaschen und einen offenen Kragen. Sie kann in verschiedenen Farben getragen werden. Die ursprüngliche Farbe der JS-Kluft im Bereich des CVJM war jägergrün; die biblisch-bündische JS-Arbeit im Bereich des CVJM-Westbundes, die auf CVJM-Bundessekretär Max Hamsch zurückgeht, trägt sie bis heute. Die Mädchengruppen tragen statt der grünen eine graue K. und verleihen blaue Halstücher.

Was gehört zur K.?
Das Halstuch ergänzt die K. In der Regel kann man das JS-Hemd kaufen; das Hals-

tuch dagegen wird verliehen, dem der eine entsprechende Prüfung, eine Herausforderung bestanden hat oder eine besondere Bewährung nachweisen kann. Die aufgesetzten Taschen und die langen Ärmel eignen sich zum Annähen von JS- und CVJM-Stoffabzeichen.

Bestellungen von JS-Hemden beim Freizeit- und Fahrtenbedarf in Ulm (Adresse s. Anhang)!

⇨ Mitglied ⇨ Bündische Jungschararbeit

rh

Knoten

Alles, was zum Festmachen einer Leine an einem Pfahl, einem Ring, einer Querlatte dient, oder was zum Verbinden zweier Leinen geeignet ist, heißt K. oder Stek. Dabei werden an gute K. folgende Anforderungen gestellt: Sie müssen einfach und schnell herstellbar sein, zuverlässig halten und sich wieder leicht lösen lassen.

Die wichtigsten Knoten sind folgende:
Aufbewahrungsknoten sind nützlich für die Lagerung eines nicht mehr benötigten Seiles *(Ringwickel)*.
Endknoten verdicken ein Seilende oder verhindern das Auflösen des geflochtenen oder gedrehten Seiles *(Achtknoten)*.
Seilverbindungsknoten verbinden zwei gleich- oder ungleich starke Seile miteinander *(Schotstek)*.
Schlingen eignen sich zur Befestigung an einem Pfahl. Eine nicht zusammenziehbare Rettungsschlinge ist der *Palstek*.
Seilbefestigungsknoten dienen zum Festmachen an Ringen, Querbalken ...
(*1 ½ Rundtörn mit zwei halben Schlägen; Zimmermannsknoten*).

⇨ Tatkunde

cw

Ringwickel   *Achtknoten*

Schotstek

Palstek

1 1/2 Rundtörn mit 2 halben Schlägen

Zimmermannsknoten

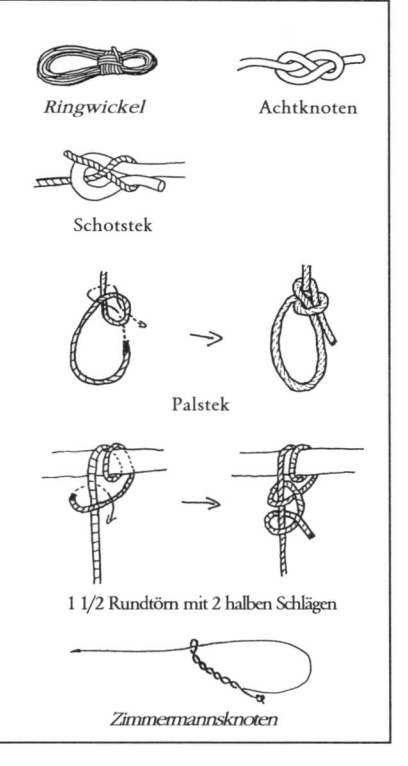

Kochen

Kinder essen gern
Für viele Kinder besteht das Mittagessen jedoch aus Fast-Food-Ernährung: Ohne Frittenbude, McDonald, Pizzeria usw. würde mancher verhungern. Keine Frage, daß das zwischendurch ganz gut schmeckt. Nur, wenn es jeden Tag das Gleiche gibt, sinkt die Begeisterung für Pommes oder Hamburger doch. Eines Tages kann man sie nicht mehr riechen. Man sehnt sich nach einfacher Hausmannskost. Das gilt auch für die Kinder.
Wie wäre es da mit K. in der JS?
Spaghetti sind schnell gekocht. Tomatensoße ebenso. Ein bißchen Parmesan — oder ein gekochtes Ei — schon hat man ein Essen auf dem Tisch.
Wenn es stimmt, daß Kinder gerne essen, sollten wir das auch in der JS gemeinsam anbieten. Vielleicht kann das regelmäßig

einmal im Monat oder einmal im Vierteljahr stattfinden. Interessierte Jungen und Mädchen werden natürlich am K. beteiligt: Einkaufen, Salat putzen, Kartoffeln schälen, Teig anrühren, Zwiebeln schneiden usw. Manche Kinder machen das gern. Wir sollten das entsprechend berücksichtigen! (In den meisten Jugend- und Gemeindehäusern gibt es wenigstens eine Teeküche mit einer Elektrokochplatte, die für ein einfaches Gericht ausreicht.)

Wenn Kinder auf Freizeiten beim K. helfen
Problematischer ist die Beteiligung von Kindern beim K. auf Freizeiten. Klar, daß da auch bei vielen »der Hang zum Küchenpersonal« durchschlägt. Aber da gibt es Vorschriften, die den Eifer stoppen: Gesundheitsattest beispielsweise. Viele Länder schreiben das zwingend vor, mindestens für die Küchenleiterin oder den Koch. Bei unverhofft durchgeführten Kontrollen durch das Gesundheitsamt gibt es mit Sicherheit Schwierigkeiten, wenn Kinder in der Küche beim K. mithelfen. Sie haben nun mal in der Regel keinen Gesundheitspaß, in dem bescheinigt wird, daß sie an keiner ansteckenden Krankheit leiden usw.

K. im Freien
Auf Wanderungen oder bei JS-Treffen ist das natürlich anders. Dann kann man am Lagerfeuer Würstchen grillen, Stockbrot backen oder in der Glut Kartoffeln braten und Brot rösten (s. Literaturangaben).
Wer eine richtige **Feuerstelle** *baut,* – Anleitung dazu gibt's in fast jedem Waldläuferbuch! – kann darauf Tee, einfache Suppe oder einen Eintopf kochen. Hier sind der Phantasie keine Grenzen gesetzt.
Wer wissen möchte, wie man's macht, sollte in einem Pfadfinderbuch nachlesen. Z.B. wie man einen einfachen Schaschlik-Spieß oder eine Bratgabel herstellt; wozu Alufolie gut ist; wie man ein Brathähnchen am Lagerfeuer brutzelt und vieles andere mehr. Einfache **Rezepte** fehlen nicht für Wurstspieß, Eier, Hackfleisch, Fisch, Kartoffeln, Gemüse, Dessert oder Nachtisch.

Eine **Tabelle mit Garzeiten** rundet alles ab.
Ein anderes kleines Heft nennt sich *Kochen auf Fahrt* aus der Schriftenreihe *Richtige Ernährung Nr. 19*. Zwei große Teile: I. **Was muß ich wissen?** Hier gibt es Angaben zum Speiseplan, zur Ausstattung auf Wanderungen, zum Einkaufen, Vorratshaltung und Lagerung, zu Gartechniken und Grundregeln. Unter II geht es weiter mit **Wie kann ich's machen?** Mengenangaben, Maße, Grundrezepte, Mischgetränke, 10 Frühstücksvorschläge und 20 Mittagessensvorschläge fehlen nicht.

Praktische Tips und Kniffe für die Freizeitküche
Reis kochen: Reis in den Topf geben, kaltes Wasser aufschütten bis ca. 5 cm über den Reis; sauberes Geschirrtuch auf den Topf legen; Deckel drauf; Zipfel des Geschirrtuchs hochschlagen; ankochen lassen, dann zurückschalten auf niedrige Stufe, ca. 20 Min. weitergaren lassen. Zweck: Reis bleibt locker und leicht; im Geschirrtuch hängt die Stärke!
Bei allen **Nudelgerichten** 1 Schuß Öl dazugeben, dann kleben sie nicht!
Vor dem **Fleischanbraten** eine Prise Salz ins heiße Fett streuen, dann brennt das Fleisch nicht so leicht an!
Beim **Kartoffelkochen** ein bißchen Margarine zugeben, dann kochen sie nicht über!
Vor dem **Milchkochen** Topf mit kaltem Wasser ausspülen, nicht trocken reiben, ein bißchen Wasser drin lassen, dann brennt die Milch nicht so leicht an!

Käse am Stück in feuchtes Tuch einschlagen, dann bleibt er länger frisch!
Vorsicht bei allen Gerichten, bei denen frische **Zwiebeln** verwendet werden!
Kartoffelsalat nicht länger als drei Stunden aufheben, Bohnensalat und Pilze wegen Vergiftungsgefahr nicht über Nacht aufheben (zumindest kann man sich den Magen verderben!).
Literatur
Madlen Hofstetter, *Kochen für Gruppen*, Rezepte und Tips, Rex Verlag Luzern/ Stuttgart 1994. Ein mit schweizerischem Lokal-Kolorit geschriebenes Buch, das eine Fülle von grundsätzlichen Informationen und Hinweisen für eine gesunde Ernährung enthält. Ebenso eine Menge Rezepte für Gruppen ab zehn Personen.
Wolfgang Hegemeister, *Ein »beinahe« Fahrtenkochbuch* für Waldläuferinnen und Waldläufer, die noch Freude daran haben, auf Fahrt und ins Forstlager zu ziehen. Zu beziehen bei: DWJ-Bundesverband, Auf dem Hohenstein 3, 58675 Hemer.
Ina Kern / Jens-D. Kosmale, *Freizeit-Küchenbuch*, Eine Arbeitshilfe für Selbstversorgerfreizeiten, Kleine Schriften Nr. 3, BEJ e.V. Frankfurt, 1984.
Piet Strunk/Jürgen Abels, *Das große Abenteuer*, 2. Teil: Waldläuferküche, Seite 95-107, Marburg 1980/2. Auflage.
Romano Cotti / Herbert Oberholzer, *kennen und können*, Werkbuch praktischer Jugendarbeit, S. 125-153: Kochen, Rex Verlag Luzern/München 1979/8. Auflage.
Manfred Kahl, *Hand- und Notizbuch für Pfadfinder*, Lager- und Kochfeuer, I-VIII, Selbstverlag.

⇨ Feuer *rrh*

koedukativ

K. meint ein »zusammen« (lat.: ko) »erziehen« (von lat.: educare). Als k. bezeichnet man eine Erziehung, bei der Jungen und Mädchen nicht getrennt, sondern gemeinsam erzogen werden. Bei einer klaren Trennung der Geschlechterrollen in einer Gesellschaft können die Geschlechter auch getrennt auf ihre Aufgaben vorbereitet werden. Je uneindeutiger die Geschlechterrollen in einer Gesellschaft werden und je gleichberechtigter Jungen und Mädchen angesehen werden, desto naheliegender ist eine k. Erziehungsform. Zu einer solchen Erziehung kam es im schulischen Bereich u. a. seit dem 17. Jh. durch die Einführung der allgemeinen Schulpflicht. Eine derartige Regelung machte den Bau vieler Schulen erforderlich, die es bislang in diesem Umfang noch nicht gab. Es wäre finanziell und personell sehr aufwendig gewesen, wenn man alle Schulen zweifach, für beide Geschlechter getrennt, hätte bauen müssen. Erst später wurde die K. auch pädagogisch durchdacht. So liegen in einer derartigen Erziehung besondere Chancen für ein frühes Kennen- und Verstehenlernen der beiden Geschlechter. Ferner kann sie — wenn sie gelingt — die Chancengleichheit beider Geschlechter sicherstellen.
Im deutschen CVJM wurde die Koedukation erst relativ spät eingeführt. Das hing in erster Linie mit seiner Entstehung als Jungmännerverband zusammen. Gearbeitet wurde vor allem mit jungen Männern, die sich auf Wanderschaft begaben und im CVJM eine neue Heimat finden konnten. Für Mädchen bestand diese Möglichkeit zunächst nicht.
Nach einer Zeit, in der die meisten Erzieher sich mehr oder weniger einhellig für eine k. Erziehung ausgesprochen haben, werden in jüngster Zeit vermehrt Stimmen laut, die nach den praktischen Erfahrungen wieder eine zumindest zeitweilige Trennung der Geschlechter empfehlen. So hat sich z. B. gezeigt, daß es in k. Gruppenstunden in bestimmten Altersgruppen meist nur schwer gelingt, die Bedürfnisse und Interessen von Jungen und Mädchen gleichmäßig zu berücksichtigen. Ferner erscheint es günstig, wenn k. Gruppen von einer weiblichen und einem männlichen Gruppenleiter, d. h. im Team geleitet werden. Dies ist aber aus praktischen Gründen nicht immer möglich.

⇨ Entwicklungspsychologie ⇨ Gruppe
⇨ Sexualität ⇨ Gemischte Gruppen

rh

Kommunikation

Das Wort K. kommt aus dem Lateinischen und bedeutet Verbindung oder Mitteilung. Manche Medien, z. B. das Telefon, erleichtern uns die Verbindung untereinander; andere, z. B. das Fernsehen oder Video erschweren sie, da hier die K. nur in eine Richtung verläuft, nämlich vom Sender zum Empfänger.

Als Mitarbeiter in der Gruppe haben wir viele Möglichkeiten, mit den Kindern und ihren Eltern in Verbindung zu treten oder zu bleiben: Kinder und Eltern besuchen, Einladungen zu Veranstaltungen oder Freizeiten persönlich überbringen, Geburtstags- oder Krankenbesuche machen, telefonisch Informationen für die nächste Gruppenstunde weitergeben, Briefe schreiben, persönliche handschriftliche Einladungskarten schreiben und vieles mehr.

Immer wieder tauchen Schwierigkeiten und Probleme unter Gruppenmitgliedern und auch unter Mitarbeitern auf. Wir sollten versuchen, sie miteinander im Gespräch zu lösen. In unserer Zeit wird häufig über jemanden, aber nicht mit dem Betroffenen gesprochen. Doch nur, wenn wir miteinander sprechen (nachfragen, streiten, versöhnen...) können wir Problemen auf den Grund gehen, Vorurteile abbauen und enger zusammenwachsen.

⇨ Begegnungen   ⇨ Gruppe

ed

Konfirmation

Die K. (lat. confirmare: stärken, versichern) ist eine kirchliche Handlung und geschieht im Rahmen eines feierlichen Gottesdienstes. Sie ist Abschluß des meist 1-2jährigen kirchlichen Unterrichts und findet in der Regel mit 13 bzw. 14 Lebensjahren statt. In der K. werden die Konfirmanden an ihre Taufe erinnert, es wird ihnen ein biblisches Wort als K.-Spruch zugesprochen, und sie werden unter Handauflegung gesegnet. Deshalb wird die K. oft auch »Einsegnung« genannt. In vielen Gemeinden ist das früher übliche Versprechen der Konfirmanden, mit dem sie »Ja« zu ihrer Taufe sagen sollten, durch eine Ermahnung zu einem christlichen Lebenswandel und einer Einladung, sich am Leben der Gemeinde zu beteiligen, ersetzt worden.

Die K. berechtigt zur Übernahme des Patenamtes und zur Teilnahme am Abendmahl. Überhaupt ist die K. – geschichtlich gesehen – vor allem aus der Admission (Zulassung) zum Abendmahl entstanden. Als »Vater der ev. K.« kann der Theologe Martin Bucer (1491-1551) gelten. Bei ihm ist die K. zwar auch auf das Abendmahl ausgerichtet, er knüpft aber an die Taufe an. Mit der K. wollte er seelsorgerliche Hilfe zum persönlichen Glauben und zur Eingliederung in die christliche Gemeinde geben. Im Pietismus wird die Tauferinnerung ebenfalls sehr stark betont und es wird ein erwecklicher Unterricht gefordert, der auf Buße und Bekehrung der Konfirmanden abzielt. In der Zeit der Aufklärung wurde die K. als »bürgerlicher Mündigkeitsritus« angesehen, da sie in zeitlicher Nähe zur Schulentlassung lag und somit einen Übergang in einen neuen Lebensabschnitt (Berufsleben) markierte. Die K. war in der Vergangenheit meist auch der Abschluß der Zugehörigkeit zur JS und markierte den Übergang zum Jugendkreis.

Die JS-Arbeit ist eine sinnvolle Vorbereitung/Ergänzung zum kirchlichen Unterricht, da sie die Möglichkeit bietet, sich kindgemäß in eine christliche Lebensgemeinschaft einzuüben und es ja auch um »Befestigung« im Glauben geht.

⇨ Altersstufen   ⇨ Kirche

jb

Konflikte

Was ist ein K.?
K. heißt: Zusammenstoß, Widerstreit, Zwiespalt.
Zu einem K. gehören mehrere Merkmale: Zwei oder mehrere Gruppen oder Perso-

nen, »K.-Parteien«, sind beteiligt. Diese Parteien stehen in Beziehung, in Kontakt zueinander. Jede der Gruppen hat Interessen, Bedürfnisse oder Erwartungen, die sich nicht mit denen der anderen decken oder in Einklang bringen lassen. Dieses Interesse kann in der Absicht bestehen, etwas zu gewinnen oder zu erlangen oder in der Angst, etwas zu verlieren, etwa Anerkennung oder Einfluß. Jede Gruppe hat das Ziel, die eigenen Interessen gegenüber der anderen Partei durchzusetzen.
Nicht immer ist ein K. sofort als solcher erkennbar. Oft ist er latent, unterschwellig vorhanden, wird aber nicht ausgesprochen. Je länger ein K. unterdrückt wird, desto länger »gärt« es unter der Oberfläche, um so mehr lädt er sich mit feindseligen Gefühlen auf, und um so schwieriger wird es, ihn sachlich zu bearbeiten.

Wie entsteht ein K.?
Manchmal erwischt es einen wie aus heiterem Himmel. Plötzlich knallt's, und man fragt sich, ob man nicht schon viel früher hätte erkennen können, daß sich da etwas zusammenbraut. Wie baut sich ein K. auf?
K.-potential: Die unterschiedlichen Interessen und Bedürfnisse der Gruppenteilnehmer passen nicht zusammen. Darin liegt »Zündstoff«, vor allem, weil unter Umständen diese Gegensätze noch gar nicht bemerkt worden und vielleicht der Gruppe selbst gar nicht bewußt sind.
Verdeckter K.: Es gärt — unausgesprochen, aber spürbar werden Gegensätze offenkundig. Noch traut sich keiner, sie auszusprechen. Vielleicht weil man Angst hat vor einer Auseinandersetzung, weil man das Gruppengefühl nicht stören will oder aus dem Wunsch nach Harmonie heraus.
Offener K.: Auf einmal explodiert einer und macht sich Luft. Es »knallt«, Türen fliegen, es wird gestritten. Die unterschiedlichen Standpunkte und Interessen werden deutlich.

Vom Umgang mit K.
Je früher und je mutiger ein Mitarbeiter einen K. angeht, desto leichter läßt er sich lösen und desto größer sind die Chancen, daß die Gruppe aus einer K.-Situation positiven Nutzen zieht und daraus für sich selbst etwas lernt und zusammenwächst. Das bedeutet aber auch, daß K. nicht mit verbaler oder körperlicher Gewalt gelöst werden. Auch eine autoritäre Entscheidung des Mitarbeiters »kraft Amtes« bringt keine befriedigende Lösung, sondern unterdrückt weiter die unterschiedlichen Standpunkte. Daher einige Vorschläge, wie K. schrittweise angegangen werden können.
Fragen: Woher kommt der K.? Was sind die Ursachen? Wie und wann hat er angefangen? Wer ist beteiligt? Wer sind die Kinder? Wie lange gehören sie zur Gruppe? Wie haben sie sich bisher verhalten? Wie ist ihre Situation zu Hause, in der Schule, im Freundeskreis?
Erklären: Warum ist der K. entstanden? Wer hat welche Interessen, Bedürfnisse, Ängste? Welches Ziel verfolgen die K.-Parteien (bewußt oder unbewußt)?
Gemeinsam nach Lösungen suchen: Gemeinsam macht sich die Gruppe auf die Suche nach Lösungsmöglichkeiten. Hilfreich ist dabei zunächst einmal ein Brainstorming: »Was könnten wir jetzt tun?« Ganz wichtig ist dabei, hier noch nicht bewerten oder kommentieren zu lassen, sondern einfach alles zu sammeln und für alle sichtbar aufzuschreiben. In einem weiteren Schritt kann dann gemeinsam Für und Wider besprochen werden. Ganz wichtig ist es, daß jeder die Möglichkeit hat, seine Meinung offen beizutragen. Jeder muß reden dürfen, um seine Sicht darzustellen. Dabei sollte man Schuldzuweisungen vermeiden. Wer sich persönlich angegriffen fühlt, wird sich sofort verteidigen oder sich zurückziehen und so jedes offene Gespräch verhindern.
Sicher wird sich nicht jeder K. mustergültig lösen lassen. Aber das Gespräch hilft auf jeden Fall, einander besser zu verstehen und sich gegenseitig zu akzeptieren.

K.-Lösungsmöglichkeiten
Eliminierung/Ausschluß: Die Partei, die unterliegt, wird zum Rückzug gezwungen

oder sogar zum Verlassen der Gruppe veranlaßt. Dazu gibt es verschiedene Mittel: Spott, Ignorieren, »Schneiden«, Diffamieren, Prügel.
Unterdrückung: Die unterlegene Partei wird mit allen Mitteln (oft auch durch Gewalt) beherrscht und in Angst und Abhängigkeit gehalten. Der Siegerpartei muß Gehorsam geleistet werden.
Kompromiß: Sind die streitenden Parteien etwa gleich stark, kommt es häufig zum Kompromiß: jede Gruppe macht gewisse Zugeständnisse, um sich zu einigen. Daß dies zu einer Lösung notwendig ist, wird zwar eingesehen, ergibt aber selten für alle Beteiligten ein zufriedenstellendes Ergebnis.
Allianz: Beide Parteien haben ein gemeinsames Ziel. Um dieses zu erreichen, schließen sie ein Bündnis. Der K. wird nicht gelöst, sondern nur »auf Eis« gelegt, bis das Ziel erreicht ist.
Integration: Diese Form der K.-Lösung ist die reifste und zugleich die seltenste. Alle K.-Parteien erarbeiten eine Lösung, die alle befriedigt und die oft besser ist, als jeder der Teilvorschläge der einzelnen Gruppen.

jba

Konkordanz

(lat. concordantia: Übereinstimmung) Ein alphabetisch geordnetes Wortregister — z. B. zur Bibel. Unter einem Stichwort sind — mehr oder weniger vollständig — die entsprechenden Bibelstellen zitiert und aufgeführt, in denen das Stichwort vorkommt. Eine K. zur Bibel gehört eigentlich in die Hand eines jeden Mitarbeiters, da sie eine sinnvolle Arbeitshilfe ist. Sie hilft z. B. wenn ein bestimmter Bibelvers gesucht wird, von dem man nicht weiß, wo genau er in der Bibel steht. Anhand des Wortregisters einer guten K. läßt sich die gesuchte Bibelstelle in der Regel leicht finden. Außerdem hilft die K., die unterschiedlichsten Bibelstellen zu einem bestimmten Begriff nachzuschlagen und vermittelt so einen guten Überblick — neben einem biblischen Wörterbuch oder einem Begriffslexikon. Das ist hilfreich bei der Vorbereitung von Andachten, Bibelarbeiten, thematischen Gruppenstunden oder auch zur persönlichen Arbeit mit der Bibel.
Neben der K. zur Bibel gibt es auch Liedk. In ihnen findet man unter alphabetisch geordneten Begriffen die entsprechenden Angaben, wie und wo diese Begriffe in Gesangbuch- und Gemeinschaftsliedern vorkommen.
Zu erwähnen sind auch konkordante Bibelübersetzungen, die ein Wort der Ursprache jeweils mit dem entsprechenden deutschen Wort wiedergeben.

⇨ Bibel   ⇨ Arbeitshilfen

jb

Konkurrenz

»K. belebt das Geschäft« lautet eine Redensart. K. begegnet uns in der JS-Arbeit auf verschiedenen Ebenen:
K. zu anderen Gruppen
Längst sind die Zeiten vorbei, in denen Jugendarbeit der einzige Anbieter auf dem Markt der Freizeitgestaltung war. Von Sportvereinen bis zu kommerziellen Veranstaltungen haben die unterschiedlichen Angebote Kinder als Kunden entdeckt. Die K. ist groß. Was ist das Besondere, das wir bieten können?
In erster Linie die persönliche Beziehung von uns Mitarbeitern zu den Kindern. Das ist wichtiger denn je angesichts der Beziehungsarmut in Familien und im Lebensumfeld der Kinder. Über unsere Beziehung zu den Kindern haben wir ein konkurrenzloses Angebot: die gute Botschaft von Jesus Christus, der alle Menschen, und ganz besonders die kleinen, liebt. Dann braucht sich kein gut ausgearbeitetes und durchgeführtes Gruppenprogramm vor der K. anderer zu scheuen.
K. in der Gruppe
Über weite Strecken gehören Spiele mit Wettkampfcharakter zum Gruppenprogramm. Das entspricht der Begeisterungsfähigkeit der Kinder im Alter von 8-12 Jahren. Allerdings sollte man darauf ach-

ten, daß sich nicht K. und Sieg um jeden Preis einschleichen. Als Alternative gibt es eine ganze Reihe von konkurrenzlosen Spielen, bei denen der Gedanke stärker auf Zusammenarbeit und miteinander als gegeneinander spielen liegt. Gerade in aggressionsgeladenen Gruppenphasen sind solche Spiele sehr empfehlenswert.

⇨ Konflikte ⇨ Werbung

jba

Konsum

Mit K. bezeichnet man in der Volkswirtschaft den Verbrauch der privaten oder öffentlichen Haushalte. In der Erziehung steht dieser Begriff für den wahllosen Gebrauch aller kommerziellen Angebote.

Aufgrund der massiven und psychologisch durchdachten Werbung, der sich die Zielgruppe der jungen und seelisch ungefestigten Menschen kaum entziehen können, spricht man in einigen Bereichen schon von K.-zwang. Besonders die Bereiche Unterhaltung und Freizeitangebote, aber auch Mode und Nahrung sind in dieser Hinsicht sehr rührig. Weil junge Menschen von der Vorpubertät an immer deutlicher altersgruppenabhängig denken und fühlen, werden solche K.-zwänge über jugendliche Meinungs- und Sympathieträger transportiert. Die Folgen dieses auf schnellen Profit angelegten Trends sind innerseelische Abstumpfungen durch Reizüberflutungen, Nachlassen der Aufnahmefähigkeit, Verlust der eigenen Kreativität und zunehmende Fixierung auf äußere Statussymbole. Konsumverwöhnte Jugendliche zeigen deutliche Fehlentwicklungen in der Persönlichkeitsreifung und sind in zunehmendem Maße unfähig, Lebenskrisen zu bewältigen oder durch Willensstärke positiv zu gestalten.

Solche Fehlentwicklungen sind nicht einfach durch willentlichen K.-Verzicht zu korrigieren, weil die K.-Gewöhnung zur innerseelischen Sucht und oft nur durch gezielte therapeutische Maßnahmen abgebaut werden kann. Der maßlose K. ist ein Kompensationsverhalten für andere innerseelische Defizite.

⇨ Aktionen ⇨ Erziehung

ws

Konzentration

Die K. ist im erzieherischen Sinne eine Grundvoraussetzung für erfolgreiches Lernen. Mit ihr ist die Ausrichtung der ganzen Aufmerksamkeit auf eine Person, auf eine Gruppe oder auf einen Beschäftigungsgegenstand gemeint.

Lern- und Verhaltensstörungen haben ihren Grund oft in der mangelnden K.-Fähigkeit, die sich wiederum auf gesellschaftliche Ursachen zurückführen läßt — zum Beispiel auf die Reizüberflutung durch die elektronischen Medien oder aber auch auf die Hektik familiärer Alltagsabläufe.

Deshalb ist es wichtig, daß Kinder in der JS-Gruppe einen Ort erleben, an dem sie sich sammeln, zur Ruhe kommen und zuhören können, an dem aber auch ihr Interesse für Themen und Aktivitäten geweckt wird, an dem sie Aufmerksamkeit für Neues zeigen und sich einer Aufgabe mit einer gewissen Ausdauer widmen können.

Dort, wo es Kindern schwerfällt, sich zu konzentrieren, sollten geeignete und bewährte K.-Übungen ausgesucht und in spielerischer Form in der Gruppe ausprobiert werden.

⇨ Lernen ⇨ Gruppenstunde

jw

Konzeption

Der Ausschuß für JS-Arbeit im CVJM-Gesamtverband in Deutschland hat erstmalig 1976 (überarbeitet 1986 und 1995) in einer K. gemeinsame Leitlinien für die seit 1920 bestehende JS-Arbeit in den einzelnen Mitgliedsverbänden formuliert. Diese K. beschreibt die Vielfalt und markiert in vier Hauptpunkten das Wesentliche der JS-Arbeit.

Grundsätze
Motive und Zielsetzungen der JS-Arbeit gründen im Missionsbefehl Jesu: »Predigt das Evangelium und machet zu Jüngern alle Menschen« (vgl. Mt 28). Von diesem Auftrag Jesu ergibt sich die innere Verpflichtung, Mädchen und Jungen zwischen 8 und 13 Jahren in ihrer Lebenswelt zu erreichen, sie für ein Leben mit Jesus Christus zu gewinnen (Freundschaftsbund) und ihnen zu helfen, dieses Leben fröhlich und phantasievoll zu gestalten.
In den vielfältigen Herausforderungen, in denen die Kinder heute stehen (Familienverhältnisse, Schule, Straße, Medien, Drogen) brauchen sie gute Vorbilder und verläßliche Freunde, um zu eigenständigen Persönlichkeiten reifen zu können. Deshalb gilt der Entfaltung von Gaben und der Reifung zur eigenständigen Persönlichkeit besondere Aufmerksamkeit.
Die JS-Leitsätze formulieren dies knapp und präzis:
»Jesus Christus will der Herr meines Lebens sein.
Er liebt mich, auch wenn ich Fehler mache.
Auf sein Wort will ich hören.
Ich vertraue darauf, daß Jesus mir hilft, treu und ehrlich, fröhlich und zuverlässig, kameradschaftlich und dienstbereit zu sein. Für mein Leben soll gelten:
Mit Jesus Christus mutig voran.«

Aspekte
JS ist eine eigenständige Arbeit im Gesamtwerk und mehr als Nachwuchssicherung. Zur Altersgruppe der JS gehören Mädchen und Jungen zwischen 8 und 13 Jahren. Sie kann in Jungen-, Mädchen- oder gemischten Gruppen organisiert sein.
JS-Arbeit benötigt speziell ausgebildete Mitarbeiter. Ältere Mitarbeiter begleiten jüngere Helfer.
In den einzelnen Verbänden gibt es haupt- und ehrenamtliche JS-Verantwortliche und begleitende Beiräte.
Grund-, Aufbau- und Sonderkurse vermitteln Grundwissen und besondere Fertigkeiten.
Hilfreiche Arbeitsmaterialien gibt es in der verbandseigenen Beschaffungsstelle F & F in Ulm und beim JS-Lädle Denkendorf. In den einzelnen Landesverbänden und vom Gesamtverband wird geeignetes Arbeitsmaterial angeboten.

Aktivitäten
Die regelmäßige Gruppenstunde bildet den Kern der JS-Arbeit. Dabei geht es um ein praktisches, fröhliches Leben mit Jesus Christus in allen Lebensbereichen. Mit Spiel-, Aktions- und Kreativprogrammen wird eine ganzheitliche Programmgestaltung angestrebt. Eigeninitiativen von Kindern werden gefördert, Freiräume für die Entfaltung von Gaben ermöglicht. Hobbygruppen berücksichtigen stärker die Eigeninteressen der Mädchen und Jungen. Gemeinsame Aktionen, Sammlungen, Freizeiten, JS-Tage, JS-Sportschild, Fahrten und Lager stärken das Gemeinschaftsgefühl und haben eine starke Öffentlichkeitswirkung. Regelmäßige Kontakte zu den Eltern und zur Gemeinde (Gottesdienst, Kindergottesdienst) helfen zum Aufbau von unterstützenden Rahmenbedingungen.

Inhalte
Vielfältig und bunt ist das Programmangebot der JS. An erster Stelle steht die Verkündigung der frohen und befreienden Botschaft von Jesus Christus. Das ist wesentlicher und unverzichtbarer Bestandteil der JS. Dies geschieht im anschaulichen Erzählen der Bibelgeschichten und im ehrlichen, persönlichen Zeugnis der Mitarbeiter. Die Einladung zu Jesus (Freundschaftsbund) und das beispielhafte Aufzei-

gen von konkreter Nachfolge als praktische Lebenshilfe für den Alltag der Mädchen und Jungen stehen dabei im Mittelpunkt.
Über das Erzählen wird ihre Phantasie angeregt und gefördert. Gleichzeitig erfolgt eine Charakterprägung durch gute Vorbilder. Wertevermittlung ist eine besondere Aufgabe, die durch ein gutes Programm spielerisch und interessant gestaltet werden kann.
Durch das gemeinsame Singen wird die Gemeinschaft gefördert. Geistliche Lieder, Scherzlieder, Bewegungslieder, Fahrtenlieder gehören zum Repertoire. Die Gitarre ist dabei ein geeignetes Begleitinstrument.
Im fröhlichen Wettspiel werden Kräfte gemessen und einfach Spaß erlebt. Spielen als soziales Lernfeld unterstützt den Aufbau von guten Beziehungen. Kreatives Spielen fördert Phantasie und freie Entfaltung der Persönlichkeit.
Sportliche Aktivitäten gehören zu einer zeitgemäßen JS-Arbeit. Spannungsabbau durch Bewegung, Erlebnis statt Ergebnis, Fairneß, Rücksichtnahme und Mannschaftsgeist sind dabei wichtige Lernfelder. Im JS-Sportschild (Dreikampf, Staffelwettbewerbe und Indiaca, z. T. mit Bibelquiz verbunden) gibt es Kreis- und Landesmeisterschaften. Beim Basteln und Werken können Mädchen und Jungen Fingerfertigkeit und handwerkliches Geschick trainieren. Durch selbst angefertigte kleine Kunstwerke wird ihr Selbstvertrauen gestärkt und ein positives Selbstwertgefühl aufgebaut.
In kleineren Gruppen und vor allem auf Freizeiten ist Raum für persönliche Gespräche. Hier finden Kinder ein offenes Ohr und ein mitfühlendes Herz für ihre Sorgen und Nöte. In Dank, Bitte und Fürbitte können so Probleme vor Gott ausgesprochen werden. Gerade die vielfältigen Unternehmungen einer JS bieten hervorragende Möglichkeiten für ganz konkrete Gebetserhörungen.
Kinder müssen sich heute mit vielen Einflüssen auseinandersetzen. JS kann helfen,

Kreativität
K. heißt Ideenreichtum. Ein ideenreicher Mensch hat unzählige Einfälle, Vorstellungen, Gedanken, Absichten und Bilder. Diese Ideen werden nicht durch Knopfdruck frei. Sie kommen und gehen wie, wo und wann sie wollen. Es gibt jedoch einige Möglichkeiten, den Ideenreichtum anzuregen. Das gemeinsame Gespräch unter Freunden in entspannter und streßfreier Atmosphäre bietet die beste Voraussetzung dafür. Unter Zeitdruck lassen sich neue Ideen kaum finden. Grundsätzlich gibt es Menschen, die vor neuen Ideen nur so sprudeln, andere sind nur spärlich mit Ideen ausgerüstet.
K. umspannt alle Bereiche z. B. beim Basteln, bei der Entwicklung neuer Methoden für die Andachten, beim Ersinnen neuer Spiele usw.
K. ist nur dort zu Hause, wo Freude vorhanden ist.

⇨ Basteln   ⇨ Ideenbörse   ⇨ Methoden

ag

medienkritisch auszuwählen statt nur zu konsumieren. Die seelische Innenweltverschmutzung nimmt immer mehr zu. JS hat hier eine wichtige reinigende und schützende Aufgabe (»Klärwerk«). Jungscharler nehmen aktiv ihre sie umgebende Welt wahr. Aufmerksam und kritisch begleiten sie Lebenskonzepte, Werte und Ziele von Erwachsenen. Die JS-Gruppe kann helfen, ihre Wahrnehmungen zu reflektieren und sich aktiv für die Bewahrung der Schöpfung zu engagieren. Eine K. kann zusammenfassend beschreiben, Vorschläge machen oder Forderungen erheben. Ihre guten und wichtigen Anregungen in die Praxis umzusetzen, bleibt Aufgabe der einzelnen Verbände und vor allem der jeweiligen Gruppen vor Ort. Konzeptionelle Arbeit kann die Praxis der Gruppe nicht ersetzen. Aber sie kann hilfreich unterstützen und ermutigend die einzigartige Bedeutung der JS-Arbeit hervorheben.

⇨ Jungschar

rr

Kreisverband

Darunter versteht man den Zusammenschluß örtlicher CVJM einer Stadt oder eines Landkreises (manchmal auch mehrerer) zu einem K., vor allem im Bereich des CVJM-Westbundes und in Baden. In den K. existieren in der Regel Kreisbeauftragte für JS-Arbeit, die gemeinsame Veranstaltungen wie Kreisjungschartag und JS-Sportschild oder Freizeiten organisieren. Auch die Schulung von Helfern und Mitarbeitern für die JS-Gruppen geschieht meist auf der Ebene der K.

⇨ CVJM

fr

Kreuz

Geschichte einer Hinrichtung – kindgerecht?
Die Bibellexika geben hinreichend Auskunft über die Todesstrafe der Kreuzigung, die Jesus erlitt: Die nach Cicero überaus grausame und furchtbare Hinrichtungsart hatten die Römer von den Karthagern übernommen. Hände und Füße wurden an einen Pfahl mit Querholz gebunden oder genagelt. Die Nägel wurden zwischen die Knochen der Handgelenke geschlagen, verletzten die Nerven und verursachten unerträgliche Schmerzen. Der so Gekreuzigte wurde von furchtbarem Durst, rasenden Kopfschmerzen, heftigem Fieber und Angstzuständen gepeinigt. Das Hängen verursachte Atemnot. Der Gekreuzigte versuchte durch Aufrichten des Körpers dem Erstickungstod zu entgehen. Der Todeskampf konnte deshalb mehrere Tage dauern.
Malt man sich die Berichte der Evangelien über die Kreuzigung Jesu vor Augen, landen wir unweigerlich – und alles fromme Wissen ändert nichts daran – bei einem Horrorszenario. Trotzdem ist mit diesem Geschehen eine zentrale Glaubensaussage der Christenheit verbunden: Jesus Christus starb am K. für dich und für mich; für unsere Schuld und zu unserer Erlösung! Wie kann diese erschütternde Geschichte von unseren JS-Kindern verstanden werden? Wie kann die theologische Aussage »Jesus starb für dich« kindgerecht formuliert werden? Muß man nicht damit rechnen, daß sich die schauerliche Geschichte einer Hinrichtung in den Kinderseelen nur negativ festsetzt? Sollte man nicht lieber das Karfreitagsgeschehen bei der JS-Verkündigung ausklammern?

Tor zum Verständnis: ausgeprägter Gerechtigkeitssinn
»Was verstehst du unter K.?«, war meine Frage an einen Elfjährigen. »Jesus, Himmel, Erlösung!« war seine Antwort. »Was meinst du damit?«, fragte ich zurück; und er: »Na ja, Jesus ist für uns umgebracht worden, damit wir erlöst werden!« – »Und warum?« – »Weil wir Sünde und Schuld haben!« – »Was ist für dich Schuld?«, frage ich. Er: »Lehrer ärgern und klauen.« Ich mime den Erstaunten: »Und für diese Lappalien muß ein Mensch sterben?« – »Na ja, er ist ja nicht nur für einen gestorben, sondern für alle Menschen. Da kommt ein ganzer Haufen zusammen!«
Das Gespräch zeigt: Auch wenn große theologische Begrifflichkeiten verwendet werden, macht sich das Verständnis des K.-Todes Jesu am Gerechtigkeitsempfinden fest. Das Prinzip lautet: Moralisches Versagen braucht gerechten Ausgleich. Christine schüttet Christof die Limo übers Schulheft und über die Hose. Aus Versehen, wie sie sagt. Der so Geschädigte zerbricht seiner Kontrahentin den Bleistift. Strafe muß eben sein. Der Lehrer schreitet ein und verpflichtet Christof zum Kauf eines neuen Bleistiftes und Christine zur Bereitstellung eines neuen Schulheftes. In der Pause kommt Christine auf Christof

zu. Sie einigen sich, auf die Einkäufe zu verzichten, denn der gerechte Ausgleich ist ja bereits geschehen.
In der verstandesmäßigen Auseinandersetzung der Mädchen und Jungen wird also der K.-Tod Jesu in der Weise eingeordnet, daß auf moralischem Versagen vieler Menschen der gerechte Ausgleich durch die Todesstrafe eines einzelnen erfolgt. Die kleinen und großen Dummheiten, Gemeinheiten, das Versagen und die Verbrechen werden ausgeglichen durch die Übernahme der Schuld durch einen einzelnen.

Dem theologischen Sühneopfergedanken ganz nahe
Damit ist klar, daß die zentrale theologische Aussage des K.-Todes Jesu von den JS-Kindern in einer bestimmten Weise verstanden werden kann. Jesus ist das Opferlamm Gottes, das zur Schlachtbank geführt wird (Jes 53). Jesus ist das Passalamm, das geschlachtet wird zur Errettung der Menschen (2. Mose 12). Gerade das Johannesevangelium nimmt diese Verbindung auf, wenn es berichtet, daß Jesus am Rüsttag, also an dem Tag, an dem die Passalämmer geschlachtet werden, gestorben ist (Joh 19,14.31).
Es gibt eine ganze Reihe Beispiele und Geschichten für JS, die diesen Sachverhalt einleuchtend klarmachen können:
Der Feuerwehrmann, der sich, weil die Drehleiter zu kurz ist, zwischen Fenstersims und Leiter klemmt und so die Bewohner des brennenden Hauses rettet, bis ihn nach dem Letzten die Kräfte verlassen und er in den Tod stürzt. Er läßt sein Leben, damit viele gerettet werden. Oder die Geschichte von Walter Wanner »Der Copilot springt nicht«.
Die Geschichte »Ein Leben für ein Leben«, bei der Sebastian sich für seinen mordenden Zwillingsbruder verhaften und hängen ließ. Er schrieb ihm noch: »Mein lieber Bruder, heute morgen werde ich aus freiem Willen in Deinem blutbefleckten Mantel sterben. Nun beschwöre ich Dich, in meinem sauberen Mantel zu leben. Sei versichert, daß ich Dich liebe.

Sebastian«. (Aus Patricia St. John: So groß ist Gott)
Jedoch muß man wissen, daß die Vorstellung der Kinder in der Regel auf der moralischen Ebene hängenbleibt. Das Verständnis von Sühneopfer wird so gesehen, daß der »Sündenstoff«, die »Sündenmaterie«, die »Sündenpakete«, also Sachen (Objekte) auf dem Rücken Jesu abtransportiert werden. Sünde ist etwas an einem Menschen, das man wegschaffen kann. Das Verständnis, daß ich selbst ja der Sünder, der Frevler in Person bin, wird in der Regel so nicht nachvollzogen. Dies anschaulich zu machen, um danach zu einer persönlichen Lebensbeziehung zu Jesus Christus einzuladen, wird in einem späteren Lebensabschnitt der Jungen und Mädchen angemessener sein.

Das Kreuz als hilfreiches Zeichen
Das Johannesevangelium liefert uns eine weitere von Jesus selbst formulierte Darstellung, die in der Lebenswirklichkeit von Jungen und Mädchen im JS-Alter verstanden wird. Es ist die Darstellung von der Erhöhung Jesu am K. »Wie Mose in der Wüste die Schlange erhöht hat, so muß der Menschensohn erhöht werden, damit alle, die an ihn glauben, das ewige Leben haben. Denn also hat Gott die Welt geliebt, daß er seinen eingeborenen Sohn gab, damit alle, die an ihn glauben, nicht verloren werden, sondern das ewige Leben haben« (Joh 3,14-16; siehe auch Joh 8,28, Joh 12,32.34). Das K. Jesu wird zu einem heilenden Zeichen, wie die auf einem Holzpfahl hochaufgerichtete eiserne Schlange mitten unter den durch die Wüste ziehenden Israeliten. Das Volk hat Gott und seinem Zeugen Mose mißtraut. Dadurch haben sie sich von Gott entfernt. Sie wollten mit ihm nichts mehr zu tun haben. Das war die Sünde, auf die Schlangen folgten, deren Biß tödlich war. Nach der Bitte des Volkes um Vergebung wurden die Schlangen nicht weggenommen, aber der glaubende und vertrauende Aufblick auf das von Gott angeordnete Zeichen rettete vom Tod und garantierte das Weiterleben. So

bringt der glaubende Aufblick auf Jesu K. das ewige Leben.
In der Struktur dieser Geschichte liegt die Gefahr, daß Kinder allzuschnell eine magische Vorstellung von der Wirksamkeit des K.-Zeichens bekommen könnten. Als ob es helfen würde, ein K. wie einen Talisman mit sich zu tragen. Als ob der Blick auf das an der Wand hängende K. im Klassenzimmer die gute Note garantieren würde. Als ob das Betrachten des K. immer Kraft, Mut und Zuversicht erzeugen würde. Doch genau an dieser Stelle liegt auch die große Chance, den Tod Jesu am K. zu verstehen. Das Ansehen des K. erinnert mich daran, daß ich diesem Jesus vertrauen, ihm glauben kann. Dieses Vertrauen zu Jesus deutlich zu machen, sind JS-Mitarbeiter den Kindern schuldig.

Vertrauen, wie man einem Freund vertraut
»Bei der Verkündigung der Karfreitagsgeschichte von der Kreuzigung Jesu ist mir sehr wichtig, daß die Jungen und Mädchen etwas vom Vertrauen Jesu zu Gott, seinem Vater mitbekommen. Er hat vertraut, daß Gott ihn durchbringt, und dieses Vertrauen hat Gott bestätigt und ihn am Ostermorgen auferweckt. So sollen auch die Kinder Jesus vertrauen und glauben lernen, daß er sie durchbringt.« So formulierte es eine JS-Leiterin und brachte damit eine wesentliche Empfindung zum Ausdruck.
Wir können mit unserer Verkündigung vom K.-Tod Jesu nur von den Kindern verstanden werden, wenn wir von der Auferstehung her kommen. Zuerst muß den Kindern der lebendige Jesus vor die Augen gestellt werden. Lebendig, weil er auferstanden ist; voller Liebe zu jedem einzelnen, weil er der Freund des Jungen und des Mädchens ist. Wenn klar ist, daß eine persönliche Beziehung zu ihm möglich ist, dann können auch die Beispiele, die vom Sühneopfer reden, begriffen werden, dann kann auch die auf Jesus bezogene Geschichte von der »Erhöhung« recht verstanden werden.
Manchmal begegnet einem in Andachten oder Stundenvorschlägen für die JS der Hinweis, die Kreuzigungsgeschichte Jesu selbständig wirken zu lassen und keine auslegende Aussage mehr anzuhängen. Entspringt dieser Vorschlag nicht eher dem Eindruck bei der Beobachtung von erwachsenen Menschen, die die K.-Geschichte schon so oft gehört haben, daß sie sie nicht mehr berührt? Käme es nicht geradezu der Vorführung eines Horrorvideos gleich, würde man Kindern gleichsam ein Horrorszenario – wenn auch ein biblisches – vor die Augen stellen, ohne eine Hilfestellung folgen zu lassen? Haben nicht auch die Jünger Jesu nach seiner Auferstehung erst richtig begriffen, »warum der Christus dieses erleiden mußte«? Mit unendlicher Geduld und Liebe erscheint der lebendige und auferstandene Herr vor seinen Freunden, den Jüngern. »Friede sei mit euch!« sagt er und nimmt ihnen die Angst. Dann zeigt er ihnen die Hände mit den Wunden, die durch die Nägel entstanden und seine Seite mit der Wunde des Speerstiches. Er lädt sogar ein, diese Wunden zu berühren, sie gleichsam zu »begreifen«. Das alles tut er für dich! So wurden die Jünger Jesu froh und fingen an, diesem Herrn aller Herren, der ihr Freund ist, zu glauben und zu vertrauen. So werden Jungen und Mädchen im JS-Alter froh, wenn sie auf diese Weise Jesus und seinen K.-Tod begreifen lernen.
Literatur:
Patricia St. John: So groß ist Gott. Winterthur: Bibellesebund 1986

vm

L

Lager

⇨ Zeltlager

Lagerfeuer

»Schwarz greifen die Schatten der Fichten nach den Sternen. Wir legen neues Holz auf. Heller züngeln die Flammen. Bald werden unsere Gesichter wieder dunkel, nur hin und wieder, wenn der Abendwind in die Glut bläst, leuchten sie auf. [...] Wir Jungscharler lieben das Feuer, das uns Wärme, Licht und Gemütlichkeit spendet. Deshalb versammeln wir uns abends am Feuer, um zu singen, und um eine spannende Geschichte zu hören. Am Lagerfeuer kommen wir einander näher: Kameradschaft und Freundschaft vertiefen sich. Wir haben Gelegenheit, über den vergangenen Tag nachzudenken und dankbar für alles Erlebte zu sein« (aus dem Häuptlingsbuch, Kapitel Feuerstellen, Einleitung). Als der Mensch lernte, mit dem Feuer umzugehen — es zu entzünden, es zu löschen, es für Heim und Arbeit nutzbar zu machen —, war dies ein großer Schritt in der kulturellen Entwicklung des Menschen. Die Macht, mit dem Feuer umzugehen, seine nutz- aber auch verderbenbringenden Möglichkeiten zu nutzen, faszinierte Menschen zu allen Zeiten. 
Insbesondere Kinder finden das Spiel mit dem Feuer faszinierend, und nicht nur »Paulinchen« überhört den Rat von »Mienz und Maunz, den Katzen« (aus Struwelpeter von Wilhelm Busch, Humorist), sondern auch die Kinder in der JS-Gruppe gehen leichtfertig mit dem Feuer um, ohne die Risiken zu kennen. Deshalb sollte jede L.-Romantik auch dazu dienen, auf die Gefahren beim unachtsamen Umgang mit dem Feuer hinzuweisen. Das Feuer beherrschen und für sich nutzbar machen, sollen die Kinder unserer JS lernen.
Ein Besuch bei der örtlichen Feuerwehr ist gleichermaßen hilfreich und interessant. Im Zeltlager sollten die Kinder beim Aufbauen einer Feuerstelle genauso mithelfen, wie beim Entzünden und unterhalten Stunden am Feuer prägen sich tief ein, deshalb singen viele JS aus dem Lied:
»Wir haben unser Reich in die Wälder gebaut...« die Strophen: »Fest schweiße die Glut unser Bruderschaft Band, daß einerlei Ziele wir küren. Schmied Herze zu Herze und Hand zu Hand und Christus allein soll uns führen.«

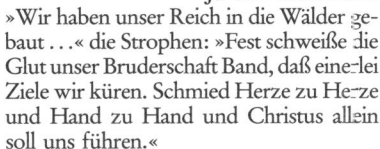

⇨ Tatkunde ⇨ Feuer

cr

Landeskirchen

Die Evangelische Kirche in Deutschland (EKD) besteht aus 24 L. Die Entstehung des L.-Tums geht auf die Reformationszeit zurück, als die Fürsten die Konfession ihres Territoriums festlegten. Bis 1918 waren die weltlichen Landesherren zugleich Kirchenoberhäupter. Erst nach dem Ersten Weltkrieg wurde diese »Allianz von Thron und Altar« aufgehoben; die L. gaben sich eigenständige Verfassungen. Die

Landeskirchen 166

Die Gliedkirchen der Evangelischen Kirche in Deutschland (EKD)

Stand: Juli 1994

Unierte Kirchen: Anhalt, Berlin-Brandenburg, Pommern, Rheinland, Sachsen (Kirchenprovinz), Schlesische Oberlausitz und Westfalen – zusammengeschlossen in der Evangelischen Kirche der Union (EKU);
übrige unierte Kirchen: Baden, Bremen, Hessen und Nassau, Kurhessen-Waldeck und Pfalz.
Lutherische Kirchen: Bayern, Braunschweig, Hannover, Mecklenburg, Nordelbien, Sachsen, Schaumburg-Lippe und Thüringen – zusammengeschlossen in der Vereinigten Evangelisch-Lutherischen Kirche Deutschlands (VELKD);
übrige lutherische Kirchen: Oldenburg und Württemberg.
Reformierte Kirchen: Lippe und Reformierte Kirche (Bayern und Nordwestdeutschland, Sitz Leer).*)

*) Nicht in allen Gebieten des farblich gekennzeichneten Gebietes verbreitet.
Gemeinden außerhalb von Niedersachsen sind mit einem Kreis gekennzeichnet.

© EKD Evangelische Kirche in Deutschland – Statistik –

Quelle: Evangelische Kirche in Deutschland (EKD), Hannover.

Landesgrenzen stimmten schon vor 1918 weithin nicht mehr mit den Kirchengrenzen überein. Nach den Wirren des Kirchenkampfes einigten sich 1948 alle L. auf eine Grundordnung der EKD. Von 1969 bis 1991 arbeiteten die westlichen L. als EKD und die östlichen L. als Bund der evangelischen Kirchen in der DDR weitgehend getrennt voneinander. Die Gliedkirchen der EKD haben entweder lutherischen, reformierten oder unierten Bekenntnisstand. Einige lutherische L. haben sich zur Vereinigten Evang.-Luth. Kirche Deutschlands (VELKD) verbunden. Ein Teil der unierten L. ist in der Evangelischen Kirche der Union (EKU) zusammengeschlossen. Im Aufbau der kirchlichen Ordnung von der Gemeinde aus bilden die L. über den Ortsgemeinden und Kirchenkreisen die dritte Ebene. Ihre Organe sind Landessynode, Kirchenleitung (Senat) und Präses (Kirchenpräsident, Landesbischof). Die L. nehmen übergemeindliche Aufgaben wahr, z. B. Kirchengesetzgebung, Aus- und Fortbildung der Pfarrerschaft und Religionslehrer, diakonische und missionarische Dienste, Akademien usw.

wn

Lebensbilder

Menschen lernen vor allem durch das, was sie bei anderen Menschen sehen. Deshalb ist es gut, wenn unsere Verkündigung ergänzt wird durch das Erzählen von Menschen, die ihren Glaubensweg beispielhaft gegangen sind. Auch über unsere CVJM-Geschichte wird so manches vermittelbar, was sonst unanschaulich bleibt.
In Andachten und Bibelarbeiten kann man Glaubenserfahrungen und -einstellungen am besten dadurch verdeutlichen, daß man von Menschen erzählt, die dies erlebt und gelebt haben. Dadurch sehen Jungscharler, daß die Glaubensaussagen nicht abstrakte Theorie oder blutleere Formeln sind, sondern tatsächlich gelebt werden können.
Es hat sich bewährt, in Freizeiten und Zeltlagern ein kurzes, ca. fünfminütiges L. vorzustellen, z. B. abends vor dem Abendessen. Es wird dann von einem Menschen erzählt, aus dessen Leben wir beispielhaft für unseren Glauben lernen können. Nicht die Daten sind wichtig, auch nicht eine vollständige Darstellung seines Lebenslaufs. Es sollte eine kurze Orientierung über sein Leben gegeben werden, ansonsten an einem Ereignis ausführlich und spannend erzählt werden, wie er seinen Glauben gelebt hat. Gegebenenfalls kann man auch über mehrere Tage aus dem Leben **eines** Menschen erzählen. Gut ist es, wenn dadurch ein Gedanke der Bibelarbeit dieses Tages aufgegriffen und vertieft wird.
Wenn man L. aus der CVJM-Geschichte erzählt, wird den Jungscharlern damit verdeutlicht, daß sie in einer Geschichte des Glaubens und Segens stehen, die auch für ihr eigenes Leben wirksam werden kann. Außerdem öffnet sich der Erfahrungshorizont über die eigene Gruppe hinaus.
In vielen CVJM gibt es die bewährte Sitte, JS-Gruppen nach Glaubensvorbildern zu benennen. Dann muß natürlich öfter aus dem Leben dieses Namengebers erzählt werden. Jungscharler können sich dadurch besser mit ihrer Gruppe und mit den Erfahrungen dieses Vorbildes identifizieren. Allgemein gilt, daß mit diesen Vorbildern aber keine Idole vorgestellt werden. Ein Idol wird vergöttert, wird als perfekt dargestellt. Ein Vorbild hat auch seine Schwächen. Man identifiziert sich nicht völlig mit ihm, sondern versucht an einzelnen Charakterzügen und Fähigkeiten für sich zu lernen.

Literatur:
Stursberg: Glauben — wagen — handeln
Fischer: Die Größe des kleinen Anfangs
W. Busch: Plaudereien in meinem Studierzimmer
W. Busch: Die von Herzen dir nachwandeln
W. Busch: Johannes Busch — ein Botschafter Jesu Christi
⇨ Vorbild

ipm

Lebenshilfe

Grundsätzlich überträgt der Staat durch seine Gesetze die Kindererziehung auf die Eltern und schränkt nur den Mißbrauch der Erziehungsgewalt ein (vgl. § 1666 BGB).
In den Fällen, in denen Eltern mit der Erziehung überfordert sind, bietet der Staat über das Kinder- und Jugendhilfegesetz (KJHG) Unterstützung an.
Träger der Beratungsstellen sind die Jugendämter der Städte und Landkreise, die allerdings in wesentlichen Punkten nur auf Antrag der Erziehungsberechtigten tätig werden.
Trotzdem hat jedes Kind – auch in Begleitung eines CVJM-Mitarbeiters – das Recht, sich an das Jugendamt zu wenden und Beratung zu erhalten.

um

Leiter

Unter Leiten versteht man einen umfangreichen Prozeß, um etwas in Bewegung zu bringen.
Im Falle einer Anleitung wird z. B. eine Person an eine Befähigung herangeführt. Eine Einleitung führt Hörer oder Leser zu einem Thema hin. So werden im Falle einer Gruppenleitung Menschen im weitesten Sinne gemeinsam einem Ziel zugeführt. Dieser innere dynamische Prozeß geschieht nicht automatisch, sondern bedarf der Initiierung und der Steuerung. In der sozialen Struktur einer Gruppe fällt diese Aufgabe dem L. zu.
Die Rolle des L. ist zum einen in die Gruppe integriert, was den Prozeß auf der Beziehungsebene betrifft, aber durch die Aufgabe der Zielzuführung besteht auch eine gewisse Distanz zu der gleichen Gruppe. Diese Distanz wird durch den notwendigen Informations- und Kompetenzvorsprung, den diese Rolle erfordert, noch verstärkt und so ist die L.-Rolle in einer Gruppe immer ambivalent, d. h. sie ist von gegensätzlichen Empfindungen

Leistung

L. ist der Energieaufwand, den eine Person betreibt, um ein bestimmtes Ziel zu erreichen oder eine vorgegebene Aufgabe zu lösen.
Im Falle der Erziehung umfaßt die L. drei Energiebereiche: Die körperliche, die seelische und die geistige Kraft. Alle drei Energiebereiche wirken zusammen. Ein seelisches Tief kann z. B. zur körperlichen Erschlaffung führen oder umgekehrt.
L. ist im hohen Maße von der jeweiligen Energiezufuhr und von der angemessenen Art und Methode des Verhaltens zur Zielerreichung abhängig. Die Beschaffung dieser Energiezufuhr nennt man im seelischen Bereich auch Motivierung. Sie hängt von der Belohnung durch Erfolgserlebnisse ab. Ein erfolgloser Mensch wird nach gewisser Zeit auch zum leistungsschwachen Menschen. L.-Steigerung in einer Gruppe ist im seelischen Bereich zu einem gewissen Teil auch von dem Führungsstil und von der persönlichen Kompetenz des Leiters abhängig (äußere seelische Faktoren). Die inneren Faktoren einer seelischen L.-Bereitschaft sind längerfristige Prägungen durch frühe Bezugspersonen oder Primärgruppen im Leben des Betroffenen.
Ein Gruppenleiter kann z. B. durch Animation zur körperlichen Fitneß und den daraus zu erwartenden persönlichen Erfolgserlebnissen innerseelischen L.-Defiziten im Betroffenen entgegenwirken. Das ist der ganzheitliche Trainingserfolg durchdachter Wettkampfspiele.

⇨ Erziehung ⇨ Wettkampf
⇨ Belohnung ⇨ Führungsstile

ws

bestimmt. Das kann bei manchen Personen zu einer emotionellen inneren Zerrissenheit führen, weil nicht jeder Mensch Nähe und Distanz zugleich aushalten kann. Aus diesem Grunde gibt es in manchen Positionen Leitungsteams, die sich in ihren Kompetenzbereichen ergänzen. Wichtig ist nur, daß die Leitungsverantwortung dabei nicht verlorengeht. Zur Leitungskompetenz gehören nicht nur Sachkenntnisse. Die Leitungsrolle erfordert ebenfalls die Befähigung zur Integration von Menschen, zur Motivierung für ein Ziel und zur persönlichen Verantwortungsbereitschaft für das Handeln. Im Falle der Leitung einer christlich missionarischen Jugendarbeit aber müssen diese Merkmale der Persönlichkeitsreifung durch jene Kompetenz erweitert werden, die wir allgemein als geistliche Vollmacht bezeichnen. Wie der Evangelist Markus berichtet (Mk 1, 22), war dieses das typische Kennzeichen der Leitungskompetenz Jesu Christi.

▷ Mitarbeiter ▷ Erziehung ▷ Leitungsstil

ws

Leitsätze

Bekenntnisse und L. helfen jungen Menschen und Erwachsenen, das Wichtigste aus der Beziehung zwischen Gott und einzelnen Menschen zu begreifen, für sich selbst und andere zu formulieren und sein Leben danach auszurichten. Aus diesem Grund hat der Ausschuß für JS-Arbeit im CVJM-Gesamtverband in Deutschland L. für Jungscharler formuliert, die Bestandteil der Konzeption der JS-Arbeit und in vielen Gruppen eingeführt sind:
»Jesus Christus will der Herr meines Lebens sein.
Er liebt mich, auch wenn ich Fehler mache.
Auf sein Wort will ich hören.
Ich vertraue darauf, daß Jesus mir hilft, treu und ehrlich, fröhlich und zuverlässig,
kameradschaftlich und dienstbereit zu sein.
Für mein Leben soll gelten:
Mit Jesus Christus mutig voran.«

fr

Leitungsstil

Was ist Leitung
Mit dem Wort »leiten« beschreibt man im deutschen Sprachraum einen Vorgang, um irgend etwas in eine bestimmte Bewegung oder Richtung zu bringen. Eine Gruppe von Menschen braucht ebenso einen Leiter wie z. B. auch der Strom im elektrotechnischen Bereich. Allein diese beiden Beispiele machen die Verwendungsbreite dieses Begriffs deutlich. Wir konzentrieren uns nur auf die Prozesse, wie eine menschliche Gruppe zu einem Ziel geleitet wird und verwenden dabei den Begriff der Leitung im Sinne von Menschenführung.

Die Frage nach der besten Methode
Wenn Zeiten und Situationen schwierig werden, besinnen sich die Menschen auf ihre intellektuellen Fähigkeiten zur Krisenbewältigung. Sie versuchen, durch wissenschaftliche Forschung und Experimente neue Erkenntnisse oder Lösungen herauszufinden. Die Epoche zwischen den beiden Weltkriegen waren wirtschaftliche und soziale Krisenzeiten, und in diesen Jahren arbeitete der amerikanische Verhaltensforscher Kurt Lewin an der Frage nach der besten Form und Methode der Menschenführung. Obwohl die Weltgeschichte reich an Beispielen erfolgreicher politischer Führer war, gab es doch kaum wissenschaftliche Untersuchungen oder Erkenntnisse zu diesem Thema. In der damaligen Situation der Krise der monarchischen Dynastien und dem rasanten Aufstieg faschistischer Staatsformen (Deutschland, Italien etc.) empfanden gerade die Amerikaner als überzeugte Demokraten ihre Form der Menschenführung als kritisch herausgefordert, und sie nahmen diese Herausforderung an. Niemand wußte in dieser Zeit, welches System sich als das politisch Überlegene herausstellen würde. So war der Forschungsansatz von Kurt Lewin auch politisch vorgegeben. Seine Untersuchungsmethoden und Experimente in Jugendferienlagern gingen

von den in dieser Zeit erkennbaren politischen Führungsstilen aus und versuchten die Effizienz und Angemessenheit dieser Führungsstile in sogenannten **Feldversuchen** (lebensnahe Experimente) festzustellen und auszuwerten. Seine Forschungsergebnisse wurden weltberühmt.

Als man nach dem Zweiten Weltkrieg die Führungstheorien von Kurt Lewin und seinen Schülern auch in Deutschland publizierte, löste das unter den Pädagogen eine wahre Euphorie aus, die oft unkritisch über den lewinschen Ansatz hinausschoß. Erst die kritischen Rückmeldungen aus der Schulpraxis machten deutlich, wo die Grenzen dieser Forschungsergebnisse lagen.

Kurt Lewin kam als Forscher von der Schule des **Behaviorismus** her, und ihn interessierte nur das Verhältnis zwischen einem bestimmten Auslösereiz und der Folgereaktion einer Person. Warum gerade diese spezielle Reaktion in der betroffenen Person entstand, war nicht Forschungsgegenstand dieser Schule. Kritiker nannten diesen Forschungsansatz auch **black box** (schwarze Kiste), d. h. das Innenleben des Betroffenen blieb unbekannt (schwarz).

Der neue Ansatz des Ehepaars Tausch
Das wirklich Neue am Forschungsansatz des Ehepaars Tausch war die Feststellung, daß Menschenführung immer als ein Spannungsfeld zwischen zwei unterschiedlichen Faktoren zu verstehen ist. Diese Faktoren sind
* einmal die Lenkung auf ein Ziel *(Sachebene)*
* und die Beziehung der Betroffenen untereinander *(Personale Ebene).*

Zwischen diesen beiden Ebenen gestaltet sich der L. in der Menschenführung.
Der L. darf nicht mit dem momentanen Verhalten eines Leiters in einer ganz bestimmten Situation verwechselt werden, sondern ist die längerfristig erkennbare und mehr grundsätzliche Ausdrucksform des Leitungsverhaltens. Die Kritiker der lewinschen Führungstypen-Theorie erkannten auch einen Schwachpunkt darin,

daß z. B. in der pädagogischen Praxis zielbewußte Leiter, die in unstrukturierten Gruppensituationen starke Lenkungsimpulse geben mußten, als autokratische Führer diskreditiert wurden. Somit wurde in kritischen Gruppensituationen das nötige Führungsverhalten zum Schaden aller Beteiligten blockiert.

Der neue Ansatz des Ehepaars Tausch bringt auch noch den zusätzlichen Vorteil einer besseren Darstellbarkeit von Führungsverhalten. Wenn Leitung ein Spannungsfeld zwischen der Sachebene und der Personalen Ebene ist, dann läßt sich dieses Modell auch leicht als Koordinatensystem darstellen.

Am Modell dieses Koordinatensystems läßt sich auch das grundsätzliche Mißverständnis der Theorien von Kurt Lewin veranschaulichen. Wenn man einmal von der grundsätzlichen Kritik absieht, ob es klug war, politisch existierende Macht-

Das Modell des Ehepaars Tausch
und die lewinschen Führungsstile

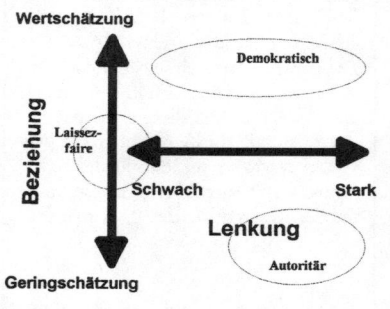

Wertschätzung

Demokratisch

Beziehung

Laissez-faire

Schwach — Stark

Lenkung

Autoritär

Geringschätzung

systeme zum Ausgangspunkt einer wissenschaftlichen Terminologie zu wählen, so macht die Koordinatendarstellung deutlich, daß das Team um Kurt Lewin die Meßpunkte im Führungsverhalten einseitig auf der Lenkungsebene angesetzt und gedeutet hat. Dieser einseitige Meßansatz aber läßt die wichtige Außen- und Innensituation der betroffenen Gruppe weitgehend unbeachtet.

Angemessenes Leitungsverhalten muß nach dem Ansatz des Ehepaars Tausch auf

der Beziehungsebene (Personale Ebene) gemessen und gewertet werden. Diese Ebene bewegt sich zwischen den extremen Polen der Wertschätzung bis hin zur Geringschätzung. Wenn z. B. ein Leiter zu den betroffenen Gruppenmitgliedern eine Beziehung der Wertschätzung pflegt, kann er je nach Gruppensituation auch zu sehr stark bestimmenden Lenkungsmaßnahmen oder zu sehr geringer Einflußnahme greifen. Er kann dieses Verhalten sogar von Person zu Person ganz unterschiedlich variieren, ohne daß dabei das Grundvertrauen der Betroffenen zu ihm gestört wird. Dieses Verhalten entspricht z. B. dem typisch demokratischen Führungsstil nach Kurt Lewin. Ein Leiter, dem seine Gruppenmitglieder gleichgültig sind oder der ihnen gar deutliche Zeichen der Geringschätzung signalisiert, muß ständig um seine Achtung bemüht sein und hat in der Gruppe keinen großen Vertrauenskredit. Sein Leitungsverhalten wird sich zu einem erheblichen Teil mit der Absicherung seiner Position in der Gruppe beschäftigen.
Vor diesem neuen Ansatz des Ehepaars Tausch her bekommt die Aussage über den L. Gottes gegenüber seinen Kindern, »Denn wen der Herr lieb hat, den züchtigt er« (Hebr 12, 6), einen ganz neuen Klang.

⇨ Leiter
ws

Lernen

»Lernen?! Ich denke, wir sind hier in der JS und nicht in der Schule! Meine Jungen und Mädchen kommen freiwillig zur Gruppenstunde. Und weil sie sich hier im schulfreien Raum bewegen können, kommen sie gern. Hier stehen sie nicht unter Druck, etwas lernen zu müssen!«
Prima, wenn JS-Mitarbeiter eine derart begeisterte Gruppe haben! Gerade darum gibt es in der JS viel zu lernen. Denn das L. beschränkt sich weder auf bestimmte Aufenthaltsorte wie Schule oder Konfirmandenunterricht noch auf bestimmte Altersstufen. Richtig aber ist, daß sich die JS vor »verschultem« L. hüten sollte.

L. grundsätzlich
Unter dem Begriff L. fassen wir den Zuwachs an Kenntnissen, Fähigkeiten und Fertigkeiten zusammen, den wir im Laufe unseres Lebens erfahren. Es ist also ein sehr weitgefaßter Begriff, der sowohl das absichtsvolle, als auch das unplanmäßige L. umfaßt.
L. findet in allen Altersstufen statt. Gleichwohl hat das L. für das Kindesalter eine andere Dimension als für das Erwachsenenalter. Bei Kindern sind sehr viele Verhaltensweisen noch längst nicht so ausgeprägt wie bei Erwachsenen, so daß Kinder in Lernprozessen vielfältige und vielschichtige Erfahrungen sammeln, die für ihr Leben prägend sein können.

Zielorientiertes L.
Auch wenn die Gruppenstunde keine Schulstunde ist, ist es nützlich, sich über Zielsetzungen klarzuwerden. Das Verschenken von erreichbaren Ergebnissen kann leicht zum Frust für eine ganze Gruppe führen, während das Erreichen gesteckter Ziele das Selbstvertrauen der Gruppenmitglieder stärken und neue Motivation für weitere Aktivitäten bringen kann.
Wichtig ist, daß die Ziele nicht zu hoch gesteckt werden und so ein Nichterreichen vorprogrammiert ist. Ziele müssen für eine Gruppe immer so gewählt werden, daß sie auch erreichbar sind.
Bei der Bestimmung von Lernzielen unterscheidet man zwischen Grob- und Feinzielen.
Grobziele sind übergeordnet und können zum Beispiel — ohne Anspruch auf Vollständigkeit — folgende sein:
* Förderung der Freude an der Bewegung und am freien Spiel, weil dies einem natürlichen Altersbedürfnis entspricht;
* Förderung der Phantasie und der eigengestalterischen Fähigkeiten, weil viele Kinder in Lebensbezügen aufwachsen, die gerade diese Ziele nicht fördern;
* Förderung der Konzentrationsfähigkeit, weil viele Kinder bei einer Andacht nicht zuhören können;

* Förderung des partnerschaftlichen Umgangs in der Gruppe, weil sich einige Kinder unsozial verhalten.

Feinziele sind konkreter und meist auf ein spezielles Lernfeld bezogen, weshalb hier eine Aufzählung nur andeutungsweise gewagt werden soll: Feinziele können auf den Erwerb bestimmter Fähigkeiten bei Bastelarbeiten gerichtet sein. Mit ihnen kann das Einüben eines Liedtextes angestrebt sein. Sie können das Erlernen bestimmter Spielregeln zum Inhalt haben. Darunter kann aber auch das Lösen eines bestimmten Konfliktes fallen, den zwei Jungscharler miteinander haben. Zielorientiertes Arbeiten in der JS bringt den einzelnen Jungscharler weiter, aber auch die gesamte Gruppe. Wenn die Ziele klar sind, läßt sich auch leichter klären, was man tun muß, um sie zu erreichen:
Welche Lernschritte sind erforderlich? Bei der Vorbereitung der Gruppenstunde muß auf eine gute Strukturierung geachtet werden; der Ablauf muß für alle Gruppenmitglieder überschaubar sein.
Welche gezielten Hilfen muß die Gruppenleitung geben? Je nach Zusammensetzung einer Gruppe muß ein Gruppenleiter steuernd eingreifen können, wenn etwas nicht nach Plan läuft oder aber der Plan umgestellt werden muß.
Welche Methoden werden benötigt? Die JS darf nicht eintönig werden. Der klassische Vierklang der JS-Stunde (Andacht, Singen, Spielen, Geschichte erzählen) betont den Methodenwechsel.
Welche Themen sind geeignet, welche nicht? Bei der Programmgestaltung der JS-Stunde ist es wichtig, die Interessen der JSler herauszufinden und zu wecken.

Andere Rahmenbedingungen des L.
Ganz wesentlich für den pädagogischen Ertrag einer JS-Arbeit ist die **Rolle der Gruppenleiter.** Ihr Verhältnis zu den einzelnen Gruppenmitgliedern, ihre Stellung in der Gesamtgruppe und die Verbindlichkeit ihres Redens und Handelns wirken sich unmittelbar auf den »Lernerfolg« innerhalb der Gruppe aus. Gruppenleiter müssen dies wissen und sich der daraus resultierenden Verantwortung bewußt sein.
Eine JS ist auch eine **Lerngruppe.** Ihre Größe und Zusammensetzung bestimmen mit darüber, in welchem Maße es gelingt, gesteckte Ziele zu erreichen. Jungscharler erleben ihre Gruppe als einen bestimmten **Lernort** – egal, ob die Gruppenstunde im Gruppenraum oder im freien Gelände stattfindet. Dieser Lernort kann für Kinder zu einem zweiten Zuhause werden, wenn sie ihn einladend und anregend erleben, wenn sie ihn mitgestalten können und sich mit ihm identifizieren.
L. in der JS? Aber ja doch! Denn vieles, was man in der JS lernen kann, kann die Schule nicht bieten!

⇨ Methoden

jw

Liebe

Kann man über L. überhaupt schreiben? Muß man L. nicht einfach leben – und weniger darüber sprechen? Haben Christen überhaupt ein Recht, über L. zu reden, wo sie doch einschlägige Schwierigkeiten mit der Sexualität in Kirchengeschichte und Lebenspraxis hatten? Können Christen überhaupt über Sexualität und L. allgemein reden, oder müßten sie nicht »innerbetrieblich« zuerst Klarheit schaffen, bevor sie an die Öffentlichkeit gehen und die Welt belehren wollen?

Schreibe ich nur allgemeine Richtigkeiten, dann langweile ich. Schreibe ich mutig das, was ich denke und was ich aus der Bibel gesichert erkannt habe, dann muß ich Leute, die anders leben, treffen und unruhig machen. Trotzdem habe ich mich für letzteres entschlossen, weil ich damit rechne, daß Christen wissen, wo sie Vergebung für ihre falschen Wege herbekommen können. Jesus kann unser Leben auf dem Gebiet der Sexualität ebenso erneuern wie auf anderen Lebensgebieten. Die erneuernde Kraft der Vergebung aber kann nur durch Umkehr erfahren werden — und vor der Umkehr muß die Einsicht kommen, die nur Gott schenken kann durch seinen Geist.

L. ist wertvoll
Wenn man Fernsehfilme, Werbung und die Lebenspraxis vieler junger Menschen ansieht, dann hat man den Eindruck: L. und Sexualität ist das wertloseste überhaupt. L. wird eingereiht in die Konsumhaltung, mit der ich Waren begegne. Ist eine Ware unmodern, gebraucht oder uninteressant geworden, dann stelle ich sie in die Ecke und wende mich einem neuen Projekt zu. So kommt es zur Wegwerfgesellschaft. In dieser Wegwerfgesellschaft gibt es auch Wegwerfl.
Die Bibel sagt: Die Beziehung von Mann und Frau ist wertvoll — so wertvoll, daß Gott ihr eine Einmaligkeit verleiht: die zwei werden Vater und Mutter verlassen und werden ein Fleisch sein — ein Mensch werden. Wer diese einmalige L. von außen oder innen zerstört, muß wissen, daß er sich und andere zerstört.
Die Konsumgesellschaft macht uns vor, daß L. und Geschlechtlichkeit beliebig sind und mit beliebigen Menschen gelebt werden können. Damit entwertet sie den Menschen und stürzt ihn in viele Konflikte. Gott hat in Mann und Frau die Liebesfähigkeit gelegt, um mit dieser Liebesfähigkeit glücklich zu werden und glücklich zu machen. Das Leben ist durch diese Gabe Gottes wertvoll geworden. Deshalb muß der Mensch auch wertorientiert mit seiner L. umgehen. Und das heißt sie hüten und bewahren für den Menschen, mit dem er eine gültige Ehe eingehen möchte.

L. ist Geschenk
Geschenke sind nie isoliert vom Schenkenden zu sehen. Geschenke deuten eine beabsichtigte Beziehung an. Wenn Gott L. und Sexualität schöpfungsmäßig schenkt, denn deutet das eine Abhängigkeit zu ihm an. L. ist schöpfungsmäßig. Wer sie ohne den Schöpfer nimmt, der wird sie bald »erschöpfen«. Was heißt das ganz konkret? L. ist nur im Schenken selbst zu erleben. Wer Sexualität nur zu seiner Befriedigung vom anderen will, »bestiehlt« den anderen. Er tut das besonders, wenn er »nur« Sexualität will, ohne auf seelische und menschliche Konsequenzen zu achten, die Sexualität beim Partner auslöst. Das Sich-Schenken schließt nicht nur die Hingabe beim Sexualakt ein, sondern den übrigen Lebensvollzug. Wer vor- oder außerehelich diese Hingabe vollzieht oder gar fordert, der sagt, ich will, daß du sexuell für mich da bist — das übrige Leben kann und will ich (noch) nicht mit dir teilen. Dafür gibt es »einleuchtende Gründe«, die dann genannt werden: wir haben noch kein Geld zum Heiraten, wir sind noch zu jung dazu, wir übersehen noch nicht die Konsequenzen... Diese Gründe aber sind alle liebeszerstörend, weil sie die Partner in Zerreißproben bringen, die sie oft genug auseinanderreißen und ihr Glück zerstören. Das schöpfungsmäßige Geschenk von L. und Sexualität kann man zerstören — wie uns viele Paare gegenwärtig »vormachen«. Dazu aber ist das Geschenk Gottes zu wertvoll!

L. ist gefährdet
L. ist durch die Zeitmeinung gefährdet. Die beliebig gelebte Sexualität ist an der Tagesordnung. Das Leben, ohne nach Gott zu fragen, ist alltäglich. Junge Leute werden mit diesem Lebensstil täglich in Schule, Betrieb und Universität konfrontiert.

Dazu kommt, daß wir selbst für uns eine Gefahr darstellen. Unsere Leidenschaft kann größer sein als unsere Vernunft. Unsere Triebe können stärker sein als unsere Erkenntnis und Einsicht.
Das zeigen die vielen christlichen Paare, die Mitarbeiter im CVJM, die dann heiraten »müssen«, wenn sich ein Kind angesagt hat. Viele haben »Glück« und werden in der Zeit ihrer Freundschaft nicht schwanger – oder verhüten diese Schwangerschaft.
Das Schlimmste ist: jeder lebt für sich seinen Stil – auch in der Gemeinde –, ohne darüber zu reden und ohne sich zu verantworten.
Die Gefahr kommt aber auch aus gesellschaftlichen Zwängen. Lange Ausbildungszeiten für viele Berufe scheinen junge Leute zu zwingen, eine Ehe vor der faktisch geschlossenen Ehe zu führen.
Wie begegnen wir diesen Gefährdungen? Wir breiten ein Tabu darüber – das ist die üblichste Verhaltensweise. Oder viele junge Christen pochen auf ihre christliche Freiheit. Nicht die Moral steht in Gefahr! Es ist nicht Zeit, sich über die jungen Christen zu entrüsten. Die L. ist in Gefahr! Wie können wir deshalb Wege aus der Gefahr finden?
● Sei bereit, einen einsamen Weg zu gehen, ohne dich nach deiner gesellschaftlichen Umwelt zu richten! Christen müssen anders leben, wenn sie Christen bleiben wollen – das gilt auch für das Leben in der partnerschaftlichen L.
● Mache dich nicht zum Spielball deiner Leidenschaften. L. ist zu wertvoll, als daß sie verspielt wird, und der Partner ist zu wichtig, als daß ich mit ihm spiele. Ohne den Lebensvollzug gleichzeitig konsequent zu wollen!
● Heiratet dann, wenn ihr entschlossen das Leben miteinander teilen wollt. Vollzieht erst dann die Ehe mit der geschlechtlichen Dimension, wenn ihr euch aneinander und in der Öffentlichkeit festgemacht habt!
● Tut euren Kindern nicht an, daß sie entdecken müssen, daß sie euch gezwungen haben, zu heiraten. Diese seelischen Konflikte kann nicht jedes Kind unbeschadet bewältigen.
● Macht nicht die Gebote und Lebensanweisungen Gottes durch euer Verhalten für andere madig. Wer als junger Christ gegen Gott lebt, der »verrät« vor den nichtglaubenden Menschen die Gemeinde Gottes und verstellt anderen den Weg zum Glauben. Wie wollen wir den Segen Gottes haben für unsere christliche Ehe, wenn wir uns mit dem praktischen Lebensvollzug gegen Gott stellen? Ein Gott, dessen Gegner wir sind, der kann uns nicht gleichzeitig segnen.
● Schützen wir die L. junger Christen. Eltern, Paten und die Gemeinde sind aufgerufen, jungen Christen, die ihr Leben teilen wollen, auch eine Existenz zu sichern. Ganz besonders, wenn Studium und Ausbildung (noch) keine Existenz möglich machen. Die Gemeinde muß heute »ermutigen« zur Ehe, weil Ehe als Geschenk Gottes in vielfältigen Mißkredit gekommen ist. Dieser Schutz schließt auch finanzielle Absicherung ein. Sie schließt auch eine Begleitung der Verlobten und jungen Eheleute ein.

L. ist begründet

Viele werden nach diesen Zeilen denken: er hat ein Idealbild von Ehe gezeichnet. Ist das nicht idealistisch-heile Welt? Gibt es L., die hält? Nur dann, wenn menschliche L. ein Fundament hat. Und das Fundament heißt: Vergebung, die Jesus Christus schenkt. Wer entdeckt, daß er schuldig geworden ist gegenüber dem Geschenk der L., das Gott in sein Leben gelegt hat – und gegen einen anderen Menschen –, der braucht sich nicht länger verteidigen, rechtfertigen, er kann seine Schuld bekennen. Damit steht sein Leben auf einer neuen Basis, der Basis der L. Gottes. Auf dieser Basis kann er auch seine L. aufbauen. Die L. Gottes trägt und speist als Quelle die menschliche L.
Christen vertrauen nicht auf ihre Liebesfähigkeit – auch nicht in der partnerschaftlichen L. Christen vertrauen auf Gottes L.,

die am Kreuz sichtbar und unübersehbar geworden ist. Dauerhafte menschliche L. kann nur aufgrund dieser göttlichen L. existieren.

⇨ Sexualität   ⇨ Geschlechtserziehung

ht

Lieder

»Nicht alles, was alt ist, ist schlecht und alles, was neu ist, ist gut!« — Das vorhandene Liedgut muß sorgfältig geprüft und es muß ausgesucht werden, was zu welchem Anlaß paßt und gesungen werden soll/kann. (Achte dabei sowohl auf den Text als auch auf die Melodie.) Das L. sollte zum Thema der JS-Stunde passen bzw. zu dem Teil, in dem es gesungen wird. Wenn z. B. ein Gebetslied gesungen wird, sollte es auch ein Gebet sein. Aber Achtung: Bitte nicht nur »fromme« Lieder singen und auch das L. nicht als Zeitfüller benutzen. Man kann die JS-Kinder gut bei der Auswahl beteiligen, z. B. Geburtstagskinder. Oder man hat einen Liedersack, in den man Zettel mit Nummern des JS-Liederbuches eingelegt hat (die Lieder muß der Mitarbeiter dann aber auch können). Aus diesem Sack werden die L. »gezogen«. So kann man das »Totsingen« eines bestimmten L. durch zu häufige Auswahl vermeiden.

⇨ Singen und Musizieren

go

Literatur

Arbeitshilfen und Bücher für die JS-Arbeit siehe unter »Arbeitshilfen« und »Materialstellen«. Buchempfehlungen und -besprechungen erscheinen regelmäßig in den Mitarbeiterzeitschriften »Jungscharleiter« und »Mitarbeiterhilfe«.
Eine umfangreiche Liste empfehlenswerter Jugendbücher zum Erzählen und Vorlesen findet sich in verschiedenen Ausgaben des »Werkbuch Jungschararbeit«, zuletzt »Baujahr 1995«, Seite 29-32.

⇨ Arbeitshilfen   ⇨ Materialstellen

fr

Liederbücher

L. gehören zur »Grundausstattung« jeder JS-Gruppe bzw. -Freizeit. Damit es keinen Kampf um die Bücher gibt, sollte für jeden Teilnehmer eines zur Verfügung gestellt werden. Damit die Lieder, die der Gruppe beigebracht werden sollen bzw. die, die die Gruppe im Laufe der Zeit »drauf« haben soll, nicht immer wieder aus mehreren Ausgaben herausgesucht werden müssen, ist es — nicht nur aus Kostengründen — ratsam, sich vor der Neuanschaffung von Liederbüchern das passende zu suchen.
Hier hat sich seit 1981 (Neubearbeitung 1991) das »Jungscharliederbuch« des CVJM (nicht nur in diesem Verband) ausgezeichnet bewährt. Eine bunte Mischung (in Text- oder Notenausgabe) aus geistlichen Liedern, solchen für Fahrt und Lager sowie Spiel- und Quatschliedern wird ergänzt durch Tips zur kreativen Gestaltung. Kleiner Tip am Rande: Zum »Jungscharliederbuch« gibt's Lernkassetten mit neuen/unbekannteren Liedern. (Bitte beim Einsatz von Liederbüchern beachten, daß jüngere Kinder noch Probleme vor allem bei den schnell gesungenen Liedern haben!)

⇨ Singen und Musizieren

bo

Liturgie

Die L. ist die Lebensform des Gottesdienstes und gibt ihm seine Gestalt. Der Begriff L. kommt aus dem griech. »leitourgia« und bedeutet »Dienst« (ursprünglich Dienstleistungen im weltl. Bereich, bald im Judentum für den Opferdienst verwendet). L. wird heute oft nur für den äußeren, musikalischen Rahmen verstanden. Es ist die Ordnung des Gottesdienstes. Unterschieden wird in den herkömmlichen Gottesdiensten zwischen den feststehenden Teilen und den wechselnden Stücken entsprechend den Zeiten im Kirchenjahr.

L. gleicht einem Spiel, d. h. sie darf nicht als Leistung verstanden werden: Gott lädt ein zum Freiraum des Feierns; es läßt sich nicht allein »spielen«, Gemeinschaft und Begegnung gehören dazu.
Die Beteiligten treten zusammen zum Lob Gottes, treten als Schuldige vor Gott, lassen sich versöhnen, hören auf Gottes Wort, ermutigen sich zum Gebet, nehmen teil am Tisch des Herrn und lassen sich senden.
Das liturgische Gebet muß drei Bedingungen erfüllen: es muß wiederholbar sein; es muß von den verschiedensten Menschen nachvollzogen werden können; es darf nicht im Formalen seine Erfüllung finden, sondern im Inhaltlichen: »Herr, wir beten dich an«!
Liturgische Worte und Teile können unverständlich werden. Wiederholung des Traditionellen steht gegen neue Formen. Das Ringen um das rechte Maß ist nötig. Wiederholung soll Tiefenwirkung erreichen und Erfahrungen mit Gott bewußt machen.
Liturgische Handlungen geschehen auch im profanen Bereich: z. B. eine Festrede, ein Geburtstags-Hoch, bestimmte Begrüßungsformen, Hochzeitsrituale, Sitzordnung, Form einer Geschenkübergabe, Beifall u. a. m. Dadurch werden Ereignisse und Begegnungen tiefgründiger. Liturgische Formen werden sehr verschieden erlebt. Verschiedene Meinungen darüber trennen nicht Alte und Junge, sondern gehen quer durch.

L. im Kindesalter

Kinder lieben feststehende Teile. Der Wechsel zwischen festen und neuen Teilen ist wichtig. Dies gilt im Gottesdienst / Kindergottesdienst und in der Gruppe / JS, z. B. regelmäßiges Gebet, Lied, gleicher Beginn oder Verabschiedung.
Jugendliche haben das Recht, feste Formen zu hinterfragen. Die Frage an Mitarbeiter und Pfarrer ist, ob sie L. mit Leben erfüllen können: L. ist nicht gleich Litanei. L. als Heimat erleben, als Heimat, die das Evangelium von Jesus Christus schafft.

Das ist ein lohnenswertes Ziel zur Gemeindebildung.

⇨ Gottesdienst

gf

Lust

Das Wort »L.« drückt eine Neigung, ein Verlangen bis hin zur Begierde aus. Es ist wertneutral, weil es die Ursache dieser Neigung nicht berücksichtigt. Als erzieherischer Begriff wird es erst dann interessant, wenn genau diese Ursache, also auch das Motiv oder Ziel, benannt werden kann. Die Wertung beginnt bei der Klärung, ob ich »L. zu singen« oder »L. zu morden« habe. An diesen extremen Beispielen wird deutlich, wie das Motiv den Wert des Begriffes ausmacht.
Mit dem Wort L. wird eine äußerliche Erscheinungsform eines inneren Tatbestandes ausgedrückt. Wenn ein Erzieher also eine bestimmte L. (oder auch Unl.) entdeckt, hat er es mit Signalen einer verborgenen Realität zu tun.
Wenn ein Gruppenleiter z. B. eine L. zum Spielen in der Gruppe wecken will, muß er also innerseelische Anreize schaffen. Dabei ist es von Vorteil, wenn er über die innere Bedürfnislage der Gruppenmitglieder informiert ist. Ein in einer bestimmten Richtung starkes Gierverhalten signalisiert Bedürfnisdefizite ebenso wie ein starkes Unlustverhalten. In solchen Fällen ist ein ehrenamtlicher und unausgebildeter Jugendgruppenleiter auf fachlichen Rat angewiesen.
Das L.-Verhalten allgemein ist von tiefen innerseelischen Prozessen gesteuert und folgt nicht immer logischen Vorstellungen. Es kann nur in seltenen Fällen verstandesgemäß gesteuert werden. L. läßt sich stärker von Gefühlen beeinflussen. So trägt z. B. Musik als gefühlsintensives Medium viel intensiver zur L.-Verstärkung bei als logische Belehrungen. Dies hat die Werbebranche besonders in den Supermärkten deutlich ausgenutzt.

⇨ Erziehung

ws

M

Mädchen

»Wir werden nicht als M. geboren – wir werden dazu gemacht.« So lautet die wissenschaftlich durchaus ernstzunehmende These von Soziologinnen und Psychologinnen, die sich mit der Frage beschäftigt haben, wie es zu den »typischen« Unterschieden zwischen Mädchen und Jungen kommt.

Typisch M.?

Daß Mädchen mehr auf Menschen bezogen handeln und reagieren als gleichaltrige Jungen, daß sie eher Gefühle zeigen, sich sozialer verhalten, Interesse an häuslichen Aktivitäten, Mode und Kleidung zeigen, in der Schule oft angepaßter sind, Konflikte häufiger mit Worten als mit Körpereinsatz lösen, all das, so läßt sich belegen, ist in hohem Maß anerzogen und keineswegs Folge des »angeborenen kleinen Unterschiedes«. Schon im frühesten Kleinkindalter, so weisen zahlreiche Untersuchungen nach, werden Jungen und M. unbewußt unterschiedlich behandelt, erzogen und gefördert. M. werden nachweislich kürzer gestillt, eher zur »Sauberkeit« und zur Mithilfe erzogen, bekommen anderes Spielzeug, werden dazu angehalten, Konflikte »friedlich« zu lösen, werden in weibliche Tätigkeiten eingeführt. Ergebnis dieses weithin unbemerkten und damit auch unreflektierten Verhaltens ist, daß die angeblich »typischen« Unterschiede zwischen Jungen und M., Männern und Frauen reproduziert werden: So entsteht die Vorstellung von typischen M. und typischen Jungen. Gefestigt wird diese Vorstellung auf mancherlei Weise: Es lohnt sich, daraufhin einmal Bilderbücher, Werbung, Fernsehserien und Kinderliteratur zu betrachten.

Nur nicht aus der Rolle fallen

Obwohl sich inzwischen herumgesprochen hat, daß »auch M. stark sein dürfen und daß auch Jungen weinen dürfen« (so ein Kinderbuchtitel) sind die Rollenerwartungen durchaus noch festgelegt. Dabei haben Jungen, die diesen unausgesprochenen Normen nicht entsprechen, fast noch stärker mit Sanktionen zu rechnen, als M., die sich nicht ihrer Rolle entsprechend verhalten. Ein »mädchenhafter« Junge muß mit Spott oder Unverständnis rechnen, es kann geschehen, daß er lächerlich gemacht wird und keine Freunde findet. Eltern eines »untypischen« M. müssen sich besorgte Fragen gefallen lassen, ob aus ihrer Tochter denn später wohl eine »echte« Frau werde. Norm ist weithin das männliche Verhalten. Obwohl sich in den letzten Jahrzehnten natürlich im Blick auf die Rolle und die Rechte von M. und Frauen einiges geändert hat, hält sich unbewußt und um so hartnäckiger immer noch die Einschätzung, daß die Andersartigkeit der M. im Grunde eine Minderwertigkeit beinhaltet. Das spiegelt sich bis in unsere Sprache hinein, die in der Regel die männliche Form benutzt. Die M. und Frauen sind sozusagen immer mitgemeint. Eigenschaften, die eher Jungen und Männern zugeordnet werden, lassen sich mit den Stichworten Durchsetzungsfähigkeit, Stärke, Sachlichkeit, Technikbezogenheit, Wettbewerb, Vernunft, Rationalität und Abenteuerlust umschreiben, während auf der weiblichen Seite eher Werte wie ganzheitliches Denken, Gefühl, Kompromißbereitschaft, Harmoniestreben, Opferbereitschaft, Helfen und Kooperation zu finden sind. Eben diese »männlichen« Eigenschaften sind im Berufsleben und im öffentlichen Leben gefragt und sind Voraussetzung für Erfolg. Die »weiblichen« Eigenschaften dagegen spielen vor allem im Privaten eine Rolle – dort, wo es auf die Gestaltung von Beziehungen ankommt. Eben diese Aufteilung der Zuständigkeiten und Fähigkeiten trägt mit dazu bei, daß M. später häufiger in schlecht bezahlten Berufen arbeiten als Jungen und seltener in Führungspositionen anzutreffen sind. Der Junge wird Arzt, das M. Krankenschwester. Im Jugendchor singen überwiegend M. Wer dirigiert und spielt Gitarre? Ein Junge. In der Kirche beteiligen sich mehrheitlich Frauen – wer sitzt im Kirchenvorstand? Eine Männermehrheit. Immer noch. Im Blick auf Gleichberechtigung und Chancengleichheit hat sich zwar einiges zum Besseren gewendet. Zumindest in den Köpfen ist hier und da etwas in Bewegung geraten. M. haben heute denselben Zugang zu guter Schulbildung wie Jungen, und eine Berufsausbildung ist inzwischen selbstverständlich, dennoch gibt es nach wie vor Defizite und Benachteiligungen.

M.-Arbeit
In der Vergangenheit hat es verschiedentlich Versuche gegeben, die Koedukation als Mittel zur »Befreiung« der M. zu sehen. Seit Ende der siebziger Jahre kommt die reine M.-Arbeit wieder stärker in den Blick, weil sich gezeigt hat, daß sich in koedukativen Gruppen die Dominanz der Jungen fortsetzt. So zeigte sich etwa im Physikunterricht, einem Fach, dem Jungen mehr Interesse entgegenbringen als M., daß M. wesentlich interessierter sind und bessere Ergebnisse erzielen, wenn sie in einer reinen M.-Gruppe unterrichtet werden. In gemischten Gruppen ergreifen M. seltener das Wort als Jungen und werden häufig von den Jungen unterbrochen.
Wer in der Jugendarbeit mit M. arbeitet, trifft in der Regel auf M., die das typische Rollenverhalten erlernt haben und zeigen. M. lieben Pferde – Jungen interessieren sich für Sport. M. spielen Blockflöte – Jungen Schlagzeug. Jungen kämpfen mit den Fäusten – M. petzen und kneifen. M. sind in den sprachlichen Fächern leistungsstärker als in naturwissenschaftlichtechnischen. M. basteln – Jungen tüfteln.

M. sind sexuellem Mißbrauch häufiger ausgesetzt als Jungen. M., und hier besonders die ausländischen, haben einen eingeschränkteren Aktionsradius als Jungen. Die Reihe ließe sich mit eigenen Beobachtungen beliebig fortsetzen. Diese Gegebenheiten gilt es zunächst wahrzunehmen.

Ziele und Inhalte bei der Jugendarbeit mit M.
Wenn es in der M.-Arbeit um mehr gehen soll, als um reine Freizeitgestaltung, wenn bei der Arbeit mit M. die vorhandenen Rollen nicht festgeschrieben und verfestigt werden sollen, wenn M.-Arbeit vielmehr auch ein Beitrag zur Verbesserung der Chancengleichheit sein soll, dann sind Ziele, Inhalte und Methoden zu hinterfragen und entsprechend zu formulieren.
Es kann gewiß nicht darum gehen, die als typisch weiblich geltenden Fähigkeiten und Verhaltensweisen zugunsten »männlicher« Eigenschaften abzuwerten und M. sozusagen »umzuziehen« und ihnen um jeden Preis »männliche« Eigenschaften anerziehen zu wollen. Es gilt vielmehr, die M. zu ermutigen, ihre Fähigkeiten bewußt wahrzunehmen und einzusetzen – und zwar auch außerhalb des Familienkreises und später als Erwachsene in der Zusammenarbeit mit Männern am Arbeitsplatz und Verbänden, Gremien und in der ehrenamtlichen Tätigkeit. In der Arbeit mit M. sollte es auch darum gehen, daß sie weibliche Vorbilder und Identifikationsmodelle kennenlernen, und daß sie ihre eigene Rolle und ihr eigenes Verhalten wahrnehmen, überdenken und wo nötig um »männliche« Anteile erweitern. Wer dazu Hilfestellung geben möchte, wird sich folgende Fragen stellen: Welche (biblischen) Geschichten erzählen wir? Welche Themen behandeln wir? Wie reden wir von Gott? Mit welchen Materia-

lien sind wir kreativ? (Welche M.-Gruppe hat jemals eine Seifenkiste gebaut, welche Jungengruppe hat sich an Seidenmalerei versucht?) Welche Sprache sprechen wir? Welches Frauenbild haben und verkörpern wir selbst? Welchen Lebensplan haben wir für Frauen und Männer im Kopf? Welche Angebote gibt es in unserer Arbeit, die M. dazu verlocken, ihre Fähigkeiten und Verhaltensweisen um vermeintlich »männliche« zu erweitern und in ihr M.-Sein aufzunehmen? Entsprechende Überlegungen muß es natürlich auch für die Arbeit mit Jungen geben, die dazu ermutigt und befähigt werden müßten, ihre eigene Rolle wahrzunehmen, in Frage zu stellen und um weibliche Anteile zu erweitern.

⇨ Gruppe ⇨ Sexualität

kv

Materialstellen

Neben den regelmäßig erscheinenden Arbeitshilfen für die JS-Arbeit wie »Jungscharleiter« und »Werkbuch Jungscharbeit« gibt es eine Fülle von Büchern, Broschüren, Kassetten, Spielen und anderen Materialien für die Gruppenarbeit und Freizeiten mit Kindern. Das Angebot umfaßt: Spielesammlungen für drinnen und draußen, Verkündigungshilfen, Liederbücher, Lernkassetten, Abzeichen, Aufkleber, kleine Spielgeräte, Luftballons, Urkunden, Wimpel u. a. Bei folgenden Stellen sind Verzeichnisse über das von ihnen angebotene Material zu haben: Buchhandlung und Verlag des ejw; Materialstelle des CVJM-Westbundes; Versandstelle des CVJM-Gesamtverbandes (Adressen s. Anhang).

fr

Medien

M. – unsere alltäglichen Begleiter
M. spielen heute in unserer Gesellschaft eine wichtige Rolle. Sie übermitteln Informationen, Meinungen, Unterhaltung und Werte. Wir können uns ihnen in unserer Welt, in der Bilder und Töne von verschiedenen Seiten auf uns einstürmen, nicht mehr entziehen.
Die Begegnung mit den M. geschieht mehr oder weniger bewußt. Oft nehmen wir ein Werbeplakat wahr, ohne es zu sehen, aber wir hören das Telefon läuten und entscheiden uns, ob wir den Hörer abnehmen oder nicht. Bei den unterschiedlichsten Gelegenheiten lassen wir uns von Musik berieseln, aber hören nicht wirklich zu. Das Fernsehen bietet täglich viele Stunden Programm, und manche richten sogar ihren Tagsablauf danach.
Wir alle, Erwachsene und Kinder – Mitarbeiter und Jungscharler – leben in dieser Welt der Reizüberflutung und müssen lernen, mit ihr umzugehen.
Wir können als Mitarbeiter in der Kinder- und Jugendarbeit in unterschiedlicher Weise auf den M.-Konsum der Jungscharler reagieren: entweder wir verteufeln die M. und erfahren nie mehr, was die Kinder, die uns am Herzen liegen, in ihrer Freizeit an Filmen, Videos und Kassetten sehen und hören, oder wir beziehen sie sinnvoll in unsere Gruppenarbeit ein und geben den Kindern Hilfen zum besseren Umgang mit den M.
Im Miteinander können wir lernen, nicht nur zu konsumieren, sondern bewußt, kreativ, kritisch und aktiv mit den verschiedenen M. umzugehen.
Fernsehen, Video, Radio und Kassettenrekorder sind leicht zugänglich für Kinder. Wir können uns ein Bild über die verschiedenen Sendeangebote machen, wenn wir Fernseh- und Rundfunkprogramme sorgfältig studieren und in Musikläden oder Videotheken das Kauf- bzw. Leihverhalten von Kindern beobachten.
Es gibt Videoproduktionen auf dem Markt, die von der Bundesprüfstelle als »jugendgefährdend« oder »besonders jugendgefährdend« eingestuft sind. Zu diesen Gewalt-, Horror- und Porno-Videos haben sicher einige Jungscharler durch ältere Freunde oder Geschwister Zugang. Die menschenverachtenden Darstellun-

gen und die kaum zu beschreibenden Geräusche hinterlassen unsichtbare Spuren in den Kindern. Einige M.-Forscher gehen davon aus, daß Morde, Vergewaltigungen und andere Grausamkeiten auf das häufige Anschauen dieser Filme zurückgehen. Besonders Kinder aus schwierigen Familienverhältnissen und Kinder, die große Schwierigkeiten in der Schule und mit sich selbst haben, flüchten sich in Phantasiewelten und können durch übermäßigen Video- und Fernsehkonsum die Wirklichkeit und die Filmwelt nicht mehr unterscheiden, was dann zu Kurzschlußreaktionen führen kann.

In unserer modernen, konsumorientierten Zeit sollten wir dennoch gegen den Strom schwimmen und Kinder — vielleicht auch Eltern — wieder entdecken lassen, daß es Spaß macht, miteinander etwas zu erleben und selbst aktiv zu sein.

Welche M. gibt es?
Waren vor 20-30 Jahren Dias, Schallplatten und Tonbänder modern, so stehen heute Fernseher, Kasettten, Videos, und CD's im Vordergrund des Interesses.
Print-M. (gedruckte M.) Zu dieser Gruppe gehören Zeitungen, Zeitschriften, Bücher, Comics, Bilder (Postkarten, Kunstkarten, Poster, Fotos, Karikaturen u. a.).
Audio-Visuelle M. (moderne, technische M.): diese sind Film, Fernsehen, Video, Kasetten(-rekorder), Radio/Hörfunk, Schallplatte, CD, Tageslichtschreiber, Dia, (Computer, Telefon, Fax).

Welchen Einfluß haben M. auf Kinder?
Vermittlung von Wissen und Information: Selbst die größten M.-Kritiker, besonders die Fernsehkritiker, müssen einräumen, daß das Fernsehen in einigen Sendungen viel Informationen auf sehr interessante Weise wiedergibt. Besonders Tierfilme, Expeditionen und Beiträge, die alltägliche Zusammenhänge zeigen (z. B. Löwenzahn), tragen dazu bei, daß Kinder vieles sehr anschaulich lernen.
Auch mit Computern kann man mehr als Tetris spielen. Manche lernen ihre Vokabeln mit ihm, aber auch ein Bibelquiz per Computer kann sehr interessant sein.
Faszination der Technik: Immer, wenn in der JS ein technisches Gerät aufgebaut werden muß, finden sich Freiwillige, die sich fachkundig um den Aufbau kümmern. In Gesprächen wird deutlich, daß schon Kinder sich sehr gut auf dem Markt der verschiedenen Geräte auskennen, ja sogar manchmal die Berater ihrer Eltern sind.
In der Gruppe sollten M. keinem Selbstzweck dienen. Wir wollen mehr als nur Informationen oder Themen bieten. Unser Glaube an Jesus Christus soll ins Gespräch und ins Leben gebracht werden. Ein Film oder Video über das Leben am Flughafen und der Besuch eines Flugkapitäns, der aus seinem Leben als Christ im Cockpit erzählt, passen gut zusammen. Hier fasziniert nicht nur die Welt der Technik, sondern auch die Erfahrungen und Erlebnisse des Menschen.
Nicht jeder hat einen Flugkapitän »griffbereit«, aber sicher leben in unserer Umgebung andere Christen (z. B. eigene Eltern, Freunde oder auch Eltern von Jungscharlern), die etwas aus ihrem Leben zu erzählen haben.
Einseitige Kommunikation: Besonders bei audio-visuellen M. wird der Zuhörer bzw. der Zuschauer in eine passive Rolle gedrängt. Wenn das Fernsehen als »elektrische Großmutter« bezeichnet wird, so hat diese »Großmutter« den großen Nachteil, daß sie auf Fragen nicht antworten und bei Angst nicht trösten kann.
Oft sitzen Kinder allein vor dem Fernseher und bekommen Eindrücke, die sie nicht verarbeiten können. Selten führen Eltern Gespräche mit ihnen; deshalb lernen sie nicht über das zu reden, was sie gesehen oder gehört haben und was sie beschäftigt. Die nicht verarbeiteten Eindrücke führen zu Unkonzentriertheit, Aggressivität und möglicherweise zu Gewalttaten. M.-Forscher sind sich zwar über die Folgen von viel M.-Konsum nicht einig, aber wer montagmorgens Schülerunterhaltungen zuhört, bekommt einen Eindruck von ihrem Video- und Fernsehkonsum am

Wochenende. Auf dem Schulhof imitieren besonders Grundschulkinder ihre Helden, denen sie am Wochenende via Bildschirm begegnet sind.
In der JS haben wir die Möglichkeit echte Kommunikation zu üben. Oft ist es wichtiger, miteinander zu spielen oder zu sprechen als ein M.-Programm abzuspulen.
Werte werden vermittelt: »Augen sind die Fenster zum Herzen«, das heißt, was ich durch meine Augen in mich aufnehme, kann ich fast nicht mehr vergessen.
Da die meisten Kinder viele verschiedene Filme anschauen, nehmen sie häufig Dinge auf, die sie dann für selbstverständlich halten: In manchen Kinderfilmen und in der Werbung werden Kinder gezeigt, die ihren Eltern sagen, was sie tun sollen. Erwachsene werden als nicht lebensfähig hingestellt und als Autoritätspersonen lächerlich gemacht. Bestimmte Worte werden durch M. salonfähig gemacht, die Folge davon ist die Verrohung der Sprache. Der Schritt von der sprachlichen zur körperlichen Gewalt ist nicht groß. Führen Worte nicht zum Ziel, schaffen es Schläge, Prügel und andere Gewalttaten. Lügen, Gewalt an Frauen und Mädchen, Seitensprünge, Intrigen, Zweideutigkeiten, Erpressung, Einzelkämpfertum, Alkoholkonsum etc. flimmern täglich mehrmals in die Wohnzimmer und setzen sich in den Köpfen und Herzen der Zuschauer fest. Das Verhalten der Menschen im Film wird als »normal« angesehen und in den eigenen Alltag übertragen.
Freundschaft, Zufriedenheit, Hilfsbereitschaft, Ehrlichkeit, Wahrheit, Treue, Zusammenhalten und Vertrauen werden in Video- und Fernsehproduktionen sowie in Computerspielen kaum angesprochen.
Gerade deshalb sind viele Geschichten aus dem NT für Kinder heute interessant, da in ihnen das angesprochen wird, was sie sich im tiefsten Innern wünschen: sie werden (von Gott) geliebt und ernst genommen; Jesus hält zu seinen Freunden, eine Freundschaft, die über den Tod hinausgeht.
Das Fernsehen muß, um interessant zu bleiben, Wünsche für bestimmte Produkte

Methoden
Das Grundproblem der M. in der Programmauswahl ist auch das Grundproblem der Didaktik.
Übersetzt: Die Didaktik ist die Lehre der M.-Anwendung und Umsetzung.
Grundproblem der Didaktik: M. (z. B. Medieneinsatz, Tafel, Film, Dias usw.), Inhalte und Ziele sind alle drei voneinander **gleich** abhängig.
Alle drei Bereiche müssen im Programm berücksichtigt werden.

Didaktisches Dreieck

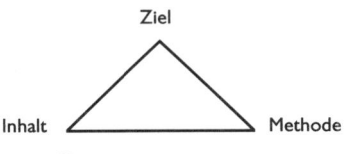

Ziel

Inhalt   Methode

Grundfragen:
Was will ich erreichen? → Ziel
Wie kann ich es erreichen? → Inhalte
Wie wende ich es an? → M.
Die M.-Auswahl setzt eine Bestandsaufnahme und Analyse voraus.
⇨ Programm

gk

wecken und dafür sorgen, daß diese Produkte auch gekauft werden können. Aus diesem Grund arbeiten das Fernsehen, die Werbung und die verschiedenen Industriezweige eng zusammen. Der einzelne Mensch erhält seinen Wert nur durch das Produkt, das er kaufen soll, ja oft kaufen muß, um dazuzugehören.
Themen wie Schwachheit, Krankheit, Behinderung oder Leid treten in den Hintergrund oder werden verdrängt.

Ausleihen von M.
M. können über verschiedene Stellen ausgeliehen werden: Stadt- oder Kreisbildstellen; Mediotheken der Dekanate oder der Bischöflichen Jugendämter; Landesmedienzentralen der Evangelischen Kirche; ERF-Verlag, Berliner Ring 62, 35576 Wetzlar, Tel. 0 64 41 / 50 50 (Videos,

Tonbilder, Kassetten); Bibellesebund e.V., Industriestr. 2, 51709 Marienheide Tel. 0 22 64 / 70 45 (Dias, Tonbilder, Folien); CFA-Filmdienst, Postfach 1220, 73765 Neuhausen, Tel. 0 71 58 / 17 71 56 (Filme, Videos).

ed

Methodisten

Dieses Wort war ursprünglich ein Spottname. In Oxford, England, wurden die Mitglieder eines frommen Studentenklubs M. genannt. Sie lebten ihr Christsein nach strengen Regeln: gemeinsames Beten, tägliche Andacht, Spenden für verarmte Menschen, Besuche in Gefängnissen. Die Leiter waren John Wesley (1703-1791) und sein Bruder Charles (1707-1788). Später wurden sie die Wegbereiter einer weltweiten Bewegung zur Erneuerung des Glaubens und der Kirche, die man Methodismus nennt. Neben der Betonung einer Bekehrung zu Gott und einem Leben in der bewußten Bindung an Jesus Christus blieben die verschiedenen methodistischen Kirchen der Diakonie und den sozialen Fragen in Staat und Gesellschaft besonders verpflichtet. In den USA wurde die Bewegung 1784 zur selbständigen Kirche und zu einer der größten im Land. In der Mitte des 19. Jahrhunderts wurde von England und Amerika aus in vielen Teilen der Welt missioniert. So kamen die M. auch nach Deutschland. Hier ist der Name seit einer Kirchenvereinigung im Jahre 1968 **Evangelisch-methodistische Kirche**. Bei den M. werden in der Regel Babys getauft; sie sind damit aber noch nicht Mitglieder. Man kann erst nach einer persönlichen Glaubensentscheidung Mitglied der Kirche werden. Der freiwilligen Mitgliedschaft entspricht die Finanzierung der Kirche auf freiwilliger Basis; man kennt keine Kirchensteuer; die Mitglieder und Freunde legen die Höhe der Beiträge und Spenden selbst fest.

⇨ Bibellesebund ⇨ EC ⇨ Gemeindejugendwerk ⇨ Freie evang. Gemeinden

ah

Mission

M. ist ein lateinisches Wort und bedeutet »Sendung«. Wir kennen es in ganz verschiedenen Verbindungen: Diplomatische M., Militärm., Handelsm. etc.
Bei einer Sendung ist die entscheidende Frage immer die nach dem Absender. Der Absender der christlichen M. ist der lebendige Gott. Der Erste, den er sandte, ist Jesus. Er sandte ihn mit dem Auftrag, zu suchen und zu retten, was verloren ist (Mt 18,11).
Der auferstandene Jesus bindet die M. seiner Jünger an seine eigene M.: »Wie mich der Vater gesandt hat, so sende ich euch« (Joh 20, 21).
Er sandte seine Jünger zuerst zu den Angehörigen des eigenen Volkes und der eigenen Kultur: Erst nach Jerusalem, Judäa und Samarien, dann bis an das Ende der Erde (Apg 1, 8).
Beides gehört zusammen: Die Sendung zum eigenen Volk und die Sendung in fremde Länder.
Ein wesentliches Merkmal der M. ist die Grenzüberschreitung. Während sich die herkömmliche Gemeindepredigt an Menschen mit der gleichen Orientierung wendet, haben M. und Evangelisation die Außenstehenden im Blick.
Dabei ist die Überschreitung von Volks- und Kulturgrenzen nur eine Seite von Gottes umfassender M. Die Überschreitung von sozialen, weltanschaulichen und gesellschaftlichen Grenzen in den säkularisierten Großstädten Europas ist die dazugehörige andere Seite.
Die Anknüpfungen sind unterschiedlich, aber sowohl Menschen in den Hochhäusern unserer Großstädte wie auch in entlegenen, wenig entwickelten Weltgegenden kennen die Grundprobleme von Leid, Angst, Schuld und Tod.
Gott will, daß allen Menschen geholfen wird, und er will die ganze Menschheit in Christus vereinen und die Vollzahl der Völker in sein Reich aufnehmen.
Die Begründung für die christliche M. ist also die Sendung Gottes. M. ist nicht einer

von vielen Aufträgen der Gemeinde. Die Gemeinde ist vielmehr das Ergebnis der M. Gottes, gleichzeitig ist sie die Beauftragte Gottes in seiner M.

Die missionarische Sendung in die Welt bekommt es mit den Problemen der Welt (Hunger, Krankheit, Ungerechtigkeit, Gewalt, Zerstörung der Schöpfung) zu tun. Sie reagiert auch darauf, etwa durch ärztliche M., durch den Bau von Krankenhäusern, Schulen oder Berufsausbildungszentren, durch Initiativen zur Durchsetzung der Menschenrechte, zur Bekämpfung des Prostitutionstourismus und vieles andere mehr.

Dennoch ist die Vielzahl menschlicher Probleme nicht der Grund, M. zu treiben. Ausgangspunkt der M. ist das Problem Gottes: Adam, wo bist du?

Der Schöpfer erträgt es nicht, daß das Geschöpf sich von ihm abwendet und sich dabei selbst verliert, sich um sich selbst dreht, sich in sich selbst verkümmert.

Die Grundüberzeugung der M. ist die, daß der Mensch und die Welt nicht herrenlos sich selbst preisgegeben sind, sondern daß Christus der Herr ist.

Deshalb gibt es ein grundlegendes Menschenrecht, diesen Herrn kennenzulernen. Es gibt ein Menschenrecht auf M.: Alle Menschen brauchen Gott, und Gott braucht alle Menschen: Er braucht zum Bau seines Reiches Menschen aller Völker, aller Zeitabschnitte und aller Kulturkreise.

Auch unser Volk wurde von der M. erreicht. Das geschah zwischen dem fünften und dem achten Jahrhundert durch Sendboten aus dem Mittelmeerraum und durch Mönche aus dem irisch-schottischen Bereich.

An der Schwelle vom 18. zum 19 Jahrhundert entstanden zuerst in der Folge der Erweckungsbewegung M.-Gesellschaften. Auch Boten aus Deutschland ließen sich im Gehorsam gegenüber dem Sendungsauftrag Jesu in ferne Länder senden.

Die M.-Gesellschaften waren — ähnlich wie auch Werke der Jugend- und Studentenarbeit oder der Inneren M. — organisiert als freie christliche Bürgerinitiativen, als den Kirchen der missionarische Auftrag weithin nicht bewußt war.

Die Boten der M.-Gesellschaften waren nicht nur Zeugen Jesu Christi. Sie waren auch Kinder ihrer Zeit:

Ihre Herkunft aus der Erweckungsbewegung brachte es mit sich, daß sie stärker am Ziel individueller Bekehrung orientiert waren, als daß sie einen Blick gehabt hätten für gesellschaftliche, kulturelle und politische Herausforderungen.

Ihre politische und kulturelle Sichtweise entsprach weitgehend dem, was auch sonst in ihren Herkunftsländern üblich war. Wir empfinden heute vieles davon als verhängnisvoll, was etwa den Zusammenhang von M. und Kolonialismus angeht oder was das Zusammenwirken von christlichem Sendungsbewußtsein und europäischem Überlegenheitsdenken betrifft.

Sie brachten das Evangelium nicht »pur«, sondern umkleidet von ihrer eigenen kulturellen Prägung. Mit einem Bild: Die Pflanze des Evangeliums steckte wie in einem Blumentopf in der Erde der europäischen Kultur. Um in einer anderen Kultur einwurzeln, »inkulturieren« zu können, muß dieser Blumentopf zerschlagen werden, muß das Evangelium mit dem Mutterboden der fremden Kultur in Berührung kommen.

Wir sollten das Denken und Handeln unserer Vorfahren nicht vorschnell mit heutigen Maßstäben messen und dann verurteilen. Wir sollten zunächst einmal versuchen, Menschen aus ihrer Zeit heraus zu verstehen, in dem Bewußtsein, daß auch wir nicht am Ende aller Tage leben.

Dennoch können wir sagen, daß das Wirken der Boten nicht fruchtlos geblieben ist: Aus ihrer Arbeit sind Gemeinden und selbständige Kirchen entstanden, die heute weitgehend in eigener Verantwortung den M.-Auftrag wahrnehmen. Christen in Afrika, Asien oder Lateinamerika können ihren Landsleuten das Evangelium oft viel besser und glaubwürdiger bezeugen, als etwa europäische oder nordamerikanische Missionare, die zunächst einmal die fremde Sprache lernen müssen. M. aus

dem Norden ist heute kaum anders denkbar als in der partnerschaftlichen Zusammenarbeit mit den Christen des Südens. In den meisten Weltgegenden ist es unverantwortlich, an den einheimischen Kirchen und ihren Organisationen vorbei eigene M.-Felder zu eröffnen. Im Gegenteil: Christen aus den Kirchen des Südens kommen zu uns, stellen kritische Fragen an uns, unseren Alltag, unsere Gesellschaft und unser Gemeindeleben. Sie können viel dazu beitragen, daß wir selbst den M.-Auftrag für die Menschen unserer Umgebung wieder erkennen. Wesentlich für diese Phase ist: Daß nicht nur Mitarbeiter vom Norden in den Süden entsandt werden, sondern daß etwa auch Mitarbeiter aus Afrika und Asien nach Deutschland kommen, um hier für einen längeren Zeitraum mitzuarbeiten. Aus dem Zeitalter einer ausschließlich vom Westen ausgehenden M., aus der Westm. sind wir jetzt in die Zeit der Weltm. eingetreten, in der nicht nur die Nord-Süd- und die Süd-Nord-Entsendung eine Rolle spielen, sondern auch der Süd-Süd-Austausch zwischen Ländern Afrikas und Asiens.
Die meisten M.-Werke entsenden Mitarbeiter nicht mehr für die Dauer ihres gesamten Berufslebens, sondern etwa für sechs bis acht Jahre. Die Missionare arbeiten in ihren Gastländern mit einheimischen Mitarbeitern zusammen und unter der Leitung einheimischer Vorgesetzter.

Neben Mitarbeitern im Verkündigungsdienst, etwa als Lehrer an Hochschulen und Bibelschulen, oder im medizinischen Dienst als Ärzte, Krankenschwestern oder -pfleger werden zunehmend Mitarbeiter in technischen Berufen gesucht, zumal einige Länder die Einreise von Theologen sehr erschweren.
Einige M.-Werke, z. B. die VEM (siehe unten) bieten auch die Möglichkeit von etwa einjährigen Kurzzeitprogrammen für junge Leute. (Siehe dazu das Buch von Cordula Schmid, Einmal hin und anders zurück, Aussaat-Verlag.)
Wer mehr wissen möchte, sollte M.-Tage oder M.-Konferenzen besuchen oder sich an ein M.-Werk wenden. Um selbst Veranstaltungen zum Thema M. durchzuführen, kann man bei einem M.-Werk auch einen Referenten erbitten.
Material kann man z. B. anfordern bei der Medienstelle der **Vereinigten Evangelischen Mission** (VEM), Postfach 20 19 63, 42219 Wuppertal, Tel. 02 02 / 89 0 04 125.
Auskunft gibt auch der CVJM-Gesamtverband, Referat Weltdienst, Postfach 410154, 34114 Kassel, Tel. 05 61 / 30 87.

⇨ Aktionen   ⇨ Kirche   ⇨ Weltdienst

hbo

Mitarbeiter

Grundsätzliches zum Thema
Niemand kann M. sein, weil er darin sein Hobby oder eine interessante Freizeitgestaltung sieht, eine Möglichkeit der Selbstbestätigung hat, die er woanders nicht bekommt oder einfach weil er Macht über Menschen ausüben möchte. M. kann nur der sein, der weiß, daß er als Christ nicht gehorsam leben kann, ohne für die Welt, angesichts des Missionsbefehls Jesu (Mt 28, 18-20), verantwortlich zu sein. Durch das gesamte NT zieht sich diese Linie, daß Christsein Berufung zur Mitarbeiterschaft ist. »Gleich wie mich mein Vater gesandt hat, so sende ich euch« (Joh 20, 21).

Wer ist M.?
Der CVJM-Gesamtverband in Deutschland e. V. hat auf diese Frage hin im Jahre 1978 eine »Empfehlung zum Thema M.« verabschiedet, die hierzu einige grundsätzliche Aussagen macht:

»Verantwortlicher Mitarbeiter ist, wer sich auf Ziel und Auftrag des CVJM, wie sie in der Pariser Basis gegeben sind, verpflichtet. Die Pariser Basis hat folgenden Wortlaut: ›Die Christlichen Vereine Junger Männer haben den Zweck, solche jungen Männer miteinander zu verbinden, welche Jesum Christum nach der Heiligen Schrift als ihren Gott und Heiland anerkennen, in ihrem Glauben und Leben seine Jünger sein und gemeinsam danach trachten wollen, das Reich ihres Meisters unter jungen Männern auszubreiten.‹ Die CVJM sind als eine Vereinigung junger Männer entstanden. Heute steht die Mitgliedschaft allen offen. Männer und Frauen, Jungen und Mädchen aus allen Rassen, Konfessionen und sozialen Schichten bilden die weltweite Gemeinschaft im CVJM. Die Pariser Basis gilt heute im CVJM-Gesamtverband in Deutschland e. V. für die Arbeit mit allen jungen Menschen.

Grundlage des Lebens eines M. ist die Heilige Schrift. Darum findet der M. im regelmäßigen Lesen der Bibel und im Gebet Orientierung und Hilfe.

Jeder M. braucht die Gemeinschaft eines M.-Kreises, in dem er seelsorgerliche Begleitung, Korrektur und Ergänzung für seinen Dienst erfährt. Deshalb ist es notwendig, daß auf örtlicher Ebene M.-Kreise bestehen, in die junge Christen als M. berufen werden.

Gott begabt und beauftragt jeden M. Es ist deshalb für den M. wichtig, darauf zu hören, welche Aufgaben Gott ihm gibt im persönlichen und gesellschaftlichen Leben, in Familie, Beruf, Schule und Freizeit. Die ihm von Gott geschenkten Gaben bringt der M. in den gemeinsamen Dienst des CVJM ein. Er weiß, daß sein ganzes Leben Gabe Gottes ist.

Der M. braucht für sein Leben und seinen Dienst im CVJM die biblische und fachliche Weiterbildung. Die erfährt er im M.-Kreis, in Bibelkursen und Seminaren.«

Gerade weil wir im CVJM zuerst M. Gottes sind, ist es wichtig, daß deutlich wird, worin der Grund des M.-Seins zu finden ist. Er liegt in Jesus Christus selbst. »In Christus ohne uns für uns alles vollbracht, was in Zeit und Ewigkeit für unser Heil nötig ist. Mitarbeiter sein heißt, aus der Befreiung heraus leben und dienen« (vgl. Eph 2,1-10).

Berufung in die Mitarbeit

Niemand ist aus sich heraus M., sondern die Gemeinde beruft in die Mitarbeit. M. beauftragen sich niemals selbst, sondern handeln immer im Auftrag der Gemeinde (Apg 6,3). Christen handeln nicht einfach »drauflos«, sondern sie haben zu fragen, ob die vorgestellte Aufgabe auch wirklich der Auftrag ist, den es zu erfüllen gilt. Nicht jeder kann und muß alles tun. Gerade für den M. in der JS gilt, daß er gemäß seinen Gaben eingesetzt sein muß. Berufung hilft auch bei der Klärung der Motive. Unklare Motive in der Mitarbeit führen unweigerlich zur Überforderung. Die Berufung in die Mitarbeit entlastet auch den einzelnen M., da er wissen kann, daß sein Dienst in einen größeren Zusammenhang gestellt ist und er bei der gestellten Aufgabe mit der Hilfe Gottes und der Hilfe der größeren Gemeinschaft rechnen darf. Gerade in Zeiten der Not kann dies eine hilfreiche und stützende Erfahrung sein. Wer in die Mitarbeit berufen wird, der kann seinen Auftrag auch nicht aus einer Stimmung heraus wieder niederlegen, sondern muß dies im Gespräch mit denen, die ihn berufen haben, besprechen.

Der ehrenamtliche M.

Der CVJM ist in entscheidender Weise ein Laienwerk, d. h. die Mehrheit der Arbeit wird von ehrenamtlichen M. getan. Neben Schule, Beruf, Familie und anderen Verpflichtungen tun diese ihren Dienst unentgeltlich in ihrer Freizeit. Gerade in den letzten Jahren hat sich das Erscheinungsbild von Jugend sehr verändert. Zum einen bedeutet dies, daß es immer schwerer wird, ehrenamtliche M. zu gewinnen und zum anderen, daß die Anforderungen an sie immer höher werden. Nehmen wir z. B. die steigende Zahl verhaltensauffälliger Kinder in den JS. Hier gilt es, in Zukunft besonders unser Augenmerk darauf zu

richten. Konkret muß dies in den Konzeptionen unserer M.-Schulungen Niederschlag finden.
Wenn JS-Arbeit auch in Zukunft hauptsächlich von ehrenamtlichen M. getan werden soll, dann müssen sie noch mehr Begleitung und Beratung durch erfahrene haupt- oder ehrenamtliche M. bekommen. Bei aller fachlicher Kompetenz, die JS-Leiter haben müssen, scheint es mir aber besonders vonnöten, daß sie »... treu erfunden sind« (1. Kor 4, 2) und nicht gleich bei Mißerfolgen und Enttäuschungen die Arbeit niederlegen, sondern erfahren, daß es auch in einer Zeit (auch M. sind ja Kinder der Zeit), in der der Erfolg eine so wichtige Rolle spielt, in der JS-Arbeit um mehr geht als nur um Erfolgserlebnisse.

Der hauptamtliche M.

Seine Aufgabe hat sich, gemäß den Herausforderungen der letzten Jahre, auch sehr verändert. Als ausgebildete hauptamtliche Kraft, mit der hoffentlich notwendigen theologischen, pädagogischen und organisatorischen Kompetenz, ist es hauptsächlich seine Aufgabe, für die Begleitung, Beratung und Entlastung der ehrenamtlichen M. da zu sein. Sein Hauptaugenmerk muß auf der Schulung der M., der Analyse des gesellschaftlichen Umfeldes und der geistlichen Herausforderungen der Gegenwart liegen. Wir müssen die gesellschaftliche Situation im Auge behalten, wenn wir in der JS-Arbeit »Fit for Kids« sein wollen. Neue Programme und Modelle, besonders im Bereich der Freizeiten, sollten von ihm entwickelt werden. Punktuell wird es sicherlich nötig sein, daß auch er in die praktische JS-Arbeit einsteigt. Seine große Chance und zugleich sein Handicap ist das vollzeitige Engagement, das ihm doch viel Spielraum zur Entwicklung neuer Ideen gibt. Wichtig ist in jedem Fall, daß Ehren- und Hauptamtliche sich partnerschaftlich ergänzen. Der hauptamtliche M. benötigt den ehrenamtlichen M. genauso wie umgekehrt der Ehrenamtliche den Hauptamtlichen braucht.

Der M. in der JS

... erlebt das Evangelium als gute Nachricht für sich: Nur der M. kann den Kindern in der JS etwas von der Liebe Gottes zu den Kindern weitersagen, der das Evangelium in seinem Leben als die gute Nachricht erfahren hat. Deshalb können eigentlich nur solche jungen Leute M. werden, die dies in ihrem Leben erfahren haben. Hier geht es aber nicht um den vollkommenen Glauben, sondern um die Gewißheit, daß ein M. Schritte im Glauben geht, d. h. er Christ ist (1. Thess 1, 9). Erst dann, wenn der M. überzeugt ist, kann er auch überzeugend auf andere wirken. Gerade Kinder nehmen sehr genau wahr, ob sich Glauben und Leben beim M. auch decken. Auch hier gilt es, daß nichts ins Schaufenster gestellt wird, was es hinter dem Ladentisch nicht auch zu kaufen gibt (2. Kor 4, 5). M. müssen in jedem Fall identisch sein mit dem, was sie verkünden. Natürlich ist dies auch, wie alles im Glauben, einem Wachstum unterstellt. Hier ist zum Beispiel ein Ansatzpunkt dafür, warum M. in der JS nicht zu jung sein sollten. Gerade erfahrene M. können ganz anders glaubwürdig sein als die Teenager.

... erfüllt seine Aufgabe in Treue: Nichts ist für eine JS schädlicher, als ein ständiger Wechsel bei den M. Wenn laufend neue Bezugspersonen auftauchen, dann wissen die Kinder sehr schnell nicht mehr, an wen sie sich nun eigentlich wenden können. Es gibt heute viele Gründe, warum ein M. seinen »Dienst« quittiert. Allzuoft muß die mangelnde Zeit als Ausrede herhalten oder die so schwierigen Kinder, die das Programm, das man ausgearbeitet hat, nicht mehr annehmen. In der JS-Arbeit ist heute der Erfolg nicht mehr so schnell zu sehen wie früher. Bis sich das Programm oder die Rituale in der JS gefestigt haben, können Monate vergehen. Hier gilt es dann, nicht gleich die »Flinte ins Korn« zu werfen, sondern daran zu denken, daß Jesus von seinen Leuten in erster Linie Treue fordert (Lk 16,10). Ein wesentliches Element der Treue ist die Regelmäßigkeit. Auch dann die JS verantwortungsbewußt durchführen, wenn einem eigentlich gar nicht danach ist, wenn einem widrige Umstände die Freude nehmen wollen. Nicht selten kann man dann die Erfahrung machen, daß eine JS-Stunde einen wieder zur Freude führen kann.

... nimmt seine Vorbildfunktion wahr: Vorbild sein — eine ungeliebte Funktion. Wer ist schon gerne Vorbild? Wohl nur wenige denken von sich so hoch, daß sie für andere von vornherein Vorbild sein wollen. Auch so mancher M. lehnt dies ab und setzt auch alles daran, daß er nicht als Vorbild erscheint. So mancher hält Vorbildsein für eine elitäre Anschauung.
Wer sich jedoch ein wenig in der Pädagogik auskennt, der weiß, daß das Lernen am Modell inzwischen ein wichtiger Bestandteil der Erziehung geworden ist. Auch wenn M. sich streuben, Vorbild zu sein, so werden sie doch nicht verhindern, daß die JS-Kinder vieles von dem, was der M. sagt und tut, für sich als Orientierung nehmen, es einfach nachmachen. Dies gilt dann sowohl für die guten Eigenschaften des M. als auch für die schlechten. Deshalb gilt es, diese beschriebene Tatsache zu akzeptieren und sie im positiven Sinne nutzbar zu machen. Das ist dann der erzieherische Auftrag, den ein M. wahrzunehmen hat. Hier ist die Verantwortung vor Gott und den Eltern der Kinder, aber auch für die Kinder selbst besonders hervorzuheben und muß dem M. deutlich sein.

... ist teamfähig und konfliktfähig: Meistens geschieht JS-Arbeit wohl im Team. Mindestens zwei M. leiten eine Gruppe. In gemischten (Jungen und Mädchen) JS-Gruppen ist dies sogar erforderlich. Im Team zu arbeiten, kann eine Erleichterung, aber auch eine Belastung sein. Erleichterung deshalb, weil eine Aufgabenverteilung möglich ist, nicht jeder alles machen muß, eine Ergänzung der Begabungen stattfindet, mehr Bezugspersonen für die Kinder da sind. Wenn ein M. einmal fehlen muß, dann kann der andere ihn vertreten. Zur Belastung kann es werden, da regelmäßige Teambesprechungen stattfinden müssen, unterschiedliche Meinungen zu grundsätzlichen Fragen auftauchen können, Absprachen nicht eingehalten werden u. v. a. M. müssen bei der Teamarbeit lernen. Vor dem Start müssen eindeutige Absprachen getroffen werden, damit die Bedingungen klar sind, unter denen gearbeitet wird. Im Team muß Offenheit herrschen.
Unweigerlich werden aber auch Konflikte auftreten, denn das ist normal, wenn Menschen miteinander arbeiten. Nicht die Konflikte sind das Problem, sondern die Art und Weise, wie damit umgegangen wird. M. sprechen ihre Konflikte offen und in Ruhe an, ohne gleich Schuldzuweisungen vorzunehmen. Ist der Konflikt benannt, kann er auch gemeinsam bewältigt werden. M. in einem Team haben die große Chance, gemeinsam Konfliktfähigkeit zu lernen.

... bemüht sich um Kreativität und Phantasie: Gerade in der JS-Arbeit muß der Satz gelten: »Nur die Phantasie setzt uns Grenzen.« In einer Zeit, in der Kinder ihre eigene Phantasie nicht mehr ausleben können oder nur noch solche Phantasien haben, die von den Bildern des Fernsehens beherrscht sind, ist es nötig, ein kreatives und phantasievolles Programm anzubieten. Kreativität bedeutet, den Kindern Möglichkeiten des Mitmachens, Mitgestaltens und Mitentdeckens anzubieten. Hier ist an Programm alles erlaubt, was die JS-Stunde zu einem echten Erlebnis werden läßt.

... sieht die Kinder aus dem Blickwinkel Jesu: »Lasset die Kinder zu mir kommen« (Mt 19,14). Dieser Ausspruch Jesu zeigt an, welche besondere Wertschätzung er den Kindern zukommen läßt. M. in der JS nehmen sich Jesus als Beispiel und versuchen, die Kinder mit den Augen Jesu zu sehen, d. h. sie mit der Liebe anzunehmen, wie Jesus sie angenommen hat. Wenn dies so geschieht, dann hüten wir uns vor vorschnellen Urteilen, versuchen, dem einzelnen Kind gerecht zu werden, sehen das Umfeld, in dem es lebt und haben einen Blick für seine Schwächen und Stärken. Am besten ist dieses im »Hohelied der Liebe« (1. Kor 13, 4 ff) beschrieben. Die Liebe »erträgt alles, sie glaubt alles, sie hofft alles, sie erduldet alles«. M., die das leben, sehen die Kinder aus dem Blickwinkel Jesu.

Mitarbeiter können aus der Verheißung leben
Bei allem, was wir über das M.-Sein wissen müssen und was es zu bedenken gilt, scheint mir eines besonders wichtig zu sein, nämlich daß M. wissen dürfen, daß ihr Dienst unter der Verheißung Gottes steht, der zugesagt hat, daß er bei seinen Leuten bis ans Ende aller Tage ist (Mt 28, 20) und ihnen immer wieder neu Kraft gibt, auch wenn es nicht so läuft, wie sie es oft gerne hätten (Jes 40, 31).

⇨ Mitarbeiterschulung

bh

Mitarbeiterschulung

Der Mitarbeiter braucht für sein Leben und seinen Dienst im CVJM die biblische und fachliche Weiterbildung. Diese erfährt er bei regelmäßigen M. In der M. lernt es der Jungscharleiter, seine eigene Praxis in der JS zu reflektieren. Ist mein Leiterverhalten den Kindern gegenüber angemessen? Sind die Programmpunkte kindgemäß? Kenne ich die richtigen Arbeitshilfen? Gelingt es, den Kindern die gute Nachricht von Jesus Christus weiterzusagen? Wie ist meine Motivation zur Mitarbeit in der JS? Kann mein Glaube in der JS-Mitarbeit wachsen? Dies sind nur wenige Fragen, die in der M. vorkommen sollten. Wichtig ist aber immer auch, daß die Praxis theoretisch reflektiert wird. Dem Austausch der Erfahrungen der Mitarbeiter muß ebenso ein großer Stellenwert zukommen. Hier sind sowohl pädagogische als auch theologische Fragen anzusprechen. Alle Konzepte der M. müssen sich daran messen lassen, ob sie den Jungscharleiter für die Praxis befähigen. Folgende Ziele einer M. sind zu nennen:
- Mitarbeiter wissen um das Profil der Jungschararbeit im CVJM.
- Zur Verkündigung befähigen.
- Partner und Autorität für die Kinder werden.
- Räume des Vertrauens für Kinder schaffen.
- Interessen der Kinder vertreten.
- Praktische Fertigkeiten zur Programmgestaltung lernen.
- Juristische Auflagen kennen.

Wichtig ist die Regelmäßigkeit der M. JS-Leiter sollten die Möglichkeit haben, mindestens einmal im Jahr an einer M. teilzunehmen. Hier spielt es keine Rolle, ob diese regional oder überregional angeboten werden.

bh

Mitglied

Der CVJM als Mitgliederbewegung
Weil sich der CVJM juristisch als Verein darstellt, ist er als eine Mitgliederbewegung zu verstehen. Es gibt M., die diesem Verein angehören, Beiträge zahlen, den Verein aktiv oder passiv unterstützen. Die rechtliche Form des Vereins hat sich für die CVJM-Arbeit durchaus bewährt. Sie beinhaltet Selbständigkeit und ermöglicht ein hohes Maß an demokratischen Spielregeln. M. (über 16 Jahre) haben die Möglichkeit, das Vereinsgeschehen verantwortlich mitzubestimmen und in demokratische Strukturen hineinzuwachsen. Die Mitgliedschaft ist somit ein wesentliches Merkmal der CVJM-Bewegung.

**M. werden im CVJM –
Warum eigentlich nicht?!**
Mitgliedschaft kostet Geld. (Stimmt!)
Als Mitarbeiter ist mir vielleicht zunächst

anderes wichtiger: ein interessantes, spannendes Programm; eine tolle Gruppe zu haben / aufzubauen; Jungscharlern die gute Nachricht von Jesus weiterzusagen ... (Akzeptiert!). Die Gruppenbesucher zum regelmäßigen Kommen zu motivieren; also Verbindlichkeit einzuüben. (Stop!) Könnte Mitgliedschaft im CVJM damit nicht auch etwas zu tun haben? Zur eigenen Klärung zunächst einmal die Frage an mich selbst als JS-Mitarbeiter: Was bedeutet mir die Mitgliedschaft in meinem CVJM? Ohne die kritischen Gedanken über meinen Verein zu unterdrücken, meine ich: Nur wer die Mitgliedschaft im CVJM wirklich für wichtig hält, kann überzeugend und fröhlich dazu einladen. Dazu einige inhaltliche Aspekte (leider ist es an dieser Stelle nicht möglich, geistliche und pädagogische Hintergründe vertiefend aufzugreifen): Ich gehöre dazu! (Identifikation) Wir gehören zusammen! (Integration) Das ist mir wichtig! (Verbindlichkeit)

Ich gehöre dazu!
Sicherlich fühlen sich Jungscharler in der Regel zunächst ihrer Gruppe zugehörig. Häufig werden sie aber nicht unterscheiden. JS-Gruppe ist für sie der CVJM. »Ich komme gern zum CVJM, weil die Mitarbeiter so nett sind. Manchmal gehen mir die Jungen auf die Nerven, aber ich kann euch die JS-Gruppe ›Die wilden Hummeln‹ sehr, sehr empfehlen«, schreibt Annika (11 Jahre) auf die Frage, warum sie zum CVJM geht und auch als M. dazugehört. Für sie ist z. B. der JS-Ausweis ganz wichtig, um dies zu verdeutlichen: Ich gehöre dazu!

Wir gehören zusammen!
Jungscharler erleben in ihrem Alltag — genauso wie Erwachsene — unterschiedliche Gruppierungen: Mädchen und Jungen; ausländische und deutsche Mitschüler; jüngere und ältere Menschen; Mitschüler, die verschiedenen Konfessionen angehören... Der CVJM hat in dieser Alltagswelt — auf der Grundlage der »Pariser Basis« — eine riesige Chance. Er stellt einen erheblichen Integrationsfaktor dar. Der CVJM bietet einen Ort der Begegnung, der Freizeitgestaltung, der Auseinandersetzung in gegenseitiger Achtung und Toleranz. Jeder ist also zur Mitgliedschaft im CVJM eingeladen.

Das ist mir wichtig
Mitgliedschaft im CVJM ist freiwillig. Mitarbeiter können »nur« einladen und Überzeugungsarbeit leisten. Aber eine bewußt eingegangene Mitgliedschaft unterstützt einen verbindlichen Gruppenbesuch. Die Eltern sind dann durch die Mitgliedschaft nicht nur über den Gruppenbesuch ihrer Kinder informiert, sondern als Erziehungsberechtigte auch in die Verantwortung genommen.
»CVJM finde ich manchmal blöd, weil wir nicht immer machen dürfen, was wir wollen. Aber trotzdem komme ich jede Woche wieder« (Dominik, 9 Jahre). Die JS-Gruppe ist Dominik wichtig! Er ist regelmäßig da. Dafür sind seine Eltern auch bereit (und finden es o. k.), den monatlichen Mitgliedsbeitrag zu zahlen.

Ein paar praktische Tips
Im JS-Alter werden es meistens die Eltern sein, die wir als Mitarbeiter auf die Mitgliedschaft hin ansprechen. Das heißt, als Mitarbeiter muß ich über meinen CVJM genügend informiert sein, muß Auskunft geben können.
Was machen wir in unserem CVJM? Warum mache/n ich/wir diese Arbeit? Warum ist uns die Mitgliedschaft wichtig? Bei der M.-Werbung sind der Phantasie kaum Grenzen gesetzt: ein guter Grund, Elternbesuche durchzuführen; eine Werbeaktion zu starten; gezielt (ansprechende) Rundbriefe zu versenden ...
Neue M. sollten auf jeden Fall angemessen begrüßt werden: in der Gruppenstunde; mit einem Begrüßungsschreiben (dem der CVJM-Ausweis, evtl. ein CVJM Aufkleber etc., beiliegt); im Monatsprogramm... Vor einiger Zeit schrieb mir die bereits zitierte Annika einen Kurzbrief: »Hallo! Ich finde alles doof — außer CVJM! Deine Annika.« *es*

Monatsprogramm

Ein M. ist ein im voraus aufgestellter Plan für die JS-Stunden des nächsten Monats. Es empfiehlt sich, je nach Jahreszeit ein Monatsthema (zumindest in den Andachten/Bibelarbeiten) zu formulieren. Fortlaufende Texte bei Andachten über ein paar Wochen zeigen den Kindern Zusammenhänge auf und vermeiden Einseitigkeit (Vorschläge für das Einbeziehen der ganzen Bibel stehen jährlich im »Werkbuch Jungschararbeit«).
Bei einem M. sollte auf Abwechslung geachtet werden. Am besten schreibt man sich die Spiele und Lieder auf (z. B. in einem Gruppenbuch) und bereitet für die nächste Woche andere vor.
Wichtig ist, daß die Mitarbeiter je nach Alter und Begabung reihum mit den verschiedensten Aufgaben betraut werden. Beim gemeinsam aufgestellten M. sollten neben der Einteilung von Andachten und Spielen auch die evtl. Materialbesorgungen und die Finanzen mitbedacht werden (vgl. Checkliste).
Vor Aufstellen eines neuen M. sollten die JS-Stunden des vergangenen Monats reflektiert werden. Z. B.: Welcher Programmpunkt, welches Spiel kam gut an? Was war langweilig? Was braucht die Gruppe in der derzeitigen Phase an Programm?
Ein gut gestaltetes und kopiertes M. ist zudem ein guter Werbeträger für Kinder und Eltern und sollte auch im Schaukasten des CVJM hängen.

⇨ Checkliste Monatsprogramm   ⇨ Planung

gs

Morsen

Das »Morse-Alphabet« wurde von S. Morse (1791-1872) erfunden und ist bis heute gebräuchlich. Es ist eine aus Punkten und Strichen zusammengesetzte Zeichenschrift zum Telegraphieren. Optisch oder akustisch umgesetzt werden Punkte in **kurze** Signale, Striche in **lange** Signale (Töne, Lichtzeichen o. ä.).

Vor der Erfindung des Telefons wurden durch Morseapparate Nachrichten per Leitung übertragen. Später waren Morse-Nachrichten vor allem im Kurzwellenfunk üblich, da zum M. technisch relativ einfache Geräte und niedrige Sendeleistungen ausreichen. Heute hat die Nachrichtenübertragung durch Morsezeichen nur noch untergeordnete Bedeutung.
Interessante Möglichkeiten bieten Morseapparate aber in der Gruppen- und Freizeitarbeit. Mit Hilfe eines einfachen Summers, einer Batterie und eines Tastschalters läßt sich ein einfaches Morsegerät bauen. Verlängert man die Zuleitung zum Summer durch isolierte Leitungen zum Nebenraum, -gebäude oder -zelt, so läßt sich eine richtige Morsestation aufbauen.

Morseschrift

```
a · –         k – · –       u · · –
b – · · ·     l · – · ·     v · · · –
c – · – ·     m – –         w · – –
d – · ·       n – ·         x – · · –
e ·           o – – –       y – · – –
f · · – ·     p · – – ·     z – – · ·
g – – ·       q – – · –
h · · · ·     r · – ·       ä · – · –
i · ·         s · · ·       ö – – – ·
j · – – –     t –           ü · · – –

1 · – – – –   Bindestrich   – · · · –
2 · · – – –   Komma         – – · · – –
3 · · · – –   Fragezeichen  · · – – · ·
4 · · · · –   Punkt         · – · – · –
5 · · · · ·   Bruchstrich   – · · – ·
6 – · · · ·   Trennung zwischen
7 – – · · ·   ganzer Zahl und Bruch· – · · –
8 – – – · ·   Beginn der Sendung (ka) – · – · –
9 – – – – ·   Ende der Sendung (ar) · – · – ·
0 – – – – –   Verkehrsende (sk) · · · – · –
              Irrung · · · · · · · ·
              Bitte warten · – · · ·
              Verstanden (r) · – ·
```

⇨ Medien

jba

Motivation

Das Wort M. kommt aus dem Lateinischen. Es beschreibt »die Beweggründe, die das Handeln eines Menschen bestimmen«. Die Beweggründe eines Mitarbeiters, JS-Leiter sein zu wollen, müssen vorher geklärt sein. Hier sind folgende Fragen zu stellen: Warum will der Mitarbeiter JS-Leiter werden? Was sind die Ziele seines Handelns? Welcher Beweggrund steckt dahinter? In einem Gespräch sollten die Motive eines Mitarbeiters vor Beginn seiner Tätigkeit geklärt werden. Die Unklarheit der Motive hat schon oft zur Überforderung geführt. Niemand ist aus sich heraus JS-Leiter, sondern die Gemeinde/der Vorstand beruft in die Mitarbeit. Deshalb ist M.-Klärung unbedingt nötig. Mitarbeiter im CVJM sind zuerst Mitarbeiter Gottes und darum muß deutlich werden, worin das Motiv der Mitarbeit liegt. Nach dem Verständnis der Bibel liegt es in Jesus Christus selbst, »der ohne uns für uns alles vollbracht hat, was in Zeit und Ewigkeit für unser Heil nötig ist«. Dies sollte in regelmäßigen Gesprächen miteinander erörtert werden, wobei die geistliche M. nicht als Meßlatte angelegt werden kann. So wie der Glaube eines jeden einzelnen wächst, so tut dies dann auch die M.

Dazu kann natürlich eine Vielfalt von M. treten, wie z. B. Begabung im Umgang mit Kindern, Freude anderen zu helfen, sinnvolle Freizeitgestaltung, Spaß an der Leitung einer Gruppe, Bereitschaft, für andere da zu sein, pädagogische Ziele verfolgen u. v. a.

Die Beweggründe für das Handeln zu betrachten, sollte eigentlich in regelmäßigen Abständen geschehen, um sich immer wieder neu darüber klar zu werden.

⇨ Mitarbeiter *bh*

Mütter

M. haben einen wichtigen Platz im Leben eines Kindes. Wenn wir in der JS zusammen spielen, toben oder basteln, ist uns das nicht immer klar.

Väter sind beruflich leider viel außer Haus, für Kinder nicht erreichbar.

Beten, biblische Geschichten, im Alltag miteinander zurechtzukommen lernen Kinder meist von ihren M. (oder auch

Mundfunk

M. bezeichnet eine Informationsquelle, über die jeder Mensch verfügt, und die es gezielt einzusetzen gilt. Handzettel, Plakate, Broschüren usw. sind Möglichkeiten zur Information von größeren und kleineren Personengruppen. Von Offenheit, fairen Umgangsformen, Hilfsbereitschaft und besonderen Angeboten wird in der Regel mündlich weitererzählt. Gruppen und Kreise, in denen eine ausgezeichnete Faszination und Stimmung herrscht, brauchen keine Werbung, da es sich von Mund zu Mund weiterspricht, was los ist und wo man einfach hingeht, um dabei zu sein. M. meint genau diese ganz persönlich weitergegebene Mitteilung über ein besonderes Angebot, über ein ansprechendes Gruppenmilieu, kurz über die Faszination von Jugendarbeit schlechthin. Wenn alle Kinder einer JS und alle Mitarbeiter in ihrem Umfeld den M. einschalten, ist positive Wirkung garantiert.

⇨ Werbung *rw*

nicht!). Deshalb kann es für uns als Gruppenleiter sehr aufschlußreich sein, M. und Väter der Jungscharler kennenzulernen. Manchmal erfahren wir dabei auch wunderbare Unterstützung, wenn wir merken, daß die Eltern voll hinter der JS stehen, für uns beten und ihre Kinder gern schicken. Wir können JS-Arbeit nicht im luftleeren Raum machen, sondern gehören zu einer christlichen Gemeinde. Diese Verbindung wird oft durch die M. hergestellt.

Je mehr M. (und Väter) auf diese Weise um uns wissen, desto mehr können wir auch »außenstehende« Kinder einladen, die von den Eltern keine Unterstützung haben. M. sind auch unschätzbare Hilfen beim Vorbereiten von Festen (Kuchen backen, Salate machen ...), für Chauffeurdienste, als Aushilfsmitarbeiterinnen bei Ausflügen oder beim Basteln.

M. der Jungscharler können oft gut zuhören. Manche waren vielleicht selbst schon als Mitarbeiterinnen aktiv.
Sicher würde eine auch uns als Gruppenleiter mal zuhören, wenn wir gerade nicht weiter wissen oder einen Rat brauchen.

⇨ Eltern *ep*

Musik

M. – das ist die »Tonkunst«. Gemeint ist damit Instrumental- und Vokalm., Volks- und Kunst-M. usw. Es gibt viele verschiedene M.-Richtungen: Klassik, Jazz, Volksm., Popm. und innerhalb dieser »Gruppen« wiederum Unterteilungen oder Stilrichtungen.
M. ist für die heutige Gesellschaft ein wichtiger Teil des Lebens geworden – wenn auch überwiegend als passiver Konsum und nicht in aktiver Form.

⇨ Singen und Musizieren *go*

Muttersöhnchen/-töchterchen

So werden manchmal Kinder bezeichnet, die eine altersgemäß ungewöhnliche Beziehung zu anderen Gruppenmitgliedern haben. Sei es, daß sie besonders zurückhaltend, ablehnend, wehleidig oder ängstlich sind.
Die Gruppenleiter dürfen sich aber bei der Beurteilung nicht zu sehr auf andere Kinder verlassen. Manchmal werden etwas ruhigere Kinder auch mehr oder weniger unfreiwillig in solch eine Rolle gedrängt.

Musikinstrument

Man unterscheidet bei M. zwischen Holzblas-, Blechblas-, Zupf-, Streich-, Tasten-, Schlag- und Rhythmus- sowie elektrischen Instrumenten.
Für die JS-Arbeit hat sich das Zupfinstrument »Gitarre« als Begleitung des Gesangs bewährt. Aber auch fast jedes andere Instrument kann verwendet werden, um ein z. B. unbekanntes Lied vorzuspielen bzw. zu begleiten – wenn der »Musikant« sein Spiel nicht in den Mittelpunkt stellt. Schlag- und Rhythmusinstrumente können sowohl selbst gebastelt, als auch immer wieder aktiv zum Gesang begleitend eingesetzt werden.

⇨ Basteln ⇨ Singen und Musizieren *go*

Dann genügt es, solche Kinder etwas zu fördern, ihnen Erfolgserlebnisse zu verschaffen, damit sie sicherer werden. Weitere Maßnahmen wären (etwa in dieser Reihenfolge anwenden!): Gruppe oder Einzelne genau beobachten; für das Mädchen oder den Jungen beten) das gehört sowieso zu den wichtigsten Aufgaben der Gruppenleiter); ein Einzelgespräch suchen; Hausbesuch bei den Eltern; Gruppengespräch.
Falls die **Eltern** des betreffenden Kindes sehr ängstlich sind und es nicht genügend »loslassen« können, wäre es besonders wichtig, daß die Gruppenleiter das Vertrauen der Eltern gewinnen. Diese merken dann, daß ihr Kind gut betreut ist, und es kann sich Schritt für Schritt von ihnen lösen.
Bei Jesus finden wir verschiedene Beispiele, wie er sich immer um den **ganzen** Menschen kümmert. So ist es auch für Gruppenleiter wichtig, die Jungscharler nicht nur anzupredigen oder zu beschäftigen, sondern ihnen zu helfen, mit sich und den anderen zurechtzukommen.
Genau weil Jesus Christus das auch wichtig ist, hat das Gebet für solche Kinder eine große Verheißung.

⇨ Eltern *ep*

N

Nachfolge

Das Wort N. kommt im NT nur als Tätigkeitswort und nur in Beziehung zu Jesus vor: N. ist praktisches Tun in der Bindung an Jesus. Ursprünglich war es das buchstäbliche Hinterhergehen der Schüler hinter ihrem Meister.
Im jüdischen Rabbinat suchte sich der Schüler seinen Lehrer und bewarb sich um Aufnahme in das Lehrer-Schüler Verhältnis. Dabei konnte es durchaus sein, daß aufgrund fehlender Qualifikation des Schülers der Lehrer das Begehren der N. ablehnte. Ganz anders bei Jesus. Sein Ruf in die N. geht jeder Initiative des Menschen voraus (Joh 1, 39.43; 15,16).
Zur N. Jesu Christi kann man nur berufen werden. Weil Gott alle Menschen unter seine Herrschaft ruft, beruft Jesus Menschen aus allen gesellschaftlichen Schichten und Kreisen in seine die N. D. h. N. Jesu Christi ist gleichzeitig N.-Gemeinschaft aller Christen weltweit. Wenn es im Missionsbefehl (Mt 28,19) heißt: »Machet zu Jüngern alle Völker«, so werden hier zwei Begriffe als synonym gesehen: N. und Jüngerschaft. Wer nachfolgt, wer ein Jünger Jesu Christi wird und ihn als einzige Autorität anerkennt, der bleibt es dann auch ein Leben lang. Eine Loslösung wie im Rabbinat, durch die der Schüler eines Tages selbst Lehrer wurde, gibt es bei Jesus nicht (Mt 23, 8-10; Joh 13,13). N. heißt also das bewußte Jüngerschaft, in Lern- und Lebensgemeinschaft mit Jesus Christus. Die Aktion, der Anspruch Jesu an den Menschen ruft zur Reaktion des Menschen heraus. N. vollzieht sich dann in allen Bereichen des Menschseins. Wer in die N. eintreten möchte, hat sich dessen bewußt zu sein. Wer Jesus nachfolgt, hat mit unerwünschtem Leiden zu rechnen, mit Konflikten und Ungeborgenheit und auch damit, daß er Wege geführt wird, die bedrohlich für ihn werden. Solches hat der Nachfolger als sein Kreuz auf sich zu nehmen. Die Kosten der N. sind hoch (Mk 1,16; 2,14; 10,21). Aber N. heißt auch jetzt schon aus der Verheißung Jesu zu

Nacht

In der Praxis der Jugendarbeit ist der Begriff N. mehr als nur eine Tageszeit. Er steht für eine besondere seelische Situation. In der N. können Ängste, aber auch der Abenteuertrieb ausgelöst werden. Deshalb ist der Bereich der Aktivitäten bei N. von besonderem pädagogischem Interesse. Gezielte N.-Programme müssen besonders sorgfältig ausgedacht, reflektiert und geplant werden. Kinder haben nachts eher Ängste, während Jugendliche überwiegend voller abenteuerlicher Neugier in die nächtliche Dunkelheit gehen. Beide Altersgruppen sind nachts unterschiedlich gefährdet.
Die Sorgfalt der Leiter und Erzieher muß die einen vor inneren Blockaden und traumatischen Folgen, die anderen vor ihrem euphorischen Leichtsinn bewahren. Aber darin liegen auch die Chancen im Lernbereich. Kinder können lernen, Ängste richtig zu gestalten oder zu überwinden und Jugendliche können an verantwortungsbewußtes Verhalten herangeführt werden.
Die Praxis der Jugendarbeit hat gezeigt, daß sorgfältig gestaltete N.-Programme immer auch eine nachhaltige Wirkung bei den Betroffenen hinterlassen haben. Den Erfolg dieser Programme sollte man weniger an den gelungenen organisatorischen Vorgaben oder gefühlsansprechenden Einlagen messen, sondern an dem Zugewinn von Selbstvertrauen bei den anvertrauten Personen.

⇨ Erziehung   ⇨ Programm

ws

leben, daß wir Teilhaber an seiner Herrschaft sind (Lk 22, 28-30).

⇨ Glaube

kn

Nachtgeländespiel

Nachts allein oder in einer kleinen Gruppe im Wald unterwegs – das ist schon eine spannende Sache. Ein Geländespiel bei Nacht hat seinen besonderen Reiz und bedarf einer speziellen Vorbereitung und sorgfältigen Beachtung einiger Punkte in Bezug auf die Sicherheit der Teilnehmer. Gerade weil es dunkel ist, d. h. die Sicht stark beeinträchtigt ist, muß das Gelände frei von Gefahren und Stolperfallen (steil abfallende Schluchten, Krater, größere Erdlöcher, Stacheldrahtzäune, Bäche, Teiche etc.) sein, die man bei Tageslicht ohne weiteres erkennen kann. Zuerst muß man sich beim zuständigen Förster für das betroffene Gebiet eine Genehmigung holen. Das ist nicht um der Genehmigung willen wichtig, sondern man erfährt auch, ob in dieser Zeit irgendwelche Jagden vorgesehen sind. Daß man zur Spielvorbereitung nicht in gesperrte Waldstücke mit dem Auto fährt, versteht sich. Für Nachtaktionen sollte man auch von Dickungen und dichtem Unterholz Abstand halten, da sich dort häufig die Schlafplätze der Tiere befinden. Von einer Aus- bzw. Beleuchtung des Waldes sollte man absehen (auf gar keinen Fall mit offenem Licht oder Feuer durch den Wald gehen!). Ab 22.00 Uhr gilt im Wald eigentlich Nachtruhe; diesen Umstand sollte man in das Spiel einbauen (absolute Ruhe, schleichen, unentdeckt agieren). Das Hantieren mit Fahrtenmessern im Laufe des Spiels sollte auch unterbleiben. Am besten läßt man Messer u. ä. gleich im Zelt oder Freizeitheim. Die Spielidee sollte möglichst spannend und phantasievoll dargestellt werden – es soll deutlich werden, warum man das Spiel gerade im Dunkeln durchführt. Deshalb kein Spiel spielen, für das Licht gebraucht wird (z. B. langwierige Schreibspiele oder Lösen von schriftlich gestellten Quizfragen etc.).

Nachtwanderung

Ein besonderes Bonbon im Ablauf des JS-Programmes ist die N. Diese Veranstaltung kann ein Höhepunkt einer Freizeit oder eines Zeltlagers sein. Es gibt einige Möglichkeiten, sie spannend und einprägsam zu gestalten. Bevor es losgehen kann, sollte man sich über die Absicht im klaren sein, die man verfolgen will. Soll es eine nächtliche Erkundung des Waldes sein, so ist es ratsam, einen Förster mitzunehmen, der sicherlich einiges Informative über den nächtlichen Wald und seine Tiere weitergeben kann. Die N. kann auch den Sinn haben, zu einem Grillplatz zu gelangen, um dort an einem Lagerfeuer eine Geschichte zu erzählen oder eine Mutprobe abzuhalten. Ich denke, bei allen Aktionen im Wald sollte der erlebnispädagogische- und Umweltaspekt ebenso im Mittelpunkt stehen wie die Freude an dieser Veranstaltung.
Das bedeutet, daß man den Teilnehmern deutlich macht, daß bei der Wanderung übermäßiger Lärm (Walkmen, Radio etc. bleiben zu Hause) zu vermeiden ist; ebenso soll kein Müll im Wald hinterlassen werden. Beim Wandern verlassen wir auch die vorgegebenen Wege nicht. Gerade in der Nähe eines Freizeitheimes finden solche Wanderungen häufiger statt. Wenn die Verhaltensmaßregeln nicht eingehalten werden, kann es zu Störungen im natürlichen Gefüge des Waldes (insbesondere bei den Tieren durch fehlende Ruhe- und Rückzugsmöglichkeit) kommen. Eine N. soll ein prägendes Erlebnis werden, die für die Natur und ihre Befindlichkeiten sensibilisiert.

⇨ Freizeiten

cr

Zuletzt ist zu beachten, daß beim N. mehr Mitarbeiter gebraucht werden als bei Tage; die Spielgrenzen ganz deutlich gemacht werden, damit sich keiner verläuft; größte Sorgfalt beim Erklären des Spiels sowie

Namen

»Namen sind Schall und Rauch« — »Nomen est omen« (Der N. hat eine Bedeutung, lat.) — zwei bekannte Sprichwörter, die sich aber widersprechen. Welches stimmt denn nun?

Geschichte
Erst ab dem Mittelalter gibt es unsere heutigen Familienn. Vorher war es üblich, einen Menschen nur mit dem Vorn. zu benennen — in den kleinen Dorfgemeinschaften genügte dies vollauf. Erst als die Dörfer größer wurden, die Städte entstanden, benötigte man weitere Unterscheidungsmerkmale: das konnte die Berufsbezeichnung sein, ein besonderes Kennzeichen oder auch besondere Eigenschaften.
Die Gelehrten des Mittelalters gingen noch einen Schritt weiter: Latein und Griechisch waren die Sprachen der Gelehrten, sie begannen, ihre N. zu übersetzen: Melanchton, der Mitarbeiter Luthers, hieß beispielsweise schlicht und einfach Schwarzerd, nur eben auf griechisch!
N. haben also schon Inhalte — wenigstens gründen sie sich auf Inhalte. Man kann in einer Gruppenstunde sogar ein Spiel daraus machen: Wer kennt die Bedeutung seines Vor- oder Nachnamens? Welche N. und Berufe passen in unserer Stadt gut oder überhaupt nicht zusammen (bei uns heißt z. B. ein Arzt für Orthopädie Dr. Krummbein!)?

Die Bibel
Gott spricht Mose zu (2. Mose 33,17): »...ich kenne dich mit Namen«; und bei Jesaja (43,1) lesen wir: »...ich habe dich bei deinem Namen gerufen; du bist mein!« Zweierlei Bedeutung haben diese N. also: Gott kennt jeden Menschen so genau, daß er sich seinen N. genau einprägt, jeder Mensch ist unverwechselbar vor Gott. Und: Mit der N.gebung ist zugleich das Versprechen von Gnade und Fürsorge verbunden.
Wie schade ist es da, daß wir heute mit N. oft so gedankenlos umgehen!

JS-Arbeit
Daß ein JS-Leiter die N. seiner Jungscharler kennt, ist wohl selbstverständlich. Er sollte aber nicht nur jedes Kind mit seinem N. kennen und anreden, sondern auch umgekehrt mit jedem N. ein bestimmtes Kind verbinden. Zugegeben, so einfach das in der Gruppenarbeit ist, so schwierig kann das auf Freizeiten werden, an denen Kinder aus mehreren Jungscharen teilnehmen. Niemand kann auf Anhieb schon nach der Begrüßungsrunde alle N. kennen, aber mit ein wenig Mühe lassen sich N. schnell erlernen: Kennenlernspiele am ersten Tag, bei sehr vielen unbekannten Kindern auch anfangs kleine N.-Schildchen (Wettbewerb: Wer kennt wie schnell alle Kinder mit N.?) oder das namentliche Gute-Nacht-Sagen im Zimmer oder im Zelt. Dasselbe gilt übrigens auch, wenn viele Mitarbeiter auf Freizeiten den Kindern unbekannt sind!
Schwierig kann es mit N. auch bei Elternabenden werden: Welches Kind gehört zu welcher Familie? Denn es ist schon peinlich, wenn Eltern nach dem Verhalten ihres Kindes fragen und man weiß überhaupt nicht, mit wem man spricht und um welches Kind es geht. Durch das Zusammensetzen in Familiengruppen (Eltern mit Kind) kann man hier Peinlichkeiten vermeiden, vielleicht sogar grobe Mißverständnisse. Selbstverständlich sollte auch sein, daß jeder Gruppenleiter eine Liste seiner Gruppenmitglieder führt. Darin enthalten sollten sein: Vor- und Zun., Adresse und Telefonnummer. Ganz unterschiedliche Systeme können hier ausgewählt werden: Während der eine eine alphabetische N.-Liste bevorzugt, schwört ein anderer auf ein Karteikartensystem. Den unterschiedlichen Möglichkeiten sind hier kaum Grenzen gesetzt.

Wie jeder einzelne von uns und aus unseren Gruppen einen N. hat, legen sich auch viele Gruppen noch einen N. zu.

Gruppenn.

Hier wird in den meisten Fällen das lateinische »Nomen est omen« zutreffen. Alle Ideen, wie ein Gruppenn. gefunden werden kann, würden sicherlich ein eigenes Buch füllen! Da kann eine biblische Geschichte oder Person »Pate stehen«, eine besondere Gruppeneigenschaft oder ein Phantasien. kann gewählt werden. In vielen Gruppen werden mit kleinen Wettbewerben Gruppenn. gesucht. Auch Ortsbezeichnungen (»Die Rodensteiner« nach einer Burg im Odenwald) können in Gruppenn. verwendet werden. Aber aufgepaßt: Nicht alles und jedes eignet sich, gerade auch in unserer Arbeit, als »N.-Pate«. Bezeichnungen wie »Die Werwölfe« oder »Die Pimpfe« (das waren die Jüngsten in der Hitlerjugend!) würde ich — auch gegen den Willen der Gruppe — nicht zulassen! Aber hier muß jeder Gruppenleiter selbst das richtige Maß herausfinden.
Ein Beispiel noch für einen, wie ich meine, gelungenen Gruppenn. einer Häuptlingsgruppe: Nach der Erzählung eines Buches »Kai aus der Kiste« und der Vorliebe für Denksport- und Rätselaufgaben kamen die Mitglieder auf den N. »Jugendkiste Pfiffikus«, kurz »JuKiPfiff« genannt!

ur

Natur

Will man von der Schöpfung reden, dabei aber Gott aus dem Spiel lassen, bietet sich der Begriff N. an. Das war in einer bestimmten geschichtlichen Epoche für die Entwicklung der von der Autorität der Kirche unabhängigen Naturwissenschaften sehr sinnvoll. Erstens kann und will dieser Wissenschaftszweig keine Aussagen über Gott machen, und zweitens ist es durchaus möglich, bei der Betrachtung der Schöpfung den Schöpfer auszuklammern. Was zunächst als Arbeitshypothese gedacht war (tun wir einmal so, als gebe es keinen Gott) hat in der Folge mit dazu beigetragen, daß sich der Mensch zum Maß aller Dinge machte und damit die heute sichtbaren globalen Schäden hervorrief. Was einmal gut gemeint und für den menschlichen Fortschritt wichtig war, kehrte sich in das Gegenteil um. Diese grundlegende Erfahrung ist uns Menschen seit der Paradieserzählung in 1. Mose 2 und 3 vertraut.
Wie sich manche Mißverständnisse weiterentwickelt haben, zeigt auch der Ausspruch: »Hinaus in die N.« Der Mensch gehört zur N. und lebt — auch in einem kahlen Haus — in ihr. Der Satz ist daher verräterisch, da nach Gott nun auch der Mensch aus der Schöpfung ausgeklammert werden soll. Andererseits verrät er eine Sehnsucht nach einem Leben in der Mitschöpfung, die noch nicht durch menschliche Planung und Bebauung »unnatürlich« gemacht wurde.
Wer Kinder zu einer ganzheitlichen Sichtweise des Lebens anregen möchte, sollte mit dem Begriff N. sparsam umgehen und besser von der Schöpfung reden.

⇨ Schöpfung ⇨ Tatkunde

bk

Neue Gruppenmitglieder

Was tun, wenn neue Kinder in die Gruppe kommen? Das ist eine Frage, vor der wohl jeder Gruppenleiter schon gestanden ist. Zugegeben, das richtige Verhalten ist schon ein Balanceakt: Man möchte den Neuen etwas über die Gruppe, das Programm und den Inhalt der Gruppenstunden vermitteln, aber zuviele Informationen verwirren oft mehr, als sie nützen. Ist das neue Kind mit einem »alten« Jungscharler befreundet, wird's etwas einfacher: Es weiß dann zumindest wohl schon etwas über die Gruppe.
Von selbst versteht sich, daß jedes neue Kind freundlich begrüßt wird und nicht »einfach mal so mitläuft«. Das heißt aber nicht, daß ein neues Kind sich in der ersten Gruppenstunde verhalten darf, wie es will:

Es muß die Gruppenregeln kennenlernen und akzeptieren, auch wenn man anfangs auch noch mal hin und wieder ein Auge zudrücken kann.
Ganz wichtig ist – und obwohl es fast selbstverständlich ist, wird es doch immer wieder vergessen! –, daß ein neues Kind nicht mit »du da« angeredet wird: wenigstens den Namen sollte man vor der Gruppenstunde erfragen!
Zeit lassen sollte man einem Neuen immer: Die Entscheidung, ob jemand auf Dauer in der Gruppe bleiben will, fällt nicht in der ersten Gruppenstunde. Überhaupt ist *Zeit* wichtig: Jeder verantwortungsvolle Gruppenleiter muß sich die Zeit nehmen, mit dem Kind nach der Gruppenstunde (nicht vor versammelter Mannschaft) über die Gruppe zu reden; Zeit muß er sich auch für einen Elternbesuch oder wenigstens für einen Anruf bei den Eltern nehmen: Sie haben ein Recht, zu erfahren, in welcher Gruppe sich ihr Kind aufhält!

⇨ Gruppe ⇨ Namen ⇨ Mitglied

ar

Notsignale

Ein N. gibt man, um **im Notfall(!)** Hilfe herbeizurufen.
Im Gebirge Alpines Notsignal: Innerhalb einer Minute in gleichmäßigen Abständen sechs Zeichen geben, anschließend eine Minute Pause, dann wieder sechs Zeichen.
Die Zeichen können akustische sein: Trillerpfeife, Rufe, Pfiffe oder optische: Winken mit auffallendem Gegenstand, Sonnenspiegelungen oder nachts Blinken mit der Taschenlampe.
Am Wasser
Kreisförmiges Schwenken eines auffälligen Gegenstandes (Tuch, Flagge etc.) oder nachts einer Taschenlampe; eine Folge langer Töne (Rufe, Pfiffe); das Morsesignal S–O–S (Save Our Souls): · · · – – – · · · (kurz-kurz-kurz-lang-lang-lang-kurz-kurz-kurz) z. B. mit Taschenlampe oder Spiegel; sog. »Müde Fliege«: Langsames Heben und Senken der seitlich ausgestreckten Arme
Wichtig
Wer ein Notsignal sieht, ist zur Hilfeleistung verpflichtet!
Notsignale dürfen auf keinen Fall zum Scherz oder aus Übermut verwendet werden (die alte Volksweisheit »Wer einmal lügt, dem glaubt man nicht« kann dann fatale Folgen haben)!

⇨ Checkliste ⇨ Notsignale

jba

Öffentlichkeit

Zur Ö. gehören alle Erwachsenen, Jugendliche und Kinder, die in meiner Stadt / meinem Ort leben, also Menschen, die mir auf der Straße, im Supermarkt, in der Schule und am Arbeitsplatz begegnen und für jede Neuigkeit und Information aller Art offen sind. Sie haben ein Recht darauf, über alles, was im Ort passiert, informiert zu werden. Viele von ihnen wollen auch wissen, was in ihrer Stadt / ihrem Ort abgeht.
Deshalb sollte jede Organisation darauf bedacht sein, die Ö. an ihrem Programm teilhaben zu lassen und ihnen ein richtiges Bild von ihrer Gruppe und Arbeit vermitteln. Dies kann durch Einladungen zu Veranstaltungen oder über Berichte in der Lokalzeitung und im Gemeindeblatt geschehen.

⇨ Werbung

ch

Offene Arbeit

»Wer für alles offen ist, kann nicht ganz dicht sein.« So sagt es ein kluger Sinnspruch. Dies ist jedoch kein Grund, auf ewige Zeit an den bewährten alten Traditionen der guten JS-Arbeit festzuhalten.
OA soll nicht in Konkurrenz treten zu guten alten und bewährten Formen der Gruppenarbeit, vielmehr soll sie diese ergänzen und stärken helfen.
Die Zeiten, in denen JS ein konkurrenzloses Angebot war, sind vorbei. Kinder und Jugendliche strömen nicht mehr von selbst in eine christliche JS- und Jugendarbeit hinein. Nun sind Mitarbeiter gefragt, die bereit sind, dem Beispiel Jesu zu folgen. Wer in den Evangelien über das Leben Jesu nachliest, der sieht am besten, was OA bedeuten könnte.
Offen sein, auf Kinder und Jugendliche zugehen, ihnen dort begegnen, wo sie sich gerade befinden, unsere Angebote auf die Straße hinaustragen. Dies bedeutet JS zu machen auf Straßen, Spielplätzen, Fußballplätzen oder in Stadtjugendzentren. Dabei ist der Kreavität keine Grenze gesetzt, denn die OA schlechthin gibt es nicht, sonst wäre sie ja nicht »offen«.
Das einzige, was hier, wie in jeder Art von JS-Arbeit immer gelten muß: »Jesus Christus will der Herr unseres Lebens sein«.
Und nun viel Mut und Spaß bei Eurer OA.

⇨ Gruppe

af

Offenes Heim

Eigentlich würde ich lieber »Offenes Haus« sagen, das ist erstens zeitgemäßer im Ausdruck und wird zweitens nicht mit einer Aufbewahrungsanstalt für Waisenkinder verwechselt.
Heim – das ist etwas ganz privates, unser Zuhause, der Ort, an dem wir uns wohlfühlen, an dem wir ungestört sein können, weil er unser Heim ist. Deswegen handelt es sich bei einem o. H. um etwas ganz schön Schwieriges.
Während unter Erwachsenen Hauskreise schon etwas ganz Normales sind (die Urgemeinde hat nur in solchen Zellen »offener Häuser« gelebt), ist dies im Bereich der JS-Arbeit noch nicht sehr verbreitet. Zugegeben, für jüngere Mitarbeiter, die noch zu Hause wohnen, ist dies auch recht schwierig. Doch in einer Zeit, in der unsere Jungscharler zunehmend weniger wissen, was eine Familie und ein Zuhause wirklich sind und bedeuten können, genießt ein o. H. immer mehr Chancen.
Aber o. H. kann noch mehr heißen, als nur JS-Stunden bei sich zu Hause durch-

zuführen. Es kann bedeuten, daß Kinder von der Straße, die wissen, daß sie jederzeit zu mir kommen können, an meiner Haustür klingeln. Dann zu öffnen und Zeit zu haben, bedeutet wirklich o. H. Dabei sollte sich keiner überfordert fühlen, dies ist nicht jedermanns Sache und soll es auch gar nicht sein. Es gibt so viele offene Modelle, daß für jeden im Reich Gottes etwas zu tun bleibt, wozu gerade er berufen ist.

⇨ Offene Arbeit

af

Opfer

O. – Thema in allen Religionen
Alle Menschen sind religiöse Wesen. Es gibt kein Volk ohne Religion. Alle Religionen haben Priester, O., Reinigungs- und Wiedergutmachungsriten.

O. – ein brisantes Thema für Christen
Was sagt die Bibel in AT und NT zum Thema? Welche Bedeutung haben die vielfältigen O. im Ritus des AT? Was hat sich mit dem O. Jesu verändert? Welche O. erwartet Gott von den Nachfolgern Christi? Welche O. gehören zum glaubwürdigen Christsein?

O. im AT
Regelung des O.-Kultes: Die ersten O. werden von Abel und Kain dargebracht. Nach der Befreiung des Volkes Israel aus ägyptischer Gefangenschaft wird mit der Gesetzgebung am Sinai (2. Mose 20 ff) auch der O.-Kult geregelt.
Wichtige O.: Sie werden in 3. Mose 1 ff aufgeführt und beschrieben:
Brando. (3. Mose 1), Speiseo. (3. Mose 2), Danko. (3. Mose 3), Sündo. (3. Mose 4), Schuldo. (3. Mose 5) u. a.
Bedeutung der O.: Im israelitischen Gottesdienst steht das Sünd- oder Schlachto. zur Sühnung der Sünde an erster Stelle. Beim Brando. tritt der Gedanke der Versöhnung zurück. Alle Teile werden verbrannt. Damit soll die völlige Hingabe des Sünders an Gott verdeutlicht werden. Speiseo. und Tranko. werden mit dem Brando. dargebracht. Dem Danko. (wörtl.: Friedenso.) folgt das gemeinsame Mahl als fröhliches Fest der Versöhnung. Es ist ein Bild für die wiederhergestellte Gemeinschaft mit Gott. Dem Schlachto. liegt der Gedanke der Wiedergutmachung zu Grunde.
Richtlinien für Abgaben: Auch materielle Gaben sollte der fromme Jude geben: für die Stiftshütte, den Tempel (2. Mose 25,1 f; 35, 4-5), für den Dienst der Priester und der Leviten (4. Mose 18,8 ff), für die Armen und Waisen (5. Mose 15,9.11; Ps 9,10), für die Sache Gottes den »Zehnten in voller Höhe« (Mal 3,9-10), auch Lobopfer und Dankopfer sollen sie bringen (3. Mose 22,29; Ps 50,14.23 u. a.)
Alle diese Gaben sollen freiwillig für Gott und sein Volk gegeben werden (2. Mose 25,2).
Gottes Kritik am O.-Kult Israels: In vielen Situationen haben die Propheten gesagt, was Gott vom O.-Kult seines Volkes hält (vgl. 1. Sam 15,22; Jes 1,10-20; Hos 6,6; Am 5; Mi 6,6-8 u. a.).
Wir erkennen: Gott ist gegen Gottesdienste und O.-Kult, wenn die Menschen dadurch nicht erneuert, verändert und versöhnt werden.
Gott will das Gute und Gerechtigkeit, Liebe und Erbarmen, Erkenntnis des Willens Gottes und Gehorsam.
Dies alles konnte der O.-Kult nicht leisten. Aber die O.-Gesetze sollten schon auf den Einen hinweisen und »hinerziehen«, den verheißenen Gottesknecht (Jes 42,1-9 u. a.), der das Recht Gottes auf Erden aufrichten soll. Der Heilige Geist öffnet Propheten schon im AT die Augen für die Erlösung Gottes durch das O. seines Sohnes (s. Jes 53,1 ff).

Das vollkommene O. Jesu
»Das tat Gott« (2. Kor 5,18): Gott sandte seinen geliebten Sohn und legte die Schuld der Menschen auf ihn (Joh 3,16; 2. Kor 5, 21; Hebr 9). Er ließ Jesus für uns leiden und sterben (1. Petr 2,21-25) und versöhnte sich mit der »Welt« (2. Kor 5,19 f; 1. Petr 1,18-19). Gott bestätigte das O.

Jesu, ließ ihn von den Toten auferstehen, erhöhte ihn und gab ihm Vollmacht, Mittler, Herr und Richter zu sein über alle Menschen (Hebr 10, 12-13; Phil 2, 9-11; 1. Tim 2, 4 u. a.).

Was tat Jesus? Jesus kam aus Liebe (Joh 15, 9) freiwillig und erniedrigte sich selbst bis an das Kreuz (Phil 2, 5 f). Er wurde unser aller Diener zur Erlösung (Mk 10, 45). Er gab sein Leben als Lösegeld, bezahlte unsere Schuld und versöhnte uns mit Gott (Mk 10, 45 b; Apg 10, 39-43; Röm 3, 22 b ff; Kol 1, 19-23; 2, 14). Das ist das Evangelium! Gott hat für uns in Jesus gehandelt. Sein O. hat ewige Gültigkeit bei Gott. Nun ist er der einzige Mittler und Erlöser zwischen Gott und den Menschen.

Konsequenzen für die Gemeinde Jesu: Die ersten Christen — Juden und Heidenchristen — haben durch die Lehre Jesu (Joh 14, 6 u. a.) und durch die Erleuchtung des Heiligen Geistes (Apg 2, 4.37-42; 4, 12; 10, 34 ff u. a.) erkannt, daß das O. Jesu ausreicht für alle Menschen zu allen Zeiten. Nicht durch ein anständiges Leben, durch die Erfüllung religiöser Pflichten oder das Bringen besonderer O. werde ich Christ und komme ich zu Gott, *sondern durch Vertrauen auf Jesus (Joh 3,16) und seine Erlösung bin ich vor Gott gerecht und gut (Röm 3,28)*.

Fragen: Was bleibt für Christen noch zu tun? Welche O. haben sie zu bringen? Was sagt das Wort Gottes dazu?

O., die Gott »wohlgefällig« sind

Aussagen der Bibel: »Bringt den Zehnten in voller Höhe ... (Mal 3, 9-10). Ist diese Regelung des AT aufgehoben? Hat sie noch für die Gemeinde Jesu Gültigkeit? Das NT sagt einheitlich: Alle Begabungen, auch die materiellen Güter, kommen von Gott. Menschen sind Verwalter und Haushalter. Christen sollen mit diesen Gaben und Gütern Gott den Nächsten dienen und teilen (Mt 25, 21 f; Lk 12, 42; 1. Kor 4, 1 f; Röm 12, 3 ff; Joh 13, 1 f.15 u. a.).

Das NT radikalisiert die Frage nach dem Geben, Teilen und Opfern: Nicht nur der »Zehnte«, wir selbst, unser Körper und unser Leben, gehören Gott: »... daß ihr eure Leiber hingebt als ein Opfer, das lebendig, heilig und Gott wohlgefällig ist. Das sei euer vernünftiger Gottesdienst« (Röm 12, 1 f).

Jesus gibt eindeutige Antworten, wenn es um das Geben, Opfern und die Gefahren des Besitzes geht. Z. B.: Das Scherflein der Witwe (Lk 21, 1 f), die Frage seiner Feinde (Lk 20, 20 f), der Kornbauer (Lk 12, 16 f), Zachäus (Lk 19, 1 f) oder wenn er vom irdischen Sammeln und Sorgen spricht (Mt 6, 24.33).

Anfragen und Fragen: Mitarbeiter Jesu haben den Auftrag ihres Herrn zu erfüllen. In Zeugnis, in Verkündigung und Diakonie, »... mit Herzen, Mund und Händen« aus der Liebe Christi und mit Hingabe. Mitarbeiter Jesu können und sollen fasziniert sein von der einmaligen Erlösung ihres Herrn. Der Heilige Geist will sie befähigen zum Dienen und Teilen.

Persönliche Fragen an Mitarbeiter: Verstehe ich mich als Mitarbeiter, der von Jesus befreit, beschenkt und gefordert ist? Weiß ich um die große Verheißung Jesu an seine Mitarbeiter (Joh 12, 26)? Bin ich bereit für Jesus und sein Reich Gott »wohlgefällige« O. zu bringen (Röm 12, 1 f)? Diene ich ganzheitlich mit meinen Gaben und materiellen Gütern? Wo arbeite ich konkret mit? Was muß und will ich in meiner Mitarbeit um Jesu Willen ändern?

Unsere Praxis (Fragen und Hinweise)

Fragen zu unserer Praxis: Wie praktizieren wir das Teilen und O. in unserer Kinder- und Jugendarbeit? »Erziehen« wir Heranwachsende bewußt zum Dienen und Teilen? Lassen wir sie teilhaben an den Möglichkeiten Gottes und anteilnehmen an den Nöten der Menschen? Wie wird die Nächstenliebe konkret in der Gruppe und darüber hinaus, z. B. durch Patenschaften, Aktionen und Projekte? Sind wir Mitarbeiter Vorbilder für die Heranwachsenden?

Hinweise ...: Es gibt viele Möglichkeiten in Verein und Gemeinde, z. B. mit den Eltern der Kinder gemeinsam Projekte und Aktionen zu überlegen und durchzuführen. (Informationen und Beispiele können beim CVJM-Weltdienst in Kassel erfragt werden.) Im Jahresprogramm können glaubwürdige Christen und Werke (z. B. aus dem CVJM) aus Vergangenheit und Gegenwart vorgestellt werden (Biographien, Dia-Serien, Videofilme ...).
Wichtig ist, daß der Auftrag Jesu — Menschen in seine Nachfolge und in seinen Liebesdienst zu rufen — durch uns in Wort und Tat glaubhaft wird. So wird unser Dienen und Mitarbeiten nicht vergeblich sein, sondern Frucht bringen zu Gottes Ehre (Joh 15,1-8) und aus Liebe und Dankbarkeit geschehen.

jh

Ordnung

Mit dem Begriff der O. versieht man all jene Bemühungen, die etwas »in die Reihe bringen«. Das lateinische Stammwort »ordo« bezeichnete jede Form der Koordi-nation. Dieser Begriff hatte seine Verwendung im militärischen (O. = in Reih und Glied bringen) ebenso wie im zivilen Leben. Artverwandte Begriffe sind Abordnung, Ordination, Ordner und sogar Organisation. In einer O. sollen einzelne Glieder oder Teilbereiche organisch zusammengefaßt, also zu einem Zusammenwirken befähigt werden.
Je nach Art und Weise des Zustandekommens und des Zusammenhangbewußtseins der Betroffenen wird dieser Vorgang als hilfreich oder als einengend empfunden. Dies machen auch die Unterbegriffe »Eino.«, »Ano.«, »Vero.« oder »Untero.« deutlich, denn auch ein Machtgefüge als solches wird als O. bezeichnet.
Das Gegenteil der O. ist das Chaos. Die Bibel beschreibt, wie Gott am Anfang aus dem Chaos (Tohuwabohu) durch ordnendes Handeln das Leben auf der Erde schuf und ermöglichte (1. Mose 1,1 ff). In der Bibel wird der Begriff der O. ausschließlich positiv und kreativ verwandt.
O. dienen immer einem größeren Zweck und sind kein Zweck in sich. Ein Leiter schafft nicht O. um der O. willen (etwa zum eigenen Positionserhalt), sondern um eine Gruppe einem Ziel zuführen zu können.

⇨ Erziehung   ⇨ Gruppenraum

ws

Organisation

Zum Gelingen der JS-Arbeit gehört auch eine gute O. Als O. bezeichnet man die genaue Regelung von Arbeitsverteilung, Zuständigkeiten und Verantwortung. Es ist sinnvoll, sich für bestimmte Aufgaben eine Checkliste anzulegen, auf der alle zu erledigenden Aufgaben und die dafür zuständigen Personen vermerkt sind.
Es gibt langfristige O. (z. B. Freizeiten, JS-Tage, Elternabende). Hier müssen bestimmte Dinge schon frühzeitig erledigt werden (z. B. Zuschüsse beantragen, Genehmigungen einholen, Einladungs-/Anmeldezettel schreiben).
Daneben gibt es kurzfristige O.-Aufgaben, wozu auch die wöchentlichen JS-Stunden gehören. Hier müssen Materialien organisiert bzw. besorgt werden (Bastelmaterial, Spielmaterial, Getränke, Fotokopien, Dia-Projektor u. a.), der Jungscharraum muß hergerichtet werden (evtl. Besorgen des Schlüssels) oder ein Außengelände muß vorbereitet sein (z. B. Aufhängen von Info-Zetteln für's Geländespiel). Je nach Situation müssen auch Fahrdienste organisiert werden (Eltern oder Mitarbeiter fragen).

⇨ Planung   ⇨ Spiel und Sport   ⇨ Freizeiten

gs

Ostern

Das Osterfest erinnert an die Auferstehung Jesu, so wie es uns im NT berichtet wird. Es ist das älteste christliche Fest und wird seit 325 n. Chr. (Konzil von Nizäa) am ersten Sonntag nach dem ersten Frühlingsvollmond gefeiert. Die frühchristlichen Osterfeiern wurden thematisch von der Passion, dem Kreuzestod und der Auferstehung Jesu geprägt. Erst später wurde die Passion und der Opfertod Jesu am Kreuz gottesdienstlich dem Karfreitag zugeordnet. Hinzu trat die Hoffnung der Christen, daß Jesus in der Osternacht wiederkommt. Der Osternachtsgottesdienst (am frühen Morgen des Ostersonntags) war gleichzeitig Taufgottesdienst, in dem die Getauften ein weißes Kleid angezogen bekamen. Dies sollte ein Zeichen dafür sein, daß sie durch ihre Taufe und den Glauben an Jesus Christus ein neues, von der Sünde gereinigtes Leben haben.

An den Osternachtsgottesdienst schloß sich ein gemeinsames »Osterfrühstück« an.

Dieser Brauch des Osternachtgottesdienstes mit anschließendem gemeinsamen Frühstück wird bis heute unter Christen gepflegt.

⇨ Kirchenjahr

gg

P

Pädagogik

Mit dem Begriff der P. wird sowohl die Reflexion über pädagogisches Handeln als auch das pädagogische Handeln selbst verstanden.

Die praktische P. (Gegensatz: mehr theorieorientiert ist der Begriff Erziehungswissenschaften) beschäftigt sich mit praktischen Hilfestellungen für den JS-Leiter zur Erziehung, Bildung (Ausstattung des Individuums zum Verhalten in der Welt) und Sozialisation (Prozeß, in dessen Verlauf ein Individuum sich allmählich den Forderungen seiner sozialen Umgebung anpaßt, indem es die hier gültigen Normen, Werte, Rollen usw. übernimmt.) von Kindern und Jugendlichen, denen auf dem Weg zum Erwachsenwerden (zur Mündigkeit) geholfen werden soll.

Sie ist die Wissenschaft vom Lehren und Lernen. Der Lehrende wird als Lernhelfer verstanden, der durch geschickte pädagogische Handlungsweise erreichen kann, daß der Lernende möglichst viel versteht und somit gut und zügig vorankommt.

Auch als JS-Leiter wollen wir etwas vermitteln: wir wollen Jesus als unseren Herrn an unserem Lebensstil erkennbar werden lassen. Wir wollen Vorbild für andere sein und damit unsere Jungscharler in einem positiven Sinne beeinflussen und prägen.

⇨ Erziehung

jj

Pariser Basis

Im August 1855 trafen sich 99 Delegierte aus den CVJM-Bewegungen Europas und Amerikas in Paris und gründeten den Weltbund der CVJM. Erfüllt von dem Bewußtsein, daß sie alle an demselben Werk und im gleichen Geist arbeiteten, formulierten sie den nachfolgenden Text als gemeinsame Basis weltweiter CVJM-Bewegung:

»Die Christlichen Vereine Junger Männer haben den Zweck, solche jungen Männer miteinander zu verbinden, welche Jesus Christus nach der Heiligen Schrift als ihren Gott und Heiland anerkennen, in ihrem Glauben und Leben seine Jünger sein und gemeinsam danach trachten wollen, das Reich ihres Meisters unter den jungen Männern auszubreiten.«

Die P. B. der CVJM, auf Weltebene 1955 und 1973 bestätigt, erhielt 1985 in Deutschland folgende Zusatzerklärung, nachdem der CVJM sich schon vorher auch für Mädchen und Frauen geöffnet hatte: »Die CVJM sind als eine Vereinigung junger Männer entstanden. Heute steht die Mitgliedschaft allen offen. Männer und Frauen, Jungen und Mädchen aus allen Völkern und Rassen, Konfessionen und sozialen Schichten bilden die weltweite Gemeinschaft im CVJM. Die P. B. gilt heute im CVJM-Gesamtverband in Deutschland für die Arbeit mit allen jungen Menschen.«

⇨ Geschichte (CVJM)

fr

Patenkind

Verschiedene Dritte-Welt-Hilfswerke bieten die Möglichkeit, sogen. »Patenschaften« für Kinder in der Dritten Welt zu übernehmen. Die Patenschaft besteht darin, daß sich ein Spender verpflichtet, regelmäßig einen bestimmten Geldbetrag für die Unterstützung eines P. aus armen Verhältnissen zur Verfügung zu stellen. Mit dieser Summe wird in der Regel eine Schul- oder Berufsausbildung finanziert, u. U. in Verbindung mit einem Heimaufenthalt, damit das Kind später einmal selbst für seinen Lebensunterhalt sorgen kann. Auch medizinische Versorgung sowie allgemeine Hilfe zum Lebensunterhalt der Familie können Teil eines solchen Programms sein.
Ein P. wird in der Regel über mehrere Jahre unterstützt. Die Pateneltern kennen den Namen ihres P. und können manchmal auch in Briefkontakt mit ihm treten. Auch Gruppen wie Bibel-, Jugend- oder Hauskreise teilen sich vielfach die Finanzierung eines P. Da schon mit kleinen Beträgen Großes bewirkt werden kann, können auch JS-Gruppen die Patenschaft für ein Kind übernehmen, so daß in frühem Alter Teilen und weltweite Verantwortung geübt werden kann.

Da die persönliche Einzelpatenschaft auch mit einigen Nachteilen verbunden und in der Verwaltung sehr kostenintensiv ist, hat der CVJM-Weltdienst dieses Modell durch »Projektpartnerschaften« abgelöst, bei denen in ähnlicher Weise Kindern und Jugendlichen in Not geholfen wird.

⇨ Aktionen ⇨ Opfer ⇨ Weltdienst

age

Persönlichkeit

Es gibt immer wieder die Gefahr, daß Menschen sich zu Abziehbildern von Stars und Weltanschauungen machen. Aber Gott hat uns als unverwechselbare, einmalige P. geschaffen. »Ich habe dich bei deinem Namen gerufen« (Jes 43,1).
Deshalb sind auch die uns anvertrauten Jungscharler Menschen, die in ihrer Einmaligkeit ernst zu nehmen sind. Ihre Anlagen und Eigenarten unterliegen noch manchen Schwankungen und Entwicklungen; gerade deshalb muß man sie aber ernstnehmen in dem, was sie schon sind.
In unserer JS-Arbeit gibt dieses Thema zwei Aufgabenrichtungen an:
Der JS-Leiter sollte die Jungscharler als P. erkennen und anerkennen. Dazu gehört, daß er sie, ihre Interessen, ihr Elternhaus und sonstiges Umfeld kennt.
Er sollte ihnen Hilfestellung geben für die Entwicklung und Reifung ihrer P. Dazu gehört, daß das Gruppenprogramm die Jungen und Mädchen fördert und fordert. Nach Möglichkeit bekommen die Jungscharler altersgemäße Mitverantwortung übertragen.
In beiden Aufgaben ist auch der Mitarbeiter selbst als P. gefragt. In Abgrenzung zu einer normalen Vorbildsuche sollte bei Bedarf auch der kommerzielle Starkult thematisiert werden, um den Jungscharlern eine eigenständige P.-Bildung zu verdeutlichen.

⇨ Lebensbilder ⇨ Vorbilder ⇨ Häuptlingsmodell ⇨ Hausbesuche

ipm

Pfarrer

Bezeichnung für den Träger eines geistlichen Amtes. In einigen ev. Landeskirchen Deutschlands — vor allem im süddeutschen Raum — ist für den Geistlichen die Amtsbezeichnung P. üblich, während im norddeutschen Raum vor allem »Pastor« gebräuchlich ist. In den ev. Freikirchen in Deutschland ist nach dem Zweiten Weltkrieg die Bezeichnung »Prediger« weitgehend durch »Pastor« ersetzt worden. Während Pastor, (Hirte, Seelenhirte) auf lat. Ursprung zurückzuführen ist — und in der Übersetzung bereits die Bedeutung und Aufgaben des Amtes anklingen — ist P. von Pfarre abgeleitet, womit ein abgegrenzter Gemeindebezirk, ein Kirchspiel (Parochie, griech. paroikia) gemeint ist. Der P. einer ev. Landeskirche wird durch die Ordination zu seinem Dienst berufen. Es ist vor allem der Dienst der öffentlichen Wortverkündigung und Lehre (Gottesdienste, Kasualien und kirchl. Unterweisung) sowie der »Sakramentsverwaltung« (Taufe und Abendmahl). Die Aufgaben des P. sind in unserem Jahrhundert auf Grund gesellschaftlicher Entwicklungen und Veränderungen vielfältiger geworden. Auch wenn vom »Priestertum aller Gläubigen« bzw. »allgemeinen Priestertum der Gläubigen« gesprochen wird, hat der P. für viele eine besondere Stellung in der Gemeinde, er ist der »geistliche Vorsteher / Leiter« einer Gemeinde. Allerdings kann der P. niemals alle Bereiche der Gemeindearbeit befriedigend abdecken. Er ist in jedem Fall auf Mitarbeiter angewiesen. Eine gute und fruchtbare Zusammenarbeit wird sich deshalb zum Segen für eine Gemeinde auswirken.

⇨ Kirche

jb

Pfingsten

Ich geriet P. in Manila, auf den Philippinen, in einen Taubstummengottesdienst. Ich wollte schon wieder gehen, doch alle winkten, ich solle da bleiben. Der Leiter hob das Gesangbuch hoch, zeigte auf die Nummer und wir sangen los, meine Freunde mit fröhlichen Augen, ich laut und in einer Sprache, die ich nicht verstand. Ich bekam dann eine englische Bibel in die Hand und er zeigte uns allen den Text. Er predigte mit seinen Händen, doch ich verstand ihn. Dann sollte ich auch etwas sagen, in Englisch und ganz langsam, so daß der Leiter es mir von den Lippen ablesen konnte. Mir fiel unser Familienspruch ein: »Siehe, ich habe dir eine Tür aufgetan, und niemand kann sie zuschließen« (Offb 3, 8). Den kann man ja auch sehr bildhaft, mit Händen und Füßen darstellen und auslegen.

Alle nickten fröhlich, wir verstanden uns. Ich verstand sie, weil ich sie verstehen wollte, sie verstanden mich aus dem gleichen Grund. Wir hatten den gleichen Glauben, darum verstanden wir uns.

P. ist das Fest des Heiligen, guten Geistes Gottes. Der kommt und ist überall da, wo wir Gott und Menschen verstehen und ihnen seine gute Botschaft sagen wollen.

⇨ Kirchenjahr

fp

Pflichten

P. sind Bringeschulden im Zusammenhang mit einer verantwortlichen Rolle. Das Stammwort bedeutet »für etwas einstehen«. Eine P. weist auf ein Dienstverhältnis öffentlicher oder persönlicher Art hin. Solche P. können aufgrund eines Vertrages, einer gesellschaftlichen Ordnung oder eines freiwilligen Beitrages (Verpflichtung) zustande kommen.

Vertragsp. sind meist klar formuliert und in ihrer Form eindeutig. Ähnlich ist es mit der Mehrheit der gesellschaftlichen P. Es gibt aber auch zwischenmenschliche Abhängigkeitsformen, in denen die Verpflichtungen undeutlich und die daraus resultierenden Erwartungen diffus sind. Solche ungeklärten Beziehungsformen haben auch den Begriff der P. in ein Zwielicht geraten lassen.

Wenn wir heute in unserer Gesellschaft ein

Planspiel

In einem P. sollen realistische Situationen nachgespielt werden.

Es handelt sich um eine Methode, die dazu beitragen kann, den Mitspielern entsprechende Situationen und Handlungsabläufe zu verdeutlichen. Beispiel: Die Frage »Wie kommen Entscheidungen im Kirchengemeinderat zustande?« könnte in einem P. geklärt werden. Mit genauen Spielanweisungen für die einzelnen Charaktere (z. B. der gemütliche Herr Baurat) soll im gespielten Kirchengemeinderat jede Figur so handeln, als ob sie diejenige Person wäre, die sie darstellen soll. Ein aktuelles Thema wird diskutiert. Später, wenn die Situation klar geworden ist, unterbricht der Spielleiter und macht eine Nachbesprechung.

Weitere Themenvorschläge: Der Ausländer — Außenseiter, Erste Liebe — Rollentausch (Junge soll sich in Mädchen hineinversetzen und umgekehrt).

⇨ Methoden ⇨ Spielen

jg

---

gestörtes Verhältnis zur P. haben, liegt das nicht an dem, was das P.-Bewußtsein an sich ausmacht, sondern an ungeklärten Rahmenbedingungen und an dem Mißbrauch von persönlichen Abhängigkeiten. Dieses wird schon durch die Adjektivform des Wortes »pflichtig« in seiner Bedeutung von »verpflichtet« und »abhängig« angedeutet.

Die P. als solche ist eine logische Konsequenz jeder Ordnung und trägt zu ihrer effektiven Funktion im Hinblick auf das größere Ziel bei.

⇨ Erziehung ⇨ Rechts-ABC ⇨ Verantwortung

ws

Planung

P. ist die Festsetzung von Zielen sowie die sich daraus ergebenden Gestaltungsmöglichkeiten der JS-Arbeit. P. kann sich auf kurze Fristen (Wochenprogramm), mittlere Fristen (ein bis drei Monate) oder auf lange Fristen (Jahresp.) erstrecken.

Sinn der P.

Bei der meisten P.-Arbeit geht es um Termine. Exakte Terminp. verhindert Terminüberschreitungen (z. B. mit anderen Terminen im CVJM, bei Klassenfahrten o. a.). P. berücksichtigt auch Antragstermine für Zuschüsse und hilft, Finanzen sinnvoll zu gebrauchen.

Mittel- und langfristige P. verhilft zu einem abwechslungsreichen Programm, weil Wiederholungen vermieden werden können und Programmhöhepunkte (Freizeiten, Ausflüge, JS-Tage) sinnvoll eingesetzt werden können.

Bei der P. sind aber auch die Mitarbeiter im Blick. Sie können optimal eingesetzt werden. Zudem berücksichtigt eine Jahresp. auch die Schulungsangebote für Mitarbeiter, evtl. Ausfallzeiten (z. B. durch Prüfungen) sowie das Heranführen neuer, junger Mitarbeiter.

JS-P. hat ebenso den Gruppenprozeß im Blick und berücksichtigt, daß ältere Kinder weggehen und neue (evtl. zu einem bestimmten geplanten Termin) geworben werden.

Inhalte der P.

Alle Aktivitäten im Bereich der JS sollten im voraus geplant werden. Das gebräuchlichste ist wohl das Monatsprogramm, das auch im Schaukasten hängt und an die Kinder verteilt wird.

Eine Jahresübersicht ist wichtig, um besondere Höhepunkte im Blick zu haben und wichtige Termine (Zuschußanträge) nicht zu vergessen.

Vor aller P. sollten Ziele festgelegt werden: Was wollen wir in diesem Jahr mit unserer JS erreichen?

Ziele können sehr vielfältig sein: die Zahl der Jungscharler verdoppeln; alle Eltern der Kinder besuchen und kennenlernen; neue Mitarbeiter gewinnen; die Kinder zum eigenständigen Bibellesen heranführen; den (Stadt-)Kindern besondere (Natur-)Erlebnisse vermitteln usw. Von diesen Zielen her lassen sich die vielfältigen Aktivitäten ableiten. Die P.-Inhalte werden von den Zielen bestimmt, und die können in jedem Jahr anders aussehen, je nach Situation der JS.

Konkretion der P.
Termine: Spätestens zum Jahreswechsel sollte ein Gespräch mit allen anderen Gruppen in CVJM und Gemeinde stattfinden, um Termine miteinander abzustimmen. Es versteht sich von selbst, daß nicht am gleichen Tag ein Gemeindefest und ein JS-Ballontag stattfinden sollte und daß eine Wochenendfreizeit nicht in die unmittelbare Nähe einer Klassenfahrt gehört. Um unnötige Terminüberschneidungen zu vermeiden, sollten besondere und schwer verschiebbare Termine so rechtzeitig wie möglich an andere CVJM-Mitglieder (und evtl. auch Eltern) mitgeteilt werden, um auch deren P. zu erleichtern. Zur Terminp. gehören auch wichtige Termine der JS-Mitarbeiter (soweit bekannt). Hat z. B. ein Mitarbeiter zu einer bestimmten Zeit Prüfungen oder verläßt die JS, um zum Studium zu gehen, dann sollten in diese mitarbeiterarme Zeit keine Aktivitäten geplant werden, zu denen viele Mitarbeiter benötigt werden.
Es empfiehlt sich, eine schriftliche Jahresübersicht mit allen wichtigen Terminen anzufertigen. Auf dieser Übersicht stehen die besonderen JS-Programme (JS-Tag, Freizeit), wichtige Termine aus dem Gesamt-CVJM oder der Gemeinde (Gemeindefest, Ausflüge), evtl. Ausfallzeiten bestimmter Mitarbeiter, Abgabetermine von Zuschußanträgen, evtl. die Geburtstage der Kinder, Schulungstermine für die Mitarbeiter. Dieser schriftliche Jahresp. sollte jedem Mitarbeiter vorliegen und bei der kurzfristigen P. des Monatsprogramms berücksichtigt werden.
Finanzen: Zu jeder P. gehört der Überblick über die finanzielle Situation. Ein Mitarbeiterteam sollte wissen, welche Zuschüsse für bestimmte Maßnahmen wann und wo zu beantragen sind (Jugendamt, Kirchengemeinde usw.) Dazu gehört aber auch die finanzielle Situation der Familien, aus denen die Kinder kommen. Hat man viele Kinder aus einem sozialen Brennpunkt, darf man für Basteln, Ausflüge und Feste kein zusätzliches Geld einsammeln und muß die Freizeit in einem preiswerten Haus (und evtl. für einen kürzeren Zeitraum) planen.
Gruppenprozeß: Obwohl der Gruppenprozeß sich am wenigsten konkret planen läßt, sollte er in eine Grobp. einbezogen werden. Man kann z. B. beim Bedenken der Altersstruktur im voraus wissen und einplanen, welche Kinder konfirmiert werden und danach die JS verlassen. Sind dies viele Kinder, sollte intensiv über Nachwuchswerbung nachgedacht werden. Auch für die konkrete Programmp. spielt der Gruppenprozeß eine Rolle. Mit vielen kleinen Kindern spielt und singt man ggf. andere Dinge als mit einer Gruppe, die aus überwiegend langjährigen JS-Mitgliedern besteht. Befindet sich die Gruppe in einem schwierigen Prozeß (z. B. viele aggressive Kinder), so kann es nötig werden, geplantes Programm zu verändern. P. ist also nie etwas Starres, sondern eher ein bewegliches Hilfsgerüst.
Mitarbeitersituation: Durchdachte P. berücksichtigt die verschiedenen Gaben und Fähigkeiten der Mitarbeiter und setzt sie optimal ein. Dazu gehört aber auch die Schulung und Begleitung aller Mitarbeiter. Schulungswochenenden sollten fest im Jahresplan vermerkt werden, auch wenn dadurch ggf. einmal eine JS-Stunde ausfallen muß.
Auch Teambesprechungen sollten in regelmäßigen Abständen geplant werden. Sie dienen der Reflexion des durchgeführten Programms der Mitarbeitergemeinschaft und der P. der nächsten JS-Stunde(n).
Eine Hilfe für die P. und Reflexion ist das Gruppenbuch. Hier werden wichtige Dinge eingetragen; es hilft, aus den evtl. Fehlern zu lernen und das Positive im Blick zu behalten.

gs

Posaunenchor

Der P. ist eine Gruppe von Laienmusikern, die verschiedene Blechblasinstrumente (Trompeten, Posaunen, Flügel- und Tenorhörner, Tuben) spielen. Weil er in eine kirchliche Gemeinde, einen CVJM oder eine landeskirchliche Gemeinschaft eingebunden ist, nimmt er vielfältige Dienste wahr: Die musikalische Gestaltung und Umrahmung von Gottesdiensten und Gemeindeveranstaltungen, z. B. Bibelwochen, Feste oder Zeltevangelisationen; das Blasen in Krankenhäusern und Altenheimen dazu eigene Konzerte, Feierstunden, regionale und landesweite Bläsertreffen. Im Zentrum des Musizierens steht der Choral, hinzu kommen Volkslied, Chorbearbeitungen und originale Bläsermusik u. a. aus vielen Epochen der Musikgeschichte.

P. gibt es schon sehr lange, der erste P. wurde 1841 in Jöllenbeck (Ostwestfalen) gegründet. In der Regel sind im P. alle Altersstufen – von 8-80 Jahren – anzutreffen. Heute spielen in ganz Deutschland über 100 000 Männer und Frauen, Jungen und Mädchen in P.

Das Hauptanliegen der P.-Arbeit ist es, Gott durch die Musik zu loben und zu ehren, sowie zur Freude der Menschen zu blasen, und sie im bzw. zum Glauben zu ermutigen.

ms

Praxishilfen

Kaum jemand von uns kann ständig neue Einfälle für seine Gruppenstunden oder Freizeiten »produzieren«. Irgendwann gehen einem einfach die Ideen aus, und dann greift man auf seine Erfahrungen zurück, auf das, was irgendwann einmal gut geklappt hat oder was man selbst am liebsten macht. Nicht immer paßt das dann genau in meine Gruppensituation. Aus diesem Grund gibt es P. für die JS-Arbeit. Sie bieten eine Fülle von Ideen, Anregungen bis hin zu fertigen Entwürfen für Gruppenstunden und Freizeiten. Wichtig ist der kreative Umgang mit P.: In den seltensten Fällen kann man einen fertigen Entwurf genauso anwenden. Immer wird es nötig sein, ihn auf meine Gruppensituation umzugestalten, Spiele zu verändern oder ganz auszutauschen usw.

⇨ Arbeitshilfen

jba

Probleme

Was ist eigentlich ein P.?
Man könnte P. so definieren: »Ich habe ein Ziel und weiß nicht, wie ich dieses Ziel erreichen soll.«
Ein P. besteht im Grunde aus drei Teilen:

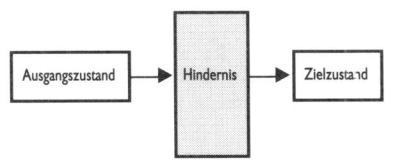

| Ausgangszustand | → | Hindernis | → | Zielzustand |

Also:
Ein (unerwünschter) Ausgangszustand. Ich bin nicht zufrieden so, wie es jetzt ist.
Ein (erwünschter) Zielzustand: So soll es sein. Dahin will ich. Das will ich erreichen.
Ein Hindernis, das verhindert, daß ich diesen Zielzustand erreiche.
Oft ist eines dieser drei Teile gar nicht so klar erkennbar oder zu benennen. Genau dann hilft es schon, wenn ich mir diese drei

Elemente eines P. einmal deutlich mache, sie mir einmal aufschreibe und sie mit einem Freund oder erfahrenen Mitarbeiter bespreche. Vielleicht weiß ich ja gar nicht, wohin ich eigentlich will. Ich weiß nur, daß es so nicht weitergeht. Dann ist das Ziel zu klären. Oder ich kann gar nicht ausdrücken, wo ich und wo meine Gruppe zur Zeit stehen. Dann ist erst einmal wichtig zu beobachten: Wer ist eigentlich da? Wie sind die Kinder? Warum kommen sie? Oder mir ist klar, wo ich stehe, und ich weiß auch, wohin ich will, aber habe keine Lösung für das Wie. Dann hilft es zu überlegen, was eigentlich dieses Hindernis ist. Warum komme ich dort nicht hin? Es gibt eine Reihe von P.-Lösungsstrategien. Das Wichtigste ist allerdings, sich ein P. erst einmal bewußt zu machen, es zu strukturieren (s. o.). Dadurch und durch das Gespräch mit anderen ergeben sich sehr häufig schon Wege, wie sich ein P. lösen läßt.
⇨ Konflikte

jba

Programm

Unter P. wollen wir eine zeitliche Auflistung von Veranstaltungen verstehen, die in unserer JS durchgeführt werden und die die wöchentlichen Gruppenstunden mit beinhaltet. Daneben kann das Wort P. (Computerp. etc.) noch andere Bedeutungen haben, die wir hier außer acht lassen wollen.
Die P.-Planung kann in die drei Abschnitte: langfristige, mittelfristige und kurzfristige P.-Planung eingeteilt werden.

Langfristige P.-Planung
(jährlich einmal)
Wir müssen uns langfristig darüber Gedanken machen, wann unsere Freizeiten stattfinden sollen, da hier schon frühzeitig Häuser bestellt werden müssen etc. Außerdem müssen wir bei Besprechungen des Kirchengemeinderates oder des CVJM-Ortsverbandes größere Aktionen der JS anmelden.
Bei Kreisjungscharleitertreffen können wir unsere Vorstellungen über zu veranstaltende JS-Tage etc. anmelden und auch die Termine gemeinsam beschließen.
Termine für Straßenfeste, Pfarrfeste, Feste der Diakonie etc. an denen die JS mitwirken soll, müssen rechtzeitig erfragt werden und in der Planung mit berücksichtigt werden.

Mittelfristige P.-Planung
(alle drei Monate)
Hier muß das ganz konkrete P. für die einzelnen Gruppenstunden festgelegt werden. Dabei müssen wir auf ein abwechslungsreiches P. bedacht sein (nicht immer Fußballspielen, weil uns nichts besseres eingefallen ist!) und genügend Höhepunkte einplanen (mindestens einmal pro Monat).
Welche Materialien müssen rechtzeitig beschafft werden? Welche Räume müssen frei sein? Müssen Filme bestellt werden (bei der Bildstelle)? Wer muß alles informiert werden?
Freizeiten müssen ausgeschrieben werden, Höhepunkte im P. müssen den Jungscharlern rechtzeitig bekanntgegeben werden.

Kurzfristige P.-Planung
(alle zwei Wochen)
Habe ich alle Materialien, Räumlichkeiten etc., die zur Durchführung der kommenden Gruppenstunden notwendig sind? Wenn nicht: kann ich diese noch rechtzeitig besorgen? Wenn nicht: was für ein Ersatzp. wäre durch Vorziehen einer anderen geplanten Gruppenstunde schon jetzt

möglich, weil ich dafür alle Materialien schon habe? Es ist vorteilhaft, wenn man die Gruppenstunden immer gleich aufbaut, z. B.: Gruppenmitglieder begrüßen, ein Lied singen, Hauptp., Bekanntmachungen, Lied. Wir sehen also, wie nötig eine breit angelegte frühzeitige Planung unserer JS-Arbeit ist. Bei ungenügender Planung wiederholen sich einzelne P.-Punkte (z. B. Fußballspielen) zu häufig, Höhepunkte sind nicht eingeplant (wir verpassen, die entsprechenden Anmeldetermine für Freizeiten in unserer JS bekanntzugeben), Räume, die wir benötigt hätten, sind belegt, Material nicht vorhanden und Filme, die wir hätten zeigen wollen, nicht bestellt. Dadurch wird die JS-Stunde für die meisten Teilnehmer langweilig, und wir selbst sind enttäuscht von der fehlenden Resonanz unserer Bemühungen.

Woher kommen unsere Ideen für eine gute P.-Planung?
Vorgehensweise: einfach einmal generell alles aufschreiben, was wir mit der Gruppe machen möchten (Spielabend, Geländespiel, Ortskundung, Dorfspiel, Fahrradfahren, Schwimmen, Quizabend, Disko, Nachtwanderung, Singabend, Theaterspiel, Basteln etc.). Alte P.-Planungen von älteren und erfahreneren JS-Leitern durchsehen. Ideen aus Zeitschriften für Jungscharleiter holen. Dann konkret werden. Was fällt mir z. B. zum Thema Basteln ein (Laubsägearbeit, Turm bauen aus Pappe, Das-bin-ich Männchen, Kerzenziehen etc.)? Schließlich die P.-Punkte auf die einzelnen Gruppenstunden verteilen. (Wir ziehen Kerzen am 22. Mai.)

⇨ Höhepunkte
jg

Projektarbeit

Da bietet eine JS-Gruppe die Möglichkeit zum gemeinsamen Spielen während der Ferien im Rahmen des Stadtferienprogramms an. Eine andere JS-Gruppe betreut längerfristig ein Biotop in der Nähe

Programmplanung
Ein Programm ist ein (Arbeits-)Plan, in dem die Reihenfolge von Veranstaltungen, Themen und Inhalten aufgeführt sind. In der JS-Arbeit hat man die Möglichkeit, ein Monatsprogramm, ein Quartalsprogramm (mit vierteljährlichen Festen und Höhepunkten) oder auch eine Jahresübersicht aufzustellen.
Die P. hilft, die Aufgaben innerhalb des Mitarbeiterteams sinnvoll zu verteilen und vermeidet Doppelungen bei Andachten und Spielen.
Bausteine für die P. werden als JS-Vierklang bezeichnet: Singen, Spielen, Andacht, Erzählung. Aus solchen Bausteinen sollte ein normaler JS-Nachmittag bestehen.
Daneben lebt die JS-Arbeit von Programmhöhepunkten, die aber meist eine längerfristige P. erfordern (Feste, Ausflüge, Freizeiten u. a.).
Wichtig ist, daß Abwechslung im Programm vorkommt: Nach einem Geländespiel wird z. B. ein ruhiger Erzählnachmittag eingeplant. Um diese Abwechslung im Blick zu haben, empfiehlt es sich, mindestens monatlich zu planen.

⇨ Planung
gj

ihrer Stadt. Eine andere baut in einer Projektwoche Kanus oder wieder eine andere führt eine selbstverwaltete Freizeit durch. Das sind nur einige Beispiele für Aktionen und Projekte, die über den JS-Stundenalltag hinausgehen und von vielen Mitarbeitern verstärkt aufgegriffen und durchgeführt werden. Warum tun sie so etwas? Zum einen sicherlich, weil die Arbeit in Aktionen und Projekten schon immer zur JS-Arbeit mit dazugehört hat. So ist unsere Freizeitarbeit P. Zum anderen aber, weil die Arbeit in diesen Formen eine Antwort auf die Situation von Kindern in unserer heutigen Gesellschaft ist.

Gegen die Wirklichkeit aus zweiter Hand

Durch den verstärkten Medienkonsum erleben viele Kinder die Natur, aber auch menschliche Beziehung nurmehr aus zweiter Hand. Sie erleben nicht mehr selbst, sondern sind Zuschauer. So erleben sie beispielsweise das Wachsen und Werden von Pflanzen und Früchten nicht mehr durch eigenhändiges Einsäen und Pflegen, wozu dann auch das Gießen, Unkrautjäten etc. gehört und wo geduldig gewartet werden muß, sondern sie sehen einen Film, der in Minutenkürze diesen Vorgang vor Augen führt. Sie erleben am Bildschirm, wie eine Freundschaftsclique Abenteuer besteht, zueinander steht und sich auch manchmal streitet, leben aber immer seltener selbst in solchen Gruppen. Werte und Problemlösungen werden von dort übernommen und nicht mehr selbständig kreativ erlebt und erarbeitet. Leben aus zweiter Hand heißt aber auch noch mehr: Im Schulunterricht und manchmal auch in unseren JS-Stunden werden den Kindern Problemlösungen vielfach vorgegeben. Der Mitarbeiter erklärt, wie ein Problem gelöst werden muß. Das fängt beim Basteln und Werken schon an, trifft aber auch bei anderen Themen wie z. B. Angst, Liebe und Streit ebenso zu. Nur noch selten werden die Kinder selbst aufgefordert, die Dinge in die Hand zu nehmen oder darzustellen, wie sie in bestimmten Situationen handeln würden. Genau an dieser Stelle setzt die P. an.

Was ist ein Projekt?

Hierzu gibt es ein schönes klassisches Schulbeispiel im wahrsten Sinne des Wortes.
Am Beginn des »Thyphusbeispiels« steht die Tatsache, daß Marie und Johnny Smith in der Schule fehlen. Die Schüler vermuten, daß die Ursache der Thyphus ist, der in diesem Haus herrscht. Sie finden ihre Vermutungen bestätigt, forschen nach der Ursache des Thyphus und suchen nach Maßnahmen der Verhütung. Herr Smith erhält einen Bericht, in dem die mutmaßliche Hauptursache des Thyphus genannt wird, nämlich die Fliegen; außerdem werden ihm selbstgebaute Mittel zur Fliegenbekämpfung wie Fliegenfallen, Müllkübel u. ä. übergeben. Die Schüler hatten mit diesen Maßnahmen Erfolg: Das Haus wurde im nächsten Jahr nicht vom Thyphus heimgesucht. Die Schüler haben aufgrund ihrer Untersuchungen sowie der Herstellung von Materialien zur Bekämpfung des Thyphus zur Verbesserung der gesellschaftlichen Verhältnisse beigetragen. Aus diesem Beispiel haben die Pädagogen Patrick und Dewbey das Projekt wie folgt definiert:
Jedes von einer Absicht geleitete Sammeln von Erfahrungen. Jedes zweckgerichtete Handeln, bei dem die beherrschende Absicht als innerer Antrieb das Ziel der Handlung bestimmt, ihren Ablauf ordnet und den Motiven Kraft verleiht. Die Merkmale eines Projektes sind also vier Punkte, die sich gegenseitig bedingen: Bedürfnisorientierung; Gesprächsorientierung; Selbstinformation / Selbsttätigkeit; Handlungsorientierung (nicht Produktorientierung).

Bedürfnisorientierung: Es ist klar, daß wir unsere Arbeit nicht nur an den Bedürfnissen ansetzen dürfen. Das wäre stark einseitig und birgt Gefahr, wie sich an der antiautoritären Erziehung nachweisen läßt. Es geht darum, zwischen objektiven und subjektiven Bedürfnissen zu unterscheiden.
Als Leitfragen der Bedürfnisermittlung könnte z. B. dienen:
Was findest du in deinem täglichen Leben und in deiner Umwelt so schlecht, daß man es eigentlich ändern müßte?
Was würdest du gerne selbst tun, wenn du es selbst mitbestimmen könntest?
Diese Fragen müssen beantwortet werden, damit wir in unserer Arbeit mehr als eine Freizeitbeschäftigung praktizieren.
Gesprächsorientierung: Das Gespräch ist notwendig zum Herausarbeiten der Bedürfnisse und zur Entscheidungsfindung und ist in den weiteren Phasen des Projekts wichtig. Im Gespräch wird das Projekt

gemeinsam strukturiert, das Vorgehen geplant, die Aufgaben, Funktionen und Rollen verteilt. Ein Projekt ermöglicht viele soziale Beziehungen, nicht nur innerhalb der Gruppe, sondern auch darüber hinaus. Dabei darf das Gespräch nicht überbetont werden, da der Zwang, alles in Worte umsetzen zu müssen, zu Langeweile führt und hauptsächlich die fördert, die eben gerne und gut reden können. Übergeordnet ist immer das Tun. Das Gespräch kann immer nur Mittel zum Zweck sein.

Selbstinformation / Selbsttätigkeit: Damit es zu einem sinnvollen Handeln kommen kann, werden Informationen benötigt. Das selbständige Zusammentragen von Informationen dient dem Handeln und muß auf dieses Ziel hin überprüft werden.

Handlungsorientierung: Die vorrangige Aufgabe von Projekten besteht in der Veränderung von Situationen. Projekte sind nicht produktorientiert. Selbst wenn dabei etwas hergestellt wird (z. B. Kanus), steht doch das soziale Lernen, das gemeinsame Planen und Durchführen und Auswerten (Dokumentation) im Vordergrund.

Motivation, Themenfindung: Diese Phase ist für das Gelingen eines Projektes ausschlaggebend. Der Mitarbeiter bringt dabei selbst motivierende Informationen ein (Bilder, Filme, Berichte etc.). Sie/Er regt die Jungscharler zu einer eigenen Informationssammlung an. Dann kann gemeinsam ein sinnvolles Thema gewählt werden.

Planung: Dabei ist die Grundfrage: *Was müssen wir tun, um was zu erreichen?* An dieser Stelle ist es wichtig, wahrzunehmen, daß wir als Mitarbeiter zwar wissen, daß eine sorgfältige Planung für den erfolgreichen Verlauf eines Unternehmens wichtig ist, aber eben von den Kindern selbst gemacht werden muß. Wird der eigene Wissensvorsprung des Mitarbeiters zu einer Verpflichtung für die Gruppe, dann kann man ein Projekt sehr schnell totplanen. Leitfragen, die helfen können, ein Projekt zu strukturieren, können folgende sein: *Was wollen wir erreichen? Welche einzelnen Schritte bringen uns diesem Ziel näher? Was gehört noch alles mit zu dem Thema? Wo wollen wir Schwerpunkte setzen? Welche Materialien und Informationen benötigen wir? Woher bekommen wir diese? Welche Arbeitsformen eignen sich besonders? Wer kann uns helfen? Wie verteilen wir die einzelnen Aufgaben? Wie können wir die Kosten decken? Finanzierung (eigene Arbeit, Spenden, Verkauf, Aktionen).* Und ganz wichtig die Frage: *Wie können wir die Arbeitsergebnisse anderen weitergeben.*

Durchführung: Bei der Durchführung geht es nicht um Vollkommenheit. Wesentlich ist das selbständige und eigenverantwortliche Handeln. An dieser Stelle kann man gar keine genauen — für alle Projekte zutreffenden — Angaben machen.

Dokumentation: Eine Dokumentation kann verschiedenen Zwecken dienen: z. B. der Aufklärung über festgestellte Mißstände, um eine Basis für Veränderungen zu schaffen, oder Informationen über die Hintergründe und Ziele einer Aktion, um Unterstützung (gleich welcher Art) zu finden, oder Rechenschaft über das Projektziel zu geben, oder ganz einfach, um Spaß zu haben. Nicht alle Projekte eignen sich für eine Dokumentation. Das Ziel der Dokumentation kann einen unguten Leistungsdruck hervorrufen und zum Selbstzweck werden. Eine narzistische Zurschaustellung muß vermieden werden. An Möglichkeiten zur Dokumentation gibt es eine breite Palette. Beispielsweise Vorführungen, Ausstellungen, Wandzeitung, Schautafel, Fotoschau oder auch Film, Berichte für Zeitschriften, Verkauf der Produkte oder das Angebot des Mitmachens. Projekte sind eine gute Möglichkeit, mit unserer JS-Arbeit an die Öffentlichkeit der Gemeinde oder auch darüber hinaus zu gehen. Insofern ist die P. immer auch missionarische Arbeit.

Zusammenfassung

Kinder werden in unserer Gesellschaft in der städtischen Öffentlichkeit zunehmend an den Rand gedrängt. Es werden spezielle Orte für Kinder eingerichtet: Spielplätze, Schulen etc. Das gesellschaftliche Leben scheint ein Leben für Erwachsene zu sein. Diese Haltung Kindern gegenüber macht auch vor unseren Gemeinden nicht halt. So werden sie beispielsweise aus dem Gottesdienst geschickt mit den Worten: Und jetzt gehen die Kinder in ihre Räume – als wenn der Gemeindesaal nicht ihr Raum wäre. Spielzeug und Literatur für Kinder wird weitgehend nach kommerziellen und ökonomischen Gesichtspunkten hergestellt. In Produktion und Auswahl beim Kauf sind hauptsächlich Erwachsene beteiligt. Kulturelle Angebote und Aktionen für Kinder werden selten dem kindgemäßen Bedürfnis nach Bewegung und Aktion entsprechend geplant. Das Erlernen von kulturellen Begabungen, beispielsweise Musik, Sport etc. ist oftmals abhängig vom sozialen Status der Familie, in der die Kinder aufwachsen. In unserer JS-Arbeit können wir deutlich machen, daß uns Kinder wichtig sind. Durch die Arbeit in Kleingruppen können wir dem zunehmenden Individualisierungsprozeß entgegenwirken und Kinder zur Teamarbeit befähigen. Durch die gemeinsame Arbeit in Projekten können wir dem Gefühl der Nutz- und Wertlosigkeit entgegenwirken und Räume schaffen, in denen menschliche Würde, Selbstwertgefühl – eben einfach die wichtigsten Grundlagen zur Bewältigung des Lebens – geschaffen werden können.

km

Psychologie

(gr.: psyche = Atem, Seele) P. ist die Wissenschaft, die die bewußten Vorgänge und Zustände sowie deren Ursachen und Wirkungen untersucht (nach Rohracher). P. ist die Wissenschaft von den subjektiven Lebensvorgängen, die gesetzmäßig mit den objektiven verknüpft sind (nach Pauli).

Prinzipien der empirischen P.:
Prinzip des Geschehens: Gegenstand der P. sind Vorgänge / Zustände;
Prinzip des Organischen: Diese Vorgänge gehören zu den Lebenserscheinungen und weisen ihre allgemeinen Eigenschaften auf: Vorkommen an einer Person, Wechselwirkungen, individuelle Ausprägung, Entwicklung, Anpassung, Vererbung, Krankheit, Zweckmäßigkeit etc.
Prinzip der Subjektivität: Manche Vorgänge sind nur von ihrem Träger so zu erfahren (Bewußtseinsp.).
Prinzip der gesetzmäßigen Verknüpfung: Die seelischen Vorgänge treten nicht isoliert auf; sie stehen in Zusammenhang mit objektiven Lebensprozessen. Die Entwicklungsp. beschäftigt sich mit dem Tausch von der Rolle als Kind zur Rolle als Erwachsener.

⇨ Entwicklungspsychologie

jg

Q

Quatsch

Q. wörtlich übersetzt heißt: dummes Gerede. Mit dieser Übersetzung bekommt Q. einen sehr negativen Beigeschmack. Auf dummes Gerede ist jederzeit verzichtbar. Es lenkt vom Thema ab und nimmt der Sache den wohlverdienten Ernst.
Q. hat aber dennoch eine positive Seite. Q. machen heißt: Dinge machen, die ohne konkretes Ziel sind. Reden, spielen, toben, lachen, lustig sein und mit anderen zusammensein. Die Grenzen, das Zerstören von Gegenständen und das Verletzen von Freunden, dürfen nicht überschritten werden.
Q. kann in solchen Situationen auch die Kreativität des einzelnen anregen und ohne es zu wollen, zu neuen und guten Ideen führen.

⇨ Ideenbörse ⇨ Kreativität

ag

Quellen

Übergang einer unterirdischen Wasserader in ein oberirdisches Steh- oder Fließgewässer. Da Gott dem Wasser für die Erhaltung des Lebens auf dem Planeten Erde (der blaue Panet!) eine besonders wichtige Rolle zugedacht hat, ist dessen Vorkommen in Reinkultur von lebensnotwendiger Bedeutung. Die natürlichste Methode, an das gut gefilterte Grundwasser heranzukommen, ist die Q. Der Mensch hat durch das Graben und Bohren von Brunnen eine weitere wichtige Möglichkeit dazugeschaffen.
Schon in der Bibel ist die Q. zu dem Begriff für die Grundversorgung unseres Lebens geworden (z. B. Ps 36,10: »Denn bei dir ist die Quelle des Lebens ...«).
Gott bezeichnet sich selbst als Q. (Jer 2,13). In Gottes neuer Welt wird eine Q. vom Thron Gottes ausgehen und alles mit dem Wasser des Lebens erfüllen (Off 22,1f).
In verschiedenen Werbetexten wird deutlich, wie diese tiefe menschliche Sehnsucht nach der Q. des Lebens in einer Konsumgesellschaft befriedigt werden soll: z. B. durch ein Versandhaus, das alle Wünsche befriedigt oder ein Mineralwasser, das Prestige vermitteln kann. Seltsame Ersatzq. hat der Mensch erfunden. Es steht schon fest, daß sich diese als Zisternen erweisen werden (wie uns schon Jeremia berichtete). Die Kinder in den JS-Gruppen brauchen eine Q.-Angabe und Wegbeschreibungen, sonst müssen sie unnötig viele Zisternen abklappern.

⇨ Schöpfung

bh

Quertreiber

Immer wieder kommt es vor, daß einzelne Kinder völlig aus der Reihe tanzen und uns das (Gruppen-)Leben schwer machen. Rausschmiß ist oft die ebenso letzte wie schlechteste Lösung. Einige Fragen können zur Klärung helfen:

Wie hätten wir sie denn gerne?
Wie soll meine JS-Gruppe sein? Welche Ziele habe ich mit dieser Gruppe oder mit einzelnen Kindern?

Wie sind sie denn wirklich?
Wer sind denn die Q.? Vor allem: *Wie* sind sie? Was nervt an ihnen? Wodurch stören sie? Wann stören sie? Aber auch: Was sind ihre positiven Seiten? Wo bringen sie sich ein? Was macht ihnen Spaß?

Warum sind sie so?
Was sind die Ursachen für ihr Verhalten?

Kinder, die uns schwierig erscheinen, haben oft ganz große Probleme mit sich selbst: seelische Verletzungen, Mißhandlungen, Mißbrauch, Benachteiligung, fehlende Zuwendung oder Überforderung können Ursachen für auffälliges Verhalten sein.

Was will ich konkret für diese Jungscharler?
Wie können wir unsere Ziele für dieses Kind erreichen? Was braucht dieses Kind? Ganz entscheidend ist dabei die persönliche Zuwendung, die auch Rückschläge aushält, und der Versuch, das Vertrauen des Kindes zu gewinnen. Und: gerade die Q. brauchen unsere Fürbitte vor Jesus.

⇨ Konflikte   ⇨ Aggressionen

jba

Quiz

Grundsätzliche Überlegungen
»Nur wo der Mensch spielt, ist er Mensch!«
(Friedrich Schiller)
Q. ist eine Form des gemeinsamen Spiels. Die Betonung liegt hier auf *gemeinsam*. Q. sollte immer in Gruppen gespielt werden, damit gemeinsam gejubelt und sich gefreut werden kann. Genauso lassen sich auch Niederlagen besser verkraften.
Das Q. dient dazu, sich im Kräftemessen zu üben, sowohl im körperlichen, wie im geistigen Bereich. Jedoch sollte es nicht nur eine reine Wissensabfrage sein.
»Wissen ist Macht. Nichts zu wissen, macht nichts.«
Wenn sich da nicht jemand schwer getäuscht hat, zumindest im Hinblick auf ein Q.
Wie langweilig und frustrierend muß ein Q.-Nachmittag werden, bei dem es nur um reine Wissensabfrage geht.
Mal ehrlich: Wer von uns Mitarbeitern weiß denn, wo der höchste Turm steht, wie das schnellste Auto heißt oder wer bei der Olympiade 1836 »Gold« beim 100-m-Lauf gewann, wenn er es nicht gerade selbst im Lexikon nachgeschlagen hat?

Wie soll es da erst ein Jungscharler wissen? Besonders bei denen, die ein geringeres Allgemeinwissen haben, wird sich bald Resignation und Langeweile einstellen. Das wiederum führt zu Desinteresse und Frustration.
Frustration wird sich aber nicht nur bei den Jungen und Mädchen einstellen, sondern auch bei uns Mitarbeitern, die sich über verärgerte und schlechtgelaunte Kinder Gedanken machen müssen.
Die Alternative heißt: Weg von reiner Wissensabfrage und Frustration hin zu Erlebnis und Begeisterung, wo alle beteiligt und die Chancen zum Sieg einigermaßen gleich verteilt sind.

Von den Vorerfahrungen der Kinder ausgehen
Was kennen unsere Jungscharler schon? Wo leben und spielen sie?
Naturerfahrungen: Sicherlich kennen die meisten Jungscharler einige der einheimischen Singvögel. Daraus kann folgendes entstehen: Aus dem Tieratlas habe ich eine Vögel-Übersichtskarte fotokopiert (Farbkopie!). Die Namen der bekanntesten Vögel habe ich abgedeckt (Tipp-Ex) und jedes der Tiere mit einer Zahl versehen. Parallel bekamen die Jungscharler einen Zettel mit Vogelnamen, die mit einem Buchstaben versehen waren. Nun mußten die Buchstaben den richtigen Zahlen zugeordnet werden.
Fernseherfahrungen: Auch als Laien sind wir Profis. Profis in Sachen Jugendarbeit, die es verstehen, auch in Konkurrenz zum Fernsehen aufzutreten. Aber warum sollen wir uns nicht die guten Einfälle des Fernsehens zunutze machen? Die Jungscharler kennen doch Q.-Sendungen aus den Medien, etwa »Der große Preis«, »Die Montagsmaler«, »Dingsda« o. ä. Wenn wir uns die Mühe machen, diese Sendungen auf unsere Gruppen zuzuschneiden, bekommen wir einen tollen Nachmittag, *denn bei uns sind die Jungscharler die aktiven Kandidaten und nicht nur bloße Fernsehkonsumenten.*

Von meinen (Spiel-)Erfahrungen ausgehen
Auch Mitarbeiter haben einige Erfahrungen mit Gesellschaftsspielen, die sich auch gut, in abgewandelter Form, als Q. eignen (z. B. Denkfix, Tabu ...).

Medien beleben das Geschäft
Der Einsatz von Medien veranschaulicht vieles oder liefert neue Ideen für ein Q. Für mich gehören nicht nur der Overhead-Projektor (z. B. Montagsmaler), der Kasettenrecorder (z. B. Musik- oder Geräuscheq.) und Video (z. B. Filmausschnitte) dazu, sondern auch der Diaapparat, genauso wie Fotokopien oder die Bibel.

Q. ist eine Form des Wettkampfes
Q. fordern heraus. Ihr Reiz liegt auch darin zu gewinnen. Gewinner müssen m. E. einen anderen Preis erhalten als die Verlierer, sonst fühlen sich die Gewinner um ihren Sieg betrogen.
Die Preise müssen überhaupt keinen materiellen, aber einen ideellen Wert haben. Pokale aus goldlackierten Joghurtbechern sind auch sehr schön. Wer will, kann sie ja mit Bonbons o. ä. füllen.

Chancen und Ziele von Q.
Die Teamarbeit wird gefördert. Gaben und Fähigkeiten können entdeckt und gefördert werden. Sie dienen der Konzentrationsförderung und Stärkung der Persönlichkeit. Soziales Lernen wird gefördert (Umgang mit Sieg und Niederlage, Frustration, Fairneß, Kooperation ...) Umgang mit der Umwelt und Gleichaltrigen. Sie sind gemeinschaftsfördernd und schulen die Sinneswahrnehmung und die Beobachtungsfähigkeit.

Praktiziert und bewährt
Montagsmaler: Bei diesem Spiel gibt der Mitarbeiter einem Kind einen Begriff vor, den es auf dem Overhead graphisch darstellen muß. Innerhalb von 60 Sek. muß die Gruppe den Begriff erraten.
Tabu und Dingsda: Im Gegensatz zu den Montagsmalern muß hier ein Begriff verbal erklärt werden. Bei der Variante Dingsda (einfache Form) darf bei der Erklärung statt des Begriffes (z. B. Auto) auch Dingsda gesagt werden. Eine mögliche Erklärung könnte also lauten: »Das Dingsda hat vier Räder, einen Lenker und man kann damit fahren.«
Schwieriger ist die Variante Tabu. Auch hier muß ein Gegenstand o. ä. verbal (mündlich) erklärt werden. Dazu bekommt der Spieler eine (Kartei)karte (DIN A 7) mit dem Begriff. Darunter stehen jedoch fünf Wörter, die er nicht zur Erklärung heranziehen darf (z. B. Oberbegriff: »Auto«; Tabuwörter, die nicht genannt werden dürfen: Räder, Lenker, Kraftfahrzeug, km/h, fahren). Eine mögliche Umschreibung könnte so aussehen: »Mein Papa hat eins. Wenn er zur Arbeit muß, benutzt er es. Insgesamt passen fünf Leute rein. Wir waren damit auch schon im Urlaub. Vorne hat es den Motor, hinten den Kofferraum ...«
Wird der Begriff innerhalb von zwei Min. geraten, gibt es einen Punkt für die Ratemannschaft. Wird jedoch vom Spieler der Oberbegriff oder eins der Tabuwörter genannt, so bekommt die Gegenpartei den Punkt.
Wählt bitte Begriffe aus dem Erfahrungshorizont der Jungscharler, etwa Musik, Kino, JS, Bibel, Wohnort.
Aasgeierjagd: Aasgeierjagd heißt so, weil sich die Jungscharler wie die Aasgeier auf einen zu besorgenden Gegenstand stürzen werden.
Für dieses Spiel ist es erforderlich, daß jede Gruppe eine Bibel hat. Bitte *unbedingt* auf die gleiche Übersetzungsausgabe achten (Empfehlung: Lutherbibel 1984 oder Bibel in heutigem Deutsch). Jetzt nennt der Spielleiter eine Bibelstelle, z. B. Mt 6, 25. Dazu sagt er noch z. B. 16. Wort. Die Aufgabe der Jungscharler besteht darin, dieses Wort zu finden (hier ist es das Wort »Kleidung«), den dort genannten Gegenstand zu besorgen und der Spielleitung zu überreichen. In unserem Beispiel wäre die Gruppe Sieger, die dem Mitarbei-

ter als erstes ein Kleidungsstück überreicht.
Man sollte ungefähr 15-20 Begriffe suchen lassen. Eine Konkordanz erleichtert die Begriffeauswahl sehr. Die meisten Pfarrer und Hauptamtlichen verfügen darüber, aber auch die eigene Anschaffung ist sinnvoll.

Arbeitshilfen des CVJM
Hier finden sich immer wieder gute Q.-Vorschläge. Stöbert 'mal bei älteren Mitarbeitern in der Bibliothek nach: »Jungscharleiter«, Arbeitshilfe für die Jungschararbeit, »Der Steigbügel« für 13-16jährige (Verlag des ejw).

cp

R

Rallye

Franz. aus engl. »rally« (Zusammenkunft, Treffen). Der Begriff kommt aus der Sportwelt und bezeichnet lt. Duden einen »Automobilwettbewerb (in mehreren Etappen) mit Sonderprüfungen«.

In der JS-Arbeit wird diese Bezeichnung gerne für spielerische Wettkämpfe, z. B. Fahrradrallye, benutzt.

⇨ Spiel und Sport

Raumgestaltung

Jede JS-Gruppe hat einen Raum, der ihr zur Verfügung steht. Dieser Raum ist der Ort der gemeinsamen Begegnung, der Ort von Freude und Leid, von Stillsein und von Ausgelassensein. Die Ausgestaltung des Raumes liegt, abgesehen vom Mobiliar, das meistens vorgegeben ist, in den Händen der Gruppen.
Ein kahler Raum erzeugt das Gefühl der Kälte und des Unwohlseins. Deshalb sollten die Wände durch Arbeiten, die gemeinsam fertiggestellt wurden, geschmückt werden. Dem Ideenreichtum sind dabei keine Grenzen gesetzt. Nur zwei Punkte sind dabei zu beachten: Erstens sollten die Wände nicht zerstört werden, und zweitens sollten auch andere Gruppen, die den Raum mitbenutzen, die gestalterischen Arbeiten akzeptieren können.

⇨ Gruppenraum   ⇨ Kreativität

ag

Rechts-ABC

Minderjährige werden von den staatlichen Gesetzen geschützt und von einigen Verpflichtungen freigestellt (vgl. Grundgesetz – Art. 6 [GG]; Bürgerliches Gesetzbuch – §§ 1626 ff [BGB]; Strafgesetzbuch – z.B. §§ 180, 217, 223 b [StGB]; Jugendschutzgesetz; Gesetz über religiöse Kindererziehung [RelKErzG].
Mit der Geburt wird das Kind als voll rechtsfähig anerkannt – so kann z. B. ein Säugling schon Millionenerbe werden. Die vollen Rechte und Pflichten werden ihm aber nur schrittweise zugestanden – der Millionärssäugling kann sein Vermögen nicht selbst verwalten, sondern ist dabei auf die Fürsorge seiner Eltern angewiesen. Hier die wichtigsten Schritte auf dem Weg zur Volljährigkeit

Mit der Geburt: Rechtsfähigkeit § 1 BGB
Mit 6 Jahren: Schulpflicht
Mit 7 Jahren: Beschränkt geschäftsfähig § 106 BGB; Rechtsgeschäfte (Kauf, Tausch) darf das Kind von nun ab tätigen, allerdings nur mit Zustimmung der Eltern, es sei denn, der Kauf wird von dem Taschengeld bezahlt (§ 110 BGB). Beschränkt deliktsfähig § 828 BGB; Kinder sind nun – nach ihrer Einsichtsfähigkeit – verpflichtet, Schäden, die sie Dritten zufügen, zu ersetzen.
Mit 10 Jahren: Kinder haben bei Konfessionswechsel der Eltern ein Anhörungsrecht.
Mit 12 Jahren: Konfessionswechsel (auch Kirchenaustritt) kann nicht gegen den Willen des Kindes stattfinden.
Mit 14 Jahren: Beginn der Strafmündigkeit als Jugendlicher. Es gelten die besonderen Vorschriften des Jugendgerichtsgesetzes (JGG). Der Jugendliche kann frei über seine Konfession entscheiden.
Mit 18 Jahren: Volljährigkeit § 2 BGB Der Erwachsene kann unbeschränkt und ungeschützt alle Rechtsgeschäfte tätigen. Aktives und passives Wahlrecht; Wehrpflicht; bis 21 Jahre kann der Schutz des JGG (strafrechtlich verantwortlich als Heranwachsender) gelten.

Jeder dieser Schritte eröffnet dem Kind neue Rechte, aber auch neue Pflichten, von denen es bisher freigestellt war.
Bis zum 18. Lebensjahr bleibt die Verpflichtung bestehen, den Minderjährigen – entsprechend seinem Alter – zu beaufsichtigen. So gilt die Aufsichtspflicht auch für Jugendliche.
Träger der JS-Arbeit sind die jeweiligen Kirchengemeinden oder CVJM, die unterschiedlich – als eingetragene oder als nicht eingetragene Vereine organisiert sind. »Eingetragen« bezieht sich darauf, ob der Verein in das Vereinsregister des Amtsgerichts eingetragen worden ist. Der eingetragene Verein (e. V.) hat eine eigene Rechtspersönlichkeit, d. h. bei Verträgen oder Haftung wird nur der Verein und sein Vermögen, nicht aber das einzelne Mitglied in Anspruch genommen.

⇨ Jugendschutz ⇨ Checkliste Jugendschutz

um

Religionsunterricht

Nach dem *Grundgesetz* ist der R. an allen öffentlichen Schulen ordentliches Lehrfach. Die Inhalte werden von den Kirchen überwacht, die auch die fachliche Aufsicht über die Religionslehrer führen. R. darf erteilen, wer von seiner Kirche eine entsprechende Erlaubnis dazu bekommen

hat (ev.: Fakultas; kath.: Vocatio oder Missio).
Über die Teilnahme der Schüler am R. entscheiden bis zum 14. Lebensjahr (Religionsmündigkeit) die Eltern, danach entscheidet der Schüler selbst. In der Regel nehmen die Schüler am Unterricht ihrer eigenen Konfession teil, auf eigenen oder auf Wunsch der Eltern kann aber auch die Teilnahme am Unterricht der jeweils anderen Konfession erlaubt werden. In der letzten Zeit wird an immer mehr Grundschulen erprobt, den R. – meist in der 1. und 2. Klasse – im Klassenverband durchzuführen, wobei die Kinder abwechselnd von einem katholischen und einem evangelischen Lehrer unterrichtet werden.
Ziel des R. ist es, den Kindern auf der Grundlage der christlichen Tradition Hilfen für ihr eigenes und das Leben mit anderen zu geben. Dabei sollen sie die Bücher der Bibel und die biblischen Geschichten kennenlernen, sowie die christlichen Traditionen und Feste kennen- und begreifen lernen. In den höheren Klassen von Realschule und Gymnasium kommen Kirchengeschichte und Diskussionen über aktuelle Fragen hinzu, bei denen vom Glauben her Entscheidungen gefragt sind.

⇨ Schule

ur

Ritual

Eine wiederkehrende Handlung, die der Tradition entspricht, ist ein Ritus; die Gesamtheit solcher Handlungen ist das R. So gesehen, ist auch eine JS-Stunde mit ihren zahlreichen wiederkehrenden Handlungen (von der Begrüßung über das Kerzenanzünden vor der Geschichte bis zum Abschied) ein R. Riten machen Kindern Spaß, weil sie sich daran beteiligen können; und sie vermitteln ihnen Erfolgserlebnisse, weil sie durch Beobachtung und Gewohnheit wissen, wie sie richtig (lateinisch: »rite«) handeln können.
Nachteile des R. können sein, daß einzelne Bestandteile (z. B. Lieder und Losungsworte) für Kinder unverständlich sind und erklärt werden müssen oder daß einzelne Handlungen (z. B. Gebet, Segen) ausgeführt werden, ohne daß darüber nachgedacht wird.
Vorteile sind die große Verhaltenssicherheit, die die Kinder durch ein R. im Gruppengeschehen gewinnen (sie wissen, was »dran« ist) und die gefühlsmäßige Bindung. Gerade die religiösen R. der Kindheit (z. B. Abendgebete und -lieder) begleiten Menschen oft ein Leben lang und lösen auch dann noch positive Erinnerungen aus, wenn die geistige Kraft alter oder kranker Menschen gering ist.

⇨ Tradition

wl

Rollenspiel

Das R. ist mehr als nur eine Form des Theaterspiels mit verteilten Rollen. Hier ist weniger das Spiel wichtig als der Effekt, den es haben soll. Es dient als Hilfsmittel für verschiedene gehobene Zwecke, auch wenn es, wie ein Sketch, ein Nachahmungsspiel ist. Der Rollenbegriff ist nicht theaterbezogen; er wird soziologischmetamorphisch verstanden. Angewendet wird das R. in argumentierenden Situationen, in der Pädagogik und verwandten Gebieten: Lernspiel, Planspiel, Konflikt, Entscheidungsspiel ... Der normale Zweck des R. ist somit weniger der Vergnügungs-, vielmehr der Lern- und Erkenntnisanlaß.
In JS-Gruppen z. B. läßt sich ein R. sehr gut bei Rollen-Problematiken (-Konflikten, -Erwartungen) einsetzen. Die Möglichkeit zu einer Lösung ist durch das R. häufig gegeben.

Methodische Hinweise für den Einsatz
Ein Kind sollte nicht die eigene Rolle spielen, ein Rollentausch ist angebracht. Ein mehrfaches Durchspielen der Szene mit wechselnden Rolleninhabern ist empfehlenswert.
R. werden am Schluß ausgewertet. Soziales Verhalten wird besser und er-

kennbar, damit lernbar. Negatives Verhalten kann leichter korrigiert werden.
Ein Einsatz des R. eignet sich besonders bei Konflikten in der Gruppe, aber auch andere Problembereiche des Lebens lassen sich aufgreifen. Hat man welche gefunden, könnte man sie an einem Elternnachmittag vorspielen und damit die Erwachsenen auf die Probleme der Kinder aufmerksam machen. Das R. muß mehrmals durchgespielt werden, anschließend darüber sprechen, ob es realistisch dargestellt wurde. Wer hätte die Szene anders gespielt? Bei entsprechenden Vorschlägen wird die Szene noch einmal durchgespielt. Kinder können erfahrungsgemäß oft nicht länger als ½ Std. einem R. ihre Aufmerksamkeit widmen. Das R. benötigt unbedingt Zuschauer/Beobachter, die anschließend mitteilen, wie sie sich verhalten haben. Die Beobachter lernen, wie schwer es ist, genau zu beobachten, Situationen korrekt festzuhalten. Hier wird die Relativität von Wahrnehmung und Aussage gelernt.

Lernschritte
Kinder lernen, sich auszudrücken (verbal, nonverbal durch Gesten, Mimik, Motorik), frei zu sprechen.
Sie lernen Verhaltensweisen anderer vorwegzudenken, sie einzuordnen, Reaktionen einzuüben.
Kinder werden sensibler für das Verhalten anderer.
Kinder lernen, sich mit sozialen Problemen und Situationen auseinanderzusetzen. Schwierige Themen können durch ein R. anschaulich und verständlich nahegebracht werden.

Literatur
E. Achtnich, H. E. Opdenhoff: Rollen-Spiel-Karten. Burckhardthaus-Laetare / Christopherus Verlag, Gelnhausen / Freiburg 1973.
B. Grom: Methoden für Religionsunterricht, Jugendarbeit und Erwachsenenbildung. Patmos-Verlag, Düsseldorf 1976.

⇨ Methode   ⇨ Spielen   ⇨ Theater
⇨ Sketch

sd

Rotation

R. meint Kreislauf. Im übertragenen Sinne für die JS-Arbeit heißt das: Überalterte Gruppen ziehen keine jüngeren Kinder an. Aus ganz jungen Kindern bestehende Gruppen werden sehr schnell als »Kindergarten« abqualifiziert. Gerade im JS-Alter ist es deshalb besonders wichtig, daß Mitarbeiter auf die genaue Einhaltung der Altersstruktur ihr Augenmerk lenken. Im CVJM liegt die Altersspanne beim Einstieg bei 8/9 Jahren und das JS-Ausstiegsalter bei 12/13 Jahren. In jeder Gruppe muß es Begrüßungsfeste geben für Neue, die hineinwachsen, und mindestens einmal im Jahr offizielle Verabschiedungen von Kindern, die in die nächste Altersgruppe weitergeführt werden. Kein Mensch, egal wie alt, verläßt gerne, was er sehr gut kennt und fürchtet sich vor Neuem. Damit aber ein Gruppenprogramm sich wirklich frisch auf das eigentliche Alter ausrichten kann, müssen ältergewordene Mädels und Jungs in die entsprechenden Kreise durch schöne und gelungene Abschiedsfeste weitergeführt werden. Diese R. gilt es bei Planungen von Jahresprogrammen gezielt zu berücksichtigen. Kinder- und JS-Arbeit und die Arbeit an Jugendlichen muß in besonderer Weise die R. zur Selbstverständlichkeit werden lassen.

⇨ Übergänge

rw

Rucksack

Mittlerweile gehört der R. zu den Modetrends. »Man trägt R.« Nicht weil es Mode ist, sondern weil es sehr praktisch ist, eignet sich der R. als Gepäcktasche, besonders für Wanderungen. Es gibt viele verschiedene Ausführungen und Größen. Für Kinder empfehlenswert ist ein Tagesr., wetterfest, mit gutem Tragesystem, ca. 25-40l-Volumen. Kleine Außentaschen dienen zum Verstauen kleiner Utensilien. Wer allerdings eine Wanderfreizeit plant, sollte einen größeren R. mit 35-50l-Volumen nehmen. Es ist bei Kindern ratsam, einen Teil des Gepäckes (Zelte, Schlafsack, Isomatte, Lebensmittel) mit einem Begleitfahrzeug zu transportieren.

⇨ Fahrt ⇨ Zeltlager ⇨ Freizeiten
⇨ Checkliste Freizeiten

gw

S

Schallplatte

Die Frage »Wieviel Rillen hat eine Langspielplatte?« (Antwort: Auf jeder Seite eine), gehört in einem Quiz sicher bald der Vergangenheit an. Die kreisrunden Scheiben aus Schellack oder Kunststoff werden nicht mehr hergestellt. S.-Spieler und ihre kostbaren Diamantnadeln sind bald so antike Geräte wie Grammophone oder deren Vorläufer.

In manchen S.-Archiven ruhen Schätze, die es sich lohnt für eine Gruppenstunde auszugraben. Die Entwicklung vom Grammophon über den S.-Spieler zum CD-Player mit dazugehörigen Hörbeispielen kann schon Kindern einen Eindruck von Geschichte vermitteln. Vielleicht gelingt es aus fünf verschiedenen Jahrzehnten je ein christliches Kinderlied auf S. zu finden. Der Musikstil, die Sprache, die Nebengeräusche und die Plattencover zeigen die jeweilige Mode der Zeit auf. In dieser rasanten Entwicklung, die ja weitergeht, ist es beruhigend zu wissen: »Jesus Christus ist derselbe gestern, heute und in Ewigkeit.«

⇨ Medien

ed

Schaukasten

Viele Vereine und Kirchengemeinden besitzen einen Sch. Die besten Plätze sind an »Brennpunkten« im Ort/in der Stadt, also an Stellen, an denen täglich viele Menschen vorbeikommen und sich auch Kinder im JS-Alter aufhalten. Mit einem Sch.

hat eine JS-Gruppe die Möglichkeit, die Öffentlichkeit an seinem vielfältigen Gruppenprogramm teilhaben zu lassen. Der Inhalt eines Sch. soll Menschen anziehen und auch beim Lesen die Neugier auf die Veranstaltung oder das Programm wecken. Man kann auf Termine hinweisen und über den Verlauf von Veranstaltungen und Freizeiten berichten. Auch können sich die einzelnen Gruppen eines Vereins vorstellen. Fotos der Mitarbeiter, der Gruppe, Bilder aus dem Vereins- oder Gemeindeleben und von Freizeiten lockern die Texte und Berichte etwas auf.
Es ist gut, wenn ein Verein, eine Gemeinde oder die Gruppe einen Mitarbeiter abstellen kann, der sich um den Sch. kümmert. Denn in einem Sch. sollte sich das Gruppen- oder Vereinsleben widerspiegeln. Es ist auch wichtig, daß Informationen und Berichte nicht zu lange darin hängen (1-2 Wochen) und Abwechslung geboten wird. Für die Gestaltung des Sch. können auch Jungscharler mit eingespannt werden, indem sie zum Beispiel Plakate malen. Mit Bestimmtheit machen sie dann ihre Eltern und Freunde darauf aufmerksam, wenn sie ihr »Produkt« vorstellen dürfen. Damit ist dann der Werbezweck bestens erfüllt.

⇨ Werbung

ch

Schöpfung

In alttestamentlicher Zeit machte man sich über viele Jahrhunderte wenig Gedanken darüber, wie wohl die Welt entstanden sei. Das Staunen über diese faszinierende Sch. stand im Vordergrund (1. Mose 15, 5) und führte zwangsläufig zum Lob des Schöpfers (vor allem in den Sch.-Psalmen, z. B. 8; 90; 104; 139; auch Hiob 38-41). Es wird vermutet, daß das Volk Israel sich erst in einer Phase der Auseinandersetzung mit seinen Nachbarvölkern und deren Götter- und Sch.-Vorstellungen intensivere Gedanken über die Entstehung der Welt machte.

Worauf wollen die biblischen Sch.-Berichte hinaus?
Damit kommen wir auch gleich zu einem entscheidenden Punkt, dem Verständnis der beiden uns vorliegenden biblischen Sch.-Berichte. Wer aus ihnen etwas anderes herauslesen will als ein Zeugnis für Gott den Schöpfer, wird mühsam einiges hineininterpretieren müssen, was da gar nicht steht. Die Pointe des Sch.-Berichtes in 1. Mose 1,1-2.4a liegt doch gerade darin, daß die von einigen Nachbarvölkern als Götter verehrten Gestirne als »Lampen« bezeichnet werden, die natürlich von dem Weltenschöpfer ins Dasein gerufen wurden, aber deren Erschaffung nicht einmal vordringlich war: Erst am vierten Tag widmete er sich dieser Sache (1. Mose 1, 14-19). Ein anderes Licht göttlichen Ursprungs erleuchtete schon vorher (1. Mose 1, 3-5) das Arbeitsfeld der Weltensch. Geht man davon aus, daß derartige Gedanken von jüdischen Kriegsgefangenen im babylonischen Exil vertreten wurden, mußte das von den sternenanbetenden Kriegsgewinnern (die Babylonier eroberten im Jahr 587 v. Chr. Jerusalem; siehe Jeremia 39 ff) als eine absolute Dreistigkeit empfunden werden.
Die biblischen Sch.-Berichte bezeugen, daß die Welt nicht zufällig entstanden ist, sondern daß sie von Gott gewollt und ganz gezielt ins Dasein gerufen wurde. Der Schöpfer hat die Zeit erschaffen und damit bereits einen Rhythmus von An- und Entspannung angelegt, verschiedene Arten des Lebens und für diese auch entsprechende Lebensräume und er hat sich um die Versorgung aller Arten gekümmert. Was will man mehr?
Fragt man sich nun, wofür das alles gut ist und warum sich Gott mit seiner Sch. soviel Arbeit und Ärger bereitet hat, stößt man bei Paulus auf die kürzeste Antwort: »Zum Lob seiner Herrlichkeit« (Eph 1, 6.12.14). So einfach ist das wohl. In Jesus Christus ist Gott mit seiner Sch. wohl den entscheidensten Schritt vorangekommen. Das Ende mit der Wiederherstellung der paradiesischen Zustände (Leben des

Menschen in der unmittelbaren Nähe Gottes) steht uns noch bevor (Off 21, 22). Aber die Sehnsucht danach ist bereits in der ganzen Sch. angelegt (Röm 8, 19-22).

Warum gibt es zwei Sch.-Erzählungen?
Ähnlich wie im NT, in dem uns das Leben Jesu Christi aus vier verschiedenen Perspektiven vorgestellt wird, liegen uns auch zwei deutlich unterscheidbare Sch.-Berichte vor. Der erste wurde schon erwähnt, der zweite schließt sich diesem ohne Überleitung an (1. Mose 2, 4 b-25). Während im ersten Bericht das Wasser als ein bedrohliches Element dargestellt wird, das von Gott in bestimmte »Räume« verwiesen wird (1. Mose 1, 6-8), um dessen Chaosmacht zu bändigen, wird das Wasser in dem zweiten Bericht geradezu als ein Lebensmittel (1. Mose 2, 6.10) für eine Erde bezeichnet, »die aus Wasser und durch Wasser Bestand hatte« (2. Petr 3, 5). Der zweite Sch.-Bericht geht dann nahtlos in die Erzählung von der Ursache für die Verstoßung des Menschen aus der unmittelbaren Nähe Gottes über.
Grob gesagt, begegnen uns in den beiden Sch.-Berichten zwei verschiedene Sichtweisen des Lebens: Im ersten wird uns überliefert, warum alles so gut ist. Der zweite Text erzählt uns, warum alles so schlecht ist. Seit der Erschaffung der Welt können wir uns als Menschen nicht eindeutig auf eine Seite schlagen: wir erleben nun einmal beides, und darum ist es gut, daß beide Berichte nebeneinander stehenbleiben.

Wie lange dauerte ein Tag?
Ein Dauerstreit unter Christen in bezug auf den ersten Sch.-Bericht ist die Frage, ob es sich hierbei um 24-Stunden-Tage oder ob es sich um sehr große Zeiträume handelt, wobei die Tage dann bildhaft zu verstehen wären. Letztere Annahme wird vor allem durch wissenschaftliche Funde und Theorien unterstützt. Andererseits ist es Gott durchaus zuzutrauen, daß er alles mit einem minimalen Zeitaufwand ins Da- sein rief. Aber warum sollte er? Wer hätte ihn zur Eile drängen können?
Es liegt eher der Verdacht nahe, daß unser Zeitempfinden und Gottes Zeitvorstellungen grundverschieden sind: »... daß ein Tag vor dem Herrn wie tausend Jahre ist und tausend Jahre wie ein Tag« (2. Petr 3, 8; Ps 90, 4).

Schöpfungsverantwortung als vordringliche Aufgabe
In einer Zeit, die auch durch globale Umweltkatastrophen und düstere Szenarien bestimmt ist, ist das Zeugnis von Gott, dem Schöpfer des Himmels und der Erde, nötig. Erst in der Verantwortung gegenüber dem, der alles erschaffen und der den Menschen beauftragt hat, die Erde zu »bebauen und zu bewahren« (1. Mose 2, 15), ist es möglich, sich dem zuzuwenden, was getan werden muß und kann, ohne dabei in Allmachtsphantasien abzugleiten. Natürlich wird Gott »einen neuen Himmel und eine neue Erde« schaffen, »in denen Gerechtigkeit wohnt« (2. Petr 3, 13), aber wir wissen nicht, wie lange diese Erde noch gebraucht wird. Daher wollen wir uns nach bestem Wissen und Gewissen in der Verantwortung vor Gott für ein lebenswertes Dasein (auch für die nächsten Generationen) einsetzen. »Mag sein, daß morgen der Jüngste Tag anbricht, dann wollen wir gern die Arbeit für eine bessere Zukunft aus der Hand legen, vorher aber nicht« (Dietrich Bonhoeffer).

Wir können etwas tun!
Sch.-Verantwortung in der JS-Arbeit fängt damit an, Kindern Freude und Begeisterung an Gottes guter Sch. zu vermitteln. Dabei gilt es, erst einmal die eigene Einstellung zu überprüfen. Ich kann nur das weitergeben, was in mir drin ist. Joseph Cornell beschreibt die möglichen Schritte in seinem »Flow-learning«-Konzept: Begeisterung wecken – Aufmerksamkeit wecken – direkte Erfahrung ermöglichen – Begeisterung teilen. In seinen empfehlenswerten Büchern (was den methodischen Teil betrifft) hat er eine Fülle von Natur-

erfahrungsspielen zusammengestellt, die ohne großen Aufwand in der JS-Arbeit umgesetzt werden können. Viele Gruppen haben die Möglichkeit, auf eine Wiese oder in einen Wald zu gehen — das ist auf jeden Fall vorzuziehen. Einige Spiele können aber auch in einem Raum erprobt werden (auch der Regen gehört zur guten Sch.!). Neben den Sch.-Texten, der Noah-Erzählung und den Sch.-Psalmen eignen sich auch die Heilungsgeschichten Jesu sehr gut als Andachten in diesem thematischen Zusammenhang.

ble

Literatur
Joseph Cornell: Mit Kindern die Natur erleben
(Verlag an der Ruhr)
CVJM-Arbeitskreis Schöpfungsverantwortung (Hg.):
Wir können etwas tun! — eine ökologische Praxishilfe für die Kindergruppen- und Jungschararbeit
(CVJM-Westbund, Materialstelle, Postfach 202051, 42220 Wuppertal)
BUND-Jugend: Tips zur Saison
(BUND, Im Rheingarten 7, 53225 Bonn)

Schuld

Sch. kann in ganz unterschiedlichen Formen auftreten. Es gibt ein Sch.-Empfinden, das aus einem Handeln gegen die eigene Überzeugung entsteht — »subjektive Sch.« die aus dem Handeln gegen die geltenden Verhaltensnormen entsteht — »objektive Sch.« und es gibt eine »krankhaft empfundene Sch.«, die durch Ängste oder dem Zwang, alles richtig machen zu müssen, entstehen. Es gibt jedoch auch Menschen oder Gruppen, die trotz nachweisbarer Sch. (z. B. Autofahren mit zuviel Alkohol im Blut) keine Sch.-Gefühle entwickeln, ja sie vielleicht sogar als besonders mutig darstellen. Dadurch wird aber Sch. nicht kleiner oder unbedeutender!
Wenn Sch. aus christlicher Sicht betrachtet wird, dann muß der Begriff »Sünde« hinzukommen. Während also Sch. ein falsches Verhalten eines Menschen beschreibt, ist »Sünde« die Steigerungsform, die das gestörte oder sogar zerstörte Verhältnis des Menschen zu Gott, zu den Mitmenschen oder sich selbst aufzeigt. In den Urgeschichten am Anfang des AT (1. Mose 1-11) wird verdeutlicht, wie der Mensch die von Gott gesetzten Grenzen überschreitet, sich bloßgestellt fühlt, sich versteckt und die Sch. auf andere schiebt. Dieses Abschieben der Sch. zeigt, wie gemeinschaftszerstörend Sch. und Sünde ist, was im Brudermord (1. Mose 4) besonders deutlich wird. Weil Gott diese Zerstörung nicht will, hat er die Gebote gegeben und seinen Sohn Jesus Christus am Kreuz hinrichten lassen.

⇨ Vergebung

zg

Schule

»Jetzt wird auch noch in einem JS-Lexikon über Sch. geredet!«, mag mancher Leser vielleicht stöhnen. »Wir haben sie endlich hinter uns, und unsere Jungscharler sind froh, wenn sie mal nichts davon hören.«
Das mag nun zwar alles stim- men, aber trotzdem: Der Begriff Sch. gehört hier hinein. Denn: Die Sch. ist neben der Familie das bestimmende Umfeld, in dem unsere Jungscharler und zum Teil auch wir Mitarbeiter uns bewegen. Tages- und Jahresablauf wird von der Sch. bestimmt, Sch. greift direkt in unsere Arbeit hinein (Wandertage, Ausflüge, Klassenfahrten, beanspruchte Zeit vor Klassenarbeiten), und sie prägt ganz entscheidend die Kinder, mit denen wir es zu tun haben. Wertmaßstäbe, Einstellungen und Verhaltensweisen werden häufig, wenn nicht so gut wie immer, von Sch. beeinflußt. Deshalb ist es gut, sich mit schulischer Arbeit zu beschäftigen — kein Jungscharler kann seine Sch.-Erlebnisse und Erfahrungen vor der Gruppenraumtür abgeben.
Zunächst: Der Sch.-Besuch bedeutet in Deutschland Recht und Pflicht zugleich. Jeder Mensch hat das Recht auf Bildung,

es besteht aber für alle Kinder eine Sch.-Pflicht, unabhängig von Staatsangehörigkeit oder Religion.
Der Sch. kommen zwei Aufgaben zu, der Bildungs- und der Erziehungsauftrag. Das bedeutet, daß die Sch. den jungen Menschen zum einen zu einer Berufsausbildung befähigen soll, zum anderen soll im Rahmen des Erziehungsauftrages der Schüler lernen, »die Grundrechte für sich und andere wirksam werden zu lassen, (...) staatsbürgerliche Verantwortung zu übernehmen, (...) die Beziehungen zu anderen Menschen nach den Grundsätzen der Achtung und Toleranz (...) zu gestalten...« (Hessisches Schulgesetz). Zusammenfassend kann man also sagen, daß die Sch. den jungen Menschen einen Rahmen für die Gestaltung ihres eigenen Lebens vermitteln soll, menschlich wie »fachlich«.
Gegliedert ist das deutsche Sch.-System in zwei große Bereiche: den *Primarbereich (Grundsch.,* Klasse 1-4), der für alle Kin- der verbindlich ist. Ab der 5. Klasse teilt sich dann der weitere Bildungsweg auf in die Haupt- und Realsch. sowie die Gymnasien. Vorgeschrieben ist ein 9jähriger Sch.-Besuch, der nur aufgrund besonderer Bedingungen verkürzt werden kann. Daneben gibt es besondere Sch. für geistig-, körperlich- und verhaltensgestörte Kinder. Hinzu kommen etliche Privatsch. (z. B. Waldorfsch.), die aber ebenfalls der staatlichen Aufsicht unterliegen.
Den Eltern wird — von Bundesland zu Bundesland in unterschiedlichem Maß — ein weites Mitspracherecht eingeräumt. Die Sch.-Elternvertreter wirken mitbestimmend beim Sch.-Alltag; den Bildungsweg des Kindes bestimmen generell die Eltern.
Der Lehrplan läßt sich in verschiedene Bereiche einteilen: Naturwissenschaften, Gesellschaftswissenschaften, Sprachen, musische Bildung, Sport und Religion. Während die Lehrpläne für die einzelnen Fächer verbindlich vorgeschrieben sind, die Bildungsziele also recht fest definiert sind, liegt der erzieherische Teil in großem Maß in der Hand des Lehrers und der Sch.-Leitung. Das pädagogische Konzept erstellt jede Sch. (Kollegium) in eigener Verantwortung; somit sind große Unterschiede feststellbar. Während in der einen Sch. das pädagogische Arbeiten im Vordergrund steht, ist es an einer anderen Sch., vielleicht am selben Ort, eher die Wissensvermittlung. Dementsprechend unterschiedlich geprägt sind denn auch die Kinder, mit denen wir es in unserer Arbeit zu tun haben. Selbst wenn im erzieherischen Bereich noch große Übereinstimmung herrschen mag — im Bereich der Wertvorstellungen und des Menschenbildes muß es noch lange keine Übereinstimmung geben. So kommt es gar nicht selten vor, daß unsere Jungscharler zwischen dem, was die Sch. ihnen vermittelt und dem, was wir zu vermitteln versuchen, hin und hergerissen sind. Aggressives Verhalten und Ablehnung von bestimmten Meinungen und Verhaltensweisen haben oftmals hier ihre Ursache, zumal wenn vom Elternhaus her hier nicht korrigierend eingegriffen wird. Eine Lösung dieses Problems läßt sich, wenn überhaupt, nur durch Gespräche mit den Eltern, im günstigsten Fall mit dem betreffenden Lehrer finden. Viel Kraft- und Zeitaufwand sind aber hier erforderlich und fachmännische Hilfe oft dringend notwendig. Als Gruppenleiter kann ich nur versuchen, dem Kind zu vermitteln, daß nicht die eine Meinung richtig sein muß, sondern daß es eben Menschen gibt, die über Werte anders denken als wir — und daß wir diese Menschen und ihre

Meinung akzeptieren müssen. Wer versucht, ein Kind gegen den Lehrer oder die Sch. einzunehmen, schadet dem Schüler mehr, als er ihm hilft! Andererseits muß gesagt werden, daß gerade im pädagogischen Bereich viele Sch. und Lehrer gerne zur Zusammenarbeit bereit sind. Viele Möglichkeiten liegen hier noch ungenutzt.

⇨ Religionsunterricht

ur

Schulung

So wie ein Handwerker seine Arbeit nicht erledigen kann, wenn er nicht das richtige Handwerkszeug hat, so kann ein JS-Leiter auch keine JS leiten, wenn er dazu nicht das richtige Know-how hat. Bei den Sch., die von Vereinen, Landesverbänden und Bünden angeboten werden, soll das pädagogische, geistliche und praktische Handwerkszeug an den Jungscharleiter vermittelt werden. Jeder JS-Leiter und auch -Helfer muß darum an regelmäßigen Sch. teilnehmen. Hier können es spezielle Themen wie z. B. »Wie gestalte ich eine ganzheitliche JS-Stunde« als auch »Neue Spiele für die JS« oder »Erlebnisorientierte Verkündigung in der JS« sein. Ebenso ist es aber denkbar, daß in einer Sch. über die veränderte Lebenssituation von Kindern in unserer Gesellschaft nachgedacht oder der Frage nachgegangen wird, wie wir mit verhaltensauffälligen Kindern in der JS umgehen. Gerade weil JS-Arbeit einem ständigen Wandel unterworfen ist, ist regelmäßige S.-Arbeit nötig. In allen CVJM-Verbänden gibt es Spezialisten für diesen Arbeitsbereich, die regelmäßige S. anbieten. Hier gilt es, sich zu informieren und die Angebote wahrzunehmen. Verantwortliche Vereins- und Gemeindeleitungen sorgen dafür, daß JS-Leiter regelmäßig geschult werden. Nicht selten scheitern JS-Leiter an der Überforderung, die sie in der JS-Arbeit erleben. S. kann mithelfen, dem vorzubeugen.

⇨ Mitarbeiter

bh

Seelsorge

Auf dem Buchmarkt ist ein breitgefächertes Angebot an Literatur zum Thema zu finden. Gut, wenn auch JS-Mitarbeiter sich in dieser Richtung weiterbilden! In den folgenden Überlegungen wollen wir mehr nach der Methode des Lehrers aus der »Feuerzangenbowle« von H. Spoerl vorgehen: »Da stelle mer uns janz dumm, und da sage mer so«:

S. – was ist das?
Der Begriff kommt in der Bibel nicht vor. Dafür ist aber die Sache in der ganzen Bibel vorhanden: Mk 7, 33; Lk 10, 33 ff; Joh 1, 40-42; 2. Kor 6, 1 u. ä. Es geht also bei S. um die Mühe, einem Menschen nach Leib, Seele und Geist (also nicht nur seiner »Seele«!) um Gottes Willen zu helfen. S. will im letzten Menschen zu Jesus führen. S. heißt nicht, sich über die Not eines anderen »zer«-sorgen, sondern ihn mit dem »ver«-sorgen, was ihm wirklich hilft.

S. – wer darf das?
Man kann S. empfangen und S. geben. Jeder Mensch darf und soll S. empfangen: Mahnung, Tröstung, Ermutigung, Wegweisung, Vergebung, Lösung. Dietrich Bonhoeffer hat einmal geschrieben: »Was Gott uns über den Bruder geben kann, wird er uns nicht direkt geben.«
Jeder Mensch darf S. weitergeben. Nach evangelischem Verständnis ist das Recht zur S. nicht an ein besonderes Amt gebunden (»Allgemeines Priestertum aller Gläubigen«). Jeder Christ ist berechtigt, die Nöte eines anderen Menschen anzuhören, ihm vom Wort Gottes her zu raten, für und mit ihm zu beten und auch eine Beichte zu hören und Vergebung zuzusprechen.
Die Fähigkeit zur S. ist aber auch eine besondere Begabung einzelner Christen. Zu solchen Christen gewinnen Menschen schnell Vertrauen, sie reden mit ihnen leichter über persönliche Fragen und Nöte und bekommen wirklich vollmächtige Hilfe.
Kein S. weiß und kann alles. Seelsorger müssen selbst versorgt sein, d. h., sie müs-

sen sich von Gott und anderen Christen helfen lassen.
Ein Seelsorger muß die Menschen liebhaben, denen er dienen will. Wer über andere Menschen herrschen will, ist für die S. nicht geeignet.

S. – wie kommt es dazu?
Das Wort Gottes wird nicht als Postwurfsendung ausgestreut. Es wird persönlich in das konkrete Leben hineingesagt. Das ist generelle S.
Zeit, die Mitarbeiter haben: S. setzt Vertrauen voraus. Das kann sich nur entwikkeln, wenn Mitarbeiter nicht wie Daniel Düsentrieb durch die Gruppenstunden fegen. Wer damit rechnet, daß Gottes Wort Echo hervorruft, wird diesem Echo auch Raum schaffen, Zeit für Fragen, für Freude und Trauer, für Aussprechen von Nöten und guten Erfahrungen, für Bekennen von Sünde. S. ist nicht zuerst eine Handlung, sondern eine Haltung!
Aufmerksames Zuhören: Es kommt in der JS zu Gesprächen mit Kindern. Sie erzählen von sich. Nun gilt es, genau zu hören: Was will er eigentlich sagen? Was sagt er zwischen den Zeilen? Was sagt er nicht? Wo kann ich durch Fragen auf die Sprünge helfen? Im Gespräch höre ich aufmerksam zu Gott hin: S. ohne Gebet geht überhaupt nicht.
Angebot zur S.: Kinder wagen sich mit ihren »kleinen« Problemen oft nicht an die Großen heran, weil die ja »viel größere« Probleme haben. Deshalb muß Mut gemacht werden: »Ihr sollt wissen, daß ich jetzt Zeit habe. Wer einen Herzdrücker hat, der kann mit mir nachher darüber reden!«

S. – wie läuft das ab?
Kinder wollen etwas wissen! Sie verlangen nach einer Erklärung. Sie wollen auf den Grund gehen. Sie fragen nach, nach biblischen oder sonstigen Zusammenhängen, nach Geschehnissen und Sachverhalten. Seelsorger tun das nicht als Kindergeschwätz ab. Sie geben Antwort auf die Fragen. »Du kannst Kindern nur das erklären, was du auch selbst verstanden hast.« Und merke: Mitarbeiter sind keine wandelnden Lexika. Sie sagen auch, wenn sie etwas nicht wissen.
Kinder wollen etwas los werden! Manches Kind läuft mit einer heimlichen Last durchs Leben: Angst vor ..., familiäre Nöte, ein Lügennetz, in dem es sich verfangen hat, es ist mißbraucht worden, es hat gestohlen usw. Wenn es davon gesprochen hat, dann zeigt der Seelsorger ihm Jesus, den guten Hirten, der für es sorgt, Lasten abnimmt, befreit und beschützt. Er ermutigt, sich in einem Gebet Jesus mit dieser Not anzuvertrauen. Er betet für das Kind. Er segnet es mit einem Bibelwort. Falls im Umfeld etwas zu ordnen ist, baut der Seelsorger Brücken: zur Familie, zum Lehrer, zum Jugendamt, zur Polizei, zum Arzt ... Alles, was ein Seelsorger in einem solchen Gespräch hört, behält er für sich!!!!
Kinder wollen dazugehören! In der JS entdecken Kinder, daß manches in ihrem Leben mit Jesus nicht übereinstimmt. Wenn sie es in einem Gespräch bekennen, dann können wir ihnen im Namen Jesu Vergebung zusagen: »Der Herr Jesus hat das auf sich genommen, als er ans Kreuz ging. Er hält dir das nie mehr vor. Er hat es vergeben. Dafür kannst du ihm jetzt danken!« Das ist spezielle S. Gerade bei Kindern muß alle S. in Freiheit, ohne Angst und Druck geschehen.

⇨ Mitglied

rd

Segeln

Auch für Kinder im JS-Alter gibt es schon geeignete Segelboote. Der bekannteste Bootstyp ist der »OPTIMIST« (2,30 m lang, 1,13 m breit, 3,5 qm Segelfläche, 50 kg Gewicht, mit Sprietsegel). Der OPTIMIST ist sehr einfach zu handhaben und daher das ideale Kinderboot. Daneben empfiehlt sich der »CADET« (3,22 lang, 1,14 breit, 5,20 qm Segelfläche, 54 kg Gewicht), der für etwas größere Kinder geeignet ist. Diese Boote haben nur ein

Hauptsegel und einfache Beschläge. Sie können auch mit geringer Körperkraft bedient werden. Zudem sind sie beinahe kentersicher.
Neben den allgemeinen Verhaltensmaßregeln beim S. ist für Gruppen wichtig: Gesegelt werden sollte nur mit einem (segel-)erfahrenen Leiter und zunächst nur bei sehr leichtem Wind. Auf jeden Fall muß jedes Kind eine ohnmachtssichere Rettungsweste tragen. Die einzelnen Boote niemals aus den Augen lassen! Informationen über Möglichkeiten, mit einer Gruppe zu segeln, geben örtliche Segelvereine.

Sperrholzjolle
für die Jüngsten

Optimist

Länge 2,30 m
Breite 1,13 m
Tiefgang 0,65 m
Segelfl. 3,50 m²
Gewicht 50 kg

⇨ Spiel und Sport

jba

Segeln

Fortbewegungsart eines Schiffes auf dem Wasser, wobei die Kraft des Windes als Antriebskraft geschickt ausgenutzt wird. Solange Segelboote ohne Motor betrieben werden, sind sie, bis auf wenige Ausnahmen (z. B. Bodensee), führerscheinfrei. Außerdem gilt auf Schiffen grundsätzlich die Regelung, daß der Inhaber des Sportbootführerscheins zwar an Bord sein muß, daß er aber grundsätzlich jeder geeignet erscheinenden Person jede Funktion auf dem Schiff übertragen kann (z. B. auch die des Steuermanns). Auf kleinen Segelbooten kommt man mit einer Zwei-»Mann« — Besatzung aus: dem Vorschoter (er bedient das vordere Segel) und dem Steuermann, der gleichzeitig das Großsegel bedient. Bei JS-Freizeiten kann man vielleicht mal ein Segelboot mieten. Dann muß man jedoch, will man Jungscharler zusteigen lassen, erst einmal einige Sicherheitsmaßnahmen ergreifen. S. kann bei unsachgemäßem Verhalten ein erhöhtes Sicherheitsrisiko mit sich bringen! Haben die Eltern ausdrücklich erlaubt, daß ihr Kind segeln geht? Die Anzahl der Betreuer pro Jungscharler muß ausreichend hoch sein! Der Jungscharler muß über alle erdenklichen Gefahren zuvor aufgeklärt worden sein.

⇨ Spiel und Sport

jg

Segen

Segnet die Kinder — ein vergessener Auftrag!

S. in der Bibel
S. ist von Gott geschenkte Lebenskraft. S. ist das erste Wort Gottes zu seinen Menschen (1. Mose 1, 28). Damit befähigt er die Menschen, seine schöpferische Lebenskraft zu entfalten und weiterzugeben. S.

wird im AT in besonderer Weise als väterlicher S. auf Kinder weitergegeben (Abraham, Isaak, Jakob). Abraham erhält eine besondere S.-Verheißung (1. Mose 12). S. ist wirkkräftiges Wort mit schöpferischer Kraft, das sich als Fülle, Wohlstand, Gesundheit, Glück im Leben der Gesegneten auswirkt. S. ist verbunden mit Gehorsam (5. Mose 28), Vertrauen (Jer 17, 7), Einheit (Ps 133). S. ist Gottes Absicht mit seinem Volk, die durch nichts verhindert werden kann (Bileam: 4. Mose 22-24). Im priesterlichen S. wird Gottes gnädige Gegenwart zugesprochen (4. Mose 6, 24-26). Aller S. kommt von Gott. Menschen dürfen ihn vermitteln, indem sie S.-Worte aussprechen. Im NT heißt S. vor allem: Gutes reden. Sprachlich eng damit verbunden ist loben / Lobpreis. Auch Dankbarkeit und Bewunderung gehören zum S. Jesus richtet das S.-Wort sogar auf Feinde: »Segnet, die euch fluchen!« Denn das schöpferische S.-Wort überwindet Feindschaft und Fluch. In 1. Petr 3, 9 wird das S.-Wort als heilendes Gegenmittel gegen alles Böse beschrieben. Sehr schön auf englisch: »Pay back with a blessing.«
S. hat elementar mit Sprache zu tun. Unsere Worte sollen so sein, daß sie denen S. bringen, die uns zuhören (Eph 4, 29). Sonst wird der Heilige Geist betrübt und kann nicht durch uns wirken. Für Menschen, die im S. leben und arbeiten wollen, ist deshalb Sorgfalt in der Sprache besonders wichtig. Für die Arbeit mit Kindern vgl. auch Ps 34, 12 ff.
Mit der Kindersegnung zeigt Jesus ein Grundmodell für den richtigen Umgang mit Kindern. In der Begegnung mit Jesus fließt heilende Lebenskraft zu den Mädchen und Jungen. Seine zärtliche Berührung vermittelt intensiv die Liebe des Vaters.
Für die JS-Arbeit ist wichtig: S. heißt: Gutes denken, Gutes reden, Gutes tun. Ich darf den mir anvertrauten Kindern Gottes schöpferische und heilende Lebenskraft weitergeben mit Worten, mit Taten, mit meinem ganzen Sein. Empfangen und weitergeben ist der Grundrhythmus dafür. Dabei kommen wir selbst bei Gott

Seil

Mit einem S. kann man in der JS eine Menge erfahren. Allein mit den vielen Knoten und Bünden, die es gibt, ist es möglich, eine praxisnahe und erlebnisreiche Stunde zu gestalten. Hat man die Wintermonate fleißig Knoten geübt, kann man in der wärmeren Jahreszeit mit Hilfe verschiedener S. einiges herstellen (S.-Brücken, S.-Bahnen, Strickleitern). Mit Hilfe der Bünde lassen sich auch Holzstücke so verbinden, daß beim Kothen- und Jurtenbau, beim Herstellen von Kleider- und Gepäckablagen im Zelt nichts genagelt werden muß, alles wird gebunden. Das ist eine sehr zünftige Art, ein Zeltlager auszugestalten bzw. ein besonderes Abenteuer, eine S.-Brücke über einen Bach oder eine Schlucht zu bauen. Man kann auch sein gruppeneigenes selbstgebautes Baumhaus mit einer Strickleiter krönen oder im Zeltlager einen Lagerturm errichten, der von Stricken und S. gehalten wird. Handbücher zum Thema »Knoten« gibt es eine Menge, und es gibt auch einschlägige Fahrtenausrüster, die Tauwerk in allen Güten vertreiben.
Zu beachten ist, daß nur einwandfreies Tauwerk für S.-Brücken oder -bahnen benutzt wird. Bei der Herstellung von Gebrauchsgegenständen aus Holz ist es ohne weiteres möglich, älteres Tauwerk zu nehmen. Hingewiesen sei an dieser Stelle auf ein Standardwerk der Waldläuferkunst — »Das Häuptlingsbuch« von Günter Reinschmidt (Adresse s. Anhang).

⇨ Knoten ⇨ Spiel und Sport
⇨ Zeltlager

cr

zur Ruhe und werden von ihm gesegnet. Praktischer S. besteht oft in ermutigenden Worten, in Dankbarkeit und Bewunderung, einem freundlichen Händedruck, persönlichem Zuspruch, einem Gebet. Dabei kann auch der Arm behutsam um ein Kind gelegt werden oder die Hand auf den Kopf:
»Vater im Himmel, ich danke dir ganz besonders für ...« Du hast sie / ihn wunderbar gemacht. Ich lobe und preise dich für sie / ihn. ..., ich segne dich jetzt im Namen Jesu mit Frieden, Freude, einem fröhlichen Herzen, Gesundheit, Kraft ...«
(gute Wünsche, konkrete Fähigkeiten für besondere Aufgaben).
Der alte S. aus 4. Mose 6, 24 ff kann gesprochen oder gesungen werden, z. B. als regelmäßiger Schluß einer Gruppenstunde. Dabei kann man gut auch im Kreis stehen und sich an den Händen fassen. Im neuen Jungscharliederbuch stehen wertvolle S.-Lieder (183-188).

Der Herr segnet und behütet dich*;
der Herr strahlt vor Freude über dich*
und beschenkt dich * reich;
der Herr schaut dich * freundlich an,
er leitet dich * auf all deinen Wegen
und gibt dir * seinen Frieden.
* setze hier deinen eigenen Namen ein)
Nach 4. Mose 6,24-26

rr

Sexualität

Jeder Mensch ist ein sexuelles Wesen. S. ist nicht etwas an uns, das wir besitzen oder nicht besitzen können oder das ein genau eingrenzbarer Teil von uns wäre. Wir sind Sexualwesen in ganzer Person. Jede Zelle in uns ist männlich oder weiblich. Wir sind zu keiner Zeit neutrale Wesen – auch nicht als Kinder. Schon Säuglinge sind fähig, körperbezogene Empfindungen zu haben. Allerdings werden sie durch andere »Lustorgane« wahrgenommen: Durch Mund, Haut und After. S. läßt sich keineswegs auf bestimmte Organe begrenzen, obwohl es Organe gibt, die sexuell besonders empfindlich sind und obwohl die Fähigkeit, den Höhepunkt sexuellen Empfindens erleben zu können, an das »Funktionieren« dieser Organe und ein intaktes Steuerungssystem durch die Sexualhormone gebunden sind. Das Vermögen, sexuell zu sein, beansprucht unsere ganze Person. S. oder Geschlechtlichkeit meint die Fähigkeit, lustvolle körperbezogene Beziehungen zu sich selbst und anderen zu gestalten.»Als Sexualwesen sucht der Mensch nach Begegnungen, die ihn in seiner Ganzheit befriedigen: Sein Zärtlichkeits- und Lustempfinden soll gestillt werden, seine Hoffnung auf Geborgenheit und Frieden soll erfüllt werden, seine Sehnsucht nach Verstehen und Verstandenwerden soll zur Ruhe kommen – sei es auch nur für einen Augenblick. Unsere Sprache hat dafür das Wort Glück« (Helmut Kentler). Wenn Martin Luther das Wort für Geschlechtsverkehr mit »sich erkennen« übersetzt, dann trifft er damit etwas vom Wesen der Geschlechtlichkeit: Sie ist eine menschliche Gabe und Kraft, die zutiefst auf Gemeinschaft, Nähe und Verstehen zielt.

Kein Naturtrieb

Immer noch wird im Zusammenhang mit S. von einem Trieb gesprochen. S. wird dann so mißverstanden, als entstünden durch körperliche Prozesse und sexuelle Reize von außen sexuelle Spannungen in uns, die nach Entladung verlangen. In diesem Denkmodell des »Dampfkessels« wird S. als rein biologischer Naturtrieb verstanden wie Hunger und Durst, der gestillt werden muß. Daß S. anders als Hunger und Durst in eigener Verantwortung gestaltet und gesteuert werden kann, wird dabei völlig übersehen. Im »Dampfkesselmodell« wird die sexuelle Begegnung dann zum bloßen Ventil. S. wird auf Sex verkürzt, den man vielleicht noch durch bestimmte Techniken möglichst effektiv gestaltet. Allzuoft wird sexuelle Aktivität vom anderen mit dem Hinweis darauf eingeklagt oder erzwungen, »daß man selbst einen körperlichen Mangel empfindet und den Geschlechtsverkehr eben brauche.

Bei einer gelingenden sexuellen Begegnung geschieht mehr als die gegenseitige Erregung der Sinne. Die geschlechtliche Vereinigung bedeutet nicht nur Lustgewinn, sondern sie erschließt uns Bereiche des anderen, die sonst verschlossen bleiben. So ist S. auch ein Mittel des Sich-Verstehens und der Kommunikation. Wer sich so gegenseitig erkannt hat, der übernimmt nach biblischem Verständnis auch Verantwortung füreinander. Sexuelles Verlangen ist — anders als bei Hunger und Durst — auch nicht jederzeit und in gleicher Stärke vorhanden. So kann es etwa sein, daß jemand durch eine Arbeit, die ihn außergewöhnlich fordert, lange Zeit kein sexuelles Verlangen spürt. Es kommt auch vor, daß heranwachsende Jungen und Mädchen kein Bedürfnis nach sexueller Befriedigung verspüren, ohne das als Mangel oder Fehler zu empfinden. Häufig werden sie erst durch einen Partner oder eine Partnerin sexuell erweckt.

S. zwischen Tabu und Freizügigkeit
Wie wir zu unserer eigenen Geschlechtlichkeit stehen, hängt weitgehend von unserer Erziehung und von der Gesellschaft ab, in der wir leben. Obwohl sich in den vergangenen Jahrzehnten im Blick auf die S. so etwas wie eine Revolution ereignet hat, gehört S. für viele immer noch in den Bereich des Tabus. Wir erleben in unserer Gesellschaft eine nie gekannte Freizügigkeit und Zur-Schau-Stellung von S. Die Werbung arbeitet unverhohlen mit sexuellen Motiven — zumeist auf Kosten der Frauen. Nacktszenen fehlen in fast keinem Film — gar nicht zu reden von Filmen und Videoerzeugnissen, die S. mit Gewalt mischen und damit Geschäfte machen. Zugleich ist es in der Erziehung und in den Familien keineswegs selbstverständlich, ein positives Verhältnis zum eigenen Körper zu entwickeln. Der Satz »S. ist eine Gabe Gottes« wird zwar häufig zitiert, aber es ist weiterhin nötig, ihn durchzubuchstabieren. Das beginnt damit, daß Geschlechtsorgane wie jedes andere Körperteil mit Namen genannt werden, daß über die Vorgänge von Selbstbefriedigung, Zeugung, Schwangerschaft, Geburt und Verhütung selbstverständlich geredet werden kann. Wo über S. nur heimlich gesprochen werden kann, ist das ein Zeichen dafür, daß die Geschlechtlichkeit nicht selbstverständlich in die eigene Persönlichkeit integriert ist. Bei Jugendlichen ist die Zeit der Geschlechtsreifung (Pubertät) häufig mit einer Zeit der Verunsicherung verbunden, die sich zuweilen auch darin zeigt, daß über S. — trotz aller sachlichen Aufklärung — in Form von Witzen und Anzüglichkeiten — gesprochen wird. In unserer Gesellschaft gibt es gerade für diese spannungsreiche Zeit des Übergangs keine festen Formen oder Riten, und viele Jugendliche bleiben trotz aller Freizügigkeit mit sich und ihren Fragen allein.

kv

Signalisierung

S. ist Nachrichtenübermittlung mit Hilfe optischer oder akustischer Signale. Verschiedene Formen der S. sind als Notsignale geeignet (z. B. S - O - S mit Taschenlampe o. ä.). Signale lassen sich aber auch gut in Geländespiele, Spiel- und Erlebnisprogramme usw. einbauen, wenn man vorher die entsprechenden Zeichen einübt. Auch das benötigte Material kann man in Hobbygruppen zum Teil selbst herstellen (einfaches Morsegerät, versch. Flaggen o. ä.)

Verschiedene Formen der S.
Morsen mit Taschenlampe (nachts) oder selbstgebautem Morsegerät.

Rauchzeichen: An einem möglichst gut

sichtbaren Ort ein (fachmännisches) kleines Feuer entzünden. Dann in die Glut feuchtes Holz oder Gras einlegen, damit sich dicker Rauch entwickelt. Mit zwei Personen eine alte Decke darüber halten und in bestimmten Abständen anheben.
Akustische Signale, z. B. mit Trillerpfeife, Trommel, Blechdose.
Fingerzeichen, wie Taubstummensprache oder selbst erfundene Gebärden.
Flaggensignale: für jeden Buchstaben eine Flagge mit einer selbst festgelegten Farbkombination herstellen (z. B. zusammennähen, anmalen) und damit signalisieren.
⇨ Morsen ⇨ Notsignale

jba

Singen und Musizieren

Warum s. wir/machen wir Musik?
Das S. spielt im Leben eines Christen eine wichtige Rolle. Es beinhaltet das Loben und Ausdruck des Glaubens in der Anbetung, vermittelt Freude und fördert die Gemeinschaft.
Musik als Ausdruck menschlicher Stimmungen: »Das Singen ist ein spontan kreatürlicher Ausdruck eines Leidoder eines Freude-Zustandes. Als Artikulation eines Leidzustandes ist das Singen Anruf, der Antwort erwartet. Als Artikulation eines Freudezustandes ist das Singen Zeichen der Freiheit, das in dem anderen Freuen, Resonanz, Mitfreude auslösen kann, die aber nicht bezweckt wird. Der Mensch singt (musiziert), weil er etwas sagen, etwas anzeigen will.« (Otto Brodde 1970)
Musik als Ausdruck von Gemeinschaft: Gesungen und m. wird, um Gemeinschaft zu ermöglichen und folgerichtig, um Gemeinschaft zu stiften. Darum ist S. auch ein wichtiges Element innerhalb der JS-Arbeit. Viele moderne Menschen s./m. nicht mehr, denn sie erleben nichts mehr, sie lassen nichts leben. Sie haben also nichts mehr zu sagen im Sinne von »anzeigen«. Die Konsequenz: man bleibt allein, einsam, fällt aus der Gemeinschaft heraus. S. und M. hat also einen *heilenden* Einfluß auf den modernen Menschen.
Musik ist Ausdruck des Glaubens: Mein Lied ist ein Ausdruck des Dankes an Gott, der mir mein Leben gab und die Freude darüber, daß er mich so wunderbar gemacht und mich errettet hat. Ist unsere Musik eigentlich zum Mitsingen und Mitmachen, oder ist sie eher zum Weglaufen? M. Luther sagte: »Singen ist doppeltes Beten.« Wir stehen oft in der Gefahr, zu gering vom S. zu denken, wir nehmen Lieder oft lediglich als »Lückenfüller« (»S. wir eben noch mal ein Lied«), wir sollen »mit Herzen, Mund und Händen« s., d. h., daß wir Gott mit unserem ganzen Körper loben können z. B. durch passende Bewegungen zu dem Gesang bzw. der Musik.

Was bewirkt S. und M.?
Musik ist aus unserem Leben nicht wegzudenken, überall begegnet man ihr, ob in Kaufhäusern oder anderswo. Doch ist diese »Berieselung« nicht immer positiv zu werten, genauso wie die Benutzung von Walkmen u. a. Hierbei wird der passive Umgang mit der Musik geübt, der alleine »genossen« wiederum zur Vereinsamung führt. Aktive und passive Auseinandersetzung mit Musik müssen in einem ausgewogenen Verhältnis stehen.
Psychologische Aspekte: Untersuchungen haben ergeben, daß Streß-Symptome durch aktive Musikausübung abgebaut bzw. gemildert werden können, dazu gehören: Spannung und Angst werden durch Hineinversetzen in Musik, durch identifizierendes Musikhören und Musikerleben abgebaut. S., M. und Improvisieren dienen als Selbstausdruck und psychische Entlastung. Unsicherheit, Nervosität und Aggression werden durch aktiven Umgang mit Musik abgebaut. Die Herz- und Kreislauftätigkeit kann durch den Umgang mit entsprechenden Rhythmen, Klängen und melodischen Strukturen harmonisiert werden. Konzentrationsschwächen können durch bewußtes, intensives Hören und M. überwunden werden.

Pädagogische Aspekte: »Im gemeinsamen M. erlebt der Einzelne, daß er einerseits in eine Gemeinschaft eingebettet ist und daß er andererseits sich den Regeln und Absichten der Gemeinschaft unterordnen muß.« Die erzieherische Bedeutung der Musik wird deutlich durch Auszüge aus Erkenntnissen des Deutschen Musikrates: Musik enthält unbegrenzte Möglichkeiten der Betätigungen, die zugleich zu Selbstverwirklichung und Bestätigung führen. Musik verbessert den Wahrnehmungsradius, die Ausdrucksfähigkeit und das kommunikative Verhalten. Der Umgang mit Musik vermag das selbständige kritische Urteil zu fördern und macht den Bürger unabhängig von den Zwängen kommerzieller Manipulation. M. fördert die Anpassungsfähigkeit (Disziplin und Selbstdisziplin) bei Lernprozessen in der Gruppe und löst kreative Betätigung aus. Musik fördert die unmittelbare Verständigung über nationale, sprachliche und kulturelle Grenzen hinweg.
Sollen wir uns diese Chancen in der JS-Arbeit nehmen, indem wir nicht zusammen m. S. und Musik machen?

Was s. wir?
Nicht alles, was alt ist, ist schlecht, und alles was neu ist, ist gut. Das vorhandene Liedgut muß sorgfältig geprüft und ausgesucht werden. Was kann zu welchem Anlaß gesungen werden? Diese Prüfung sollte sich sowohl auf den Text, als auch auf die Melodie beziehen. Das Lied sollte zum Thema der Stunde passen, aber auch zu der ganz speziellen Situation. Dies bedeutet, daß ich auch in der JS-Stunde nicht nur sog. »fromme« Lieder singe — oder was sollte ich s., wenn im Programm ein »Gleitscheibenturnier« anschließt?
Das Lied sollte einen Sitz im Leben der Gruppe haben. Wird z. B. ein Gebetslied gesungen, sollte es auch als Gebet aufgefaßt werden. S. sollte also nie gedankenlos geschehen, weder vom Inhalt (z. B. Zeugnislied) noch von der Musik her. Bei einer schmissigen Melodie vergißt man leicht den Text. Lieder dürfen nie Lückenfüller oder Verlegenheitslösungen für Programmüberbrückungen sein. Auch sollten Lieder in der Gruppenstunde genauso gut geplant sein wie das restliche Programm. Bewährt hat sich, daß neben dem Standardliedgut ab und zu ein neues, unbekanntes Lied hinzugenommen wird. Man kann die Jungscharler aber auch zeitweise bei der Auswahl der Lieder beteiligen: z. B. dürfen sich Geburtstagskinder ein Lied wünschen. Oder aus einem Liedersack, in den man Zettel mit Nummern des JS-Liederbuches eingelegt hat, dürfen Lieder gezogen werden. Baut doch einmal mit den Kindern verschiedene Musikinstrumente, wie z. B. Rhythmusgeräte selbst und begleitet euren Gesang. Ihr werdet feststellen, daß selbst sogenannte »Unmusikalische« Freude am S. und der Musik, ggf. der Bewegung dazu, haben und neu entdecken.

⇨ Musik ⇨ Musikinstrument

go

Sketch

Der S. (kommt aus dem engl. = Skizze) gehört zu einer Form des Theaters. Von der Darstellung her ist er ein Kurzspiel von 5-10 Minuten Dauer, lustig und aufreißend. Meist hat er nur eine Szene, manchmal auch mehrere kurze Szenen. Er beinhaltet eine Pointe, die entweder für sich steht (reine Unterhaltung) oder — in einem Gottesdienst — zum Thema beiträgt und es von einer bestimmten Seite kurz beleuchtet. Er dient dazu, Kontakt zum Publikum aufzubauen. Er sollte eine kurze, leicht überschaubare Handlung haben, deren Ende den Zuschauer überrascht und zum weiteren Denken anregt. Ein abruptes Ende erhöht die Wirkung. Ein S. kann schnell entwickelt werden und braucht keine Requisiten.

Literatur
F. Rieder: 20 krachende Sketche. Theater-Verlag, Wending, o. J., Bd. 1+2
E. Heyda u. a.: 20 heitere Sketche. Bergwald-Verlag, Darmstadt, o. J.

⇨ Theater   ⇨ Rollenspiel

sd

Skifreizeit

Bei einer S. steht das gemeinsame sportliche Tun im Vordergrund der Freizeitaktivität. Aber Skifahren bereitet erst dann wirklich Freude, wenn man die Technik beherrscht und versteht, das verschiedene Gelände sicher und zügig zu befahren. Außerdem muß man dem erhöhten Unfallrisiko Rechnung tragen. Aus diesen Gründen gehört gerade auf Freizeiten eine gute skifachliche Betreuung zum Standard.
Skikursgruppen mit 7-12 Personen schaffen entsprechende Lehrangebote und bieten darüber hinaus einen optimalen Rahmen für Gemeinschaftserlebnisse.
Weiterhin spielen die finanziellen Möglichkeiten der Teilnehmer eine große Rolle, denn Skifahren setzt eine nicht gerade billige Ausrüstung voraus. Wer sich für die alpine S. entscheidet, muß überdies noch die Kosten für den Skipaß mitkalkulieren.

Der Skilanglauf bietet eine gute Alternative zum rein alpinen Skibetrieb. Insbesondere wird man unabhängiger im Blick auf Wetterverhältnisse und auf mögliche Wartezeiten am Lift. Gerade bewegungsgehemmten Teilnehmern wird durch den Langlauf eine ihnen entsprechende Bewegungsmöglichkeit eröffnet. Man erlebt die Schönheit einer Landschaft auf ganz andere Weise. Die Möglichkeit, beide Sportarten miteinander verbinden zu können, sollte für die Wahl des Zielortes eine Entscheidungshilfe sein.

⇨ Freizeiten

uk

Sommerlager

S. (Zeltlager) bieten die Chance, »Natur pur« zu erleben. Darum bevorzugen wir Plätze, die nicht zivilisatorisch erschlossen oder touristisch überlaufen sind.
S. bedeuten eine vielfache Herausforderung, nicht bloß für die Teilnehmer, sondern auch für das Mitarbeiterteam. Trotzdem tauschen wir immer wieder die Ungeborgenheit in den Zelten gegen manche

fragwürdige Zivilisationsgewohnheit ein. S. sind Zeiten, in denen sich biblische Grundaussagen im Leben von jungen Menschen besonders gut manifestieren können. Darum leben wir mit jungen Menschen zusammen und profitieren von der besonderen Erlebnisfähigkeit und Hörqualität für Gottes Wort, die die elementare Beziehung zur Natur in der Regel bereitstellt.

Zelten ohne Strom- und Wasserversorgung, Kochen am offenen Feuer oder allenfalls mit Propangas zwingt zu einem einfachen Lebensstil, der auch für das Mitarbeiterteam eine tägliche Herausforderung darstellt. Hier gilt es, sich immer wieder bewußt zu machen, daß die besondere Einfachheit des Zeltlagerlebens auch seine besonderen Reize hat.

Besonders wichtig sind ein paar Voraussetzungen, an denen wir festhalten:

Wir suchen uns Plätze aus, die uns christliche Bauern und wirkliche Grafen oder Fürsten überlassen. Damit sind schon viele wunderbare Erfahrungen vorprogrammiert, die unsere Lagergemeinschaft in besonderer Weise prägen:

Ein Bauer betet täglich mit seiner Familie und seinem Hauskreis für unser Zeltlager, schon lange bevor es begonnen hat. Vielleicht finden deswegen auf diesem Lager eine ganze Reihe Teilnehmer eine besondere Beziehung zu Jesus.

Ein anderer Bauer stellt uns kostenlos seine Wiese und zwei Zimmer in seinem Haus zur Verfügung und liefert uns jeden Tag zig Liter Milch umsonst.

Eine andere Familie spendiert uns ein Spanferkel und bringt es fertig zubereitet auf den Lagerplatz.

Eine Fürstin lädt unser Lager ein und bewirtet uns fürstlich.

Eine Jugendgruppe vor Ort läßt uns an ihrem Lagerfeuersommerfest teilhaben und verpflegt uns kostenlos mit.

Solche Erfahrungen der Gastfreundschaft und geistlichen Fürsorge gibt es sicher auch anderswo. Aber in unseren Lagern ist das schon fast Tradition. Kein Wunder, daß wir im Sommer ins Zeltlager fahren und nicht die Annehmlichkeiten eines Hauses suchen!

Weitere Einzelheiten sind der Broschüre »Jungschar-Ritterlager« zu entnehmen, die bei der Materialstelle des CVJM-Westbundes in Wuppertal zu beziehen ist.

⇨ Freizeiten

reh

Sonnenstich

Bei einem längeren Aufenthalt in der prallen Sonne kann es zu einer gefährlichen Erkrankung kommen, die in jedem Fall einer **ärztlichen Behandlung** bedarf: dem S. Er tritt zumeist dann auf, wenn keine Kopfbedeckung getragen wird und die Sonne ungehindert auf den unbedeckten Kopf einstrahlen kann. Im Unterschied zum Hitzeschlag liegt beim S. eine *Hirnschädigung* vor: Durch die angestaute Wärme kommt es zu einer Schwellung des Hirngewebes, zur Hirnhautreizung oder in schweren Fällen sogar zur Hirnblutung.

Anzeichen für einen S. sind: hochroter und heißer Kopf, deutlich erhöhter Puls (100-140 Schl./Min.), Kopfschmerzen, Übelkeit, Erbrechen, Schwindelgefühl. In schweren Fällen können Benommenheit bis hin zur Bewußtlosigkeit, Krämpfe oder Verwirrtheitszustände hinzukommen. Im schlimmsten Fall kann es zum Tod durch Atem- oder Kreislaufversagen kommen (Puls- und Atemkontrolle durchführen!).

Erste Hilfe kann nur darin bestehen, den Patienten, wenn er nicht bewußtlos ist, an einen schattigen Ort zu bringen (evtl. Schatten künstlich herstellen), beengende Kleidung zu öffnen, evtl. ein kaltes/feuchtes Tuch (Halstuch!) auf die Stirn zu legen. Ist der Patient bewußtlos, wird er in die stabile Seitenlage gebracht.

Auf jeden Fall ist ein Arzt hinzuzuziehen, bei bewußtlosen Patienten ist dringender Notruf erforderlich!

⇨ Erste Hilfe

ur

Sozialverhalten

S. meint das Miteinander in der Gruppe, es beschreibt das Verhältnis der Gruppe zum Einzelnen, aber auch das Verhältnis des Einzelnen zur Gruppe oder zum Gegenüber. Es ist nicht angeboren und muß deshalb frühzeitig erlernt werden.
Der Jungscharler muß verstehen lernen, daß er nicht das Wichtigste auf der Welt ist. Es gibt außer ihm noch andere. Er muß lernen, auf andere Rücksicht zu nehmen.
Wir wollen bewußt in unseren JS der gesellschaftlichen Entwicklung hin zu immer stärkerer Vereinzelung (immer mehr Alleinstehende) und Randgruppenbildung (Ausländer, Alte, Volksschüler, Behinderte etc.) entgegenwirken.
Jesus ist für uns alle gestorben, er hat uns alle gleich lieb. Er möchte, daß wir gemeinsam, um seiner Sache willen, Frieden vorleben. Unsere JS soll Geborgenheit vermitteln. Sie soll wie ein Magnet auf Außenstehende wirken und ein Zeichen setzen in einer Welt, in der Aggression und Haß vorherrschen und die Liebe füreinander kaum noch eine Rolle spielt.

jg

Spiel und Sport

Grundlagen

Damit ist das sportliche Spiel, der sportliche Wettkampf, die sportliche Bewegung aus Freude an der Bewegung und aus Gesundheitsgründen gemeint. In Fachkreisen spricht man von Wettkampfsport und Breitensport, wenn er einigermaßen regelmäßig betrieben wird.
Letzten Umfragen zufolge sind 56 % der Bundesbürger mehr oder weniger regelmäßig sportlich aktiv und fast jeder dritte Jugendliche (12-21 Jahre) ist in einem Sportverein. Die Gründe, weshalb Menschen Sport treiben, sind altersabhängig.

Vorrangiges Motiv ist Freude. Sport muß Freude bereiten, Spaß machen. Viele Jugendliche glauben, daß dies gewährleistet wird, wenn man den Sport mit Freunden und Freundinnen zusammen betreibt (72 %), und wenn sie öfter 'mal was Neues, öfter Abwechslung erleben (67 %) und auch noch etwas für die Fitness dabei gewonnen wird (60 %). (Über 100 % wegen Mehrfachnennungen, aber mit unterschiedlicher Bewertung.)
Für die Sportangebote in der Jugendarbeit sind das wichtige Erkenntnisse: Das Gruppengefüge, die Beziehungen untereinander müssen stimmen, es muß abwechslungsreich und spannend sein; Erfolgserlebnisse sind wichtig.
Sport ist eine natürliche Lebensäußerung, die durch unsere Art und Weise zu lernen, zu leben und miteinander umzugehen weithin verkümmert ist. Sport ist zudem ein Einübungsfeld menschlicher Tugenden und Umgangsformen wie Selbstbeherrschung, Rücksichtnahme, Zusammenarbeit, Integrationsfähigkeit, Disziplin, kurz für Fairness. Es werden wertvolle Erfahrungen vermittelt und Lernfelder erschlossen wie Erfolgserlebnisse, Verarbeitung von Erfolg und Mißerfolg, Grenzerfahrungen (körperlich und seelisch), Verarbeitung von Ärger und Ängsten u. a. Sport in der JS-Arbeit leistet somit einen wesentlichen Beitrag zur Entwicklung und Erziehung junger Menschen. Sport in der JS-Arbeit ist also nicht nur eine Programmöglichkeit, sondern unverzichtbarer Teil einer umfassenden Kinder- und Jugendarbeit.

Die Formen

Sport in der JS ist in verschiedenen Formen möglich: die regelmäßige JS-Sportgruppe; die monatliche sportliche Gruppenstunde; die für einen bestimmten Zeitraum festgelegte Vorbereitung auf ein sportliches Ereignis (z. B. JS-Sportschild auf Kreisverbands-/Bezirksebene, Indiaca-Pokal etc.); Sport in Freizeiten und Camps; das besondere Sport- und Spielwochenende; der besondere Kursus (Sportabzeichen erwerben, Badminton erlernen, Streetball erlernen).

Umsetzung

Die regelmäßige Sportstunde: Voraussetzung ist ein geeigneter Raum (Turnhalle, großer Saal, Freiplatz). Die Sportstunde selbst, aber auch die Sportsaison müssen klar strukturiert und gefüllt sein. Inhalte und Ziele sollten mit der Gruppe besprochen werden. Dabei geht es um ein Schwerpunktthema, z. B. Indiaca, Fußball oder allgemeine Spiele, was nicht heißt, daß in einer Sportstunde nur Fußball oder Indiaca gespielt oder Fangspiele gemacht werden. Es gehört dazu, auch eine umfassende Grundausbildung der motorischen Fähigkeiten zu erwerben und Techniken für die großen Spiele zu erlernen. Das sollte alles spielerisch entwickelt, in Spiele oder Wettkämpfe gekleidet werden. Kinder sind nicht längerfristig für ein und dieselbe Sache zu interessieren. Sie wollen Abwechslung. Abwechslung heißt nicht Planlosigkeit, sondern Wechsel von Formen und Methoden, aber zielgerichtet auf den Inhalt, auf den man sich geeinigt hat.

Das Grobmuster einer Sportstunde könnte so aussehen: Aufwärmen durch Fangspiele (5-10 Min.); Entwicklung motorischer Fähigkeiten durch kleine Spiele mit oder ohne Geräte (10-15 Min.); Schulung und Geschicklichkeit durch Übungsformen für das Indiaca-Zuspiel (15 Min.); Indiaca-Spiel (30-40 Min.).

Das Wochenende: Entweder ist Sport ein Teil oder der Schwerpunkt des Wochenendprogramms. Die Mittagspause, die Zeiten vor dem Frühstück und unmittelbar nach den Mahlzeiten sind die ungünstigsten Zeiten für sportliche Betätigung. (Tiefpunkt physischer Leistungskurve in der Zeit von 13-15 Uhr (12-14 Uhr), Verdauungsvorgang nach den Mahlzeiten ca. 1 Stunde.) Die sinnvollsten Zeiten sind vor dem Mittag- und Abendessen: 10.30-12.00 Uhr, 17.00-18.30 Uhr. Schwerpunkte, die sich für Wochenendfreizeiten anbieten, sind natürlich alle Sportarten, die im Freien durchgeführt werden können: Orientierungslauf, Fußball, Frisbeegolf, Kanusport, Skisport u. a. Es kann aber z. B. auch ein Stationenparcours im Gelände mit mehreren Geschicklichkeitsspielen aufgebaut und durchlaufen werden.

Sport in Freizeiten: Der Sport in Freizeiten sollte in zweifacher Weise organisiert sein: 1. Turnier(e), das sich über die Länge der Freizeit hinzieht und mit einer tollen Siegerehrung abschließt und 2. Sportwettkämpfe beinhaltet, die innerhalb einer kürzeren Zeit, an einem Tag, abgeschlossen werden können (Orientierungslauf, Geländelauf, Schwimmwettkämpfe, verschiedene Staffeln, Geschicklichkeitsparcours, Mountainbike-Race u. a.). Im Rahmen des Geländesports ist eine umweltgerechte Vorbereitung und Durchführung und entsprechende Information für die Teilnehmer erforderlich. Einzelwettbewerbe sollten auf ein Mindestmaß beschränkt werden. Das Wetteifern in Paaren und Mannschaften ist nicht nur reizvoller, sondern auch pädagogisch sinnvoller. Die Wettbewerbe sollten so ausgesucht werden, daß irgendwann die Begabungen eines und einer jeden auch eingebracht werden können.

⇨ Segeln ⇨ Seil ⇨ Sportschild ⇨ Turnier ⇨ Wettkampf

rm

Spielen

Der Sinn des S.

S. nimmt einen großen Raum in der JS-Arbeit ein. Deshalb ist es wichtig, daß wir das S. sinnvoll planen und einsetzen. Kinder s. von klein auf, sie erobern damit ihre Welt. Spielerische Betätigung erlebt zwar ihre Hauptformen im Kindesalter, aber es ist nicht eine Sache der Kinderzeit. S. ist eine Tätigkeit, die ohne bewußten Zweck, ohne Zwang ausgeübt wird, allein aus dem Vergnügen heraus. Hier findet »spielerisch« Lernen statt, ob es nun Rollen sind oder die schmerzliche Erfahrung, Verlierer zu sein.

Das S. in der Gruppe ist für die Jungscharler wichtig. In der Gruppe ist Raum für ihren Spielbetrieb, es macht Freude, schafft Gemeinschaft und läßt an Regeln gewöhnen. S. läßt Schwächen, Grenzen und Stärken erkennen, es zeigt Gaben und Fähigkeiten. Es hilft Hemmungen und Verkrampftheit zu überwinden, Außenseiter können unbemerkt in die Gruppe mit hineingenommen werden, Bewegungs- und Tatendrang der Kinder können in Bahnen gelenkt werden.

S. mit Gruppen
Gesellige Spiele mit unterhaltendem Charakter:
Beispiele: Zublinzeln, Hänschen piep einmal, Ballspiele, Telefonieren, Tante aus Marokko, Schreibspiele, Kreisspiele, die keinen ausgesprochenen Wettkampfcharakter haben.
Das sind Spiele, die allein oder in Gruppen gespielt werden, mit oder ohne Material und Vorlagen. Sie dienen vor allem der Unterhaltung, der Freude und Entspannung.
Verhaltensweise der Gruppenmitglieder: Die Gruppe kommt gut in Kontakt, es herrscht wenig Rivalität, wenig Aggression. Im allgemeinen überwiegt die fröhliche, ungezwungene, spontane Verhaltensweise.
Verhalten des Spielleiters: Klare und präzise Einführung auch bei einfachen Spielen. Wichtig ist der »Spielfluß«. Er sollte nicht durch »Sitzenbleiben« auf den Regeln gehemmt werden. Der Lohn dieser Spiele liegt im Mitmachen, darum keine Siegerehrung. Das Spiel ist eine freiwillige Sache. Abseitsstehende einladen, jedoch nicht zwingen. Bei diesen Spielen abwechseln zwischen bewegt/ruhig, gleichzeitig/nacheinander der Beteiligten, körperliche Geschicklichkeit/geistige Wendigkeit. Das benötigte Material bereithalten.

Gesellige Spiele mit vorwiegendem Wettkampfcharakter
Beispiele: Stafetten, Quiz, Wettkämpfe, Geländespiele, Reise nach Jerusalem, Zeitungsrennen...
Das sind Spiele, die eindeutig darauf angelegt sind, Sieger und Besiegte herauszubringen. Einzelne oder Gruppen treten in Wettstreit miteinander, um körperliche und geistige Kräfte, Möglichkeiten und Fähigkeiten zu messen. Die Gegenpartei stellt an den Einzelnen oder die Gruppe eine Herausforderung. Das Spiel ist geprägt durch das Ziel, Gewinner zu werden. Es treten darüber Ungezwungenheiten, Gelöstheit, freie und spontane Verhaltensweisen in den Hintergrund.
Verhaltensweise der Gruppenmitglieder: Die Spieler entwickeln einen guten Kontakt in der eigenen Gruppe, während sie die Gegner meiden, diese oft schlecht machen, um sich selbst hochzuloben. Die Stimmung ist von Anfang an gespannt. Sie setzt Kräfte frei, läßt Rivalitäten aufkommen und fördert aggressives Verhalten. Sie kippt leicht um in Zügellosigkeit und artet manchmal aus in Streiterei und bösen Ernst. Wettspiele kommen den Jungscharlern entgegen, weil sie in einem Alter sind, in dem das Kräftemessen eine große Rolle spielt.
Verhalten des Spielleiters: Da bei den Wettspielen sehr stark egozentrische Kräfte am Wirken sind, ist es unbedingt erforderlich, die Spielregeln sehr genau einzuführen und streng einzuhalten. Schwache Spieler sollten vom Spielleiter solchen Gruppen zugeteilt werden, die voraussichtlich gewinnen, damit das Selbstbewußtsein gestärkt wird. Da es Sieger und Verlierer gibt, hat der Spielleiter die Aufgabe, für gleiche Siegerchancen zu sorgen (gleichwertige Gegner gegenüberzustellen), den Sieg anzuerkennen und gleichzeitig zu relativieren (das nächste Mal seid ihr vielleicht die Verlierer); sich dem Verlierer besonders zuzuwenden und ebenfalls zu relativieren (das nächste Mal könnt ihr Sieger sein). Es entspricht der Realität im Leben, daß es Gewinner und Verlierer gibt.

Im Gespräch nach Wettkämpfen sollten entstandene Probleme in der Gruppe aufgearbeitet werden: Sieger muß nicht immer Sieger, Verlierer nicht immer Verlierer sein. Dem Sieger seine Schwächen, dem Verlierer seine Stärken verdeutlichen. Sieger und Verlierer können sich ergänzen (Motivation der Partnerschaft). Das Leben besteht in Gegensätzen und Spannungen. Es wird gemeistert, wenn das Anderssein des Anderen anerkannt wird, wo Fairneß und Achtung praktiziert werden. Das Wettspiel ist ein intensives Lernfeld für den Einzelnen, die Gruppe und den Leiter. Gelingt es diesem, Wettspiele im »Spiel-Raum« zu belassen, so erlebt der Spieler spielend das Leben in seiner ganzen großen Spannung und kann darin wesentliche Verhaltensweisen des Lebens einüben: Sieger mit dankbarer Haltung, Verlierer mit dem Wissen um ihren Wert, Anerkennen der eigenen Möglichkeiten und Grenzen.

Darstellende Spiele
Beispiele: Scharaden, Pantomime, Sketche, Anspiele, Stegreifspiele, Spiele nach Text, Spiele nach vorgegebenem Thema. Hierbei werden Rollen gespielt, bei denen sich der Spieler als Person in jemand anderes verwandelt, eine ganz bestimmte Situation darstellt und eine eindeutig erkennbare Handlung abläuft.
Verhaltensweise der Gruppenmitglieder: Das Verhalten der Spieler wird von den gespielten Rollen bestimmt. Dieses Verhalten orientiert sich im wesentlichen an der Erfahrungswelt des Spielers. Verhaltensweisen von z. B. Vater, Mutter, Lehrer, Gruppenleiter usw. werden übernommen und dargestellt.
Je mehr sich der Spieler mit seiner Rolle identifizieren kann, um so echter wird das Spiel. Bei diesen Spielen spielt die Gefühlswelt eine große Rolle. Der Rollenspieler trägt einen hohen Gewinn davon. Er kann sich selbst ausspielen, kann sich zur Entfaltung bringen, kann in der Rolle eines anderen sich selbst s., kann so seine eigene Problematik zur Sache bringen.
Probleme beim darstellenden Spiel zeigen sich in den Hemmungen und in der Furcht vor Blamage. Es erfordert ein persönliches Engagement, vor den Augen der anderen eigene, verborgene Fähigkeiten zu erproben. Sind diese jedoch erkannt, so erfährt der Spieler ein großes Maß an Freiheit und Selbstbejahung.
Verhalten des Spielleiters: Der Spielleiter muß Kenntnis über Inhalt und Rollen des Spielers haben und imstande sein, dafür geeignete Spieler zu finden. Beim Einstudieren sollte er Mut machen, Sprache, Gestik und Mimik positiv verstärken und fördern. Stark gehemmte Spieler sollten nicht gezwungen werden, oder man sollte die Rolle einzeln einstudieren, bis sie Sicherheit gewonnen haben.
Der Spielleiter muß wissen, daß man sich hinter der Rolle nicht verstecken kann, sondern man muß aus sich heraus. Damit greift das Rollenspiel stark in die Person ein. Man muß deshalb behutsam vorgehen und darauf achten: Jeder Spieler muß sich nur soweit öffnen, wie er es selbst zulassen will. In solchen Prozessen wachsen Selbstwertgefühl und Ichstärke, werden Beziehungen zu anderen Spielern auf ganz anderen Ebenen aufgenommen.

Kreative Spiele aus der Improvisation heraus
Beispiele: Geländespiele, »Indianerles«, Spielen mit wertlosem Material (Draht, Holz, Steine, Papier, Schachteln usw.), Collagen fertigen, nach Musik malen. Diese Spiele bauen nicht auf bestimmten Regeln auf, sondern entstehen spontan durch irgendeinen Impuls. Bei dieser Form von Sp. haben Phantasie und das vorhandene Material gleichviel Bedeutung.
Verhalten der Gruppenmitglieder: Dieses Spielen fördert Phantasie, Einfallsreichtum und die Fähigkeit des Improvisierens. Gibt sich eine Gruppe gemeinsam hinein in das Ge-

stalten, werden ihr ein hohes Maß an Zusammenarbeit, Planung und Arbeitsüberlassung abverlangt und eingeübt. Die Gruppe ebenso wie der Einzelne erlebt sich in einer von Leistung und Zwang freien Atmosphäre, die die schöpferischen Kräfte voll zur Entfaltung zu bringen vermag.
Verhalten des Spielleiters: Er hat in erster Linie für Raum und Material zu sorgen. Während des Spiels steht er für Fragen und Probleme zur Verfügung, ansonsten sind die Spieler ganz an ihre Vorstellungen und Phantasie verwiesen. Der Spielleiter sollte die Aktivitäten nicht durch seine Vorstellungen lenken und beeinflussen. Konflikte durch Verfestigen von Rollen, durch Leerlauf, Rechthaberei, Angeberei und Kampf um Führungspositionen sollten im Gespräch durch den Spielleiter aufgearbeitet werden.

Aufbau einer Spielstunde
1. Phase:
Anwärmphase – Atmosphäre schaffen: Zu beachten: Alle Spieler sollen beteiligt sein. Keine Wettkampfspiele zu Anfang, da dadurch eine gespannte Atmosphäre entsteht und die Verlierer die Freude am Spielen verlieren. Spiele, die den Einzelnen abholen. Spiele, die ein Gruppenerlebnis vermitteln; kurze Spiele.
Z. B. **Singspiele:** Auf der Mauer, auf der Lauer; Tante aus Marokko; Onkel aus Amerika; Solang der Bauch in die Weste paßt; Bist du auch da; Ein kleines graues Eselchen ...
Gemeinschaftsspiele: Alle Vögel fliegen hoch; Obstkorb.
Kennenlernspiele: Zipp-Zapp
Gruppenfindspiele: Postkartenpuzzle, Fam. Maier ...
2. Phase
Stimmung schaffen: Zu beachten: Spiele ohne Wettkampfcharakter; Spiele, die durch Originalität begeistern; Spiele, die auch den Einzelnen aktivieren; Abwechslung zwischen ruhigen und lauten Spielen.
Z. B. **Vormachspiele;** Stuhlrücken; Zublinzeln; Funken; Scharaden und Pantomimen; Gemeinschaftsspiele.
3. Phase
Höhepunkte der Spielstunde: Zu beachten: Die Spiele müssen lebendig sein. Sie dürfen, sollen die Spieler anheizen. Möglichkeit zum Abreagieren; Spiele zum Erholen dazwischenschieben. Gefahr der Wettkampfspiele beachten (Umkippen der Spielsituation in Ernst). Offenheit zur Kreativität. Z. B. **Wettkampfspiele;** Stafetten jeder Art; Quiz; Tanzspiele; Sitzboogie; Kreativspiele; Montagsmaler; Malen mit verbundenen Augen; Verkleiden mit wertlosem Material ...
4. Phase
Ausklingen – Beruhigungsphase: Zu beachten: Keine Spiele, die aufheizen. Spiele, die im Verlauf ruhiger werden. Spiele, an denen alle beteiligt werden. Spiele, die in der Durchführung gekürzt werden können.
Z. B.: Polonaise, Singen mit Bewegung.

Sportschild

JS-S., was ist das denn eigentlich? Zuerst einmal ist es ein sportlich-spielerischer Wettkampf der CVJM-JS. Dieser Wettkampf besteht aus einem leichtathletischen Dreikampf (Weitsprung-Schlagballwerfen- 50m Lauf) und einer 8 x 75 m Pendelstaffel, einem Indicaturnier und einem Bibelquiz. Zum Ablauf gehört auch das Rahmenprogramm, z. B. ein fetziger JS-Abend, ein JS-Gottesdienst und das gemeinsame Erlebnis. Die Teilnehmer bei diesen Meisterschaften qualifizieren sich

bei den jeweiligen Kreis-oder Bezirksmeisterschaften für die Bundesmeisterschaft.
Eine JS-Meisterschaft (9-13 Jahre) besteht aus 8-10 Mädchen und Jungen. Gemischte Gemeinschaften müssen jeweils 3 Teilnehmer von einem Geschlecht haben.
Die Wertung erfolgt nach den DLV-Tabellen für alle Wettbewerbe. Die Gesamtwertung erfolgt nach den Platzziffern in den jeweiligen Einzelwettbewerben. Die zusammengezählten Punktzahlen aus allen vier Wettbewerben ergeben den Endstand, wobei die Mannschaft gewonnen hat, die die niedrigste Punktzahl erreicht.
Genaue Ausschreibungen für den Wettbewerb JS-S. sind über den CVJM-Gesamtverband oder den CVJM-Westbund zu beziehen.

⇨ Checkliste Sportschild ⇨ Spiel und Sport

fm

Sprachzeichen

Im Fernsehen laufen die Nachrichten. Außer dem Sprecher ist, links oben, in einem Kreis, eine zweite Person zu sehen, die seltsame Mund- und Handbewegungen macht. Es handelt sich nicht um einen Pantomimen, der aus Versehen ins Bild geraten ist. Es ist ein Dolmetscher, der das Gesagte für Gehörlose übersetzt. Dazu benützt er bestimmte S. Alle S. zusammen ergeben eine Zeichensprache.
Nun werden in unseren wöchentlichen JS-Stunden meist keine gehörlosen Kinder sitzen. Aber bei größeren Veranstaltungen ist zu überlegen, ob nicht ein solcher Dolmetscher eingesetzt wird, damit auch gehörlose Kinder teilnehmen können. Dann sind die S. Brücken zu Menschen, die sonst von vielen Erlebnissen ausgeschlossen sind.

⇨ Verkündigung

rd

Stadt

Die Frage nach der Situation in der S. ist ganz typisch auch mit der Frage des Umfelds verbunden.
Für Programmdurchführungen und für Einladungen zur Gruppe muß den Mitarbeitern die Ist-Situation in ihrer Umgebung bewußt sein. Ohne Ist-Zustandsbeschreibung kann keine korrekte Zielbestimmung für die Kinder benannt werden. Diese Benennung muß ausgehen von der Frage: Welche richtigen Arbeitsmöglichkeiten sehen wir für die Kinder (u. a. Gruppenangebot, Offene Arbeit, Freizeit)?

Grundrastertyp für die Ist-Zustandsbeschreibung
In welchem Umfeld liegt das CVJM-Haus, Gemeindehaus (gut erreichbar, schlechte Anbindung)?
Wie sieht die Bevölkerungsstruktur aus? (Arbeitslose, Alleinerziehende, Ausländeranteil. — Wer wohnt eigentlich in unserer S., in der Nähe unseres Hauses?)
Welche Angebote werden in unserer S.-Umgebung angenommen und welche nicht? (Wo liegen die Gründe dafür?)
Welche Möglichkeiten und Mittel stehen uns vor Ort zur Verfügung? (Decken wir die Wünsche der jungen Menschen in der Nähe damit ab?)
S. haben oft ähnliche Umgebungsstrukturen und Möglichkeiten. Die Probleme in den S. können aber trotzdem unterschiedliche Ursachen haben. Deshalb sollte die eigene S. stets im Blick mit der eigenen JS-Arbeit gebracht werden, d. h. die Kinder in den Verhältnissen, in denen sie leben und die daraus resultierende Konsequenz in unserer Arbeit.

⇨ Umfeld

gh

Stadtranderholung

Mehr als nur ein Spielenachmittag mit Kindern
Es ist Montagmorgen. Die Mitarbeiter kommen gerade aus ihrer Vorbesprechung

für den Start der diesjährigen S. Langsam trudeln die Kinder ein. Viele kennen sich noch vom Vorjahr und begrüßen sich herzlich. Unser großes Tageszelt füllt sich. Heiner beginnt, mit den Kindern zu singen. Motivationsphase nennen wir dies. Es ist nicht anstrengend, die Kinder zu motivieren, denn viele freuen sich schon seit einem Jahr auf die S. Die Kinder und die Mitarbeiter sind motiviert für diese Woche mit bibl. Geschichten, Spielen, Basteln und einer Menge Action und Spaß.
1988 begann der CVJM in Nagold mit seiner ersten S. Von anfangs 60 Teilnehmern sind wir schnell auf 250 Kinder im Alter von 7-13 Jahren angewachsen. Die Kinder melden sich verbindlich an. Für genügend Mitarbeiter brauchen wir nicht lange zu suchen. Die S. hat sich in Nagold bewährt und ist zum festen Bestandteil des CVJM geworden.

S. – was ist das?
Die Form der S. gibt es schon lange. Ursprünglich war sie für Kinder gedacht, deren Eltern im Sommer aus finanziellen Gründen nicht in Urlaub fahren konnten. Hier sollte ein preisgünstiges Angebot für Kinder geschaffen werden. Wir erleben, daß unsere Plätze so schnell belegt sind, daß Kinder aus sozial schwierigen Verhältnissen kaum mehr einen Platz bekommen, da die Eltern sie erst sehr spät anmelden. Wir versuchen auf solche Kinder und Eltern direkt zuzugehen.

Was erreichen wir mit der S.?
Wir erleben, daß die S. viele Kinder anspricht. In einem überschaubaren Zeitraum von einer Woche wirkt sie sich in verschiedenen Bereichen aus.
Wir erreichen sehr viele Kinder mit der biblischen Botschaft.
Die Kinder haben sehr viel Spaß in dieser Woche und kommen schon hochmotiviert zur S. Manche Eltern planen ihren Urlaub nach dem Termin der S.
Die Mitarbeiter aus der JS-Arbeit lernen viele »Outsider« kennen und laden sie in die JS ein.

Einige Kinder kommen nach der S. in die JS-Gruppen.
Neuen und jungen Mitarbeitern bietet sich hier ein Rahmen, in dem sie die Arbeit mit Kindern einmal »ausprobieren« können. Die S. bietet einen guten Rahmen, Mitarbeiter in die JS-Arbeit des CVJM einzuführen.
Da fast alle Mitarbeiter des CVJM an der S. mitarbeiten, führt dies zu einer guten und intensiven Begegnung unter CVJM-Mitarbeitern.
Über die Aufteilung der Mitarbeiter in verschiedene Mitarbeitergruppen erreichen wir viele Mütter, die als Hobbygruppenmitarbeiterinnen mitarbeiten.

Welchen Gesamtrahmen bietet die S.?
Die Themagestaltung haben wir bisher immer aus Lagernummern des JS-Leiters entnommen und diese für unsere Woche umgeschrieben.
Wir teilen den Gesamtrahmen in zwei Bereiche ein:
Das Kinderprogramm: Die Kinder werden von ihren Eltern oder mit Fahrgemeinschaften zur S. gebracht. Um 9.00 Uhr beginnen wir mit Singen. Motivationsphase nennen wir diese Phase. Wir versuchen, die Kinder für den Tag und das Programm zu motivieren.
Anschließend spielen die Mitarbeiter die biblische Geschichte vor. Danach gehen die Kinder in ihre Kleingruppe. Vertiefungsphase nennen wir diese Phase. Wir wollen in kleinen Gruppen, die nach Alter und Geschlecht getrennt sind, die bibl. Geschichte mit Spielen und anderen Methoden vertiefen.
Um 10.30 Uhr bieten wir verschiedene Hobbygruppen an, die hauptsächlich von Müttern verantwortet werden.
Nach dem Mittagessen veranstalten wir um 13.30 Uhr einen großen Stationenlauf, ein Geländespiel, einen Sportnachmittag u. v. m. Dabei versuchen wir das Thema der S. aufzunehmen. So entsteht ein komplettes biblisches Erlebnisprogramm.
An einem Tag bieten wir einen Tagesausflug an. Wenn wir viele Teilnehmer haben,

bieten wir zwei bis drei Ausflugsziele an, damit die Großgruppe wieder in kleinere überschaubare Gruppen aufgeteilt wird. Um 16.00 Uhr ist die S. für diesen Tag für die Kinder beendet.
Wir haben erlebt, daß sich viele Kinder ab 12 Jahren nicht mehr für die S. anmelden. Die Kinder haben das Gefühl, daß sie jetzt zu alt dafür sind. Um dies aufzufangen, bieten wir in den Kleingruppen besonderes Programm für sie an. Höhepunkt für diese Kinder ist eine Erlebnisübernachtung auf dem Gelände mit Stockbrotbraten und Spielen.
Den Höhepunkt und Abschluß der S. bildet ein Elternnachmittag. An diesem Nachmittag bieten wir Kaffee und Kuchen und Spiele mit den Eltern an. Eine Ausstellung über die gebastelten Gegenstände der Kinder rundet den Mittag ab. Den Schlußpunkt bildet dann ein Luftballonstart. Nach dem Programm steht der Lagerabbau und die Platzreinigung an. Wir haben erlebt, daß sich viele Väter für den Zeltabbau motivieren lassen. Viele beginnen dann über ihre eigene JS-Zeit zu reden.
Der Rahmen für die Mitarbeiter: Wir haben für die S. drei verschiedene Mitarbeiterteams:
Die Gruppenleiter, die den ganzen Tag mit dabei sind. Auf unserem Gelände steht ein Freizeitheim. Dies bietet die Möglichkeit, daß Mitarbeiter auf dem Gelände übernachten. Dies führt dann zu einer engeren Mitarbeitergemeinschaft und führt die Mitarbeiter früher zusammen.
Die Hobbygruppenmitarbeiterinnen und Mitarbeiter, die von 10.00-12.00 Uhr da sind. Dies sind hauptsächlich Mütter von teilnehmenden Kindern.
Die Mitarbeiterinnen in der Küche.
Alle drei Teams bereiten getrennt ihre Arbeitsbereiche vor. Bei 60 Mitarbeitern ist es schwer, sich zu einer guten Mitarbeitergemeinschaft zusammenzufinden.
Für die Gruppenleiter beginnt der Tag um 7.00 Uhr mit Frühstück. Das Frühstück und das Abendessen werden von kleinen Gruppenleiterteams vorbereitet. Anschließend ist Mitarbeiterandacht und Programmbesprechung.
Nach dem Abschluß um 16.00 Uhr beginnt dann für die Mitarbeiter die Gelände- und Hausreinigung. Um 17.30 Uhr besprechen wir den nächsten Tag und anschließend trifft sich die Spielgruppe für das bibl. Anspiel. Um 18.30 Uhr steht das Abendessen auf dem Tisch. Diese Zeit nutzen wir, um gemeinsam über das Abendprogramm zu sprechen. Häufig bieten wir einen Abendabschuß an. Dies ist dann vor allem für jüngere Mitarbeiter das Zeichen, ins Bett zu gehen, um für den nächsten Tag ausgeruht zu sein. Denn die Kinder kommen am nächsten Tag um 9.00 Uhr ausgeschlafen und motiviert zur S.

⇨ Freizeiten ⇨ Ferienaktionen ⇨ Werbung

hba

Stadtspiel

In S. liegt eine besondere Herausforderung für den Jungscharler. Hierbei geht es darum, selbständig, in Gruppen Aufgaben zu lösen bzw. zu bewältigen. Die meistpraktizierte Form des S. ist die, daß man Fragen zu Gebäuden, Geschäftsauslagen, Schaukästen oder bekannten Persönlichkeiten der Stadt stellt. Diese Art bedarf aber einer intensiven und längeren Vorbereitungszeit.
Auf Dauer wird diese Form aber langweilig und es empfiehlt sich, auch andere Variationen auszuprobieren. Oftmals lassen sich auch Geländespiele auf die Stadt zuschneiden, wenn man sie ein wenig abändert.

⇨ Checkliste Stadtspiel
⇨ Spiel und Sport

cp

Start mit einer neuen Gruppe

Vor einigen Monaten rief mich eine ehemalige Jungscharlerin an, die in ihrer Gemeinde eine eigene Gruppe ins Leben

rufen wollte. Ideen für eine JS-Gruppe hätte sie schon, die Bibelarbeit für die erste Gruppenstunde sollte ich mir doch mal ansehen und ihr im übrigen noch ein paar Tricks und Kniffe sagen.
Ich mußte sie erst einmal etwas bremsen und wohl auch ernüchtern. Sie hatte sich zwar inhaltlich schon viel mit JS beschäftigt, aber ein paar »Kleinigkeiten« übersehen. Wir haben uns getroffen, um die ganze Sache zu besprechen, und ich habe ihr ein paar Fragen gestellt, die sich jeder stellen sollte, der mit Gruppenarbeit beginnen will:
Habe ich wirklich jede Woche Zeit für die Gruppenstunde?
Wenn ich mal wirklich nicht kann – ist ein Vertreter vorhanden?
Habe ich zusätzlich Zeit für Papierkrieg, Abrechnungen, Elternbesuche?
Habe ich ein Konzept für meine Arbeit oder soll es einen lockeren Spielkreis geben?
Wie finanziere ich meine Arbeit?
Ist meine Idee mit der Kirchengemeinde (Pfarrer, Kirchenvorstand) abgesprochen?
Habe ich in der Gemeinde Rückhalt?
Ihr Gesicht wurde länger und länger, aber im Laufe unseres Gespräches wurde ihr doch langsam klar: Mit einer guten Idee und Lust an der Arbeit mit Kindern allein ist es nicht getan. Gott sei Dank konnten wir, auch im Gespräch mit dem Gemeindepfarrer, die offenen Fragen klären, und nun ging es an die konkrete Planung, genauer gesagt an die Einladung zur ersten Gruppenstunde. Auch dabei war einiges zu bedenken:

Zeit und Ort
Es mußte geklärt werden, an welchem Tag und zu welcher Uhrzeit das Gemeindehaus zur Verfügung steht, welche Gruppen am ausgewählten Tag noch im Haus sind – nicht parallel zusammen, da ist Ärger vorprogrammiert. Bevor es losgeht, sollte unbedingt das Gespräch mit den übrigen Mitarbeitern der Gemeinde gesucht werden! Auch hier kann der jeweilige Pfarrer helfen.

Werbung
Möglichkeiten zur Werbung gibt es genug, wenn man sie richtig nutzt und auch ein paar rechtliche Dinge beachtet. Jeder Pfarrer wird sicherlich gerne in den Gottesdienstabkündigungen auf die neue Gruppe hinweisen und auch im »Kirchenblättchen« kann man bedenkenlos werben. Anders sieht es bei der Idee aus, in der Grundschule Handzettel zu verteilen: Werbung ist in den meisten Schulen aus gutem Grund verboten; der Schulleiter muß eine solche Verteilaktion genehmigen! Die besten Chancen zur Werbung in Schulen bieten sich übrigens im Religionsunterricht; vielleicht kann und darf der zukünftige Gruppenleiter sogar einmal in eine Stunde mitkommen – persönliche Einladungen haben den größten Erfolg, weil sie verbindlicher sind!
Auch die örtlichen Zeitungen werden gerne kleine Artikel abdrucken – aber kaum, wenn Paul Müller oder Käthe Maier sie hinschicken. Ein offizielles Begleitschreiben des Pfarramtes kann hier oft Wunder wirken!
Sehr umstritten ist in der letzten Zeit die Idee, sich die entsprechenden Kinder aus der Pfarramtskartei herauszusuchen und sie persönlich anzuschreiben. Zwar hat eine ganz persönlich an das Kind gerichtete Einladung in der Regel einen guten Erfolg, aber Vorsicht: Der Datenschutz hat hier ein Wörtchen mitzureden! Man sollte also vorher genaue Erkundigungen einziehen – und im Zweifelsfall lieber die Finger davon lassen.
Nachdem wir auch hier alle Schwierigkeiten beseitigt hatten, konnte es also losgehen – theoretisch wenigstens, denn ein paar Dinge waren bei aller Planung übersehen worden:
Der Pfarrer beschwerte sich, daß vor seiner Garage 15 Fahrräder abgestellt worden waren und er dringend wegfahren mußte. Die benötigten Malstifte hatte die Kindergottesdienstgruppe bereits in die Kirche gebracht, und die Gläser für die JS-Pause waren abends zuvor vom Chor benutzt und noch nicht wieder abgespült worden.

Merke: Gruppenleiter sollten so rechtzeitig vor der Gruppenstunde anwesend sein, daß sie solche Zwischenfälle früh genug auffangen können! Wer fünf Minuten vorher erst sein Material zusammenstellt, wird oftmals böse Überraschungen erleben.

Bedacht werden sollte auch: Viele Kinder werden zur ersten Stunde von ihren Eltern gebracht. Steht Zeit genug für ein paar Worte mit den Eltern zur Verfügung? Können die Eltern sich während der Gruppenstunde im Gemeindehaus aufhalten oder muß man sie wieder wegschicken? Plant man für die erste Stunde vielleicht sogar ein gemeinsames Kaffeetrinken von Eltern und Kindern ein? Das ist zwar aufwendig, aber mit einigen Helfern durchaus zu realisieren und macht einen guten Eindruck!

Ein paar **Tips** noch für die Gestaltung der ersten Stunde:

Das Programm sollte inhaltlich die Kinder nicht erschlagen oder überfordern – Erfahrungen mit Gebet und Andacht können wir nicht voraussetzen.

Wenn in der Einladung das Alter der Gruppenmitglieder sehr weit gefaßt wurde, müssen wir uns vor einer **Überforderung der Jüngeren** und einer **Unterforderung der Älteren** hüten. Wo ich mich nicht einbringen kann, gehe ich nicht mehr hin! Vor allem: Keine Erwartungen wecken, die man nachher nicht erfüllen kann. (»Wir machen Freizeiten, Zeltlager, Ausflüge«.) Enttäuschte Kinder werden kaum Lust haben, sich wieder auf JS einzulassen.

Über all das Gesagte könnte ich schlußendlich einen Satz schreiben, der mir noch vom Studium her in den Ohren klingt:

»Machen Sie weniger, aber das Wenige gründlich; das ist am Ende mehr!« Das gilt auch für Gruppenstunden und gerade auch für den Start einer neuen Gruppe!

⇨ Checkliste Start mit einer neuen Gruppe
⇨ Gruppe

ur

Stille Zeit

Die S.Z. ist »tägliche Audienz bei Gott«. Ein Vorrecht – keine Pflicht. Jeden Tag kann ich den Weg zu Gott gehen: er führt zuerst weg von der Hektik und Unruhe meines Alltags in die äußere Stille vor Gott. In einen Raum, in dem ich ungestört bin; zu einer Zeit, in der ich nicht abgelenkt werde von meinen alltäglichen Verpflichtungen und Terminen – also morgens, am Anfang eines neuen Tages, oder abends, als seinen Abschluß.

Dann suche ich die innere Stille, indem ich mit einem Gebet beginne: Ich sage Gott, was mich beschäftigt oder belastet, was mich freut oder worauf ich hoffe. Ich bitte Gott, durch sein Wort zu mir zu reden. Anschließend lese ich, evtl. mit Hilfe einer Bibellese, einen Abschnitt der Bibel. Ich frage dabei: Was will Gott mir durch sein Wort heute sagen?

Alles, was ich beim Bibellesen entdeckt und erkannt habe, sage ich Gott anschließend im Gebet: Ich danke ihm für das, was er für mich getan hat, und bitte ihn um Kraft, das auch zu tun, was ich als seinen Willen erkannt habe. Ich bete auch für andere Menschen.

Bevor ich nun aus der Stille vor Gott wieder in meinen Alltag gehe, nehm ich mir eine Sache vor, die ich heute im Namen Jesu tun will.

⇨ Bibellese

hn

Strafe

Unter dem Begriff der S. sammeln wir alle Verhaltensweisen der mißbilligenden und zurechtweisenden Art. In der Regel sollen sie erzieherische Wirkungen auslösen. Das Wort »disziplinieren« z.B. drückt die Wiedereingliederung in eine funktionelle Ordnung aus.

Wir kennen aber auch S., die eher von dem Motiv der Rache geleitet werden, und spätestens hier stellt sich die Frage nach der Angemessenheit. S. als erzieherisches Mittel ist im wörtlichen Sinne mitunter not-

wendig, aber ihr Einsatz und Erfolg sind immer heikel.
Bei der Verhängung von Strafmaßnahmen muß ein genauer Anwendungsrahmen beachtet werden. Dieser setzt sich aus der Angemessenheit des Strafmaßes, dem sachlichen Bezug zum Fehlverhalten, der zeitlichen Nähe zum auslösenden Geschehen und der wertschätzenden Beziehung zwischen den betroffenen Personen zusammen. Eine S. aus persönlichen Rachegedanken heraus fällt eindeutig aus diesem Rahmen.
Die Frage nach der Angemessenheit der S. ist der heikelste Punkt in diesem Zusammenhang. Hier gilt es dringend, gesellschaftliche Regeln und gesetzliche Vorgaben zu beachten. In jedem Fall ist bei jeder Form der S. die Personenwürde zu achten. S. verlieren ihren erzieherischen Wert, wenn sie nicht steigerungsfähig sind. Ein Erzieher oder Gruppenleiter, der immer mit maximalen Strafmaßnahmen droht oder handelt, verliert sehr bald seine Glaubwürdigkeit. In der erzieherischen Praxis haben sich folgende Steigerungsformen bewährt:
1. **Ermahnung:** ernsthafter Tadel mit Hinweis auf die Folgen für sich und andere (Gefährdungen einsichtig machen).
2. **Verwarnung:** strenge Aufforderung, das Fehlverhalten einzustellen mit konkreter Ankündigung von Folgemaßnahmen (»Gelbe Karte«). Dieses kann vor der ganzen Gruppe geschehen.
3. **Verweis:** Aufforderung, den Raum, Platz, Ort etc. zu verlassen. Die Verweisdauer hängt von der jeweiligen Situation ab, und die Erziehungsberechtigten müssen benachrichtigt werden (»Rote Karte«).
⇨ Erziehung

ws

Surfen

S. ist nicht gerade eine typische JS-Sportart und wird auch nicht zum regelmäßigen Gruppenprogramm gehören können. Gerade deshalb kann dies ein besonderer Höhepunkt sein, wenn man die entsprechenden Möglichkeiten hat. Was man braucht, ist ein stehendes Gewässer (See, Baggersee), ein Surfbrett und jemand, der diesen Sport beherrscht. Auch wenn Kinder noch nicht die körperlichen Kräfte eines Jugendlichen oder Erwachsenen haben, so sind sie doch oft in der Körperbeherrschung und im Gleichgewichtssinn Älteren überlegen. Mit kleineren Surfbrettern und entsprechenden Segeln (Riggs) kommen auch Kinder bei leichtem Wind schon zurecht. Unter Umständen helfen auch hier einmal Segelvereine oder Eltern weiter.

Da die Bretter unsinkbar sind, lassen sich mit ihnen (ohne Segel) hervorragende Wasserspiele veranstalten, z. B. um die Wette paddeln, Wikingerstechen, wieviele passen auf ein Brett ohne herunterzufallen, Hindernispaddeln, Wackelübungen usw. Sehr wichtig sind hier, wie bei allen Aktionen am und im Wasser, angemessene Vorsichtsmaßregeln. Insbesondere sollte man mit Surfbrettern und Kindern nur im Uferbereich bleiben, wo auch Kinder noch stehen können. Wichtig ist auch die Beobachtung der Windrichtung: gefährlich ist sog. ablandiger Wind, d. h. der Wind bläst vom Ufer weg auf's offene Wasser. Dadurch können Surfbretter leicht abgetrieben werden.

⇨ Spiel und Sport

jba

Symbole

Der aus dem Griechischen und Lateinischen stammende Begriff bedeutet umschrieben: ein aus Bruch-Stücken bestehendes Kennzeichen, eine Marke als Kennzeichen, und dient gleichzeitig zur Legitimation. Das augustinische Glaubensbekenntnis wird Symbolon genannt. Also hat das S. einen ganz starken Bekenntnischarakter – es definiert seine Träger als Teil einer Gemeinschaft, Gruppe oder Organisation.

Christliche/biblische S. sind u. a. das Kreuz, der Fisch, die Arche Noah, der Regenbogen, das Wasser der Taufe, Brot und Wein im Abendmahl.

S. können auch Fahrtenhemden mit bestimmten Aufnähern, Halstücher in verschiedenen Farben und mit verschiedenen »Streifen« bzw. Kluft; Embleme auf Wimpel und Fahnen, Logos in Gruppen- und Vereinspublikationen sein. Letztere zeichnen sich durch einprägsame Einfachheit aus, die in wenigen »Strichen« die Inhalte und Absichten der Gruppe oder Gemeinschaft plakativ verkündet.

S. sind Erkennungsmerkmale, sie dienen zur Zu- und Einordnung.

S., die im CVJM genutzt werden: Ankerkreuz – Zeichen der JS-Arbeit; Eichenkreuz – Zeichen der Sportarbeit, früher auch der Jungenschaftsarbeit; CVJM-Dreieck als Zeichen der gesamten CVJM-Arbeit; das gleichseitige Dreieck sagt aus: Der CVJM will jungen Menschen an Leib, Seele und Geist (drei Seiten) in gleicher Weise (gleichlange Seiten) dienen. Rot ist die Farbe der Liebe.

Ein anderes S. ist das Kugelkreuz als Zeichen der gesamten ev. Jugend in der Kirche. Das Kreuz Jesu Christi ist mitten in dieser Welt aufgerichtet und bezeugt die Macht und Wirksamkeit Christi.

⇨ Wimpel   ⇨ Abzeichen

cr

T

Tag

»... und kauft die Zeit aus« (Epheser 5,16).
Einen T. sinnvoll und verantwortlich zu nutzen, heißt auch, Termine und Pausen im Laufe des Tages so zu verteilen, daß einerseits die selbst gesetzten Ziele für einen T. erreicht werden können, andererseits genügend Raum bleibt, um zur Ruhe zu kommen und auf Impulse von außen eingehen zu können. Vielen hilft ein Terminkalender, den Überblick über eingegangene Verpflichtungen und dazwischenliegende Freiräume zu behalten. Gut kann man sich mit seiner Hilfe auch »Frei(e) Zeit« im Tages-, Wochen- oder Jahresablauf schaffen, in dem bestimmte Zeiten oder T. von vorneherein als Ruhezeiten oder »Termine mit Gott« notiert werden und nicht anders genutzt werden.

⇨ Programm

mj

Tagebuch

Mit Hilfe eines T. werden eigene Erlebnisse, Gefühle, Fragen oder auch Glaubenserfahrungen festgehalten. Die Regelmäßigkeit und die Länge der T.-Eintragungen kann sehr unterschiedlich sein. Oft werden äußere Ereignisse und Tätigkeiten nur stichwortartig aufgeschrieben, um sich später erinnern zu können, es gibt aber auch die Möglichkeit des ausführlichen Erzählens und Reflektierens. Oft wird dem T. anvertraut, was man sonst mit niemandem besprechen möchte oder kann.
In Krisenzeiten können die Aufzeichnungen helfen, sich über sich selbst klarzuwerden. Oft sortiert sich beim Aufschreiben vieles, was vorher undeutlich, verwirrend oder unklar war. Im Rückblick werden eigene Entwicklungen oder Dauerfragen deutlich. Bei Mädchen ist das T. – aus welchen Gründen auch immer – beliebter als bei Jungen. Sie müssen zumeist besonders ermutigt und motiviert werden.
Wer Jugendlichen das T.-Schreiben empfiehlt, sollte sich klarmachen, daß diese Form der Reflektion und des Verarbeitens von inneren Entwicklungsprozessen zumeist nur Jugendlichen einer bestimmten sozialen Schicht zugänglich ist. Jugendliche, die aus einfachen oder schwierigen Verhältnissen stammen, müssen eine hohe Schwelle überwinden, ehe sie Gedanken und Gefühle überhaupt schriftlich äußern.

⇨ Gruppe ⇨ Mitglied

kv

Tageseinteilung

Auf Freizeiten und Lagern hat sich folgende T. bewährt:
7.00 Uhr Mitarbeiterbesprechung (wenn nicht abends)
7.30 Uhr Wecken, Morgengruß, Frühsport, Waschen
8.15 Uhr Stille Zeit
8.30 Uhr Frühstück
9.00 Uhr Küchendienst, Aufräumen, Revierdienst
10.00 Uhr Singen, Bibelarbeit
11.00 Uhr Vormittagsprogramm
13.00 Uhr Mittagessen, Mittagspause
15.00 Uhr Nachmittagsprogramm, danach Waschen
18.30 Uhr Abendessen
19.30 Uhr Abendprogramm
21.30 Uhr Freizeitgeschichte, Abendausklang
22.30 Uhr Mitarbeiterbesprechung (wenn nicht morgens)

Es ist günstig, daß an jedem Tag ein Mitarbeiter die Tagesleitung übernimmt und auf die Einhaltung der Zeiten achtet. Außerdem kann es sinnvoll sein, im Sommer auf die »Winterzeit« zurückzugehen, da es dann »früher« dunkel wird und man von einem Lagerfeuer wirklich etwas hat.

⇨ Freizeiten

mj

Tanz

Geschichte des Tanzens

In einem Kinderlexikon steht, daß Tanzen wahrscheinlich die älteste Kunst des Menschen ist. Wir wissen, daß schon die frühesten Menschen tanzten, um bestimmte Botschaften oder Zustände auszudrücken. Getanzt wird in fast allen Völkern. Man tanzte als Schutz vor Gefahren, um die Götter zu erfreuen und um »Heiterkeit für die Seele und Nahrung für den Geist« zu bekommen. Tanzen hat mit Bewegung, Rhythmus und Spiel zu tun.

Es gab in der Kirche einen langen Streit um das Tanzen, 381-680, der dann mit einem Tanzverbot endete. Heute gibt es nur noch wenige Christen, die etwas gegen das Tanzen haben.

Gründe für das Tanzen in der JS

Mädchen und Buben haben in diesem Alter ein besonderes Bedürfnis, sich zu bewegen. Einige Mädchen gehen regelmäßig ins Ballett. Im Tanzen können Gefühle ausgedrückt werden, die mit Worten und mit der Stimme allein nicht genügend Ausdruck finden. Im T. kann Denken und Fühlen ganzheitlich eine Gestalt finden.

Als das Volk Israel behütet durch das Schilfmeer gezogen war, lobten sie Gott, Mirjam spielte auf der Pauke, und die Frauen tanzten einen Reigen. Auch David tanzte, als er sich über seinen Sieg freute und Gott lobte.

Wie T. eingeübt werden können

Wenn nicht alle Kinder gerne tanzen, können sie auch ein Alternativprogramm erhalten, z. B. Girlanden flechten oder ein Spiel spielen. Oft ist es gut, nicht zu fragen, wer möchte oder wer nicht. Denn manche bekommen Freude im Vollzug des Tanzens. Zuerst sucht man sich eine Musik, z. B. das israelische Lied: »Hevenu shalom alejchem« (Nr. 138 Jungscharliederbuch 1992). Wenn der Text und die Melodie unbekannt sind, kann man zuerst eine Geschichte erzählen, in der das Lied hätte vorkommen können. Z. B. das Ende der Rut-Geschichte, oder, als die Emmaus-Jünger wieder zu den Jerusalemer Jüngern gehen. Shalom: Frieden, Heil, Glück, denn Jesus lebt. Zuerst Text gemeinsam sprechen, dann im Rhythmus dazu klatschen oder im Rhythmus gehen. Die Melodie lernen. Mit den Kindern überlegen, welche T.-Bewegungen dazu passen. Es ist gut, wenn der Leiter sich schon vorher Vorschläge überlegt hat.

Nicht zu lange einüben. Kurze Passagen. Es soll Spaß machen. Zu jedem T. kann man sich noch eine Verkleidung überlegen. Evtl. Bänder, Kopftücher, Röcke usw.

Kinder oder Mitarbeiter können mit Instrumenten Melodie oder Rhythmus begleiten, z. B. Gitarre, Rassel, Tamburin. Wenn der T. eingeübt ist und Spaß macht, kann er evtl. irgendwo aufgeführt werden, z. B. im Gottesdienst oder in einem Altenheim.

Wo findet man Musik für T.?

Im **Jungscharliederbuch** gibt es viele Lieder und Kanons, zu denen man gut tanzen kann, die Bewegungen stehen in seltenen Fällen dabei. Aber es ist überhaupt kein

Problem, mit den Kindern Bewegungen zu erfinden. Als Ausgangsstellung kann man entweder im Kreis oder paarweise gegenüber stehen.
Nr. 28 »Wie Kinder im Hause des Herrn« sind die Tanzschritte beschrieben.
Nr. 36 »Laßt uns miteinander«; Vorschlag: Alle stehen im Kreis und halten sich an den Händen. Mit dem Singen (1) geht man in die rechte Richtung im Rhythmus los. Bei (2) ändert man einfach die Richtung. Bei (3) marschiert man auf der Stelle und klatscht in die Hände. Bei (4) marschiert man auf der Stelle und hebt beide Arme in die Höhe. Um im Kanon zu singen, sollte man gruppenweise Innenkreise machen.
Bei Nr. 58 »Mache dich auf und werde licht« können Kerzen eingebaut werden. Evtl. eine brennende Kerze, zu der man sich im T. bewegt. Und an der alle während des T. ihre Kerze entzünden.

Bei Nr. 181 »Wo zwei oder drei in meinem Namen« können die fünf Buchstaben »JESUS« vorher ausgeschnitten und in die Mitte gelegt werden.
Zu **Kinderliedern von Musik-Kasetten** kann auch gut getanzt werden, z. B. zu »Echt elefantastisch« von Hella Heizmann.
In **Stadtbibliotheken** können Platten, Kasetten oder CDs von **Volkstänzen** aus verschiedenen Ländern ausgeliehen werden. Evtl. hat man auch selbst aus Urlaubsorten Folkloretänze in der eigenen Sammlung.
In **Musikgeschäften** kann man Musik zu Volkstänzen mit Beschreibungen kaufen. Die Verlage Fidula in Boppard, Calig in München und W. Kögler in Stuttgart haben Tänze aus verschiedenen Ländern für Kinder. Die T.-Beschreibungen sind leicht verständlich.

⇨ Folklore ⇨ Singen und Musizieren
⇨ Spiel und Sport

md

Tatkunde

Für Jungscharler ist es immer wieder faszinierend, eine unmittelbare Beziehung zur Natur zu bekommen. In der T. geht es insbesondere um die Fähigkeit, in und mit der Natur leben zu können. Beispielhaft sind zu nennen: Umgang mit Karte und Kompaß, Anlage von Feuerstellen, Waldläuferzeichen, Naturbeobachtung, Wetterkunde, ökologische Grundkenntnisse.
In Gruppenstunden kann man so etwas, über einen größeren Zeitraum verteilt, üben. Auf Wochenendfreizeiten und Sommerlagern kann es dann umfassender ausprobiert werden. Die meisten Fähigkeiten können Jungscharler sich spielerisch aneignen. Beim Robinson-Spiel z. B. müssen Gruppen in einem festangelegten Bereich, ihrer »Insel«, eine Behelfsunterkunft bauen, eine Kochfeuerstelle anlegen usw. Andere naheliegende Spielideen sind Forschungsexpeditionen, Eingeborenenstämme auf der Suche nach neuen Jagdgründen usw. Durch die T. wird originales Erlebnis mit Abenteuergeschmack vermittelt. Gleichzeitig wird der Sinn dafür geschärft, daß Gottes Schöpfung uns als Aufgabe anvertraut ist.
Literatur
Häuptlingsbuch, Das große Abenteuer I und II u. a.

⇨ Erlebnisprogramm

ipm

Teamarbeit

Jesus hat seine Jünger als Team, d. h. zu zweit, hinausgeschickt, um das Evangelium weiterzusagen (Mk 6,7). Die erste Gemeinde wurde von einem Team, d. h. von zwölfen, geleitet (Apg 6,2-4). Die Verkündigung des Evangeliums war also von Anfang an.
Die Chancen der T. sind: man kann sich gegenseitig entlasten, weil man nicht für alles zuständig ist; ist einer erschöpft, kann ihn der andere aufmuntern; begeht einer einen Fehler, kann ihn der andere korri-

gieren. Leiter mit unterschiedlichen Gaben ergänzen sich — so wird das Programm vielfältiger und bunter. Außerdem hat man im Team eine bessere Übersicht über die Gruppe: während einer für das Programm zuständig ist, können andere sich mit den einzelnen Teilnehmern beschäftigen. Die Leitung kann wechseln. Daneben gibt es aber auch spezielle Probleme, die jedoch durch gute Absprache gelöst werden können: man braucht mehr Zeit, um das Programm zu planen; ein Leiter kann beliebter sein als andere, dadurch können Spannungen auftreten; werden Probleme nicht offen ausgesprochen, blockieren sich die Leiter gegenseitig.

Insgesamt aber ist die T. die angemessene Form der Gruppenleitung auch in der JS.

⇨ Mitarbeiter

hn

Teilnehmer

T. in der JS, wie soll es anders sein, sind junge Menschen. Ihre Bedeutung erklärt uns das Wort selbst so:

T . sind,
E rst fremd und dann vertraut, dabei
I n der Gruppe immer Kind.
L ernfähig aber geprägt und
N icht immer brav. Dabei sind sie
E igentümlich und neugierig.
H eute so und morgen so und
M indestens 8 Jahre alt. Sie bleiben der
E igentliche Grund der JS-Arbeit und immer
R ichtig in unserer Gruppe.

Darum sind T. in der JS, Kinder, die an unserem Programm teilnehmen. Damit sind sie Teil der Gruppe und nehmen etwas mit nach Hause. T. fordern, sie stellen Ansprüche und brauchen die Liebe des Gruppenleiters.

⇨ Mitglied   ⇨ Rechts-ABC
⇨ Verkündigung

rs

Theater

... wurde aus dem spontanen und überall zu beobachteten und einfachen Rollenspiel entwickelt. Es ist die geformte Inszenierung eines Dramas, also eines pointierten Handlungsablaufs, der von Kindern aufgeführt wird. Gelegentlich kommt ein spontanes, von Kindern selbst inszeniertes T. zustande. Meist, wenn sie vorher ein T. oder Fernsehspiel gesehen haben. In der Regel erfordert das Kindert. einen Spielleiter. Oft haben die Gruppenleiter selbst Schwierigkeiten, wenn sie T. spielen sollen. Kinder sind anders. Sie leben mit ihrer Phantasie praktisch T., in einer Traumwelt — oft einer Traumrolle, die sie dann auch gerne spielen möchten. Es kommt nicht unbedingt darauf an, daß viel Requisiten vorhanden sind, die Phantasie der Kinder zaubert vieles herbei. Meist gibt es Streit in der Gruppe. Wer darf die beliebte Hauptrolle spielen. Jeder möchte sie übernehmen. Es sollte kein »Profigeist« aufkommen. Rollentausch ist gut.

Das Figuren- oder Puppent.
Dies gehört mit zur Familie des T. Es ist mit die älteste Äußerung menschlicher Phantasie, menschlichen Drangs, um die Wirklichkeit zu bewältigen. Puppent. hat aber auch pädagogische Vorzüge und da-

mit Erziehungscharakter. Deshalb kann auch eine Gruppenstunde mit Figuren gestaltet werden. Entweder gibt man die Figuren und eine Bühne an die Kinder und läßt sie frei spielen, oder aber man will ein Kasperle-T.-Stück o. ä. uraufführen bei einem CVJM-Jahresfest, Gemeindefest, Kinderfest etc. Es werden sich nicht alle Gruppenmitglieder für eine Rolle im Stück eignen, aber es gibt noch andere Funktionen. Organisation, Leitung, Herstellung der Bühne, der Figuren, Einladung, Werbung etc. Jedes Gruppenmitglied wird gebraucht und erhält eine wichtige Aufgabe. So haben alle Anteil am Erfolg. Es gibt sehr viele verschiedene Figurenarten. Hier nur eine kleine Auswahl:
Handpuppen: Bemalte Hände; mit Fingerfarben gestaltet man die bloße Hand zu einem Gesicht oder einem Tier.
Fingerpuppen: auf dem Zeigefinger steckt eine bemalte Styroporkugel oder Holzkugel.
Stab- und Stockpuppen: der Kopf der Figur steckt auf einem Stab, den der Spieler führt.
Spiel mit Gegenständen/Alltagsgegenstände: Schirm, Küchengeräte.
Marionette: die Körperteile werden ausschließlich mit Fäden bewegt (Tuchmarionette, Wollmarionette, Vollmarionette).

Lernschritte
Kinder lernen sich in die Rolle eines anderen hineinzuversetzen; den anderen verstehen; Rollenvielfalt; Flexibilität; Ausdrucksvermögen; Phantasie; Improvisation; Auftreten u. v. m.

Ziele
Wichtig ist, daß alle Kinder der Gruppe mitspielen dürfen. Es geht darum, daß Kinder durch das T.-Spielen sich selbst darstellen und erkennen können. Das Spielen vor fremdem Publikum kann, muß aber nicht Ziel sein. Es ist darauf zu achten, daß die Spieler die Rollen tauschen und damit experimentieren. Wichtig ist ferner, daß die Kinder die Rollen spielen dürfen, ohne daß sie sich genieren oder Angst haben müssen, ausgelacht oder blamiert zu werden.

Literatur
E. + R. Werner: »Theater für Jesus«. ABC Team/Aussaat-Verlag
T. Budenz-E. Lutz: Das 15-Minutentheater. Don Bosco Verlag, München 1976
H. Ellermann: 3mal Kindertheater. Ellermann Verlag, München 1979
Christel Plate: »Menschen begegnen Gott in Jerusalem«. AH-CVJM-Westbund (Anspiele: Bibelgeschichten für Kinder)
Werner Waldman: »Handpuppen, Stabfiguren, Marionetten gestalten, bauen, spielen« Hugendubel

⇨ Anspiel ⇨ Rollenspiel ⇨ Sketch

;d

Tiere

Sammelbegriff für die nichtpflanzlichen Lebewesen, die von Gott am fünften und am sechsten Tag erschaffen wurden (1. Mose 1, 20-25).
Da der Mensch nach der biblischen Überlieferung ebenfalls am sechsten Tag erschaffen wurde (1. Mose 1, 26 f), herrscht seit langer Zeit ein Streit darüber, ob ein gewisses Verwandtschaftsverhältnis besteht oder ob dies grundsätzlich ausgeschlossen werden muß.
Nach 1. Mose 1 bekommt der Mensch eine gewisse Verantwortung für die Tierwelt übertragen (»herrschen« ist im Sinne von »anvertraut sein« zu verstehen), und es werden ihm ausdrücklich die samentragenden Pflanzen als Nahrungsmittel zugeteilt. Später wird berichtet, daß der Mensch den T. Namen gibt (1. Mose 2, 19). Als ihm entsprechende Partner scheiden sie aus (Vers 20).
In der JS-Arbeit kann man feststellen, daß im besonderen Mädchen eine sehr starke emotionale Beziehung zu T. haben. Der Wunsch nach einem »eigenen« T. ist bei vielen Kindern sehr groß. Durch eine Erzählrunde über Lieblingst., die Motivwahl bei kreativen Programmen (z. B. T-Shirts oder Stofftaschen bemalen), Spiele und

lustige Quizrunden (Vorschläge in J. Cornell: Mit Kindern die Natur erleben, Verlag an der Ruhr) kann die Freude an T. gut aufgegriffen werden.

⇨ Schöpfung

bk

Tod

Der T. ist die Grenzerfahrung für den Menschen. »Leben« kennen wir, »tot sein« ist uns unbekannt und deshalb nur allzuoft unheimlich. Die Bibel spricht oft von dem natürlichen Ende des Lebens bei Mensch und Tier, bei dem alle Bewegung aufhört, das Bewußtsein verloren ist, das Atmen endet, der Leib erkaltet und in Verwesung übergeht. Sterben ist das Los aller Menschen (Jes 40, 6; Hebr 9, 27). Die Ursache des Todes kann sehr unterschiedlich sein. Grundsätzlich begründet wird uns in 1. Mose 3 dargestellt, daß im Ungehorsam gegenüber Gott das Sterben des Menschen als Gericht über den schuldig gewordenen Sünder in Kraft gesetzt wird. Doch weiß das AT durchaus davon, daß nach dem T. ein Menschenleben nicht vollständig ausgelöscht ist. Auch die Toten haben ihren Ort, den Scheol (Unter-, Totenwelt, Hades; vgl. Ps 49,19 f), man wird zu seinen Vätern versammelt. Wobei der Scheol so schattenhaft gedacht wird, daß der T. das Menschenleben eigentlich abschließt. Eindeutig sagt es das AT: In dem Scheol wird Gottes nicht gedacht (Ps 6, 6; 30, 10).

Das AT kennt – entgegen seiner Umwelt – keine Hoffnung auf ein Weiterleben oder Wiederauferstehen nach dem Sterben. Erst am Rande des AT erscheint ein wenig von der Hoffnung, die im NT ihre Quelle hat (Ps 139, 8; Jes 26, 19; Dan 12, 2; Hes 37). Auch für das NT ist nur Gott unsterblich (1. Tim 6, 16). Doch weil Gott nicht den T. des Sünders will, trat der Sohn Gottes, der selbst das Leben ist (Joh 11, 25; 14, 6) in die Welt des T. Mit seinem T. geschieht die große Wende: »Es ist vollbracht« (Joh 19, 30; 1. Kor 15, 50-57). Wohl versuchte der T. auch ihn zu überwältigen (Lk 22, 44), doch nahm er als Überwinder des T. durch sein Sterben dem T. die Macht (1. Kor 15, 26 f; 2. Tim 1, 10) und offenbarte durch sein Auferstehen des Lebens schlechthin, dem der T. nichts mehr anhaben kann. Über Jesu Gemeinde hat die Totenwelt keine Macht mehr (Mt 16, 18; Offb 1, 18); nichts kann Jünger Jesu von ihm scheiden (Röm 8, 38 f). Die Lebensgemeinschaft mit Christus schließt allerdings die Sterbensgemeinschaft mit ihm nicht aus, sondern ein (Röm 6, 3 ff; Gal 2, 19 f). Doch ist der Mensch in Christus tot für die Sünde, so wird der »zweite T.« (Offb 2, 11; 20, 12 ff) dem Menschen nichts anhaben können, sondern er wird leben ewiglich.

⇨ Glaube ⇨ Natur ⇨ Wiederkunft

kn

Tradition

Es ist schwer, T. zu erkennen, denn eigentlich ist sie das, das »schon immer so war«. Gerade solchen Jungen und Mädchen, die das Gruppenleben nicht bestimmen, weil andere oft schneller oder lauter sind, bekommen durch T. Verhaltenssicherheit. Sie wissen, wie sich die Gruppe und die Mitarbeiter in bestimmten Situationen verhalten, sie kennen die traditionellen Lieder der Gruppe und die Zeiten für Beginn und Schluß der Gruppenstunden (und, ob sie eingehalten werden). Ohne solche T. und Gewohnheiten würden sich gerade die schwächeren Mitglieder fremd und ungeborgen fühlen. Kinder und Jugendliche, die im Gruppenprogramm die Abwechslung suchen, brauchen im »Rahmen« die Gewohnheiten.

Aber T. bezeichnet auch und vor allem solche Gewohnheiten, die bereits seit vielen Jahren überliefert werden. »Überlieferung« oder »Weitergeben« ist auch die deutsche Übersetzung des Wortes. Lieder und Gebete, die Programmpunkte in der JS-Stunde, die Zeichen des CVJM und die JS-Kluft sind älter als die Gruppe selbst und meistens auch älter als ihre Mitglieder und Mitarbeiter. Die am deutlichsten erkennbaren T. in der JS sind Bibellese, An-

dacht, in denen alte, überlieferte Texte lebendig werden.
Der T. der Kirche verdanken wir das Wissen um den Ausspruch des hl. Benedikt: »Der Verstand will die Abwechslung, aber das Herz liebt die Regelmäßigkeit.«

wl

Trauer

T. befällt uns nicht nur beim Tod eines geliebten Menschen, sondern in vielen anderen Zusammenhängen. Ein Kind ist sehr traurig, wenn es sein Lieblingstier verliert; ein Mädchen ist traurig, wenn der Freund sie verläßt; ein Ehepaar, wenn es zur Scheidung kommt. So gibt es immer dann Grund zum Trauern, wenn ein Mensch etwas verliert, an dem sein Herz hängt. Ein Abgrund tut sich auf, über den keine Brücke zu führen scheint. T. und der damit verbundene Schmerz müssen ausgedrückt werden: Das Kind weint, das Mädchen schreibt endlose Tagebucheintragungen, eine Witwe etwa zieht sich schwarz an. Schmerz und T. werden bis heute im Orient leidenschaftlich und laut geäußert. Die Bibel zeigt, daß an der Stelle der gewohnten Kleider ein rauher Sack angezogen wurde (1. Mose 37, 34) oder schmutzige Kleider (2. Sam 19, 25). Die Schuhe wurden ausgezogen, der Körper nicht mehr gewaschen, der Bart nicht mehr gepflegt (2. Sam 19,25). Asche und Staub streute man sich auf's Haupt (Jos 7, 6). Ein Zeichen der T. war auch, zu fasten (1. Sam 31,13) oder sich auf die Brust zu schlagen (Lk 23, 48). Nach einem Todesfall setzte leidenschaftliche Totenklage ein (1. Mose 23, 2). Auch wurden Klagelieder angestimmt (2. Sam 1, 17-27). Diese Klagelieder hatten ihren bestimmten Rhythmus, und zur Verstärkung gab es berufsmäßige Klagemänner und Klageweiber (Mk 5, 38). Bei den Trauernden erschienen die Freunde, Bekannten und Verwandten, um ihr Beileid auszudrücken (Joh 11, 19). Solches Trauern dauerte oft wohl sieben Tage (1. Sam 31,13), bei Mose und Aaron 30 Tage (5. Mose 34, 8). Damit wurde und wird bis heute der Trauernde begleitet und hat die Möglichkeit, seine T. nicht verdrängen zu müssen, sondern sie konkret zu erleben und somit zu verarbeiten. Die christliche Gemeinde wird zum Mittrauern aufgefordert: »Weint mit den Weinenden« (Röm 12,15). Wer T. durchlebt hat, ist ein Mensch, der die Tiefe von Gefühlen kennengelernt hat. Er hat Erfahrungen gemacht, die ihm bisher verschlossen waren. Er kann nun mit anderen mitfühlen und mitleiden. Aber nun kann er auch an der Tiefe der Freude anderer teilhaben. Denn es heißt in Römer 12, 15 auch: »Freut euch mit den Fröhlichen«. Solches Miterleben hilft, nicht neidisch auf die zu sein, denen es besser geht, und nicht gleichgültig gegenüber denen zu sein, die leiden.

⇨ Entwicklungspsychologie

kn

Turnier

Wenn mehrere Mannschaften, Einzelne oder Paare/Doppel gegeneinander kämpfen, sprechen wir von einem T. Ein T. kann, in einer Gruppenstunde, an einem Tag, an einem Wochenende oder über einen längeren Zeitraum im Camp stattfinden. Zur Ermittlung des Siegers und der Plätze gibt es verschiedene Spielsysteme: das K.O.-System; das Doppel-K.O.-System; das Jede-gegen-jede-Mannschaft-System (Rundensystem); gemischte Systeme.
Das anzuwendende Spielsystem ist abhängig von der Anzahl der Mannschaften, der Anzahl der Spielfelder, der zur Verfügung stehenden Zeit und von pädagogischen Grundsätzen (möglichst viele Spiele und jedem mehr als eine Chance).

Das K.O.-System
Die Mannschaften werden ausgelost, die vermutlich stärksten gesetzt, so daß diese nicht bereits in der ersten Runde aufeinandertreffen. Nr. 1 spielt gegen 2, 3 und gegen 4 usw. Bei ungerader Zahl hat die letztere Mannschaft kein Spiel in der ersten Runde. Wer ein Spiel verliert scheidet aus.

Aus pädagogischen Gründen sollte dieses System in der JS-Arbeit nicht angewandt werden.

Das Doppel-K.O.-System
Auslosung, Setzung und Spielfolge wie beim K.O.-System. Verlierer spielen aber in der Verlierer-Runde weiter, d. h. wer zwei Spiele verliert, scheidet aus.

Das Rundensystem
Beim Rundensystem spielt jede Mannschaft gegen jede. Je nach Sportart erhält der Sieger 2:0 (oder 2) Punkte, der Verlierer 0:2 (oder 1) Punkt. Bei einem Unentschieden werden die Punkte 1:1 geteilt. Sollte die Punktgleichheit bestehen, entscheidet über die Rangfolge die Tor- oder Punktdifferenz. Die Anzahl der Spiele errechnet sich aus der Formel:

$$x \text{ (Anzahl der Spiele)} = \frac{n \text{ (Mannschaften)} \times (n-1)}{2}$$

Beispiele bei 7 Mannschaften: $\frac{7 \times (7-1)}{2} = 21$ Spiele.

Bei der Zeit, die normalerweise für T. in der Kinder- und Jugendarbeit zur Verfügung steht, kann man nach diesem System nur mit maximal 5 Mannschaften spielen. Deshalb empfehlen sich Mischformen.

Gemischte Systeme
Das bedeutet z. B. Aufteilung in Gruppen mit max. 4 Mannschaften. In den Gruppen wird das Rundensystem gespielt. Nachdem die Reihenfolge in den Gruppen (Wertungssystem vgl. Rundensystem) feststeht, wird im K.O.-System weitergespielt.

Zeitplan
Spiele der verschiedenen Sportarten dauern unterschiedlich lang. Am einfachsten ist das natürlich bei Zeitspielen (z. B. Fußball mit 2 x 15 Minuten). Schwieriger wird es bei Spielen, bei denen die Unterbrechungen von der Spielzeit abgezogen werden (Basketball), am unsichersten ist es bei Spielen mit Satzgewinnen (Tischtennis, Volleyball = 1 Satz ca. 25 Min.). Man kann aber durchaus Satzspiele in Zeitspiele umändern, wie z. B. bei Indiaca. Es muß immer Zeit zum Einspielen und Wechseln eingeplant werden. Im Blick auf den Zeitplan für die Gesamtveranstaltung muß die Zeit für Begrüßung, Andacht/Gottesdienst und Siegerehrung berücksichtigt werden. Bei der Aufstellung des Spielplanes sollte möglichst vermieden werden, daß mehrere Mannschaften mehrmals ohne Pause hintereinander spielen. Das läßt sich nicht immer vermeiden, besonders dann nicht, wenn für Spiele nach dem Rundensystem mehrere Plätze zur Verfügung stehen.

Doppel-K.O.-System
Damit in den nächsten Runden die gleichen Spielpaarungen vermieden werden, wechseln die Verlierer aus der Siegerseite von der unteren in die obere Hälfte und umgekehrt.

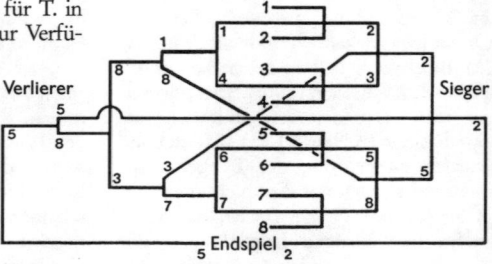

Rundenspiele bei mehr als 3 Mannschaften
Spielfolge für Gruppenspiele

	4er-Gruppe	5er-Gruppe	6er-Gruppe (in der Freizeit)	
Spiel 1	1-2	1-1	1-2	
Spiel 2	3-4	3-4	3-4	1. Tag
Spiel 3	1-4	5-1	5-6	
Spiel 4	2-3	2-4	1-3	
Spiel 5	2-4	3-5	2-5	2. Tag
Spiel 6	1-3	1-4	4-6	
Spiel 7		2-5	1-5	
Spiel 8		3-1	2-3	3. Tag
Spiel 9		4-5	1-6	

	4er-Gruppe	5er-Gruppe	6er-Gruppe (in der Freizeit)
Spiel 10		2-3	4-5
Spiel 11			6-2
Spiel 12			3-5
Spiel 13			1-4
Spiel 14			6-3
Spiel 15			2-4

4. Tag: Spiel 11, 12
5. Tag: Spiel 13, 14, 15

Gemischtes System bei 8 Mannschaften
Vorrunde (vgl. 4er-Gruppe, oben)

Gruppe I
1. Spiel: 1-2
3. Spiel: 3-4
5. Spiel: 1-4
7. Spiel: 2-3
9. Spiel: 2-4
11. Spiel: 1-3

Gruppe II
2. Spiel: 1-2
4. Spiel: 3-4
6. Spiel: 1-4
8. Spiel: 2-3
10. Spiel: 2-4
12. Spiel: 1-3

Zwischenrunde
13. Spiel: 1. Gruppe I – 2. Gruppe II
14. Spiel: 1. Gruppe II – 2. Gruppe I

Endrunde
15. Spiel: 4. Gruppe I – 4. Gruppe II um Platz 7 und 8
16. Spiel: 3. Gruppe I – 3. Gruppe II um Platz 5 und 6
17. Spiel: Verl. 13. Sp. – Verl. 14. Spiel um Platz 3 und 4
18. Spiel: Sieg. 13. sp. – Sieg 14. Spiel um Platz 1 und 2

⇨ Spiel und Sport

rm

U

Übergänge

Wie geht es nach der JS weiter? Soll der Gruppenleiter mit der Gruppe »wachsen«? Sollen die »zu alten« Gruppenteilnehmer gehen? Sollen die älteren Teilnehmer als Helfer in die Mitarbeit genommen werden?
Diese Fragen tauchen immer wieder auf, wenn es um die Ü. in die nächste Altersstufe geht. Eine eindeutige Antwort gibt es nicht. Viel hängt von den örtlichen Gegebenheiten ab: Gibt es eine Gruppe z. B. für das »Nach-JS-Alter«, sind genügend Mitarbeiter vorhanden, eine solche Gruppe zu leiten, kann sich das Mitarbeiterteam der JS evtl. aufteilen usw.? Wichtig ist auf jeden Fall, daß die wertvollen Erfahrungen, die die Teilnehmer in der JS-Arbeit gemacht haben, nicht verloren gehen, sondern erweitert werden.

⇨ Altersstufen ⇨ Rotation

go

Umfeld

Das U. eines Kindes/Jungscharlers ist oft ausschlaggebend für sein Verhalten. Kinder erfahren in unserer heutigen Zeit nicht die Fürsorge und Liebe, die sie nötig hätten. Aber wie erfahren wir, ob wir uns dem Kind gegenüber richtig verhalten?
Wie stellen wir fest, ob unsere Denkmuster z. B. bei verhaltensauffälligen Kindern stimmen? Bedenken wir eigentlich zur Genüge das heimische und schulische U.? Über- oder unterfordern wir die Kinder, oder ziehen wir unsere traditionellen Gruppenprogramme durch? Viele Fragen, auf die wir nur eindeutige Antworten erfahren können, wenn wir eine ordentliche und arbeitsintensive U.-Analyse der Kinder betreiben. Die aufgeführten Tips in der ABC-U.-Analyse wollen als Anregung und praktische Hilfestellung verstanden

sein, um sich an die Arbeit im eigenen U. zu machen.
Die Anregungen können aber keine aufmerksame Beobachtung und sensible Offenheit gegenüber den Kindern in der Analyse ersetzen. Auch werden in gemeinsamen Gesprächen andere Gesprächsansätze in ländlichen Gebieten und in Städten vorhanden sein. Z. B. spielt die Arbeitslosigkeit im Elternhaus eine Rolle oder ob das Kind zur Schule weite Strecken zurückzulegen hat. Der Mitarbeiter muß sich hier gedanklich vorbereiten.

Kleines Klingel-A B C für eine U.-Analyse
Erfahrungen haben gezeigt, daß es sinnvoll erscheint und auch begrüßt wird, sich vor Besuch anzumelden.
Also vor dem Türklingeln erst mit dem Telefon anklingeln. So kann man mit den zu Besuchenden und auch mit deren Eltern eine »seriöse« Terminabsprache treffen.
Das hat den Vorteil, daß der Besuchsdienst nicht in die Vertreterschublade einsortiert wird. Ferner entsteht nicht das Gefühl, vom Besuchsdienst überfahren zu werden. Der größte Vorteil liegt aber in dem gemeinsamen, verabredeten Gespräch mit den Eltern und dem zu Besuchenden.
So ist es z. B. für eine neue Gruppenwerbung sehr sinnvoll, nicht »nur« das Kind in das Angebot einzuweihen, sondern auch zu versuchen, die Eltern gleich mit einzubeziehen.
Hier kann im Ansatz bereits Elternarbeit praktiziert werden. Eine andere Möglichkeit ist es, den Besuch durch einen Brief anzukündigen. So hat man über diesen schon einen ersten Anknüpfungspunkt zum Gespräch.

B wie Beurteilung
Sinn und Zweck des gemeinsamen Gespräches zwischen dem Besuchsdienst und dem Kind mit seinen Eltern ist die Information der zu Besuchenden und des Besuchers. Die Analyse des U. erfaßt das private Elternhaus und gibt wahrscheinlich große Aufschlüsse über das Verhalten, die Schule und Besonderheiten. Die christliche Jugendarbeit bietet als Alternative eine wirklich sinnvolle Freizeitbeschäftigung, und deshalb brauchen wir auch keine Gespräche zu scheuen.
Innerhalb des gemeinsamen Gespräches wird eine Beurteilung über die Umgebung, das U. und über die Lebensumstände des Kindes stattfinden, die in der persönlichen Betreuung und auch evtl. im Gruppenprogramm mit berücksichtigt werden kann. Es ist ratsam, z. B. eine Gruppenstunde darzustellen und zu erläutern, oder auch eine Monatsprogrammübersicht zu geben. Die Eltern und die Jugendlichen sollen in dem Gespräch dieses Angebot eigenständig beurteilen können, indem eine ausreichende Übersicht und Einsicht in das Gruppengeschehen gegeben wird. Ganz praktisch ist es, den zu Besuchenden etwas mit in die Hand zu geben, sei es ein Monatsprogramm, eine Verteilschrift wie die »Jungschar«, den »Baustein« oder ähnliches.

C wie christliches Engagement
Durch persönliche Gespräche können viele Brücken geschlagen werden, sogar Vorurteile gegen Gott und Kirche werden oft abgebaut. Es wird meist ein gemeinsames U. geschaffen. Es kann sogar ein Interesse für das Christsein neu entstehen, und nicht selten reifen persönliche Beziehungen und Kontakte. Durch Besuche wird oft Menschen die Kirche/der CVJM und das Christsein ins Bewußtsein gerufen. Dann kann es bei diesen Menschen im Kopf/Herz klingeln.
Wer Christ ist, der ist auch am Menschen interessiert und konkret an seinem U. Wer versucht, das in Gesprächen rüberzubringen und nicht nur hinter vorgehaltener Hand etwas Christliches andeuten will, der ist erstens ehrlich, zweitens traut er der Botschaft auch zu, daß sie Menschen erreichen will. Unser christliches Engagement treibt uns an. Das muß dann auch beim Besuch deutlich werden. Wir wollen zu den Menschen gehen, weil wir etwas zu sagen haben! Gott anrufen bzw. bei ihm

anklingeln und um seinen Segen bitten, soll unser erster Schritt sein auf dem Weg zur U.-Analyse.

Praktische Umsetzung der Analyse des U.!
Die Orientierung am Beispiel des CVJM-Dreiecks:

Seele　　　　　　　　　Körper

CVJM

Geist

Das U. prägt die Ganzheitlichkeit des Menschen.
Wer sind die Teilnehmer? (Alter, sozialer Hintergrund, Interessen)
Die Durchführung muß sich nach dem Teilnehmer richten. (Was brauchen die Teilnehmer?)
Lernziele müssen für Mitarbeiter eindeutig sein.
Konkretion: Entwicklungsfördernde und pädagogische Hilfen geben. Jesus Christus ist die Mitte.
Keine Überforderung und keine Unterforderung (Bildungsstand beachten).
Eine psychologische Programmlust der Teilnehmer entsteht nur, wenn auch die Atmosphäre stimmt (Raum, Pünktlichkeit der Mitarbeiter, Material – O.K.?).
Die Umsetzungen müssen immer wieder überprüft werden. Hintergründe erforschen (Verhaltensweisen der Teilnehmer).
Gruppenmaterial erstellen (Besonderheiten für die Gruppe).
Zielsetzungen formulieren. Ablauf der Durchführung notieren und dokumentieren. Ständige Reflexion ist wichtig (aus Fehlern lernen, positives wieder einsetzen, jeden Einzelnen im Auge behalten, Gespräche führen, Rückmeldung anstreben).

⇨ Stadt　⇨ Dorf

gh

Umwelt
Nachdem die Schöpfung durch die Ausklammerung des Schöpfers zur Natur wurde, bezeichnet der inzwischen übliche Begriff U. die aktuelle menschliche Weltsicht: Der Mensch steht in der Mitte und betrachtet die Welt um sich herum. Wegen der Isolierung des Menschen müßte der Begriff anrüchig erscheinen, da er ja weit hinter der ganzheitlich verstandenen Schöpfung zurückbleibt.
Aber gerade diese Art der Weltbetrachtung hat den Menschen auf die Verschmutzung aufmerksam gemacht und diese als Belastung und sogar längerfristige Bedrohung für seine eigene Existenz erkennen lassen. So ist er über den Begriff »U.-Schutz« sogar wieder auf den alten Menschheitsauftrag, »die Bewahrung der Schöpfung« (1. Mose 2, 15), gestoßen.
Von einer U.-Bewegung spricht man seit Beginn der siebziger Jahre dieses Jahrhunderts. Ein wesentlicher Auslöser war der Bericht »Die Grenzen des Wachstums« des Clubs of Rome. Bereits 1973 verpflichtete sich der Weltrat der CVJM in Kampala/Uganda dazu, »das U.-Bewußtsein in alle Denk- und Programmkonzepte des CVJM hineinzutragen, ganz besonders aber in dem Bemühen um internationale Entwicklung« (zitiert nach Mitarbeiterhilfe 6/73, CVJM-Gesamtverband).

⇨ Schöpfung　⇨ Verschmutzung

bk

Unfall

Was ist ein U.? Vielleicht ist das eine dumme Frage, aber eine Antwort ist doch nicht so ganz einfach. Vielleicht könnte sie lauten: Ein U. ist ein Ereignis, bei dem Menschen oder Tiere oder Sachen durch eigenes oder fremdes Verschulden zu Schaden kommen. Ist ein Mensch durch einen U. zu Schaden gekommen, muß Hilfe geleistet werden, dasselbe gilt übri-

gens auch bei Tieren! Sind Sachen beschädigt worden, ist der Verursacher zum sogenannten Schadensersatz verpflichtet.
Vermeiden kann man U. nicht, auch nicht in der JS-Arbeit. Was aber möglich ist – und dazu sind die Gruppenleiter verpflichtet, ist eine Schadensverhütung, soweit sie möglich ist. Das bedeutet für die Praxis: Ich muß meine JS-Kinder vor U. schützen (auf Gefahren hinweisen, gefährliche Spiele oder Verhaltensweisen verbieten), aber ich muß auf der anderen Seite auch dafür Sorge tragen, daß nicht durch meine Gruppe Gefährdungen ausgehen (Nachtwanderung auf Landstraßen, Steinewerfen usw.). Ist dennoch ein Schaden eingetreten, bin ich als Gruppenleiter dafür haftbar und kann zur Verantwortung gezogen werden.
Gegen eine Reihe von U. / Schäden kann eine Versicherung abgeschlossen werden (besonders wichtig auf Freizeiten!); keine Versicherung entbindet mich aber von der Aufsichts- und Fürsorgepflicht!

⇨ Erste Hilfe ⇨ Aufsichtspflicht
⇨ Rechts-ABC ⇨ Versicherung

ur

Urkunde

Bei spielerischen und sportlichen Wettkämpfen ist es sinnvoll, den beteiligten Kindern eine U. zu überreichen. Hier soll es aber weniger darum gehen, die Besten auszuzeichnen, als viel mehr allen Beteiligten eine Ehrung zukommen zu lassen. Jeder Teilnehmer ist erfolgreich gewesen und hat etwas erreicht. Dies muß anerkannt werden. Es kann nicht im Sinne einer ausgewogenen Pädagogik sein, in der JS nur die Erfolgreichen hervorzuheben. Auch das Kind, das mit seinen Leistungen weit hinter denen der Könner liegt, muß für seine Leistung Anerkennung erfahren. Hier sollte sich eine CVJM-JS von einem Sportverein unterscheiden. Eine U. hat dazu sicherlich auch noch einen großen Erinnerungswert, der an eine schöne und gelungene Veranstaltung und an eine vom Kind persönlich erbrachte Leistung erinnert, auf die es stolz sein kann.
Empfehlenswert ist es, eine kindgemäße U. auszuhändigen, die auch einen Bezug zur Veranstaltung hat. Hier gibt es schon welche mit lustigen Motiven zu kaufen. Wer einen Fotokopierer hat, der ist schnell in der Lage, sich selbst eine U. herzustellen.
Trotzdem sollte klar sein, daß eine U. auch etwas Besonderes ist und nicht in jeder JS-Stunde verteilt wird. Hierzu bieten sich z. B. JS-Sportturniere, Spielnachmittage, Leichtathletik-Wettkämpfe, Stadt- und Geländespiele und Lagerolympiaden bei Freizeiten an.

⇨ Mitarbeiter ⇨ Spiel und Sport

bh

V

Vater/Väter

Wir leben im Zeitalter der vaterlosen Gesellschaft. Viele Kinder haben einen V., der aber leider selten präsent ist. Da Erziehung nicht nur eine Aufgabe der Frauen ist, kann ein V.-Sohn-, ein V.-Tochter-Wochenende oder eine Männergruppe, die V. für Erziehungs- und Beziehungsfragen sensibilisieren und die Beziehung zu ihren Kindern stärken.
Der Gedanke, »der V. hatte an die Zukunft seiner Kinder gedacht und dabei versäumt, sie in der Gegenwart zu begleiten«, läßt V. aufhorchen und deutlicher ihre Rolle als Erzieher erkennen.
Jungen brauchen ein männliches Vorbild, um ihre Identität zu finden. Mädchen begegnen in ihrem V. ihrem »ersten« Mann. Diese Erfahrungen prägen sich ein und nehmen Einfluß auf das Verhalten der Mädchen gegenüber anderen Männern.
V.-Gesprächsrunden sollten pädagogische, psychologische und geistliche Grundfragen beinhalten. Exemplarisch sei hier die V.-Kind-Beziehung in der Bibel erwähnt — vor allem das Gleichnis »vom verlorenen Sohn«.
Bei Spielen und anderen gemeinsamen Aktivitäten von V. und Kindern ist darauf zu achten, daß jeweils V. und Kind aufeinander angewiesen sind und somit ihre Beziehung stärken können.

⇨ Eltern

hcb

Vaterunser

Als wir auf die Welt kamen, total unbeholfen, lernten wir von der Mutter, wo es etwas zu essen gab. Die ersten Worte lernten wir von ihr, darunter als erste Anrede: Mama. Das zweite Wort meiner Enkelin war Donald. Später mußten wir lernen, daß mit Bitte und Danke mehr zu machen ist als ohne. Langsam wurden wir mit Worten auf das Leben mit anderen Menschen eingestellt. Glück und selig der oder die, die von ihren Eltern auch Gott ansprechen, beten, lernten. Damit wir das aber ganz richtig und wie es sich gehört lernen, hat uns sein Sohn das V. beigebracht. Da ist alles drin, was wir brauchen und von Gott erwarten können. Mein Freund Paul Zahirnik hat in seiner Todeszelle im rumänischen Zuchthaus das V. gelernt. Er hat damit fast drei Jahre in einer Einzelzelle und dann fünfzehn Jahre im Zuchthaus, nach seiner Begnadigung, gelebt. Er bekannte mir: »Fritz, ich war da so glücklich, ein Kind Gottes zu sein. Mein Professorentitel half nicht. Kein Mensch konnte mir helfen. Ich ritzte mir das V. mit meinem Ehering in die Kalkwand, kniete jeden Tag davor, betete es. So kam ich durch.« So kommen wir alle durch. Als seine Kinder.

⇨ Gebet

jp

Verantwortung

V. geschieht gegenüber einer übergeordneten Instanz, die Rechenschaft für alle Maßnahmen und Verhaltensweisen fordern kann.
Wer verantwortlich zu leben und zu handeln vorgibt, muß dann auch die Instanz benennen, vor der er diese V. lebt. Ein Mensch, der nur sich selbst verantwortlich lebt, lebt im Grunde unverantwortlich und egozentrisch.
Jede menschliche Gesellschaft hat übergeordnete Leitprinzipien und Normen. Eine finanzielle V. z. B. wird auf der Grundlage staatlicher Ordnungen gelebt. Ein Jugendgruppenleiter ist in seinen erzieherischen Maßnahmen den betroffenen Eltern und dem jeweiligen Recht verantwortlich.
In einer christlichen Gemeinschaft ist das

offenbarte Gottesrecht oberste V.-Instanz, und das kann zu tiefgreifenden Konflikten führen. Wer sich auf diese Instanz beruft, muß auch die Absichten der Gottesoffenbarungen genau studieren, wenn er sich wirklich verantwortlich verhalten will. So kann sich z. B. niemand gemäß Apostelgeschichte 5, 29 auf Gott berufen (»Gott mehr gehorchen als den Menschen«), wenn ihm eine menschliche oder staatliche Ordnung persönlich mißfällt, denn der Kontext dieses Verses macht deutlich, daß es in diesem Satz um die Zurückstellung der persönlichen Interessen zugunsten der Weisung Gottes geht.

Das Gegenteil von V. ist die Ignoranz, jene selbstzufriedene Unwissenheit und Kenntnislosigkeit, die jedwede Norm und Rechenschaft außerhalb des augenblicklichen Wahrnehmungshorizonts verdrängt.

⇨ Erziehung ⇨ Verkündigung
⇨ Weltdienst

ws

Verbände

Freikirchen, V. und andere Zusammenschlüsse, die im Sinne des CVJM biblisch orientierte und missionarisch ausgerichtete JS-Arbeit betreiben oder diese durch die Herausgabe von Arbeitsmaterial fördern, sind:
Altpietistischer Gemeinschaftsverband, Furtbachstr. 16, 70178 Stuttgart.
Bibellesebund e.V., Industriestr. 3, 51709 Marienheide.
Blaues Kreuz in Deutschland, Freiligrathstr. 27, 42289 Wuppertal.
Bund Freier evangelischer Gemeinden, Bodenborn 43, 58452 Witten.
Deutscher Jugendverband Entschieden für Christus (EC), Leuschnerstr. 72-74, 34134 Kassel.
Gemeindejugendwerk im Bund Evangelisch Freikirchlicher Gemeinden in Deutschland, Rennbahnstr. 115b, 22111 Hamburg.
Jugendwerk der Evangelisch-methodistischen Kirche, Giebelstr. 16, 70499 Stuttgart.
JS in landeskirchlichen Gemeinden sind über die Landesjugendpfarrämter zusammengeschlossen in der Arbeitsgemeinschaft der Evangelischen Jugend, Otto-Brenner-Str. 9, 30159 Hannover.
Über die Stadt-, bzw. Kreis- und Landesjugendringe sind alle Jugendverbände zusammengeschlossen im Deutschen Bundesjugendring, Haager Weg 1, 53127 Bonn.

⇨ Bibellesebund ⇨ CVJM ⇨ Methodisten
⇨ Freie evang. Gemeinden
⇨ Gemeindejugendwerk

fr

Verbindlichkeit

Welcher Mitarbeiter wünscht sich nicht eine große, lebendige JS-Gruppe, eine Gruppe, die so ziemlich alle Jungen und Mädchen des Dorfes oder Stadtteils erreicht, eine Gruppe, die Höhepunkte im Wochenablauf der Jungscharler ist? Man sollte aber auch bedenken, welche Voraussetzungen das beinhaltet. Ist man als Mitarbeiter auch bereit, mehr Zeit in die Vorbereitung, in Hausbesuche, in die Begleitung und Förderung von Jungscharlern und Nachwuchsmitarbeitern zu investieren? Eine gute Gruppe entsteht nur durch besonderen Einsatz der Mitarbeiter und der Teilnehmer.

Dazu gehört zum einen die verbindliche Mitarbeit. Zuverlässigkeit, persönlicher Einsatz und Opfer an Zeit und Geld sind wichtige Elemente dieser Mitarbeit. Wer diese Arbeit »ganz für Jesus und die Jungscharler« tut, freut sich selbst auf jede JS-Stunde und bringt seinen Einsatz gern. Man kann aber nur anderen etwas geben, wenn man selbst etwas empfängt. Die tägliche Stille Zeit mit Gebet und Bibellesen und die Einbindung in die Mitarbeitergemeinschaft des CVJM, der Gemeinde sind unabdingbar.

Zum anderen gehört die verbindliche Mitgliedschaft der Jungscharler zu einer guten Gruppe. Wer ein paar Wochen regelmäßig gekommen ist, wird eingeladen, Mitglied zu werden. Er bekommt als Zeichen der Zugehörigkeit einen Ausweis und einen Ankerkreuz-Aufnäher. Wer fest zur JS gehört, lädt auch leichter andere dazu ein. Die regelmäßige Teilnahme und das Einladen kann man auch durch Wettbewerbe fördern. Zur V. der Jungscharler gehört auch, daß sie ihren Beitrag zahlen. Was nichts kostet, ist nichts wert. Auch Freizeitkollekten und gelegentliche Weltdienstaktionen gewöhnen die Jungscharler daran, daß sie mit ihrem Geld und Einsatz anderen helfen können. Der Leiter achtet darauf, daß die Jungscharler vielfältige und altersangemessene Möglichkeiten bekommen, sich in der JS einzusetzen. Dadurch werden Jungen und Mädchen von Anfang an in die Mitarbeit einbezogen. Nicht zuletzt gehört zur V., daß Jungscharler eingeladen werden zum täglichen Bibellesen.

⇨ Glaube   ⇨ Nachfolge   ⇨ Leitungsstil
⇨ Mitarbeiter

ipm

Vergebung

Laß mich ein Beispiel erzählen: Als ich noch in der JS war, wollte ich unbedingt einen Revolver zur Faschingszeit haben. Da meine Eltern dagegen waren, habe ich mir in einem unbeobachteten Moment das Geld aus dem Portemonnaie meiner Mutter genommen und ... den Rest kann man sich denken. So ganz unentdeckt blieb die Sache natürlich nicht. Ich hatte manch unruhige Nacht, bis es endlich dazu kam, daß ich die Sache erzählen konnte. Zu meiner Überraschung wurde ich von meiner Mutter in den Arm genommen und sie sagte: »Ich wußte es schon länger und bin froh, daß du endlich kommst und es mir erzählst.« Sie war so traurig über mein Fehlverhalten gewesen, daß sie nicht mal richtig schimpfen konnte. So muß es bei Gott auch sein! Ich habe zum ersten Mal bewußt erlebt, was V. heißt.

Was beinhaltet dieses Wort?

Das Wort V. ist uns in der heutigen Sprache nicht mehr so geläufig. Es wird im alltäglichen Sprachgebrauch nur noch sehr selten verwendet. Wer sagt heute schon noch »Vergib mir bitte«! Unkomplizierter, leichter, weil oberflächlicher sagt sich »Sorry«, »Pardon«, »'tschuldige«, und so kann der andere schnell »Macht nichts«, »ist schon o. k.«, »ist nicht so schlimm« ... erwidern. Die ursprüngliche Bedeutung des dt. Wortes »ver-geben« meint tiefsinniger »weg-geben«, »ver-schenken«, »fortgeben«. Auf alle Fälle steckt darin eine Richtung, in die etwas entfernt wird, was das auch immer sein mag. Die Bibel kennt diesen Begriff im Sinne von »Strafe, Schuld erlassen«, »freigeben«, »loslassen«.

Einige biblische Beispiele
Vergebung durch Gott an Menschen (Ps 32): König David hat Vergebung erhalten. Seine Freude, sein Glück darüber drückt er in diesem Psalmlied aus. Was auffällt, ist, daß seine Übertretungen (Sünden, Bruch mit Gott) ihm sogar körperliche Leiden zufügten; sie machten ihn krank. Erst als er sie vor Gott ausgesprochen hatte, fühlte er sich wieder befreit, wie »neu geboren« – V. bedeutet Heilung, Befreiung. Sünden trennen uns von Gott. Durch V. wird diese Trennung aufgehoben. Gott er-neuert die Gemeinschaft zwischen sich und uns Menschen.
2. Sam 12,1-14 (vgl. Ps 51): Gott sagt uns durch andere Menschen, wenn wir selbst blind gegenüber unseren Sünden geworden sind, wenn wir meinen, wir könnten sie verbergen. So belastet Schuld immer auch die Beziehung, Freundschaft zwischen Menschen. Sie hat Auswirkungen auf unsere Umgebung. Aufgedeckte Schuld schließt uns aus der Gemeinschaft mit anderen Menschen (Gesellschaft) aus. Erst V. bewirkt, daß der Schuldige völlige Wiedereingliederung erfährt. Gottes V. ist so, wie wenn er uns nochmals »neu erschaffen« würde.

V., die zwischen Menschen geschieht *(2. Sam 16, 5-6; 19,17-24):* In dieser Begebenheit zeigt sich, daß »vergeben« Strafe erlassen heißt. David hätte sein Recht als König in Anwendung bringen können. (Welcher König läßt sich schon mit Dreck bewerfen?). Aber er läßt Gnade walten und schenkt dem Schuldigen sein Leben. Ungewöhnlich für die Menschen, die David begleiteten. So ist das mit V.: sie ist immer etwas »Nicht-Alltägliches«, sie ist immer wieder etwas »Neues«.

1. Kön 1,5.41-53: Ein Sohn von David erhebt sich selbst, kurz vor dessen Tod, zum Thronfolger. Somit ist er ein Rebell, der eine unerlaubte Demonstration anzettelt, einen Aufstand gegen den Staat provoziert. Aber er findet V. beim echten Nachfolger. Salomo holt ihn weg von seiner Tätigkeit und schickt ihn »nach Hause«. So ist V.: Niemand kann einfach seiner alltäglichen Beschäftigung weiter nachgehen. V. ist Heimkehren, ist Umkehren zu etwas *»Neuem«*.

Jesus Christus, das biblische Beispiel
Der Sohn Gottes, Jesus Christus, hat uns am deutlichsten vorgelebt, was V. heißt. Er selbst sagt von sich, daß er in die Welt gekommen ist, um Sünder zur Umkehr zu rufen (Lk 5, 32). Er sagt auch von sich, daß er Sünden vergeben kann (Lk 5, 20.22-24). An einem Gleichnis verdeutlichte Jesus seinen Zuhörern, wie ernst es Gott mit der V. von Sünden ist (Lk 15, 11-32). Verkehrte Welt könnte man meinen! Ein Chaot, der das Erbe vor dem Tod seines Vaters haben möchte und dann auch noch alles in kürzester Zeit vergeudet, bekommt am Ende noch ein großes Fest beschert. Er, der V. notwendig hat, wird als Heimkehrer wie ein Fürst geehrt. So ist Gott! Er will, daß wir Menschen zu IHM zurückkommen. Wir sind unfähig, unser Leben ohne IHN mit gutem Ziel zu führen! Aber er wartet ja auf uns. Ich, der ich V. nötig habe, werde von diesem liebenden Vater nicht enttäuscht. Von dem Sohn lernen wir, daß wir uns aufmachen müssen und zu unserem Vater gehen müssen (so wie es mir ging: ich mußte zu meiner Mutter gehen, ihr meine Schuld eingestehen). Er wurde so erneut in die Familie aufgenommen und befähigt, mit den anderen wieder zusammenzuleben.

Jesus zeigt aber noch eine andere Sicht von V.: Der zweite Sohn ist ja eigentlich im Recht. Er hat seine Pflichten immer erfüllt und ließ sich nichts zuschulden kommen. Und jetzt steht er auf gleicher Stufe mit dem Chaoten? Klar, niemand möchte gerne mit einem Gesetzesübertreter, einem Verlierer, auf eine Stufe gestellt werden. Ich bin nicht so wie ... Was würde sich aber in der Welt ändern, wenn ich endlich von meinem »hohen Roß« heruntersteigen würde und auf einen »Schuldigen« zuginge? Beide wären Gewinner. So stellt er sich selbst ins Abseits. Er schließt sich selbst von der fröhlich feiernden Gemeinschaft aus. Jesus ermahnt uns, daß wir barmherzig sein sollen! Nicht nur mit den Augen sollen wir sehen, sondern mit dem Herzen. Dir habe ich Schuld vergeben durch meinen Tod am Kreuz! Du selbst hast immer wieder das Geschenk der V. nötig! Deshalb lehrte er seine Jünger im »Vaterunser« zu beten: »Und vergib uns unsere Schuld, wie auch wir vergeben unseren Schuldigern.« Die Devise muß lauten: Wie Gott mir, so ich dir!
Oder denk an die Geschichte von der Heilung eines Gelähmten. Jesus sagt zu diesem Menschen zunächst: Deine Sünden sind dir vergeben! Wie wäre der Gelähmte denn zu Jesus gekommen, wenn nicht seine vier Freunde ihn zu Jesus gebracht hätten? Wir sollen andere einladen (in die JS, vielleicht sogar auf das Fahrrad laden, um hinzukommen), damit sie von Gottes großer Liebe erfahren und gesund werden. Jeder Mensch soll das Geschenk der V. bekommen können.
Wir können sehen: Gottes Gabe, sein »Sich-Mir-Nahen« (Gnade) in Jesus Christus, bewirkt für mich einen Freispruch/ V. vor Gott (Röm 6, 23), macht aber gleichzeitig »Freisprechen/Vergeben« für mich zur *Aufgabe!*

⇨ Schuld   *hr*

Verheißung

V. heißt zunächst einmal Ankündigung, etwa einer Klage vor Gericht oder einer Geldzahlung (2. Kor 9, 5) oder auch Versprechen (Mt 14, 7). V. haben unterschiedliche Zielrichtungen und von daher auch unterschiedliche Gewichtigkeit. Allgemeingültig ist etwa 1. Mose 3,19 oder 1. Mose 8,22. Grundsätzlich ist schon Gott selbst, sein Name, die V. schlechthin: 2. Mose 3,13-15 — Jahwe, der Gott, der ist, der wirkt, der Seiende und Begleitende; der, der Geschichte macht, der Herr, der mitgeht. Heilsgeschichtlicher Charakter ist in der Abrahamsv. angelegt (1. Mose 12,1-3: »alle Geschlechter gesegnet«! Paulus greift dann zurück auf Abraham und seinen Glauben (Röm 4), und es ist deutlich, wie die V. an alle sich dann im Glauben an Christus erfüllt. Wesentlich im AT sind nun die Messiasv. (2. Sam 7,1-16; Jes 7,14; 9,1-6; 11,1-10, Mi 5,1-3; Jer 23,1-6; Hes 34,23 f; Sach 9-11; Jes 42,1-9; 52,13-53,12; Dan 7,13 f). Zusammenfassend ist zu sagen, daß in Jesus alle messianischen V. ihre Erfüllung gefunden haben. Er ist der Friedefürst, der wahre Hirte, der ewige Heilskönig, der Weltrichter, der Herr der Welt und der Vollender aller Dinge (Mt 5,17). Für das Verstehen der V. ist es wichtig, darauf zu achten, daß nicht der Nachweis des äußeren Eintreffens einzelner Weissagungen im Vordergrund steht, sondern die Erfüllung in der Geschichte Jesu Christi. D. h., die V. deutet sich von der Erfüllung her; das AT deutet sich vom NT her! Das heißt nun aber, will ich Anteil haben an den Verheißungen Gottes, so ist meine Teilhabe nur durch meinen Glauben an Christus möglich (Röm 4,13). In Jesus finden die V. ihre Erfüllung. Nun ist es aber Jesus selbst, der neue V. gibt, so daß der Christ Erbe, Teilhaber der V. ist (Eph 3,6). Christen sind Erben des Lebens (1. Joh 2,25), der Ruhe bei Gott (Hebr 4,1), der Krone des Lebens (Jak 1,12), Erben des neuen Himmels und der neuen Erde (2. Petr 3,13). Das Warten auf diese V. nun erfordert Geduld und Glauben (Hebr 6,12-15), Furcht (Hebr 4,1) und Heiligung (2. Kor 7,1).

⇨ Glaube *kn*

Verkehrserziehung

V. ist kein spezifisches Thema christlicher Jugendarbeit. Notwendig ist sie dennoch, weil es während der Gruppenstunden immer wieder zu Situationen kommt, in denen die Jungscharler Verkehrsteilnehmer sind. So muß man z. B. beim Geländespiel eine Straße überqueren, oder die Wanderung verläuft quer durch die Stadt. Auch ein Fahrradausflug zwingt zur Beschäftigung mit den Gefahren des Straßenverkehrs. Das Thema V. hat also rechtliche Notwendigkeit. Es ist wichtig wegen der Aufsichtspflicht, die den Mitarbeitern für die Zeit der JS-Stunde oder während einer Freizeit übertragen ist.
Rein rechtlich ist der Mitarbeiter dazu verpflichtet, ständig auf die Gefahren des Straßenverkehrs aufmerksam zu machen (z. B. auf gefährliche Wegkreuzungen hinweisen, das Verhalten der Kinder im Straßenverkehr zu überwachen, und notwendige Maßnahmen zu treffen, damit keiner zu Schaden kommt (z. B. für eine Radwanderung die möglichst ungefährlichste Route planen; bei Geländespielen, bei denen eine Straße überquert werden muß, genügende Absicherung durch z. B. Schülerlotsen und Warntafeln treffen etc.). Auf folgende Weise könnte V. in das Programm einfließen: Einladen eines Polizisten, ein Nachmittag über V. gestaltet; eine JS-Fahrradralley mit Verkehrsquiz, Fahrradparcour und Fahrradsicherheitsüberprüfung; einen Nachmittag rund um Fahrrad und Verkehr ...
⇨ Erziehung ⇨ Programm

cw

Verkündigung

»Die Christen leben als Gänse auf einem Hof. An jedem siebten Tag wird eine Parade abgehalten und der beredsamste Gänserich steht auf dem Zaun und schnattert über das Wunder der Gänse, erzählt von den Taten der Vorfahren, die einst zu fliegen wagten und lobt die Gnade und Barmherzigkeit des Schöpfers, der den Gänsen Flügel und Instinkt

zum Fliegen gab. Die Gänse sind tief gerührt, senken in Ergriffenheit die Köpfe und loben die Predigt und den beredten Gänserich. Aber das ist auch alles ...«
Gilt diese Karikatur, die der dänische Philosoph Kierkegaard im vergangenen Jahrhundert gezeichnet hat, auch für die V. in der JS heute?
Was ist V.? Was will sie? Wie hat sie zu geschehen?

Das Wort
Die Herkunft eines Wortes sagt häufig viel über die Bedeutung aus. »Verkündigen« kommt in der Bibel von »Herolden«. In den Kasernen des römischen Reiches gab es Herolde. Sie hatten die Aufgabe, die Befehle und Anordnungen des Kaisers unter die Leute zu bringen. Diese Aufgabe war besonders dringlich, wenn in Rom ein neuer Kaiser den Thron einnahm. Denn dann änderten sich die Verhältnisse häufig grundsätzlich.
Ein »Herold«, ein »Verkündiger«, sagt also den Menschen neue Sachverhalte an, er macht sie mit neuen Voraussetzungen vertraut, er teilt ihnen den Willen des Kaisers mit und ruft die Zuhörer auf, sich mit ihrem Leben darauf einzustellen.
Es lohnt sich, die Predigten der Apostelgeschichte (z. B. Apg 2, 14-36; Apg 3, 12-26, Apg 17, 23-31) unter diesem Aspekt zu betrachten.

Der Inhalt
V. teilt also den Zuhörern religiöse Gedanken mit. Sie ist kein weltanschaulicher Vortrag oder Appell an gläubige Vorstellungen der Zuhörer. Der Verkündiger sagt die »großen Taten Gottes« (Apg 2, 11) an und ruft die Zuhörer auf, sich darauf einzustellen. Er verkündigt das Evangelium, die frohe Nachricht, daß Gott alles für unsere Rettung getan hat, und fordert die Hörer auf, sich erretten zu lassen.
Als Vergleich, worum es geht, kann uns eine Begebenheit aus dem Jahre 490 v. Chr. helfen: Das übermächtige persische Heer war in der Ebene von Marathon durch die Griechen geschlagen worden. Ein Bote brachte die Nachricht von Sieg nach Athen. Auf Grund dieses Sieges konnten die Athener befreit leben. Der Grund dafür war die überbrachte Freudennachricht. Sie hatte Auswirkung auf das Leben der Hörer.

Die Wirkung
»Worte sind Schall und Rauch.« Mancher JS-Mitarbeiter hat bei der V. in der JS schon diesen Eindruck gewonnen. Manch einer hat aus solchen bitteren Erfahrungen die V. in der JS ganz aufgegeben. Sollen wir überhaupt etwas von Jesus sagen, wenn keiner es hören will? Ist es nicht besser, wir verkündigen dadurch, daß wir als Christen einfach für Menschen da sind?
Nun ist kein Zweifel, daß schon das Dasein von Christen positive Wirkung hat. Richtig ist auch, daß das Reden und Tun von Christen nicht auseinanderklaffen darf, weil sonst die Taten lauter als die Worte reden. Aber Jesus hat uns nicht gesagt, daß wir in der Welt Pantomime spielen sollen. Er hat uns befohlen »Gehet hin in alle Welt und predigt das Evangelium« (Mk 16, 15). Gott hat auf die V. des Evangeliums große Versprechen gegeben:
Dadurch entsteht erst der Glaube (Röm 10, 17). V. ist »Aussaat« von gutem Samen.
Dadurch werden Menschen für Gott gewonnen (1. Kor 1, 18). V. ist »Angel auswerfen«, um Menschen zu retten.
Dadurch wird Lüge und Wahrheit ans Licht gebracht (Hebr 4, 12). V. ist »Aufklärung« der Wirklichkeit.
Dadurch wird Gott geehrt (Jes 55, 11). V. ist »Laudatio« (Lobrede) auf Gott.

Die Form
So vielfältig wie Veranstaltungen und Gruppenstunden in der JS sind, so vielfältig sollte

auch die Art und Weise der V. sein. Es muß von Mitarbeitern immer wieder überlegt werden, welche Form der V. der jeweiligen Gruppe angemessen ist.
Oft geschieht V. **als persönliches Zeugnis:** Ein Christ erzählt im Gespräch, was ihm Jesus bedeutet und welche Erfahrungen er mit ihm gemacht hat.
Die häufigste Form der V. in der JS wird die **Andacht** sein. Die Aussage eines Bibelwortes oder -textes wird auf den Punkt gebracht und ausgeführt.
Bibelarbeiten in der JS sollten vor allem das Erzählen von biblischen Geschichten beinhalten, da heute viele Kinder keine Kenntnisse über die Bibel mitbringen.
Bei größeren Veranstalungen wird V. in Form einer **Kinderpredigt** geschehen.
Wird in der JS ein Thema behandelt, so sollte die V. in das **Thema** einfließen.
Auch durch **Lebensbilder** von Christen geschieht in der JS die V. der »großen Taten Gottes«.

Die Methoden
»Phantasie ist eine Schwester der Liebe.« Wer Jesus und die JS-Kinder liebt, wird viel Phantasie einsetzen, um das Evangelium den Kindern zu »übersetzen«. Er wird deshalb seine V. methodisch so vielseitig wie möglich gestalten. Die beste Botschaft der Welt verlangt es, daß wir sie in der besten Verpackung, die uns möglich ist, überbringen. JS-Mitarbeiter dürfen ihre ganze Phantasie einsetzen, um methodisch abwechslungsreich zu verkündigen: mit Flanellbild, mit Tageslichtschreiber, mit Quiz, mit Sketch, mit Kostüm, mit Film, mit Dia ...
Zur Methode gehört auch, wie sich der Verkündiger selbst präsentiert: Eine frohe Botschaft, die durch Trauerklöße weitergegeben wird, wird keine Freude auslösen. Ein Verkündiger, der davon redet, wie Jesus frei macht, aber den Schluß der JS-Stunde kaum erwarten kann, um sich seine Zigarette anzustecken, macht seine V. zu einem schlechten Witz.
Die Anschauung macht's! »Anschaulich sein«, das sollte das Grundprinzip der V.-Methoden in der JS-Arbeit und überhaupt sein.
Überraschung muß sein! Ein Prediger stieg auf die Kanzel. Er brachte einen Ziegelstein mit und legte ihn auf die Brüstung. Alle Hörer schauten gespannt auf den Ziegelstein und hörten der Predigt aufmerksam zu, immer mit der Frage: Wann kommt der Ziegelstein zum Einsatz? Am Schluß der Predigt bemerkte der Pfarrer: »Ihr habt euch sicher gefragt, was der Ziegel hier soll? Ganz einfach: Er sollte euch wach halten! Amen.«
Wenn jeder Jungscharler die V. vorausberechnen kann nach dem Motto: Ach, jetzt kommt wieder das Religiöse!, dann wird es höchste Zeit, daß der Mitarbeiter seine Methoden einer gründlichen Durchsicht unterzieht!
Auch das Sprechen bei der V. ist zu bedenken. »Verkündigen« heißt »reden«, mit Menschen reden, ein Gespräch führen, auch wenn ich nur allein rede. Es muß unsere eigene, ganz normale Sprache sein, mit der wir Gottes gute Botschaft weitersagen, nicht drei Töne höher als gewöhnlich, nicht komplizierter und gelehrter als normal, nicht mit der Häufung von theologischen Formeln, aber so, daß der Jungscharler merkt: Hier wird mit mir geredet. Bei Gott kommt mein Leben vor. Der Verkündiger kennt Gott, kennt sich und auch mich.
Auch für die Vielseitigkeit der Methoden gilt: Übung macht den Meister! Oder moderner: Learning by doing – lernen, indem man es tut!

Das Futter
Jeder Verkündiger braucht selbst V., Nahrung, von der er leben kann, Anregungen, die er aufnehmen kann, Gedanken, die er weitergeben kann. Auch dem, der selbst das Evangelium weitersagt, muß das Evangelium immer wieder zugesprochen werden.
Wer nichts empfängt, kann nichts weitergeben. Wer immer nur aus dem eigenen Fundus

lebt, bei dem ist eines Tages der Topf leer. Wer leer ist, der produziert nur heiße Luft. Nichts ist schlimmer, als wenn Verkündiger »tönendes Erz« und »klingende Schelle«, also hohl, sind. Wir können anderen etwas vormachen und uns selbst vielleicht auch. Gott weiß es in jedem Fall, und im Normalfall entdecken Jungscharler schnell, ob eine V. gehaltvoll ist.
Verkündigen kann nur, wer in der Bibel zu Hause ist. Er braucht das Hören auf Gottes Wort, das Bibelstudium, die tägliche Nahrungsaufnahme vom »Brot des Lebens«.
Anregung zur V. bekommt, wer liest, Bücher vom Glauben und von Menschen des Glaubens.
Wegweisung und Ermutigung, Korrektur und Kraft bekommt der Verkündiger, der sich sonntags im Gottesdienst in der Predigt anreden läßt.
Für gefüllte Lager sorgt, wer sich bei Bibelwochen, Bibelstunden, Evangelisationen und in Hauskreisen Vorräte anlegt, die er dann austeilen kann.
Nur der kann andere mit Futter versorgen, der selbst an Nahrungsquellen sitzt. Wenn ein JS-Mitarbeiter keine hat, dann ist er verpflichtet, sich welche zu suchen.
Es geht um nichts weniger, als um den Auftrag unseres Herrn. Und »die Sache des Königs ist eilend« (J. Busch)!

⇨ Glaube

rd

Verschmutzung

Der Begriff wird seit Ende der sechziger Jahre zunehmend in Verbindung mit dem Wort Umwelt benutzt. Dabei ist »Umweltv.« eher als eine Verharmlosung der aktuellen und zukünftigen Gefahren anzusehen. Eine V. ist durch eine Säuberung oder Reinigung zu beseitigen (z. B. bei Kleidungsstücken). Bezüglich der Umwelt sind aber tiefgreifende Veränderungen nötig, die menschliches Denken und Verhalten betreffen. Daher sollte statt Umweltv. besser von -bedrohung oder -belastung gesprochen werden. Betroffen sind davon alle Grundelemente des Lebens: der Erdboden, das Wasser und die Luft.
In jüngster Zeit wird das Wort V. auch verstärkt im sozialen Bereich gebraucht. Bei der Suche nach den Ursachen von mangelnder Bindungsfähigkeit, Vereinsamung und Gewaltexzessen wurden vor allem die (neueren) Medien in ihren Auswirkungen auf die Psyche von Menschen — speziell in der Kindheits- und Jugendphase — in den Blick genommen. Auch hierbei kann man feststellen, daß der Begriff V. eher eine Verharmlosung der damit verbundenen Gefahren darstellt.

Eine weitere Verharmlosung ist mit dem Begriff V. verbunden, wenn er — wie es oft geschieht — mit dem biblischen Wort »Sünde« gleichgesetzt wird. Auch wenn das Bild von der Reinigung durch das Blut Jesu Christi (z. B. 1. Joh 1,7) in unserem heutigen Verständnis eine solche Gedankenverbindung hervorruft oder unterstützt, geht es in diesen Textzusammenhängen nicht mehr um die grundsätzliche Trennung zwischen Gott und uns Menschen (die in Jesus Christus überwunden wurde), sondern um die nach wie vor bei Christen feststellbaren Auswirkungen der Sünde.

⇨ Schöpfung   ⇨ Umwelt

bk

Versicherung

Wer JS-Arbeit macht, bereitet sich sorgfältig vor und ist während der Gruppenstunde oder Freizeit aufmerksam und einsatzbereit. Trotzdem kommt es immer wieder vor, daß durch Mitabeiter oder Kinder Schäden (Verletzungen oder Sachschäden bei den Beteiligten oder Dritten, z. B. eingeworfene Fensterscheibe) verursacht werden, ohne daß dabei eine Verlet-

zung der Aufsichtspflicht vorliegen muß. Für alle diese Fälle sind die CVJM bzw. Kirchengemeinde in einer Haftpflichtv. Diese V. deckt die finanziellen Schäden ab (neue Fensterscheibe), die anderweitig – z. B. durch eine Haftpflichtv. der Eltern – nicht gedeckt wären.
Die Haftpflichtv. tritt dann nicht für den Schaden ein, wenn er vorsätzlich (z. B. Fensterscheibe als »Tor« beim Fußballspielen benutzt) herbeigeführt wurde.
Nicht versichern kann man sich auch gegen die strafrechtlichen Folgen einer Handlung. Prügelt z. B. ein Mitarbeiter die Kinder – oder schreitet er bei einer Prügelei zwischen Kindern nicht ein – muß er mit einer Strafanzeige wegen Körperverletzung rechnen. Die dann fällige Geldstrafe (nur in schweren Fällen Freiheitsstrafe) kann er auf keinen anderen abwälzen.

⇨ Rechts-ABC

um

Verzicht

Jesu Nachfolger sollen nicht aus der Welt flüchten, sondern sich als Boten inmitten ihrer Welt verstehen. Gleichzeitig aber fordert Jesus Verzicht auf Hinderliches bei der Nachfolge (Mk 6, 7 ff). Heute sind andere Dinge als damals hinderlich, ja sogar schädlich. V. wird heute zum Zeichen für verantwortliches Leben vor Gott.
Im V. liegt eine Würde. V. ist nicht Schicksal, sondern bewußt und freiwillig hervorgerufenes Verhalten. Menschen verzichten auf Lebensgüter, die sie erwerben könnten oder die sie bereits besitzen: bestimmte Nahrungsmittel und Getränke, finanzielle Mittel, auf Wohlstand und Sicherheit, Macht und Einfluß, eheliche Gemeinschaft und Familie. Meist handelt es sich um V. aus Gesundheitsgründen über eine kurze Zeit, andere verzichten völlig auf Genußmittel wie Alkohol und Nikotin. Manche verzichten, um anderen Menschen helfen zu können (Arme, Alkoholabhängige). Männer und Frauen verzichten um eines besonderen Lebensauftrages willen auf Ehe und Familie (z. B. Ordensleute).

Angesichts knapper werdender Rohstoffe, Bergen von Wohlstandsmüll und sterbender Wälder erkennen immer mehr Menschen, wie notwendig der V. auf unnötigen Konsum und schädliches Umweltverhalten ist (Fahrrad statt Auto).
V. braucht Einsicht, Willenskraft und Leute, die mitmachen. Wollen wir auf das verzichten, was andere als unverzichtbar halten? V. darf aber nicht zum Gesetz werden. Er soll Freude machen, denn im Mittelpunkt steht das Ja Gottes zum Leben.

ck

Video

Mit Hilfe eines V.-Gerätes kann der Zuschauer kontrolliert fernsehen, da er den Film, den er sehen will und auch den Zeitpunkt bestimmen kann. V. können vom Fernsehen selbst aufgenommen, in Videotheken oder auch Mediotheken ausgeliehen werden.
Vor dem Einsatz eines V. in der Gruppe sollte der Mitarbeiter überlegen, warum er dieses V. einsetzen will: als Motivation, Information oder als Vertiefung.
Auch auf Gespräche über V., die die Kinder möglicherweise schon gesehen haben, sollte der Mitarbeiter vorbereitet sein. Ich denke hier besonders an Gewalt-, Horror- oder Pornov. Ein Gespräch über diese Filme kann mit der Frage »Was gefällt dir an diesen Filmen besonders?« beginnen. In einem sachlich verlaufenden Dialog kommen nach einiger Zeit die wirklichen Schwierigkeiten eines Kindes zutage. Ältere Kinder können auch aktiv mit dem V.-Rekorder und der -Kamera umgehen. Mit etwas Übung im Umgang mit der Kamera kommen kleine Spots zustande. Vor und hinter der Kamera zu stehen, macht Spaß, das Ergebnis wird jedoch in den Augen der fernsehverwöhnten Zuschauer weit hinter einem professionell gedrehten V. zurückbleiben. Die Erfahrungen und der Spaß, die während der Drehzeit erlebt werden, sind hier wichtiger als das Ergebnis.

⇨ Arbeitshilfen ⇨ Erziehung ⇨ Medien

ed

Videospiele

Was sind V.-Spiele?
Das Spielfeld befindet sich auf dem Monitor (Gameboy, TV, PC) und ist verbunden mit einem Eingabegereät (Joystick, Maus, Tastatur). Der Spieler kann über dieses Gerät Einfluß auf die Spielhandlung nehmen. Die Spielgeschichte ist gespeichert auf: Diskette, Einsteckmodul, CD usw. In der Gestalt einer handlungstragenden Figur kann der Spieler gefahrlos die Welt auf dem Bildschirm erkunden bzw. erspielen. Im Programm ist die Handlungsabfolge festgelegt. In Sekundenbruchteilen prüft es die Eingabe des Spielers und löst dann die vorgesehene Bild- und Tonfolge aus. Trotz der Bewegung – es entsteht der Eindruck eines Films – und der scheinbaren Entscheidungsfreiheit des Spielers, ist die Lebendigkeit nur Schein!

Die Faszination
Durch seinen Einfluß kann der Spieler Handlung und Szenerie beeinflussen. Wachsende Fähigkeiten rufen höhere Spielgeschwindigkeitsgrade ab. Fehlende und unvollständige Spielanleitungen fördern den Forschungsdrang. Geschult werden Auge, Hand, Koordination und räumlicher Orientierungssinn. Viele Informationen müssen gleichzeitig verarbeitet werden. Der Spieler kann sich angestaute Gefühle von der Seele spielen, sich beruhigen. Cliquen von Spielern bilden sich, treffen sich zum Austausch und zum Spielen.

Achtung!
Aus Langeweile spielen, verführt zu dauernder Langeweile. Wenn es einen packt, kann man kaum noch aufhören. Auch in der Zeit, in der man nicht spielt, blockieren die Spielaufgaben Gedanken bis in die Träume. Videospiele sind anstrengend: Kopfschmerzen, Verspannung, Sehnenscheidenentzündungen und andere Streßsymptome treten auf. Videospiele können »cool« machen: nach und nach gleicht der Spieler einer Maschine, denn Gefühle und Erregung lenken ab und stören und werden »abgeschafft«. Diese Medientraumwelt macht äußerlich einsam (wenn man abtaucht) und innerlich einsam, weil es immer nur um einen selbst geht. Wichtige menschliche Erfahrungen fehlen: Mitgefühl, Zärtlichkeit, Trauer, Liebe, Ruhe, schöpferische Fantasie.
Besprechungen von V. kann man als kostenloses Abo bei der Bundeszentrale für pol. Bildung, Postfach 2325, 53013 Bonn beziehen.

pm

Vierklang

Mit V. bezeichnet man in der JS-Arbeit eine Programmstruktur, die jede JS-Stunde prägen sollte: In jeder JS-Stunde kommen vier Buchstaben vor, die mit den vier Tönen eines Grundakkords in der Musik vergleichbar sind. Alle zusammen ergeben erst den richtigen Klang. Wenn einer fehlt, klingt der Akkord nicht vollständig. Es handelt sich um die vier Bausteine: Singen – Spielen – Erzählen – Andacht.

Singen: In der JS sollte gesungen werden. Aus dem JS-Liederbuch wählen wir Lieder aus, die zu den einzelnen Programmelementen passen. Die Liedbegleitung mit Gitarre ist hilfreich, es geht aber auch ohne. Selbst ein unmusikalischer Leiter braucht auf das Singen nicht zu verzichten. Er muß nur den Mut haben, die Lieder anzustimmen. Auch wenn zuerst nicht der richtige Ton getroffen wird, nehmen die Jungschaler das Lied auf. Spätestens bei der zweiten Strophe singen dann alle mit. Oder es wird in der Gruppe jemand gefunden oder bestimmt, der, die Lieder anstimmen kann.
Keinesfalls sollte auf das Singen verzichtet werden, selbst wenn sich bei älteren Jungen der Stimmbruch einstellt oder die Unlust am Singen größer wird. Singen verbindet und fördert die Gemeinschaft. Im gemeinsam gesungenen Lied loben wir unseren Herrn und antworten auf das, was wir in der Andacht gehört und verstanden haben.

Spielen: In jeder JS-Stunde sollte gespielt werden. Spielen kommt dem Bewegungsdrang der Kinder entgegen, der heute oft unterentwickelt ist und sich in Aggressivität ausartet. Im Spiel wird Geschicklichkeit, Körperbeherrschung, Fairneß und Gemeinschaftssinn gefördert. Viele Spiele trainieren die Konzentration, das Reaktionsvermögen, die Erinnerungsfähigkeit, die Schlagfertigkeit, die Beobachtungsfähigkeit, den Orientierungssinn. Andere Spiele regen die Ausdrucksfähigkeit, die Fantasie, die Kreativität und die Ehrlichkeit an. Spielen dient außerdem der Persönlichkeitsbildung, indem gelernt wird, zu gewinnen und zu verlieren, sich einzusetzen und zu riskieren. Spielen kann auch heißen: Rollenspiele, Theaterspielen, Puppenspiele u. a. m. Besonders bei Mädchengruppen ist der Bereich des Spielens durch Angebote zum Basteln, Kochen und Backen zu ergänzen.

Erzählen: In jeder JS-Stunde sollte erzählt werden. Erzählen ist das Programmelement, das die JS als JS kennzeichnet. Was in den Fernsehserien nachgemacht wird, haben im Grunde die JS-Erzähler entwickelt: die Fortsetzungsgeschichte, die an einer spannenden Stelle abgebrochen wird: »Nächste Woche geht's weiter.« Allein um die Fortsetzung der Geschichte mitzubekommen, verpasste ich früher keine JS-Stunde. Wer heute die Fernsehserien beobachtet, merkt schnell, da hier das gleiche Prinzip zugrundeliegt: die natürliche Neugier wird benützt, um möglichst viele Zuschauer für die Fortsetzungsserien zu gewinnen.
Dieser Effekt ist auch heute mit spannenden oder lustigen JS-Erzählungen zu erzielen! – Wer Erzählen lernen möchte, greife zu dem Buch von Walter Wanner, »Erzählen kann jeder«, das 1994 in einer Neuauflage erschienen ist! Ich halte es für das beste Buch, mit dessen Hilfe jeder das Erzählen lernen kann. Es leitet sowohl zum Erzählen von spannenden als auch zu biblischen Geschichten an!

Andacht: In jeder JS-Stunde sollte eine Andacht gehalten werden. In der Andacht erzählen wir biblische Geschichten, stellen Menschen der Bibel vor, greifen wichtige aktuelle und biblische Themen auf und sprechen sie unseren JS-Kindern zu. Wir laden die zu Schriften im Glauben ein und rufen die, die Jesus in ihr Leben aufgenommen haben, zu einer kindgerechten, aber verbindlichen Jesus-Nachfolge. Für die Vorbereitung der Andacht sollten wir uns viel Zeit nehmen und bei der Gestaltung viel Mühe geben. Hier kann man Rätsel, Anschauungsgegenstände, Karten, Bilder u. a. als Einstieg einsetzen.
Die Reihenfolge der vier Bausteine des JS-V. kann variieren. Aber jeder Baustein sollte in jeder Stunde vorkommen. Damit wäre eine Struktur geschaffen, die von Kindern gerne angenommen wird. Es wäre ein Leitfaden, eine »Liturgie«, eine Ordnung gefunden, die dem Programm der JS-Stunde innere Stabilität verleiht. So eine feste und zuverlässige Struktur brauchen Kinder im JS-Alter, heute vielleicht mehr als je. Dann fallen die Höhepunkte im Jahresprogramm (Gast des Monats, Waldspiel, Besuch einer anderen JS-Gruppe u. a. m.) auch wirklich als Höhepunkte auf und gehen nicht unter in einer strukturlosen Angebotsvielfalt, die Kinder letztlich mehr verwirrt als begeistert.
In der Praxis bewährt sich auch, daß die Bausteine des V. leicht auf verschiedene Mitarbeiter zu verteilen sind, und bei einzelnen Programmpunkten problemlos auch junge Helfer ihren Gaben entsprechend beteiligt werden können.

⇨ Jungschar ⇨ Programmplanung

-eh

Vorbereitung

Zur V., Protokollierung und Reflexion der JS-Stunde verwenden wir das nachfolgende Protokoll. So werden auch Kleinigkeiten nicht übersehen und wir können immer wieder auf Programme vergangener JS-Stunden zurückgreifen.
Zur V. der JS-Stunde gehört sowohl die kurzfristige (Monatsprogramm) und mittelfristige (Quartalsprogramm mit Höhe-

punkten) als auch die langfristige (Jahresplan mit Freizeiten und Höhepunkten) Planung.
Ebenso gehört das regelmäßige Treffen der JS-Mitarbeiter zur V. der JS-Stunden. Hier werden alle anstehenden Fragen in bezug auf die Gruppe besprochen. Hier wird das Programm geplant und hier bringen die Mitarbeiter die JS gemeinsam im Gebet vor Gott.

Protokoll der Jungscharstunde			**1995**
Datum:	Ort:		
Einleitung:	Lied:	Text:	
Lieder: Monatslied:			
Geburtstag: »Neue«: Gäste:			
Verschiedenes/Termine: 〉 JS-Stunde:	□〉 Jungschar/Rätsel □〈 Entdecker-Club/Rätsel □〉 JS-Anmeldung □〉 JS-Anmeldung □〈 Aufnahme: □〉 Einladungen: □〈 Anmeldungen: □〉 Gruppenschw.: □〈 Gruppenschw.:		
Andacht: Lied: Thema:		Text:	
Programm			
Geschichte:		(/) (	Min.)
Stärke: A| E/K| -| %| S|			G
Stimmung: + + + o - - - Sonstiges: Ende:	Häuptlingsrunde: □〉 Beiträge kassieren □〈 □〈 Jungscharler besuchen Lied: Ende:		

⇨ Planung

Vorbild

»Wie er sich räuspert, wie er spuckt, das hat er von ihm abgeguckt« (W. Busch). Sind V. dazu da? Sind V. überhaupt notwendig? Und wenn, welche Funktion üben sie aus?

V. – abseits von Idol und Kopierer
Ein V. ist kein Idol. Das Wort »Idol« kommt aus der griechischen Sprache und bedeutet soviel wie »Götzenbild«. Idole brauchen Bewunderer. Idole wollen verehrt werden. Sie verlangen Anbetung und Unterwerfung. Wer die Verehrer sind, welche Vor- und Nachteile sie besitzen, welche Gaben und Persönlichkeit sie haben, spielt für das Idol keine Rolle. Idole können keine V. sein.
Ein V. ist auch kein Kopierer. Kopierer bringen nur Abzüge des Originals hervor. Abzüge sehen zwar auf den ersten Blick aus wie Originale, sind aber nicht original, sondern Zweitausgabe, Abklatsch. Sie bleiben immer unter dem Format des Originals. Kopierer vervielfältigen die Originale nur. Da werden z. B. aus dem großen Evangelisten B. Graham lauter kleine B. Grahams. Kopierer können keine V. sein. Jeder Mensch ist eine originale Schöpfung Gottes und keine Kopie von anderen Geschöpfen.

Was aber ist denn nun ein V.?
Ein Vergleich soll helfen zu verstehen, worum es bei dem V. geht: Wenn ein Bildhauer eine Skulptur gestaltet, dann hat er ein V. vor Augen. Dem Bild, das er gestaltet, liegt ein Vor-Bild zugrunde. Das Bild, das er schafft, ist aber niemals ein Abklatsch, eine Kopie des V. Manches Mal sieht es ihm überhaupt nicht ähnlich. Nur die hervorragenden Züge des V. hat der Künstler in sein Werk hineingestaltet. Auf diese Weise hat er wieder ein Original und keine Kopie hervorgebracht. Das V. ist also dazu da, ein neues Original hervorzubringen.

Das V. und die V.
Gott ist ein großer Künstler. Er bildet Menschen. Wen nimmt er zum V.? Er nimmt sich selbst als V. (1. Mose 1,26). Wir Menschen sind keine Götter. Aber Gott hat Züge seines Wesens in den Menschen hineingelegt, z. B. die Fähigkeit, die Welt zu gestalten. Dieses ursprüngliche Bild ist aber durch die Sünde in uns verdorben und verzeichnet. Gott will aber, daß es wieder zum Vorschein kommt. Deshalb hat er uns das Urbild vorgestellt, er hat sich selbst vorgestellt in seinem Sohn Jesus Christus. Wer an Jesus Christus glaubt, der kommt in Gottes »Werkstatt«. Gott beginnt, das Bild des Christus aus den Christen »herauszuarbeiten« (2. Kor 3,18; 1. Petr 2,21 ff.). Jesus Christus ist das V. für Christen.
Gleichzeitig soll aber auch an Christen anschaulich werden, wie der Weg mit Jesus Christus aussieht, wie sich das Leben mit Jesus Christus auswirkt. Auf diese Weise werden Christen selbst zum V. - 1. Thess 1,6-7; 1. Tim 4,12). Glaube wird vermittelt: 1. Durch V., 2. durch V., 3. durch V.« (A. Schweizer).

Der JS-Leiter als V.
Bei einem Seminar bezeichnete ein Psychologe die Leiter von Gruppen als »ethische Garanten«. Damit ist gemeint: Kinder einer JS-Gruppe werden sich in ihrem Verhalten am Verhalten des JS-Leiters orientieren. Ob es ein JS-Leiter möchte oder nicht, ob er darum weiß oder nicht, er wird in jedem Falle ein V. sein. Die Frage ist nur, ob er ein negatives oder ein positives V. ist. Kinder im JS-Alter suchen Lebensorientierung. Danach schauen sie sich um, dazu schauen sie »nach oben«, d. h. nach den Älteren. Wie wichtig sind die positive V.! Positive V. spornen zum Guten an, entfalten bei Kindern ungeahnte Kräfte, helfen Begabungen zu entdecken und zu entwickeln, machen den Jungscharlern Freude zur Jesus-Nachfolge.

Die Möglichkeiten der V.-Wirkung
Ein JS-Leiter, der sich dies vor Augen hält, wird der Versuchung wehren, Idol der Jungen und Mädchen zu werden. Er wird

auf das einzelne Kind achten, es in seiner Originalität fördern und ihm helfen, Begabungen zu wecken und zu entfalten.
Der JS-Leiter, der V. ist, wird zu verhindern suchen, daß er Kopierer wird. Er will nicht Kopien von sich, sondern Menschen, die Persönlichkeiten werden.
Wie kann er dazu beitragen?
Er stellt Jesus in seiner Verkündigung vor die Augen der Kinder. Ziel der JS-Arbeit ist, »Jesus lieb zu machen«. Nicht der JS-Mitarbeiter ist der Mittelpunkt der Gruppenarbeit. Jesus Christus ist der Mittelpunkt jeder JS-Stunde.
Der Mitarbeiter stellt durch Lebensbilder den Kindern Menschen des Glaubens vor. Auch hier achtet er darauf, daß er keine Idole malt, sondern die Wesenszüge hervorhebt, die Mut zum Leben und zum Glauben machen. Ein JS-Mitarbeiter, der V. ist, stellt sich darauf ein, daß Kinder an ihm sehen und hören, wie ein Leben mit Jesus Christus ist. Er weiß: Mit allem, was ich rede und tue, weise ich Kinder auf Jesus Christus hin oder von ihm weg.
»Man überschätzt leicht das eigene Wirken und Tun in seiner Wichtigkeit gegenüber dem, was uns durch andere Menschen geworden ist.« (Dietrich Bonhoeffer)

rd

Vorlesen

... weckt eigene Gedanken und beflügelt die Phantasie! Zwei treffende Argumente, warum V. in unserer medienorientierten Zeit für Kinder so wichtig ist. Wir bekommen so viel »Fertiges« in Bild und Ton, daß Phantasie und eigene Gedanken keinen Freiraum mehr haben, sich zu bilden oder weiterzuentwickeln.
Falsche Meinungen: V. ist für solche, die sich das Erzählen nicht zutrauen. V. ist leichter und besser als Erzählen. V. ist für solche, die sich nicht vorbereiten wollen oder können. V. ist für Anfänger.
Viele Tips zum Erzählen gelten auch fürs V. Da man jedoch beim V. mehr gebunden ist, mit den Händen ans Buch, mit den Augen an den Text, und die Originalität des Autors erhalten bleiben soll, hier einige **Tips** speziell zum V., bzw. zur Vorbereitung dazu:
Text mehrmals für sich und laut lesen, so daß dieser fast auswendig sitzt.
Langweilige Abschnitte evtl. auslassen oder mit Erzählen kombinieren.
Gute äußere Bedingungen schaffen, d. h. die Kinder müssen gemütlich sitzen.
Vor Beginn die Zuhörer ansehen, dann erst den Blick ins Buch.
Während des Lesens ein Auge im Buch, das andere bei der Gruppe.
Langsam und deutlich lesen.
Atmen und kleine Pausen nicht vergessen.
Ganze Bücher (z. B. Lebensbilder) und lange Texte in Abschnitten vorlesen (als Fortsetzungsgeschichten).

⇨ Erzählen

mm

Vorprogramm

Das V. beginnt damit, daß der JS-Leiter oder ein Mitarbeiter schon vorher den Gruppenraum aufschließt und als Ansprechpartner zur Verfügung steht. Das V. sollte nicht das JS-Programm vorwegnehmen. Ein Kicker oder eine Tischtennisplatte sind willkommene Spielgeräte und werden von den eintreffenden Jungscharlern sofort in Beschlag genommen. Im Sommer kann draußen ein Indiacafeld aufgebaut werden.
Andere Jungscharler können diese Zeit zu einem Gespräch nutzen. Der JS-Leiter lernt seine Jungen hier noch besser kennen.
In dieser Zeit kann auch der JS-Laden (Liederbücher, Fahrtenhemden, T-Shirts, Indiaca usw.) geöffnet werden.

⇨ Programmplanung

gr

W

Wald

Warum liegt in unseren W. das Laub nicht meterhoch?
Eine spannende Frage. Sie bringt uns dem komplexen »Ökosystem W.« auf die Spur. Es wird berichtet, daß eine Handvoll W.-Boden mehr Lebewesen enthalten kann, als Menschen auf der Erde leben. Diese Lebewesen sind auch der Grund dafür, daß sich das Laub nicht auftürmen kann. Es wird gefressen, verdaut und zu gutem W.-Boden umgewandelt. Der wiederum liefert nicht nur wertvolle Nährstoffe für die Bäume (und andere Pflanzen), sondern bildet gemeinsam mit dem Wurzelgeflecht einen riesigen Schwamm. So wird der W. zu einem Wasserspeicher. Ein Teil des Wassers wird wieder über die Bäume verdunstet (5,7 Liter pro Baum und Stunde!): der W. ist unser bester Regenmacher...
Seitenlang könnte man noch die genialen Eigenschaften des W. beschreiben. Das wäre ihm auch weit mehr angemessen, als nur seine Funktionen aufzuzählen, wie es zusammenfassend vielen W.-Lehrpfadbeschilderungen zu entnehmen ist. Dort werden lapidar die Nutz-, Schutz- und Erholungsfunktionen genannt.

Vom W. zum Forst
Die forstwirtschaftliche Bedeutung stand bis vor wenigen Jahren absolut im Vordergrund. Dabei ist zu beachten, daß wir in Deutschland fast keinen natürlichen W.-Bestand mehr haben.
Nach dem großen Kahlschlag zu Beginn der Neuzeit, wurde der W. zum Forst. Dies geschah durch systematische Pflanzaktionen im 18. Jahrhundert. Um einen schnelleren und größeren Nutzen zu haben, wurden vermehrt Nadelhölzer angepflanzt. Der eigentliche »Urwaldbaum« Mitteleuropas ist dagegen vor allem die Buche.

Lebensraum W.
Zur Schutzfunktion des W. gehört auch seine herausragende Bedeutung bei der Verhinderung der Bodenerosion. Als Schwammspeicher reguliert er den Wasserabfluß und kann dadurch in einem gewissen Maß Überschwemmungen verhindern. Die Luft wird von ihm in einem erheblichen Maß gefiltert: ein ausgewachsener Baum entzieht ihr pro Jahr 7000 kg Staub und Gifte. Eine reife Leistung. Natürlich darf die Sauerstoffproduktion nicht vergessen werden: 370 Liter sind es pro Baum und Stunde. Dann ist der Wald ein Lebensbereich für sehr viele Tiere. Darauf müssen wir noch einmal zurückkommen.

W.-Lust
Die Erholungsfunktion soll am Ende der Aufzählung stehen, obwohl sie uns in der J.-Arbeit scheinbar am stärksten betrifft. Wer aber den W. nur als Spielplatz ansieht, hat den Blick für die Zusammenhänge des Lebens schon verloren. Woher kommt denn die Atemluft der Jungscharler? Woraus sind denn Tische und Stühle? Woher kommt ein wichtiger Anteil unseres Trinkwassers? Wir können es uns nicht länger leisten, nur in Teilbereichen zu denken und zu leben. Die nächste Generation kann es sich noch weniger leisten.

**Nicht immer –
aber immer bewußter!**
Was liegt näher, als den Lebensbereich W. zu durchstreifen, zu erforschen, eben: intensiv kennenzulernen. Man schützt eben nur, was man kennt! Dieser ökologische Grundsatz gilt auch hier. Nur ist hier Vorsicht geboten. Man muß nicht erst bei einem Nachtgeländespiel mit dem Jagdpächter oder dem Förster ins Gehege (hier stimmt der Begriff!) kommen. Im W. gibt es viele Schutzzonen für Pflanzen und Tiere. Diese gilt es zu achten. Nachtgelän-

despiele im W. sollte man ganz sein lassen. Schonungen sind tabu. Dann gibt es auch noch besondere Zeiten, in denen man den W. meiden sollte. Bei der Auswahl eines geeigneten W.-Stücks für ein Geländespiel fragt man am besten beim zuständigen Forstamt nach. Dies kann einigen Ärger vermeiden.

Die verkümmerten Sinne zum Zuge kommen lassen
Dennoch kann man den W. mit seiner Fülle von Chancen zur Naturerfahrung – oder besser: zur Schöpfungserfahrung nutzen. Dabei ist es wichtig, die Lieblingssinne (vor allem das Sehen) einzuschränken und statt dessen die anderen Sinne zur Entfaltung kommen zu lassen. Das kann ganz spannend werden. Die sogenannten Naturerfahrungsspiele sind hierzu ganz besonders geeignet. Das Beschnuppern von Pflanzen, das Betasten von alten Wurzeln, das Hinhorchen auf Tierlaute, das Schmecken von Beeren – und das ausschnitthafte Betrachten eines Moospolsters eröffnen neue sinnliche Zugänge zur Mitschöpfung. Genau dies wollen die Naturerfahrungsspiele unterstützen.

In der Regel sind es leise Spiele, und man muß dazu gar nicht so weit in den W. eindringen. (In diesem Zusammenhang scheint es bisher noch nicht zu Verärgerungen auf Seiten der Forstbehörden gekommen zu sein.)

Eine Handvoll Erde...
Damit kommen wir zum praktischen Teil der Sache. Mit Lupen, einem Bestimmungsbuch und einer großen Portion Behutsamkeit läßt sich einigen Bodenlebewesen auf den Leib rücken. Es ist eine spannende Sache, was im W.-Boden kreucht und fleucht. Dafür sind bei den Mitarbeitern aber einige biologische Vorkenntnisse erforderlich.

Der Schöpfung auf der Spur
Einfacher sind die sogenannten Naturerfahrungsspiele. Beginnen sollte man damit, den Mädchen und Jungen den Blick für die Schönheiten zu öffnen. Da viele Jungscharler noch im Sammelalter sind, ist hierzu eine Suchliste geeignet: eine Feder, etwas Rundes, ein Stück Eierschale, drei verschiedene Samen, etwas Weißes, etwas Natürliches, das nutzlos ist (das ist wohl kaum zu finden!) ... Los geht's! Weiterhin gibt es die Möglichkeit, eine Geräuschelandkarte anzulegen oder das Kameraspiel in Angriff zu nehmen.

Das geht so: Immer zwei Personen tun sich zusammen. Eine ist die Kamera, die andere der Fotograf: Die Kamera hält die Augen geschlossen. Der Fotograf bringt seine Kamera in die richtige Position – mit den Händen auf den Schultern der Kamera, so daß, wenn »die Kamera« die Augen öffnet, ein schönes oder witziges Bild von einem Spinnennetz, einem alten Baumstumpf, einem Pilz... entsteht. Als Auslöser zieht er der Kamera ganz sachte an einem Ohrläppchen und sagt »Klick«. Die Kamera öffnet nur für einen Wimpernschlag die Augen und schließt sie sofort wieder. Wenn der Film nach

drei bis fünf Bildern voll ist, wird gewechselt.
Anknüpfungspunkte für Andachten stekken fast in allen Naturerfahrungsspielen. Man kann auch kleine Achtungschilder aus Pappe und einem Holzstiel mit den Jungscharlern herstellen. Bei einem Streifzug durch den Wald (bitte die voranstehende Warnung beachten!) können die Kinder dann ihr Schild an einer nach ihrer Meinung besonders schönen Stelle (Stein, Blumen, Moospolster mit Pilz...) einstecken. Eine Gesprächsrunde kann dann direkt in das Lob des Schöpfers einmünden.
Zum Schluß noch eines der schönsten Spiele aus diesem Bereich. Es heißt: Meinem Baum begegnen. Es werden Paare gebildet. Einer Person werden jeweils die Augen verbunden. Die zweite führt sie zu einem Baum und läßt ihr Zeit, den Baum zu ertasten und sich mit ihm vertraut zu machen. Dann wird sie — mit Umwegen — von dem Baum weggeführt. Kann sie »ihren« Baum wiederfinden, nachdem sie wieder sehen kann? Danach wird gewechselt. — Manche Mitspieler kennen noch nach Jahren »ihren« Baum!

Literatur
Wir können etwas tun... — eine ökopädagogische Praxishilfe, CVJM-Westbund 1994. Sie enthält sehr vielfältige Anregungen für die Gruppen- und Freizeitarbeit. Die oben erwähnten Spiele (und noch viele mehr) werden darin vorgestellt. Joseph Cornell: Mit Kindern die Natur erleben, Verlag an der Ruhr. Eine gute Sammlung von Naturerfahrungsspielen — und kurzgefaßte theoretische Anregungen. Rudolf Knirsch: Unsere Umwelt entdecken — Spiele und Experimente für Eltern und Kinder, Ökotopia-Verlag. Mit vielen Ideen zum Einsatz aller Sinnesorgane. Anschauliche Informationen über das Ökosystem Wald.

⇨ Natur   ⇨ Schöpfung   ⇨ Umwelt

bk

Waldläuferzeichen

W. sind Spurenzeichen, die einer nachfolgenden Gruppe den eingeschlagenen Weg aufzeigen sollen. Diese Zeichen werden links oder rechts am Wegesrand ausgelegt und aus den natürlichen Materialien der umgebenden Natur hergestellt. Die Trapper und Indianer des nordamerikanischen Kontinents hatten diese Kunst zur wahren Meisterschaft entwickelt.
Die Spurenzeichen können auffällig gelegt aber auch in unauffälliger Weise angebracht werden. Für Gruppenspiele und besonders für Anfänger sollte man nur auffällige und einfache W. verwenden. Im Wald oder natürlichem Gelände werden die Zeichen immer an Wegegabelungen angebracht. Dabei sollte man die Zeichen nicht weiter als nach ca. zehn Metern von der Wegegabel entfernt gelegt haben. Es ist nicht fair, wenn eine nachfolgende Gruppe erst einige hundert Meter einen falschen Weg laufen muß, um festzustellen, daß es dort keine weiteren Spurenzeichen mehr gibt. Bei längeren Wegen ohne Abzweigungen, besonders wenn die Spur über ein freies Feld führt, soll man in angemessenen Abständen zur Sicherheit ein Spurenzeichen legen.

Beispiele unauffälliger Spurenzeichen:

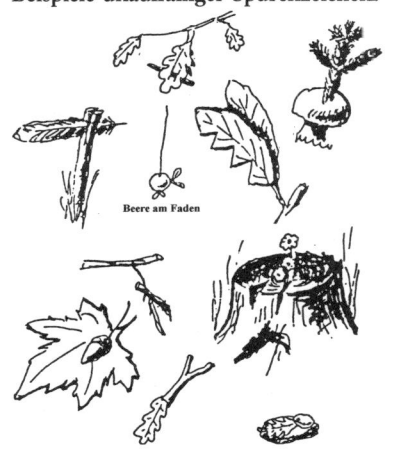

Beere am Faden

Waldspiele

Beispiele einfacher Spurenzeichen:

"In Pfeilrichtung folgen"
Spurbeginn — falscher Weg — links bzw. rechts abbiegen
200m in Pfeilrichtung — Pfeil in umgekehrter Richtung folgen — zum Lager
der Weg geht über ein Hindernis — Nachricht in dieser Richtung — Nachricht (z.B.) in 3 Meter Entfernung und in 2 Meter Höhe

verschiedene Zeichen für Gefahr
hier sammeln — zurück zum Anfangspunkt — Ich bin nach Hause gegangen

Das Grundelement der einfachen W. ist der Richtungspfeil. Es kann aus Ästen, Steinen, Gras oder ähnlichem Material gelegt werden. Zu diesem Grundzeichen können weitere vereinbarte Symbole hinzugefügt werden. Diese Zusätze geben den nachfolgenden Personen weitere Informationen. Die unauffälligen Zeichen geben die Richtung nur an Wegegabelungen auf der richtigen Spur wieder und erfordern eine genaue Beobachtungsgabe (z. B. Tannenzapfen am Eichenbaum).

⇨ Tatkunde

ws

Waldspiele

W. haben ihren besonderen Reiz, weil sie einen (letzten?) Hauch von Abenteuer vermitteln.
W. zeichnen sich dadurch aus, daß sie außerhalb von Lärm und beengten Wohnverhältnissen stattfinden. Hier ist Gelegenheit zum Austoben, zur Anregung der eigenen Fantasie und zum Entwickeln von neuen Fähigkeiten.
Im Wald lassen sich wunderbar Verfolgungsjagden nachstellen (z. B. Schnitzeljagd), aber der Wald lädt auch zu Stationsläufen ein u.v.m.
Für das gute Gelingen von W. sind ganz klare Spielregeln unbedingte Voraussetzung, aber auch der Spielgedanke spielt eine nicht unerhebliche Rolle. Über alle W. läßt sich eins gemeinsam sagen: Sie zählen zu den aufwendigsten Programmpunkten in der Vorbereitung und Durchführung. Von Jungscharlern werden W. hoch honoriert. Selbst, wenn etwas schief geht, hinterlassen sie einen bleibenden Eindruck, von dem sie auch noch nach Jahren erzählen.
Übrigens: Weil es bei uns im CVJM nicht nur »Schnitzeljagden« als W. gab, bin ich heute noch im CVJM.

⇨ Erlebnisprogramm ⇨ Spiel und Sport
⇨ Wald

cp

Waldweihnacht

Zum Abschluß eines Jahres ist es schön und auch ein besonderer Höhepunkt im Gruppenprogramm, eine W. zu feiern. Am besten organisiert man diese mit allen JS-Gruppen am Ort zusammen.
Folgende Möglichkeiten bieten sich dazu an:
Eltern und Geschwister der Jungscharler dazu einladen.
Platz im Wald aussuchen, der groß genug ist und wo man einen Baum schmücken kann (mit dem zuständigen Forstamt absprechen).

Vorher in der JS dazu Einladungen basteln. Treffpunkt ausmachen und Wanderung oder Sternwanderung (mit Fackeln) organisieren.
Das Programm sollte nicht zu lange sein, wegen möglicher Kälte und weil man für den Rückweg auch wieder Zeit braucht.

Bewährt haben sich: Advents- und Weihnachtslieder singen (vorher in den Gruppenstunden einüben); Geschichte erzählen; kurze Ansprache/Andacht; Kinderpunsch (heißer Früchtetee mit Saft gemischt) oder Kaba und Gebäck vorbereiten.

➪ Höhepunkte ➪ Kirchenjahr

sm

Wandern
»Wer wandert, sieht mehr und erlebt mehr.«
Die kleinen Dinge am Wegrand, die Blumen und Tiere, die Wiesen, Berge und Wälder kann man viel intensiver wahrnehmen. Man kann beim W. sehr gut miteinander sprechen. Freude und Strapazen werden miteinander geteilt, manchmal auch die Lasten. Daher gehört das W. zum festen Bestandteil der JS-Arbeit, insbesondere auf den Freizeiten. Wanderungen müssen gut geplant sein. Es empfiehlt sich eine Wanderkarte im Maßstab 1 : 25 000, möglichst mit eingezeichneten Wanderwegen. Wer die Möglichkeit hat, sollte die Strecke vorher abgehen. Bei Tageswanderungen kann auch die ganze Familie einbezogen werden. Für Wanderungen sollte man Rucksack, Trinkflasche, Kompaß und vor allem gute, bequeme Schuhe dabeihaben.

➪ Ausflüge ➪ Freizeiten

gw

Wasser/-spiele

W. ist eines der »Elemente«, die fast jedes Kind begeistern. Egal, ob es sich in einem Schwimmbecken, einem Bachbett oder einer Pfütze befindet, läßt sich das nasse Element immer wieder für die JS nutzbar machen:

Schwimmbäder und Badeseen –
Sport und Vergnügen garantiert
An einem Badesee oder Weiher sind außer Schwimmen eine Vielzahl von Spielen, vom W.-Transport bis zur Schlammschlacht, möglich.

Bäche – Natur pur
An Bächen, vor allem, wenn sie naturbelassen sind, gibt es Tiere und Pflanzen zu entdecken. Eine Bachwanderung birgt aber viel mehr Möglichkeiten: Putzaktionen, die den Bach von Schmutz und Müll befreien; Basteln und Bauen (Wasserrad, Staudamm...); Spiel und Spaß (Schlamm- und Wasserschlacht); Rindenschiff-Regatta; Bachüberquerung mit oder ohne Hilfsmittel uvm.

Pfützen und Schlammlöcher –
Sauwetterspaß
Schon mal einen JS-Nachmittag draußen im Regen gemacht? Mit der richtigen Ausrüstung die Attraktion in W. und Schlamm!
Hinweis: Bei Badeausflügen und Wasseraktionen Baderegeln und Aspekte der Aufsichtspflicht beachten!

➪ Aufsichtspflicht ➪ Natur
➪ Rechts-ABC ➪ Spiel und Sport

wh

Wechsel

Der W. von der JS-Altersstufe zum Mädchenkreis/Jungenschaft/Teenagerkreis hängt von den örtlichen Gegebenheiten ab und sollte die Entwicklung des einzelnen Kindes im Blick haben.

⇨ Altersstufen ⇨ Übergänge
⇨ Rotation   *go*

Weihnachten

W. erinnert an die Geburt Jesu in den ärmlichen Verhältnissen eines Stalles von Bethlehem (Lk 2, 1-20). Gott erspart es seinem Sohn Jesus nicht, ganz Mensch zu werden und uns damit nahe zu sein. Davon berichten bis heute eine Menge alter W.-Lieder. Auch wenn uns der Geburtstag Jesu in der Bibel nicht überliefert ist, so wird doch seit dem 4. Jahrhundert der 25. Dezember als Geburtsfest begangen (die Armenische Kirche feiert die Geburt Jesu erst am 6. Januar). Die sehr menschlichen Umstände der Geburt regte immer wieder die Phantasie der Menschen an. Das führte dazu, daß die W.-Geschehnisse in Krippendarstellungen und Verkündigungsspielen (aufgeführt von Kindern und Jugendlichen) nacherlebbar gemacht wurden. Bis heute hat sich dieser Brauch erhalten. Daß man sich zum W.-Fest Geschenke macht, hat seinen Ursprung im Sichbeschenken am Nikolaustag (6. Dezember). Um 1535 regte Martin Luther an, die Nikolausgeschenke erst zum W.-Fest zu verteilen. Die Geschenke brachte nun nicht mehr der heilige Nikolaus, sondern der heilige Christ (später verniedlicht zum Christkind).

⇨ Kirchenjahr
                                                 gg

Weiterführende Gruppe

Damit Jungen und Mädchen nach ihrer JS-Zeit in Jungenschaften, Mädchen- und Jugendkreisen weitermachen, ist der Übergang sehr sorgfältig zu begleiten. Zum einen sollten die Mitarbeiter der w. G. in der JS bekannt sein. Es empfiehlt sich, daß sie ab und zu in der JS-Stunde zu Besuch sind und einzelne Programmteile übernehmen. Auch können bei Geländespielen und JS-Festen Mitarbeiter und Teilnehmer der w. G. Aufgaben übernehmen. Zum anderen sollten die JS-Leiter ihre Jungen und Mädchen in diesem Wechsel begleiten. Es hat sich bewährt, daß sie in der ersten Gruppenstunde in der weiterführenden Gruppe dabei sind und auch darüber hinaus Kontakt halten. Eine feierliche Verabschiedung, am besten von mehreren Jungscharlern zusammen, und eine sofortige Begrüßung und Aufnahme durch den Mitarbeiter der w. G. haben sich bewährt.
Außerdem ist eine Programmrahmenabsprache zwischen JS und w. G. nötig. Jede Altersstufe sollte ihr eigenes Programmprofil haben. Die w. G. sollte eine altersgemäße Steigerung bieten können. Umgekehrt sollte in der JS nicht alles gemacht werden, was die Mitarbeiter interessiert, sondern was den Jungscharlern angemessen ist.
Erfahrungsgemäß lebt die JS-Stunde von der »regelmäßigen Abwechslung« des JS-Vierklangs. Höhepunkte sollten dazukommen, wirken aber nicht an sich gruppenaufbauend und sollten deshalb wohldosiert bleiben.

⇨ Altersstufen ⇨ Übergänge
⇨ Wechsel ⇨ Rotation
                                                ipm

Weltbund

Der CVJM (YMCA – YOUNG MEN'S CHRISTIAN ASSOCIATIONS) ist eine weltweite Organisation; die einzelnen Nationalverbände – derzeit etwa 120 – sind im W. der CVJM (World Alliance of YMCAs) zusammengeschlossen.
Der W. wurde 1855 in Paris von CVJM-Repräsentanten aus England, Schottland, Irland, Frankreich, Belgien, Holland, der Schweiz, Deutschland und den USA gegründet, gleichzeitig wurde die Grundlage

der CVJM-Arbeit, die **Pariser Basis**, mit Zusatzerklärungen verabschiedet.
Heute geschieht CVJM-Arbeit auf allen Kontinenten. Der W. unterstützt die einzelnen Regionen besonders im Bereich der Flüchtlingsarbeit und der Mitarbeiterschulung, fördert die Zusammenarbeit der Nationalverbände und organisiert die weltweiten CVJM-Tagungen.
Heute hat der W. seinen Sitz in Genf (12, Clos-Belmont, CH-1208 Geneva) und wird von dem ehrenamtlichen Präsidenten und dem hauptamtlichen Generalsekretär geleitet.

⇨ CVJM ⇨ Pariser Basis

um

Weltdienst

Was ist der W.?
Den CVJM gibt es in mehr als 120 Ländern weltweit. Der W. macht weltweite Geschwisterlichkeit unter Christen erlebbar, indem er Partnerschaften mit anderen CVJM-Bewegungen in der Dritten Welt – seit 1990 auch in Zentral- und Osteuropa – unterhält. Die Grundidee des W. heißt »Teilen macht ganz« und drückt aus, daß anderen CVJM beim Aufbau ihrer Arbeit sowie ihrer Strukturen geholfen wird und daß ihre sozial-diakonischen Entwicklungsprogramme unterstützt werden. Gleichzeitig ist es ein Anliegen, ein Bewußtsein bei uns für einen verantwortungsvollen Lebensstil zu wecken.

▼ Weltdienst

Wie arbeitet der CVJM-W.?
Die CVJM in Entwicklungsländern führen oft Programme durch, die sehr verschieden von unserem CVJM-Bild sind. Es geht zunächst um Antworten auf die existentiellen Nöte von Kindern und Jugendlichen, aber auch Verkündigung und Seelsorge haben ihren Platz. Für ihre Arbeit z. B. mit arbeitslosen Jugendlichen, Waisenkindern, Flüchtlingen, Behinderten, Straßenkindern usw. brauchen sie manchmal personell, meistens finanziell unsere Hilfe. Aber auch wir können in der partnerschaftlichen Zusammenarbeit von ihren Erfahrungen lernen. Die Partnerschaft ist nie eine Einbahnstraße. Die W.-Arbeit hat vier Schwerpunkte.
Bruderschaftsdienst: Bruderschaftsdienst sind die Partnerschaftsbeziehungen der Mitgliedsverbände des CVJM-Gesamtverbandes zu CVJM in der Dritten Welt sowie Zentral- und Osteuropa. Die Partnerschaft gestaltet sich durch folgende Elemente:
Bruderschaftssekretäre arbeiten über mehrere Jahre in einem Partner-CVJM mit und übernehmen dort Aufgaben wie Aufbau von örtlichen CVJM-Gruppen und Vereinen, Mitarbeiterschulung, Einrichtung von besonderen Entwicklungsprogrammen usw.
In Kurzzeiteinsätzen helfen Experten in einem beruflichen Fachgebiet, beispielsweise in der Leitung von Ausbildungszentren für Handwerker, mit.
In Einzelfällen haben junge Mitarbeiter aus dem deutschen Partnerverband die Möglichkeit, einen einjährigen Volontärsdienst als persönliche Lernerfahrung zu leisten.
Für bestimmte Entwicklungsprojekte erhält der Partner-CVJM finanzielle Hilfe. Durch Austausch von Informationen, Briefwechsel und Durchführung von Seminaren, Aufbaulagern und Besuchsreisen geschieht Begegnung und Lernen voneinander.
Die örtlichen Vereine in Deutschland sammeln auf kreative Weise die Spendengelder zur Unterstützung des Partners.
Aktion Hoffnungszeichen: Die Aktion Hoffnungszeichen setzt sich aus gezielten Entwicklungsprojekten für benachteiligte Kinder und Jugendliche zusammen, z. B. Schulbildung, Berufsausbildungskurse, Hilfe für Straßenkinder, Förderung für Behinderte usw. Einzelpersonen und Gruppen können eine Projektpartnerschaft eingehen und damit Kinder und Jugendliche in einem Projekt über einen längeren Zeitraum mit einem regelmäßigen

Geldbetrag unterstützen. Durch Informationen über das Projekt selbst sowie über das Land und die dortige CVJM-Arbeit insgesamt nehmen die Projektpartner Anteil am Schicksal der Kinder und Jugendlichen und werden selbst zu Lernenden in der Beschäftigung mit dem Projekt und seinem Umfeld. Diese Form eignet sich auch für JS-Gruppen.

Flüchtlingsarbeit: Weltweit sind schätzungsweise 17 - 18 Millionen Menschen auf der Flucht. Zahlreiche CVJM-Bewegungen in der Dritten Welt sehen es als zentrale Aufgabe an, Flüchtlingen in ihrem Land Hilfe zu leisten.

Das Spektrum von Hilfsprogrammen umfaßt Ernährungshilfe, Versorgung mit Kleidung, medizinische Betreuung, Freizeitangebote, Ausbildungskurse, Hilfe beim Aufbau einer neuen Existenz. Der CVJM-W. beteiligt sich finanziell an diesen Programmen.

Daneben bemüht er sich, Impulse für die Arbeit mit Flüchtlingen und allgemein Ausländern in unserem Land zu geben. Durch JS-Arbeit können ausländische Kinder erreicht werden. Wie kann man sie einladen? Was kann man zu ihrer Integration tun? Wie kann man Berührungsängste bei deutschen Kindern abbauen? Kann JS-Arbeit hier nicht einen wertvollen Beitrag zum Abbau von Fremdenfeindlichkeit leisten?

Bildungsarbeit: Dem W. geht es nicht nur um finanzielle Förderung von CVJM in armen Ländern, sondern um die Verwirklichung von Partnerschaft durch ein wechselseitiges Geben und Nehmen. Das schließt einen Bewußtseinsbildungs- und Veränderungsprozeß bei uns ein. Arbeitshilfen, Informationshefte und audiovisuelle Medien stehen zur Verfügung, um in allen Altersgruppen über die Dritte-Welt-Problematik und die Arbeit der W.-Partner zu informieren und zum Engagement zu motivieren. Seminare zur entwicklungspolitischen Bildung bieten Möglichkeiten zum Vertiefen der Kenntnisse, zum Erfahrungsaustausch und zum Planen von Aktionen.

W. in der JS – praktisch
Gerade im JS-Alter bringen Kinder ein natürliches Interesse an fremden Ländern und Kulturen mit. Daran kann man anknüpfen und die Dritte-Welt-Thematik nahebringen, indem man den Jungscharlern vermittelt, wie Kinder in der Dritten Welt leben, z. B. durch Geschichten, Filme, Dias. Ist das Bewußtsein der Kinder geweckt, lassen sie sich auch zum aktiven Engagement motivieren.

Vorüberlegungen: Welche Kenntnisse über die Dritte Welt habe ich als JS-Leiter selbst? Ist mir die Dritte-Welt-Thematik und der W. selbst ein Anliegen? Welche Kenntnisse haben meine Jungscharler? Welches Bild von Kindern in der Dritten Welt haben sie? Müßte das korrigiert werden? Wie kann ich altersgerecht und sachlich informieren? Welche Medien kann ich einsetzen? Habe ich ausländische Kinder in der Gruppe, die von ihrem Heimatland und ihrem Leben erzählen können?

Schritte für die Umsetzung: Das Thema »Dritte Welt« muß exemplarisch an einem Land vorgestellt werden. Mögliche Kriterien für die Auswahl eines Landes sind: Das Land, zu dessen CVJM mein CVJM-Landesverband eine Partnerschaft hat; das Heimatland eines ausländischen Kindes meiner JS; ein Land, mit dem ich mich selbst schon viel beschäftigt habe.

Die gesamte Darstellung, besonders aber der Einstieg, muß möglichst anschaulich für die Kinder geschehen, am besten anhand des Schicksals eines etwa gleichaltrigen Kindes. Nach dem Vorführen eines Filmes oder einer Dia-Serie sollte unbedingt Zeit zum Gespräch gegeben werden. Durch Spiele verschiedenster Art können weitere Kenntnisse vermittelt werden. Material und Anregungen für »Dritte Welt in der JS« können beim Referat W. des CVJM-Gesamtverbandes, bei Stellen wie Brot für die Welt und Misereor oder bei Missionswerken angefordert werden. Dritte Welt wird auch sehr lebendig, wenn man in die Gruppenstunde oder zu einem JS-Tag einen (ehemaligen) Bruderschaftssekretär oder Missionar einlädt; der aus seinen Erfahrungen spannend erzählt.

W.-Aktionen in der JS
In der Gruppenstunde: Übernahme einer Projektpartnerschaft in der »Aktion Hoffnungszeichen«, z. B. für ein Straßenkinderprojekt. Die Kinder geben monatlich einen festgelegten Betrag von ihrem Taschengeld ab, den der JS-Leiter einsammelt und überweist. Damit kann das Teilen im jungen Alter eingeübt werden. Wie spielen Kinder in der Dritten Welt? Verschiedene Bewegungsspiele, die in bestimmten Ländern beliebt sind, können nachgespielt werden.
Basteln von Spielzeug: Kinder von Dritte-Welt-Ländern basteln aus Abfällen (Blechdosen, Draht, Holz usw.) ihr Spielzeug. Das kann in der JS praktiziert werden.
Auf Freizeiten: Alle für die Gruppenstunde aufgezählten Beispiele; — Rollenspiele. Dabei kann die Lebenswelt von Kindern in der Dritten Welt, z. B. die Kinderarbeit, in wesentlichen Zügen nacherlebt werden. Das Spiel sollte deutlich machen, wie hart der Kampf ums Überleben ist. Eine Idee dafür kann selbst entwickelt werden.
Als Spielleiter muß man folgendes beachten: * Klare Rollenbeschreibungen und Spielregeln geben und deren Einhaltung sicherstellen. * Mögliche im Spiel auftretende Konflikte auffangen. * Genügend Zeit zur Einführung in das Rollenspiel und zur anschließenden Diskussion und Auswertung einkalkulieren. — Dritte-Welt-Tag: Mit verschiedenen Elementen kann ein ganzer Tag unter dem Motto »Dritte Welt erleben« gestaltet werden. Dazu könnte u. a. auch ein sehr einfaches Essen zum Nachempfinden von Hunger gehören.
Besondere Aktionen: Es ist vorteilhaft, wenn besondere JS-Aktionen in ein W.-Wochenende oder eine -Woche, die der ganze Verein veranstaltet, eingebunden sind. Vorschläge: Fahrradralley; — Schuhputzaktion; — Change a penny: Jeder Jungscharler erhält 100 1-Pfennig-Stücke und tauscht die Münzen im Verwandten- und Bekanntenkreis gegen größere Münzen ein. Diese Aktion sollte möglichst über mehrere Wochen laufen.
Der Fantasie bei W.-Aktionen sind keine Grenzen gesetzt.

age

Werbung

Werben heißt im ursprünglichen Sinne soviel wie: »sich (um jemanden) bemühen«, und gerade das ist es, was die missionarische Jugendarbeit ausmacht. Wir wollen in unseren Gruppenräumen nicht darauf warten, daß die Kinder von selbst kommen, sondern sollen unsere Phantasie und Kreativität dazu benutzen, um sie zu erreichen.

Vorüberlegungen
Bevor wir mit der Werbung beginnen, müssen wir folgendes klären:
Warum will ich werben? In der Bibel wird an mehreren Stellen berichtet, daß Jesus sich der Kinder annimmt und sich um sie kümmert. Sie sind ihm also nicht egal. Im Missionsauftrag heißt es, daß wir allen, auch den Kindern, Gottes Wort verständlich machen sollen. Dazu ist es nötig, daß sie Jesus kennenlernen und ihn als Freund und Begleiter annehmen können.
Wozu will ich werben? Haben wir ein Programm, zu dem ich mit gutem Gewissen einladen kann? Nur wer von seiner Gruppenarbeit überzeugt ist, kann andere zu seiner Gruppe einladen.
Wann will ich werben? Start mit einer neuen Gruppe: Im Verein wird beschlossen, daß eine neue JS-Gruppe gestartet werden soll. Mitarbeiter sind vorhanden, die Raumfrage ist geklärt, der Tag und die Uhrzeit ist festgelegt und das Programm für die ersten Gruppenstunden steht fest. Laufende W.: Wenn in einer JS-Gruppe die Besucherzahl nicht steigt und immer nur dieselben Kinder kommen, wird sich mancher Leiter überlegen, ob er nicht eine Werbeaktion startet. Denn auch die anderen Vereine im Ort schlafen nicht und ver-

suchen, sich ihren Nachwuchs so früh wie möglich zu sichern.
W. für besondere Veranstaltungen: In unserem Verein findet eine größere Veranstaltung statt (JS-Tag, Zeltlager, Ballontag usw.). Damit recht viele Kinder daran teilnehmen, laden wir dazu ein.
Wen will ich werben? Dazu ist eine Bestandsaufnahme nötig: Wieviele Kinder im JS-Alter gibt es in meinem Ort/meiner Stadt, die noch nicht in die JS gehen? Danach muß geprüft werden, ob der JS-Raum auch für eine größere Gruppe geeignet ist, ob die Gruppe geteilt werden müßte, um allen gerecht zu werden und ob genügend Mitarbeiter vorhanden sind.
Wie will ich werben? Ich muß überlegen, in welcher Reihenfolge ich vorgehen will: Plakate, Handzettel, Mitteilungen in Zeitung, persönliche Einladung.

Vorbereitung
Bestandsaufnahme: Um eine Bestandsaufnahme aller Kinder in meinem Ort/meiner Stadt machen zu können, besorge ich mir beim Pfarramt eine Adressenliste, die am besten nach Alter und Straßen sortiert ist. Der Antrag für die Adressenliste muß frühzeitig, das heißt mindestens 6 Wochen vor der Werbeaktion erfolgen.
Werbemittel: — Eine gute Jungscharstunde: Die beste Werbung ist die interessante, einladende, wöchentliche Gruppenstunde.
— Mund-zu-Mund-Propaganda: Die wirksamste Werbemethode ist, wenn JSler selbst für die JS werben, das heißt, wenn sie anderen gleichaltrigen Jungen und Mädchen von der JS erzählen und einladen. Sind sie selbst von der Gruppe und dem Programm begeistert, dann können sie andere auch durch ihr Erzählen überzeugen.
— Besondere Veranstaltungen: Neue Jungen und Mädchen lassen sich zunächst leichter zu besonderen Höhepunkten der JS-Arbeit begeistern als zur Gruppenstunde selbst. Dies können Freizeiten, Feste und Aktionen, Ballon- und JS-Tage, Kinderwochen, Dorf- und Geländespiele und Filmnachmittage sein.

Handzettel: Pfiffig und phantasievoll gemachte Einladungszettel untermauern die mündliche Einladung. Wichtig ist eine ansprechende Figur, Zeichnung oder Cartoon, die einen optischen Anreiz schafft und zum Weiterlesen einlädt. Der Handzettel sollte folgende Angaben enthalten: Ort und Zeit der Veranstaltung, Name und Adresse des Jungscharleiters und der Trägerorganisation.
Plakate: Durch Plakate mache ich größere Aktionen bekannt. Die Aufhängung sollte an für Kinder interessanten und viel aufgesuchten Stellen vorgenommen werden (Schreibwarenläden, öffentliche Gebäude, Schulen, Spielplätze). Die Aufhängungserlaubnis dazu muß ich jedoch vorher rechtzeitig einholen. Plakate sind meistens vergrößerte Handzettel, das heißt, sie haben den gleichen Inhalt wie diese. Plakate sollten ebenfalls ein Bild und eine große Zeile als Blickfang haben, der übrige Text kann in einer kleineren Schrift erfolgen.
JS-Zeitung: Durch eine JS-Zeitung stellt sich eine Gruppe dem Leser vor. Durch Berichte aus dem JS-Alltag kann er sich ein recht gutes Bild über die Gruppe machen und sich über ihre Arbeit informieren. Die Zeitung kann an Eltern mit Kindern im JS-Alter und an neue Jungscharler verteilt werden.
Schaukasten: Besitzt eine Gruppe oder Verein einen Schaukasten, so kann sich dort die JS mit Berichten über ihre Arbeit, Freizeiten und Veranstaltungen, Einladungen und Fotos vorstellen und werben.
Pressemeldung/-bericht: Zur regelmäßigen W. gehört auch die Bekanntgabe der JS-Stunden in den wöchentlichen Informationen der Kirchen und Heimatgemeinden. Lokal- und Regionalzeitungen sowie Gemeindeblätter werden in der Öffentlichkeit meist aufmerksam gelesen. Daher ist es von Vorteil, wenn ich Kontakte zur Lokalredaktion einer Zeitung oder Anzeigenblättern aufbaue. Etwa 3-4 Tage vor einem Ereignis gebe ich einen Ankündigungstext in der Redaktion ab, und gleich nach dem Ende der Veranstal-

tung schreibe ich einen Bericht mit Fotos. Vielleicht habe ich auch das Glück, daß die entsprechende Zeitung einen Redakteur oder freien Mitarbeiter (eventuell mit Fotograf) zur Veranstaltung entsendet. Interessant und berichtenswert sind Ereignisse, die sich vom Alltagsleben abheben. Berichte und Vorankündigungen sollten kurz gehalten sein, die 6 Ws (Was? Wann? Wie? Wer? Wo? Warum?) enthalten, mit Schreibmaschine 1,5-zeilig geschrieben sein, das Wichtigste am Anfang und am Ende des Textes, Name, Anschrift und Telefonnummer des Verfassers für eventuelle Rückfragen enthalten.

Verteilplan für Handzettel und Plakate: Verteilen durch Jungscharler oder Mitarbeiter: Anhand der Adressenliste werden die Einladungen nach Straßen sortiert und dann durch die Jungscharler oder Mitarbeiter verteilt.

Verteilen in den Schulen: Plakate am »Schwarzen Brett« der Schule dürfen nur mit Genehmigung des Schulleiters aufgehängt werden. Besser ist es, wenn ich einige Lehrer oder Religionslehrer kenne. Aber auch Pfarrer und Diakone unterrichten an Schulen. Diese sind gerne bereit, Einladungen an ihre Klassen weiterzugeben. Vielleicht habe ich auch das Glück, daß ich eine Stunde zur Verfügung gestellt bekomme. In der Regel sind Lehrer für diese Abwechslung im Unterricht dankbar, und ich kann den Schülern zeigen, was sie in der JS erwartet. Allerdings ist diese Art der W. für Mitarbeiter, die noch in die Schule gehen oder studieren, besser geeignet und durchführbar, denn Berufstätige benötigen dafür einen halben Tag Urlaub.

Durchführung
Die W. muß zu einem bestimmten Zeitpunkt erfolgen und auf eine bestimmte Zeit (ca. 2 Wochen) beschränkt sein. Die verschiedenen Maßnahmen müssen in einer zeitlich richtigen Abfolge, die auch von den jeweiligen örtlichen Gegebenheiten abhängig ist, ergriffen werden: Beispiel: Plakate aufhängen; Vorankündigung in Zeitungen; Handzettel verteilen und persönlich einladen.

Der größte Erfolg wird durch die persönliche Einladung erreicht. Für die Besuche bei den Kindern muß ich genügend Zeit – möglichst abends zwischen 17.00 und 20.00 Uhr – einplanen.

Plakate können bei dem angesprochenen Personenkreis als Vorinformation dienen und Handzettel die persönliche Einladung untermauern.

Nacharbeit
Die Gruppenstunden nach der Werbeaktion müssen so geplant und vorbereitet sein, daß neue Gruppenmitglieder hinzukommen können. Je nach Zahl und Art der Neuen gilt es, eine Reihe von Abenden anzubieten, die das Hineinfinden erleichtern.

Die Vorbereitung der Gruppenstunde danach gehört ebenso zur Werbeaktion wie das Einladen selbst.

⇨ Aktionen   ⇨ Checkliste Aktionen

ch

Werkbuch Jungschararbeit

W.J. ist der Titel für eine Arbeitshilfe, die jährlich zum 1. Oktober durch den CVJM-Gesamtverband in Deutschland e.V. in Verbindung mit dem CVJM-Westbund herausgegeben wird. W.J. heißt, daß Mitarbeiterideen und Entwicklungen in der Jugendszene, Impulse zu Pädagogik und Gruppenpsychologie sowie Hilfen zur Seelsorge und Weiterführung von Mitarbeitern jährlich neue Entwicklungen aufnehmen und Stellung beziehen. Daneben gibt es, ausgewählt für 46 Wochen im Jahr (Sommerferien ausgenommen, dafür gibt es besondere Angebote), Andachten und Stundenentwürfe nach dem JS-Bibelleseplan. Das W.J. enthält ausführliche Informationen über neuestes Arbeitsmaterial, das im CVJM und darüber hinaus, bei befreundeten Werken und Gruppen, in jüngster Zeit entstanden ist. Das W.J. gehört als Arbeitsbuch in die Hand jedes

Mitarbeiters, die Jahresplanung für das folgende Jahr erhält dadurch wesentliche Impulse. Das W. J. wird gestaltet von Autoren, die tatsächlich in der Kinder- und Jugendarbeit zu Hause sind und keine unrealistischen Idealvorstellungen, sondern wirklichkeitsorientierte Praxisentwürfe anbieten. Das W. J. gibt es auf allen Büchertischen oder ist zu bestellen jeweils ab 1. Oktober beim CVJM-Westbund (Adresse s. Anhang).

⇨ Arbeitshilfen

rw

Werken

W. und Basteln sind miteinander verwandt und nur schwer gegeneinander abzugrenzen. Basteln meint meist das Herstellen kleinerer Gegenstände, wogegen sich W. auf größere Dinge bezieht. Früher wurde Basteln den Mädchen zugeordnet, W. war der Bereich der Jungen. Diese Aufteilung ist heute nicht mehr haltbar. In der Schule ist der Werkunterricht sowohl für Mädchen wie auch für Jungen eingerichtet. Zum W. sind dringend Werkzeuge notwendig, oftmals auch Spezialwerkzeuge.

⇨ Basteln

ag

Werkzeug

Der Mensch entnimmt der Natur verschiedene Materialien. Um diese Materialien bearbeiten zu können, sind Hilfsmittel, d. h. W. nötig. Das W. kann nicht willkürlich gewählt werden, es muß dem Material und dem entstehenden Werk entsprechen. Um mit Papier zu arbeiten, benötigen wir eine Schere, um mit Holz zu arbeiten eine Säge. W. sind vereinzelt auch sehr teuer oder nicht verfügbar, so daß sie ausgeliehen werden müssen.

⇨ Basteln   ⇨ Tatkunde

ag

Wetterkunde

Wenn wir unterwegs sind, gilt der Grundsatz: Es gibt kein schlechtes Wetter, es gibt nur ungeeignete Kleidung! Für längere Unternehmungen sollte man Kleidung für alle Wetterlagen dabei haben. Für kürzere Unternehmungen sind ein paar Grundkenntnisse der W. vorteilhaft. Vom Wetterbericht in den Nachrichten sollte man sich nicht zu sehr abhängig machen, da er recht allgemein ist und das Regionalklima nicht berücksichtigen kann.

Hier können diese Kenntnisse nur in ein paar Stichpunkten angerissen werden. So sollte man die Funktion von Hoch- und Tiefdruckgebieten kennen, verschiedene Wolkenformen deuten und insbesondere die Entstehung von Gewitterwolken kennen. Weitere Wetteranzeichen wie Mückenflug, Tau und Abendröte lernt man am besten durch die Erfahrung. Viel wichtiger als irgendein Bücherwissen ist, daß man das Wetter langfristig beobachtet und ein Gespür dafür bekommt, durch welche Anzeichen sich das Wetter für die nächsten Stunden ankündigt. Auch die Funktion regionaler Klimafaktoren wie Seen, Heide und Berge kann man nur durch Beobachtung und Erfahrung erkennen. Wenn man Jungscharlern ein Leben mit der Natur vermitteln will, sollte man ihnen diese Zusammenhänge nahebringen.

⇨ Tatkunde

ipm

Wettkampf

Ein W. ist ein Leistungsvergleich zwischen zwei (Fußballspiel) oder mehreren Parteien (Staffellauf) entweder mit gleicher (Indiaca, Tauziehen) oder unterschiedlicher Aufgabenstellung (Fangspiele, Abwerfspiele). Es gibt eine große Anzahl von Spielen mit hohen Leistungsausforderungen, mit wechselnden Rollen, die ohne Sieger oder Verlierer beendet werden (z. B. Paarfangen). W., bei denen Sieger ermittelt werden, sind begrenzt, entweder zeitlich (Fußball, 2 x 45 Min.), durch Erreichen einer Punktzahl oder Satzgewinne (Tischtennis bis 21 Punkte), durch Erreichen eines Zieles (Wettlauf) oder durch eine festgesetzte Anzahl von Versuchen (Weitsprung, Zielwerfen). Die im organisierten Sport gültigen Regeln müssen in der Kinder- und Jugendarbeit flexibel angewandt werden. Dabei sind zu berücksichtigen: — die motorischen Vorerfahrungen der Teilnehmer; — die äußeren Umstände (Spielfeld, Geräte); — die Größe und Zusammensetzung der Gruppe.

In der Kinder- und Jugendarbeit sollten bei W. einige pädagogische und methodische Grundsätze beachtet werden: — Möglichst alle mitspielen lassen. — Keinen aufgrund seiner Fehler und Unerfahrenheit ausscheiden lassen. — Mannschaften nicht wählen lassen. — Genaues Zählen der Punkte und Ergebnisse. — Regeln deutlich erklären, aber anpassen. — Sieg nicht überbewerten, »Niederlagen« nicht kommentieren.

⇨ Konflikte ⇨ Spiel und Sport   *xm*

Wiederkunft

Das entscheidendste Ereignis der Weltgeschichte steht noch aus: die W. Jesu Christi. Darauf hoffen wir als Christen. Für alle Menschen sichtbar wird Jesus Christus »in seiner Herrlichkeit« kommen, er wird »sitzen auf dem Thron seiner Herrlichkeit und alle Völker werden vor ihm versammelt werden« (Mt 25, 31 - 32). Dann wird er, als von Gott eingesetzter Weltrichter, alle Völker richten (Mt 25, 32 - 46). Bis dahin aber wird in der ganzen Welt das Evangelium von Jesus Christus verkündigt werden, als Einladung, diesem Herr und Heiland schon jetzt zu vertrauen. Wir sollen also als Christen die Zeit bis zur W. Jesu nutzen, um Menschen für Jesus Christus zu gewinnen.

Wann Jesus wiederkommt, läßt sich allerdings nicht berechnen — diese Entscheidung hat sich Gott, der Vater, selbst vorbehalten (Apg 1, 7). Jesus aber hat von Zeichen gesprochen, die seiner W. vorausgehen (Mt 24; Mk 13; Lk 17;21): die Sammlung des Volkes Israels, die weltweite Verkündigung des Evangeliums, die verstärkte Verfolgung der Christen und vieles mehr. Diese Zeichen sollen uns nicht verunsichern oder ängstigen, sondern sollen uns ermutigen, jederzeit mit der W. Christi zu rechnen und uns darauf vorzubereiten. Deshalb lautet die Aufforderung Jesu an seine Nachfolger: »Darum wachet; denn ihr wißt nicht, an welchem Tag euer Herr kommt« (Mt 24, 42).

⇨ Glaube ⇨ Jesus Christus   *hn*

Wimpel

Der W. ist eine kleine Fahne — meistens als Gruppenw. das Symbol einer Gruppierung innerhalb einer größeren Organisation.

W. kann es im Gegensatz zur traditionellen Fahne des Vereins mehrere geben. Er wird nicht gestiftet oder gar geweiht. Dokumentiert die Fahne die Art und evtl. die Zielsetzung des Vereins und finden sich auf ihr das Gründungsdatum, die Jubiläen, so dient der W. als Zuordnungs- und Strukturhilfe. Die Fahne ist Ehren-, der W. Zugehörigkeitszeichen der Gruppe oder des Vereins. Es gibt im CVJM ein Sortiment von Fahrradw., die käuflich zu erwerben sind. Diese weisen den Besitzer des W. als Mitglied der Gruppe, z. B. AK W. als Mitglied in der JS aus.

⇨ Abzeichen ⇨ Gruppe
⇨ Werbung ⇨ Fahne   *cr*

Winterfreizeit

Bei W. denken wir zunächst ans Skifahren, was den Kindern auch viel Spaß macht. Dazu sollten Skikurse angeboten werden. Da eine entsprechende Ausrüstung und oft auch die Anreise sehr teuer und aufwendig ist, kann man im Winter auch Schlitten fahren, Silvesterfeier, Schneewanderung oder einfach eine Freizeit im Haus anbieten.

⇨ Freizeiten

gw

Wir-Gefühl

Als W. bezeichnet man das Zusammengehörigkeitsgefühl einer Gruppe von Menschen, die durch ein besonderes Erleben, eine besondere Aufgabe oder gemeinsame Ziele zusammengewachsen sind, eine gemeinsame Geschichte haben und eine eigene Identität entwickelt haben. Dieses besondere Gefühl der Zusammengehörigkeit kann auch durch eine Abgrenzung von einer anderen Gruppe, die man als Gegner oder Konkurrent empfindet, zusätzlich gestärkt und gefördert werden. Wo etwa in der Politik mit Mitteln eines Feindbildes ein solches W. gefördert wird, das zur bewußten Ausgrenzung anderer führt, ist Vorsicht geboten (Nationalsozialismus, rechte Gruppen). In der Gruppenarbeit und auf Freizeiten ist das W. für den Aufbau und Bestand einer Gruppe hilfreich und wird durch gemeinsames Handeln, Erleben und Tun gefördert. Bei einem starken W. kann es für neuhinzukommende Gruppenmitglieder schwierig sein, einen Platz in der Gruppe zu bekommen. Hier sind an die Gruppenleiter besondere Anforderungen gestellt, damit eine Gruppe sich nicht abkapselt und sich nach außen verschließt. Das W. bleibt nur lebendig, wenn sich eine Gruppe auch neuen Aufgaben, Erlebnissen, Erfahrungen und Menschen stellt.

⇨ Gruppe

kv

Witze

W. erzählen ist erzieherisch betrachtet mehr als nur ein Programmbeitrag humoristischer Art. Der W. zielt auf eine Pointe (geistreicher und zugespitzter Schlußeffekt), die verborgene Wahrheiten verdeutlichen will. Ein W. kann in bestimmten sozialen oder politischen Machtsituationen eine seelisch befreiende Wirkung haben. Im Dritten Reich und in kommunistischen Diktaturen wurde z. B. das Erzählen politischer W. streng bestraft. Der W. ist also auch eine soziale Waffe, denn alles, was man auslachen kann, verliert an persönlicher Bedrohung.
In einer Gruppe oder Gesellschaft kann das Erzählen von W. auch dem heimlichen Ziel der persönlichen Statusverbesserung dienen. Das mögliche Spektrum reicht vom Erzählen primitiver Zoten zur Anbiederung an eine Clique bis hin zur geistreichen Demontage anerkannter Autoritäten durch entsprechende Pointen mit dem Ziel der persönlichen Einflußnahme auf eine bestimmte Gruppe.
W. haben aber auch gruppenfördernden Charakter, wenn durch sie eine gruppeninterne Spannungssituation entkrampft werden kann. Solche Menschen, die an der rechten Stelle einen passenden W. oder auch nur eine witzige Bemerkung einbringen, zielen nicht auf ein besseres persönliches Ansehen in der Gruppe, sondern möchten das Klima in dieser Gruppe retten.

W. erzählen kann aber auch aus tragischen Motiven heraus geschehen. Wenn in einer Gruppe einem Mitglied die Clownrolle zudiktiert worden ist, muß er auch seine Anerkennung durch permanentes W.-Reißen aufrechterhalten.

⇨ Erziehung   ⇨ Pädagogik

ws

Wochenende

Freizeiten an W. sind Höhepunkte im JS-Alltag, willkommener Anlaß, neben den regelmäßigen JS-Stunden etwas Besonders zu erleben. Für neue Gruppen bieten hier Kurzfreizeiten eine gute Chance des Kennenlernens, aber auch als Vorbereitung und Test für die langen Sommerfreizeiten. Man kann die W.-Freizeiten als Zeltlager oder im Haus (z. B. Jugendherberge) durchführen.

⇨ Freizeiten

gw

Wochenprogramm

Das W. enthält im Gegensatz zum Monatsprogramm detaillierte Angaben und Aufgabenstellungen. Es ist in der Regel nur für die Mitarbeiter bestimmt. Der Ablauf der geplanten JS-Stunde ist genau beschrieben, wobei Änderungen je nach Situation möglich sind.
Im W. der JS-Stunde sollten folgende Fragen bedacht sein: Wer hält die Andacht? Wer besorgt welches Material? Wer begrüßt die Kinder? Wie ist die Reihenfolge des Programms, der Spiele? Wer erklärt welches Spiel und hat das Material bereit? Wer hat ein Muster vorgebastelt? Wer bestimmt die Lieder?
Wichtig sind aber auch folgende Fragen: Welches Kind hat Geburtstag? Welches Kind ist krank und sollte besucht werden? Wer behält X im Auge, damit er/sie nicht aus dem Rahmen fällt? Wer führt das Gruppenbuch? Wer holt welche Kinder ab und bringt sie nach Hause?

⇨ Planung

gs

Y

YWCA

Kurz nachdem an 6. Juni 1844 der erste YMCA (Young mens Christian Organisation) gegründet worden war, sprang diese Idee auf den europäischen Kontinent über und faszinierte auch die Frauen. So wurde 1853 in Nordfrankreich der erste YWCA (Young Womens Christian Organisation) gegründet.
Obwohl besonders in Skandinavien rasch gemischte YMCA/YWCAs entstanden, setzte sich weltweit die geschlechtsgetrennte Arbeit durch.
In der Studentenarbeit war der YWCA der Vorreiter, schon 1866 gab es in den USA die erste Reisesekretärin in der Studentenarbeit.
Der Weltbund der YWCA wurde 1898 gegründet und hat heute — wie der Weltbund der YMCA — seinen Sitz in Genf.
In Deutschland war die YWCA-Arbeit bis in die 50er Jahre stark; ihre Bedeutung und ihr Umfang nahm mit dem Eintritt der Mädchen und Frauen in den CVJM immer mehr ab.

⇨ CVJM

um

Z

Zärtlichkeit

Der Ursprung der Z.
Um sich gut zu entwickeln, braucht ein Kind nichts so sehr wie körperliche Zuwendung. Ein Kind, das nicht in den Arm genommen wird, das keinen Hautkontakt hat, das nicht gestreichelt wird, kann sich körperlich und emotional nicht gesund entwickeln. Z. wird mit dem größten Körperorgan für Wahrnehmung, Ausdruck und Mitteilung, der Haut, wahrgenommen. Berührung fördert die Bindung zwischen Mutter und Kind und vermittelt Lust, Geborgenheit, Sicherheit und das Gefühl des Angenommenseins.
Der Ursprung der Z. liegt also im Körperkontakt zwischen Mutter und Kind. In der erotischen, geschlechtlichen Z. wird diese früh erlernte Sprache des Tastens, Spürens, Berührens und Streichelns wieder aufgenommen. Z. beschränkt sich aber nicht auf den körperlichen Kontakt. Ein liebevoller Blick, liebevolle Worte, die Achtung vor dem anderen gehören zu einer Atmosphäre der Z. hinzu.

Das Wesen der Z.
»Zärtlichkeit ist die Rücksichtnahme auf die Person des Mitmenschen« (Paul Tournier). Z. ist Ausdruck von Liebe. Voraussetzung für Z. ist die Bereitschaft und die Fähigkeit, sich in den anderen hineinzuversetzen. Z. ist auf den anderen ausgerichtet. Sie will nichts vom anderen. Sie berührt und läßt sich berühren. Z. hat etwas Spielerisches, sie ist nicht zielgerichtet. Zu ihr gehört das Verweilen, das Zeithaben und das Zeitvergessen. Hektik und Druck ist der Tod der Z. Z. ist ein wechselseitiges Geschehen: In ihrem Vollzug spüre ich den anderen und mich selbst. Z. ist nur möglich ohne Herrschaftsansprüche. Wo es unter Druck oder Angst zum »Austausch von Z.« kommt, ist die Z., die das freie Spiel, die Phantasie, die Überraschung und die Liebe braucht, schon zerstört. Alle Kräfte des Menschen haben Teil an der Z.: Die Phantasie, die Intelligenz, die Einfühlung.

Z. und Kommunikation
Z. ist eine universelle Sprache, die auch dann noch verstanden wird, wenn Worte fehlen oder einen Menschen nicht, noch nicht oder nicht mehr erreichen. Sie wird von Kindern verstanden, von Trauernden, von Sterbenden, von Verzweifelten, von Schwachsinnigen, die von Worten nicht erreicht werden. Ein liebevoller Blick, streicheln, im Arm wiegen, umarmen, die Hand halten, alle zärtlichen Gesten, die Nähe und Geborgenheit vermitteln, erreichen einen Menschen auch dann, wenn die Kanäle des Bewußtseins und der Vernunft längst nicht mehr durchlässig sind.

Sexualität und Z.
In einer häufig anzutreffenden Engführung des Begriffes wird Z. nur im Zusammenhang mit Sexualität genannt. Z. finden wir nicht nur in der geschlechtlichen Begegnung, sondern in vielen anderen Situationen: Das Neugeborene, das bei seiner Mutter trinkt und an die Mutter gekuschelt einschläft. Der Vater, der seinem Sohn das aufgeschlagene Knie verbindet und ihm tröstend über den Kopf streicht. Der Freund, der seinem kranken Freund im Rollstuhl liebevoll den Becher festhält, damit der Freund trinken kann. Selbst der Umgang mit der Natur kann von Z. geprägt sein: Im atemlosen Staunen über einen Käfer kann Z. stecken, und wenn ich eine vom Sturm zerzauste Blume wieder festbinde, dann hat das mit Z. zu tun. Selbstverständlich gehört zur Sexualität die Z. hinzu. Streicheln, Küssen, sich gegenseitig spüren, das alles sind Ausdrucksformen der Z. Wo Sexualität und Z.

auseinanderfallen, liegen tiefgreifende Störungen vor. Sexualität ohne Z. ist Ausdruck einer Störung: Eine Extremform solcher Störungen ist etwa die Vergewaltigung, bei der Sexualität als Waffe gegen Frauen benutzt wird und Frauen verletzt und gedemütigt werden. Auch die Prostitution zeigt eine tiefgehende Störung an. Hier wird der Sexualtrieb gegen Bezahlung befriedigt. Kommunikation, Begegnung und Z. sind nicht vorgesehen.

Die Gefährdung der Z.
Die moderne Industrie-, Leistungs- und Kommunikationsgesellschaft fördert einen Prozeß der Distanzierung — auch vom eigenen Körper und von den Menschen untereinander. Wir begegnen einander unter Zeitdruck und auf Distanz. Die Telekommunikation hat die direkte Begegnung ersetzt. Wir erleben die Welt aus zweiter Hand. Der Leistungsgedanke macht sich bis in die intimsten Beziehungen hinein breit und wird von den Massenmedien und der Werbung kräftig unterstützt. Damit verbunden ist ein Verlust an Unmittelbarkeit und an Wärme. Man hält sich die Menschen vom Hals. Die Nahsinne, das Tasten, Berühren und Fühlen treten zurück.
»Der moderne Mensch hat den Kontakt zu sich selber, zum anderen und zur Natur verloren«, so hat es der Psychoanalytiker Ernst Fromm einmal ausgedrückt. Als Gegenbewegung dazu gilt es, eine Atmosphäre der Z., der Begegnung, der Selbstannahme und des rücksichtsvollen Umgangs mit sich selbst, mit anderen und mit der Natur zurückzugewinnen.

⇨ Sexualität

kv

Zeitplanung

Z. heißt: die verschiedenen Programmelemente einer JS-Stunde werden so geplant, daß die JS-Stunde ausgefüllt ist, ohne daß das Programm überzogen wird oder Leerlauf entsteht. Dazu gehört, daß: — eine Bastelarbeit vorher von einem Mitarbeiter gebastelt werden muß, um alle Abläufe und die benötigte Zeit zu kennen; — das Material für Spiele etc. bereitliegt, damit keine unnötigen Pausen entstehen; — die Andacht evtl. vorher laut gesprochen wird, um deren tatsächliche Zeit zu kennen; — Wege und Ausflugsziele bekannt sind oder vorher abgelaufen werden, um die Dauer eines Ausflugs zu wissen; — Öffnungszeiten von Schwimmbädern u. a. bekannt sind oder erfragt werden.

Z. bedeutet auch, daß die zur Verfügung stehende Zeit abwechslungsreich gestaltet wird: — Ein Programmhöhepunkt wird eingeplant. — Die Andacht hat einen sinnvollen Platz (z. B. nach einem ruhigen Spiel).
Zur Z. gehört zudem, daß die Mitarbeiter sich genügend Zeit zur Vorbereitung nehmen.

⇨ Planung

gs

Zeitschriften

Informationen über die Kinderz. »JUNGSCHAR« sowie über die Mitarbeiterz. »Jungscharleiter«, »Jungscharhelfer« und »Mitarbeiterhilfe« unter den jeweiligen Stichworten.
Für Kinder unterhalb des JS-Alters ist empfehlenswert:
Kinderzeitung, wöchentlich vier Seiten mit biblischen Geschichten, Rätseln u. a., Jahresabo 22,- DM, zuzüglich Versandkosten; Bundes-Verlag, Postfach 4065, 58452 Witten.

Wenn Jungscharler älter werden, empfiehlt sich für Teenager:
BAUSTEIN, christliches Jugendmagazin mit aktuellen Themen, Reportagen, Musik u. a., monatlich 20 Seiten, Einzelheft 1,70 DM, Jahresabo 27,- DM, einschließlich Versandkosten; CVJM-Westbund, Postfach 20 20 51, 42220 Wuppertal.

fr

Zelt

Das Z. war ursprünglich die zerlegbare Behausung nichtseßhafter Völker. Es bestand meist aus Tierhäuten, Stoffbahnen, Filzdecken oder auch aus Grasmatten und Rinden, die auf einem Holzgestänge befestigt wurden. Sei es nun das prächtig ausgestattete Beduinenzelt der orientalischen Nomaden oder das zweckmäßige Tipi der nordamerikanischen Indianerstämme, der Z.-Baukunst waren keine Grenzen gesetzt. In diesen Behausungen konnten Feuer gemacht werden. Dadurch war sogar ein Überwintern möglich. Das typische Z. der skandinavischen Völker ist die Kothe und die Jurte – mit ihren Dreiecks- und Vierecksbahnen ließen sich große Zeltburgen und -dorne herstellen. Die hohe Kunst des Kothen- und Jurtenbaus wird heutzutage von bündisch geprägten Gruppen der Pfadfinder, aber auch des CVJM gepflegt.

Wer es etwas einfacher haben möchte, greift auf die modernen Kuppelzelte zurück, die sich durch kleine Packmaße und geringes Gewicht auszeichnen. Sie sind schnell aufgebaut und brauchen zur Not auch keine Häringe. Diese Z. empfehlen sich aber nur für kurze Freizeiten und Wanderfahrten (Kanu etc.). Für längere ›feste‹ Z.-Lager sollte man große Gruppenz. (Spitzz., Gerüstz.) nutzen, da sie genügend Platz für Bewohner, Gepäck und Z.-Aktivitäten bieten.

Wichtig ist, daß man vor Antritt der Fahrt überlegt, welche Z. für meine Vorhaben die richtigen sind. Vorheriges Aufbauen und Zusammenpacken will geübt sein, denn jedes Z. ist irgendwie anders, und falsche Handhabung kann zu Schäden an Gestänge oder Z.-Haut führen. Es gibt eine Menge Z.-Bauliteratur und Pflegehinweise, die man unbedingt beachten sollte, damit aus dem traumhaften Z.-Lager kein alptraumartiges Chaoserlebnis wird.

⇨ Erlebnisprogramm ⇨ Nacht

cr

Zeltlagerplätze

Z., ob mit Zelten oder ohne, findet man wie Freizeitheime in den Verzeichnissen, die unter dem Stichwort »Freizeitheime« aufgeführt sind.

mj

Zeltlager

Z. sind eine beliebte Form von Freizeit, ob am Wochenende oder in den Ferien. Die Abenteuerromantik und die enge Verbundenheit mit der Natur lassen sich gerade bei Z. gut erleben. Lagerfeuer, Geländespiele, Naturerkundung, Holzbauten, Orientierungskunde sollten beim Lager nicht fehlen. Wichtig für solche Unternehmungen sind gute Zelte und entsprechende Kleidung. Man muß sich auch auf Regentage einstellen.

⇨ Freizeiten

gw

Ziele

Z. der JS
Z. der JS-Arbeit ist es, Mädchen und Jungen zwischen 9 und 13 Jahren das Evange-

lium als frohe und befreiende Botschaft erlebbar zu machen.

Die Einladung zu einer persönlichen Beziehung mit Jesus Christus (Freundschaftsbund) und die konkrete Gestaltung dieser Beziehung in den vielfältigen Herausforderungen und Lebensbezügen der Mädchen und Jungen sind zentrale Mitte der JS-Arbeit (Nachfolge, Jüngerschaft). Zusammengefaßt ist dieses Ziel in den JS-Leitsätzen formuliert.

In der äußeren Form einer regelmäßigen Gruppe sollen in fröhlicher Gemeinschaft (Singen, Spielen, Erzählen, kreatives Gestalten) biblische Geschichten anschaulich vermittelt werden.

In Aktionen, Fahrten und Freizeiten wird dieses Leben mit Jesus in vielfältigen Aspekten und erlebnisorientierten Programmen altersentsprechend und fröhlich gestaltet. Besonderer Schwerpunkt ist dabei ein verantwortungsbewußter Umgang mit Gottes guter Schöpfung.

Biblische Grundlage für die JS-Arbeit ist der Missionsbefehl Jesu in Matthäus 28: »Gehet hin und machet zu Jüngern alle Völker.«

Das Gebot aus 5. Mose 6, 6ff begründet die Verpflichtung zur biblischen Unterweisung von Kindern. (Vgl. auch 5. Mose 32, 46; Ps 34, 12-17.) Die Kindersegnung Jesu in Markus 10, 13-16 ist Modell für Gottes freundliche Zuwendung zu Kindern. Wichtiges Ziel der JS ist deshalb, diesem Modell der Kindersegnung so zu entsprechen, daß Gottes Segen als heilende Lebenskraft zu Mädchen und Jungen fließen kann.

⇨ Erziehung ⇨ Konzeption   *rr*

Zukunft

Für Kinder scheint Z. zunächst nicht vorzukommen. Sie leben, wenn es gut geht, ohne Sorgen im Heute. Dieser Optimismus der Kinder ist positiv. Viele aber haben auch schon Z.-Ängste. Kriege, von denen sie etwas im Fernsehen erfahren, machen sie unruhig und bringen sie auf gegen diejenigen, die für Kriege verantwortlich sind. Weithin haben Kinder auch schon ein Problembewußtsein im Blick auf die Zerstörung des Lebensraumes für die Z. In der Schule wird den Kindern meist eine sensible Lebensweise nahegebracht — das ist gut so.

Wir haben es mit der Z. zu tun, wenn wir es mit Kindern zu tun haben
Wer JS-Arbeit macht, ist an der Z.-Arbeit beteiligt. Was Kinder in der JS erleben, prägt sie oft ein ganzes Leben lang. Aus der Sozialwissenschaft ist uns bekannt, daß das Erleben in der »peer-group«, der Gruppe der Gleichartigen, oft prägender sein kann, als die Prägung im Elternhaus. Im Blick auf den Glauben an Jesus Christus werden in der JS wichtige Gleise gelegt, auf denen der »Lebenszug« später fahren kann.

Diese Erkenntnis macht die JS-Arbeit sehr verantwortungsvoll. Sie muß deshalb den Mitarbeitern übertragen werden, die diese Perspektive im Blick haben (können).

Wir können die Z. der Gemeinde schon heute mit Kindern gestalten
Die Z. der Gemeinde meine ich hier. Was heißt das im Einzelnen?

Kindern ein positives Verhältnis zur Bibel geben. Wie wir die Bibel und ihre Geschichte zum Erlebnis werden lassen, so werden in Z. diese Kinder mit diesem Buch umgehen. Dies ist um so wichtiger, in einer Welt, in der die Eltern meist keine Erziehung zum Glauben für wertvoll halten. Die Erlebnisse mit biblischen Texten sind elementar wichtig für Kinder. Alle Langweiligkeit gibt dann die falschen Signale.

Kinder ein fröhliches Christsein erleben lassen. Singen, Erzählen, Spielen in der JS hat eine wichtige Funktion im »Gesamtbild«, das ein Kind erfährt, solange es mit Christen zusammen ist. Lieder gehen ein ganzes Leben mit und fallen tief ins Bewußtsein eines Kindes. Die rechten Lieder sind Teil der »Z.-Arbeit«, die wir mit Kindern tun.

Wir sind auf einer Reise

Text: Theo Lehmann
Komponist unbekannt
Bearbeitung: Wolfgang Tost

Refrain

Frei-heit wird dann sein, Wir sin-gen al-le! herr-lich wird es sein, Frei-heit wird dann sein, wenn Je-sus wie-der-kommt. Kein Leid und kei-ne Mau-er, kein Schmerz und kei-ne Trau-er, Frei-heit wird dann sein, wenn Je-sus kommt.

1. Wir sind auf ei-ner Rei-se in Got-tes neu-e Welt. Wir lei-den un-ter vie-lem, was uns hier nicht ge-fällt. Noch gibt es Krieg und Fol-ter und Un-ge-rech-tig-keit, doch
2. Wir ha-ben ein Zu-hau-se in Got-tes neu-er Welt. Gott hat es uns ver-spro-chen, und weil er sein Wort hält, da hal-ten wir es ger-ne noch aus in die-ser Zeit, doch
3. Wir set-zen uns-re Hoff-nung in Got-tes neu-e Welt, wo nie-mand mehr Ra-ke-ten zu un-serm Schutz auf-stellt. Wir seh-nen uns nach Frie-den und nach Ge-bor-gen-heit. Wir

Rechte: (Text und Bearbeitung) Hänssler-Verlag, Neuhausen–Stuttgart

Kindern ein positives Verhältnis zur Gemeinde vermitteln. Erwachsene haben oft viel Kritik an Kirche und Gemeinde anzumelden. Vor Kindern diese Kritik »auszutragen«, halte ich für schädlich. Besser ist, Kinder an Gottesdiensten zu beteiligen oder mit ihnen auf Freizeiten Gottesdienste zu gestalten.

Kindern die Liebe zu Jesus vorleben. Wir wissen aus dem Evangelium, daß Jesus will, daß die Kinder zu ihm kommen, und niemand das verwehren soll. Was in vielen Kirchen als »Taufaufforderung« für Kinder angesehen wird, ist im Ursprung etwas ganz anderes: es ist die besondere Zuwendung von Jesus an Kinder in einer Zeit, in der Kinder (besonders Straßenkinder) nicht für besonders wertvoll geachtet worden sind. Z.-Arbeit heißt, Kindern ein eigenes Verhältnis zu Jesus eröffnen und nicht »erwachsen« und besserwisserisch Kindern den eigenen Zugang zu Jesus zu verbauen. Das eigene Beten von Kindern einüben und fördern — das ist eine wichtige und hohe Aufgabe der JS-Arbeit.

Wir können mit Kindern die irdische Gestaltung der Z. einüben
Verantwortung für unsere Welt muß mit der nächsten Generation eingeübt werden. Und das sind die Kinder. Also haben in einer zukunftsorientierten JS-Arbeit die Themen wie »Bewahrung der Schöpfung« einen großen Stellenwert. Genauso kann JS-Arbeit ein Stück »Friedenserziehung« sein. Die Integration von Ausländerkindern in der Gruppe und das Thematisieren der Verschiedenartigkeit der Menschen ist ein wichtiger Aspekt dieser Arbeit. Praktische »Einsätze« in einer Umweltaktion (Säuberung von Waldstücken) und Mithilfe bei der Pflege eines jüdischen Friedhofes könnten prägende Erlebnisse im Verlauf eines Gruppenjahres werden.

Wir können mit Kindern die Dimension des wiederkommenden Herrn in den Blick bekommen
Ein zentraler Aspekt der biblischen Botschaft muß auch in der JS-Arbeit Fuß fassen: das ist die Z., die Gott bringt — seine neue Welt. Da Kinder gerne singen, kann dieses Thema besonders durch Gospels nahegebracht werden. Zugleich ist dies auch eine gute Übung in der englischen Sprache, wogegen Eltern nichts haben dürften.

Kinder spüren ganz deutlich Grenzerfahrungen. Sei es der Streit in der Familie (oft genug der Zerbruch der Ehe der Eltern), die Kinder in Auswegslosigkeiten stürzen, oder auch Bilder von Hunger und Elend. Geben wir ihnen eine Antwort durch die Botschaft des Evangeliums von der neuen Erde, die Gott selbst schaffen wird.

Kinder wollen eine deutliche Antwort auf das Warum des Elends dieser Welt. Aus diesem Grund ist es wichtig, daß wir ihnen eine Antwort geben können. Die Antwort ist allein Gottes neuschaffendes Handeln.

Praktischer Vorschlag
Lied: Wir sind auf einer Reise
Dieses Lied nimmt die Lebenswirklichkeit unserer Welt auf und vermittelt die biblische Botschaft: Freiheit wird dann sein ... wenn Jesus wiederkommt.

bt

Zuschüsse

Z. sind finanzielle Beihilfen, die gewährt werden, wenn eine Freizeitmaßnahme veranstaltet wird. Die Regelung der Z. ist so unterschiedlich wie der Verlauf einer Landkarte. Je nach Bundesland, Kirchenkreis und Gemeinde ist die Regelung, ob und in welchem Maße Z. gewährt werden, sehr verschieden. Diese Regelungen können von Jahr zu Jahr unterschiedlich sein.
Man erkundige sich am besten in der eigenen Kirchengemeinde, im Kirchenkreisamt oder dem Jugendamt der kommunalen Gemeinde nach den jeweiligen Bestimmungen.
Folgende Stellen gewähren möglicherweise Z.: Z. vom betreffenden Bundes-

land; Z. vom kommunalen Kreis; Z. von der Stadt; Z. vom Kirchenkreis; Z. von der eigenen Kirchengemeinde.
Spezielle Z. werden für besondere Freizeiten gewährt. Diese Z. stammen teils von Stiftungen, teils aus öffentlichen Mitteln, soweit sie z. B. ein politisches oder ökologisches oder naturbezogenes Thema beinhalten.
Zuallerletzt gibt es auch schon mal spezielle Z. für bestimmte Personengruppen (z. B. für Kinder von Eltern mit geringem Einkommen)
Die Z. müssen meistens einige Zeit **vor** der Freizeit bei den jeweiligen Stellen beantragt werden. Für die Gewährung der Z. werden unterschiedliche Nachweise verlangt: Teilnehmerlisten (von den Teilnehmern unterschrieben), Aufenthaltsbestätigung des Freizeitheimes o. a.

⇨ Freizeiten ⇨ Rechts-ABC

cw

Checklisten

Kopieren und Ergänzungen erwünscht!

Aktionen

- **Vorbereitung:** Die Vorbereitung einer A. sollte rechtzeitig (Wochen/Monate vorher) mit der ganzen Gruppe erfolgen. Jeder kann eine Aufgabe übernehmen und sie bis zu einem festgesetzten Zeitpunkt sorgfältig erfüllen. Zwischendurch sind immer wieder Absprachen nötig, um zu sehen, wie weit die Vorbereitungen bereits gediehen sind und was eventuell vergessen wurde.
  Zur Vorbereitung gehört:
  ☐ Besorgen des benötigten Materials (evtl. Fahrzeuge)
  ☐ Anfrage des benötigten Raumes bei Verein, Kirchengemeinde oder Heimatgemeinde
  ☐ Herstellen und Aufhängen von Plakaten
  ☐ Herstellen und Verteilen von Handzetteln
  Plakate und Handzettel sollten die folgenden Angaben enthalten:
  ☐ Bezeichnung der Aktion
  ☐ Termin: Angabe des Tages und der Uhrzeit
  ☐ Höhe des Beitrages
  ☐ Angabe des Zweckes, für den der Erlös der Aktion bestimmt ist
- **Durchführung:** Manche A. sind schnell vorbei, andere ziehen sich über längere Zeit hin und können sogar zu einer Jahresaufgabe werden.
  Bei der Durchführung einer A. ist es wichtig, daß alle Jungscharler dabei beteiligt sind, eventuell in verschiedenen Schichten. Reichen die Jungscharler nicht aus, so können noch Mitarbeiter oder Eltern angefragt werden. Diese sind oft gerne bereit, bei einer A. mitzuhelfen.
- **Nacharbeit:** Nach dem Ende einer A. sollten sich alle Beteiligten noch einmal treffen und besprechen, was bei der Durchführung und auch bei der Vorbereitung nicht so geklappt hat und was man beim nächsten Mal besser machen kann. Dabei kann auch überlegt werden, ob man die A. zu einem späteren Zeitpunkt wiederholt oder sogar erweitert.

⇨ Aktionen

ch

Altenbesuche

Warum nur um sich selber drehn und die Betagten übersehn?
- Ermutigung aus der Bibel: Jungsein und als Gruppe etwas gestalten zu können, ist eine Gabe. »Dient einander, ein jeder mit der Gabe, die er empfangen hat« (1. Petr 4, 10).
- Motivation und Animation
  ☐ Diakonisches Bewußtsein wecken
  ☐ Praktische Anwendung
  ☐ Indirekte JS-Werbung bei Enkeln
  ☐ Andacht über Nächstenliebe (z. B. Lk 10, 25-37).
- Bedarfslage und Anlässe

- ☐ Betagte leiden unter Einsamkeit, freuen sich über Abwechslung und sind dankbar für kleine Hilfsdienste.
- ☐ Geburtstag/Jubiläum
- ☐ Muttertag
- ☐ Kirchenfeste wie Ostern, Advent oder Christfest.
• Häufigkeit und Teilnehmerzahl
  - ☐ Bei einem 90-Minuten-Einsatz lassen sich 2 - 3 Besuche machen, je nach Wohnungsentfernung. Die Besuche kann man während der üblichen Gruppenstunde oder am Wochenende machen.
  - ☐ Man sollte sich auf enge Zimmer einstellen, deshalb große Gruppen aufteilen (4 - 7 Jungscharler und 1 Leiter).
• Planung und Vorbereitung
  - ☐ Adressen sammeln
  - ☐ Gruppentransport organisieren (PKW-Fahrhilfe durch Eltern; öffentl. Nahverkehr; Fahrräder)
  - ☐ Programm erstellen
  - ☐ Programm einüben (Altershörschwäche berücksichtigen, besonders langsam und laut sprechen!)
  - ☐ Besuch mit Zeitangabe telefonisch oder schriftlich anmelden.
• Auskunft und Zusammenarbeit
  - ☐ CVJM-Büro
  - ☐ Stadtmission
  - ☐ Landeskirchliche Gemeinschaft
  - ☐ Pfarramt
  - ☐ Seniorenheim
  - ☐ Privatvermittlung
  - ☐ Sozialstationen
  - ☐ Caritas
  - ☐ Diakon. Werk
  - ☐ Arbeiter Samariterbund
  - ☐ usw.
• Kleines Programm für Hausbesuche
  - ☐ Grüßen, Gruppe vorstellen
  - ☐ Gruppengesang (ein altvertrauter Choral; ein oder zwei frische Jungscharlieder)
  - ☐ einen altbekannten Bibelvers (z. B. aus den Psalmen oder Losung) vorlesen
  - ☐ freies Gebet und/oder gemeinsames »Vaterunser«
  - ☐ kleines Geschenk (selbst gebastelt) überreichen
  - ☐ christliches Traktat übergeben
  - ☐ Verabschiedung.
• Großes Programm im Seniorenheim
  - ☐ Mit- oder Ganzgestaltung einer Heimfeier
  - ☐ Programmelemente z. B. vom letzten Elternabend
  - ☐ musikalischer Rahmen: Instrumental, Choräle, JS-Lieder
  - ☐ Begrüßung mit Gruppenvorstellung
  - ☐ Sketch, An- oder Laienspiel (heiter oder besinnlich)
  - ☐ passende Bibelverse oder Gedichte dazwischen lesen
  - ☐ freies Gebet und/oder gemeinsames »Vaterunser«/Segen
  - ☐ gebastelte oder gestiftete Geschenke überreichen
  - ☐ Dank an Heimleitung und Helfer
  - ☐ Verabschiedung.

- Auswertung und Folgerungen
  - [ ] Welche Resonanz kommt von Einsatzgruppen und Besuchten?
  - [ ] Welche Äußerungen kamen von Besuchten?
  - [ ] Welche Folgerungen sind zu ziehen?
  - [ ] Welcher Mitarbeiter bleibt »dran« (bei Fortsetzung)?
- Erweiterte Dienstmöglichkeiten (befristet)
  - [ ] Einkaufen
  - [ ] Besorgungsgänge
  - [ ] Entrümpeln
  - [ ] Rollstuhl ausfahren
  - [ ] Vorlesen
  - [ ] Gartenhilfe
  - [ ] Spazieren führen
  - [ ] usw.
- Revanche

Unter den Betagten befinden sich oft originelle Persönlichkeiten und Experten, die sich gerne in die JS-Stunde einladen lassen und interessante Dinge erzählen können.

⇨ Aktionen ⇨ Checkliste Aktionen ⇨ Altenbesuche

Baderegeln

Folgende Aspekte sollten bei der Planung des Besuchs eines Schwimmbades oder Badesees beachtet werden:

Längerfristige Vorbereitung
- Überprüfen, ob das Gewässer für meine Gruppe geeignet ist (Baden erlaubt, Uferzonen, Wasser sauber, nicht verwachsen).
- Sind Nichtschwimmer in der Gruppe? Ist der Badeort auch für sie geeignet (Nichtschwimmerzone)?
- Ist Aufsichtspersonal (DLRG, Bademeister) vorhanden? Müssen wir zusätzliche Aufsichtspersonen mitnehmen?
- Schriftliche Erlaubnis der Erziehungsberechtigten einholen, daß das Kind unter Aufsicht baden darf.

Vorbereitung am Badetag vor Ort
- (Am See) geeigneten Liegeplatz aussuchen (Schatten).
- Teilnehmer auf B. und mögliche Gefahren hinweisen:
  - [ ] Gefahrenstellen im Gewässer (z. B. Auslauf)
  - [ ] Nicht überhitzt oder mit ganz vollem/ganz leerem Magen ins Wasser gehen.
  - [ ] Nicht zu weit rausschwimmen (eigene Kräfte überschätzen).
  - [ ] Kein Kopfsprung an unbekannten Stellen.
  - [ ] Bei Gewitter sofort aus dem Wasser (Lebensgefahr!)
  - [ ] Nichtschwimmer nur bis zur Brust ins Wasser
  - [ ] Kein unbegründeter Hilferuf.
  - [ ] Wasser nicht verunreinigen.
  - [ ] Rücksicht auf andere Badegäste.
- Überblick verschaffen, wieviele Kinder dabei sind (wer?).
- Badehilfen (Luftmatratzen, Boote...) auf Tauglichkeit bzw. Sicherheit überprüfen.

Während des Badens
- Aufpassen, ob B. von den Kindern verstanden wurden bzw. eingehalten werden. Bei Bedarf eingreifen.
- Überblick verschaffen, ob noch alle Kinder zu sehen sind.
- Bei längeren Aufenthalten Treffpunkte vereinbaren.

Nach dem Baden
- Überprüfen, ob alle Kinder da sind.
- Kinder sollen sich abtrocknen und trockene Kleidung anziehen.
- Platz sauber verlassen.

wh

Checkliste entwickeln

Beispiel einer Aufgaben-Checkliste für den einzelnen Mitarbeiter

Aufgaben-Checkliste

Projekt: _____

Mitarbeiter: _____

Priorität	Aufgabe	Beginn	Fertig bis	Rückfragen an	OK

Bemerkungen:

Beispiel eines Aufgabenbaums

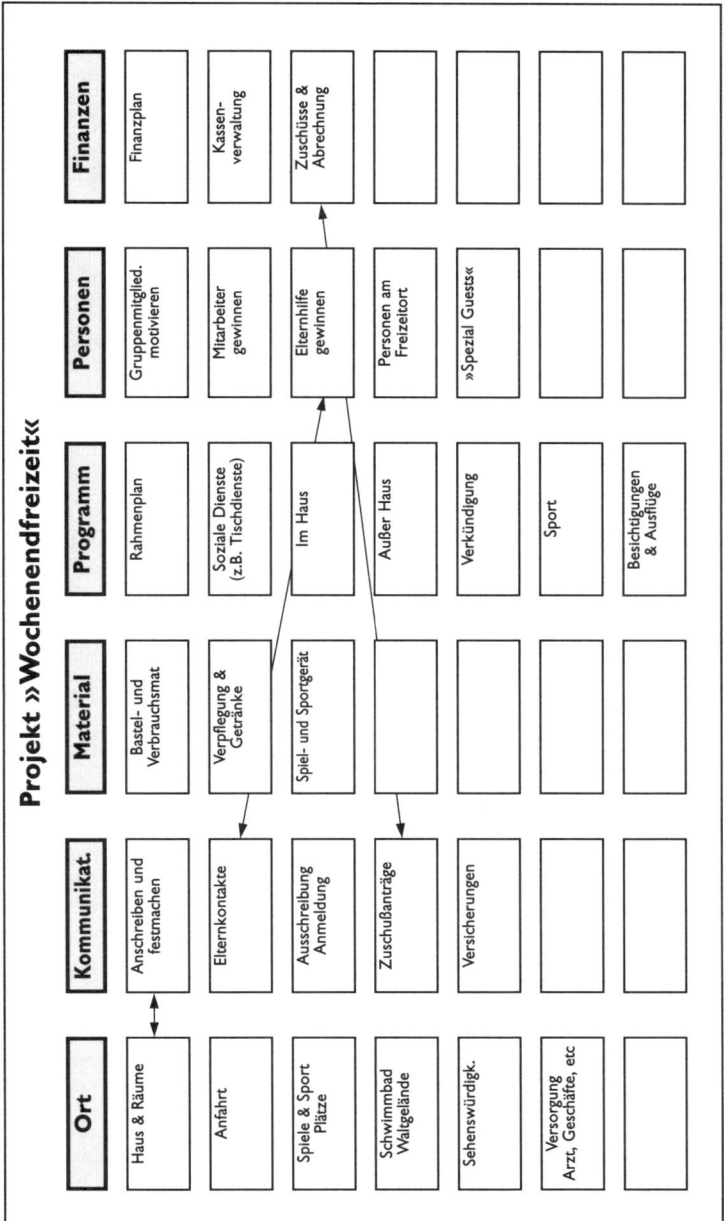

Projekt »Wochenendfreizeit«

Ort	Kommunikat.	Material	Programm	Personen	Finanzen
Haus & Räume	Anschreiben und festmachen	Bastel- und Verbrauchsmat	Rahmenplan	Gruppenmitglied. motivieren	Finanzplan
Anfahrt	Elternkontakte	Verpflegung & Getränke	Soziale Dienste (z.B. Tischdienste)	Mitarbeiter gewinnen	Kassenverwaltung
Spiele & Sport Plätze	Ausschreibung Anmeldung	Spiel- und Sportgerät	Im Haus	Elternhilfe gewinnen	Zuschüsse & Abrechnung
Schwimmbad Waltgelände	Zuschußanträge		Außer Haus	Personen am Freizeitort	
Sehenswürdigk.	Versicherungen		Verkündigung	»Spezial Guests«	
Versorgung Arzt, Geschäfte, etc			Sport		
			Besichtigungen & Ausflüge		

In die einzelnen Felder müssen natürlich noch die Namen der zur Verfügung stehenden Mitarbeiter eingetragen werden!

Beispiel einer Gesamt-Checkliste als Zeitplanraster

Gesamt-Checkliste

Projekt: _z. B. Wochenendfreizeit_

Nr.	Aufgabe / Vorbereitungswoche ⇨	1.	2.	3.	4.	5.	6.	7.	8.	9.	10.	11.	12.	Projekt	1.	2.	Bemerkung
1.	Haus und Räume festmachen	xxx	xxx	xxx													
2.	Plätze, Schwimmbad. Sehenswürdigkeiten			xxx	xxx	xxx	xxx	xxx						xxxxxxxxxxxx			
3.	Versorgungseinrichtungen										xxx	xxx	xxx	xxxxxxxxxxxx			
4.	Elternkontakte	xxx	xxx	xxx	xxx							xxx			xxx		Bericht
5.	Ausschreibung und Anmeldung				xxx	xxx	xxx	xxx	xxx	xxx	xxx	xxx	xxx				
6.	Zuschußanträge			xxx	xxx	xxx										xxx	Meldelisten
7.	Versicherungen									xxx	xxx	xxx	xxx		x		Meldung?
8.	Verpflegung und Getränke / Verbrauchsmaterial										xxx	xxx	xxx	xxxxxxxxxxxx	xxx		lagern
9.	Spiel- und Sportgeräte											xxx	xxx	xxxxxxxxxxxx	xxx		lagern
10.	Rahmenplan			xxx	xxx	xxx	xxx										
11.	Soziale Dienste einteilen											xxx	xxx	xxxxxxxxxxxx			
12.	Einzelprogramme zusammenstellen							xxx	xxx	xxx	xxx	xxx	xxx	xxxxxxxxxxxx			
13.	Besichtigungen und Ausflüge erkunden				xxx	xxx	xxx	xxx	xxx								
14.	Mitarbeiter gewinnen und einteilen	xxx	xxx	xxx	xxx												
15.	MA-Personen am Freizeitort festmachen					xxx	xxx	xxx						xxxxxxxxxx			
16.	»Special Guests«					xxx	xxx							xxxxxxxxxxx			
17.	Finanzplan			xxx	xxx	xxx											
18.	Kassenverwaltung	xxx	xxx	xxx	xxx	xxx	xxx	xxx	xxx	xxx	xxx	xxx	xxx	xxxxxxxxxxxx	xxx		
19.	Abrechnung												xxx	xxxxxxxxxxxx	xxx	xxx	
20.																	
21.																	

Einladungen

Vorüberlegungen
- Warum will ich einladen?
- Wozu will ich einladen?
- Wie will ich einladen?
- Können Neue in die Gruppe kommen?
- Ist der Raum groß genug für größere Gruppe?
- Ist eine Teilung der Gruppe erforderlich?
- Habe ich genug Mitarbeiter?
- Wann soll die E. erfolgen?
- Wie lange soll die E. dauern?

Vorbereitung
- Adressenliste beim Pfarramt beantragt?
- Adressenliste vom Pfarramt erhalten?
- Handzettel hergestellt?
- Plakate hergestellt?
- Anzeige in Schaukasten?
- Vorinformation an Redaktion der Lokalzeitung, der Regionalzeitung, des Gemeindeblattes gegeben?

Durchführung
- Verteilplan anhand der Adressenliste (nach Straßen sortiert) erstellt?
- Jungscharler und Mitarbeiter für bestimmte Straßen eingeteilt?
- Schulleiter wegen Aufhängen von Plakaten am Schwarzen Brett gefragt?
- Religionslehrer, Diakon, Pfarrer für Verteilung in den Klassen angefragt?
- Plakate im Ort aufgehängt?
- Handzettel/Einladungen verteilt?

Nacharbeit
- Ist die Gruppenstunde/Veranstaltung so vorbereitet, daß Neue hinzukommen können?

Sind alle Punkte dieser Checkliste erledigt, kann man nur die entsprechende Gruppenstunde/Veranstaltung abwarten und hoffen, daß die E. Erfolg haben.

⇨ Einladungen   ⇨ Werbung

ch

Erste Hilfe

Zwei Bemerkungen vorweg: Wem es zuviel Arbeit ist, sich eine Erste-Hilfe-Ausrüstung selbst zusammenzustellen, ist mit einem ganz normalen **Autoverbandskasten** (ca. 35,00 DM) gut dran. Und: Meine Checkliste ist **nicht allgemeingültig**; jeder sollte nur das Material verwenden, mit dem er auch umgehen kann; Ergänzungen sind jederzeit möglich, manchmal (z. B. auf großen Freizeiten) auch notwendig und sinnvoll! Deshalb: Die Checkliste ist nur ein Anhaltspunkt und berücksichtigt nur das **Mindestmaterial**.

Instrumente
- Verbandsschere
- Splitterpinzette
- Fieberthermometer (sinnvoll auf Freizeiten!)

Verbandmaterial
- Pflaster, am besten als 5 m-Rolle, 8 cm breit
- Verbandpäckchen in verschiedenen Größen
- Binden in verschiedenen Breiten (elastische sind etwas teurer, aber besser und einfacher in der Handhabung)
- Brandwundenverbandtuch
- Brand-Verbandspäckchen in verschiedenen Breiten
- steril verpackte Mullkompressen in verschiedenen Größen
- Dreiecktücher
- Rolle Heftpflaster

Sonstiges
- Rettungsdecke gold- und alubeschichtet
- Einmalhandschuhe
- Sicherheitsnadeln
- Schreibblock und Stift

Medikamente
- Salbe gegen Insektenstiche
- Salbe gegen Prellungen, Verstauchungen usw.
- Andere Medikamente, z. B. für Freizeiten, nur nach Rücksprache mit dem Arzt mitnehmen. Es gibt durchaus Arzneimittel, die man selbst Kindern geben kann (Kopf- und Magenschmerzen, Erkältung), aber hier muß man genau nachfragen!

⇨ Erste Hilfe

ur

Feuer

Vorbemerkungen und rechtliche Hinweise – ohne Genehmigung geht es nicht!!
Bevor die Gruppe losziehen kann, um ein F. zu machen, muß man sich beim zuständigen Ordnungsamt bzw. Forstamt erkundigen, welche **Genehmigungen** notwendig sind und diese gegebenenfalls frühzeitig beantragen. Es ist heutzutage nicht mehr selbstverständlich, daß man an jeder Schutz- oder Grillhütte F.-machen darf, ohne um Erlaubnis zu fragen.
In der heißen Sommerzeit gelten in vielen Gebieten, die von der Dürre besonders heimgesucht wurden, besondere Waldbrandverordnungen, die es zu beachten gilt. Auskünfte geben die zuständigen Forstämter und Förster.

Auswahl des Platzes
- Bei größeren F.-Stellen bleiben wir möglichst 100 m vom Waldrand entfernt.
- In Wäldern feuern wir grundsätzlich nur in der Mitte von Waldstraßen oder in Erd- und Kiesgruben.
- Auf Heide- und Moorböden unterhalten wir prinzipiell keine Feuer, da sich das Feuer unterirdisch weiterfressen kann.

Vorbereiten des F.-Platzes
- Im Umkreis von 2-3 m um die F.-Stelle herum entfernen wir alle leicht brennbaren Materialien.
- Bei F.-Stellen auf der Wiese wird zuerst die Grasnarbe in ausreichend großen Stücken ausgestochen und vorsichtig zur Seite gelegt. Durch das F. würde sonst die Vegetation

zerstört und der F.-Platz wäre für Jahre gut sichtbar. Später wird die Grasnarbe wieder eingesetzt.
- Nun wird das ausgehobene Erdstück von einem Steinring eingefaßt, der ein Ausbreiten des F. verhindern soll.
- Zur Sicherheit wird ein Eimer mit Wasser bereitgehalten.

Aufbau der F.-Stelle und Anfeuern
- Holzsammeln —verschiedene Stärken Holz und Reisig (zum Anfeuern).
- Nur trockenes Holz verwenden, es fühlt sich leicht und warm an (nasses Holz ist kalt und schwer!!).
- Tips zum Anfeuern: — Späne brennen besser als Äste; — kantiges und halbrundes (gespaltenes) Holz brennt besser als rundes; — weiches Holz brennt besser als hartes; — abgelagertes Holz brennt besser als grünes; — bei Benutzung von Papier zum Anzünden muß das Papier vorher zerknüllt und dann wieder aufgefaltet werden (Oberflächenvergrößerung!!).
- Material zum F.-Anzünden: — Tannen-, Fichten- und Kiefernreisig (selbst bei Regenwetter findet man im dichten Unterholz noch trockenes Reisig!); — harzige Späne und abgeschälte, trockene (Birken-) Rinde.
- Anlegen eines Holzvorrates, der ca. eine Stunde vorhält.
- Anzünden des Feuers: — Jedes Stück Holz ergibt eine Flamme, deshalb wird am Anfang sehr viel kleines Holz oder Späne zum Anfeuern benötigt. — Damit wird eine Lunte gebaut; und zwar an der Windseite, damit der Wind das Feuer in den Holzstoß hineintreiben kann und das Feuer geschürt wird.

Welche Feuerart wird angelegt?
- Kasten- od. Pyramidenf.
- Hirten- od. Kastenf.
- Stern- od. Pyramidenf.
- kleines Pyramidenf.

Welchem Zweck soll das Feuer dienen?
⇨ Lagerf. für kleine oder größere Gruppe
⇨ Kochf. oder Grillfeuer
⇨ Wachf.
⇨ F. in einer Kothe (siehe unter Zelt) zum Heizen (Vorsicht vor Funkenflug!!)

Verlassen der F.-Stelle
- Die Steine werden abseits auf einen Haufen geschichtet, wo sie keinen stören.
- Steht kein Wasser zur Verfügung, dann wird die Glut mit einem Holzknüppel oder Spaten auseinandergezogen und ausgeschlagen.
- Sind keine Funken mehr zu sehen, wird alles wieder zusammengekratzt und mit möglichst feuchter Erde abgedeckt. Darüber kommen die ausgehobenen Grasstücke.
- Übriges Holz wird wieder in den Wald getragen.
- Über die Feuerstelle werden zwei grüne Äste in Kreuzform abgelegt, sie dienen als Zeichen für einen ordnungsgemäß verlassenen F.-Platz.
- Selbstverständlich nehmen wir auch allen unseren Müll mit oder deponieren ihn in den entsprechenden Behältern.

⇨ Feuer ⇨ Lagerfeuer ⇨ Wald

cr

Freizeiten

_____ in _____ vom _____ bis _____

I. Freizeitheim/Zeltplatz   angefragt   Besichtigung   Zusage   Vertrag
                                               ☐   ☐   ☐   ☐

II. Mitarbeiter
- Leitung ☐   Zahl der MA ▭
- Küchenleitung ☐   Helferinnen ▭

Vorbereitungstreffen ▭   Termin ▭   Einladung ☐

III. Fahrt   angefragt   Zusage   Tickets
1. Bus   ☐   ☐
2. Bahn   ☐   ☐   ☐
3. Fähre/Schiff   ☐   ☐   ☐
4. Flugzeug   ☐   ☐   ☐
5. PKW   ☐   ☐
6. Kleinbusse   ☐   ☐

IV. Kalkulation ☐

V. Ausschreibung: Gesamtprospekt ☐   Faltblatt ☐   Presse ☐

VI. Programm
Thema ☐	Lagerlosung ☐
Arbeitshilfen ☐	Lagerlied ☐
Lagerheft ☐	Filme/Dias bestellen ☐
Liederbücher ☐	Video ☐
Programmplan ☐	_____ ☐
Bibelarbeitsreihe ☐	_____ ☐
Andachtsreihe ☐	_____ ☐

VII. Allgemeine Organisation
- Abschluß der Anmeldung ☐   Zahl ▭   Jungen ▭   Mädchen ▭
- Anmeldebestätigungen ☐
- Busfahrplan ☐
- Zubringerdienst ☐
- Infobrief ☐
- Zimmer-/Zelteinteilung ☐
- Begrüßungsbrief ☐
- 1. Teilnehmerliste ☐
- 2. Zuschußliste ☐
- 3. Geräte- und Materialien ☐
- 4. Sportgeräte-Einkauf ☐
- 5. Handwerkzeug-Einkauf ☐
- 6. Bastelmaterial-Einkauf ☐
- 7. Lebensmittel-Einkauf ☐
- 8. Lagerapotheke ☐
- Aufbaulager ☐   Mitarbeiter ▭   Transport ▭
- Abbaulager ☐   Mitarbeiter ▭   Transport ▭
- Versicherungen ☐   Teilnehmer ☐   PKW ☐
- Abrechnung ☐

VIII. Adressen: Heim/Lager ☐   Krankenhaus ☐   Arzt ☐
                   Schwimmbäder ☐   Sporteinrichtungen ☐   Freizeitanlagen ☐
                   Verwalter ☐

Freizeitkalkulation

Freizeit: _____ in _____

Termin: _____ Tage: _____ Teilnehmer: _____ Mitarbeiter: _____

A. Kosten für den einzelnen (ggf. Pauschale)

Unterkunft	DM _____ x Tage _____	= _____	_____
Verpflegung	DM _____ x Tage _____	= _____	_____
Kurtaxe		= _____	
Programmgestaltung		= _____	
Ausflüge		= _____	
Versicherung (Ausland, Gepäck)		= _____	
_____		= _____	

Summe 1 = _____

Teiln. + MA _____ x Summe 1 _____ = _____

B. Kosten für alle

Vorbereitung = _____
Verwaltung, Durchführung, Werbung = _____
Personalkosten = _____
Strom, Wasser, Gas, Müllabfuhr etc. = _____
Heizkosten = _____
Bus, Bahn = _____
Fähre (Personen) = _____
(PKW, Bus) = _____
PKW _____ km x _____ DM = _____
PKW-Versicherung = _____
Straßengebühren = _____
Lager-Mietpreis (Auf-, Abbau, Mat.) = _____
_____ = _____

Kalkulationsspanne = _____

Summe 2 = _____ + _____
Gesamtkosten = _____

C. Zuschüsse

Land: Teiln. _____ x Tg. _____ x DM = _____
Kreis: Teiln. _____ x Tg. _____ x DM = _____
sonstige: _____ = _____

Summe 3 = _____ – _____
Gesamtsumme = _____

D. Teilnehmerbeitrag

Gesamtsumme _____ : zahl. Teiln. _____ = _____

⇨ Freizeiten

gw

Freizeitplanung

Vorüberlegung
- Welche Ziele verbinden wir mit der Freizeit, was wollen wir mit der Freizeit erreichen? Was motiviert uns, die Freizeit durchzuführen?
- Wer fährt mit? Nur eigene JS-Gruppe [und Nachbarjungschar], JS aus dem Kreisverband, dem Dekanat etc...)
- Soll es eine geschlechtsspezifische oder koedukative Maßnahme werden?
- WANN? (Jahreszeit, Wochenende, verlängertes Wochenende, Ferien [Sommer/Herbst/Winter/Ostern), eine Woche, zwei Wochen oder mehr)
- WO? (Die Distanz des Freizeitortes vom Heimatort ist abhängig von der Länge der Freizeit und den Kosten; Inland oder Ausland; kommerzielles Freizeithaus (Selbstversorgung/Vollverpflegung vom Haus); Jugendherberge, Gemeindehaus oder Zelt; mehrere Häuser oder Zeltplätze)
- WAS?
- (Freizeit im Haus oder Zelt; Kanu-, Wander- oder Fahrradtour; Studienreise; internationale Begegnung; Kreativfreizeit; Freizeit mit besonderen Schwerpunkten [erlebnispädagogische oder musische Angebote]; Freizeiten zum Erlernen verschiedener bestimmter Fertigkeiten [Waldläuferkunst, Segeln, Musikinstrumente, Singen, Theaterspielen])

Mitarbeitergewinnung/-schulung
- Welche Mitarbeiter fahren mit? Nur die Mitarbeiter der beteiligten JS? Mitarbeiter mit bestimmten Fertigkeiten, die zur Durchführung spezieller Progammpunkte benötigt werden? Bei gemischten Freizeiten auf ein gutes Verhältnis von weiblichen und männlichen Betreuern und die altersmäßige Mischung (Ausgewogenheit zwischen unter und über Achtzehnjährigen) achten!
- Bei Selbstversorgerfreizeiten müssen mehr Mitarbeiter eingeplant werden, da die Küchenarbeit nicht nebenher laufen kann und wird.
- Müssen die Mitarbeiter für ihre Aufgaben geschult werden? Wenn ja, wie organisiere ich dies? Schulungen zusätzlich zu den inhaltlichen Vorbereitungstreffen oder Teilnahme an regelmäßigen überregional stattfindenden Schulungen der CVJM-Kreisverbände, Dekanate oder Kirchenkreise!
- Verlangen die angemieteten Häuser irgendwelche Bescheinigungen (Segelschein zur Bootentleihe, Gesundheitsattest für Küchenpersonal etc.)?

Genehmigungen
- von dem offiziellen Veranstalter der Maßnahme (CVJM-Ortsverein, Kreisverband, Dekanat, Kirchengemeinde etc...)
- Zuschüsse beantragen bei: CVJM-Ortsverein, Kreisverband, Landkreisen, Kreisjugendplan, Bundesländern, Landesjugendplan (uneinheitlich geregelt), Bundesjugendplan, Kirchengemeinden, Dekanaten und Kirchenkreisen.

Zielort -- Haus buchen -- Zeltplatz mieten
- Anforderungsprofil an den Zielort, das Haus oder den Zeltplatz erstellen, Bettenanzahl (Teilnehmerzahl) festlegen.
- Wenn möglich Haus/Zeltplatz besichtigen!! Preisvergleiche!!
- Mietverträge und Unterlagen genau lesen, auf Mindestbelegungs- oder Stornokosten achten.
- Besondere Auflagen seitens des Vermieters/Verwalters des Hauses/Zeltplatzes beachten.

Absprache über besondere Vereinbarungen schriftlich festhalten und in den Vertrag aufnehmen lassen.

Kalkulation der Maßnahme
- Unterkunft
- Verpflegung
- Transfer der Teilnehmer
- Fahrtkosten vor Ort oder der Mitarbeiter bei der Vorbereitung
- Versicherungen (Fahrzeugkasko, Versicherung für geliehene Sachen, Haftpflicht, Auslandskranken-, Unfall-, Reisegepäck- und Reiserücktrittskostenversicherung)
- Freiplätze der Mitarbeiter
- Eintrittsgelder
- Bastelmaterial
- Mieten für geliehene Sachen
- Porto, Telefonkosten, Verwaltungsaufwand
- Schulungsmaterial für Mitarbeiter
- sonstige spezielle Aufwendungen
- finanzielles Sicherheitspolster

Daraus errechnet sich der Teilnehmerbeitrag. Dieser wird durch die zu erwartenden und beantragten Zuschüsse wieder etwas gesenkt.

Transport der Teilnehmer/des Materials
- Fahrgemeinschaften, Kleinbusse, großer Reisebus, Eisenbahn, Schiff, Wandern, Fahrrad, Kanu, Flugzeug?

Werbung/Ausschreibung
- Ein ansprechend gemachtes Faltblatt mit der Anmeldekarte (von einem Erziehungsberechtigten und dem Teilnehmer zu unterschreiben).
- Bei der Ausschreibung die Intention der Freizeit mitteilen und alle Leistungen genau angeben; Zielort, evtl. Ausflugsorte während der Freizeit benennen.
- Maßnahme auch im Gemeindebrief, Verbandszeitung oder Freizeitprospekt der Organisation, in der örtlichen Presse ausschreiben, an die Mitarbeiter einen extra Infobrief und Einladung zur Mitarbeit versenden.
- Unter Umständen mit einer kleinen Werbediaserie oder Videoclip einer vergangenen Maßnahme durch die Gruppe ziehen und persönlich werben.

Vorbereitungstreffen der Mitarbeiter
- Sie dienen zum Kennenlernen (bei überregionalen Freizeiten sehr wichtig), stärken die Mitarbeitergemeinschaft, zur Ausarbeitung des Freizeitkonzeptes. Inhaltliche Planung, mehr Ideen zur Gestaltung, Delegation von Aufgaben und Programmpunkten, gemeinsame Zimmer- und Zelteinteilung.

Der Infobrief
- Den Teilnehmern den Infobrief rechtzeitig zukommen lassen!
- Inhalt: Anmeldebestätigung, Freizeitadresse, genaue Benennung der Freizeitinhalte und -vorhaben, Zahlungsmodalitäten, Tips zum Packen, Freizeitadresse, Busabfahrtszeiten, Rückkehr, evtl. Bekanntgabe eines Termins für den Elternabend. Freizeitpaß – mit der Bitte um Ausfüllung durch die Eltern -- Rückgabe beim Elternabend.

Der Elternabend
- Es können offene Fragen geklärt werden.
- Das Mitarbeiterteam stellt sich vor und lernt Kinder und Eltern kennen.
- Das Freizeitprogramm wird in groben Zügen erläutert. Evtl. können spezielle Gegenstände (Schlafsack, Rucksack etc...) gemeinsam bestellt werden.
- Weitere Beratung der Eltern bei Anschaffung für die Maßnahme (Ausrüstungsgegenstände mitbringen und vorführen).

⇨ Freizeitplanung

cr

Freundschaftsspielstationenlauf

Zu Beginn des Freundschaftsnachmittags haben wir Mitarbeiterinnen verschiedene Anspiele vorgespielt, die von dem Freundschaftsalltag der Kinder handeln. Anschließend sind die Kinder in Gruppen von Station zu Station gegangen.

1. Station: Eine Freundschaftsstraße
Zum Thema haben die Gruppen auf der Straße gemalt; es ist eine lange Collage entstanden (im Raum eine »Tapetenstraße«).

2. Station: Träume
»Was wünsche ich mir von Freundschaft?« Die Kinder haben Traumwolken aus Papier ausgemalt und beschrieben.

3. Station: Ganz schön schwirig!
Jeweils zwei Kinder hatten die Hände und Füße aneinandergebunden und hatten zwei Aufgaben: a) einen Hindernisparcours zu schaffen, b) sich gegenseitig zu füttern.

4. Station: Vorhang auf!
Jede Gruppe bekam ein Rollenspiel zum Einstudieren. Es war jeweils ein anderes Rollenspiel, das den Erfahrungen der Kinder gerecht wurde.

5. Station: Ein Feld vor!
Auf einem Platz war ein Spielhüpffeld aufgemalt. Für jedes Feld gab es eine Frage zum Thema Freundschaft. Wenn sie die Frage lösen konnten, rückten sie ein Feld vor. Konnten sie sie nicht lösen, bekamen sie als Gruppe eine sportliche Aufgabe.
Für jedes Kind gab es eine vollgepackte Preistüte.

Am Ende des gesamten Stationenspieles wurden alle Rollenspiele aufgeführt.

br

Geländespiel

Was bei der Planung zu beachten ist
Die fünf »Wie«
Wie ist die Zusammensetzung der Gruppe? – (Alter, Geschlecht, Anzahl und Erfahrungen der Jungscharler berücksichtigen.)
Wie steht die Gruppe zu G., welche Interessen und Bedürfnisse hat sie hier?
Wie stehe ich zu Zufall, Wettbewerb, Teamarbeit, Fähigkeiten? – (Nur »Glück« oder nur »Können« sind Spielgrundlagen, die die Sieger und Verlierer [teilweise] schon vor Beginn

des Spieles produzieren bzw. festlegen. Wo es »Sieger« gibt, existieren immer auch »Verlierer«. Daher ist es wichtiger, »Miteinanderhandeln« zu fördern als den Wettbewerb! Ständig Spiele ohne »Sieger« und Verlierer» werden mit der Zeit allerdings auch langweilig, für Gruppenprozesse sind sie meines Erachtens eher hinderlich.)
Wie kann das Gelände deutlich markiert/begrenzt werden? — (Wegschneisen, Bäche, Straßen, sowie verschiedenfarbiges Kreppapier ermöglichen gute Grenzmarkierungen.)
Wie arrangiere ich es, daß das G. nicht zu paramilitärischen Aktionen einlädt oder die Möglichkeit besteht, daß es in solche ausartet?

Die drei »Welche«
Welche G. sind in der Gruppe schon bekannt? — (Immer nur »Schnitzeljagd« wird langweilig!)
Welche Zeit habe ich zur Verfügung? — (Wann werden die Kinder abgeholt? Auf Freizeiten: Wartet die Küche schon mit dem Essen?)
Welche Gelände sind vorhanden? — (Grundsätzlich ist jedes Gelände zur Durchführung von G. geeignet. Dies gilt sowohl im städtischen wie im ländlichen Bereich, da jedes Gelände seine speziellen Vorteile hat — leider auch Nachteile! Truppenübungsplätze, Steinbrüche, Moore, Firmengelände, Großbaustellen u. ä. sollten aufgrund dort lauernder Gefahren von der Wahl ausgeschlossen werden. Oftmals ist es auch nötig, Absprachen mit Förster, Bauern, Anwohnern, Bürgermeister, Polizei oder der Feuerwehr zu treffen.)

Die zwei »Wer«
Wer ist Spielleiter, wer Mitarbeiter und wer hat welche Aufgaben?
Wer besorgt welches Material, welches Material wird überhaupt gebraucht und welches ist bereits (noch) vorhanden?

Informationen an Spieler und Mitarbeiter
☐ Anfang und Ende des Spiels (Welches Signal gibt das bekannt?)
☐ Grenzen und Gefahrenbereiche nennen.
☐ Spielregeln genau erklären und sagen, was geschieht, wenn sie übertreten werden.
☐ Was ist zu tun, wenn sich jemand verletzt?
(Also: Erste-Hilfe-Material und Mitarbeiter mit entsprechenden Kenntnissen mitnehmen!)

G. im Wald
Laut Bundeswaldgesetz ist das Betreten des Waldes zum Zweck der Erholung gestattet. Radfahren, Fahren mit Krankenstühlen und Reiten ist nur auf den dafür vorgesehenen Straßen und Wegen erlaubt.
Das Betreten von Privat-, Wirtschafts- und Feldwegen, Brachflächen sowie Böschungen ist auf eigene Gefahr zulässig. Dagegen ist das Betreten von in Betrieb befindlichen Holzschlägen, Anpflanzungen und Schonungen grundsätzlich untersagt.
Noch ein Hinweis an alle rauchenden Mitarbeiter:
Das Rauchen im Wald ist in der Zeit vom 1. März bis 31. Oktober jeden Jahres untersagt!

cp

Höhepunkte

Anregungen – Ideen
Ski-, Schlittschuh- oder Schlittenfahren
Fahrrad-Ausfahrt
JS-Spieltag
JS-Sporttag
JS-Ballontag
JS im Freien
(einfach ca. ab Pfingsten, bei gutem Wetter, alle JS-Stunden im Wald, auf einem nahegelegenen Sportplatz oder ... im Freien stattfinden lassen. Anreise: selbständig oder hinbringen und heimbringen über Eltern!
JS-Stunde in der Öffentlichkeit
(heraus aus dem Heim, wir zeigen uns und laden ein, in einem öffentlichen Park, auf einem Spielplatz, mitten in der Stadt, Dorfplatz ...)
JS-Stunde für alle
(Vater, Mutter, Oma, Geschwister zur normalen JS-Zeit, mit ganz normalem Programm einladen)
JS-Grillfest für alle
(gut geeignet als letzte JS-Stunde vor den Sommerferien, oder als erste Stunde nach den Sommerferien)
JS-Familienwanderungen
(Einladung an alle; Treffpunkt an einem genau bezeichneten Wanderparkplatz; maximale Fahrzeit: 45 Min.; genaue Info nötig: Vesper, Grillmöglichkeit, Spielmöglichkeit ...)
Stadt-, Dorf- oder Geländespiele
Mitwirkung bei Stadt-, Dorf- u. Gemeindefest
(durch Spielstraße, Verkaufsstände mit Selbstgebasteltem, Selbstgebackenem, Schuhputz-, Autowasch-, Gartenhilfsarbeiten ...)
Dritte-Welt-Aktionen
(mit Orangenaktionen, Verkauf von selbstgebastelten Nistkästen usw.)
Fahrrad-Sponsoren-Ralley
(mit vorher gesuchten Sponsoren, die dem Fahrer, ihrem Fahrer, pro gefahrene km einen bestimmten Betrag bezahlen.
JS-Veranstaltungen in Zusammenarbeit mit der Familienarbeit
(immer wieder für die ganze Familie, Familienfreizeiten, Familien-Tage ...)
Familiengottesdienste
Bibelwochen für JS
Nachtwanderung mit oder ohne Eltern
(als letzte JS-Stunde vor Weihnachten – anstelle einer Weihnachtsfeier, ein tolles Erlebnis; ohne Taschenlampen, nur auf dem Heimweg mit Fackeln oder Petroleumlampen; einfach die Nacht erleben; irgendwo gibt's dann Tee, Gebäck, ein kleines Nachtspiel ... ; von den Eltern zum Ausgangspunkt hinbringen lassen, und auch wieder abholen lassen.)
Wochenendfreizeiten
Pfingstlager
Sommerlager
Umwelt- oder Abfalltage
(Programme in Zusammenarbeit mit den versch. Organisationen wie BUND)
Gast des Monats/Jahres im normalen Programm
JS-Drachentag
(Väter einspannen zum gemeinsamen Basteln)

Elterntage beim Sommerlager
(mit Gottesdienst und Familienprogramm)

Vorbereitungen – Vorausplanung
Viele Veranstaltungen, Höhepunkte, lassen sich als Stunden-, Nachmittags- oder Ganztages-Programme gestalten.
Versicherungsvorschriften
(mit dem Vorstand der Gemeinde absprechen)
Verkehrsvorschriften
(immer wieder darauf hinweisen und sie auch selbst einhalten)
Zeitplanung anfertigen
(genügend Zwischenräume lassen, nicht das Programm vollpacken)
Unfallgefahren; Erste Hilfe; hinweisen auf Gefahren
(wer übernimmt dies, was ist zu tun)
Elterninformation
(sehr wichtig; rechtzeitige Vor-, später genaue Detailinformation weitergeben; nicht über Kinder ausrichten lassen!; schriftlich, am besten selbst austragen)
Genehmigungen
(bei der Polizei, beim Gemeindeamt, Kirchengemeinderat, Vorstand usw. einholen)

Gemeinsam geht es besser!

bb

| Jahresplanung |

- Wann sind Ferien?
- Wann sind besondere Feste?
- Wann möchte ich den Ablauf des Kirchenjahres aufnehmen?
- Wie verteile ich Programmhöhepunkte?
- Sind verschiedene Programmarten enthalten und abwechslungsreich verteilt (Spielen, Singen, Erzählen, Basteln, Bibelarbeiten, Ausflug, Feste...)?
- Welche anderen Personen und Gäste will ich einplanen?
- Wann kann ich selbst nicht und brauche Vertretung?
- Wann sind Veranstaltungen der Kirchengemeinde, des CVJM, des Jugendwerks, an denen wir uns beteiligen und eventuell etwas vorbereiten müssen?
- usw.

⇨ Jahresplanung ⇨ Kirchenjahr ⇨ Planung

sm

Jugendschutz

Übersichtliche Darstellung der Vorschriften des Gesetzes zur Neuregelung des Jugendschutzes in der Öffentlichkeit

	Geschützte Altersgruppen ▷ / Gefährdungsbereiche ▽	KINDER bis 14 Jahre		JUGENDLICHE ab 14 - 16 Jahre		JUGENDLICHE ab 16 - 18 Jahre		Ausnahmsweise erlaubt
		ohne Begleitung eines Erziehungsberechtigten	in Begleitung eines Erziehungsberechtigten	ohne Begleitung eines Erziehungsberechtigten	in Begleitung eines Erziehungsberechtigten	ohne Begleitung eines Erziehungsberechtigten	in Begleitung eines Erziehungsberechtigten	
§1	Aufenthalt an jugendgefährdenden Orten	●	●	●	●	●	●	
§3	Aufenthalt in Gaststätten	●	○	●	○	bis 24.00	○	bei Veranstaltungen eines Trägers der Jugendhilfe, auf Reisen, zur Einnahme einer Mahlzeit oder eines Getränks (§3 Abs.1)
§3 Abs.3	Aufenthalt in Nachtbars und Nachtclubs	●	●	●	●	●	●	
§4 Abs.1 Nr.1	Abgabe und Verzehr branntweinhaltiger Getränke oder überwiegend branntweinhaltiger Lebensmittel	●	●	●	●	●	●	
§4 Abs.1 Nr.2	Abgabe und Verzehr anderer alkoholischer Getränke z.B. Bier, Wein u.ä.	●	●	●	●	*	○	* in Begleitung eines Personensorgeberechtigten (§4 Abs.2)
§5 Abs.1	Anwesenheit bei öffentlichen Tanzveranstaltungen z.B. Disko	●	○	●	○	bis 24.00	○	Ausnahmegenehmigungen auf Vorschlag des Jugendamtes möglich (§5 Abs.3)
§5 Abs.2	Tanzveranstaltungen anerkannter Träger der Jugendhilfe bei künstl. Betätigung, zur Brauchtumspflege	bis 22.00	bis 24.00	○	○	○	○	
§6 Abs.1 bzw. §6 Abs.4	Besuch öffentlicher Filmveranstaltungen soweit jeweils freigegeben: ohne Altersbeschränkung, ab 6 Jahren, ab 12 Jahren, ab 16 Jahren	ab 6 Jahren bis 20.00	○	bis 22.00	○	bis 24.00	○	für nicht zu gewerblichen Zwecken hergestellte und nichtgewerblich genutzte Filme (§6 Abs.6)

Checkliste Jugendschutz

	Geschützte Altersgruppen ▷ Gefährdungsbereiche ▽	KINDER bis 14 Jahre		JUGENDLICHE ab 14 - 16 Jahre		ab 16 - 18 Jahre		Ausnahmsweise erlaubt
		ohne Begleitung eines Erziehungsberechtigten	in Begleitung eines Erziehungsberechtigten	ohne Begleitung eines Erziehungsberechtigten	in Begleitung eines Erziehungsberechtigten	ohne Begleitung eines Erziehungsberechtigten	in Begleitung eines Erziehungsberechtigten	
§ 6 Abs. 3 Nr. 5	Filme gekennzeichnet mit »nicht freigegeben unter 18 Jahren«	●	●	●	●	●	●	für nicht zu gewerblichen Zwecken hergestellte und nichtgewerblich genutzte Filme (§ 6 Abs. 6)
§ 7 Abs. 1	Zugang zu Videokassetten u. ä. soweit jeweils freigegeben: ohne Altersbeschränkung, ab 6 Jahren, ab 12 Jahren, ab 16 Jahren	○	○	○	○	○	○	
§ 7 Abs. 1	Videokassetten u. ä. nicht freigegeben unter 18 Jahren, oder nicht von der obersten Landesbehörde gekennzeichnet	●	●	●	●	●	●	
§ 8 Abs. 1	Anwesenheit in öffentlichen Spielhallen u. ä.	●	●	●	●	●	●	
§ 8 Abs. 2	Teilnahme an Spielen mit Gewinnmöglichkeit	●	●	●	●	●	●	bei Volks- und Schützenfesten, Jahrmärkten u.ä.; sofern Gewinne nur in Waren von geringem Wert bestehen (§ 8 Abs. 2)
§ 8 Abs. 4	Benutzung von Bildschirm-Unterhaltungsspielgeräten ohne Gewinnmöglichkeiten	●	○	●	○	●	○	
§ 9	Rauchen in der Öffentlichkeit	●	●	●	●	○	○	

● nicht erlaubt   ○ erlaubt

Angebots- und Aufstellungsverbote:
Angebot alkoholischer Getränke in Automaten (in der Öffentlichkeit) (§ 4 Abs. 3).
Angebot bespielter Videokassetten in Automaten (in der Öffentlichkeit) (§ 7 Abs. 4).
Aufstellung elektronischer Bildschirmunterhaltungsspielgeräte ohne Gewinnmöglichkeit zur entgeltlichen Benutzung auf Kindern und Jugendlichen zugänglichen öffentlichen Plätzen etc. (§ 8 Abs. 3).
Aufstellung von Unterhaltungsspielgeräten mit gewalt-, kriegsverherrlichenden oder pornographischen Darstellungen in der Öffentlichkeit (§ 8 Abs. 5).

Maßnahmen gegenüber Kindern und Jugendlichen: Entfernung vom Gefährdungsort, Überbringen zum Erziehungsberechtigten, oder Inobhutnahme durch das Jugendamt (§ 1). Das Jugendamt kann, wenn eine Gefährdung durch Anwendung der §§ 3 bis 8 nicht auszuschließen ist, die Anwesenheit von Kindern und Jugendlichen unterbinden (§ 10).

Strafbestimmungen gegenüber Erwachsenen: Ordnungswidrig handelt, wer als Veranstalter oder Gewerbetreibender den Jugendschutzbestimmungen vorsätzlich oder fahrlässig zuwiderhandelt (§ 12) bzw. als dritte Person über 18 solche Verstöße herbeiführt oder fördert.

Die Schutzbestimmungen des Gesetzes finden auf verheiratete Jugendliche keine Anwendung (§ 2 Abs. 4).

Neue Chancen für den Jugendschutz

Das »Gesetz zur Neuregelung des Jugendschutzes in der Öffentlichkeit« vom 25. Februar 1985 (BGBI. I S. 425 ff) führt Vorschriften und Mindestanforderungen auf, die den Schutz der Kinder und Jugendlichen sicherstellen sollen.

Das Gesetz kann Erziehung nicht ersetzen, vielmehr unterstützt es Eltern und Erzieher in ihrem Erziehungsauftrag.

Das neue Gesetz ändert im übrigen durch Artikel 2 und 3 die für den Jugendschutz bedeutsamen Bestimmungen des § 3 des Gesetzes über die Verbreitung jugendgefährdender Schriften (GjS) und der §§ 131 und 184 Strafgesetzbuch (StGB). Danach werden Kinder und Jugendliche in besonderer Weise vor der Konfrontation mit grausamen und brutalen sowie harten pornographischen Medienangeboten geschützt.

Zielgruppen des Gesetzes

Mit der Neuregelung des gesetzlichen Jugendschutzes sollen alle Kinder und Jugendliche in der Öffentlichkeit vor Gefahren und schädlichen Einflüssen geschützt werden. Das Gesetz unterscheidet dabei zwischen Kindern und Jugendlichen. Im Sinne des Gesetzes sind Kinder alle Minderjährigen unter 14 Jahren. Jugendlicher ist, wer 14, aber noch nicht 18 Jahre alt ist.

Das Gesetz gilt nicht für verheiratete Jugendliche.

Jugendgefährdende Orte

Kinder oder Jugendliche dürfen sich nicht an Orten aufhalten, an denen ihnen eine unmittelbare Gefahr für ihr körperliches, geistiges oder seelisches Wohl droht. Dazu zählen z. B. Lokale und Straßen mit Betrieben, die eine sittliche Gefahr oder Verwahrlosung herbeiführen können, aber auch ortsbekannte Treffpunkte von Drogenabhängigen und Dealern.

Kinder und Jugendliche, die an solchen Orten aufgegriffen werden, müssen diese Orte sofort verlassen. Wenn nötig, werden sie von der Polizei zu ihren Eltern bzw. zu den verantwortlichen Erziehungsberechtigten gebracht. Sind diese nicht erreichbar, werden die Kinder und Jugendlichen vorübergehend in die Obhut des Jugendamtes genommen, um sie so vor weiteren Gefahren zu schützen.

Ausnahmeregelungen

Für den Gaststättenbesuch, den Konsum von alkoholischen Getränken, den Besuch von Tanz- und Filmveranstaltungen sieht das Gesetz Ausnahmen vor, wenn Kinder und Jugendliche sich in Begleitung ihrer Eltern bzw. der Personensorgeberechtigten befinden (vgl. § 4 Abs. 2 i. V. mit § 2 Abs. 2 Nr. 2).

Hier ist die Verantwortung und das Vorbild der Erwachsenen besonders gefordert.

An öffentlichen Tanzveranstaltungen können ausnahmsweise Kinder und Jugendliche unter 16 Jahren teilnehmen, z. B. an Kinderbällen und Fastnachtsveranstaltungen für Jugendliche. Die Ausnahmen können nur auf Vorschlag des Jugendamtes zugelassen werden.
Es muß sichergestellt sein, daß dabei nicht andere Bestimmungen zum Schutze der Jugend in der Öffentlichkeit verletzt werden.
Die Teilnahme an Glücksspielen ist Kindern und Jugendlichen bei Volksbelustigungen oder bei Veranstaltungen gestattet, bei denen Preise von geringem Wert ausgesetzt sind.

Aushang und Bekanntmachung der Vorschriften
Gaststätten, Supermärkte, Veranstalter bzw. alle von diesem Gesetz betroffenen Gewerbetreibenden sind verpflichtet, die für Ihren Betrieb geltenden Bestimmungen zum Schutze der Jugend deutlich sichtbar und gut lesbar aufzuhängen und bekanntzumachen.

Ahndung von Gesetzesverstößen
Das neue Jugendschutzgesetz appelliert an die Einsicht und Vernunft der Geschäftsleute und Veranstalter. Um jugendgefährdende Umgehungen des Gesetzes auszuschließen, werden vorsätzliche oder fahrlässige Verstöße als Ordnungswidrigkeiten mit einem Bußgeld bis zu DM 30 000,- geahndet. Die Höhe des Bußgeldrahmens soll nach dem Willen des Gesetzgebers die Höhe der Gewinne aus ungesetzlichem Verhalten von Gewerbetreibenden und Veranstaltern erheblich überschreiten.

Rat und Auskunft
Weitere Informationen über den Schutz der Jugend in der Öffentlichkeit gibt die Aktion Jugendschutz. Fragen zum Jugendschutzgesetz werden im übrigen von jedem Jugendamt sowie den Jugendsachbearbeitern der Polizei beantwortet. Erziehungsberechtigte und Jugendliche können sich bei besonderen Problemen auch an eine Drogen- und Jugendberatungsstelle der öffentlichen und der freien Wohlfahrtspflege wenden.

Text und Tabelle: Hans-Werner Carlhoff, Roland Nagel.

Kochen

Für die *Freizeitküche* haben sich folgende *Mengenangaben* bewährt, nach denen man die erforderlichen Mengen für jede Gruppe ausrechnen kann:

Fleisch und Wurst
- Gulasch — 125 g/Person
- Hackfleisch, Hackfleischsoße — 80 g/Person
- Hackfleisch für Frikadellen — 100 - 125 g/Person
- Leberkäse, Fleischkäse — 1 Scheibe zu 120 g/Person
- Schweineschnitzel — 150-180 g/Person

Beilagen
- Reis — 80-100 g/Person
- Spaghetti — 125 g/Person
- Nudeln — 125 g/Person
- sonstige Teigwaren — 80-100 g/Person
- Kartoffeln — 250 g/Person

Suppen — 1 Liter für 3 Personen

Ravioli — 850 g-Dose für 2-4 Personen (Jungscharler/Jungen essen viel; Mädchen/Jugendliche weniger)

Linsensuppe — 1 Pfund für 7 Personen

- Erbsen/Möhren — 850 g-Dose für 4 Personen
- Bohnengemüse — 850 g-Dose für 5 Personen
- Sauerkraut — 850 g-Dose für 6 Personen
- Rotkohl — Angaben auf der Dose beachten

Nachtisch/Süßspeisen
- Quark — 375 g für 4 Personen
- Pudding — 1 Liter für 5 Personen
- Milchreis — 250 g + 1 l Milch für 4 Personen
- Kaba/Kakao — 1 l für 3 Personen

Kopfsalat — 1 Kopf für 3 - 4 Personen

Brot — 3 Scheiben Graubrot/Person für Frühstück und Abendessen

Aufschnitt

	Mädchen	Jungen
Fleischwurst, Salami	1	2
Schnittkäse	2	1

rrh

Monatsprogramm

Monat: _____

Monatsthema / Andachtsreihe: _____

(MA = zuständiger/verantwortlicher Mitarbeiter)

Datum	Andacht Bibeltext	MA	Spiele drinnen/draußen	MA	Basteln Material	MA	Fest Programm/Material	MA	Lieder	Sonstiges

Notsignale

Im Gebirge: das Alpine Notsignal
- Innerhalb einer Minute in gleichmäßigen Abständen sechs Zeichen (Trillerpfeife, Rufe, Pfiffe, Winken mit auffallendem Gegenstand, Sonnenspiegelungen oder nachts Blinken mit der Taschenlampe) geben, anschließend eine Minute Pause, dann wieder sechs Zeichen.

Am Wasser
- Kreisförmiges Schwenken eines auffälligen Gegenstandes (Tuch, Flagge etc.) oder nachts einer Taschenlampe
- eine Folge langer Töne (Rufe, Pfiffe)
- das Morsesignal S – O – S (Save Our Souls): ··· – – – ··· (kurz-kurz-kurz-lang-lang-lang-kurz-kurz-kurz), z. B. mit Taschenlampe oder Spiegel
- sog. »Müde Fliege«: Langsames Heben und Senken der seitlich ausgestreckten Arme

jba

Spielen

- Wo finden die Spiele statt (im Freien, im Zimmer)?
- Wie ist die Einrichtung?
- Wieviele Spiele brauche ich? (lieber eines mehr!)
- Wie sind die Spieler selbst (Alter, ruhig, lebhaft)?
- Wieviel Zeit ist zum Spielen vorhanden (Einteilen des Höhepunktes)?
- Spielschlager zurückstellen.
- Spielbereitschaft durch deutliche Einführung wecken.
- Spielleiter muß selbst begeistert dabei sein.
- Spielregeln müssen bekannt sein und kurz und prägnant weitergegeben werden.
- Spielleiter muß das Spiel leiten, die Spieler ermutigen und anfeuern.
- Material bereitlegen (Spielekoffer anlegen, in dem die wichtigsten Dinge immer dabei sind).
- Spiele ohne lange Zwischenpausen abrollen lassen.
- Faire Durchführung
- Spiel nicht totspielen; abbrechen, wenn es am schönsten ist.
- Im Lauf des Spiels müssen alle Spieler an irgendeiner Stelle beteiligt sein.
- Nicht am Spiel Beteiligte (gesundheitliche Gründe) zu Sonderaufgaben heranziehen (z. B. Spielliste führen ...).
- Steigerung und Abfall der Spiele beachten.
- Bekannte Spiele durch kleine Variationen verändern (Phantasie walten lassen).
- Spiele unter ein Thema stellen.
- So planen und aufschreiben, daß während der Durchführung nicht der Programmentwurf »studiert« werden muß – ein kurzer Blick darauf muß genügen.

sm

Sportschild

Örtlichkeiten
- Sportplatz mit Laufbahnen, Wurfbahnen (auf Spielfeld), Sprunggrube (je nach Teilnehmerzahl 2 - 3 Gruben).
- Sporthalle für Indiaca-Turnier und Rahmenveranstaltung (evtl. kann Indiaca auch im Freien gespielt werden).

Materialbedarf
- Für die Gruppen: Wettkampfkarten für Jungen und Mädchen; Bibelquizunterlagen; Schreibmaterial
- Zur Durchführung der Wettkämpfe:
  Indiaca: Netze, Indiacas und ausreichend Ersatzfedern, Ständer, Trillerpfeifen, Klebeband zum Markieren der Felder, Stoppuhren.
  Weitwurf: 80-gr.-Schlagbälle, Markierungen für die Wurfbahn, Maßband.
  Springen: Besen, Rechen, Maßband.
  Laufen und Staffel: Staffelhölzer, Startblöcke, Starterklappe, Stoppuhren.

Mitarbeiterbedarf
- Zwei bis drei neutrale Personen, die das Schiedsgericht bilden und in allen »Streitfragen« das letzte Wort haben.
- Je nach Teilnehmerzahl: Schiedsrichter für Indiaca
- Schreiber und Ballaufleser für Weitwurf
- Schreiber für Weitsprung
- Stopper und Schreiber für die Läufe

Siegerehrung
- Urkunden
- Sportschild – Plakette oder Pokale

(Das Material ist zu beziehen über den CVJM-Gesamtverband oder den CVJM-Westbund.)

⇨ Spiel und Sport   ⇨ Sportschild

fm

Stadtspiel

Unter »Normalem Stadtspiel« verstehe ich die Form des Stadtspieles, in der man Fragen zu Gebäuden, Personen und Geschäftsauslagen einer Stadt stellt. Alle anderen Varianten bedürfen einer spezifischen Vorbereitung.
- Stift und Papier zum Notieren der Fragen
- ca. 30 Fragen für 90 Min. Spielzeit
- Fragen entweder gut leserlich aufschreiben oder mit der Schreibmaschine abtippen.
- Fragebögen in ausreichender Anzahl fotokopieren oder mit Kohlepapier arbeiten (pro Gruppe ein Fragebogen).
- Jede Gruppe mit 2 Kugelschreibern zum Notieren der Antworten ausrüsten.
- Hinweise auf Gefahrenquellen geben (gefährliche Baustellen o. ä.).
- Treffpunkt für Hilfestellungen und Fragebogenabgabe ausmachen.
- Spielregeln erklären und kontrollieren.

⇨ Stadtspiel

cp

Start mit einer neuen Gruppe

- Wieviel **Zeit** kann/will/darf ich für die JS investieren?
- Bin ich **Einzelkämpfer** oder habe ich Helfer/Vertreter?
- Bin ich mir im klaren, daß es mit der Gruppenstunde allein nicht getan ist?
- Bin ich mir bewußt, daß ich als Gruppenleiter auch eine große **Verantwortung** übernehme? Wer haftet, wenn mal etwas passiert?
- Ist meine Arbeit mit anderen Aktivitäten/Mitarbeitern der Gemeinde koordiniert, sind Pfarrer und Kirchenvorstand informiert?
- Wie sieht mein **Konzept** aus? Kann ich vorgegebene Konzeptionen auch wirklich erfüllen?
- Wie finanziere ich meine Arbeit? Woher bekomme ich Material? Kann Material von anderen Gruppen benutzt werden?
- Stimmen die räumlichen und zeitlichen Vorstellungen mit den Gemeindeveranstaltungen überein? Welcher Raum/welches Freigelände kann benutzt werden? Fahrradständer? Toiletten?
- Welche Werbemöglichkeiten stehen mir zur Verfügung?
- Mit welcher Unterstützung seitens der Gemeinde kann ich rechnen?
- Welche Versprechungen in der Gruppe kann ich einhalten, womit bin ich lieber vorsichtig?
- Habe ich jemanden, den ich bei Problemen um Rat fragen kann?
- Bin ich bereit, meine Arbeit in Bindung an Jesus Christus zu tun?

Natürlich gibt es noch viel mehr zu bedenken, aber das hängt auch von den örtlichen Gegebenheiten ab. Gut beraten ist immer, wer sich von Erfahrenen beraten läßt und manchen nützlichen Tip für sich kassieren kann.

Also denn: Mit Jesus Christus — mutig voran!

⇨ Start mit einer neuen Gruppe

ur

Bibelstellenregister

1. Mose 1,1	Ordnung	5. Mose 34,8	Trauer
1. Mose 1,1-2.4a	Schöpfung	Jos 7,6	Trauer
1. Mose 1,3-5	Schöpfung	Jos 21, 43-45	Bibel
1. Mose 1,6-8	Schöpfung	1. Sam 10,1	Jesus Christus
1. Mose 1,14-19	Schöpfung	1. Sam 15,22	Opfer
1. Mose 1,20-25	Tiere	1. Sam 16,13	Jesus Christus
1. Mose 1,26	Vorbild	1. Sam 31,13	Trauer
1. Mose 1,26f.	Tiere	2. Sam 1,17-27	Trauer
1. Mose 1,28	Segen	2. Sam 7,1-16	Verheißung
1. Mose 1-11	Schuld	2. Sam 7,11-18	Jesus Christus
1. Mose 2,4b-25	Schöpfung	2. Sam 12,1-14	Vergebung
1. Mose 2,6.10	Schöpfung	2. Sam 12,16ff.	Fasten
1. Mose 2,15	Schöpfung	2. Sam 16,5-6;	
1. Mose 2,15	Umwelt	19,17-24	Vergebung
1. Mose 2,19-20	Tiere	2. Sam 19,25	Trauer
1. Mose 2-3	Natur	1. Kön 1,5.41-46	Vergebung
1. Mose 3	Tod	2. Kön 6,15-17	Erziehung
1. Mose 3,19	Verheißung	2. Chr 7,14	Beten
1. Mose 4	Schuld	Hiob 38-41	Schöpfung
1. Mose 8,22	Verheißung	Ps 6,6	Tod
1. Mose 12	Segen	Ps 7,18	Glaubensbekenntnis
1. Mose 12,1-3	Verheißung	Ps 8	Schöpfung
1. Mose 15,5	Schöpfung	Ps 9,2	Erzählen
1. Mose 23,2	Trauer	Ps 9,2-3	Gebet
1. Mose 37,34	Trauer	Ps 9,10	Opfer
2. Mose 3,8	Bibel	Ps 16	Gebet
2. Mose 3,13-15	Verheißung	Ps 19,2	Gott
2. Mose 12	Kreuz	Ps 27,6	Gebet
2. Mose 13,14	Erzählen	Ps 30,10	Tod
2. Mose 14,31b	Glaube	Ps 30,12-13	Gebet
2. Mose 20,4-6	Bild	Ps 32	Vergebung
2. Mose 20ff.	Opfer	Ps 34,2	Gebet
2. Mose 25,2.	Opfer	Ps 34,12ff.	Segen
2. Mose 33,17	Namen	Ps 34,12-17	Ziele
2. Mose 34,29	Gebet	Ps 36,10	Quellen
2. Mose 35,4-5	Opfer	Ps 40,4	Gebet
3. Mose 1-7	Opfer	Ps 47,2	Gebet
3. Mose 5,5	Glaubensbekenntnis	Ps 49,19f.	Tod
3. Mose 22,29	Opfer	Ps 50,14.23	Opfer
4. Mose 6,24-26	Segen	Ps 50,15	Beten
4. Mose 18,8ff.	Opfer	Ps 50,15	Gebet
4. Mose 22-24	Segen	Ps 51	Vergebung
5. Mose 6,6ff.	Ziele	Ps 51,12	Abzeichen
5. Mose 6,20	Erziehung	Ps 57,8-10	Gebet
5. Mose 7,7	Bibel	Ps 65,3	Beten
5. Mose 15,9.11	Opfer	Ps 66,2-3.20	Gebet
5. Mose 28	Segen	Ps 66,3	Gebet
5. Mose 32,46	Ziele	Ps 66,20	Beten

Bibelstellenregister

Ps 68, 5.20.27.33	Gebet		Dan 7, 13-14	Christus
Ps 69, 31	Gebet		Dan 7, 13f.	Verheißung
Ps 71, 23	Gebet		Dan 9	Beten
Ps 78, 3-4	Erzählen		Dan 12, 2	Tod
Ps 90	Schöpfung		Hos 6, 6	Opfer
Ps 90, 4	Schöpfung		Joel 1, 3	Erzählen
Ps 92-100	Gebet		Am 5	Opfer
Ps 96, 3	Erzählen		Mi 5, 1-4	Verheißung
Ps 103	Gebet		Mi 6, 6-8	Opfer
Ps 104	Gebet		Sach 9, 9-13	Christus
Ps 104	Schöpfung		Sach 9-11	Verheißung
Ps 119, 105	Bibellesebund		Mal 3, 9-10	Opfer
Ps 139	Schöpfung			
Ps 139, 8	Tod		Mt 1, 1-16	Jesus Christus
Ps 144-150	Gebet		Mt 2, 13-15	Jesus Christus
Jes 1, 10-20	Opfer		Mt 3, 6	Glaubensbekenntnis
Jes 7, 9	Glaube		Mt 3, 13-16	Jesus Christus
Jes 7, 14	Jesus Christus		Mt 3, 17	Jesus Christus
Jes 7, 14	Verheißung		Mt 4, 1-11	Jesus Christus
Jes 9, 1-6	Jesus Christus		Mt 4, 2	Fasten
Jes 9, 1-6	Verheißung		Mt 5, 8	Abzeichen
Jes 9, 5-6	Christus		Mt 5, 13f.	Kirche
Jes 11, 1-5	Jesus Christus		Mt 5, 17	Verheißung
Jes 11, 1-10	Verheißung		Mt 6, 9-13	Beten
Jes 26, 19	Tod		Mt 6, 24.33	Opfer
Jes 40, 6	Tod		Mt 10, 32	Glaubensbekenntnis
Jes 40, 31	Mitarbeiter		Mt 11, 25	Glaubensbekenntnis
Jes 42, 1-9	Opfer		Mt 14, 7	Verheißung
Jes 42, 1-9	Verheißung		Mt 16, 16ff.	Christus
Jes 43, 1	Namen		Mt 16, 18	Tod
Jes 43, 1	Persönlichkeit		Mt 18, 11	Mission
Jes 43, 25	Gott		Mt 18, 19-20	Gottesdienst
Jes 49, 6	Jesus Christus		Mt 18, 20	Beten
Jes 52, 13-15	Verheißung		Mt 21, 1-11	Christus
Jes 52, 13-53, 9	Jesus Christus		Mt 23, 8-10	Nachfolge
Jes 53	Christus		Mt 24	Wiederkunft
Jes 53	Kreuz		Mt 24, 42	Wiederkunft
Jes 53, 1ff.	Opfer		Mt 25, 21f.	Opfer
Jes 53, 4-6	Kirchenjahr		Mt 25, 31-32	Wiederkunft
Jes 55	Gebet		Mt 25, 32-46	Wiederkunft
Jes 55, 3-5	Jesus Christus		Mt 26, 63ff.	Christus
Jes 55, 11	Bibel		Mt 28	Jungschar
Jes 55, 11	Verkündigung		Mt 28	Konzeption
Jer 2, 13	Quellen		Mt 28	Ziele
Jer 17, 7	Segen		Mt 28, 18-20	Mitarbeiter
Jer 23, 1-6	Verheißung		Mt 28, 20	Mitarbeiter
Jer 31, 18	Bekehrung		Mt 28, 19	Nachfolge
Jer 39ff.	Schöpfung		Mk 1, 15	Bekehrung
Hes 34, 23f.	Verheißung		Mk 1, 15	Jesus Christus
Hes 37	Tod		Mk 1, 16	Nachfolge

Mk 1,22	Leiter	Joh 4,25-26	Christus
Mk 1,35	Gebet	Joh 5,24	Glaube
Mk 2,14	Nachfolge	Joh 5,39	Bibellese
Mk 2,19	Fasten	Joh 6,35	Glaube
Mk 5,38	Trauer	Joh 7,17	Bibel
Mk 6,7	Teamarbeit	Joh 8,12	Ankerkreuz
Mk 6,7ff.	Verzicht	Joh 8,28	Kreuz
Mk 6,50	Gott	Joh 10,11ff.	Kirche
Mk 10,13-16	Ziele	Joh 11,19	Trauer
Mk 10,14-16	Bekehrung	Joh 11,25	Tod
Mk 10,17-27	Bibelarbeit	Joh 12,26	Opfer
Mk 10,21	Nachfolge	Joh 12,32.34	Kreuz
Mk 10,45	Opfer	Joh 13,1f.15	Opfer
Mk 11,24	Gebet	Joh 13,13	Nachfolge
Mk 13	Wiederkunft	Joh 14,1-7	Kirchenjahr
Mk 13,6	Gott	Joh 14,6	Opfer
Mk 16,15	Verkündigung	Joh 14,6	Tod
Lk 1,3	Bibel	Joh 14,13	Beten
Lk 1,68	Jesus Christus	Joh 14,14	Gebet
Lk 2	Jesus Christus	Joh 15,1	Kirche
Lk 2,1-20	Weihnachten	Joh 15,1-8	Opfer
Lk 2,41ff.	Jesus Christus	Joh 15,4-5	Berufung
Lk 4,42	Gebet	Joh 15,7	Beten
Lk 5,16	Gebet	Joh 15,9	Opfer
Lk 5,20.22-24	Vergebung	Joh 15,16	Nachfolge
Lk 5,32	Vergebung	Joh 16,24	Beten
Lk 9,29	Gebet	Joh 17,21	Gebet
Lk 10,25-37	Checkliste Altenbesuche	Joh 19,14.31	Kreuz
Lk 11,5-13	Gebet	Joh 19,30	Tod
Lk 12,16f.	Opfer	Joh 20,21	Mission
Lk 12,42	Opfer	Joh 20,21	Mitarbeiter
Lk 15,11-32	Vergebung	Apg 1,7	Wiederkunft
Lk 16,10	Mitarbeiter	Apg 1,8	Mission
Lk 17	Wiederkunft	Apg 2,4.37-42	Opfer
Lk 18,1-8	Gebet	Apg 2,14-36	Verkündigung
Lk 19,1	Opfer	Apg 3,12-26	Verkündigung
Lk 20,20f.	Opfer	Apg 4,12	Christus
Lk 21	Wiederkunft	Apg 4,12	Opfer
Lk 21,1f.	Opfer	Apg 5,29	Verantwortung
Lk 22,7-23	Kirchenjahr	Apg 6,2-4	Teamarbeit
Lk 22,28-30	Nachfolge	Apg 6,3	Mitarbeiter
Lk 22,44	Tod	Apg 8	Bibelarbeit
Lk 23,48	Trauer	Apg 10,34ff.	Opfer
Lk 24,35	Erzählen	Apg 10,39-43	Opfer
Lk 24,36-52	Kirchenjahr	Apg 12,5	Berufung
Joh 1,39.43	Nachfolge	Apg 13,1-3	Berufung
Joh 3,14-16	Kreuz	Apg 14,15	Bekehrung
Joh 3,16	Bibel	Apg 14,17	Gott
Joh 3,16	Glaube	Apg 14,23	Fasten
Joh 3,16	Opfer	Apg 16	Bibelarbeit

Bibelstellenregister

Apg 17,23-31	Verkündigung	Eph 1,22f.	Kirche
Apg 19,32.39f.	Kirche	Eph 2,1-10	Mitarbeiter
Apg 21,19	Erzählen	Eph 3,6	Verheißung
Röm 1,19ff.	Jungschar	Eph 4,15f.	Kirche
Röm 1,21	Gebet	Eph 4,29	Segen
Röm 3,22bff.	Opfer	Eph 5,16	Tag
Röm 3,28	Opfer	Eph 5,20	Gebet
Röm 4	Verheißung	Eph 5,23.30	Kirche
Röm 4,13	Verheißung	Eph 5,25f.32	Kirche
Röm 6,3ff.	Tod	Eph 6,10	Eichenkreuz
Röm 6,23	Vergebung	Phil 2,5f.	Opfer
Röm 8,19-22	Schöpfung	Phil 2,5-11	Gottesdienst
Röm 8,26	Gebet	Phil 2,5-11	Glaubensbekenntnis
Röm 8,38	Tod	Phil 2,5-11	Kirchenjahr
Röm 10,9	Bekenntnis	Phil 2,9	Christus
Röm 10,17	Bibel	Phil 2,9-11	Opfer
Röm 10,17	Kirche	Phil 4,6	Gebet
Röm 10,17	Verkündigung	Kol 1,3	Gebet
Röm 12,1	Opfer	Kol 1,15-20	Gottesdienst
Röm 12,3ff	Opfer	Kol 1,18	Kirche
Röm 12,4	Kirche	Kol 1,19-23ff.	Opfer
Röm 12,15	Trauer	Kol 2,14	Opfer
Röm 13,1-7	Erziehung	Kol 3,16	Gebet
1. Kor 1,18	Verkündigung	1. Thess	Bibel
1. Kor 3,11	Glaube	1. Thess 1,6-7	Vorbild
1. Kor 4,1f.	Opfer	1. Thess 1,9	Bekehrung
1. Kor 4,2	Mitarbeiter	1. Thess 1,9	Mitarbeiter
1. Kor 9,24	Fest und Feier	1. Thess 5,16-18	Beten
1. Kor 11,23-25	Gottesdienst	1. Thess 5,17	Gebet
1. Kor 15,3-5	Glaubensbekenntnis	1. Thess 5,18	Gebet
1. Kor 15,3-5	Gottesdienst	1. Tim 2,1	Beten
1. Kor 15,3-8	Kirchenjahr	1. Tim 2,1	Gebet
1. Kor 12,12ff.	Kirche	1. Tim 2,4	Opfer
1. Kor 15,12-34	Kirchenjahr	1. Tim 6,16	Gott
1. Kor 15,26f.	Tod	1. Tim 6,16	Tod
1. Kor 15,50-57	Tod	1. Tim 4,12	Vorbild
1. Kor 15,57	Gebet	2. Tim 1,10	Tod
2. Kor 3,18	Vorbild	2. Tim 3,14-17	Bibel
2. Kor 4,5	Mitarbeiter	1. Petr 1,18-19	Opfer
2. Kor 5,17f.	Glaube	1. Petr 2,4ff	Kirche
2. Kor 5,18	Opfer	1. Petr 2,21ff.	Vorbild
2. Kor 5,19f.	Opfer	1. Petr 2,21-25	Opfer
2. Kor 5,21	Opfer	1. Petr 2,25	Kirche
2. Kor 7,1	Verheißung	1. Petr 3,9	Segen
2. Kor 9,5	Verheißung	1. Petr 4,2-3.8	Gebet
Gal 2,19	Tod	1. Petr 4,10	Checkliste Altenbesuche
Gal 4,4	Kirchenjahr	2. Petr 1,19-21	Bibel
Gal 5,22	Gebet	2. Petr 3,5	Schöpfung
Eph 1,6.12.14	Schöpfung	2. Petr 3,8	Schöpfung
Eph 1,16	Gebet	2. Petr 3,13	Schöpfung

2. Petr 3,13	Verheißung		Hebr 12,2	Glaube
1. Joh 1,7	Verschmutzung		Hebr 12,6	Leitungsstil
1. Joh 1,7-10	Bibellese		Hebr 13,20	Kirche
1. Joh 1,7-10	Dank		Jak 1,12	Verheißung
1. Joh 1,7-10	Kirchenjahr		Jak 4,2-5	Gebet
1. Joh 2,25	Verheißung		Offb 1,8	Gott
Hebr 4,1	Verheißung		Offb 1,18	Tod
Hebr 4,12	Verkündigung		Offb 2,11	Tod
Hebr 6,12-15	Verheißung		Offb 3,8	Pfingsten
Hebr 6,19	Abzeichen		Offb 19,7	Kirche
Hebr 9	Opfer		Offb 20,12ff.	Tod
Hebr 9,27	Tod		Offb 21,3-5	Kirchenjahr
Hebr 10,12-13	Opfer		Offb 21-22	Bibel
Hebr 11,1	Glaube		Offb 21;22	Schöpfung
Hebr 11,32	Erzählen		Offb 21,3	Dank
Hebr 12,1	Biographien		Offb 22,1f.	Quellen

Register Artikel

Abenteuer 11
Abzeichen 12
Aktionen 15
Altersstufen 17
Andacht 18
Arbeitshilfen 21
Archiv 22
Aufkleber 23
Aufsichtspflicht 23
Ausflüge 24
Autorität 26
Ballontag 26
Basteln 27
Bazar 28
Begegnungen 29
Beitrag 29
Bekehrung 30
Berufung 32
Beten 33
Bibel 34
Bibelarbeit 36
Bibellese 38
Bild 42
Bündische Jugendarbeit 44
Checkliste entwickeln 46
Christbaumaktion 48
Christus 49
Chronik 50
Computer 50
Corporate Identity 54

CVJM 55
Dank 59
Dias 60
Eichenkreuz 63
Eltern 65
Entwicklungspsychologie 66
Erlebnisprogramm 68
Erste Hilfe 69
Erzählen 71
Fahne 78
Fasten 79
Ferienaktionen 80
Fest und Feier 82
Film 84
Finanzen 85
Freikirchen 88
Freizeitheime 91
Freund/Freundin 92
Freundschaft 92
Führungsstile 95
Gäste 96
Gefühl 100
Geheimschrift 100
Geländespiel 101
Gemeinde 103
Gemeindejugendwerk 105
Gemischte Gruppen 106
Genehmigungen 107
Geschlechtserziehung 108
Glaube 110

Glaubensbekenntnis 111
Gottesdienst 111
Gruppe 114
Gruppenpädagogik 116
Halstuch 122
Häuptlingsmodell 119
Hausbesuche 122
Helfer 124
Hobby 124
Höhepunkte 125
Ideenbörse 126
Idol 127
Jahresplanung 128
Jahreszeiten 129
Jesus Christus 129
Jugendamt 130
Jugendring 132
Jugendschutz 132
Jugendwerk 133
Junge 133
Jungschar 136
Karte und Kompaß 142
Kassette 143
Katholische Kirche 144
Kindergottesdienst 144
Kirche 147
Kirchenjahr 149
Kluft 152
Kochen 153
koedukativ 155
Konfirmation 156
Konflikte 156
Konkordanz 158
Konkurrenz 158
Konzeption 160
Kreuz 162
Lager 165
Lagerfeuer 165
Landeskirchen 165
Lebensbilder 167
Leiter 168
Leitungsstil 169
Lernen 171
Liebe 172
Lieder 175
Literatur 175
Liturgie 175
Lust 176
Mädchen 177
Medien 179

Methodisten 182
Mission 182
Mitarbeiterschulung 188
Mitglied 188
Monatsprogramm 190
Morsen 190
Motivation 190
Mütter 191
Muttersöhnchen /-töchterchen 192
Nachfolge 193
Nachtgeländespiel 194
Namen 195
Natur 196
Neue Gruppenmitglieder 196
Offene Arbeit 198
Offenes Heim 198
Opfer 199
Ordnung 201
Organisation 201
Ostern 201
Pädagogik 202
Pariser Basis 202
Patenkind 203
Persönlichkeit 203
Pfarrer 204
Pfingsten 204
Pflichten 204
Planung 205
Posaunenchor 207
Probleme 207
Programm 208
Projektarbeit 209
Quellen 213
Quertreiber 213
Quiz 214
Rechts-ABC 217
Religionsunterricht 217
Ritual 218
Rollenspiel 218
Schallplatte 220
Schaukasten 220
Schöpfung 221
Schuld 223
Schule 223
Schulung 225
Seelsorge 225
Segeln 226
Segen 227
Sexualität 229
Signalisierung 230

Singen und Musizieren 231
Skifreizeit 233
Sommerlager 233
Sonnenstich 234
Spiel und Sport 235
Sportschild 239
Stadt 240
Stadtranderholung 240
Start mit einer neuen Gruppe 242
Stille Zeit 244
Strafe 244
Surfen 245
Symbole 246
Tagebuch 247
Tageseinteilung 247
Tanz 248
Teamarbeit 249
Theater 250
Tiere 251
Tod 252
Tradition 252
Trauer 253
Turnier 253
Umfeld 255
Unfall 257
Urkunde 258
Vater/Väter 259
Vaterunser 259
Verantwortung 259
Verbände 260
Verbindlichkeit 260
Vergebung 261
Verheißung 262
Verkehrserziehung 263

Verschmutzung 266
Versicherung 266
Verzicht 267
Video 267
Videospiele 268
Vierklang 268
Vorbereitung 269
Vorbild 271
Vorlesen 272
Wald 273
Waldläuferzeichen 275
Waldspiele 276
Waldweihnacht 276
Wasser/-spiele 277
Weihnachten 278
Weiterführende Gruppe 278
Weltbund 278
Weltdienst 279
Werbung 281
Werkbuch Jungschararbeit 283
Wetterkunde 284
Wettkampf 284
Wiederkunft 285
Winterfreizeit 286
Wir-Gefühl 286
Witze 286
Wochenprogramm 287
Zärtlichkeit 288
Zeitplanung 289
Zeitschriften 289
Zelt 290
Ziele 290
Zukunft 291
Zuschüsse 293

Register Informationen

Altenbesuche 16
Ankerkreuz 20
Anspiel 21
Außenseiter 25
Ausweis 25
Begabung 28
Bekenntnis 31
Belohnung 32
Bezirk 34
Bibellesebund 40
Bibelübersetzung 41
Bibelwoche 42

Biographien 44
CD 46
Chaoten 47
Collage 51
Comics 51
CVJM-Geschichte
    und -Selbstverständnis 55 ff.
CVJM-Informationen 58
Denksport 60
Dienste 61
Disziplin 61
Dorf 62

Register Informationen

Dorfspiel / Stadtspiel 62
Durststrecken 62
EC 63
Einladungen 64
Einzelgespräch 65
Entdecker-Club 66
Erholung 67
Erzählbücher 71
F & F 79
Fahrradtour 79
Fahrt und Lager 80
Feiertage 80
Fernsehen 82
Feuer 83
Folklore-Tanz 87
Foto- und Flanellbilder 87
Freie evangelische Gemeinden 87
Freizeitplanung 92
Fürsorge 95
ganzheitlich 96
Geländespiel »Bannemann« 104
Geschichte (CVJM) 108
Gesetz 109
Gitarre 109
Gott 112
Gruppenraum 117
Gruppenstunde 118
Haftpflichtversicherung 121
Haftung 122
Heim 123
Heimweh 123
Heraldik 124
Indiaca 127
Interessengruppen 128
Jahresaufgabe 128
Jugend 130
Jugendgruppenleiterausweis 131
Jugendherberge 132
Jungscharhelfer 141
Jungscharleiter 142
Karikatur 142
Kindergruppe 146
Kinderwoche 146
Knoten 153
Kommunikation 156
Konsum 159
Konzentration 159

Kreativität 161
Kreisverband 162
Lebenshilfe 168
Leistung 168
Leitsätze 169
Liederbücher 175
Materialstellen 179
Methoden 181
Morgenandacht (⇨ Andacht)
Mundfunk 191
Musik 192
Musikinstrument 192
Nacht 193
Nachtwanderung 194
Notsignale 197
Öffentlichkeit 198
Planspiel 205
Praxishilfen 207
Programmplanung 209
Psychologie 212
Quatsch 213
Rallye 216
Raumgestaltung 216
Rotation 219
Rucksack 220
Segeln 227
Seil 228
Sketch 233
Sozialverhalten 235
Sprachzeichen 240
Stadtspiel 242
Tag 247
Tatkunde 249
Teilnehmer 250
Übergänge 255
Umwelt 257
Vorprogramm 272
Wandern 277
Wechsel 278
Werken 284
Werkzeug 284
Wimpel 285
Wochenende 287
YWCA 287
Zeltlager 290
Zeltlagerplätze 290

Abkürzungen

ajs	Aktion Jugendschutz
AT	Altes Testament
BDKJ	Bund dt. kath. Jugend
BGB	Bürgerliches Gesetzbuch
BLB	Bibellesebund
CVJM	Christlicher Verein junger Menschen
DBJ	Deutscher Bundesjugendring
DJW	Dt. Jugendherbergswerk
DRK	Deutsches Rotes Kreuz
EC	Entschieden für Christus
ejw	Evang. Jugendwerk in Württemberg
F&F	Freizeit- und Fahrtenbedarf
GG	Grundgesetz
GJW	Gemeindejugendwerk
JS	Jungschar
JSG	Jugendschutzgesetz
KJHG	Kinder- und Jugendhilfegesetz
NT	Neues Testament
ÖAB	Ökumenische Arbeitsgemeinschaft Bibellesen
StGB	Strafgesetzbuch

Autorenspiegel

af	Andreas Fischer, Dr., Vorsitzender JS-Arbeitskreis Baden, Talblickstr. 32/0, 76332 Bad Herrenalb
ag	Annemarie Grözinger, Winkel 20, 89168 Niederstotzingen
age	Andreas Getfert, CVJM-Weltdienst-Referent, Kölnische Straße 121, 34119 Kassel
ah	Armin Hanf, Pastor, Friedrich-Engls-Str. 24, 34117 Kassel
ajs	Aktion Jugendschutz, Landesarbeitsstelle Baden-Württemberg, Stafflenberg-straße 44, 70184 Stuttgart, 0711/241591-92 od. 237370
am	Alfred Maurer, Pfarrer, Hafenmarkt 5, 91438 Bad Windsheim
bh	Burkhard Hesse, CVJM-Landesjugenreferent, Süderstr.23, 26802 Moormerland
bk	Bernd Kreh, CVJM-Bundessekretär, Tannenweg 8, 35410 Hungen
bo	Bernd Opitz, Verwaltungsangestellter, Fürstenstr. 25, 51065 Köln
br	Barbara Rudl, Gemeindepädagogin, Dorstener Str. 406, 46119 Oberhausen
ch	Claus Heiduck, JS-Mitarbeiter, Bruckner Str. 24, 76327 Pfinztal
ck	Christel Klein, Friedhofstr. 10, 35052 Herford
cp	Carsten Pickhardt, Dipl.-Sozialarbeiter, JS-Fachmann, Krautstr. 74, 42289 Wuppertal
cr	Christian Reifert, Jugendreferent, Bachgrundstr. 7, 35216 Biedenkopf
cw	Christian Wahl, Pfarrer, Beckers Garten 15, 33790 Halle
ec	Ehrenfried Conta Gromberg, Autor, Illustrator, Theologe, Fanny-Lewald-Ring 75, 21035 Hamburg
ed	Elke David, Lehrerin, K 210, 68159 Mannheim
ep	Elisabeth Pascher, Lange Str. 22, 72202 Nagold

Autorenspiegel

epr	Egmond Prill, EC-Pressereferent, Leuschnerstr. 72-74, 34134 Kassel
es	Erni Schmeichel, CVJM-Sekretär, Sonntagstr. 24, 42275 Wuppertal
fm	Friedel Maikranz, CVJM-Bundessekretär, Waldweg 2, 55596 Waldböckelheim/Nahe
fp	Fritz Pawelzik, CVJM-Bundessekretär i.R., Uerdinger Str. 23, 40474 Düsseldorf
fr	Friedhelm Ringelband, Redakteur JUNGSCHAR, CVJM-Bundessekretär, Bundeshöhe 6, 42285 Wuppertal
gf	Gerhart Fröschle, Pfarrer, Zanger Hauptstr. 3, 89551 Königsbronn
gg	Gunder Gräbner, Landesjugendreferent, Straße der Einheit 29, 09358 Wüstenbrand
gk	Günther Kamchen, CVJM-Sekretär, Rosenstr. 138, 46049 Oberhausen
go	Gabriele Opitz, Lehrerin, JS-Ausschußvorsitzende des CVJM-GV, Fürstenstr. 25, 51065 Köln
gr	Günter Reinschmidt, JS-Leiter, Breitelbachstr. 13, 57290 Neunkirchen
gs	Gudrun Siebert, Rudolf-Klug-Weg 3, 22455 Hamburg
gw	Gerhard Winter, CVJM-Sekretär, Johannisstr. 21A, 67697 Otterberg
hb	Hans Blank, JS-Fachmann, Stufenweg 3, 73666 Baltmannsweiler
hba	Heinz Banzhaf, Neue Straße 17, 72202 Nagold
hbo	Hermann Bollmann, Pressereferent, Rudolfstr. 137, 422895 Wuppertal
hcb	Hans-Conrad Blenderman, Dipl.-Sozialpädagoge, Jugendreferent, Karl-Kotzenberg-Str. 8, 60431 Frankfurt
hn	Holger Noack, Pfarrer, Bildungsreferent CVJM-Westbund, Bundeshöhe 5, 42285 Wuppertal
hr	Harald Rakutt, CVJM-Sportsekretär, Bahnstr. 31, 09116 Chemnitz
ht	Hermann Traub, CVJM-Generalsekretär, Sophienstr. 19, 10178 Berlin-Mitte
ipm	Ingrid u. Peter Meiners, Dipl.-Sozialpädagogin, Studienrat, Deichtorwall 4, 32052 Herford
jb	Jürgen Barth, Pfarrer, Alte Landstr. 10A, 35232 Dautphetal
jba	Jürgen Baron, CVJM-Sekretär, Naumburger Str. 44, 76139 Karlsruhe
jbe	Jürgen Berwing, CVJM-Sekretär, Peter-Rosegger-Str. 16, 26721 Emden
jg	Jörn Gatermann, Dipl.-Psychologe, Th.-Körner-Str. 7, 76344 Eggenstein
jge	Jutta Georg, Lehrerin, In der Ennert 17, 58849 Herscheid
jh	Johannes Heuser, CVJM-Bundessekretär, -KULA- Oberste Gasse 24, 34117 Kassel
jw	Jürgen Wehrs, Lehrer, Vorsitzender des CVJM-Nordbund, Fasanenweg 3, 22962 Siek
km	Kay Moritz, Jugendpastor, Referat Jugend GJW Hamburg, Lilienstr. 77, 22149 Hamburg
kn	Klaus Nagel, CVJM-Landessekretär, Hachberger Str. 7, 79331 Teningen
kv	Karin Vorländer, Journalistin, Raiffeisenstr. 17, 51580 Reichshof
mb	Monika Büchel, Jugendmissionarin, Industriestr. 2, 51709 Marienheide
md	Margret Döbler, Landesjugendreferentin, Haeberlinstr. 1-3, 70563 Stuttgart
me	Manfred Engel, Prediger, Reisgrubengasse 1, 97070 Würzburg
mh	Max Hamsch, CVJM-Bundessekretär i.R., Jahnstr. 14, 56348 Bornich
mj	Manfred Jotzo, JS-Fachausschußmitglied, In der Kappeschelle 17, 67714 Waldfischbach-Burgalben
ml	Manfred Lay, Kath. Priester, Justinusplatz 2, 65929 Frankfurt/M.
mm	Margarete Moritz, Gerhart-Hauptmann-Str. 18, 56567 Neuwied
mr	Markus Rapsch, Jugendreferent, Hochstr. 21, 90429 Nürnberg

mra	Matthias Rapsch, Jugendreferent, Deutschherrnstr. 6, 90429 Nürnberg
ms	Matthias Schnabel, CVJM-Bundessekretär, Wilhelmstr. 55, 42553 Velbert
pm	Petra Meister, Spielpädagogin, Bunkhofener Str. 11, 88048 Friedrichshafen
rd	Rainer Dick, Landesjugendwart, Kirchberg 2, 09247 Röhrsdorf
reh	Rudi E. Hoffarth, Jugendreferent, Neuwiehler Str. 19a, 51674 Wiehl
rh	Reinhard Heinz, Dipl.-Sozialpädagoge, Hugo-Preuß-Str. 40, 34131 Kassel
rrh	Renate und Rudi Hoffarth, Jugendreferent, Neuwiehler Str. 19a, 51674 Wiehl
rm	Rolf Müller, Sportreferent des CVJM-Gesamtverband, Im Drusetal 8, 34131 Kassel
rr	Rainer Rudolph, Landesjugendreferent, Hagdornweg 1, 70597 Stuttgart
rs	Rainer Schnebel, Dipl.-Religionspädagoge, Am Schießrain 7, 77933 Lahr
rw	Reinhart Weiß, JS-Referent des CVJM-Gesamtverband, Grüner Weg 5A, 34225 Baunatal
sd	Sabine Drescher, CVJM-Kreisverbandsekretärin, Amphop 5, 58579 Schalksmühle
sm	Susanne Mack, Jugendreferentin, z.Z. Hausfrau, Lindenstr. 9, 89176 Asselfingen
uk	Udo Klemen, CVJM-Bundessekretär, Tilsiter Str. 15, 57072 Siegen
um	Ursula Meißner, Rechtsanwältin, Am Lohrberg 17, 60389 Frankfurt
ur	Uwe Ranft, Dipl.-Religionspädagoge, Melibokusstr. 25, 64625 Bensheim
vm	Viktor Meißner, CVJM-Landessekretär, Hohlweiler Mühlweg 28, 91443 Scheinfeld
wg	Werner Gran, Landesverwaltungsdirektor, Präses CVJM-Westbund, Ginsterweg 2, 51107 Köln
wh	Walter Hieber, Dipl.-Sozialpädagoge, Welzh.-Wald-Str. 20/1, 73614 Schorndorf
wl	Walter Linkmann, VCP-Pressereferent, Die Freiheit 4, 34117 Kassel
wn	Wolfgang Neuser, Dr., Direktor der CVJM-Sekretärschule, Hugo-Preuss-Str. 40, 34131 Kassel
ws	Wolfhard Schroeter, CVJM-Sekretär, Konrad-Adenauer-Str. 15, 42853 Remscheid

Adressen

Altpietistischer Gemeinschaftsverband, Furtbachstr. 16, 70178 Stuttgart, 0711 / 643077
Arbeitsgem. der CVJM Deutschlands, Hirzsteinstr. 17, 34131 Kassel, 0561/32083, Fax: 0561/38713
Bibellesebund, Postfach 1129, 51703 Marienheide, 02264 / 7045, Fax: 02264 / 7155
Blaues Kreuz in Deutschland e.V., Postfach 20 0252, 42202 Wuppertal, 0202/62003-0, Fax: 0202/62003-81
Buchhandlung und Verlag des ejw GmbH, Haeberlinstr. 1-3, 70563 Stuttgart, 0711/ 9781-410, Fax: 0711/9781-413
Bund Freier Evangelischer Gemeinden K.d.ö.R., Jugendgeschäftsstelle: Goltenkamp 4, 58452 Witten-Bommern, 02302/937-24 od. -99
Bundesarbeitsgemeinschaft Kinder- und Jugendschutz (BAJ), Emmeranstr. 32, 55116 Mainz, 06131/223060, Fax: 06131/236849
CFA-Filmdienst, Postfach 1220, 73765 Neuhausen/F., 07158/177-156
Christliches Jugenddorfwerk Deutschlands, Teckstr. 23, 73061 Ebersbach/Fils, 07163/ 930-0, Fax: 07163/930280

CVJM-Baden e.V., Friedrich-Naumann-Str. 33, 76187 Karlsruhe, 0721/757077, Fax: 0721/753763
CVJM-Gesamtverband in Deutschland, Postfach 410154, 34114 Kassel, 0561/3087-222, Fax: 0561/3087-237
CVJM-Landesverband Sachsen e.V., Sebastian-Bach-Str. 13, 01277 Dresden, 0351/30929, Fax: 0351/30929
CVJM-Landesverband Sachsen-Anhalt e.V., St. Michael-Str. 46, 39112 Magdeburg, 0391/42613, Fax: 0391/601807
CVJM-Landesverband Bayern e.V., Postfach 44 02 59, 90207 Nürnberg, 0911/94678-0, Fax: 0911/94678-99
CVJM-Landesverband Schlesische Oberlausitz e.V., Postfach 10, 02802 Görlitz, 03581/400972, Fax: 03581/400972
CVJM-Nordbund e.V., Sinstorfer Kirchweg 18, 21077 Hamburg, 040/7607036, Fax: 040/7600858
CVJM-Ostwerk Berlin-Brandenburg e.V., Sophienstr. 19, 10178 Berlin-Mitte, 030/2828403, Fax: 030/2817362
CVJM-Pfalz e.V. − Evangelischer Jugendverband, Postfach 1132, 67697 Otterberg, 06301/1085 u. 1086, Fax: 06301/1088
CVJM-Weltdienst, Ausschußvorsitzender: Martin Meißner, Am Lohrberg 17, 60389 Frankfurt/M., 069/479436
CVJM-Westbund, Materialstelle, Postfach 20 20 51, 42220 Wuppertal, 0202/ 5742-24 od. -32, Fax: 0202/595227
Deutscher Jugendverband Entschieden für Christus (EC), Leuschnerstr. 72-74, 34134 Kassel, 0561/40950, Fax: 0561/4095112
Deutsches Jugendherbergswerk (DJW), Bismarckstr. 8, 32756 Detmold, 05231/7401-0
Dt. Bibelgesellschaft, Balinger Str. 31, 70567 Stuttgart, 7181-240, Fax: 0711 / 7181-250
Dt. Theaterverlag GmbH, Postfach 100261, 69442 Weinheim, 06201 / 51061, Fax: 06201 / 507082
Ev. Jungmännerwerk / CVJM Thüringen e.V., Dalbergsweg 21, 99084, 0361/2250564, Fax: 0361/2250564
Evang. Jugendwerk in Württemberg (ejw), Haeberlinstr. 1-3, 70563 Stuttgart, 0711/9781-0, Fax: 0711/9781-30
Fa. Robert Koch, Rüdesheimer Str. 15, 55545 Bad Kreuznach
Fa. Johann Plennis, Werkstr. 57, 73312 Geislingen/Steige
Freizeit- und Fahrtenbedarf GmbH (F&F), Postfach 3349, 89023 Ulm, 0731/31881 od. 31883, Fax: 0731/33451
Gemeindejugendwerk des Bundes Evang. Freikirchlicher Gemeinden in Deutschland K.d.ö.R., Rennbahnstr. 115b, 22111 Hamburg, 040/65585400
Gesamtverband für Kindergottesdienst in der EKD, Geschäftsstelle: Pfr. Wolfgang Traub, Eulerstr. 16A, 70565 Stuttgart, 0711/747542
Günter Reinschmidt (Das Häuptlingsbuch), Breitelbachstr. 13, 57290 Neunkirchen
Jugendwerk der Evangelisch-methodistischen Kirche, Bundesgeschäftsstelle: Giebelstr. 16, 70499 Stuttgart, 0711/8600680, Fax: 0711/8600688
Jungscharlädle, Christian Deuschle, Schurwaldstr. 18, 73770 Denkendorf, 0711/3461443
Kath. Bibelwerk e.V., Silberburgstr. 121, 70176 Stuttgart, 0711 / 626001, Fax: 0711 / 616682
Mundorgelverlag GmbH, Liedbuch-Verlag, Postfach 1328, 51533 Waldbröl, 02291/1740, Fax: 02291/80345
Ökumenische Arbeitsgemeinschaft für Bibellesen, Postfach 3180, 34246 Vellmar

Vereinigte Evang. Mission (VEM), Postfach 1963, 42219 Wuppertal, 0202/89004125
Verlag Ernst Kaufmann, Postfach 1780, 77933 Lahr
Verlag Junge Gemeinde, Postfach 10 03 55, 70747 Leinfelden-Echterdingen, 0711/ 7978994, Fax 0711/ 7970660
Weltbund der CVJM, 12 Clos-Belmont, CH-1208 Genf, +41-22/8495100, Fax: +41- 22/8495110

Literatur

Bibelatlanten
H. Burkhardt/F. Laubach/G. Maier: Der neue Bibelatlas. Wuppertal/Zürich: Brockhaus 1992
H.H. Rowley: Atlas zur Bibel. 11. vollständig überarbeitete, aktualisierte Aufl. Wuppertal/ Zürich: Brockhaus 1992
Studienatlas zur Bibel. Neuhausen: Hänssler-Verlag 1983
Stuttgarter Bibelatlas. Stuttgart: Deutsche Bibelgesellschaft 1989

Bibellexika
Kurt Hennig (Hrsg.): Jerusalemer Bibellexikon. 3. korr. Aufl. Neuhausen: Hänssler- Verlag 1995
Kleines Bibellexikon. Konstanz: Christl. Verlagsanstalt 1991
Fritz Rienecker (Hrsg.): Lexikon zur Bibel. 2. Sonderaufl. Wuppertal/Zürich: Brockhaus /Gondrom 1991

Impulse für die Jungschararbeit
M. Dieterich (Hrsg.): Seelsorge mit Kindern. Neuhausen: Hänssler-Verlag 1993
Karl Heim: Glaube und Denken. 7. Aufl. Neukirchen-Vluyn: Aussaat 1985
M. Hübner/R. Frey/F. Trommer: Geschichten für die Jungschar von A-Z. 3. Aufl. Wuppertal /Zürich/ Kassel: Brockhaus/Born 1992
M. Hübner/K. Grumbach: Praxisbuch Jungschararbeit. Neuhausen: Hänssler-Verlag 1990
Neil Postman: Das Verschwinden der Kindheit. 7. Aufl. Frankfurt: Fischer-Verlag 1994
F. Trommer/D. Velten: Jungschar im Aufwind. 2. Aufl. Kassel: Born 1991
Werkbuch Jungschararbeit. Neuhausen/Wuppertal: Hänssler-Verlag/CVJM-Westbund (erscheint jährlich)

Kommentare zur Bibel
Kommentar zur Bibel. AT und NT in einem Band. Wuppertal: Brockhaus
J.F. Walvoord/Roy B. Zuck: Das Alte und Neue Testament erklärt und ausgelegt. 5 Bd. Neuhausen: Hänssler-Verlag 1992
Wuppertaler Studienbibel (NT). Wuppertal: Brockhaus/Brunnen

Konkordanzen
Bibel von A-Z, Wortkonkordanz zur Lutherbibel 1984. 2. verbesserte Aufl. Stuttgart: Deutsche Bibelgesellschaft 1994
Friedrich Hauss: Biblische Begriffe und Gestalten. Neuhausen: Hänssler-Verlag 1992
Kleine Konkordanz. Konstanz: Christl. Verlagsanstalt 1993

Nachschlagewerke zur Bibel
F. Grünzweig/J. Blunck/M. Holland/U. Laepple/ R. Scheffbuch: Biblisches Wörterbuch. 5. Taschenbuchaufl. Wuppertal: Brockhaus 1994
J.A. Thompson: Hirten, Händler und Propheten. Gießen: Brunnen 1992
Ungers großes Bibelhandbuch. Bielefeld: CLV 1991

hänssler

Werkbuch Jungschararbeit '96
Pb., ca. 160 S., Nr. 392.352, ISBN 3-7751-2352-0
Abo-Nr. 391.460

Bewährt und jährlich neu: Die Praxishilfe für alle Mitarbeiter/innen in der Jungschararbeit. Für jede Woche eine sorgfältig und ideenreich ausgearbeitete Andacht, Bibelarbeit oder ein Stundenentwurf. Außerdem Impulsartikel zu Zielen, Methoden und Praxis der Gruppenarbeit mit 9 bis 13jährigen, Spiele, Lieder und aktuelle Tips. Ein Buch von erfahrenen Praktikern für Anfänger und »alte Hasen« der Jungschararbeit. In Zusammenarbeit mit dem CVJM.

Michael Dieterich (Hg.)
Else Diehl / Monika Büchel (Mitarbeit)
Praxisbuch Seelsorge mit Kindern
Pb., 290 S., Nr. 55.542, ISBN 3-7751-1634-6

Aus dem Inhalt:
— Psychologie und Seelsorge — Situation des Kindes — Der Seelsorger — Seelsorgerliches Gespräch — Gebetsgruppen...

Gerhard Fitting / Lothar Velten (Hg.)
Praxisbuch Junge Erwachsene
Pb., 240 S., Nr. 55.555, ISBN 3-7751-1926-4
Alter: 18-28 Jahre

Junge Erwachsene: heißbegehrt im Berufsleben, unterbesetzt in den Gemeinden. Wie kann diese wichtige Altersgruppe mehr zur Arbeit und Mitarbeit in den Gemeinden animiert werden?

Bitte fragen Sie in Ihrer Buchhandlung nach diesen Büchern!
Oder schreiben Sie an den Hänssler-Verlag,
Postfach 1220, D-73762 Neuhausen.

hänssler

Gunhild Kröger
Praxisbuch Kleinkinderkreis Band 1
Pb., 328 S., ca 80 s/w Abb., Nr. 55.537, ISBN 3-7751-1503-X

Praxisbuch Kleinkinderkreis Band 2
Pb., ca. 330 S., Nr. 55.566, ISBN 3-7751-2118-8

Singen, Basteln und Spielen, Anleitungen, wie erste Kinderfragen nach Gott und der Welt aufgegriffen werden können. Material, Kopiervorlagen, Bastelanleitungen, Liedvorschläge für 82 Gruppenstunden. (Hänssler)

Cornelia Mack (Hrsg.)
Praxisbuch Frauenarbeit
Pb., ca. 360 S., Nr. 55.570, ISBN 3-7751-2389-X

Konflikte bewältigen – Umgang mit Ängsten – Vergebung und Versöhnung – Eifersucht – Wille Gottes – Leid – Erziehung u. a.

R. Frey / G. Terner / E. G. Wenzler
Praxisbuch Freizeitarbeit
Pb., 520 S., Nr. 55.525, ISBN 3-7751-1175-1

Die Autoren machen Mut zur Mitarbeit. Über 100 Programmideen für jede Altersgruppe, die wichtigsten Freizeittypen, Kreativität, Seelsorge u. v. m.

Bitte fragen Sie in Ihrer Buchhandlung nach diesen Büchern!
Oder schreiben Sie an den Hänssler-Verlag,
Postfach 1220, D-73762 Neuhausen.

hänssler

Michael Hübner / Klaus-Dieter Grumbach / Dieter Velten (Hg.)
Praxisbuch Jungschararbeit
Pb., 260 S., Nr. 55.538, ISBN 3-7751-1536-6

Konkrete Anleitung zur Gestaltung von Jungscharstunden unter Einbeziehung des seelsorgerlichen und geistlichen Aspekts. Eine gelungene Kombination aus Theorie und (vor allem) Praxis.

Wolfgang Heiner / Margarete Urban (Hg.)
Praxisbuch Anspiele, Band 2
Pb., 220 S., Nr. 55.540, ISBN 3-7751-1603-6

Unterschiedlichste aber bewährte Anspiele, die ihre Botschaft wirksam transportieren, sind immer gefragt.
Der Kauf dieses Buches berechtigt zum Kopieren der Rollensätze.

Walter Ludwig
Praxisbuch Konfirmation
So bereite ich mich darauf vor

Pb., 200 S., Nr. 55.546, ISBN 3-7751-1688-5

Verbindung von Text und Abbildung machen das Lehren und Lernen der biblischen Botschaft interessant und anregend.

Bitte fragen Sie in Ihrer Buchhandlung nach diesen Büchern!
Oder schreiben Sie an den Hänssler-Verlag, Postfach 1220,
D-73762 Neuhausen.

hänssler

Harry Kollmann

Praxisbuch Predigt-Vorbereitung
Wie Ihre Predigt lebendig wird
Pb., 280 S., Nr. 55.552, ISBN 3-7751-1859-4

Für Laienprediger und angehende Laienprediger. Geeignet für Mitarbeiterschulungen und natürlich zum Selbststudium.

Lawrence O. Richards

Praxisbuch Hausbibelkreis Band 1
Matthäus – Römer
Pb., 872 S., Nr. 55.559, ISBN 3-7751-1918-3

Praxisbuch Hausbibelkreis Band 2
Korinther-Briefe – Offenbarung + Psalmen
Pb., 784 S., Nr. 55.560, ISBN 3-7751-1976-0

Band 1 + 2 zusammen: Nr. 55.565

— Entscheidende Hilfe für einen zündenden Gesprächseinstieg
— ausgearbeitete Fragen für verschiedenste Interessengruppen
— Hintergrundinformationen zu den einzelnen biblischen Büchern.

Bitte fragen Sie in Ihrer Buchhandlung nach diesen Büchern!
Oder schreiben Sie an den Hänssler-Verlag, Postfach 1220,
D-73762 Neuhausen.

hänssler

Utina und Michael Hübner
Praxisbuch Familie und Gemeinde
Pb., 250 S., Nr. 55.563, ISBN 3-7751-2067-X

Familien sind ein wichtiger Bestandteil jeder Gemeinde. Wie kann man sich als Familie in die Gemeinde einbringen? Wie kann Familienarbeit gestaltet werden?

O. Schnetter / E. Eckstein / G. Johns
Praxisbuch Seniorenarbeit Band 1
Pb., 256 S., Nr. 55.528, ISBN 3-7751-1323-1

O. Schnetter, I. Tornscheidt, F. Haarhaus
Praxisbuch Seniorenarbeit Band 2
Pb., 302 S., Nr. 55.547, ISBN 3-7751-1687-7

Programmideen, Nachmittage der Begegnung, Seelsorge für und mit Senioren u. v. m.

Karl-Hermann Schneider
Praxisbuch Biblische Rätsel
Rätselnuß für Bibelkenner

Pb., 280 S., Nr. 55.567, ISBN 3-7751-2353-9

Ein Buch voller Rätsel und Quizfragen in verschiedenen Schwierigkeitsgraden, auch für Bibelkenner wird es hier einige harte Rätselnüsse zu knacken geben

Bitte fragen Sie in Ihrer Buchhandlung nach diesen Büchern!
Oder schreiben Sie an den Hänssler-Verlag, Postfach 1220,
D-73762 Neuhausen.

hänssler

E. Rüdiger Durth / T. Weiler
Praxisbuch Öffentlichkeitsarbeit
Pb., ca. 280 S., Nr. 55.554, ISBN 3-7751-1883-7

Sehnsüchtig erwartete Gemeindezeitungen, anziehende Schaukästen, guter Draht zur Lokalpresse...

Rainer Wagner
Praxisbuch Kurzbibelschule
So lerne ich die Bibel kennen
Pb., 660 S., Nr. 55.544, ISBN 3-7751-1641-9

Für Einzelne, Gruppen sowie Hauskreise! Die Kurzbibelschule vor Ort: Anleitung zum persönlichen Studium.

Friedhelm Schröder (Hg.)
Praxisbuch Jugendbibelunterricht
So werde ich mit der Bibel vertraut
Pb., 240 S., Nr. 55.562, ISBN 3-7751-1990-6

— Die Bibel von A-Z kennenlernen — sich wichtige Bibelverse einprägen — mit der Bibel umgehen und leben lernen.
Mit vielen Abb. und Beispielen!

Bitte fragen Sie in Ihrer Buchhandlung nach diesen Büchern!
Oder schreiben Sie an den Hänssler-Verlag, Postfach 1220, D-73762 Neuhausen.